DAS GROSSE ARENA LÄNDER LEXIKON

Die Originalausgabe erschien 2003 unter dem Titel
THE KINGFISHER GEOGRAPHY
ENCYCLOPEDIA
© Kingfisher Publications Plc
New Penderel House
283-288 High Holborn
London WC1V 7HZ
www.kingfisherpub.com

PROJEKTTEAM
Leitung: Julian Holland
Redaktion: Julian Holland, Lynn Bresler
Layout: Nigel White
Künstlerische Gestaltung: Julian Baker
Bildredaktion: Caroline Wood
Karten: Anderson Geographics Limited,
Warfield, Berks

KINGFISHER VERLAG
Redaktionsleitung: Paula Borton
Art Director: Mike Davis
DTP: Nicky Studdart
Produktion: Deborah Otter

AUTOR
Clive Gifford

FACHLICHE BERATUNG
Clive Carpenter

In neuer Rechtschreibung

1. Auflage 2005
© für die deutsche Ausgabe Arena Verlag GmbH,
Würzburg 2005

Alle Rechte vorbehalten
Aus dem Englischen von Christa Broermann,
Karin Miedler, Ursula Pesch, Karin Schuler,
Violeta Topalova

Redaktion: Werner Wahls, Köln
DTP der deutschen Ausgabe: Thomas Heller
Einband: Fotos und Abbildungen aus dem Innenteil
Einbandgestaltung: Frauke Schneider

ISBN 3-401-05786-3

Printed in Slovakia

Alle Rechte, auch die der fotomechanischen und elektronischen Wiedergabe, vorbehalten. Kein Teil dieses Buches darf ohne ausdrückliche Genehmigung des Verlages in irgendeiner Form reproduziert oder übermittelt werden, weder in mechanischer noch in elektronischer Form, einschließlich Fotokopie.

DAS GROSSE ARENA LÄNDER LEXIKON

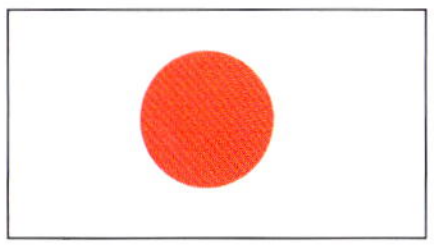

Inhaltsverzeichnis

Kapitel 1
Die Erde

Die Entstehung der Erde	2
Erdrotation	4
Das Erdinnere	5
Erdmagnetismus	6
In Bewegung	7
Erdbeben	8
Vulkane	10
Gesteine & Mineralien	12
Gesteinszyklus	14
Gebirgsbildung	16
Flüsse und Seen	18
Ozeane und Meere	20
Wasser als Bildhauer	22
Eislandschaften	24
Landschaftsbildner Wind	26
Boden	27
Die Atmosphäre	28
Klima	30
Weltklimazonen	32
Wetter	34
Der Mensch	36
Weltbevölkerung	38
Die Zukunft	40
Kartografie	42
Die Erde	44
Länder der Welt	46
Erdstatistik	48

Kaptel 2
Die Arktis, Nord- und Mittelamerika

Die Arktis	50
Grönland	51
Nordamerika	52
Kanada	54
Ostkanada	56
Westkanada	60
Nordkanada	63
Vereinigte Staaten von Amerika	64
Der Osten der USA	66
Mittlerer Westen, Große Seen	70
Der Süden	74
Der Westen der USA	78
Alaska	82
Hawaii	83
Bermuda-Inseln	83
Mittelamerika	84
Mexiko	86
Guatemala	90
Belize	91
Honduras	92
El Salvador	93
Nicaragua	94
Costa Rica	95
Panama	96

Kapitel 3
Die Karibik und Südamerika

Die Karibik	98
Kuba	100
Cayman-Inseln	101
Jamaika	102
Bahamas	103
Turks- und Caicos-Inseln	103
Haiti	104
Dominikanische Republik	104
Puerto Rico	105
Jungfern-Inseln	105
Saint Kitts & Nevis	106
Anguilla und Montserrat	106
Antigua & Barbuda	107
Guadeloupe	107
Dominica	108
Martinique	108
Saint Lucia	109
Saint Vincent & die Grenadinen	109
Barbados	110
Grenada	110
Trinidad & Tobago	111
Niederländische Antillen und Aruba	111
Südamerika	112
Nördliches Südamerika	114
Venezuela	116
Guyana	119
Suriname	120
Französisch-Guyana	121
Kolumbien	122
Ecuador	124
Peru	126
Bolivien	128
Brasilien	130
Das südliche Südamerika	134
Paraguay	136
Uruguay	137
Chile	138
Argentinien	140
Südatlantische Inseln	143
Sankt Helena	143
Falkland-Inseln	144

Kapitel 4
Europa

Europa	146
Nord- und Westeuropa	148
Norwegen	150
Schweden	152
Finnland	154
Dänemark	156
Färöer-Inseln	157
Island	158
Die Britischen Inseln	159
Irland	160
Großbritannien	162
Belgien	166
Luxemburg	167
Niederlande	168
Deutschland	170
Frankreich	175
Monaco	179
Mitteleuropa	180
Schweiz	182
Österreich	184
Liechtenstein	185
Ungarn	186
Tschechien	188
Polen	190
Slowakische Republik	192

KAPITEL 5

SÜDEUROPA, DER BALKAN, DER KAUKASUS UND KLEINASIEN

Südeuropa	194
Spanien	196
Andorra	199
Portugal	200
Italien	202
San Marino	205
Vatikanstadt	205
Slowenien	206
Malta	207
Der Balkan	208
Kroatien	209
Bosnien & Herzegovina	210
Serbien & Montenegro	211
Mazedonien	212
Albanien	213
Griechenland	214
Osteuropa	216
Estland	218
Lettland	219
Litauen	220
Weißrussland	221
Ukraine	222
Moldawien	224
Rumänien	225
Bulgarien	226
Russland	227
Westrussland	228
Ostrussland	231
Der Kaukasus und Kleinasien	234
Georgien	235
Armenien	236
Aserbaidschan	237
Türkei	238
Zypern	240

KAPITEL 6

ASIEN

Asien	242
Naher Osten	244
Syrien	246
Israel	248
Libanon	250
Jordanien	251
Irak	252
Iran	254
Saudi-Arabien	256
Kuwait	259
Bahrain	260
Katar	260
Vereinigte Arabische Emirate	261
Oman	262
Jemen	263
Zentralasien	264
Kasachstan	266
Usbekistan	267
Turkmenistan	268
Tadschikistan	269
Kirgisistan	269
Afghanistan	270
Südasien	272
Pakistan	274
Indien	276
Bangladesch	282
Nepal	283
Bhutan	283
Sri Lanka	284
Inseln im Indischen Ozean	285
Malediven	285
Madagaskar	286
Komoren	287
Seychellen	287
Réunion	288
Mauritius	288

KAPITEL 7

OST- UND SÜDOSTASIEN

Ostasien	290
China	292
Taiwan	299
Mongolei	300
Nordkorea	302
Südkorea	304
Japan	306
Südostasien	310
Thailand	312
Myanmar (Birma)	314
Vietnam	316
Kambodscha	318
Laos	320
Brunei	322
Singapur	323
Malaysia	324
Indonesien	328
Osttimor	334
Philippinen	335

KAPITEL 8

AFRIKA

Afrika	338
Nordwestafrika	340
Marokko	341
Algerien	342
Tunesien	343
Libyen	344
Nordostafrika	345
Ägypten	346
Sudan	348
Somalia	349
Äthiopien	349
Eritrea	350
Dschibuti	350
Westafrika	351
Kap Verde	352
Mauretanien	352
Mali	353
Niger	353
Senegal	354
Gambia	355
Guinea-Bissau	355
Guinea	356
Sierra Leone	356
Liberia	357
Togo	357
Elfenbeinküste	358
Ghana	359
Nigeria	360
Burkina Faso	362
Benin	362

Zentral- und Ostafrika	363
Kamerun	364
Zentralafrikanische Republik	364
Äquatorialguinea	365
São Tomé & Príncipe	366
Tschad	366
Gabun	367
Kongo	367
Demokratische Republik Kongo	368
Uganda	369
Ruanda	370
Burundi	370
Kenia	371
Tansania	372
Malawi	373
Sambia	374
Der Süden Afrikas	375
Angola	376
Botsuana	377
Namibia	377
Simbabwe	378
Mosambik	379
Südafrika	380
Swasiland	384
Lesotho	384

KAPITEL 9

OZEANIEN UND ANTARKTIS

Ozeanien	386
Papua-Neuguinea	390
Australien	392
Ostaustralien	394
Tasmanien	399

Zentralaustralien	400
Westaustralien	404
Neuseeland	408
Guam und Nördliche Marianen	414
Mikronesien	415
Marshall-Inseln	416
Nauru	416
Salomon-Inseln	417
Vanuatu	418
Neukaledonien	419
Kiribati	419
Palau	420
Tuvalu	420
Wallis & Futuna	421
Fidschi	422
Samoa	423
Tonga	424
Amerikanisch-Samoa	425
Niue	425
Cook-Inseln	426
Französisch-Polynesien	427
Antarktis	428

KAPITEL 10

THEMEN DER WELT

Biome	434
Wasser	436
Winde und Meeresströmungen	438
Umweltverschmutzung	440
Artenvielfalt und Artensterben	442
Gesundheit	444
Bildung	446
Reichtum	448
Energie	450
Rohstoffe	452
Welthandel	454
Zeitzonen	456
Internationale Organisationen	458
Weltreligionen	460
Kommunikation	462
Die Bundesstaaten	465
Worterklärungen	472
Index	476
Bildquellen	488

Einleitung

Orte, die unseren Großeltern unerreichbar erschienen, werden nun wie selbstverständlich von uns besucht und die Welt wird uns per Fernseher ins Haus gebracht. Doch unser Planet ist nicht nur zugänglicher, er ist auch verwundbarer geworden. Erforscht mit dem großen *Arena Länderlexikon* unsere sich so rasant wandelnde Welt und entdeckt die Herausforderungen und Gefahren, denen wir uns gegenübersehen.

Das Lexikon ist in zehn Kapitel gegliedert. Das erste beschreibt, wie die Erde entstand und durch die Kräfte der Natur – durch Wasser und Eis, Wind und vulkanische Aktivitäten – geformt wurde. Es befasst sich mit der Vielzahl der Landschaften, Klimata und Böden, die die Lebensweise der Menschen prägen, und mit den reichen Naturschätzen der Erde.

Die sich anschließenden acht Kapitel stellen Land für Land die einzelnen Kontinente vor. Karten illustrieren die Lage jeder Nation, ihre Flüsse, Berge und Städte. In der linken Spalte unter der Landesflagge sind gleich zu Beginn die wichtigsten Informationen eines jeden Staates für einen schnellen Überblick und Vergleich mit anderen Ländern zusammengefasst: Fläche und Bevölkerung, Hauptstadt, Amtssprachen, Religionen, Exportgüter und Staatsform. Dann wird jedes Land anhand seiner Geografie und Geschichte in seiner ganzen Einzigartigkeit porträtiert – von den dicht besiedelten Industrielandschaften Europas und Nordamerikas bis zu den gefährdeten Regenwäldern Zentralafrikas und des Amazonasbeckens – und es wird Einblick gewährt in das Alltagsleben der Menschen, ob in den Randgebieten der Sahara, in den Eiswüsten Sibiriens, den fruchtbaren Ackerländern Südostasiens oder den Savannen Ostafrikas.

Das letzte Kapitel behandelt übergreifende Themen wie Wasser als wichtigste Ressource, den Einfluss von Winden und Meeresströmungen, Umweltverschmutzung, Artenvielfalt und Artensterben, Gesundheit und Bildung, internationale Organisationen und vieles mehr.

Das große Arena Länderlexikon ist nicht nur eine sinnvolle Ergänzung zum Schulunterricht, es ist auch eine vergnügliche Entdeckungsreise rund um die Welt.

Clive Carpenter
Fachliche Beratung

Die Erde

DIE ERDE

DIE ENTSTEHUNG DER ERDE

Die Erde, die vor rund 4,6 Milliarden Jahren entstand, ist Teil des Sonnensystems, in dem neun Planeten einen Stern namens Sonne umkreisen.

Das Zentrum dieses Systems bildet die Sonne, deren starke Anziehungskraft alles zusammenhält und die Bewegungen der Planeten kontrolliert. Von den neun Planeten des Sonnensystems befindet sich die Erde am drittnächsten zur Sonne und umkreist sie in einer Durchschnittsentfernung von 149.600 Millionen km. Das Sonnensystem ist Teil der Milchstraße, einer als Galaxis bekannten Sammlung von Sternensystemen.

Die Milchstraße ist, wie Wissenschaftler schätzen, nur eine von 100 bis 1.000 Milliarden Galaxien des Universums. Das Universum umfasst das gesamte All und alles in ihm Enthaltene und ist, wie man annimmt, zwölf bis 14 Milliarden Jahre alt. Viele Theorien erklären den Ursprung dieses Universums, die anerkannteste ist die vom Urknall. Ihr zufolge entstand das Universum, als eine gewaltige Energieexplosion den Prozess der Bildung von Materie, Zeit und Raum einläutete und riesige Kräfte freisetzte, die eine bis heute andauernde Ausdehnung des Universums bewirkten.

▲ Der Urknall soll große Kräfte freigesetzt haben, die bis heute die Ausdehnung des Universums bewirken.

▶ Rund sieben Milliarden Jahre nach der Geburt des Universums bildete sich die Sonne aus einer Nebel genannten Staub- und Gaswolke. Als der Nebel kondensierte, wurde er unglaublich heiß. Die Erde entstand aus Trümmern, die durch von der Sonne produzierte Energie weggeblasen wurden, zusammenstießen und sich zu immer größeren Klumpen verbanden.

DIE ENTSTEHUNG DER ERDE

DIE GEBURT DES SONNENSYSTEMS

Die Astronomen glauben, dass die Sonne vor rund fünf Milliarden Jahren aus einer riesigen Gas- und Staubwolke entstand. Als die Sonne schrumpfte, verdichteten sich in ihrem Zentrum immer mehr Gas und Staub. Sie wurde heißer und heißer, und es entstand eine Hitze und Energie erzeugende Kugel, umgeben von einer sich drehenden Gas- und Staubscheibe. Als sich die junge Sonne erwärmte, blies sie Energiepartikel durch diese Scheibe, wodurch ein Großteil des Gases nach außen getrieben wurde, sich abkühlte und im Lauf der Zeit die größten Planeten des Sonnensystems wie Jupiter und Saturn bildete. Die Gesteinsklumpen, die sich nach und nach aus in der Sonnenscheibe zurückgebliebenem Staub und Eis formten, stießen zusammen und verbanden sich. Und schließlich entstanden aus diesen Körpern, die Staub und Gas anzogen, die Planeten. Dieser Prozess dauerte etwa 150 Millionen Jahre.

DIE ENTWICKLUNG DER ERDE

Die Erde war zunächst eine durch die Schwerkraft zusammengehaltene Kugel aus Staub, Gesteinen und Gasen. Als sie an Größe und Masse zunahm, wurde weiteres Material angezogen und zusammengepresst, bis es zu schmelzen begann. Schwereres, eisenhaltiges Material wanderte ins Zentrum und bildete den dichten Erdkern, leichteres Material die äußeren Schichten. Anfangs war die Erdoberfläche so heiß, dass sich auf ihr kein Wasser ansammeln konnte. Doch als sich der Planet vor über 3,8 Milliarden Jahren abkühlte, wurde auch der Wasserdampf in der Atmosphäre kälter, kondensierte und fiel als Regen herab. Jahrtausende dauernde Regenfälle bildeten die Flüsse, Seen, Meere und Ozeane. Fossilien lassen darauf schließen, dass das erste Leben auf der Erde, einzellige blaugrüne Algen, vor rund 3,5 Milliarden Jahren begann. Mehrzellige Lebewesen sollen vor rund einer Milliarde Jahren aufgetaucht sein.

▲ Die junge Erde war ein heißer Planet mit vulkanischer Tätigkeit und einer Oberfläche aus flüssigem Gestein, das Dämpfe und Gase in die Atmosphäre spuckte. Gase wie Stickstoff und Kohlendioxid wurden von der Erdanziehungskraft daran gehindert, ins All zu entweichen, und bildeten die erste Atmosphäre.

▲ Ein Mangrovensumpf im mittelamerikanischen Belize. Die Erde ist der einzige bekannte Körper im All, auf dem Leben existieren kann.

DIE ERDE

ERDROTATION

Während die Erde um die Sonne kreist, rotiert sie auch um die eigene Achse. Diese Rotationen bringen Tag und Nacht und die Jahreszeiten hervor.

▲ Ist die Nordhalbkugel der Sonne zugeneigt, herrscht dort Sommer. In dieser Zeit ist es am Nordpol 24 Stunden am Tag hell.

Die Erde rotiert, während sie die Sonne umkreist, gleichmäßig um die eigene Achse. Dabei dreht sie sich ostwärts, weswegen die Sonne im Osten aufzugehen und im Westen unterzugehen scheint. Eine komplette Umdrehung um 360 Grad nennt man Rotationsperiode oder Tag. Die Erde braucht 23 Stunden und 56 Minuten für eine Rotationsperiode.

Die Erde ist keine perfekte Kugel. Sie ist leicht zusammengedrückt und ihr Durchmesser am Äquator ist ca. 38 km größer als der Durchmesser von Pol zu Pol. Wie die acht anderen Planeten im Sonnensystem wandert die Erde auf einer elliptischen oder ovalen Umlaufbahn um die Sonne. Für die Umkreisung der Sonne braucht sie ein Jahr, auch Umlaufperiode genannt. Merkur, der sonnennächste Planet benötigt dafür 88 Tage, die Erde 365,25 Erdentage.

DIE NEIGUNG DER ERDE

Die vertikale Erdachse ist eine vorgestellte Linie, die Nord- und Südpol verbindet. Die Erde neigt sich entlang der vertikalen Achse in einem konstanten Winkel der Sonne zu. Sie lässt sich entlang der Äquatorlinie in die Nord- und die Südhalbkugel gliedern. Die Erdneigung ist für die Jahreszeiten verantwortlich. Ist eine Halbkugel mehr der Sonne zugeneigt, herrscht dort Sommer und in der anderen Winter. Am oder um den 21. März und 23. September herum ist es in beiden Hemisphären gleich lang hell und man spricht von der Tagundnachtgleiche.

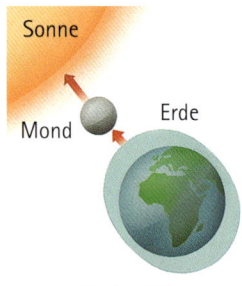

Springtide

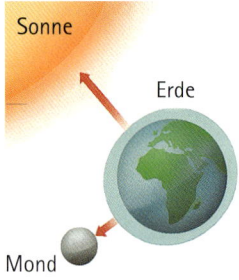

Nipptide

▲ Während der Mond die Erde umkreist, zieht seine Schwerkraft das Wasser der Ozeane an. Dadurch kommt es zu Schwankungen des Meeresspiegels, den Tiden. Die stärkste, die Springtide, tritt auf, wenn Mond und Sonne, die ebenfalls die Gezeiten beeinflusst, in dieselbe Richtung ziehen, die schwächere Nipptide, wenn der Mond im rechten Winkel zur Sonne zieht.

▶ Auf den Halbkugeln herrschen verschiedene Jahreszeiten, während die Erde auf ihrer geneigten Achse die Sonne umkreist. Zwischen ca. dem 21. März und dem 21. September ist die Nordhalbkugel der Sonne zugeneigt. Dann ist dort Frühling und Sommer und auf der Südhalbkugel Herbst und Winter.

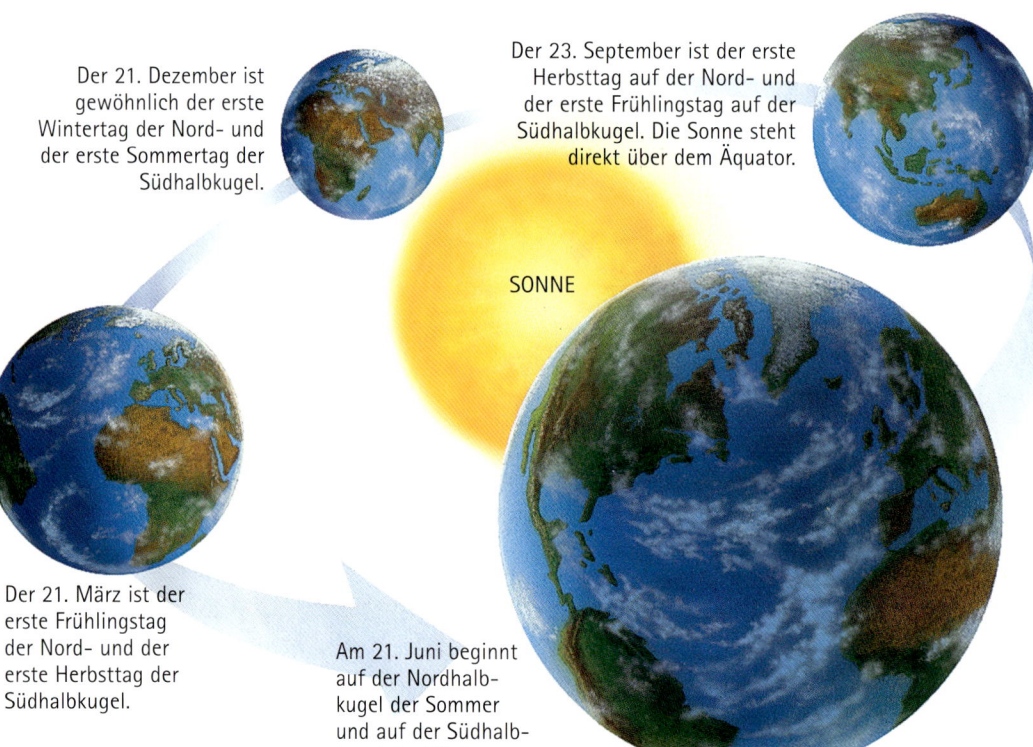

Der 21. Dezember ist gewöhnlich der erste Wintertag der Nord- und der erste Sommertag der Südhalbkugel.

Der 23. September ist der erste Herbsttag auf der Nord- und der erste Frühlingstag auf der Südhalbkugel. Die Sonne steht direkt über dem Äquator.

Der 21. März ist der erste Frühlingstag der Nord- und der erste Herbsttag der Südhalbkugel.

Am 21. Juni beginnt auf der Nordhalbkugel der Sommer und auf der Südhalbkugel der Winter.

SONNE

DAS ERDINNERE

Die Erde besteht aus drei Schichten, die sich sehr früh in ihrer Geschichte herausbildeten: dem Erdkern, dem Mantel und der Erdkruste.

Die Erde besteht vor allem aus Eisen und Sauerstoff. Vor allem der Erdkern enthält Eisen. Magnesiumsilikat genannte Verbindungen, die aus Magnesium, Silikon und Sauerstoff bestehen, bilden den Großteil des Erdmantels.

Eisen 36 %, Sauerstoff 28,5 %, Silikon 14 %, Magnesium 13 %, Nickel 2 %, Kalzium 1,9 %, Schwefel 1,8 %, Andere Elemente 0,6 %, Aluminium 0,4 %

Im Zentrum der Erde befindet sich ihr dichter Kern, der sich in den äußeren und den inneren Kern gliedert und vor allem aus Eisen besteht, aber auch Nickel und andere Elemente enthält. Eine Temperatur von rund 3.360 °C hält den äußeren Kern geschmolzen oder flüssig, während der innere Kern trotz einer Temperatur von 4.530 °C wegen des enormen Drucks, der auf ihn ausgeübt wird, fest sein soll. Wissenschaftler schätzen, dass dieser Druck vier bis fünf Millionen Mal größer ist als der auf der Erdoberfläche. Zusammen machen innerer und äußerer Kern 33,5 % der Erdmasse aus. Den äußeren Kern umschließt der Mantel, der 66 % der Erdmasse bildet. Er ist weitgehend fest, kann sich jedoch bei einer Temperatur von 1.300 °C langsam verformen. Die dritte Schicht, die Kruste, schwimmt auf dem Mantel und ist viel dünner als die anderen Schichten. Man unterscheidet drei Bautypen: Die kontinentale Kruste, die Land bildet, ist meist zwischen 30 und 50 km dick. Mancherorts misst sie nur 20 km, kann aber unter Gebirgen bis zu 65 km dick werden. Die Übergangskruste hat eine Dicke von durchschnittlich 15 bis 30 km, die ozeanische Kruste unterhalb der Ozeane von nur 5 bis 15 km.

▲ Heißes Vulkangestein unter der Erdoberfläche kocht und stößt Wasser und Dampf in Form heißer Quellen aus, die man Geysire nennt. Old Faithful ist nur einer von über 3.000 Geysiren im Yellowstone-Nationalpark in den USA. Bei jedem seiner Ausbrüche werden zwischen 37.000 und 45.000 l heißes Wasser ausgestoßen.

▶ Die unterschiedlichen Erdschichten sind übereinander gelagert. Die schwerste, der Kern, befindet sich im Zentrum, die leichteste, die Kruste, an der Erdoberfläche. Diese bildet nur 0,5 Prozent der Gesamtmasse der Erde. Sie ist steinig und dünn und kann durch Erdbeben brechen.

Die ozeanische Kruste ist 5–15 km dick.

Die kontinentale Kruste ist 30–50 km dick.

Geschmolzenes Gestein dringt an die Oberfläche.

Der Mantel bildet eine 2.865 km dicke Schicht.

Der innere Kern hat einen Durchmesser von etwa 2.400 km.

Der äußere Kern ist 2.260 km dick.

DIE ERDE

ERDMAGNETISMUS

Die Erde ist wie ein riesiger Magnet, der ein Magnetfeld erzeugt, das sich durch die Erdschichten hindurch bis ins All ausdehnt.

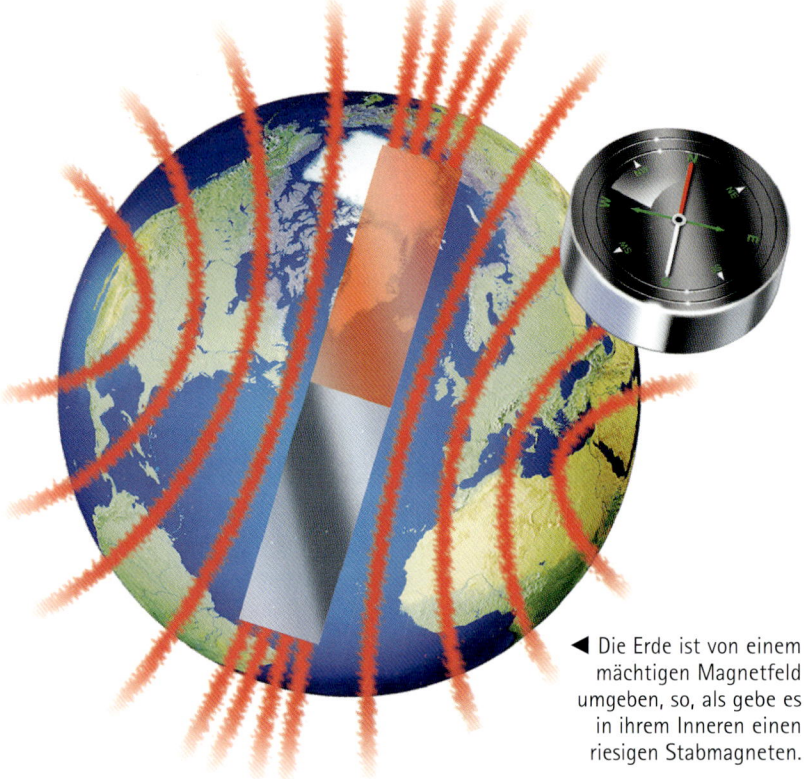

◀ Die Erde ist von einem mächtigen Magnetfeld umgeben, so, als gebe es in ihrem Inneren einen riesigen Stabmagneten.

▼ Der Solarwind beeinflusst die Form der Magnetosphäre. Er drückt sie auf der der Sonne zugewandten Seite zusammen und formt sie zu einem langen, der Sonne abgewandten Schweif.

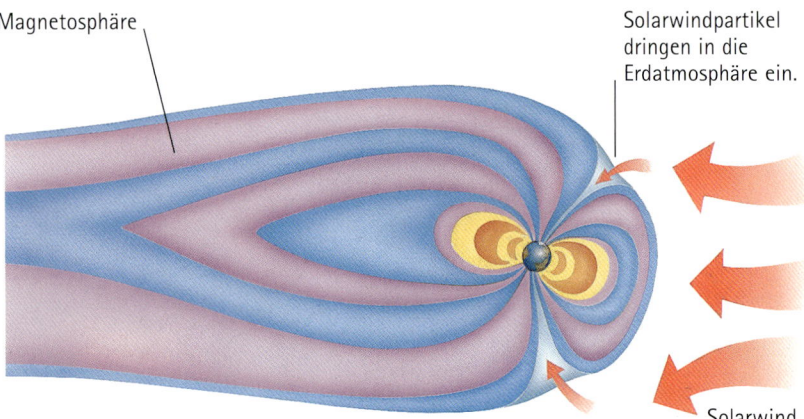

Magnetosphäre

Solarwindpartikel dringen in die Erdatmosphäre ein.

Solarwind

Solarwindpartikel, die in die Erdatmosphäre eindringen, erzeugen eine Aurora, durch deren Interaktion mit Gasen in der Atmosphäre Lichtenergie erzeugt wird. Diese Aurora borealis, auch Nordlicht, wurde in Alaska, USA, gesichtet.

Das Magnetfeld der Erde entsteht im geschmolzenen äußeren Kern tief unterhalb der Kruste. Dort sollen durch das geschmolzene Material kreisende elektrische Ströme dieses riesige Magnetfeld erzeugen. Der Fluss der elektrischen Ströme innerhalb des Kerns ändert sich ständig und folglich auch das Magnetfeld. Der magnetische Nord- und Südpol wandern und sind nicht identisch mit den geografischen Polen. Derzeit befindet sich der magnetische Norden etwa 966 km vom Nordpol und der magnetische Süden rund 1.500 km vom Südpol entfernt. Der Winkel zwischen einem geografischen und einem magnetischen Pol wird magnetische Deklination genannt, etwas, das man beim Umgang mit einem Kompass unbedingt wissen muss.

DIE MAGNETOSPHÄRE

Der Erdmagnetismus erzeugt ein gewaltiges, Magnetosphäre genanntes Magnetfeld, das bis über die Erdatmosphäre hinaus ins All reicht. Die der Sonne zugewandte Seite der Magnetosphäre hat eine Ausdehnung von rund 60.000 km, die der Sonne abgewandte bildet einen langen Schweif, der sich über 1.000.000 km erstreckt. Die Form der Magnetosphäre wird vom Solarwind beeinflusst, einem ständig von der Sonne erzeugten Partikelstrom, der sich mit einer Geschwindigkeit von 400 km pro Sekunde fortbewegt. Die Magnetosphäre hilft, die Erdatmosphäre vor den Wirkungen des Solarwinds zu schützen. Gäbe es den Erdmagnetismus nicht, würde der Solarwind die Erde ihrer Luft berauben, ohne die kein Leben mehr existieren könnte. Die Magnetosphäre ist nicht einzigartig. Raumsonden haben auch bei den Planeten Jupiter, Saturn, Uranus und Neptun Magnetfelder entdeckt.

IN BEWEGUNG

Die Kontinente sind, getragen von der Erdkruste, die auf dem Erdmantel dahintreibt, ständig in Bewegung, ein Prozess, den man Kontinentalverschiebung nennt.

Bei der San-Andreas-Verwerfung in Kalifornien, USA, treffen die Pazifische und die Nordamerikanische Platte zusammen und reiben sich aneinander.

Die Erdkruste besteht aus einer Reihe riesiger Platten, die sich langsam auf der Erdoberfläche fortbewegt. Sie werden von so genannten Konvektionsströmungen angetrieben, die durch Hitze aus dem Erdkern erzeugt werden. Die Hitze zwingt den Erdmantel, und damit auch die darüber liegenden Platten, sich zu heben und zu senken.

THEORIE UND BEWEISE

Geologen und Fossilienjäger waren erstaunt, Tausende Kilometer voneinander entfernt identische Gesteinsformationen zu finden. Doch 1912 stellte der deutsche Wissenschaftler Alfred Wegener (1880–1930) die Theorie von der Kontinentalverschiebung auf und behauptete, unsere heutigen Kontinente seien vor über 100 Millionen Jahren durch das Auseinanderbrechen eines Superkontinents entstanden, den er Pangäa nannte. Wegeners Ideen wurden erst in den 1960er-Jahren allgemein anerkannt, als technologische Fortschritte wie Lasermessungen und Satellitenbilder seine Theorie bestätigten. Derzeit bewegen sich die Landmassen im Durchschnitt um zehn Zentimeter pro Jahr. Im Lauf von Millionen Jahren hat die Kontinentalverschiebung die Kontinente geformt.

PLATTENTEKTONIK

Unter Plattentektonik versteht man das Studium und die Theorie der Plattenentstehung und -bewegung und ihrer Auswirkungen auf die Geografie der Erde. Im Laufe der Zeit treiben die Platten auseinander, reiben sich aneinander oder stoßen zusammen und tragen so zur Formung der Landmassen bei. Die Grenze zwischen zwei Platten heißt Verwerfung oder Verwerfungslinie. Ist die Kruste schwach oder extremem Druck ausgesetzt, gibt es dort Vulkane oder Erdbeben.

1 Bis vor rund 200 Millionen Jahren war alles Land Teil des Superkontinents Pangäa.

2 Vor etwa 110 Millionen Jahren hatte sich Pangäa in eine Reihe von Landmassen geteilt. Afrika und Südamerika waren schon erkennbar.

3 Die Kontinente heute. Die Kontinentalverschiebung dauert an. In rund 50 Millionen Jahren wird sich Nordamerika von Südamerika trennen und mit Asien verbinden.

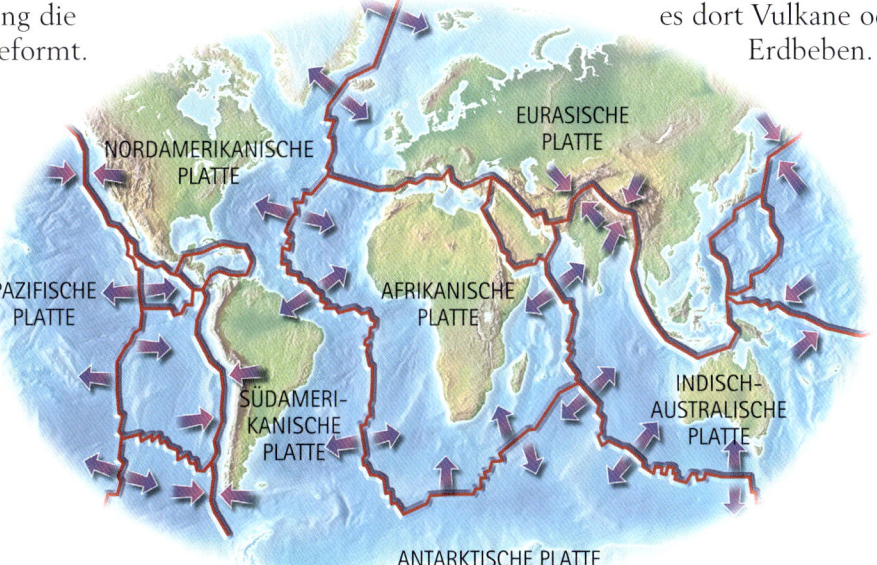

▶ Sieben größere und neun kleinere Platten bedecken die Erde. Die sieben größeren heißen: Eurasische, Afrikanische, Antarktische, Pazifische, Nordamerikanische, Südamerikanische und Indisch-Australische Platte. Die Pfeile zeigen an, in welche Richtung die Platten sich nun bewegen.

DIE ERDE

ERDBEBEN

Wird plötzlich die in den Gesteinen unterhalb der Erdoberfläche gespeicherte Energie freigesetzt, zittert und bebt die Erde und es gibt ein Erdbeben.

P-Wellen wandern bis tief unter die Erde, ziehen Gesteinsparktikel auseinander und schieben sie wieder zusammen.

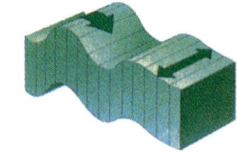
Auch S-Wellen wandern bis tief unter die Erde, lassen das Gestein aber hin- und herschwingen.

▲ Dieser chinesische Erdbebendetektor stammt etwa aus dem Jahr 130. Bei Erdbeben fielen ausbalancierte Bronzebälle in die Froschmäuler.

Die Erdkruste ist in Bewegung und dort, wo die Platten aufeinander treffen, wird sehr viel Druck und Energie erzeugt. Die Platten reiben aneinander, stoßen frontal zusammen oder schieben sich übereinander. Dadurch bildet sich in der Kruste eine enorme Spannung. Diese kann sich, wenn die Platten sich plötzlich bewegen oder ihre Position ändern, in Form seismischer Wellen lösen, die durch das Gestein dringen und schließlich dessen Verformung bewirken. Bei einem Erdbeben werden von seinem Ausgangspunkt weniger als 70 km unterhalb der Erde, dem Erdbebenherd oder Hypozentrum, in alle Richtungen Wellen ausgesandt. Der Punkt auf der Erdoberfläche direkt oberhalb des Bebens heißt Epizentrum. Dort machen sich die zerstörerischen Wirkungen des Bebens in der Regel am meisten bemerkbar. Manche seismischen Wellen breiten sich tief im Untergrund aus, andere nahe an der Erdoberfläche.

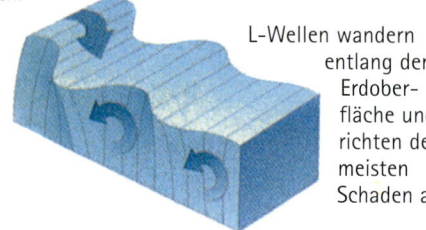
L-Wellen wandern entlang der Erdoberfläche und richten den meisten Schaden an.

▲ Verschiedene seismische Wellen verändern das Gestein auf unterschiedliche Weise.

▲ Ein Seismograf zeichnet mittels eines von einem Pendel gehaltenen Stifts die Intensität der Erdbebenwellen auf Millimeterpapier auf.

ERDBEBENGEBIETE

Bestimmte Gebiete der Erde sind anfälliger für Erdbeben als andere, meist sind das diejenigen, die an den Rändern der Erdplatten liegen. So ist z. B. durch die Kollision der Eurasischen, Afrikanischen und Indisch-Australischen Platte ein Erdbebengebiet entstanden, das sich auf so weit auseinander liegende Länder wie Portugal, den Iran und Indien auswirkt. Erdbeben können allerdings auch in von den Plattenrändern entfernten Gebieten auftreten oder durch vulkanische Tätigkeit

▶ Im August 1999 ereignete sich in den Städten Izmit und Gölcük im Nordwesten der Türkei ein Erdbeben mit einer Stärke von 7,4 auf der Richterskala. Es gab 17.118 Tote, 27.000 Verletzte und 200.000 Obdachlose. Bei einem zweiten Erdbeben im November 1999, dessen Epizentrum sich nahe der Stadt Düzce befand, kamen weitere 700 Menschen um und 5.100 wurden verletzt.

ERDBEBEN

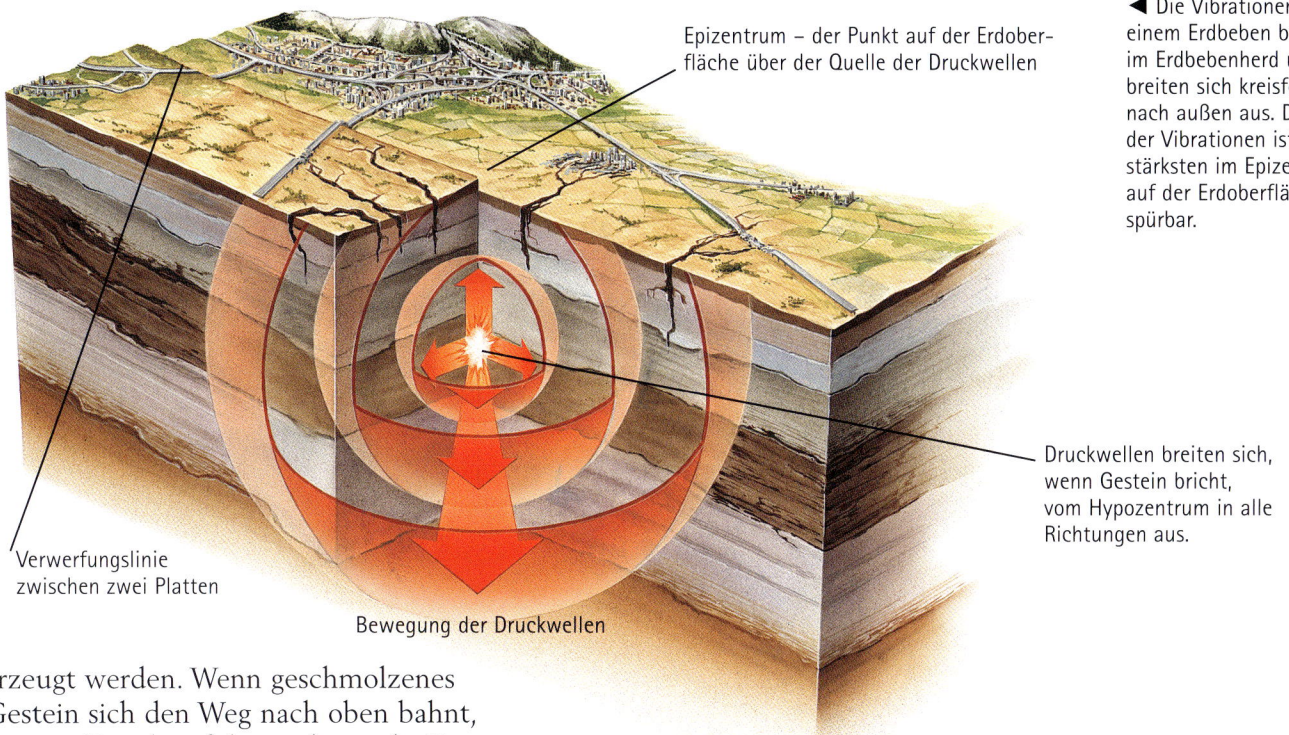

Epizentrum – der Punkt auf der Erdoberfläche über der Quelle der Druckwellen

Druckwellen breiten sich, wenn Gestein bricht, vom Hypozentrum in alle Richtungen aus.

Verwerfungslinie zwischen zwei Platten

Bewegung der Druckwellen

◀ Die Vibrationen bei einem Erdbeben beginnen im Erdbebenherd und breiten sich kreisförmig nach außen aus. Die Kraft der Vibrationen ist am stärksten im Epizentrum auf der Erdoberfläche spürbar.

erzeugt werden. Wenn geschmolzenes Gestein sich den Weg nach oben bahnt, kann es Druck auf das umliegende Gestein ausüben und viele kleinere Erdbeben auslösen. Messungen dieser Beben geben Hinweise auf die Wahrscheinlichkeit eines größeren Vulkanausbruchs. Viele Erdbeben treten entlang mittelozeanischer Rücken auf (siehe S. 20 f.) und machen 5 % aller seismischen Aktivitäten der Erde aus, doch manchmal gibt es auch im Zentrum einer Platte ein mächtiges Beben wie das von 2001 in Gujarat in Indien. Es richtete enorme Verwüstungen an, mehr als 30.000 Menschen starben.

NACHBEBEN UND TSUNAMIS

Nach dem Hauptbeben ist die Gefahr nicht unbedingt gebannt. Manchmal wird bei einem Erdbeben nicht die gesamte Energie freigesetzt, sodass es anschließend zu kleineren Beben, den Nachbeben, kommt. Diese können in einem von einem Erdbeben betroffenen Gebiet zu weiteren verheerenden Verwüstungen führen. Erdbeben können, wenn sich der Meeresboden während des Bebens neigt oder bewegt, auch riesige, Tsunamis genannte Meereswellen erzeugen. Tsunamis, die auch durch vulkanische Tätigkeit entstehen können, wandern mit Geschwindigkeiten zwischen 700 und 800 km/h Hunderte Kilometer weit. In seichtem Wasser können sie bis zu 15 m hoch werden und küstennahe Siedlungen zerstören. Am häufigsten treten Tsunamis im Pazifischen Ozean auf.

DAS MESSEN VON ERDBEBEN

Zur Messung von Erdbeben werden zwei Skalen verwendet. Die Mercalli-Skala misst die Auswirkungen des Bebens auf die Erdoberfläche, die Richterskala die von Erdbeben erzeugte Energie auf einer Skala von 1 bis 10. Bei 3,5 auf der Richterskala bemerken die meisten Menschen das Beben, bei 4,5 kann regional Schaden angerichtet werden, bei 7,0 oder mehr ist ein größeres Erdbeben aufgetreten.

▼ Die blauen Punkte zeigen, wo es größere Erdbeben gab, deutlich erkennbar vorrangig entlang der (grün eingezeichneten) Verwerfungslinien. An diesen Grenzen zwischen den verschiedenen tektonischen Erdplatten wird der meiste Druck auf die Erdkruste ausgeübt; das kann auch zu starker vulkanischer Tätigkeit führen (siehe S. 10 f.).

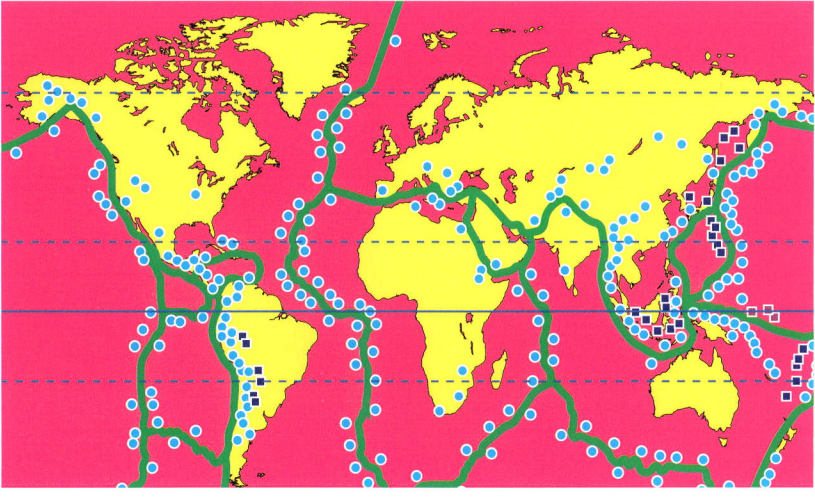

DIE ERDE

VULKANE

Vulkane sind Öffnungen in der Erdkruste, durch die Gase, Asche und geschmolzenes Gestein aufsteigen. Diese Aktivität nennt man Vulkanausbruch.

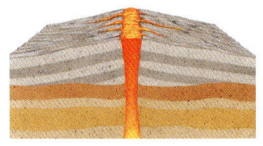
Spaltenvulkan

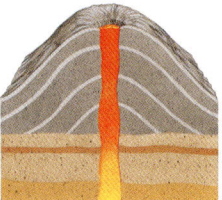
Lavadom

Aschevulkan

Schildvulkan

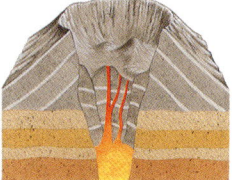
Calderavulkan

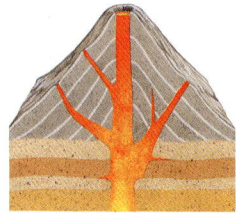
Schichtvulkan

▲ Abhängig von der Lava und der Art des Ausbruchs entstehen viele verschiedene Vulkantypen.

Tief im Erdmantel halten hohe Temperaturen das Gestein in einem Magma genannten geschmolzenen Zustand. Magma ist weniger dicht als das feste Gestein, von dem es umgeben ist. Es steigt nach oben und sammelt sich in großen so genannten Magmakammern. Nähert es sich der Erdoberfläche, verringert sich der Druck, und die in ihm enthaltenen Gase dehnen sich aus. Schließlich kommt es, wenn das Magma durch die Öffnungen dringt, zu einem Vulkanausbruch. Ausgetretenes Magma heißt Lava. Diese kann explosionsartig hervorschießen oder sanft die Abhänge hinabfließen. Kühlt sie sich dann ab, werden neue Gesteine und Gesteinsformationen gebildet. Vulkane gibt es vor allem dort, wo die Erdkruste am schwächsten ist, wie beispielsweise an den Grenzen zwischen den Erdplatten. Doch es gibt auch einige, die in Gebieten fernab dieser Grenzen liegen, z. B. dem Great Rift Valley in Afrika, wo es heftige Krustenbewegungen gibt, sowie über so genannten Hotspots. Dort befindet sich im Erdmantel besonders heißes Gestein, das die Erdkruste zum Schmelzen bringt und das Magma an die Oberfläche treibt.

VULKANTYPEN

Die Vulkantypen hängen weitgehend von Zusammensetzung und Konsistenz des Magmas ab. Bei dünnflüssiger Lava entweichen die Gase relativ leicht. Der Ausbruch ist weniger heftig und die Lava fließt sanft aus den Öffnungen und meist über weite Strecken, bevor sie abkühlt, erstarrt und Gesteine bildet. Als Ergebnis entstehen die durch flache Hänge gekennzeichneten Schildvulkane. Dicke Lava fließt nur kurze Zeit, bevor sie erstarrt und steilwandige Vulkane formt. Dickeres, geschmolzenes Gestein kann Gase einschließen. Ist der Gasgehalt im Magma hoch, sind heftige Ausbrüche wahrscheinlicher.

Bei explosionsartigen Ausbrüchen werden Asche, glühend heiße Schlacke, Lava und Gesteinsbrocken hoch in die Atmosphäre geschleudert. Größere, dichtere Partikel fallen zurück zur Erde, doch kleinere

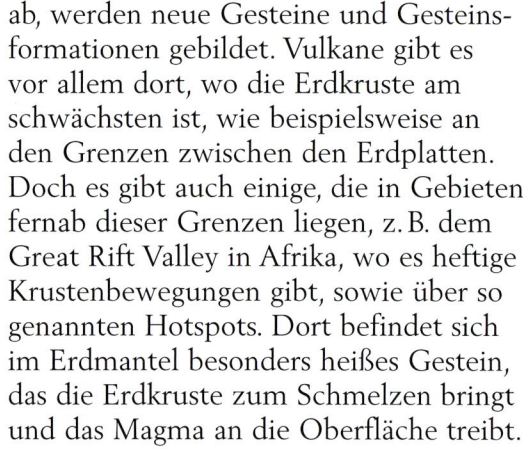

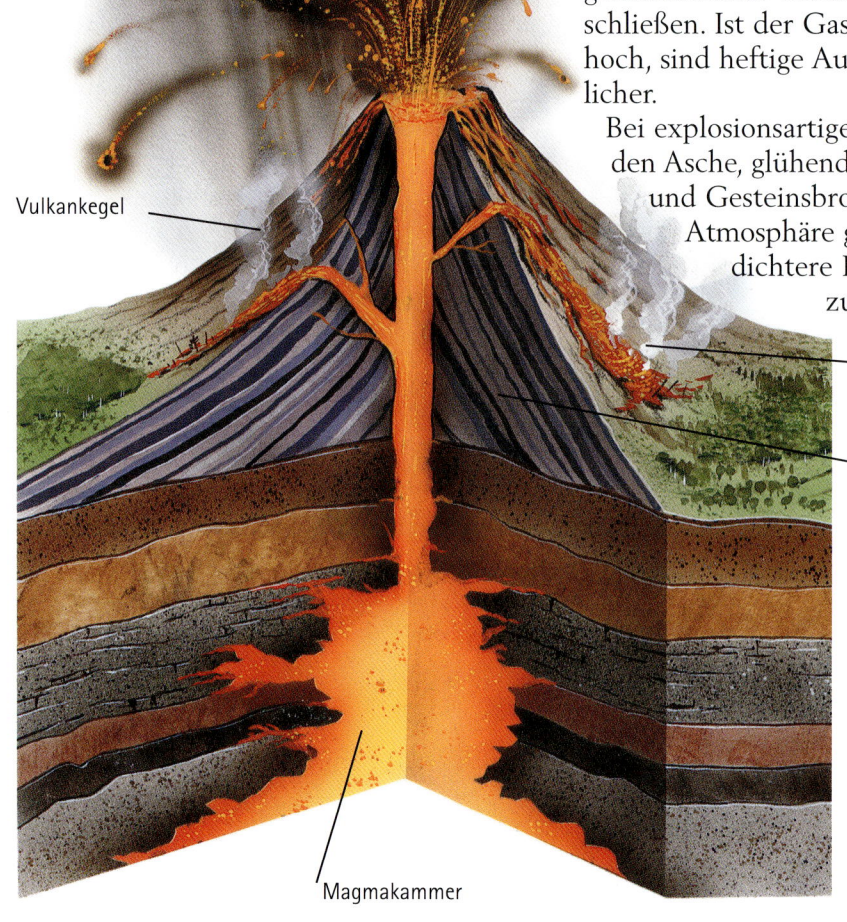

Vulkankegel

Fumarolen sind Vulkanöffnungen, aus denen nur Gas oder Dampf ausströmt.

Der Hauptkegel besteht aus Lava- und Schlackeschichten.

◀ Dieser Schichtvulkan hat steile Wände aus Schlacke und gehärteter Lava von früheren Ausbrüchen. Die vertikale Öffnung im Zentrum heißt Schlot. Kleinere, vom Hauptschlot abzweigende Öffnungen heißen Seitenschlote. Oft mehrere Kilometer darunter befindet sich die Magmakammer mit der geschmolzenen Lava.

Magmakammer

VULKANE

▲ Der Ätna ist ein aktiver Schichtvulkan an der Ostküste Siziliens. Mit zurzeit rund 3.350 m ist er der höchste Europas.

Staubpartikel bleiben oft Monate oder Jahre hoch oben in der Atmosphäre.

Viele Vulkane befinden sich unter Wasser, können aber durch die Bewegung der Platten nach oben gedrückt werden oder so oft ausbrechen, dass sie schließlich über den Meeresspiegel hinausragen und Vulkaninseln bilden. Vulkaninselketten, so genannte Inselbögen, finden sich vor allem im Pazifischen Ozean.

Man unterscheidet erloschene, ruhende und aktive Vulkane. Von den ca. 850 aktiven brechen jährlich nur etwa 30 aus. Ruhende Vulkane sind seit vielen Jahren inaktiv, können aber wieder tätig werden. 1991 brach der Pinatubo auf den Philippinen nach 600 Ruhejahren aus und schleuderte die Asche über 15.000 m hoch in die Atmosphäre.

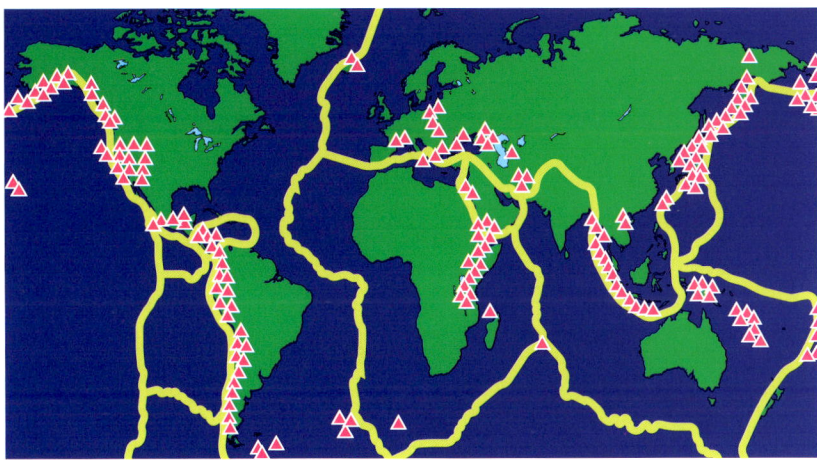

MENSCHEN UND VULKANE

Einige Menschen leben an Vulkanhängen und bebauen sie. Die dortige Asche ist reich an Mineralien und macht das Land fruchtbar. Wissenschaftler überwachen die Vulkantätigkeit und warnen vor Ausbrüchen. Seismometer messen das Zittern der Erde vor einem Ausbruch, Neigungsmesser und Geodimeter die Veränderung der Landformen, die eine Vulkantätigkeit ankündigen kann.

Das Bombardement durch in die Luft geschleudertes Material und die glühend heiße Lava sind nicht die einzigen Gefahren für den Menschen. Aus Vulkanen können auch riesige Mengen gefährlicher Gase entweichen. Durch die enorme Hitze können nahe gelegene Gletscher schmelzen und das Land kann von Wasser und Schlamm überflutet werden.

▲ Die Dreiecke zeigen den Standort aktiver Vulkane überall auf der Welt. Die meisten finden sich nahe der (gelben) Plattengrenzen oder über Hotspots.

▼ Auf der Karibikinsel Montserrat brachen im Juni 1997 die Vulkane Soufrière Hills und Chance's Peak mehrmals aus und zerstörten die Stadt Plymouth. Mehrere tausend Inselbewohner wurden obdachlos, 19 Menschen starben.

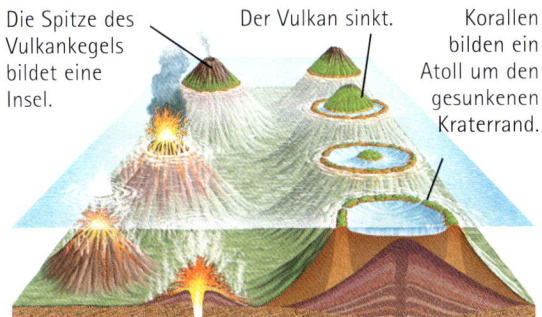

▲ Vulkaninseln werden von einem Vulkankegel gebildet, der sich über die Meeresoberfläche erhebt. Manchmal sinken Vulkane, und Korallen formen dort, wo der Krater lag, eine neue Art Insel – ein so genanntes Atoll.

DIE ERDE

GESTEIN & MINERALIEN

Gesteine sind die festen Gemenge, die die Erdoberfläche bilden. Man unterscheidet drei Arten: magmatische, metamorphe und Sedimentgesteine.

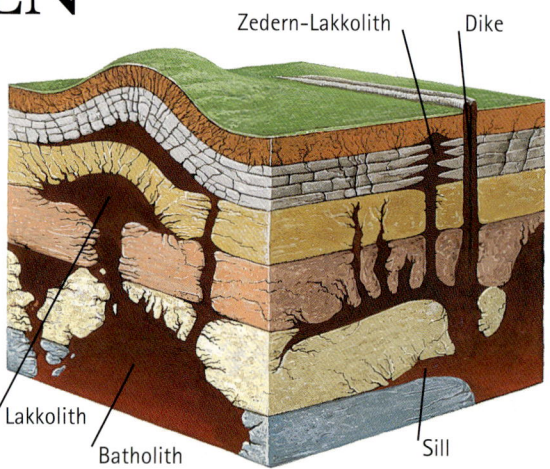

▲ Vulkanisches Intrusivgestein wird in großen, erstarrten Körpern nach oben gedrückt. Batholithe sind riesige magmatische Gesteinskörper, die anderes Gestein wegschieben oder ersetzen. Ein pilzförmiges Intrusivgestein nennt man Lakkolith. Ein Dike entsteht, wenn Magma einen Riss in anderem Gestein füllt, abkühlt und erstarrt. Ein Sill bildet sich, wenn Magma zwischen Sedimentgesteinsschichten eindringt.

Gesteine bestehen aus Mineralien, das sind chemische Verbindungen, von denen es viele tausend verschiedene gibt. Einige, wie die Metalle Gold und Kupfer, sind einfache Elemente. Andere setzen sich aus mehreren Elementen zusammen. Hierzu gehören Verbindungen aus Silikon, so genannte Silikate, Sauerstoff und kleinen Mengen anderer Elemente.

MAGMATISCHE GESTEINE

Magmatische Gesteine werden aus glühend flüssigem, Magma genanntem Gesteinsmaterial gebildet, das abgekühlt und erstarrt ist. Die Gesteinsart hängt von der chemischen Zusammensetzung des Magmas sowie seiner Abkühlungs- und Erstarrungsgeschwindigkeit ab. Viele magmatische Gesteine wie z. B. Granit sind aus in der Erdkruste begrabenem Magma geformt. Da sie langsam abgekühlt sind, enthalten sie große Mineralkristalle. Andere Gesteine wie Basalt und Obsidian entstehen durch Vulkantätigkeit und bilden sich aus Magma, das aufstieg und die Spalten nahe der Erdoberfläche füllte oder sich auf die Oberfläche ergoss. In beiden Fällen kühlt das Magma schnell ab, und im Gestein entstehen sehr kleine Kristalle, die für ein feinkörniges oder glasartiges Aussehen sorgen.

METAMORPHE GESTEINE

Metamorphe Gesteine entstehen, wenn andere metamorphe, magmatische oder Sedimentgesteine aufgrund extremer Temperaturen oder starken Drucks verändert werden, ohne zu schmelzen und ohne Hinzufügung neuer Substanzen. Es gibt zwei Möglichkeiten der Metamorphose: Heiße magmatische Gesteine dringen in ein Gebiet ein und die ihnen entweichende Hitze backt und verändert das umliegende Gestein. So kann Kalkstein durch Hitze zu Marmor werden und Sandstein, ein Sedimentgestein, zu dem metamorphen Gestein Quarzit. Bei der zweiten Art

◀ Wenn Basaltlava aus Vulkanschloten hervorbricht und abkühlt, schrumpft und reißt sie und bildet manchmal Säulen. Das Devil's Postpile in der Sierra Nevada in Kalifornien, USA, besteht aus vier- bis siebenseitigen Basaltsäulen.

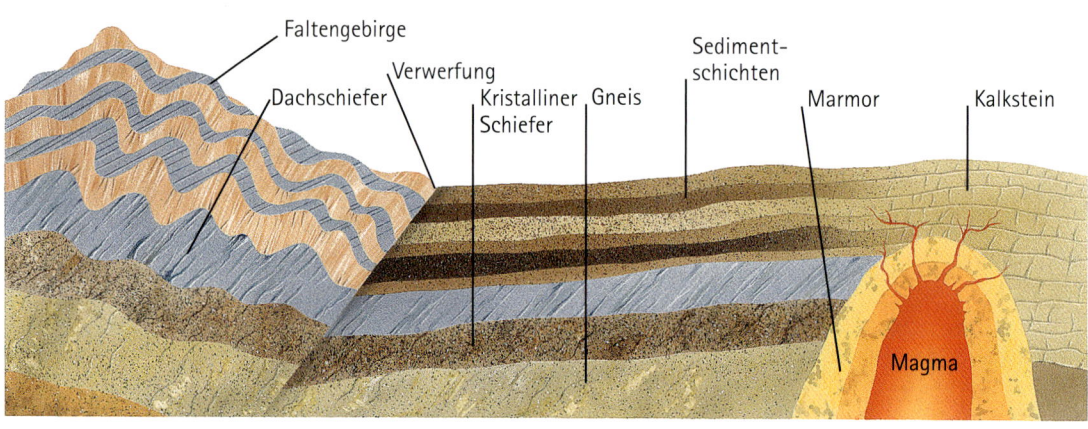

▶ Hitze aus magmatischen Gesteinsintrusionen hat einige der umliegenden Kalksteinschichten in Marmor verwandelt (rechts). Der durch sich faltende Bergschichten entstehende Druck (links) kann Ton in Schiefer verwandeln.

GESTEIN & MINERALIEN

▲ Sedimentgesteine können deutlich unterscheidbare Gesteinsschichten bilden. Diese Gesteine sind Teil des Death Valley in Kalifornien, USA.

der Metamorphose, die meist ein größeres Ausmaß annimmt, erzeugen sich formende und faltende Berge einen enormen Druck. Dadurch können z. B. aus Silt- und Tonsteinen metamorphe Gesteine wie Schiefer und Gneis werden.

SEDIMENTGESTEINE
Sedimentgesteine machen nur einen kleinen Teil der Erdkruste aus, bilden aber etwa drei Viertel des Oberflächengesteins. Es gibt drei Sedimentgesteinsarten: biogenes, chemisches und klastisches. Biogenes Sedimentgestein besteht aus den Skeletten und Schalen von Millionen mikroskopisch kleinen Organismen, die im Lauf der Zeit zusammengepresst wurden und ein Gestein wie Kalk bildeten. Chemische Sedimentgesteine wie Gips entstehen, wenn Wasser verdampft und Mineralien als Sediment zurücklässt. Klastisches Gestein macht 75 % allen Sedimentgesteins aus. Es bildet sich aus anderem Gestein, das von Kräften wie Wind, Wasser, Eis und Frost, chemischen Reaktionen oder Wurzeltätigkeiten abgetragen wurde. Das abgetragene Material wird durch die Schwerkraft, durch Wind, Wasser oder Eis transportiert und schließlich als Sedimentschicht oder -bett abgelagert. Die Sedimentbetten werden, da sich weiteres Material auf ihnen sammelt, allmählich zusammengepresst. Verbinden sich die losen Sedimentstücke, entsteht festes Sedimentgestein wie z. B. Sandstein.

EDELSTEINE UND ERZE
In Gesteinen enthaltene Mineralien, die sich schneiden und polieren lassen, heißen Edelsteine. Bestimmte Edelsteine wie Rubine, Opale und Diamanten sind sehr teuer. Viele Mineralien sind im Gestein als unreine chemische Verbindungen konzentriert, so genannte Erze. Aluminium z. B. kommt oft in dem Erz Bauxit vor, Kupfer in dem Erz Malachit. Erze werden abgebaut und ihr wertvolles Metall oder andere Mineralien aus dem restlichen Erz mittels Wärme und chemischer Reaktionen gewonnen.

▲ Eine offene Goldmine in Australien. Australien ist nach Südafrika und den USA der drittgrößte Goldproduzent.

▶ Mineralien werden oft unter der Erde gebildet, wenn Hitze und Druck ein Gestein in ein anderes umwandeln. Sie können aber auch durch Verdampfung und die Abkühlung von Wasser und anderen Flüssigkeiten entstehen.

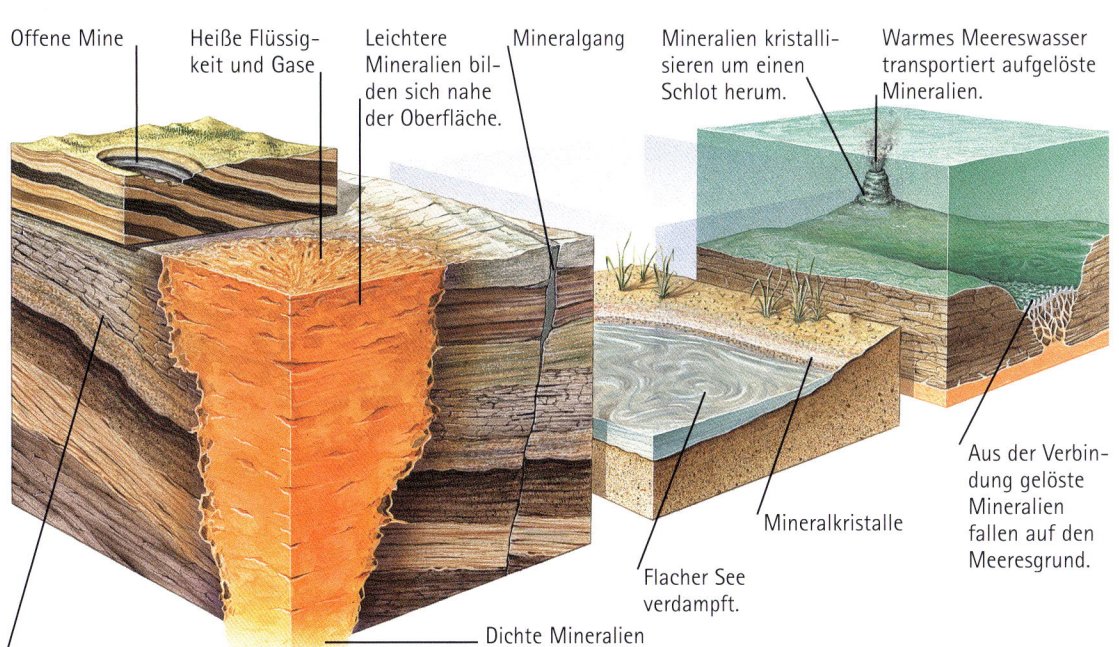

Offene Mine | Heiße Flüssigkeit und Gase | Leichtere Mineralien bilden sich nahe der Oberfläche. | Mineralgang | Mineralien kristallisieren um einen Schlot herum. | Warmes Meereswasser transportiert aufgelöste Mineralien.

Gesteinsschichten | Dichte Mineralien sinken zum Grund. | Flacher See verdampft. | Mineralkristalle | Aus der Verbindung gelöste Mineralien fallen auf den Meeresgrund.

DIE ERDE

GESTEINSZYKLUS

Der Gesteinszyklus ist eine Methode, die Umbildung von Gesteinen darzustellen, die Wissenschaftler mittels der geologischen Zeit messen.

Gesteine verändern sich, denn die in ihnen enthaltenen Mineralien sind ständig Einwirkungen der Umgebung ausgesetzt. Erdmantel, Kruste und Oberfläche fungieren als Gesteins-Recyclingsystem. Gesteinsmaterial wird transportiert und in anderes Gestein umgewandelt. Der Gesteinszyklus, eine Entdeckung des schottischen Geologen und Naturforschers James Hutton (1726–1797), zeigt die Beziehungen zwischen magmatischen, Sediment- und metamorphen Gesteinen sowie deren Formung und Umwandlung. Er beginnt mit der Bildung von magmatischem Gestein, wenn Magma abkühlt und erstarrt. Durch Erosion und Verwitterung abgetragene magmatische Gesteinspartikel werden wegtransportiert, andernorts als Sedimente abgelagert, von darüber liegenden Schichten zusammengepresst und durch Mineralien verkittet, um Sedimentgestein zu bilden.

▲ Sedimente kommen vor allem in Meeresumgebungen vor, und so sind die meisten Fossilien Meereswesen. Bei diesem Fossil handelt es sich um einen Ammoniten, eine Gruppe hartschaliger Meereswesen, die vor 400 bis 65 Millionen Jahren existierten.

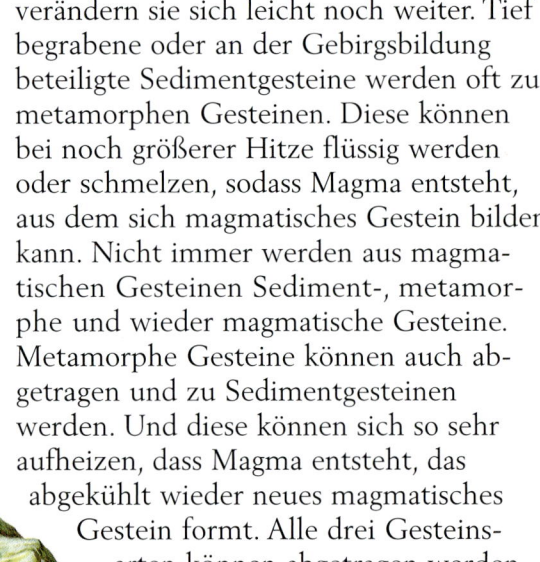

▲ Dieses Diagramm veranschaulicht den Prozess des Recycelns und der Umwandlung von Gesteinen.

Sedimentgesteine bilden sich bei relativ niedrigem Druck und niedrigen Temperaturen. Erhöhen sich Druck und Temperatur, verändern sie sich leicht noch weiter. Tief begrabene oder an der Gebirgsbildung beteiligte Sedimentgesteine werden oft zu metamorphen Gesteinen. Diese können bei noch größerer Hitze flüssig werden oder schmelzen, sodass Magma entsteht, aus dem sich magmatisches Gestein bilden kann. Nicht immer werden aus magmatischen Gesteinen Sediment-, metamorphe und wieder magmatische Gesteine. Metamorphe Gesteine können auch abgetragen und zu Sedimentgesteinen werden. Und diese können sich so sehr aufheizen, dass Magma entsteht, das abgekühlt wieder neues magmatisches Gestein formt. Alle drei Gesteinsarten können abgetragen werden und Sedimente bilden, aus denen neues Sedimentgestein entsteht.

Durch Eis und Frost erodierte Gesteine

Magma (geschmolzenes Gestein) unter der Erdoberfläche

Gebirgshebung erzeugt Druck und Hitze, wodurch metamorphe Gesteine entstehen.

Magmatische Gesteinsschicht bildet sich unterhalb der Erdoberfläche.

Flüsse transportieren Gesteinspartikel, die auf dem Meeresgrund abgelagert werden.

Unter anderen Gesteinsschichten begrabene Sedimentgesteinsschicht

Begrabene Gesteinsschicht

▲ Tief unter der Erde wird Gestein durch intensive Hitze und Druck geformt und umgewandelt. Neues Gestein wird zur Erdoberfläche gedrückt, existierendes Oberflächengestein zerbricht. Die Gesteinsfragmente, die in Schichten abgelagert werden, können schließlich zu Sedimentgestein werden.

GESTEINSZYKLUS

▲ Beim Bryce Canyon in Utah, USA, hat die Erosion Sedimentgesteine, einschließlich Kalkstein und Sandstein, zu Tausenden von Zacken geformt, so genannten Unglücksbringern.

▲ Die geologische Zeit gliedert sich in vier Ären (rechts). Drei von ihnen werden wiederum in Perioden mit unterschiedlichen Fossilien unterteilt.

FOSSILIEN

Fossilien sind die Überreste von Pflanzen und Tieren, die, in weichen Sedimenten eingegraben, im Lauf von Millionen Jahren zu Sedimentgestein geworden sind. Da nur die harten Bestandteile der Lebewesen wie Knochen, Zähne und Schalen versteinern, entdeckt man selten Weichtiere. Fossilien geben wertvolle Informationen über das Erdenleben vor Millionen Jahren und sind eine wichtige Methode, Gesteine zu vergleichen und zu datieren. Das Studium der Fossilien zeigt nämlich, dass ähnliche Lebensformen zur gleichen Zeit in unterschiedlichen Erdteilen existierten. Es gehört zu einer Reihe von Methoden zur Datierung von Gesteinen und geologischen Merkmalen. Eine andere Methode, die radiometrische Datierung, misst das Vorkommen radioaktiver Elemente im Gestein. Diese radioaktiven Elemente zerfallen mit konstanter Geschwindigkeit, sodass sich das Alter von Gesteinen relativ genau bestimmen lässt.

▲ Sind Gesteinsschichten weitgehend ungestört geblieben, lassen sie sich anhand ihrer Lage datieren. Jüngere Schichten liegen meist auf älteren Schichten.

GEOLOGISCHE ZEIT

Die moderne Wissenschaft schätzt das Alter der Erde auf rund 4,6 Milliarden Jahre, eine riesige Zeitspanne, die sich mithilfe der geologischen Zeit darstellen lässt. Diese ist in vier Ären aufgeteilt, die mit der Entstehung der Erde vor über vier Milliarden Jahren beginnen und vor 570 Millionen Jahren enden. Das Präkambrium umfasst über 80 % des Erdenlebens, doch stammen aus dieser Zeit aufgrund des ständigen Gesteinswandels die wenigsten Fossilienfunde. Im frühen Paläozoikum wuchsen die ersten Landpflanzen und in dieser Zeit entstanden auch die ersten Wälder, die später abstarben und die Kohlereserven der Welt bildeten. Das Mesozoikum war das Zeitalter der Dinosaurier.

DIE ERDE

GEBIRGSBILDUNG

Im Lauf von Millionen Jahren sind aufgrund der Aktivität der Erdkruste, von Verwitterung und Vulkanen Berge entstanden und auch wieder verschwunden.

▲ Mit 6.960 m ist der Mt. Aconcagua der höchste Berg außerhalb Asiens. Er gehört zur südamerikanischen Andenkette und ist ein ruhender Vulkan.

Berge sind Landmassen, die sich steil über ihre Umgebung erheben. Sie werden vor allem durch die Bewegung und Aktivität der Erdkruste gebildet. Die kontinentale Kruste besteht aus hartem Gestein, doch enormer Druck kann weicheres Gestein auffalten. Die Falten können überkippen, sinken und sich wie eine verknitterte Decke übereinander legen. Berge können aus mehreren Falten entstehen, die Gesteinsschichten aufeinander häufen. Sind sie starken Kräften ausgesetzt, können sich Risse und Verwerfungen bilden, Schollen zwischen zwei Verwerfungen angehoben werden oder sinken und flache, steilwandige Horste sowie lange, tiefe Senkungsgräben entstehen.

▲ Der Wilde Kaiser, eine Gebirgskette in den österreichischen Alpen, hat zwischen 1.900 und 2.400 m hohe Gipfel. Das Gebiet ist beliebtes Ziel für Skifahrer und Kletterer.

KOLLISION DER KONTINENTE

Die Platten der Erdkruste sind ständig in Bewegung und stoßen zusammen (siehe S. 7, Kontinentalverschiebung). Die Kruste an den Plattenrändern wird verbogen und gefaltet, sodass Verwerfungen entstehen. Oft hebt sich das Land. Viele der heutigen Gebirgsketten sind so entstanden. Das spektakulärste Beispiel für durch Plattenkollision entstandene Berge findet sich im Himalaya. Dort begann der indische Subkontinent vor über 60 Millionen Jahren seine Wanderung nach Norden, wobei er den Tethys-Ozean vor sich herschob. Dabei wurde im Verlauf von rund 45 Millionen Jahren die ozeanische Kruste unter die kontinentale Kruste Asiens gedrückt. Schließlich verschwand der Tethys, aber

Als Schubdecke bezeichnet man eine große Gesteinsmasse, die durch Verwerfung oder Faltung um ca. 2 km von ihrem ursprünglichen Standort verschoben wurde.

Bei liegenden Falten ist die Achsenfläche stark geneigt, sodass sie fast horizontal liegen.

Eine Antiklinale ist eine nach oben gebogene Falte.

Eine aus Falten gebildete Mulde nennt man Synklinale.

Verwerfung

Horst

Senkungsgraben oder Rift Valley

▲ Ein Teil der Erdkruste ist durch Plattenbewegung und andere Aktivitäten starkem Druck ausgesetzt. Dadurch entstehen Falten und Verwerfungen, die die Landschaft auf unterschiedliche Weise formen.

GEBIRGSBILDUNG

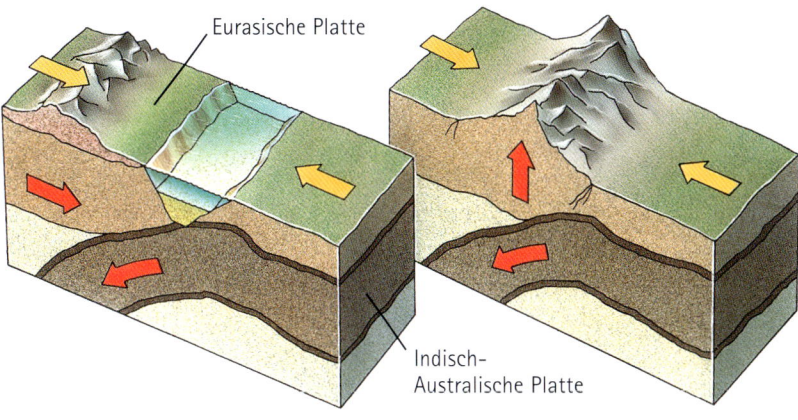

▲ Vor langer Zeit stieß die Platte, die das heutige Indien trägt, mit der Platte zusammen, die das übrige Asien trägt (links). Sand, Schlamm und Erde auf dem Meeresgrund zwischen den Platten wurden zusammengedrückt und nach oben geschoben (rechts). So entstand der Himalaya.

Sedimentmassen vom Ozeangrund stiegen auf, wurden zwischen die Kontinente gequetscht und trugen zur Bildung der weltweit höchsten Gebirgskette bei.

ERUPTION UND EROSION

Berge entstehen nicht nur durch Plattenbewegung. Durch Vulkanausbrüche können steil abfallende, kegelförmige Berge wie der Vesuv in Italien, der Mt. Saint Helens in den USA oder der Fuji in Japan geformt werden. Flachere Vulkane, genannt Schildvulkane, bilden Berge wie den Mauna Loa und den Mauna Kea auf Hawaii. Kuppelberge wie die Black Hills in den US-Staaten South Dakota und Wyoming entstehen, wenn unter der Erdkruste aufsteigendes Magma oder magmatisches Gestein gegen das darüber liegende Gestein drückt, es anhebt und verformt. Auch durch Erosion können, wie im Fall der Ozark Mountains in den US-Staaten Arkansas und Missouri, Berge entstehen. Weicheres Gestein wird abgetragen, und zurück bleibt ein Kern härteren Gesteins, der aus der Ebene herausragt. Manchmal entstehen Berge durch eine Mischung von Vulkantätigkeit und Erosion. Magma, das in die Kruste eindringt, kann durch Erosion freigelegt werden und, wie Schottlands Cairngorm Mountains, die aus Granit bestehen, als Berge die Umgebung überragen.

HEBEN UND SENKEN

Berge sind keine unveränderlichen Gebilde. Sie formen sich ständig und werden im Lauf von Millionen von Jahren wieder abgetragen. Durch die erodierenden Kräfte von Wind, Eis und Wasser werden die Berge kleiner. Flüsse und Gletscher transportieren den Schutt und lagern ihn als Sedimente ab. Schließlich sind die Berge abgetragen und andernorts bilden sich neue.

▼ Bruchschollenberge entstehen, wenn riesige Schollen der Erdkruste kippen oder nahe einem Riss oder einer Verwerfung nach oben geschoben werden. Diese Berge liegen in der Nähe der Moab-Verwerfungslinie im US-Staat Utah.

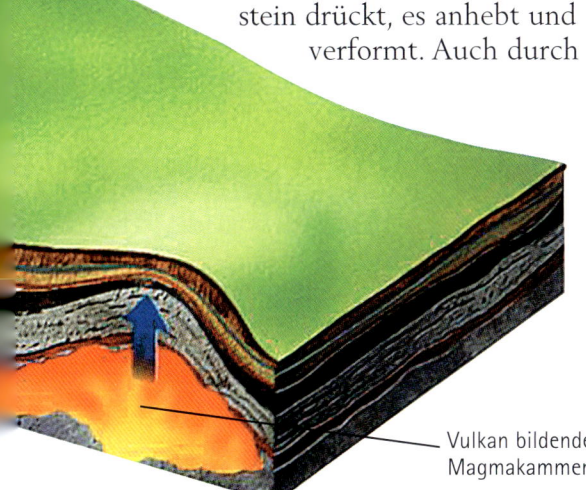

Vulkan bildende Magmakammer

DIE ERDE

FLÜSSE UND SEEN

Flüsse und Seen haben große Auswirkungen auf die Welt. Sie formen das Land, versorgen Lebewesen mit Wasser und bieten ihnen ein Habitat.

Flüsse sind große Wasserstraßen, die Wasser von hoch gelegenem Land zu Gebieten auf Meeresspiegelhöhe transportieren. Sie münden in Seen, Meere und Ozeane und führen Wasser, das Regen, Schnee, schmelzenden Gletschern sowie dem Grundwasser entstammt. Flusslänge – der längste ist über 6.000 km lang – und Wassermenge variieren stark. Die beiden größten Flüsse (nach Wassermenge), der Amazonas in Südamerika und der Kongo in Afrika, enthalten rund 60 % des Flusswassers der Welt.

▼ Ein Fluss entspringt in hoch liegenden Gebieten und fließt durchs Land Richtung Meeresspiegel. Während dieser Reise nimmt die Strömung ab und sein Einfluss auf die Landschaft ändert sich. Da er durch Schwemmebenen langsamer fließt, lagert er dort Sedimente ab.

Berggletscher speist Oberlauf des Flusses.

Schnell fließender Oberlauf kerbt tiefes, v-förmiges Tal ein.

Mäanderabschnürung

Der Mittellauf eines Flusses gleicht einer unregelmäßigen Schlangenlinie.

An seiner Mündung lagert der Fluss mitgeführtes Material ab, das ein fächerförmiges Delta bilden kann.

Der Rhein, der in der Schweiz entspringt und durch Schmelzwasser aus Gletschern und Schnee gespeist wird, fließt 1.320 km durch Nordeuropa, bevor er in die Nordsee mündet.

DAS LEBEN EINES FLUSSES

Flüsse entspringen meist in höher liegenden Regionen, wo sie durch Schmelzwasser von Schnee, Eis und Gletschern oder durch Grundwasser gespeist werden. Regnet es in diesen Gebieten, sickert Wasser in den Boden oder in Gesteinsspalten. Mancherorts wird der Boden mit Wasser gesättigt. Erreicht der obere Rand der Grundwasseroberfläche die Erdoberfläche, kann Grundwasser als Quelle hervorströmen. Wasser wird durch die Schwerkraft zum Meeresspiegel gezogen. Es rinnt Hänge hinab und bildet Wasserläufe, die die Flüsse speisen. Das Gebiet, aus dem ein Fluss sein Wasser bezieht, bezeichnet man als Stromgebiet, die Form des Flusses und seiner Nebenflüsse als Flussnetz. Letzteres hängt von der Beschaffenheit des Bodens und Gesteins ab, vom Gefälle und den Erdbewegungen. Im Oberlauf fließt der Fluss schnell und relativ gerade, höhlt das

FLÜSSE UND SEEN

▲ Der Amazonas fließt zwischen 6.400 und 7.025 km (je nach Quellfluss) durch Südamerika, bevor er in den Atlantischen Ozean mündet. Über 20 % des Süßwassers, das jährlich in die Meere fließt, stammt von ihm.

▶ Mäanderabschnürungen, hufeisenförmige Seen, waren einst Teil des Flussmittellaufs und liegen nun in dessen Nähe.

1 Mäander oder Flussschlingen sind unterschiedlich breit.

2 Der Schlingenhals kann sich während der Entstehung verengen.

3 Der Mäander wird vom Fluss abgeschnürt.

Land aus und durchschneidet es (siehe S. 22). Im Mittellauf führen Flüsse mehr Wasser, fließen langsamer und bilden Schlangenlinien, so genannte Mäander. Schließlich ergießt ein Fluss sich an seiner Mündung in Meere, Ozeane oder große Seen.

SEEN

Seen sind große, von Land umgebene stehende Gewässer. Sie entstehen auf vielfältige Weise dort, wo sich, wie in Bodensenken, Wasser sammelt und nicht abfließt. Bei vielen, wie den Großen Seen in Nordamerika, höhlten Gletscher das Grundgestein aus und formten große Becken. Die tiefsten Seen sind durch die Bewegung der tektonischen Platten entstanden, die Gesteinsmaterial beiseite schoben, sodass Verwerfungen und Bodensenken entstanden. Kraterseen finden sich in den Überresten von Meteoritenkratern oder der Spitze erloschener Vulkane. Durch Stauung von Flüssen werden künstliche Seen angelegt, die u. a. dem Fischfang, der Bewässerung und der Elektrizitätserzeugung dienen. Einige Seen entstehen, wenn es bei mäandrierenden Flüssen zur Abkappung einer Flussschlinge, der so genannten Mäanderabschnürung, kommt. Seen sind temporäre Gewässer, die sich auf verschiedene Weise bilden und meist wieder verschwinden. Das Wasser in Seen kann verdampfen, wenn das Klima trockener wird, die Seen können sich mit Sedimenten füllen, sodass ein Sumpf entsteht. Seen machen nur einen geringen Prozentsatz des Süßwassers aus, sind aber – vor allem die nährstoffreichen flachen Seen – hervorragende Habitate für Pflanzen und Tiere.

▼ Seen können sich in Tälern bilden, die durch große Erdrutsche blockiert wurden. Ein Beispiel dafür ist der Moraine-See im Banff-Nationalpark in Kanada.

DIE ERDE

OZEANE UND MEERE

Wasser bedeckt fast 75% der Oberfläche unseres Planeten. Rund 97,6% des Wassers der Erde ist in den Meeren und Ozeanen enthalten.

▼ Schwarze Raucher sind Schlote auf dem Meeresgrund, aus denen heißes, mineralreiches Wasser sprudelt. Es enthält Nährstoffe für die Meeresfauna, z.B. für Röhrenwürmer, sowie die Meeresflora.

Ursprünglich war das Meerwasser Süßwasser, doch seit Millionen Jahren spült Regenwasser in Gesteinen enthaltene Mineralien, vor allem Salz, in die Meere. Meerwasser besteht aus 96,5% reinem Wasser, 2,9% Salz und 0,6% anderen Elementen, einschließlich Kalzium, Fluorid, Magnesium und Kalium. Der Salzgehalt des Meerwassers variiert. Einige Meere wie die Ostsee haben wegen der vielen in sie mündenden Süßwasserflüsse einen viel niedrigeren Salzgehalt, Meere die, wie das Tote Meer, wenig Regen abbekommen und stark verdunsten, einen höheren. Die Flüsse der Welt transportieren jährlich rund 3 Mrd. t Salz in die Meere.

▲ Korallenriffs wie dieses im Südpazifik werden nahe der Meeresoberfläche durch die Überreste von Millionen Polypen gebildet.

▼ Der Pazifische Ozean bedeckt knapp über ein Drittel unseres Planeten. Er nimmt, benachbarte Meere eingeschlossen, eine Fläche von 181.340.000 km² ein. Diese ist größer als die gesamte Landfläche aller Kontinente.

BEWEGUNG DES WASSERS

Wellen, Gezeiten und Strömungen bewegen das Wasser der Meere und Ozeane. Wellen kräuseln die Ozeanoberfläche, brechen in flachem Wasser, tragen Gestein ab, transportieren es und lagern Schutt ab. Aufgrund der Anziehungskraft des Mondes steigt und fällt der Meeresspiegel regelmäßig. Die vier Ozeane der Welt – der Pazifische, Atlantische und Indische Ozean sowie das Nordpolarmeer – sind miteinander verbunden, und ihre Strömungen, die vor allem durch Wind, aber auch durch Dichte- und Temperaturunterschiede des Wassers erzeugt werden, verteilen das Wasser um, transportieren die aus den Sonnenstrahlen absorbierte Wärme um die Welt und beeinflussen so das Klima.

DIE MEERESLANDSCHAFT

Die Ränder der Kontinente fallen bis unter die Meeresspiegel ab und bilden Schelfe. Diese können wenige Kilometer bis über 500 km breit sein und manche werden von untermeerischen Cañons durchschnitten. Die Schelfe enden in einer Tiefe von ca. 130 m. Von dort fallen Kontinentalabhänge steil zum Meeresgrund hin ab. Meereskundler schätzen die durchschnittliche Meerestiefe auf 4.000 m. Große Teile des Meeresgrunds sind relativ flache, von kleinen Hügeln und Unterwasservulkanen durchbrochene Ebenen. Dort, wo die Platten der Erdkruste aufeinander prallen, können tiefe Meeresgräben entstehen;

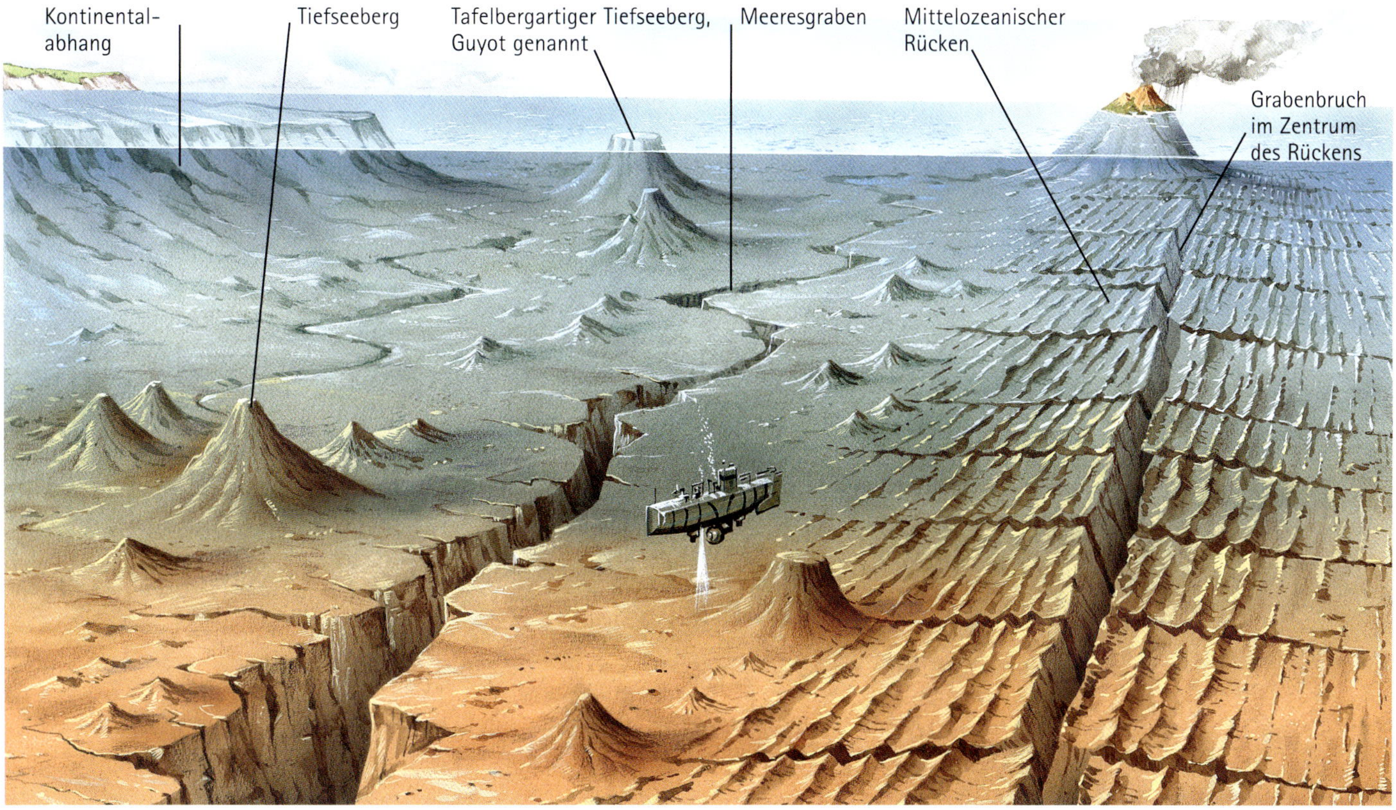

OZEANE UND MEERE

Kontinentalabhang • Tiefseeberg • Tafelbergartiger Tiefseeberg, Guyot genannt • Meeresgraben • Mittelozeanischer Rücken • Grabenbruch im Zentrum des Rückens

es sind die tiefsten Stellen der Erde, oft Hunderte von Kilometern breit, Tausende Kilometer lang. Die 11.022 m unter dem Meeresspiegel gelegene Challenger-Tiefe, Teil des Marianengrabens im Pazifischen Ozean, ist die tiefste bekannte Stelle der Weltmeere.

Auf allen Meeresböden anzutreffen ist der Mittelozeanische Rücken, ein Netz von langen, alle Ozeane umspannenden Gebirgszügen, die über 1.500 m hoch sein können. Sie werden durch geschmolzenes Gestein gebildet, das aus dem Erdmantel hochsteigt. Kühlt dieses ab und erstarrt, breitet sich die neue ozeanische Kruste vom Rücken her in beide Richtungen aus. Trifft die ozeanische Kruste auf einen Kontinent, sinkt sie meist und bildet oft einen Meeresgraben.

LEBEN IM MEER

In Meeren und Ozeanen wimmelt es von Leben. Neben 22.000 Fischarten gibt es Tausende von Pflanzen und Schalentiere. Die Mehrzahl der Fauna und Flora befindet sich in der euphotischen Zone, den oberen hundert Metern. Dorthin dringt Sonnenlicht, das von Mikroorganismen genutzt wird, um durch den Prozess der Fotosynthese Lichtenergie in Nahrung umzuwandeln. Dieses Phytoplankton bildet das erste Glied in den Nahrungsketten der Meere. Selbst in den dunklen Tiefen der Ozeane existiert Leben. In Regionen unter 1.000 m haben Pflanzen und Tiere sich an das Leben in relativer oder absoluter Dunkelheit angepasst. Viele sind Aasfresser, die sich von nach unten sinkenden toten Pflanzen und Tieren ernähren.

▲ Die Landschaft des Meeresgrunds ist vielgestaltig. Gräben und Meeresrücken sind aktive vulkanische und seismische Zonen.

▲ Je nach Tiefe variiert die Temperatur der Strömungen. Manchmal steigt kaltes Wasser nach oben und ersetzt wärmeres Oberflächenwasser, das der Wind von der Küste wegweht.

◄ Wellen beginnen als vom Wind erzeugte Auf- und Abwärtsbewegungen und gehen in kreisförmige Bewegungen über. Beim Eintritt in flaches Wasser, kippen sie und brechen.

Windrichtung • Wasser bewegt sich in Kreisen. • Wellen kippen im flachen Wasser. • Welle bricht.

DIE ERDE

Wasser als Bildhauer

Flüsse, Meere, Ozeane und Regenwasser formen die Landschaft durch Erosion sowie den Transport und die Ablagerung von Material.

▲ Wellentätigkeit hat diese Kalkstein-Landspitze an der Küste von Dorset, Südengland, erodiert. Dadurch entstand dieser große Bogen, der Durdle Door. Irgendwann wird der Bogensturz einbrechen, dann bleibt eine hohe Felssäule zurück.

Wasser, das als Bach oder Fluss bergab fließt, reißt alle losen Partikel mit sich fort. Diese tragen zur Aushöhlung und Abtragung des Landes bei. Dadurch entsteht weiteres loses Material, das teilweise ebenfalls vom Wasser weiterbefördert wird. Nahe seiner Quelle formt der Fluss gern steile, v-förmige Täler. Im Mittellauf höhlt er die Ufer aus, sodass noch breitere Täler entstehen.

Macht der Fluss eine Biegung, ist die Strömung auf deren Außenseite schneller als auf der Innenseite. Am Außenrand wird das Land dann weiter erodiert, am Innenrand wird Sediment abgelagert.

Trifft ein Fluss auf härteres Gestein, bilden sich manchmal Stromschnellen und Wasserfälle. Einige Wasserfälle entstehen durch Verwerfungen und Gletschertätigkeit (siehe S. 25 f.), die meisten aber durch Unterhöhlung weicherer Gesteinsschichten. Wie viel erodiertes Material ein Fluss mitführen kann, hängt von seiner Geschwindigkeit ab. Im Mittellauf wird er meist langsamer und lagert das mitgeführte Material als Sediment ab. Wird im Unterlauf beidseitig das Land überschwemmt, entsteht eine Schwemmebene, die, wie die des Nils in Ägypten, sehr fruchtbar sein kann.

▼ Mit seiner Wellentätigkeit erodiert das Meer das Land. Luft wird in Spalten gepresst und bricht das Gestein auseinander. Wellen unterhöhlen oft die Basis einer Klippe, sodass diese einstürzt.

KÜSTEN

Küsten werden ständig von der Tätigkeit der Wellen verändert. Wellen üben starken Druck auf die Landschaft aus, und die Gesteine, Kieselsteine und Sedimente, die sie gegen das Land schleudern, arbeiten wie mächtige Erosionswerkzeuge. Meerwasser ist zudem leicht sauer und kann Kalkstein- und Kreidefelsen auflösen. Viele Küsten sind eine Mischung aus hartem und weichem Gestein, das unterschiedlich schnell erodiert. Aus weichem Gestein entstehen bogenförmige Buchten, aus hartem Gestein Klippen und Landspitzen. Aus losen Sedimenten und Steinen, die von der Küstenerosion stammen, und aus von Flüssen abgelagertem Material werden Strände geformt. Strandmaterial wird von den Wellen seitlich mitgezogen, was man Strand-

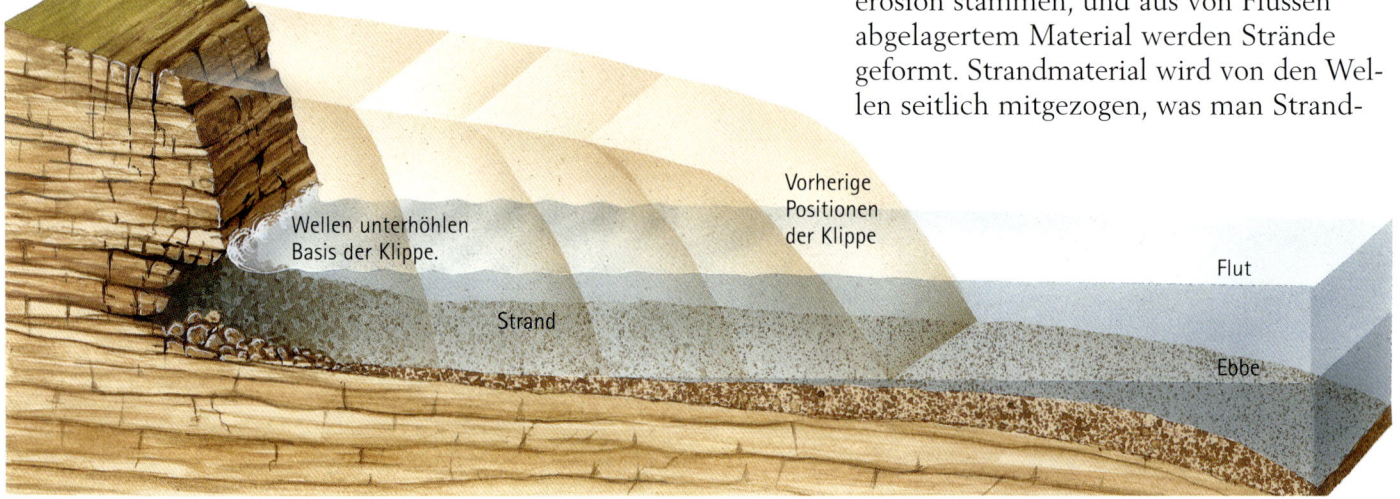

WASSER ALS BILDHAUER

▲ Der Colorado hat aus den umliegenden Sandsteinfelsen im Canyonlands-Nationalpark, USA, den spektakulären Horseshoe Bend geformt.

versetzung nennt. Aus Bruchstellen in der Küste wird Material in die See hinausgespült, wodurch Landzungen entstehen.

UNTERIRDISCHES WASSER

Wasser kann durch bestimmte Gesteinsarten dringen. In porösem Gestein wie Sandstein gibt es winzige Zwischenräume, in die es hineinsickern kann. Bei durchlässigem Gestein wie Kalkstein dringt das Wasser durch Risse und Spalten. Viele Höhlensysteme werden durch die Tätigkeit von Regenwasser gebildet. Wenn Regen fällt, löst er Kohlendioxid aus der Atmosphäre und wird leicht sauer. Regenwasser kann Gestein, vor allem Kalkstein, auflösen, wodurch die Gesteinsspalten allmählich größer werden. Manchmal werden tiefe, vertikale Tunnel, so genannte Schlundlöcher, gebildet und durch Aushöhlung des unterirdischen Gesteins große Höhlen.

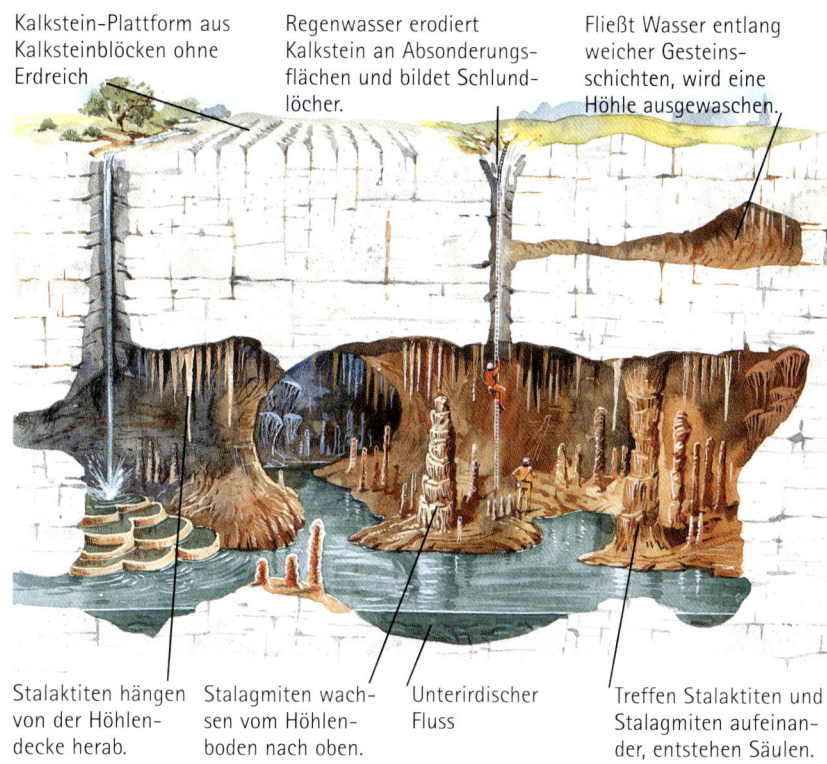

Kalkstein-Plattform aus Kalksteinblöcken ohne Erdreich

Regenwasser erodiert Kalkstein an Absonderungsflächen und bildet Schlundlöcher.

Fließt Wasser entlang weicher Gesteinsschichten, wird eine Höhle ausgewaschen.

Stalaktiten hängen von der Höhlendecke herab.

Stalagmiten wachsen vom Höhlenboden nach oben.

Unterirdischer Fluss

Treffen Stalaktiten und Stalagmiten aufeinander, entstehen Säulen.

▲ Saures Regenwasser löst Kalkstein auf und gestaltet unterirdische Formen. Stalaktiten und Stalagmiten werden durch vom Wasser abgelagerte Mineralien gebildet.

▼ Die atemberaubenden Iguaçu-Fälle an der Grenze zwischen Argentinien und Brasilien sind 4 km breit. Kleine felsige und bewaldete Inseln teilen sie in 275 Wasserfälle.

Schicht harten Gesteins überspannt ein Flussbett.

Wasser höhlt das darunter liegende weichere Gestein aus.

Darunter bildet sich ein Tauchbecken.

▲ Wenn Wasser flussabwärts weiche Gesteinsschichten erodiert und eine Stufe formt, entsteht ein Wasserfall. Wird auch das härtere Gestein erodiert, entsteht eine Schlucht.

DIE ERDE

EISLANDSCHAFTEN

Gletscher hinterlassen als riesige Eisströme auffällige Landschaftsformen, bilden Seen und reißen Boden und Gestein Hunderte von Kilometern mit sich.

▲ Der weiße Bereich zeigt die Eisdecke, die während der letzten Eiszeit Teile der Nordhalbkugel bedeckte. Mancherorts war das Eis bis zu 3.000 m dick.

Eis bedeckt etwas mehr als zehn Prozent der Landfläche der Erde. In der Vergangenheit war dieser Prozentsatz zeitweise höher, denn in der Erdgeschichte gab es mehrere kältere Perioden, so genannte Eiszeiten. Die Wissenschaftler glauben, dass die letzte Eiszeit vor rund 2,5 Millionen Jahren begann. In den letzten zwei Millionen Jahren gab es 15 bis 22 eiszeitähnliche Perioden. Während der letzten Eiszeit waren große Teile der Nordhalbkugel von Eisschichten bedeckt. In vielen dieser Gebiete hat das Eis sich zurückgezogen, sodass seine Wirkungen auf die Landschaft deutlich zu sehen sind. Die Eismassen haben umliegendes Gestein abgetragen, wodurch sie viele Flachlandgebiete der Welt gebildet haben.

GLETSCHERBILDUNG

Gletscher sind große Eismassen, die sich langsam voranbewegen. Auf den Kontinenten gibt es, mit Ausnahme von Australien und Ozeanien, rund 100.000 Gletscher. Sie bilden sich oft in Bergtälern, in denen es wiederholt heftig schneit. Frischer Schnee wird von Folgeschichten zusammengepresst, sodass eine feste, Firn genannte Masse entsteht. Landet weiterer Schnee auf dem Firn, wird Luft herausgedrückt, was die Schneepartikel komprimiert. Die Eiskörner schmelzen, gefrieren wieder und füllen alle verbliebenen Spalten, bis sie Gletschereis bilden. Reicht dieses ca. 30 m tief, zwingt die Schwerkraft die Eismassen, langsam zum Tal hinabzukriechen.

Schmelzwasser
Endmoräne

BEWEGUNG UND KRAFT

Gletscher bewegen sich meist zwischen einem Zentimeter und einem Meter pro Tag. Dort, wo das Eis in Kontakt mit Grundgestein kommt, erzeugt der große Druck Wärme. Das Eis schmilzt und bildet eine Schmelzwasserschicht, die den Gletscher über das Gestein gleiten lässt. Seine enorme Kraft erodiert die darunter und an den Seiten liegende Landschaft. Wasser, das im Gestein unterhalb des Gletschers erneut gefriert, bricht Gesteinsstücke ab, die ins Eis eindringen und die

▼ Flachlandgebiete, die durch Gletscher entstanden, weisen aufgrund der Tätigkeit des Eises und der Moräne, die dieses mit sich führte und ablagerte, oft besondere Merkmale auf.

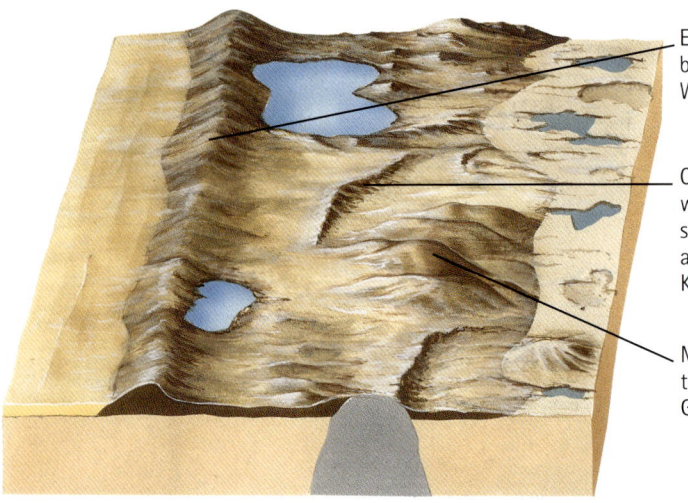

Endmoräne bildet großen Wall.

Oser sind wallartige Aufschüttungen aus Sand oder Kies.

Moränenhügel treten oft in Gruppen auf.

EISLANDSCHAFTEN

◀ Der Morenogletscher in Argentiniens Los-Glaciares-Nationalpark gehört zu den wenigen großen Gletschern, die noch gleiten. Die Gletscherstirn, die rund 5 km breit und 45 m hoch ist, bewegt sich rund 30 cm pro Tag vorwärts.

▶ Schneefälle speisen die Gletscheroberfläche. Am unteren Ende schmilzt der Gletscher und bildet kaltes Schmelzwasser. Solange sich an der Oberfläche mehr Schnee ansammelt als unten wegschmilzt, bewegt der Gletscher sich weiter.

Schüsselförmige Hohlform, Kar genannt

Gletscherbewegung

Gletscherspalten entstehen, wenn der Gletscher sich um Ecken oder über Knicke bewegt.

Seitenmoräne

Die Gletscherstirn wird gewöhnlich Gletscherzunge genannt.

Landoberfläche abschaben. Gesteinsmaterial in Gletschern nennt man Moränen und man unterscheidet zwischen End-, Mittel- und Seitenmoränen. Auf seinem Weg zum Tal erreicht der Gletscher einen Punkt, an dem die Temperatur so steigt, dass der Schneefall nicht zum Wiederauffüllen reicht.

NACH DEM EIS

Ist ein Gletscher wieder verschwunden, bleibt oft eine veränderte Landschaft zurück. Im Hochland entstehen durch Gletschertätigkeit oft Kare genannte Hohlformen, pyramidenförmige Gipfel sowie Kämme zwischen den Gletschern. Täler, in die Gletscher geflossen sind, werden u-förmig und oft so stark ausgearbeitet, dass die Mündungen kleinerer Nebentäler hoch über der neuen Talsohle »hängen«. Über diese Hängetäler stürzt oft Wasser in Form eines Wasserfalls ins Haupttal hinab. Im Tiefland wird ein Großteil des von Gletschern mitgeführten Materials als Gletscherschutt abgelagert – Steinblöcke, Kies, Sand und Ton, die die Erdoberfläche maßgeblich gestalten.

▼ Fjorde sind durch Gletschertätigkeit entstandene Täler, die teilweise vom Meer überflutet wurden. Der Geirangerfjord in Westnorwegen ist ein durch die erodierende Wirkung von Gletschern geschaffenes 16 km langes, u-förmiges Tal.

DIE ERDE

LANDSCHAFTSBILDNER WIND

Wind kann Landschaften ändern, indem er Gesteinsformationen abträgt und Sand sowie anderes Material mit sich fortträgt.

▲ Dieser Bogen, der Delicate Arch in Utah, USA, wurde vom Wind geformt, der das weiche Gestein abgetragen hat.

Vor allem in trockenen Wüstenregionen, in denen es kaum Pflanzen und Wasser gibt, um Partikel zu binden, formt der Wind das Land. Er trägt leichteres Material mit sich fort, das Gesteinsformationen abschleift und dazu beiträgt, eine Reihe von Landschaftselementen wie Tafelländer (isolierte plateauartige Erhebungen), Ausliegerberge, Tischfelsen und Bögen zu formen. Wind kann Sand und andere lose Partikel aus einem Gebiet wegwehen, sodass eine Hammada zurückbleibt, eine Wüstenebene aus grobem, kantigem Gesteinsschutt. Sandkörner zwingt der Wind zu einer Reihe kurzer Hüpfer. Landen sie, treffen sie auf andere

▲ Diese Gesteinsformationen im Monument Valley, Utah, USA, sind durch Winderosion geformte Ausliegerberge.

Körner, die entweder selbst in die Luft hüpfen oder andere Körner dazu zwingen. Dieser Prozess wird Saltation genannt. Sanddünen bilden sich an Seeufern, in Wüsten und an Meeresufern. Die Dünenform hängt von der Windrichtung, der Art der Hindernisse und dem Sandvorrat ab. Weht der Wind aus einer Richtung, entstehen oft große, sichelförmige Dünen, die man Barchane nennt.

Kommt der Wind aus allen Richtungen, bilden sich Sterndünen.

Windrichtung

▲ Der Wind bläst über den Dünenrücken und formt auf der anderen Seite einen steilen Abhang. Weht ständig Wind, bewegen sich Sanddünen meist in Windrichtung. Eine Düne kann bis zu 30 m pro Jahr wandern.

▶ Die Namib-Wüste erstreckt sich rund 1.500 km entlang der Küste Namibias. Da es dort praktisch keinen Regen und keine Vegetation gibt, hat der Wind riesige Wanderdünen geschaffen und geformt.

BODEN

Boden bedeckt einen Großteil der Landoberfläche und ist lebensnotwendig. Er sorgt für das Pflanzenwachstum und damit für Nahrung.

Sand

Ton

Lehm

Boden besteht aus Gesteinpartikeln, Mineralien, Gasen, Wasser, Humus und totem Pflanzen- und Tiermaterial. Er entsteht dadurch, dass Grundgestein durch Verwitterung und Erosion in immer feineres Material zerkleinert wird. Dieses vermischt sich mit dem vermodernden Humus und wird durch Feuchtigkeit und in den Boden reichende Pflanzenwurzeln zusammengehalten. Viele in den Gesteinspartikeln enthaltene Mineralien, die den

▲ Pflanzenwurzeln entziehen dem Boden Luft und Wasser. Fast die Hälfte des Volumens guter Ackerböden – hier ein Feld in Texas, USA – machen Luft und Wasser aus.

Boden mit Pflanzennährstoffen wie Kalzium, Kalium und Magnesium anreichern, werden durch chemische Reaktionen freigesetzt. Bakterien, Pilze und andere kleine Organismen helfen, im Boden enthaltenes totes Pflanzen- und Tiermaterial zu zersetzen. Dieses bildet den nährstoffreichen Humus, den viele Pflanzen für ihr Wachstum brauchen. Die Bodenbeschaffenheit hängt ab von Klima, Vegetation, Gesteinsarten und Umweltfaktoren. Boden gilt zwar als erneuerbare Quelle, kann jedoch leicht seiner Nährstoffe beraubt werden. Die meisten Böden sind von Natur aus fruchtbar, können aber durch Verschmutzung vergiftet und durch extensive Landwirtschaft erschöpft werden. Beraubt man das Land seiner Vegetation (siehe S. 40), können reiche Bodenkrumen weggewaschen oder weggeweht werden, sodass das Land unfruchtbar wird.

Größere Bodentiere wie Maulwürfe befördern beim Buddeln Humus nach unten und tragen so zur Zirkulation von Wasser und Luft im Boden bei.

▲ Sandböden sind körnig, enthalten viel Luft und wenig Wasser. Tonböden bestehen aus kleineren Partikeln, die weniger Luft, aber viel Wasser enthalten. Lehmböden sind eine Mischung aus großen und kleinen Partikeln und bieten gute Wachstumsbedingungen.

Regenwürmer können sowohl Erde als auch organische Stoffe verdauen und helfen dadurch, Humus zu zersetzen und das Erdreich zu durchlüften.

Ein fruchtbarer Boden enthält Millionen Insekten und Milliarden Bakterien und Mikroorganismen.

▲ Böden sind in horizontale Schichten unterteilt, so genannte Bodenhorizonte. Der oberste, sehr humusreiche Horizont wird Oberboden oder Krume genannt. Darunter liegen der Unterboden und schließlich das Ausgangsgestein. Der Boden ist Heimat von Millionen Lebewesen, die zur Zersetzung des Boden, zur Freisetzung der Mineralien und, wenn sie sterben, zu den Humusschichten beitragen.

DIE ERDE

DIE ATMOSPHÄRE

Die Erdatmosphäre schützt die Erdoberfläche vor den Extremen des Alls und ist verantwortlich für unsere Wettersysteme.

▲ Luft ist eine Mischung aus Gasen. Sie enthält 78 % Stickstoff (N), 21 % Sauerstoff (O), weniger als 1 % Argon (Ar) und 0 bis 7 % Wasserdampf sowie Spuren von Wasserstoff, Methan, Neon, Kohlenmonoxid, Helium, Ozon, Krypton und Xenon.

▼ Aus dem All betrachtet, wirkt die Erdatmosphäre wie eine büschelige Anordnung von Wolkenmassen. Doch sie schützt das Leben auf der Erde vor vielen äußeren Gefahren wie dem Solarwind, der intensiven Kälte des Alls und ultravioletter sowie anderer schädlicher Strahlung.

Die Erdatmosphäre hat sich im Lauf von Millionen Jahren entwickelt. Vulkanausbrüche trugen zur Bildung der ersten Atmosphäre bei, die, wie man glaubt, viel Wasserdampf, Stickstoff und Kohlendioxid, aber keinen oder kaum Sauerstoff erzeugt hat. Als die Atmosphäre sich abkühlte, kondensierte viel Wasserdampf, fiel auf die Erde und bildete die Ozeane. Erst nach Entstehung des Pflanzenlebens wurde Sauerstoff ein wichtiger Teil der Atmosphäre. Pflanzen können in einem Prozess, den man Fotosynthese nennt, Lichtenergie in chemische Energie umwandeln. Als Ergebnis wird Sauerstoff in die Atmosphäre entlassen. Die dort enthaltene Luft versorgt uns nun mit Sauerstoff zum Atmen und mit Kohlendioxid, das die Sonnenenergie einfängt, um den Planeten zu erwärmen. Die Atmosphäre recycelt auch Wasser und schützt uns vor gefährlicher Strahlung.

DER AUFBAU DER ATMOSPHÄRE

Die Atmosphäre besteht aus fünf unterschiedlichen Schichten: Troposphäre, Stratosphäre, Mesosphäre, Thermosphäre und Exosphäre. Diese Schichten gehen

◀▲ Diese Bilder zeigen die Abnahme der Ozonschicht über der Antarktis. Als die Nasa 2000 das Ozonloch maß, war es mit 28,3 Millionen km² dreimal so groß wie die USA.

unmerklich ineinander über und ändern sich je nach Jahreszeit, sodass ihre Größe nur annähernd bestimmt werden kann. Die Troposphäre erstreckt sich in einer Höhe von neun bis 17 km über der Erdoberfläche und ist der dichteste Teil der Atmosphäre. Durch diese Schicht zirkuliert Luft und dort spielt sich auch das Wetter ab. Die Temperaturen reichen von 17 °C bis minus 52 °C. Nahe dem Boden, wo die Luft durch die Erdoberfläche erwärmt wird, ist die Temperatur der Troposphäre am höchsten. Mit zunehmender Höhe wird die Luft in dieser Schicht dünner und kühlt im Durchschnitt pro 1.000 m

DIE ATMOSPHÄRE

um 5,5 °C ab. Die Stratosphäre ist trockener und weniger dicht als die Troposphäre und endet rund 50 km über der Erdoberfläche. Zusammen enthalten Stratosphäre und Troposphäre 99 % der Luft der Atmosphäre. Bis in eine Höhe von etwa 85 km reicht die sich anschließende Mesosphäre, eine atmosphärische Schicht, die Radiowellen reflektiert. In der Thermosphäre (bis 450 km), auch obere Atmosphäre genannt, nimmt die Temperatur mit der Höhe zu und übersteigt 1.700 °C. Jenseits der Thermosphäre liegt eine Exosphäre genannte Grenzschicht, die sich ins All hin ausdehnt und mit diesem verschmilzt. Die Exosphäre enthält sehr wenig Materie und nur eine kleine Menge Wasserstoff und Helium.

DIE OZONSCHICHT

Ozon findet sich in einer 20 bis 35 km oberhalb der Erde liegenden Schicht innerhalb der Stratosphäre. Es absorbiert und streut einen Großteil der von der Sonne produzierten ultravioletten Strahlung, die für Lebewesen schädlich ist, weil sie Hautkrebs erzeugt und die Basis der Nahrungskette von Meeresflora und -fauna, das Plankton, schädigt. 1985 entdeckten Wissenschaftler der britischen Antarktisstation Halley Bay über der Antarktis ein Gebiet, in dem die Ozonschicht stark abgenommen hatte. Hauptursache ist, wie man annimmt, das Entweichen von Fluorchlorkohlenwasserstoffen (FCKWs) in die Atmosphäre. Diese Gase werden als Kühlmittel, als Lösungsmittel in der Elektronikindustrie sowie in Sprühdosen verwendet. Wenn FCKWs in die Atmosphäre dringen, reagieren sie mit der ultravioletten Strahlung, sodass das in ihnen enthaltene Chlor Ozonmoleküle zerstört und in Sauerstoff umwandelt. Ein Chlormolekül kann bis zu 100.000 Ozonmoleküle zerstören. International hat man Schritte unternommen, FCKWs zu verbieten. Diese können sich jedoch bis zu 100 Jahre in der Atmosphäre halten und brauchen fünf bis zehn Jahre, um die obere Atmosphäre zu erreichen, wo sie aufgelöst werden.

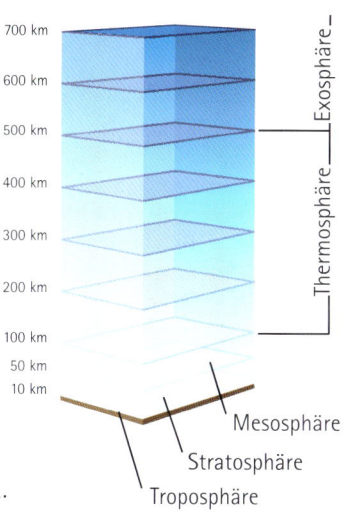

▲ Die Schichten der Atmosphäre gehen in Pausen genannten Zonen ineinander über. Die Tropopause z. B. ist die Zone zwischen Troposphäre und Stratosphäre.

▶ Die Schichten der Atmosphäre liegen in zunehmenden Höhen über der Erdoberfläche und werden von der Erdanziehungskraft festgehalten. Innerhalb der verschiedenen Schichten sind unterschiedliche Phänomene zu beobachten.

- Geladene Sonnenpartikel können eine Aurora bilden.
- Ozonschicht schützt vor schädlichen Mengen ultravioletter Strahlung.
- Radiowellen werden zur Erde zurückgeworfen.
- Sternschnuppen fallen durch die Atmosphäre.
- Einige kosmische Strahlen aus dem All erreichen die Erde.

DIE ERDE

KLIMA

Unter Klima versteht man die über lange Zeiträume vorherrschenden Wetterbedingungen. Auf der Welt gibt es unterschiedliche Klimata.

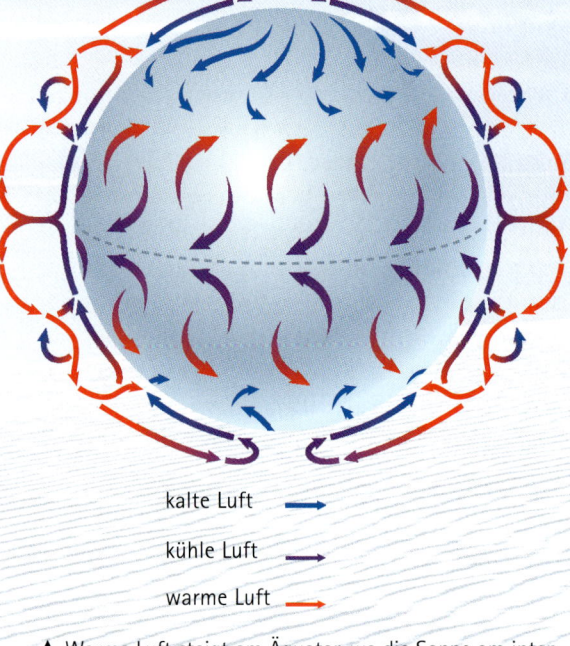

▲ Um den Äquator herum ist die Sonneneinstrahlung am intensivsten. Nördlich und südlich des Äquators ist der Einfallswinkel der Sonnenstrahlen größer und der Wärmeeffekt geringer.

Die Sonne versorgt die Erde mit lebensnotwendiger Energie und ihre Wärme ist für die Wettersysteme verantwortlich. Der Winkel, in dem die Sonnenstrahlen auf die Erdoberfläche treffen, beeinflusst die Temperatur eines Gebietes und diese wiederum dessen Klima und Wettermuster. Da die Erdoberfläche gekrümmt ist, variiert die Sonneneinstrahlung in den einzelnen Gebieten der Welt. Am Äquator, wo die Sonnenstrahlen ganzjährig fast senkrecht auf die Erde treffen und die Erdneigung (siehe S. 4) kaum Auswirkungen hat, sind die Temperaturen fast gleichmäßig hoch. Mit zunehmender Entfernung vom Äquator vergrößert sich der Einfallswinkel der Sonnenstrahlen. Das bedeutet, dass sie einen weiteren Weg durch die Wärme absorbierende Erdatmosphäre zurücklegen müssen und ihre Energie über eine breitere Oberfläche verteilt wird, sodass sich ihre wärmende Wirkung verringert. Deswegen sind die Polarregionen auch die kältesten Gebiete der Erde.

kalte Luft →
kühle Luft →
warme Luft →

▲ Warme Luft steigt am Äquator, wo die Sonne am intensivsten ist, auf, bewegt sich in Richtung der Pole und zieht kalte Luft mit sich. Kalte Luft in Polnähe strebt in die entgegengesetzte Richtung, nämlich in wärmere Gebiete.

LUFTZIRKULATION

Auf jeder Erdhalbkugel gibt es drei Windzellen, die so genannten Zirkulationszellen. Die kalte Luft dieser Winde sinkt und breitet sich aus, bis sie wärmere Regionen erreicht. Dort wärmt sich die Luft auf, steigt und fließt zurück zu den Polen. Da die Erde sich unaufhörlich um die eigene Achse dreht, werden die Winde meist zu einer Seite gedrückt, ein Phänomen, das man Coriolis-Kraft nennt. Auf der Nordhalbkugel lenkt diese Kraft alle Strömungen nach rechts ab, auf der Südhalbkugel nach links. Wenn Luft sich bewegt, ändert sich der Luftdruck.

Steigt warme Luft hoch, hinterlässt sie, da der Druck auf die Erdoberfläche geringer wird, ein Tiefdruckgebiet. Sinkt die Luft, erhöht sich der Druck, und es entstehen Hochdruckgebiete. Diese bringen im Sommer warmes, trockenes Wetter und im Winter kaltes, trockenes Wetter mit sich, Tiefdruckgebiete hingegen Wolken, Regen oder Schnee.

▼ Der Wasserkreislauf wird durch die Sonnenenergie angetrieben. Wasser aus Seen, Flüssen und Meeren verdunstet und gelangt, so wie Wasser aus Pflanzenblättern, in die Atmosphäre. Warme, feuchte Luft kühlt in größeren Höhen oder wenn sie auf kältere Luft trifft ab. Kann die gekühlte Luft das Wasser in Form von Wasserdampf nicht länger tragen, regnet es. Das Wasser kehrt in die Vegetation sowie die Seen, Flüsse und Meere zurück und der Kreislauf beginnt von vorn.

Regen und Schnee
Wasserdampf kondensiert und bildet Wolken.
Ausdünstung von Pflanzen
Wasserdampf in Atmosphäre
Flusswasser kehrt zurück zum Meer
Verdunstung aus Meeren und Seen
Wasserdampf kühlt ab und bildet Regen.
Grundwasser fließt ab.

KLIMA

DER EINFLUSS DES WASSERS

Die Ozeane und ihre Fähigkeit, viel Sonnenwärme zu absorbieren, beeinflussen das Klima. Die oberen zwei Meter des Ozeans speichern mehr Wärme als die gesamte Atmosphäre. Ozeanströmungen transportieren diese Wärme um die Welt und zu den Polen und erwärmen Landmassen sowie die untere Atmosphäre über den Ozeanen. So bringt der Golfstrom Wärme nach Nordeuropa und trägt zum milden Klima dieser Region bei. Im Inland sind die Temperaturunterschiede zwischen Sommer und Winter meist extremer.

Die Wassermenge in den Ozeanen, Meeren, Seen, Flüssen und der Erdatmosphäre bleibt gleich. Doch Wasser ändert seinen Zustand und seine Position in einem unaufhörlichen Wasserkreislauf. Durch Verdunstung und die Ausdünstung von Pflanzen steigt es in die Atmosphäre auf. Wolken bilden sich, wenn Wasserdampf enthaltende, warme Luft aufsteigt, abkühlt und der Dampf kondensiert und Millionen winzige Wassertropfen formt. Stoßen diese zusammen und bilden größere Tropfen, die von den Wolken nicht mehr gehalten werden können, regnet es.

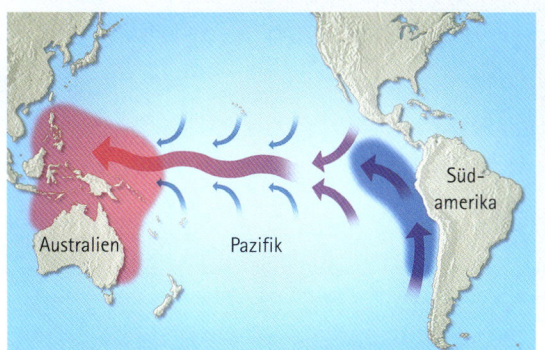

◀ Meeresströmungen beeinflussen das Klima einer Region. Gelegentlich ändern sich große Strömungen und damit auch das Klima. Im Pazifischen Ozean transportieren Oberflächenströmungen normalerweise wärmeres Wasser (purpurrot) von Südamerika in Richtung Australien.

▶ Als El Niño bezeichnet man die gelegentliche Umkehrung der Strömungen des Pazifischen Ozeans. Die warme Strömung fließt ostwärts und führt zu Überschwemmungen in Amerika und zu Dürre in Südostasien wegen verminderten Regenfalls.

KLIMAWANDEL

Auch das Klima ist einem Wandel unterworfen. Über viele Millionen Jahre hat es immer wieder abwechselnd Perioden warmen und kalten Wetters gegeben und vor nicht allzu langer Zeit, nämlich von etwas 1400 bis 1900 eine kühlere Periode, die so genannte Kleine Eiszeit. Sie wird auf einen Mangel an Sonnenflecken auf der Sonnenoberfläche zurückgeführt. Aufgrund der Gefahr der globalen Erwärmung wird der Klimawandel mittlerweile eingehend beobachtet (siehe S. 40 f.).

▼ Die Bodentemperatur hängt vom Rückstrahlvermögen (Albedo) der Bodenoberfläche ab, d.h. davon, wie viel Sonnenenergie sie zurückwirft oder absorbiert. Schnee und Eis in der Antarktis haben ein hohes Albedo, denn der größte Teil der Energie wird zurückgeworfen.

▼ Der Waipoua-Wald in Neuseelands Region Northland hat ein subtropisches Klima mit warmen Temperaturen und relativ viel Regen, in dem eine üppige Vegetation gedeiht, unter anderem riesige Kauribäume, die zwischen 35 und 40 m hoch werden.

DIE ERDE

WELTKLIMAZONEN

Die Klimata der Welt variieren stark und beeinflussen die Flora und Fauna einer Region. Zu den Faktoren, die auf das Klima einwirken, gehören die Höhenlage sowie die Entfernung von Meeren und Ozeanen. Klimazonen sind eine Möglichkeit, die Klimata der Welt darzustellen.

Ein wichtiger Faktor zur Bestimmung des Klimas ist die Entfernung einer Region vom Äquator. So herrscht in äquatornahen Regionen ein warm-nasses Tropenklima, in Regionen mit der größten Entfernung zum Äquator ein sehr kaltes, trockenes, polares Klima. Etwa auf halber Strecke zwischen Äquator und Polen liegt die gemäßigte Zone mit milden Temperaturen und geringem Niederschlag.

▲ Kontinentale Klimazonen liegen wie die nördlichen Zentralstaaten der USA weit von Ozeanen entfernt, sodass deren mäßigender Einfluss keine Rolle mehr spielt. Deswegen sind dort die Temperaturunterschiede zwischen Sommer und Winter größer. Da die von der Luft mitgeführte, aus den Ozeanen stammende Feuchtigkeit vor Erreichen dieser Zonen als Regen fällt, sind sie ziemlich trocken.

▲ Der Amazonas-Regenwald ist typisch für Tropenklimata in Äquatornähe. Heftiger und lang andauernder Niederschlag sowie Durchschnittstemperaturen über 25 °C fördern eine üppige Vegetation, die einer großen Vielzahl von Lebewesen Nahrung und Lebensraum bietet.

WELTKLIMAZONEN

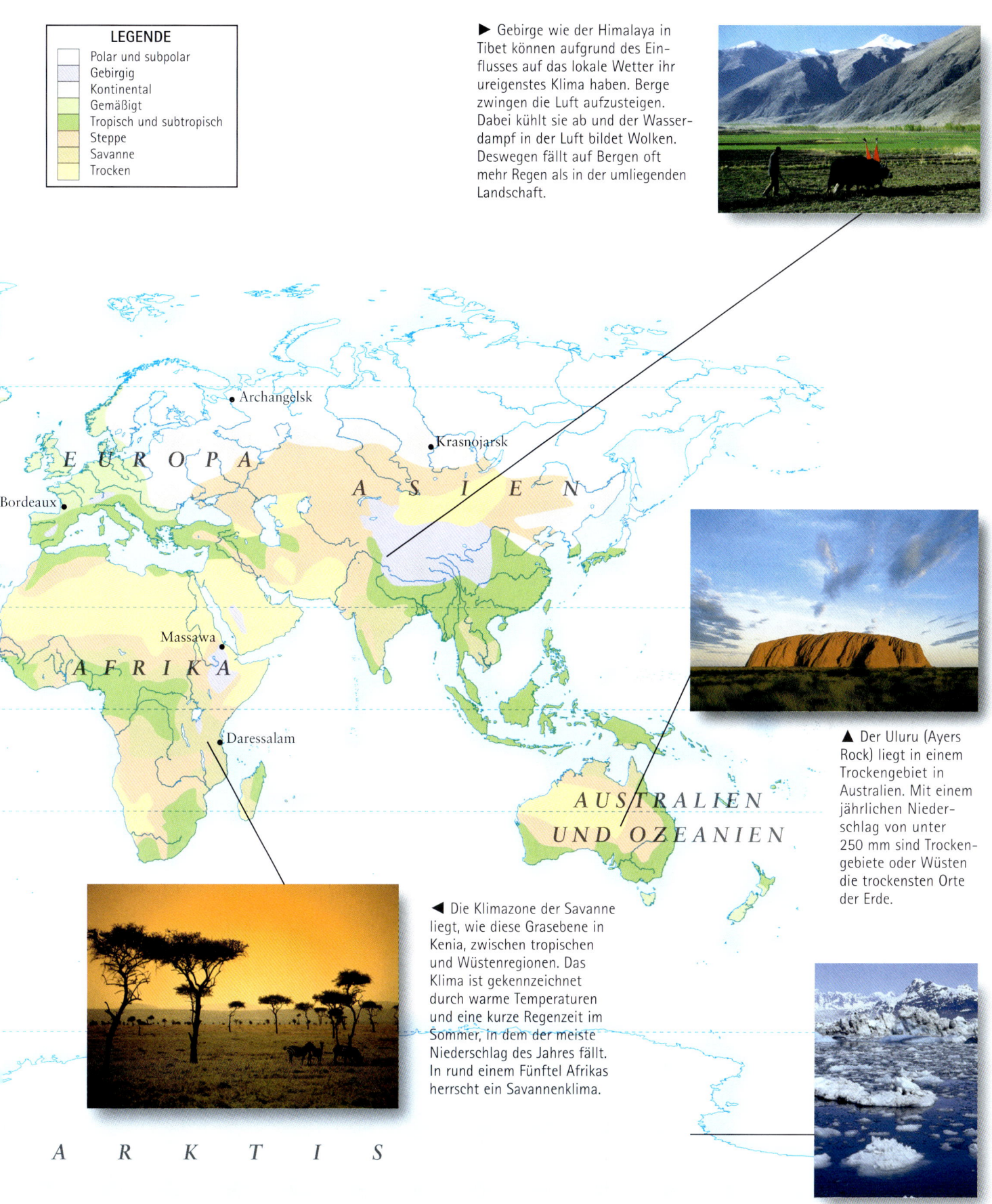

LEGENDE
- Polar und subpolar
- Gebirgig
- Kontinental
- Gemäßigt
- Tropisch und subtropisch
- Steppe
- Savanne
- Trocken

▶ Gebirge wie der Himalaya in Tibet können aufgrund des Einflusses auf das lokale Wetter ihr ureigenstes Klima haben. Berge zwingen die Luft aufzusteigen. Dabei kühlt sie ab und der Wasserdampf in der Luft bildet Wolken. Deswegen fällt auf Bergen oft mehr Regen als in der umliegenden Landschaft.

▲ Der Uluru (Ayers Rock) liegt in einem Trockengebiet in Australien. Mit einem jährlichen Niederschlag von unter 250 mm sind Trockengebiete oder Wüsten die trockensten Orte der Erde.

◀ Die Klimazone der Savanne liegt, wie diese Grasebene in Kenia, zwischen tropischen und Wüstenregionen. Das Klima ist gekennzeichnet durch warme Temperaturen und eine kurze Regenzeit im Sommer, in dem der meiste Niederschlag des Jahres fällt. In rund einem Fünftel Afrikas herrscht ein Savannenklima.

▲ In der Antarktis, in der ein polares Klima herrscht, liegen die Temperaturen meist unter 0 °C.

DIE ERDE

WETTER

Unter Wetter versteht man den augenblicklichen Zustand der Atmosphäre an einem Ort sowie dessen Veränderung.

▲ Seenebel hüllt San Francisco (USA) ein. Nebel sind Wolken über der Erdoberfläche, die sich durch Abkühlen einer feuchten Luftschicht über dem Land bzw. Wasser bilden.

Für unterschiedliches Wetter sind vor allem drei Faktoren verantwortlich: die Wassermenge in der Luft, die Lufttemperatur und die Luftbewegung. In einigen Regionen der Welt bleibt das Wetter viele Tage oder Wochen lang relativ gleich, in anderen ändert es sich oft.

NIEDERSCHLÄGE UND STÜRME

Wasser, das aus Wolken auf die Erde fällt, nennt man Niederschlag. Regen ist die üblichste Form, doch daneben gibt es z. B. Schnee und Graupel. Schneeflocken bilden sich, wenn Wassertropfen in den Wolken zu Eiskristallen gefrieren. Liegt die Frostgrenze weniger als 300 m über Bodenhöhe, können die Flocken nicht schmelzen, bevor sie den Boden erreichen, und fallen als Schnee. Liegt sie viel höher, schmelzen die Flocken und fallen als Regen. Graupel, eine Mischung aus Schnee und Regen, entsteht, wenn Regen in Bodennähe auf sehr kalte Luft trifft und nur teilweise gefriert. Gewitter gibt es bei feucht-heißem Wetter, bei dem Wassertropfen schnell aufsteigen, auf kältere Luft treffen und große Kumulonimbuswolken bilden. Kommt es in diesen

◄ Ein Blitz ist eine heftige Funkenentladung zwischen Regenwolken oder Wolken und der Erde. Dieses Gewitter wurde in Frankreich fotografiert. Elektrisch geladene Wasserpartikel in Sturmwolken können positiv oder negativ geladen sein. Bei dem Versuch, sich zu entladen oder die Spannung auszugleichen, erwärmen sie die Luft auf Temperaturen von bis zu 33.000 °C, die Blitz und Donner erzeugen können.

► Wolken werden entsprechend ihrem Aussehen und ihrer Höhe über der Erdoberfläche klassifiziert. Das mittlere Wolkenstockwerk liegt zwischen 2.000 und 7.000 m, das obere erstreckt sich bis in Höhen von 14.000 m.

WETTER

zur Zunahme der elektrisch geladenen Teilchen, entstehen Blitz und Donner. Tornados bilden sich meist bei heftigen Gewittern, wenn warme Luft schnell aufsteigt und auf kalte, nach unten strömende Luft trifft. Die Luftströme bewegen sich spiralförmig umeinander und bilden einen Wolkentrichter, in dem der Wind Geschwindigkeiten von 480 km/h erreichen kann.

Heftige Stürme treten über Meeren und Ozeanen der Äquatorregionen auf, über dem Atlantik und der Karibik als Hurrikan, dem Pazifik als Taifun und andernorts als Zyklon. Sie entstehen, wenn warm-feuchte, sich spiralförmig bewegende Luft in den Kern eines Tiefdruckgebietes gesaugt wird. Wenn die Luft steigt, kondensiert der Wasserdampf und fällt als sintflutartiger Regen. Ausströmende Wärme lässt die Luft noch schneller steigen und erhöht deren Geschwindigkeit. Die Stürme bewegen sich mit Windgeschwindigkeiten von mindestens 200 km/h vergleichsweise langsam, sodass gefährdete Regionen vor ihnen gewarnt werden können.

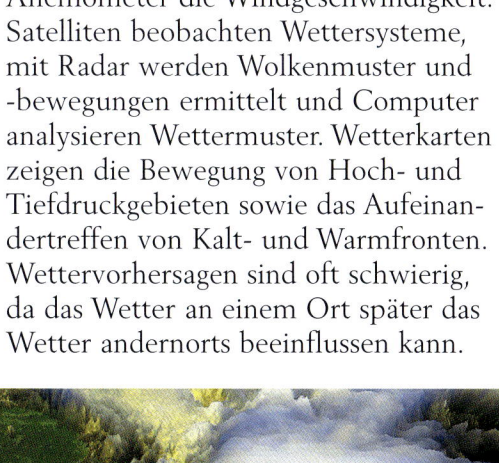

◀ Tornados sind enge Trichter sich schnell bewegender Luft, die in Bodenhöhe meist weniger als 300 m breit sind. Da sie klein und kurzlebig sind und recht plötzlich auftreten, lassen sie sich schwer vorhersagen.

WETTERMESSUNG

Wettervorgänge werden mithilfe vieler Instrumente gemessen. Barografen z. B. messen Änderungen des Luftdrucks, Anemometer die Windgeschwindigkeit. Satelliten beobachten Wettersysteme, mit Radar werden Wolkenmuster und -bewegungen ermittelt und Computer analysieren Wettermuster. Wetterkarten zeigen die Bewegung von Hoch- und Tiefdruckgebieten sowie das Aufeinandertreffen von Kalt- und Warmfronten. Wettervorhersagen sind oft schwierig, da das Wetter an einem Ort später das Wetter andernorts beeinflussen kann.

▲ Regenbogen entstehen, wenn Sonnenlicht in einem bestimmten Winkel auf Regentropfen trifft, sodass die Farben des sichtbaren Lichtspektrums zu beobachten sind.

◀ Hurrikan Fran, 1996 von einem Wettersatelliten vor der Südostküste der USA nahe Florida fotografiert. Hurrikane sind gekennzeichnet durch riesige Kumulonimbuswolken, die um ihr Zentrum kreisen. Warme, feuchte Luft steigt in einem Hurrikan in sich schnell drehenden Spiralen auf. Trockene Luft sinkt durch das als Auge bekannte Zentrum, in dem das Wetter ruhig und der Himmel klar sind.

DIE ERDE

DER MENSCH

Menschen bevölkern die Erde erst seit einem Bruchteil ihrer 4,6 Milliarden Jahre währenden Geschichte, haben sie aber stark verändert.

CO₂-VERSCHMUTZUNG

Transport 70,6 %

Anderes (Abfallbeseitigung, Sprühmittel usw.) 12,3 %

Verbrennung 10,3 %

Industrie 6,8 %

▲ Kohlendioxid (CO_2) wird auf vielfältige Weise in die Erdatmosphäre abgegeben.

▼ Mexico City, eine der größten und bevölkerungsreichsten Städte der Erde, hat wegen seiner Industrie und den 3,5 Millionen Fahrzeugen auch mit der größten Luftverschmutzung zu kämpfen.

Die ersten Menschen waren Jäger und Sammler. Im Laufe der Zeit lernten sie Tiere zu züchten und Getreide anzubauen. Als sie sesshaft wurden, nahmen sie großen Einfluss auf die Landschaft und Vegetation ihrer Region. Menschen nehmen unter den Lebewesen der Erde eine Sonderstellung ein, da sie viele Aspekte ihrer Umgebung verändern können. Anfangs ging es dabei vor allem darum, Anbauflächen zu gewinnen. Bäume wurden gefällt, Steine aus dem Weg geschafft und Wasser aus Flüssen und Seen umgeleitet, um Felder zu bewässern.

AUSBEUTUNG DER RESSOURCEN

Der Bedarf der Industrien an Roh- und Brennstoffen wie Mineralien, Erzen und Kohle läutete die Ausbeutung der Erdressourcen ein. Große Minen rissen Löcher in die Erdoberfläche, als der Mensch nach Baumaterial, wertvollen Metallen und Metallerzen suchte. Die Ausbeutung von Kohleminen, Erdölquellen und Erdgasfeldern hat die Reserven an fossilen Brennstoffen stark

▲ Um aus fallendem Wasser Energie zu erzeugen, werden oft große Dämme in Flüsse gebaut. Der 221 m hohe und 379 m lange Hoover-Damm am Colorado River an der Grenze zwischen Arizona und Nevada (USA) erzeugt einen 593 km² großen Stausee, den Lake Mead.

dezimiert. Elektrizität wird meist noch immer durch das Verbrennen fossiler Brennstoffe wie Kohle oder Öl erzeugt. Für Kunststoff und viele andere künstliche Materialien werden Petroleumprodukte als Rohstoff verwendet. Öl, Kohle und Metallerze sind nicht-erneuerbare Ressourcen und können nicht so schnell ersetzt werden, wie der Mensch sie verbraucht.

BEVÖLKERUNGSWACHSTUM

Im Jahr 1800 bevölkerte etwa eine Milliarde Menschen die Erde, 2002 waren es 6,2 Milliarden. Dieses gewaltige Wachstum hat Veränderungen der Lebensweise sowie der Produktion von Nahrungs-

DER MENSCH

mitteln und anderem mit sich gebracht. Der Ackerbau wird sehr intensiv und vielerorts in großem Maßstab betrieben, was viele wilde Pflanzen und Tiere ihres Habitats beraubt. Die Verwendung von Kunstdünger zur Fruchtbarmachung des Bodens und von Pestiziden zur Schädlingsbekämpfung hat an manchen Orten die Wasserversorgung und die Bodensysteme beeinträchtigt.

Die Städte werden größer und größer, um die zunehmende Zahl der dort lebenden und arbeitenden Menschen zu beherbergen. Der Bau von Städten, Flughäfen und Straßen machte in manchen Gebieten starke Eingriffe in die Landschaft erforderlich. Man schuf als Wasserreservoir dienende Stauseen, dämmte Flüsse ein und leitete sie um, um Elektrizität zu erzeugen, trotzte dem Meer Land ab, um Städte vergrößern zu können und Transportwege zu bauen.

▲ Hongkongs neuer Großflughafen Chek Lap Kok wurde 1998 in Betrieb genommen. Drei Viertel der 1.248 m² großen Landfläche wurden aus dem Meer gewonnen. Für den Bau dieser Fläche verwendete man über 197 Mio. m³ Material aus dem Meer.

Gase reagieren mit Wassertropfen in Wolken und fallen als saurer Regen.

Steigende Säuremengen schaden Bäumen, töten Fische in Seen und Flüssen und entziehen dem Boden lebenswichtige Nährstoffe.

Luftströme transportieren die schädlichen Gase über große Entfernungen.

Die Industrie produziert Abgase.

◄ Chemikalien, die in Abgasen aus Fahrzeugen und Fabriken vorkommen, vermischen sich in der Luft mit Wasserdampf und Sauerstoff und bilden giftige Verbindungen, die als saurer Regen zur Erde fallen. Der in den USA von Industrien und Städten produzierte saure Regen hat Wälder und Seen in Kanada geschädigt, der in Westeuropa produzierte viele Hektar Wald in Skandinavien.

DIE ERDE

WELTBEVÖLKERUNG

Im Jahr 2000 überschritt die Gesamtweltbevölkerung die Sechs-Milliarden-Grenze, aber sie ist höchst ungleichmäßig auf die Länder und Regionen der Welt verteilt. Länder von vergleichbarer Größe können eine höchst unterschiedliche Bevölkerungsstruktur haben.

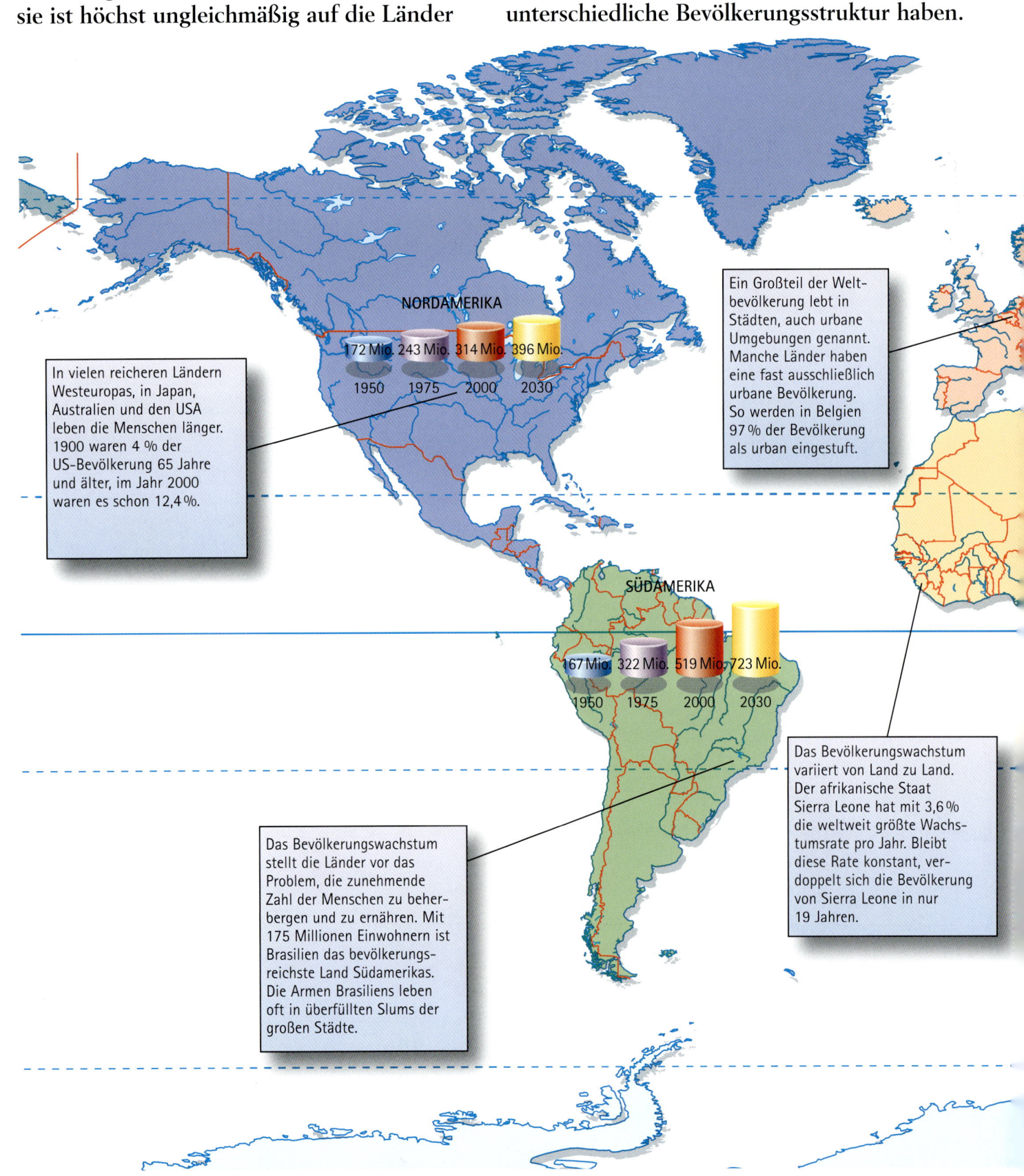

NORDAMERIKA
172 Mio. | 243 Mio. | 314 Mio. | 396 Mio.
1950 | 1975 | 2000 | 2030

In vielen reicheren Ländern Westeuropas, in Japan, Australien und den USA leben die Menschen länger. 1900 waren 4 % der US-Bevölkerung 65 Jahre und älter, im Jahr 2000 waren es schon 12,4 %.

Ein Großteil der Weltbevölkerung lebt in Städten, auch urbane Umgebungen genannt. Manche Länder haben eine fast ausschließlich urbane Bevölkerung. So werden in Belgien 97 % der Bevölkerung als urban eingestuft.

SÜDAMERIKA
167 Mio. | 322 Mio. | 519 Mio. | 723 Mio.
1950 | 1975 | 2000 | 2030

Das Bevölkerungswachstum stellt die Länder vor das Problem, die zunehmende Zahl der Menschen zu beherbergen und zu ernähren. Mit 175 Millionen Einwohnern ist Brasilien das bevölkerungsreichste Land Südamerikas. Die Armen Brasiliens leben oft in überfüllten Slums der großen Städte.

Das Bevölkerungswachstum variiert von Land zu Land. Der afrikanische Staat Sierra Leone hat mit 3,6 % die weltweit größte Wachstumsrate pro Jahr. Bleibt diese Rate konstant, verdoppelt sich die Bevölkerung von Sierra Leone in nur 19 Jahren.

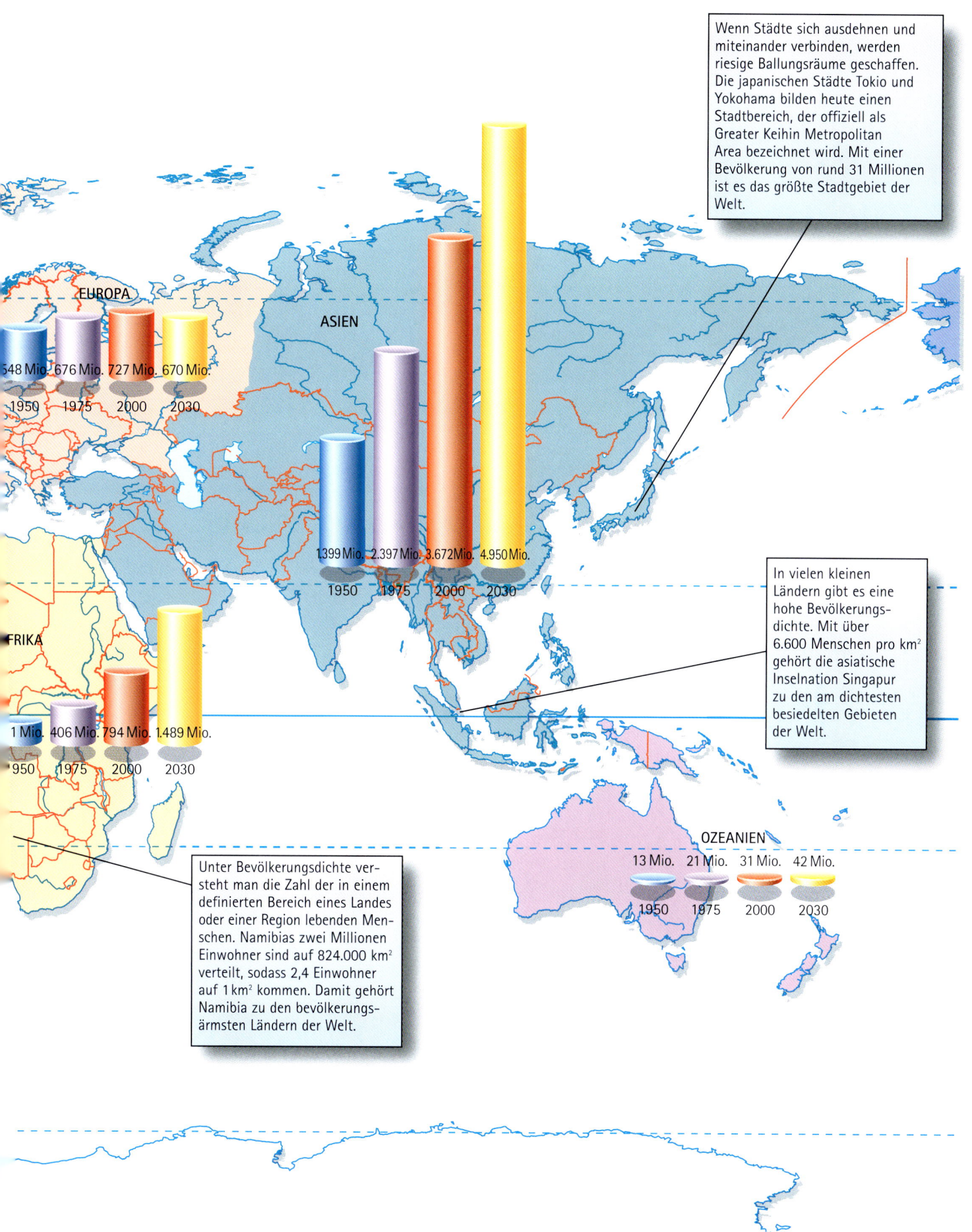

DIE ERDE

DIE ZUKUNFT

Zu Beginn des 21. Jahrhunderts entwickelt und verändert die Erde sich noch immer. Manche Veränderungen sind auf menschliche Aktivitäten zurückzuführen.

Der Planet Erde wandelt sich ständig. Berge heben und Kontinente bewegen sich, Wind, Wasser und Eis formen und höhlen Gesteinsformationen aus. Auch das Klima ändert sich weiter. Derzeit erwärmt sich die Erde schneller als je zuvor. Viele Experten glauben, die globale Erwärmung könnte bis 2060 zu einem Anstieg der Durchschnittstemperatur um 2 °C führen. Dadurch könnten sich Wettermuster und regionale Klimata stark verändern, Wüstengebiete zunehmen, Ökosysteme geschädigt und Ackerland zu Wildnis werden. Steigt der Meeresspiegel, weil Teile der polaren Eiskappen schmelzen und das Wasser sich ausdehnt, könnten einige Küsten und Flachlandgebiete dem Meer zum Opfer fallen.

▲ Die Gefahr, dass Länder wie Bangladesch überflutet werden, steigt mit der globalen Erwärmung noch an.

▼ Dringt Sonnenlicht in die Atmosphäre und trifft auf die Oberfläche, wird ein Teil der Sonnenenergie als ultraviolette Strahlung zurückgeworfen. Treibhausgase absorbieren diese und schließen Wärme in der Atmosphäre ein.

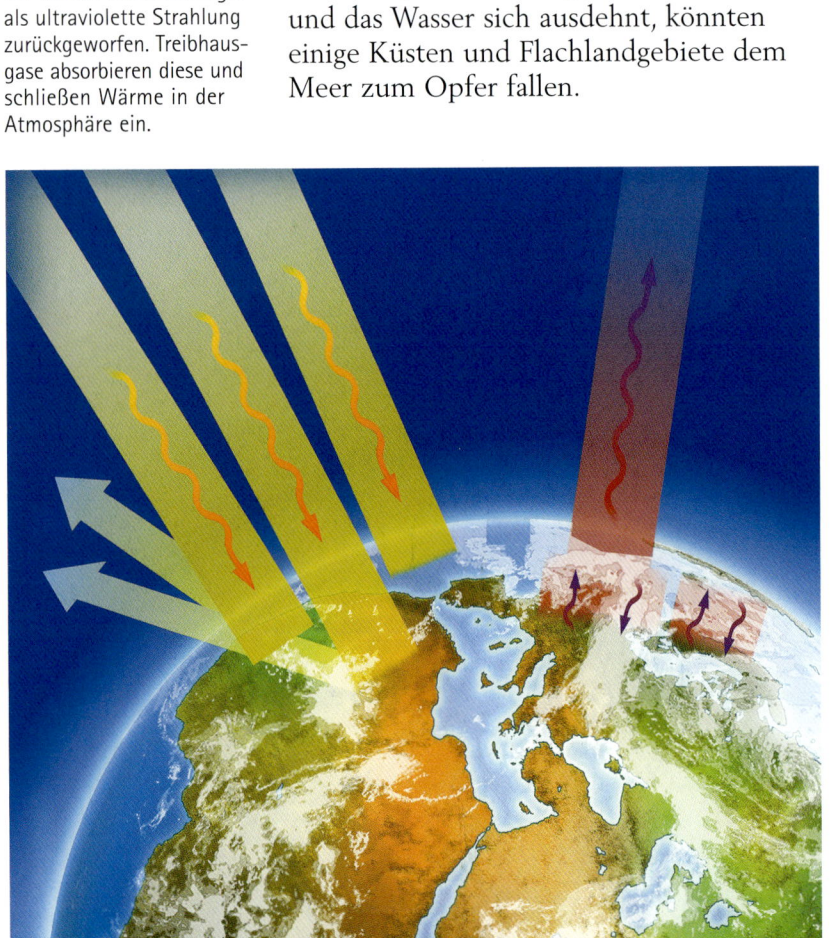

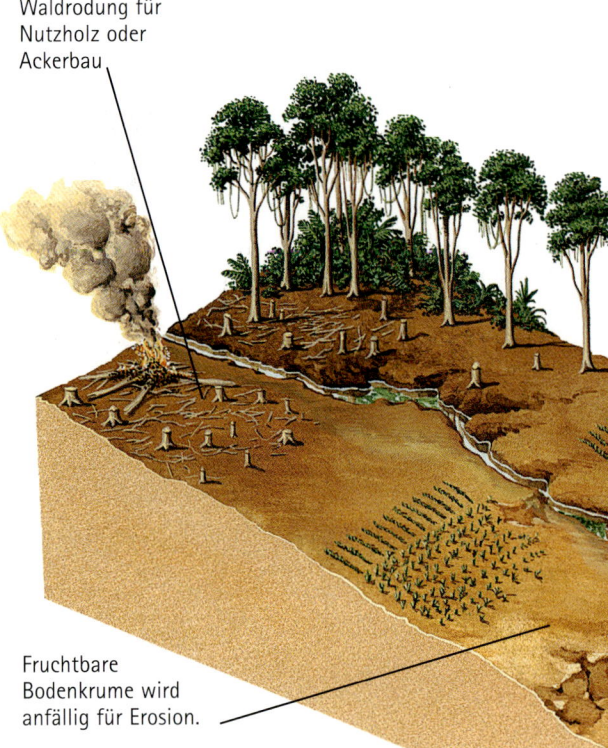

Waldrodung für Nutzholz oder Ackerbau

Fruchtbare Bodenkrume wird anfällig für Erosion.

▲ Desertifikation kann in warmen, trockenen Regionen vorkommen, die ihrer Pflanzendecke beraubt wurden. Ohne Pflanzenwurzeln, die den Boden binden, fließt das Regenwasser schnell ab und der Boden wird hart, rissig und wie in Wüstengebieten unfruchtbar.

VERMEHRTER TREIBHAUSEFFEKT

Für einen Teil des Wandels ist, so die Wissenschafter, die Verstärkung des Treibhauseffekts verantwortlich. Treibhausgase wie Kohlendioxid, Methan und Stickstoffoxid sind natürlich in der Atmosphäre vorhanden. Sie tragen dazu bei, Sonnenenergie als Wärme einzufangen und die Erdoberfläche zu erwärmen. Doch aufgrund der zunehmenden Konzentration von Treibhausgasen in der Atmosphäre, die in den letzten 150 Jahren um 25 % gestiegen ist, wird zusätzlich Wärme eingefangen. Als Hauptursache dafür gelten die Entwaldung und das Verbrennen großer Mengen fossiler Brennstoffe wie z. B. Öl durch Industrie und Verkehr.

ENTWALDUNG

Wälder werden oft als die »Lunge des Planeten« beschrieben, da sie Kohlendioxid aus der Luft aufnehmen und einen

DIE ZUKUNFT

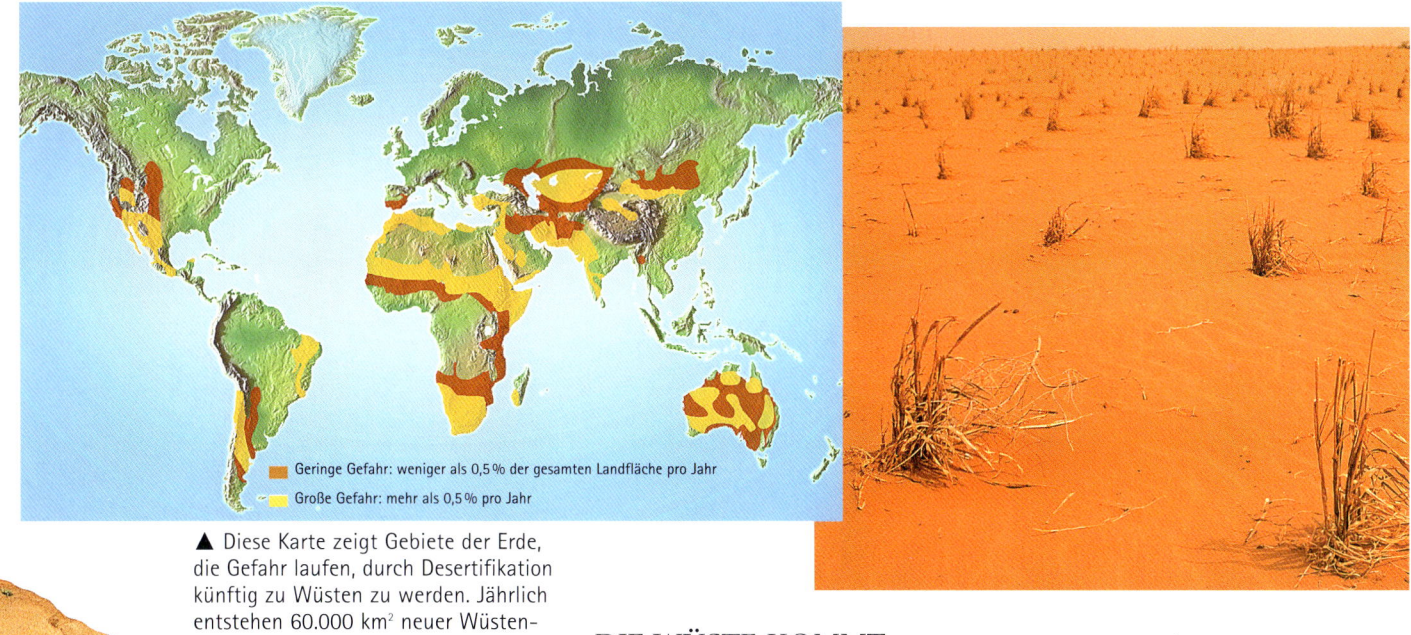

▲ Diese Karte zeigt Gebiete der Erde, die Gefahr laufen, durch Desertifikation künftig zu Wüsten zu werden. Jährlich entstehen 60.000 km² neuer Wüstengebiete.

Land wird trocken, rissig und unfruchtbar.

DIE WÜSTE KOMMT

Das Weltklima ist wärmer und trockener geworden, womit auch die Desertifikation, d.h. die Ausbreitung von Wüsten zugenommen hat. Verantwortlich dafür sind u.a. die Entwaldung und Überweidung, die den Boden seiner Vegetationsdecke berauben. Wurzeln von Bäumen und anderen Pflanzen binden den Boden, sodass Wasser absorbiert wird und weitere Pflanzen gedeihen können. Fehlt die Vegetation, ist die Bodenkrume den Elementen ausgesetzt und kann weggeschwemmt oder -geblasen werden. Ohne sie trocknet der restliche Boden aus und damit auch die Quellen und Brunnen, sodass fruchtbares Land wüstenähnlich wird.

▲ Durch Desertifikation haben sich Wüsten weiter in den Norden des afrikanischen Staates Sudan ausgebreitet. Dadurch ging für den Getreideanbau genutztes Ackerland verloren.

▼ Umweltfreundliche Methoden der Energieerzeugung mit erneuerbaren Ressourcen wie diese kalifornischen Windturbinen sollen einer weiteren Verschmutzung der Erdatmosphäre entgegenwirken.

Großteil des Sauerstoffs der Erdatmosphäre erzeugen. Bäume und die Vegetation recyceln auch Wasser, denn beim Prozess der Ausdünstung geben Pflanzenblätter Wasser in die Atmosphäre ab. Unter Entwaldung versteht man die Rodung großer Waldflächen zur Gewinnung von Holz oder Ackerland, zum Abbau von Bodenschätzen oder zum Bau neuer Siedlungen. In den letzten 40 Jahren wurden 45 % aller Wälder gerodet, womit sich die Fähigkeit der Erde, Kohlendioxid in Sauerstoff umzuwandeln, verringert hat. Durch Entwaldung werden auch wichtige Habitate zerstört, in Asien z.B. sowohl für Tiger als auch deren Beute. Anfang des 20. Jahrhunderts gab es noch etwa 100.000 wild lebende Tiger, heute weniger als 8.000.

DIE ERDE

KARTOGRAFIE

Karten sind grafische Darstellungen der Erde, die Informationen über die Welt enthalten und dem Menschen helfen, sich in dieser zurechtzufinden.

▲ Mithilfe von Karte und Kompass können die Menschen sich überall auf der Welt orientieren.

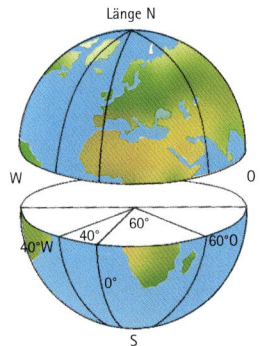

▲ Längengrade verlaufen von Pol zu Pol über die Erdoberfläche. Sie werden in Graden östlich und westlich von 0° Länge gemessen.

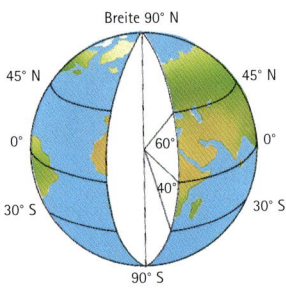

▲ Breitengrade verlaufen um die Erde und werden in Graden nördlich und südlich von 0° Breite, auch als Äquator bekannt, gemessen.

Seit dem Altertum haben Menschen Karten angefertigt. Als sie weitere Reisen unternahmen und die Erde gründlicher erforschten, wurden die Karten detaillierter und genauer. Karten werden in einem Maßstab gezeichnet, der das Verhältnis der Kartengröße zur dargestellten Region wiedergibt. Auf einer Karte im Maßstab von 1:100.000 z.B. steht ein Zentimeter für einen Kilometer auf der Erde. Für Weltkarten wird manchmal ein kleinerer Maßstab verwendet und ein Zentimeter entspricht 100 km (1:10.000.000), für Stadtpläne ein viel größerer, sodass 1 cm 50 m (1:5.000) entspricht.

GEOGRAFISCHE BREITE UND LÄNGE

Da es bei der Kartografie und Navigation auf Exaktheit ankommt, ist die Erde von einem Gitter imaginärer Linien durchzogen, den Breiten- und Längengraden. Breitengrade verlaufen um die Erde und liegen parallel zum Äquator, Längengrade, auch Meridiane genannt, verlaufen von Pol zu Pol. Breitengrade werden in Graden nördlich oder südlich des Äquators angegeben – der Nordpol hat eine Breite von 90° Nord, London von 51,5° Nord und Rio de Janeiro von 23° Süd –, Längengrade in Graden östlich und westlich einer imaginären Linie, die von Pol zu Pol und durch Greenwich in London, den Nullmeridian, verläuft. Sydney liegt auf einer Länge von 151° Ost, Los Angeles von 118° West. Mithilfe von Längen- und Breitengrad kann man jeden Ort der Welt finden.

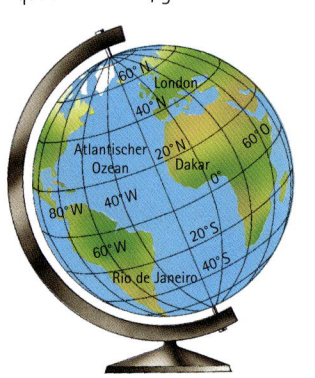

▲ Jeder Ort der Erde kann auf einer Karte genau bestimmt werden, wenn man seine Position in Längen- und Breitengrad angibt. Die brasilianische Stadt Rio de Janeiro liegt z.B. auf 22°54' südl. Br. und 43°14' westl. L.

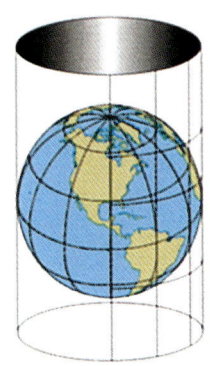

◄▼ Die Mercator-Projektion, entworfen vom flämischen Kartografen Gerhard Mercator (1512–1594), war eine der ersten viel genutzten, relativ genauen Kartenprojektionen. Sie verzerrt jedoch die Landflächen nahe den Polen, sodass diese Regionen viel größer erscheinen, als sie sind.

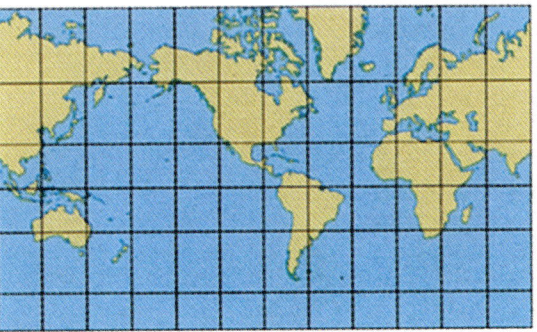

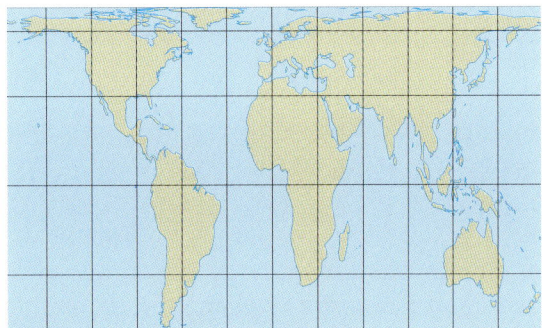

▲ Die Peters-Projektion gibt die Landflächen exakt wieder, verzerrt als Ergebnis jedoch die Form der Landmassen.

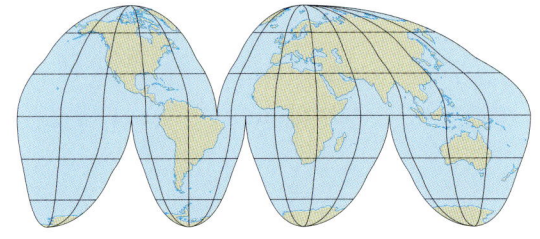

▲ Die Homolosine-Projektion verzerrt Landmassen weniger als einige andere Projektionen und wird oft für thematische Karten verwendet.

KARTOGRAFIE

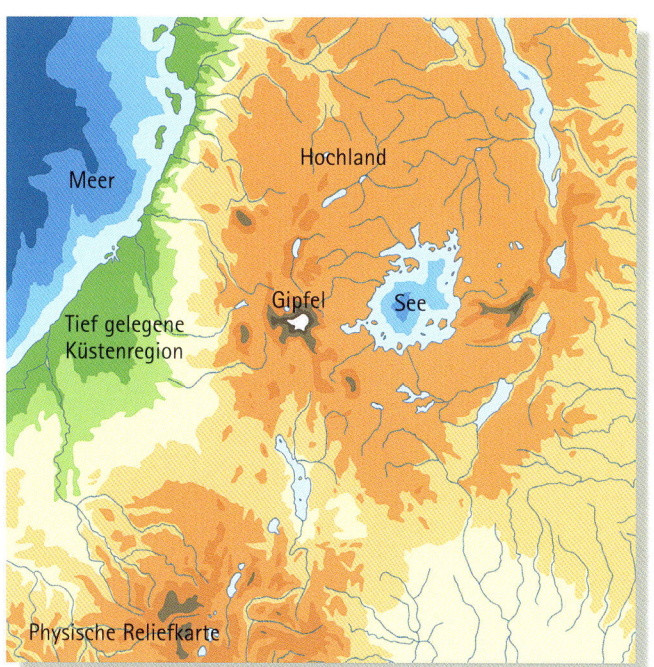

Physische Reliefkarte

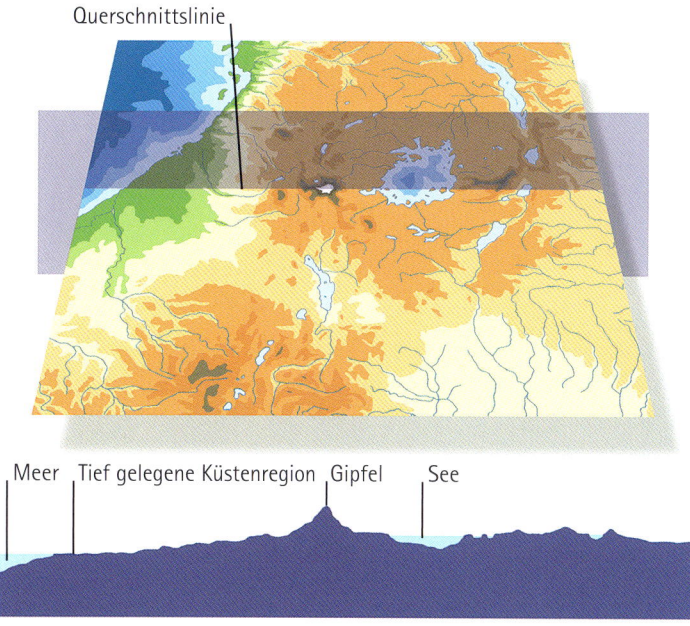

Querschnittslinie

Meer | Tief gelegene Küstenregion | Gipfel | See

Querschnitt eines Reliefs

KARTENPROJEKTIONEN

Die Erde ist eine dreidimensionale Kugel, eine Karte meist ein zweidimensionales Stück Papier. Mittels Kartenprojektionen fertigen Kartografen eine ebene Karte der gekrümmten Erdoberfläche an. Es gibt viele verschiedene Projektionen, die jedoch immer eine Verzerrung der Erde beinhalten. Einige, wie die von Peters, repräsentieren exakt die relativen Landflächen, verzerren aber die Landform. Andere, wie die von Mercator, verzerren die Landflächen stark. Einige moderne Projektionen wie Goodes Homolosine-Projektion teilen die Erde mathematisch in Abschnitte ein, um Landfläche- und form exakter darzustellen.

KARTENARTEN

Für verschiedene Zwecke werden auch unterschiedliche Karten angefertigt. Eine politische Karte zeigt die Ländergrenzen, eine physische Karte die natürlichen Landschaftselemente, wobei verschiedene Farben und Höhenlinien Bodenerhebungen verdeutlichen. Es gibt Karten für Wanderer und Radfahrer sowie Karten für die Schifffahrt, die die Hauptseewege verzeichnen. Karten können außerdem der Darstellung des Vergleichs weltweiter oder regionaler Daten dienen. Solche thematischen Karten können z. B. über die Bevölkerungsdichte oder die Nutzung des Landes informieren.

ENTWICKLUNGEN IN DER KARTOGRAFIE

Moderne Kartografen nutzen die vielen Fortschritte in der Technologie, die es seit dem Zweiten Weltkrieg gegeben hat, um äußerst detaillierte Karten herzustellen. Durch Luftbildfotografie, Satellitenbildsysteme und andere Methoden der Fernerkundung werden Daten gewonnen, die von Geografischen Informationssystemen (GIS) analysiert werden können. Die mittels dieser Systeme per Computer angefertigten Karten können verändert, auf den neuesten Stand gebracht und gedruckt werden.

▲ Eine physische Reliefkarte zeigt die verschiedenen Höhen einer Region und physische Merkmale wie Flüsse und Berge. Hier werden unterschiedliche Bodenerhebungen farblich gekennzeichnet, von Purpurrot (den höchsten Punkten) über Braun und Gelb bis zu Grün (den niedrigsten Punkten). Für flacheres Wasser wurden hellere, für tieferes dunklere Blautöne verwendet.

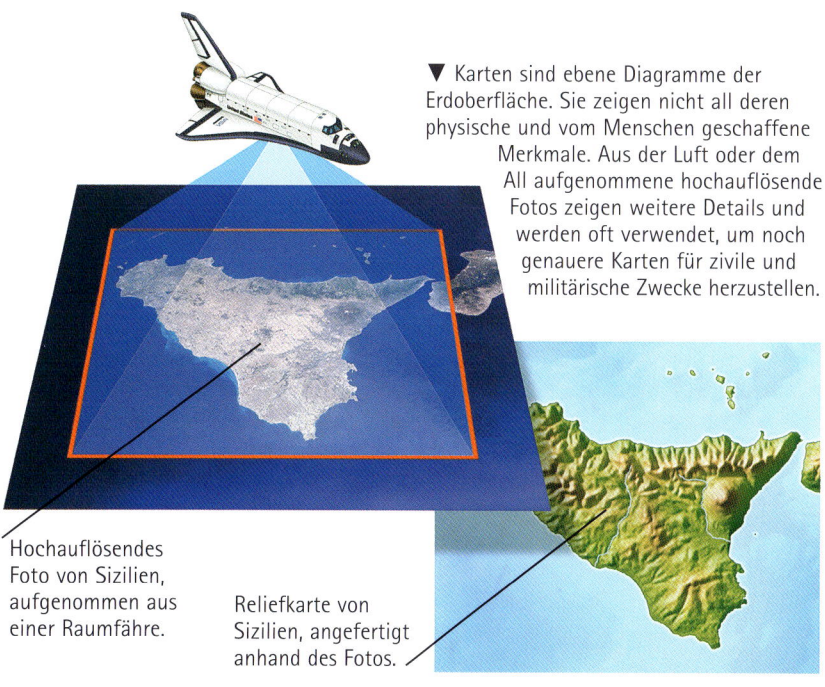

▼ Karten sind ebene Diagramme der Erdoberfläche. Sie zeigen nicht all deren physische und vom Menschen geschaffene Merkmale. Aus der Luft oder dem All aufgenommene hochauflösende Fotos zeigen weitere Details und werden oft verwendet, um noch genauere Karten für zivile und militärische Zwecke herzustellen.

Hochauflösendes Foto von Sizilien, aufgenommen aus einer Raumfähre.

Reliefkarte von Sizilien, angefertigt anhand des Fotos.

DIE ERDE

Eine physische Karte der Welt repräsentiert die Erdlandschaft, ihre Gebirgsketten, Ebenen, Wüsten, Flüsse, Seen und Meere.

Die wichtigsten physischen Merkmale der Erde befinden sich sowohl an Land wie auch tief unter Wasser. Das längste Gebirgssystem der Welt, der Mittelozeanische Rücken, liegt unter Wasser. Er besteht aus einer Vielzahl von Gebirgszügen auf dem Grund der Weltozeane und erstreckt sich über eine Länge von über 60.000 km. Berge sind wichtige Landschaftselemente auf allen Kontinenten. Die Alpen sind Europas höchste Gebirgskette und rund 1.200 km lang, die Rocky Mountains in Nordamerika messen 4.800 km. Die höchsten Berge der Welt finden sich im Himalaya in Asien, die längste Bergkette im Westen Südamerikas: Die Anden sind 7.200 km lang und im Durchschnitt 3.660 m hoch.

INSELN

Tausende Inseln sprenkeln die Erdoberfläche, einschließlich 17.000 Inseln, die Indonesien, die größte Inselgruppe der Welt, bilden. Inseln reichen von winzigen Felsnasen und Korallenatollen bis zu riesigen Landmassen wie Madagaskar und Borneo. Obwohl Australien eine Insel ist, gilt es aufgrund seiner geologischen Struktur als kontinentale Landmasse. Mit einer Fläche von 2.166.086 km² ist Grönland die größte Insel der Welt.

GEWÄSSER

Wasser spielt bei der Formung des Landes eine wichtige Rolle. Es höhlt weiches Gestein aus, um breite Täler zu bilden, und hat im Lauf von Millionen Jahren tiefe Schluchten eingeschnitten. Der Grand Canyon, USA, die weltgrößte Schlucht, ist 350 km lang und zwischen 6 und 29 km breit. Fließende Gewässer haben auch fruchtbare Sedimente an ihren Ufern und in Schwemmebenen abgelagert und damit Ackerland geschaffen. An den Ufern des längsten Flusses der Welt, des Nils, lebt die Mehrzahl der ägyptischen Bevölkerung.

DIE ERDE

Himalaya
Auf der Erde gibt es viele Gebirgsketten, aber keine erreicht Höhen wie der Himalaya. Die weltweit höchste Gebirgskette erstreckt sich über rund 2.500 km und hat 30 über 7.300 m hohe Berge. Zum Himalaya gehört der Mount Everest, der mit 8.850 m höchste Berg der Welt.

Marianengraben
Der Marianengraben ist ein tiefes, bogenförmiges Tal im westlichen Pazifik, das sich über 2.550 km erstreckt. Bei der Challenger-Tiefe erreicht es eine Tiefe von 11.034 m unter dem Meeresspiegel, der tiefste Punkt auf der Erdoberfläche.

Sahara
Mit einer Fläche von rund 9 Mio. km² ist die Sahara die größte Wüste der Welt. Sie bedeckt weite Teile Nordafrikas und misst von Norden nach Süden mit der Sahelzone rund 2.000 km und von West nach Ost rund 6.000 km. Als Folge der Desertifikation dehnt sie sich nach Süden hin aus.

DIE ERDE
LÄNDER DER WELT

Die 193 Staaten der Erde besitzen oder erheben Anspruch auf jedes Stück Land unseres Planeten. Das älteste Land mit feststehenden Grenzen ist San Marino, das der Legende nach im 4. Jh. gegründet wurde. Osttimor wurde als jüngstes Land 2002 unabhängig.

Abkürzungen
- B&H — BOSNIEN & HERZEGOWINA
- KRO. — KROATIEN
- LIE. — LIECHTENSTEIN
- LUX. — LUXEMBURG
- MAK. — MAKEDONIEN
- RUSS. — RUSSLAND
- SAN. — SAN MARINO
- SERB. & MONT. — SERBIEN & MONTENEGRO
- VAE — VEREINIGTE ARABISCHE EMIRATE

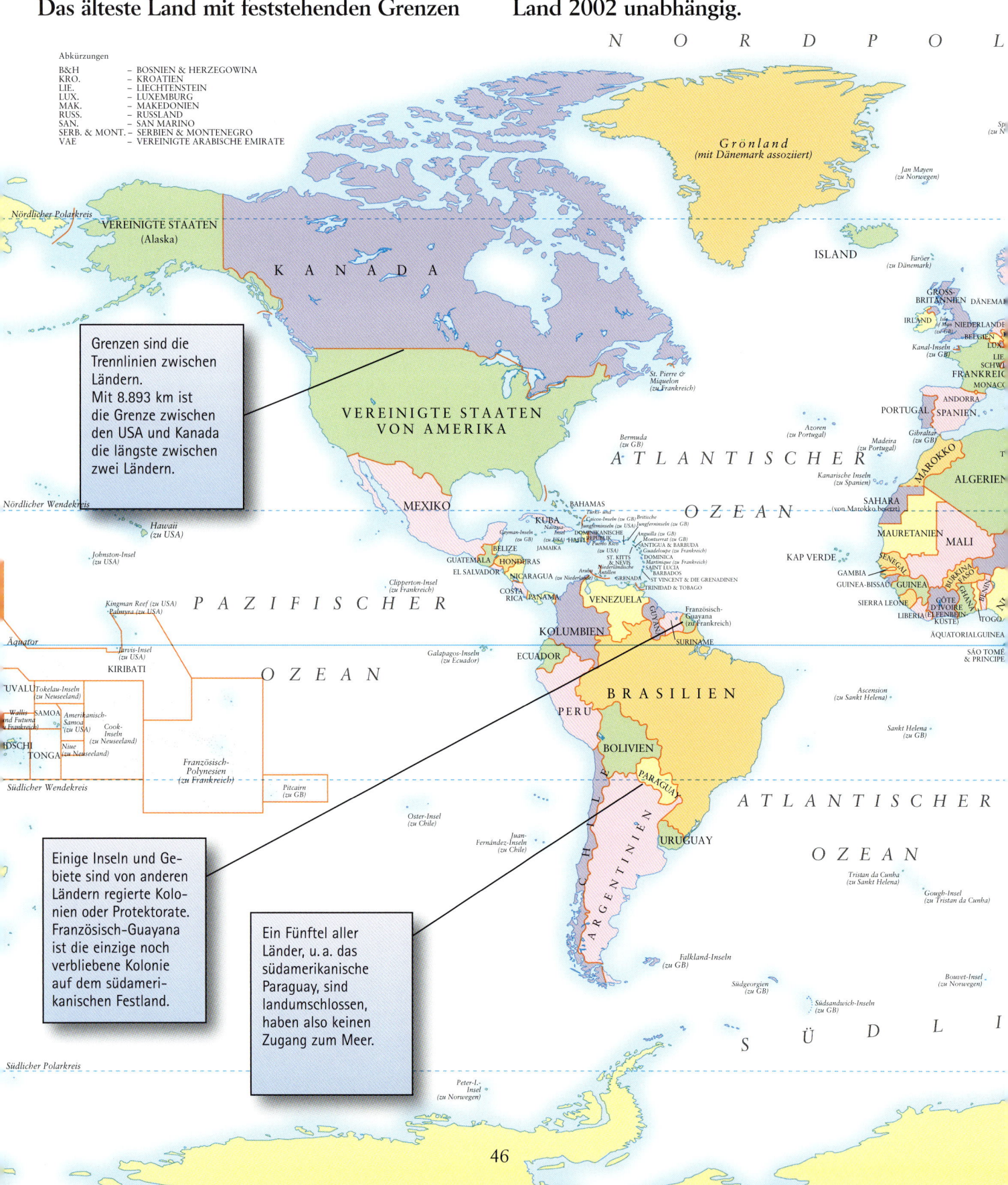

Grenzen sind die Trennlinien zwischen Ländern. Mit 8.893 km ist die Grenze zwischen den USA und Kanada die längste zwischen zwei Ländern.

Einige Inseln und Gebiete sind von anderen Ländern regierte Kolonien oder Protektorate. Französisch-Guayana ist die einzige noch verbliebene Kolonie auf dem südamerikanischen Festland.

Ein Fünftel aller Länder, u. a. das südamerikanische Paraguay, sind landumschlossen, haben also keinen Zugang zum Meer.

LÄNDER DER WELT

Durch die Auflösung der ehemaligen Sowjetunion in den 1990er-Jahren entstanden viele neue Länder, einschließlich der Russischen Föderation, mit einer Landfläche von 17.075.400 km² das größte Land der Welt.

In der Pazifikregion befindet sich das größte, völlig von Wasser umgebene Land – Australien, mit einer Fläche von 7.692.030 km². Demgegenüber hat die kleine Pazifikinsel Nauru eine Fläche von nur 21,3 km².

Gelegentlich werden neue Länder auch durch den Zusammenschluss von Nationen gebildet. 1990 vereinten sich die Jemenitische Arabische Republik (Nordjemen) und die Demokratische Volksrepublik Jemen zur Republik Jemen.

DIE ERDE

ERDSTATISTIK

Daten

Geschätztes Alter	4,6 Mrd. Jahre	Umlaufperiode (Jahr)	365,24 Tage
Durchmesser am Äquator	12.756 km	Rotationsperiode (Tag)	23 h 56,1 min
Durchmesser an den Polen	12.714 km	Durchschnittstemperatur	14 °C
Umfang am Äquator	40.066 km	Oberfläche	510.066.000 km²
Umfang an den Polen	39.992 km	Landfläche	148.647.000 km² (29,2 %)
Durchschnittl. Entfernung von Sonne	149.597 Mio. km	Gesamte Wasserfläche	361.419.000 km² (70,8 %)
Entfernung zwischen Mond und Erde	384.400 km	Ozeanfläche	335.258.000 km²

Die Weltozeane nach Fläche

Pazifischer Ozean	166.240.000 km²
Atlantischer Ozean	86.560.000 km²
Indischer Ozean	73.430.000 km²
Nordpolarmeer	13.230.000 km²

Die grössten Weltmeere nach Fläche

Südchinesisches Meer	2.974.600 km²
Karibisches Meer	2.753.000 km²
Mittelmeer	2.503.000 km²
Beringmeer	2.268.200 km²
Golf von Mexiko	1.542.900 km²
Ochotskisches Meer	1.527.000 km²
Ostchinesisches Meer	1.249.000 km²
Hudsonbai	1.232.000 km²
Japanisches Meer	1.007.500 km²
Andamanisches Meer	797.700 km²
Nordsee	575.300 km²
Schwarzes Meer	461.900 km²

Tiefste Punkte von Ozeanen und Meeren

Pazifischer Ozean	11.034 m
Atlantischer Ozean	8.605 m
Karibisches Meer	7.535 m
Indischer Ozean	7.258 m
Golf von Mexiko	5.203 m
Südchinesisches Meer	5.015 m
Mittelmeer	4.982 m
Nordpolarmeer	4.665 m
Beringmeer	4.097 m
Japanisches Meer	3.742 m

Grösste Flüsse nach Länge

Nil, Afrika	6.671 km
Amazonas, Südamerika	6.448 km
Jangtsekiang, Asien	6.300 km
Mississippi-Missouri, Nordamerika	5.970 km
Jenissej-Angara, Asien	5.540 km
Ob-Irtysch, Asien	5.410 km
Paraná-Rio de la Plata, Südamerika	4.880 km
Huang He, Asien	4.845 km
Amur-Argun, Asien	4.440 km
Lena, Asien	4.400 km
Kongo, Afrika	4.374 km

Höchste Wasserfälle der Welt

Angel, Venezuela	978 m
Tugela, Südafrika	947 m
Utigard, Norwegen	800 m
Mongefossen, Norwegen	774 m
Mutarazi, Simbabwe	762 m
Yosemite, USA	739 m
Espelandsfoss, Norwegen	703 m
Ostre Mardola Foss, Norwegen	656 m
Tyssestregane, Norwegen	646 m
Cuquenán, Venezuela	580 m

Grosse Seen nach Fläche

Kaspisches Meer, Asien/Europa	371.800 km²
Oberer See, Nordamerika	82.100 km²
Victoriasee, Afrika	68.000 km²
Huronsee, Nordamerika	59.600 km²
Michigansee, Nordamerika	57.800 km²
Tanganjikasee, Afrika	34.000 km²
Baikalsee, Asien	31.500 km²
Großer Bärensee, Nordamerika	31.300 km²
Malawisee, Afrika	30.800 km²
Großer Sklavensee, Nordamerika	28.500 km²

Grösste Inseln nach Fläche

Grönland	2.166.086 km²
Neuguinea	771.900 km²
Borneo	743.385 km²
Madagaskar	587.041 km²
Baffin	507.451 km²
Sumatra	425.000 km²
Honshu	230.448 km²
Großbritannien	218.041 km²
Ellesmere	196.236 km²
Victoria	217.290 km²

Höchste Berge nach Kontinent

Asien, Mount Everest	8.850 m
Südamerika, Aconcagua	6.959 m
Nordamerika, Mount McKinley	6.198 m
Afrika, Kilimandscharo	5.892 m
Europa, Elbrus	5.621 m
Antarktis, Vinsonmassiv	5.140 m
Ozeanien, Puncak Jaya	4.884 m

Zehn höchste Berge der Welt

Everest, Himalaya	8.850 m
K2, Karakorum	8.614 m
Kangchendzönga, Himalaya	8.586 m
Lhotse, Himalaya	8.516 m
Makalu, Himalaya	8.463 m
Cho Oyu, Himalaya	8.201 m
Dhaulagiri, Himalaya	8.167 m
Manaslu I, Himalaya	8.163 m
Nanga Parbat, Himalaya	8.126 m
Annapurna, Himalaya	8.091 m

Zehn grösste Länder nach Fläche

Russische Föderation	17.075.400 km²
Kanada	9.958.319 km²
Vereinigte Staaten	9.809.155 km²
China	9.572.419 km²
Brasilien	8.547.404 km²
Australien	7.692.030 km²
Indien	3.287.263 km²
Argentinien	2.780.400 km²
Kasachstan	2.717.300 km²
Sudan	2.505.813 km²

Zehn Länder mit höchster Bevölkerungszahl

China	1.273.111.300
Indien	1.029.991.100
Vereinigte Staaten	278.058.880
Indonesien	228.437.870
Brasilien	174.468.580
Russische Föderation	145.470.200
Pakistan	144.616.640
Bangladesch	131.269.860
Japan	126.771.660
Nigeria	126.635.630
Weltbevölkerung	6.135.000.000

Bevölkerungszahl der grössten Städte der Welt (Stadtgebiete)

Tokio, Japan	29.950.000
New York, USA	21.199.000
Mexiko City, Mexiko	20.950.000
São Paulo, Brasilien	17.834.000
Los Angeles, USA	16.374.000
Bombay (Mumbai), Indien	16.368.000
Seoul, Südkorea	14.250.000
Osaka, Japan	14.190.000
Kalkutta (Kolkata), Indien	13.217.000
Delhi, Indien	12.791.000
Buenos Aires, Argentinien	11.931.000
Dhaka, Bangladesch	11.726.000
Kairo, Ägypten	11.568.000
Jakarta, Indonesien	11.435.000
Lagos, Nigeria	10.878.000
Rio de Janeiro, Brasilien	10.872.000
Manila, Philippinen	10.492.000
Paris, Frankreich	9.654.000

Extreme

Trockenster Ort der Welt
Calama, in Chiles Atacama-Wüste, hat im Durchschnitt 0 mm Niederschlag pro Jahr.

Nassester Ort der Welt
Tutunendo, Kolumbien, hat im Durchschnitt 11.770 mm Niederschlag pro Jahr.

Niedrigste verzeichnete Temperatur
Vostok-Station, Antarktis (–89 °C)

Höchste verzeichnete Temperatur
Al'Aziziyah, Libyen (58 °C)

Die Arktis, Nord- und Mittelamerika

DIE ARKTIS, NORD- UND MITTELAMERIKA

DIE ARKTIS

Die Arktis umgibt den Nordpol und schließt im Süden das Nordpolarmeer sowie die nördlichsten Zipfel der Kontinente Asien, Europa und Nordamerika mit ein. Vom Nordpol aus erstreckt sich nach allen Seiten hin eine Eisschicht, die größer ist als ganz Europa. Ein Großteil dieser Schicht schwimmt auf dem Nordpolarmeer. Im Sommer weicht sie zurück. Dabei brechen große Stücke ab und bilden Eisberge. Sinken die Temperaturen im Winter bis auf minus 60 °C, wächst die Schicht wieder. Trotz des unwirtlichen Klimas leben in der Arktis große Säugetiere wie Eisbär, Walross und Seehund. Seit Jahrtausenden sind dort auch die nordamerikanischen Inuit und die europäischen Lappen heimisch.

▼ Das Eis, das Teile Grönlands bedeckt, ragt bei Cape York, 200 km südlich von Qaanaaq (Thule), direkt ins Meer.

GRÖNLAND

Grönland ist die größte Insel der Welt. Sie gehört zu Dänemark, ist aber 50-mal größer als dieses und weitgehend von einer dicken Eisschicht bedeckt.

Fläche: 2.166.086 km²
Bevölkerungszahl: 59.800
Hauptstadt: Nuuk (13.700)
Sprache/n: Grönländisch, Dänisch
Religion/en: Christen (ev.-luth.)
Währung: Dänische Krone
Exportgüter: Mineralien (Blei, Zink, Kohle, Chrom, Kupfer), Fische und Fischprodukte
Staatsform: Autonomer Staat (seit 1979) im Königreich Dänemark

▼ Das kleine Dorf Savissivik liegt an der Westküste Grönlands. Es wurde von Inuit gegründet, die aus Eisen, das aus in diesem Gebiet entdeckten Meteoriten stammte, Werkzeuge herstellten.

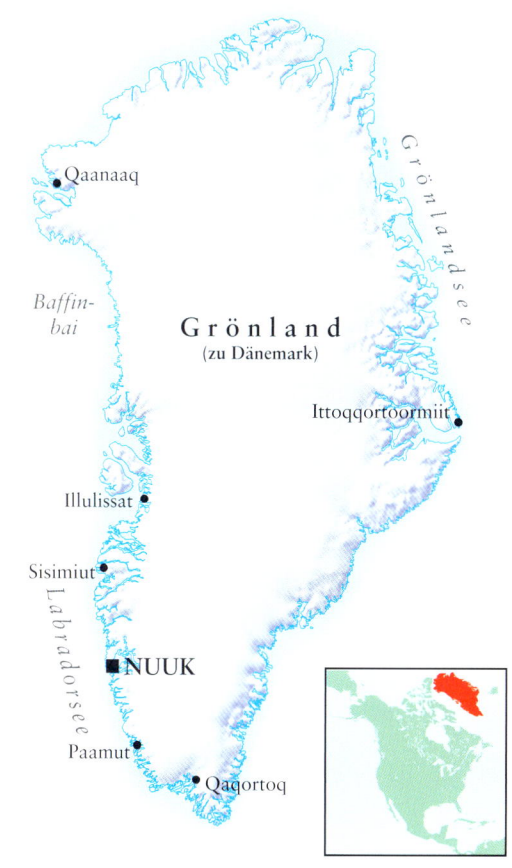

Grönland liegt im nördlichen Polarkreis und wird zu 80 % von einer riesigen Eisschicht bedeckt. Durch Gletschertätigkeit entstand eine Küstenlandschaft mit vielen Fjorden und küstennahen Inseln. Fast die gesamte Bevölkerung Grönlands lebt an der Küste, vor allem im Südwesten, wo das Klima milder ist als im Landesinneren. Nur ein Prozent der Inselfläche kann landwirtschaftlich genutzt werden. Dort baut man winterhartes Gemüse wie Rüben an und hält kleine Schaf-, Ziegen- und Rentierherden. Reiche Lachs-, Kabeljau- und Garnelengründe bilden die Grundlage der wichtigsten Industrie Grönlands, der Fischverarbeitung. Auf der Insel gibt es keine Eisenbahn und nur 150 km Straße. Hundeschlitten sind nach wie vor das Hauptverkehrsmittel. Die Einwohner Grönlands stammen von den Inuit sowie von dänischen und norwegischen Siedlern ab. Alle Grönländer sind dänische Staatsbürger, obwohl Dänemark 2.090 km entfernt ist. 1979 wurde Grönland autonom, wird nach außen jedoch weiterhin von Dänemark vertreten. Ein Parlament (Landsting) mit 31 Abgeordneten wird alle vier Jahre gewählt. Nach einem Referendum 1982 verließ Grönland die Europäische Union, der es 1972 beigetreten war.

DIE ARKTIS, NORD- UND MITTELAMERIKA

NORDAMERIKA

Nordamerika, der drittgrößte Kontinent, liegt vollständig auf der Nordhalbkugel. Seine 25,3 Millionen km² Land reichen weit bis über den nördlichen Polarkreis hinaus und erstrecken sich südwärts durch Mittelamerika bis an die Grenzen Südamerikas. Der Kontinent besteht aus drei großen Ländern, Kanada, den USA und Mexiko, sowie einer Reihe kleinerer Länder in Mittelamerika. Junges Faltengebirge, das eine Reihe von Vulkanen enthält, beherrscht fast die gesamte Westseite des Kontinents. Dieses Gebiet wurde vor allem durch die Bewegung der Platten der Erdkruste geformt. Der größte Teil Nordamerikas ist unbewohnt, vor allem der hohe Norden. Die meisten seiner 444,8 Millionen Einwohner leben in großen Städten. Überall auf dem Kontinent gibt es fruchtbares Land und viele seiner Länder verfügen über große Reserven an Mineralien und fossilen Brennstoffen. Wirtschaftlich wird der Kontinent von den USA dominiert, der reichsten und mächtigsten Nation der Welt. Mittelamerika ist ärmer und auf Handel mit den USA und, in geringerem Maße, mit Kanada und Mexiko sowie auf deren Hilfe angewiesen.

▲ Das fast 319 m hohe Chrysler Building in New York entstand zwischen 1928 und 1930.

▼ Ein Bison grast auf einer Ebene in Wyoming vor den Rocky Mountains. Die 4.500 km lange Gebirgskette reicht von Nordalaska und Nordwestkanada bis in den Südwesten der USA.

NORDAMERIKA

DIE ARKTIS, NORD- UND MITTELAMERIKA

KANADA

Kanada, das Land mit der weltweit längsten Küste, nimmt den nördlichsten Teil Nordamerikas ein und erstreckt sich über den nördlichen Polarkreis hinaus.

Fläche: 9.984.670 km²
Bevölkerungszahl: 31.362.000
Hauptstadt: Ottawa (1.064.000)
Sprache/n: Englisch, Französisch
Religion/en: Katholiken, Anglikaner, United Church of Canada
Währung: Kanadischer Dollar
Exportgüter: Kraftfahrzeuge und andere Transportmittel, Maschinenanlagen, mineralische Brennstoffe, Holz, Zeitungspapier und Holzmasse sowie Nahrungsmittel
Staatsform: Parlamentarische Monarchie (im Commonwealth)

▼ Der Sankt-Lorenz-Strom fließt vom östlichsten der Großen Seen, dem Ontariosee, durch die Städte Montreal und Quebec (Foto), bevor er in den Sankt-Lorenz-Golf mündet. Er ist eine wichtige Schiffsverbindung zwischen den Industriezentren der Großen Seen und dem Atlantischen Ozean.

Kanada ist nach Russland das zweitgrößte Land der Welt. Es liegt am Nordpolarmeer sowie am Atlantischen und Pazifischen Ozean und teilt sich zwei Landesgrenzen mit den USA. Im Nordosten grenzt es an den US-Staat Alaska, doch seine 6.400 km lange Hauptgrenze befindet sich im Süden. Kanadas Landschaft reicht von zerklüfteten Gebirgsketten und eisbedecktem Ödland bis zu fruchtbaren Prärien und Ebenen mit gemäßigtem Klima. Ein Sechstel der Landfläche besteht aus Inseln mit der Baffin-Insel als der fünftgrößten Insel der Welt.

DAS LAND DER SEEN UND BÄUME

Kanada hat mehr Seen und Binnengewässer als irgendein anderes Land der Welt. Mehr als 30 seiner Seen haben eine Fläche von über 1.300 km². Mit 1.733 km ist der Mackenzie der längste Fluss, doch am wichtigsten für Handel und Schifffahrt ist der Sankt-Lorenz-Strom. Er sorgt für ein knapp 4.000 km langes Verkehrswegenetz, das die Großen Seen mit dem Atlantik verbindet (Saint Lawrence Seaway). Schätzungsweise 25 % der Süßwasserquellen der Welt finden sich in Kanada. Wälder bedecken über 35 % des Landes. Weit verbreitet sind vor allem Pinien, Fichten, Zedern und Ahorn.

MENSCHEN UND RESSOURCEN

Mit durchschnittlich weniger als vier Personen pro km² gehört Kanada zu den am dünnsten besiedelten Ländern der Welt. Große Gebiete, vor allem im eisigen Norden, sind unbesiedelt. Die meisten Menschen leben in einem relativ schmalen Gürtel im Süden des Landes, wo das Klima milder ist. Die Hauptstadt Kanadas ist zwar Ottawa, doch die beiden größten Städte sind Toronto mit 4.683.000 Einwohnern und Montreal mit 3.426.000 Einwohnern. Kanada wurde hauptsächlich von Engländern und Franzosen besiedelt. Rund zwei Drittel seiner Bevölkerung sind europäischen Ursprungs. Das Land ist reich an Mineralien und fruchtbarem Ackerland.

KANADA

▲ Der Athabasca-Gletscher liegt in den nördlichen Rocky Mountains. Sein Gletscherwasser speist den 1.231 km langen Athabasca, der durch die kanadische Provinz Alberta fließt. Früher war dieser Fluss ein wichtiger Transportweg für Pelzhändler.

▲ Das Fuchshörnchen (Sciurus niger) ist im Westen Kanadas, an der Grenze zu den US-Staaten Montana und Washington, beheimatet.

DIE ARKTIS, NORD- UND MITTELAMERIKA

OSTKANADA

Zu Ostkanada gehören die Ackerbau- und Industriezentren Quebecs und Ontarios, Kanadas größte Stadt Toronto und der Regierungssitz Ottawa.

▲ Kanadas Parlamentsgebäude aus dem Jahr 1866 befinden sich in der ostkanadischen Stadt Ottawa. Von ihrem britischen Einfluss zeugt vor allem der Turm, der stark an den Big Ben in Londons Regierungsviertel Westminster erinnert.

▼ Der 1976 fertig gestellte und 553,34 m hohe CN Tower ist das bedeutendste Wahrzeichen von Ontarios geschäftiger Stadt Toronto. Die Besucherzahl liegt jährlich bei rund zwei Millionen.

Kanada gliedert sich in zehn Provinzen und drei im Norden gelegene Territorien. Sechs dieser Provinzen bilden Ostkanada: Ontario, Quebec, New Brunswick, Prince Edward Island, Newfoundland und Labrador sowie Nova Scotia.

VON GLETSCHERN GEFORMT

Kanada wurde vor allem durch Vergletscherung geformt. Die Gletscher im Norden sind Überreste einer gewaltigen Eisschicht, die einst das Land bedeckte. Vergletscherung ist für viele der Landschaftselemente Ostkanadas verantwortlich, von der Hügellandschaft Prince Edward Islands und Nova Scotias bis zu den herrlichen, zwischen Eriesee und Ontariosee gelegenen Niagarafällen. Ostkanada ist von drei unterschiedlichen geografischen Regionen geprägt: dem Kanadischen Schild, den Appalachen im Osten und dazwischen den fruchtbaren Tiefländern des Sankt-Lorenz-Stroms und im Bereich der Großen Seen. Der Kanadische Schild, der seinen Namen dem harten Grundgestein aus Gneis und Granit verdankt, nimmt die Hälfte Kanadas ein. Er erstreckt sich von der Hudsonbai südwärts durch die Provinzen Ontario und Quebec bis zum Nordufer des Oberen Sees. Die durch das Vordringen und den Rückzug von Gletschern geformte Region enthält viele Flüsse und Seen und hat einen dünnen Erdboden, auf dem boreale Nadelwälder wachsen.

DIE ATLANTISCHEN PROVINZEN

Die vier atlantischen Provinzen – Prince Edward Island, Newfoundland und Labrador, New Brunswick und Nova Scotia – sind die kleinsten Provinzen Kanadas; sie wurden als Erste von Europäern besiedelt. Sie werden weitgehend von den Appalachen beherrscht, einer alten Gebirgskette, die von Gletschern abgetragen wurde, sodass eine stark bewaldete Hügellandschaft entstand. Die Täler zwischen den Hügeln sind fruchtbar, in allen vier Provinzen ist der Ackerbau eine Schlüsselindustrie. Prince Edward Island liegt im Sankt-Lorenz-Golf und ist mit einer Fläche von 5.660 km² die kleinste Provinz Kanadas. Die Hälfte dieser Insel nehmen dichte Wälder mit Laubhölzern (u.a. Ahorn und Birke) und Nadelbäumen wie

OSTKANADA

▲ Seal Cove ist ein Fischerdorf in der atlantischen Provinz New Brunswick. Es liegt auf der Insel Grand Manan in der Fundybai.

der Weymouthskiefer ein. Die 135.300 Inselbewohner leben vor allem vom Ackerbau und vom Fischfang. Etwa ein Viertel des Landes wird von Molkereibetrieben sowie zum Anbau von Obst wie Himbeeren und Blaubeeren und Gemüse wie Erbsen, Bohnen und Kartoffeln genutzt. Die Provinz Newfoundland und Labrador gehört seit 1949 zu Kanada und besteht aus dem Festlandgebiet Labrador und der großen Insel Newfoundland. Sie ist seit jeher das Herzstück der kanadischen Fischindustrie. Die Great Banks vor der Ostküste der Insel sind ein etwa 400 km langes Schelf. Dort haben Meeresströme einen der reichsten Fischgründe der Welt geschaffen. Durch Überfischung hat der Fischvorrat abgenommen, weswegen es jetzt Quoten gibt, unter denen die heimische Industrie leidet.

DIE PROVINZEN NEW BRUNSWICK UND NOVA SCOTIA

New Brunswick, mit einer fast rechteckig geformten Fläche von 72.908 km², liegt zwischen Quebec und dem US-Staat Maine. Viele der 729.500 Bewohner der Provinz leben von den Fischgründen in der Fundybai und im Sankt-Lorenz-Golf, vom Bergbau und von der Fertigungsindustrie. Da der größte Teil des Landes bewaldet ist, sind Holzprodukte wie Zellstoff und Papier ein wichtiger Wirtschaftsfaktor. Auch New Brunswicks östlicher Nachbar, die Provinz Nova Scotia, ist stark bewaldet. In dieser Provinz, die an den Atlantischen Ozean grenzt, ließen sich 1605 französische Siedler als erste Europäer dauerhaft in Kanada nieder. Die Tradition des Schiffs- und Bootsbaus, die sich bis heute fortsetzt, wird ergänzt durch den Abbau von Kohle und anderen Mineralien sowie den Fischfang. Nova Scotias Hauptstadt Halifax hat einen großen Hafen, der ganzjährig für Schiffe zugänglich ist.

DIE ARKTIS, NORD- UND MITTELAMERIKA

▲ Dieser Hutladen in Quebec wirbt auf Englisch und auf Französisch. Laut kanadischem Gesetz müssen viele staatliche Behörden ihre Dienstleistungen zweisprachig anbieten, sodass der Bürger zwischen Französisch und Englisch wählen kann.

▼ Der Saint Lawrence Seaway, der 1959 fertig gestellt wurde, verbindet die Großen Seen mit dem Atlantischen Ozean. Im Jahr 2000 verkehrten allein auf dem Abschnitt von Montreal bis zum Ontariosee 2.978 Schiffe mit über 35 Mio. t Fracht und Tausenden von Passagieren.

DIE WIRTSCHAFTSZENTREN

Ontario und der südliche Teil Quebecs sind die landwirtschaftlichen und industriellen Zentren Kanadas. In dieser Region, in der 50 % aller Kanadier leben, werden rund 70 % der Industriegüter des Landes hergestellt. Die Bevölkerungszahl Ontarios, der nach Quebec flächenmäßig zweitgrößten Provinz Kanadas, ist im letzten Jahrzehnt um 13 % gestiegen, da immer mehr Menschen in das Industrie-, Handels- und Regierungszentrum strömen. Am Ufer des Ontariosees sind in Kanadas industriellem Herzland, dem Golden Horseshoe, große Stahlwerke, Auto- und Fleischverarbeitungsfabriken sowie Schiffbau- und Flugzeugindustrien angesiedelt. Diese nutzen den Saint Lawrence Seaway als Verbindung zum Atlantischen Ozean. Im Süden Ontarios gibt es auch viel erstklassiges Ackerland. 60 % der Erträge aus der Landwirtschaft kommen aus der Viehwirtschaft, ein Großteil des Getreides dient als Viehfutter. Der Ontariosee und der Eriesee, zwei der Großen Seen, haben einen mäßigenden Einfluss auf das Klima. Sie machen es milder und erhöhen die Zahl der frostfreien Tage. Deswegen können dort viele Obstsorten gedeihen, einschließlich Pfirsiche und Birnen. Im Südosten Ontarios, am Ufer des Ontariosees, liegt Kanadas größte Stadt Toronto. Sie hat 635.700 Einwohner, als Metropolitan Area allerdings 4,68 Millionen.

ZENTRALREGIERUNG

In Ontario liegt auch Kanadas Hauptstadt Ottawa, die zugleich Regierungssitz ist. Der British North America Act von 1867 vereinte fast das gesamte Kanada, doch erst 1931 wurde das Land unabhängig. Kanada ist ein föderativer Staat, d. h. es gibt eine Machtteilung zwischen den Provinzen und der Zentralregierung. Das kanadische Parlament setzt sich aus zwei Kammern zusammen: dem Senat, dessen Mitglieder (105 Vertreter der

Provinzen) ernannt werden und ihm bis zum 75. Lebensjahr angehören, und dem Unterhaus, dessen 301 Mitglieder alle fünf Jahre gewählt werden.

DAS FRANZÖSISCH SPRECHENDE KANADA

Kanadas Amtssprachen sind Englisch und Französisch. Das ist darauf zurückzuführen, dass das Land ab dem 17. Jh. sowohl von englischen als auch französischen Einwanderern besiedelt wurde. Um Gebiete und Landrechte geführte Kriege führten zur Vormachtstellung der Briten, doch die französischen Siedler blieben im Land. Zwar gibt es in ganz Kanada Französisch sprechende Kanadier, doch rund 90 Prozent von ihnen leben in der Provinz Quebec, deren erste Siedler französische Pelzhändler und Farmer waren. Die östlich von Ontario gelegene Provinz ist reich an Bodenschätzen und fruchtbarem Ackerland und erzeugt mehr Elektrizität durch Wasserkraft als jede andere Provinz. Mehrmals entschied sich die Bevölkerung Quebecs nur knapp gegen einen Austritt aus dem Staatsverband. Die Hauptstadt der Provinz ist zwar Quebec, doch die größte Stadt ist Montreal, ein geschäftiges Hafen- und Finanzzentrum. Montreal liegt auf einer Insel am Zusammenfluss des Ottawa River und des Sankt-Lorenz-Strom und hat als Agglomeration über drei Millionen Einwohner, von denen die meisten als erste Sprache Französisch sprechen.

▼ Die imposanten Horseshoe Falls sind Teil der Niagarafälle, die bis in die USA hineinreichen. Über die vor rund 12.000 Jahren durch den Rückzug von Gletschern entstandenen Wasserfälle, die jährlich etwa 15 Millionen Besucher anlocken, stürzen pro Sekunde rund 5,5 Mio. l Wasser herab.

DIE ARKTIS, NORD- UND MITTELAMERIKA

WESTKANADA

Zum an Bodenschätzen reichen Westkanada gehören das bergige British Columbia und die Prärieprovinzen Alberta, Saskatchewan und Manitoba.

▲ Grizzlys findet man in Westkanada vor allem in den bergigen Regionen. Sie gehören zu den größten Fleisch fressenden Landtieren, sind aber eine gefährdete Spezies.

▼ Vancouver, Kanadas drittgrößte Stadt, liegt auf dem kanadischen Festland gegenüber der Vancouver-Insel. Aufgrund ihres großen natürlichen Hafens wurde die Stadt zum Zentrum des Seehandels von British Columbia.

Drei der vier Provinzen Westkanadas – Manitoba, Saskatchewan und Alberta – werden von den Great Plains beherrscht. In diesen Ebenen gibt es fruchtbare Böden und große Vorkommen fossiler Brennstoffe. Manitoba, die ebenste der drei Provinzen, gilt als das Land der 100.000 Seen. Viele dieser Seen entstanden durch Vergletscherung. Die Nordhälfte Saskatchewans ist ebenfalls reich an Flüssen und Seen, während der Südwesten Albertas von den Rocky Mountains und ihren Ausläufern beherrscht wird. Die nördlichen Regionen aller drei Provinzen sind stark bewaldet und die Holzindustrie ist ein wichtiger lokaler Wirtschaftsfaktor. British Columbia grenzt als einzige kanadische Provinz an den Pazifischen Ozean. Sie ist durch zwei große Gebirgsketten geprägt, die sich durch fast die gesamte Provinz ziehen.

BRITISH COLUMBIA

British Columbia ist von Alberta durch die Rocky Mountains getrennt, die sich durch die Provinz und nach Norden hin bis ins Yukon Territory erstrecken. Westlich der Rockys liegen dicht bewaldete Gebiete, Grasländer und zahlreiche Seen. Eine weitere Gebirgskette, das Küstengebirge, beherrscht große Teile der Küste, wo durch Vergletscherung viele Inseln und Fjorde entstanden. Die größten Inseln sind die Königin-Charlotte-Inseln im Norden und die 460 km lange Vancouver-Insel. In der landschaftlich bezaubernd schönen Provinz leben viele Tiere wie Grizzlybären, Schwarzbären, Elche und Wasservögel in 675 Naturschutzparks, die jährlich über 23 Millionen Besucher anlocken. In der Provinz gibt es außerdem gewaltige Wälder, die zu einem hohen Prozentsatz Kanadas Holzindustrie mit Rohmaterial versorgen. Die Bäume werden unter anderem als Bauholz, zur Herstellung von Pulpe und Papier genutzt. Die größten Arbeitgeber der 3,9 Millionen Provinzbewohner sind die Holz verarbeitende Industrie, der Bergbau, der Tourismus und die Dienstleistungsindustrien. Die meisten Menschen leben im Südwesten und hier zu 60 % in zwei Städten: in Victoria und

WESTKANADA

▲ Der Maligne fließt von den kanadischen Rocky Mountains durch den Jasper-Nationalpark in der Provinz Alberta.

in Kanadas drittgrößter Stadt Vancouver. Die Hauptstadt der Provinz, Victoria, liegt auf der Vancouver-Insel, wo 1834 die erste dauerhafte europäische Kolonie gegründet wurde. British Columbia, das zum Pazifik und zum Fernen Osten hin liegt, knüpft zunehmend Handelsbeziehungen mit Japan, Korea und anderen asiatischen Nationen. Die meisten Provinzbewohner sind britischer Herkunft, doch über 60.000 sind indischer Abstammung, und es gibt rund 200.000 Indianer. Außerdem existiert hier die größte chinesische Gemeinde Nordamerikas außerhalb San Franciscos.

WARME SOMMER – KALTE WINTER

Die drei Prärieprovinzen, die in einiger Entfernung vom Atlantischen und Pazifischen Ozean liegen, haben ein kontinentales Klima, d. h. warme Sommer und kalte Winter. So herrschen in Manitobas größter Stadt Winnipeg im Januar Durchschnittstemperaturen von minus 20 °C und im Juli von plus 20 °C. Im Südwesten Albertas, derjenigen der drei Provinzen, die dem Pazifik am nächsten liegt, sorgt der Chinook, ein warmer Fallwind, der von den Rocky Mountains herunterweht, im Winter für einen leichten Temperaturanstieg.

DIE ARKTIS, NORD- UND MITTELAMERIKA

▲ Kanada ist der weltweit größte Produzent von Gerste, einem wichtigen Getreide. Über 90 % der Gesamtproduktion von 12,6 Mio. t werden in den Great Plains in Westkanada angebaut und maschinell geerntet.

▼ Der Banff-Nationalpark, Kanadas ältester, 1885 eröffneter Nationalpark, liegt an den östlichen Hängen der Rockys in Alberta und ist für seine spektakuläre Berglandschaft berühmt.

In allen drei Provinzen betragen die Niederschlagsmengen im Durchschnitt nur 380 bis 440 mm pro Jahr, doch gibt es ganzjährig viele Sonnentage. Die Stadt Estevan in Saskatchewan gilt mit über 2.500 Sonnenstunden pro Jahr als die Sonnenhauptstadt Kanadas. In den östlichsten Regionen der vierten Provinz, British Columbia, herrscht auch ein kontinentales Klima, doch im größten Teil der Provinz beeinflusst die Nähe zum Pazifik das Klima. Warme, feuchte Luft vom Pazifischen Ozean macht nicht nur die Winter milder, sondern sorgt auch für Niederschläge zwischen 1.300 und 3.800 mm pro Jahr.

LANDWIRTSCHAFT UND BRENNSTOFFE

Aufgrund der warmen Sommer und der großen fruchtbaren Ebenen spielt die Landwirtschaft in den Prärieprovinzen eine wichtige Rolle. Alberta z. B. ist Kanadas größter Rindfleischproduzent. Nur 13 % des Fleischs verbleiben in der Provinz, mehr als die Hälfte wird in andere Regionen Kanadas, weitere 30 % in die USA geliefert. In Saskatchewan wird über die Hälfte des kanadischen Weizens produziert, aber auch Roggen und Flachs angebaut. Manitobas zentrale Lage hat die Provinz zu einem wichtigen Handels-, Transport- und Vertriebszentrum für Nahrungsmittel gemacht. Rund 60 % der Bewohner Manitobas leben in und um die Hauptstadt Winnipeg herum. In allen drei Provinzen sind die Lebensmittel- und Verpackungsindustrie von Bedeutung, während fossile Brennstoffe vor allem aus Alberta stammen, das 90 % des kanadischen Bedarfs an Erdgas deckt, sowie aus Saskatchewan, dessen über 18.000 aktive Ölquellen rund ein Fünftel des gesamten kanadischen Öls liefern.

NORDKANADA

Nordkanadas dünn besiedelte Territorien – das Yukon Territory, die Northwest Territories und Nunavut – bestehen zu vier Fünftel aus Wildnis.

▲ Der Eisbär ist vor allem in Nordkanada beheimatet. Seit 1973 sichern Jagdquoten sein Überleben.

◀ Diese Inuit-Frau fischt in einem Eisloch auf arktische Rotforellen.

Nordkanada gehört zu den dünnst besiedelten Regionen der Welt. In den Northwest Territories und in Nunavut kommt eine Person auf 59 km², im Yukon Territory eine auf 18 km². Über 50 % der Bewohner des 482.443 km² großen Yukon Territory leben in der Stadt Whitehorse. Der Norden der Territorien wird weitgehend von Tundra und Dauerfrost beherrscht. Viele Einwohner Nordkanadas sind entweder Indianer oder arktische Völker wie die Inuit. Sie verdienen ihren Lebensunterhalt vor allem als Jäger, Fischer, Trapper, Berg- und Waldarbeiter.

NUNAVUT

Entsprechend einem Abkommen zwischen der kanadischen Regierung und den Inuit wurden 1999 die Grenzen der bis dahin zwei Territorien neu gezogen. Dadurch entstand das autonome Territorium Nunavut, das die rund tausend Inseln im Nordpolarmeer mit einschließt, die den Kanadisch-Arktischen Archipel bilden. 85 % seiner Bevölkerung von rund 27.000 stellen die Inuit, Nunavut bedeutet in ihrer Sprache »Unser Land«. Über ein Drittel der Bevölkerung ist unter 15 Jahre alt.

DIE ARKTIS, NORD- UND MITTELAMERIKA

VEREINIGTE STAATEN VON AMERIKA

Die USA sind das drittgrößte und mächtigste Land der Welt. Sie sind reich an Bodenschätzen und gehören zu den Marktführern der verarbeitenden Industrie.

Fläche: 9.809.155 km²
Bevölkerungszahl: 288.369.000
Hauptstadt: Washington D.C. (4.923.000)
Sprache/n: Englisch, Spanisch
Religion/en: Katholiken, Baptisten, Methodisten, Lutheraner
Währung: US-Dollar
Exportgüter: Maschinenanlagen und Transportmittel, insbesondere Straßenfahrzeuge, Chemikalien, Nahrungsmittel, Ausrüstung für Wissenschaft und Technik
Staatsform: Präsidiale Bundesrepublik

▼ Am 4. Juli, dem Independence Day, gedenken die US-Amerikaner der Unabhängigkeitserklärung von 1776. Wie in Floridas größter Stadt Miami feiert man diesen Tag mit einem großen Feuerwerk.

Der Name Vereinigte Staaten von Amerika bezieht sich auf die Verwaltungseinheiten des Landes. Jeder der 50 amerikanischen Staaten hat seine eigenen Gerichte und seine eigene Regierung mit weit reichenden Machtbefugnissen. 48 dieser Staaten grenzen aneinander und erstrecken sich auf dem Festland vom Atlantischen Ozean im Osten bis zum Pazifischen Ozean im Westen. Die beiden übrigen Staaten sind Alaska, das an Westkanada grenzt, und die Pazifikinseln Hawaii. Zwei große Gebirgsketten beherrschen die Landschaft der USA. Die Rocky Mountains im Westen haben bis zu 4.000 m hohe Gipfel. Die Appalachen im Osten verlaufen rund 2.600 km lang fast parallel zum Atlantischen Ozean. Diese Berge sind älter und niedriger und größtenteils bewaldet. Dazwischen gibt es riesige, von vielen Flüssen durchschnittene Täler. Der längste Fluss der USA ist der Mississippi. Zusammen mit seinem Nebenfluss Missouri ist er der viertlängste Fluss der Welt. Im Norden grenzen die USA an Kanada. Beide Länder teilen sich gemeinsam die Großen Seen, die sich entlang ihrer Grenze befinden. Die USA sind reich an Bodenschätzen, von Metallen wie Blei und Eisen bis zu Öl und Nutzholz. Über ein Fünftel der bekannten Kohlereserven der Welt befindet sich innerhalb ihrer Grenzen. Große Teile der Ebenen, die das Zentrum des Landes prägen, sind sehr fruchtbar. Hier wird Mais und anderes Getreide angebaut, außerdem dienen die weiten Flächen als Weideland für die rund 100 Millionen Rinder Amerikas.

Der Weißkopfseeadler ist der Nationalvogel der USA.

BEVÖLKERUNG

Jahrtausendelang waren die USA von Indianern bevölkert, bis sich im 17. und 18. Jh. vor allem an der Ostküste europäische Siedler niederließen. Der amerikanische Unabhängigkeitskrieg (1775–1783) führte schließlich zur Befreiung von britischer Herrschaft. Das neue Land lud viele Jahrzehnte lang zur Einwanderung ein, sodass die USA heute ein Schmelztiegel der Völker und Kulturen sind. Etwa 69 % der Bevölkerung sind europäischer Herkunft, 13 % afroamerikanischer, 12 % hispanischer und 4 % asiatischer; 2 % stammen von Indianern ab.

VEREINIGTE STAATEN VON AMERIKA

▲ Die Landschaft der USA ist abwechslungsreich: Es gibt flache Grasländer mit gemäßigtem Klima, zerklüftete Gebirge und trockene Wüstenregionen wie diese im US-Staat New Mexico.

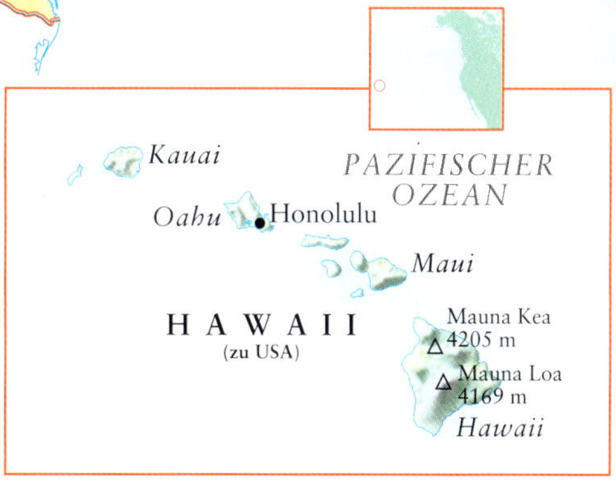

▲ Die riesigen Mammutbäume in Kaliforniens Sequoia-Nationalpark können 100 m hoch werden.

DIE ARKTIS, NORD- UND MITTELAMERIKA

DER OSTEN DER USA

Der Osten der USA, wo die ersten europäischen Siedler landeten, hat viele Bodenschätze und eine bewegte Geschichte.

▲ An der Ostküste der USA gibt es viele natürliche Häfen, um die herum Hafenstädte und Fischersiedlungen entstanden; hier: Rockport auf der Halbinsel Cape Ann in Massachusetts.

▲ Diese Marmorstatue des 16. Präsidenten der USA (1861–1865), Abraham Lincoln, ist das Herzstück des Lincoln Memorial, eines Gebäudes im Potomac Park in der Hauptstadt Washington D.C. Lincoln (*1809) wurde 1865 von einem Fanatiker ermordet.

▼ Das Weiße Haus in Washington D.C. wurde vom irisch-amerikanischen Architekten James Hoban entworfen und ursprünglich Executive Mansion genannt.

Der Osten der USA liegt am Atlantischen Ozean. Seine lange, vielförmige Küste ist von vielen Buchten und Meeresarmen geprägt. Zwei östliche US-Staaten, Pennsylvania und New York, grenzen an die beiden östlichsten Großen Seen, den Eriesee und den Ontariosee. Die Landschaft dieser Region ändert sich, wenn man nach Süden und ins Landesinnere reist. Die atlantische Küstenebene wird nach Süden hin breiter, während sich im Inland die Appalachen erheben. Sie verlaufen fast parallel zum Atlantik und erstrecken sich von der kanadischen Provinz Newfoundland mehr als 2.600 km südlich durch den Osten der USA bis hin nach Alabama. Die Appalachen bestehen aus zahlreichen Gebirgsketten, unter anderem den Green Mountains von Vermont, den Catskill Mountains im Staat New York und den Blue Ridge Mountains, die durch West Virginia, Virginia, North Carolina und Georgia verlaufen. Die Appalachen gehören zu den ältesten Bergen der Welt. Ihre stark ausgehöhlten Gesteinsformationen sind reich an Bodenschätzen wie Kohle, Eisenerz, Zink und Erdöl. Zum Osten der USA gehören die sechs nordöstlichen Neuenglandstaaten und die mittelatlantischen Staaten New Jersey, Delaware, Maryland, Pennsylvania und Virginia. West Virginia liegt im Inland und ist der einzige Staat im Osten der USA, der nicht an einen der Großen Seen oder an den Atlantischen Ozean grenzt. Einige Waldgebiete dieser Staaten wurden gerodet, um Anbauflächen zu gewinnen, in den zahlreichen großen Städten leben rund 69 Millionen Menschen. West Virginia ist allerdings noch zu 75 % bewaldet, Virginia zu 60 %, Pennsylvania zu 55 % und Maryland zu 43 %. Trotz der weiten Flächen von Ackerland sind die verarbeitende und die Dienstleistungsindustrie wichtige Wirtschaftsfaktoren. In New

DER OSTEN DER USA

Jersey macht die Landwirtschaft nur ein Prozent der gesamten Staatseinkünfte aus.

BESIEDLUNG

Zu Beginn der Besiedlung durch Europäer spielten die Appalachen eine wichtige Rolle. Da ihre stark bewaldeten Höhen einem weiteren Vordringen ins Landesinnere im Wege standen, ließen sich viele Siedler östlich von ihnen nieder, sodass dort die ersten großen Kolonien entstanden. Die erste englische Dauersiedlung wurde 1607 bei Jamestown gegründet, das nun in Virginia liegt. 1620 landeten englische Puritaner, die so genannten Pilgerväter, die vor religiöser Verfolgung flohen, bei Cape Cod, heute Provincetown (Massachusetts), wo sie die Kolonie Plymouth gründeten. Die meisten großen Ereignisse der Kolonialzeit Amerikas, einschließlich des nordamerikanischen Unabhängigkeitskrieges, fanden im Osten der USA statt. Zum ersten größeren Protest gegen die britische Herrschaft, der Boston Tea Party (1773), kam es im Bostoner Hafen im Staat Massachusetts. Die Schlacht von Saratoga (1777) wurde im heutigen Staat New York ausgetragen. Und die Verfassung der USA wurde 1787 in der Stadt Philadelphia entworfen. Dieses Dokument legt die Struktur des Staates und die Machtbefugnisse der US-Regierung fest. Obwohl es 27 Zusätze gab, hat vieles bis heute Gültigkeit.

▼ In den Neuenglandstaaten nehmen im Herbst die Blätter der Laubbäume wunderschöne Orange-, Gelb- und Rottöne an. Diese Aufnahme entstand in Vermont.

DIE ARKTIS, NORD- UND MITTELAMERIKA

REGIERUNG

In den USA gibt es eine Machtteilung zwischen den 50 Staaten und einer nationalen Regierung, der so genannten Bundesregierung. Sowohl die Regierungen der einzelnen Staaten als auch die Bundesregierung sind befugt, Steuern zu erheben, Geld zu leihen, Straßen zu bauen und soziale Einrichtungen zu schaffen. Darüber hinaus ist die Bundesregierung für die Außenpolitik, für Verträge mit anderen Nationen, das Militär und das Drucken von Geld verantwortlich. Auch innerhalb der Bundesregierung gibt es eine Gewaltenteilung zwischen der Gesetzgebung (Legislative), der vollstreckenden Gewalt (Exekutive) und der richterlichen Gewalt (Judikative). Alle drei Organe der Bundesregierung haben ihren Sitz in Washington, District of Columbia (gewöhnlich abgekürzt als D.C.), das 1790 gegründet und 1800 Sitz der Bundesregierung wurde. Das am Ostufer des Potomac gelegene Washington D.C. wurde auf von den Nachbarstaaten Maryland und Virginia abgetretenem Land gegründet. Es hat sich zu einer Großstadt entwickelt, in der ein Drittel der Beschäftigten für die Bundesregierung tätig ist. Das Kapitol in Washington D.C. ist der Sitz des Kongresses, der gesetzgebenden Gewalt der USA, die in zwei Kammern unterteilt ist: das Repräsentantenhaus und den Senat. Die Abgeordneten beider Kammern werden in öffentlichen Wahlen gewählt und beide Kammern tagen unabhängig voneinander. In der Nähe befindet sich der Oberste Gerichtshof, der bei Rechtsstreitigkeiten die letzte Entscheidung trifft. Die Pennsylvania Avenue verbindet das Kapitol mit dem Weißen Haus, dem Sitz des US-Präsidenten.

NEUENGLANDSTAATEN

Als Neuenglandstaaten bezeichnet man die sechs nordöstlichen Staaten Maine, New Hampshire, Vermont, Massachusetts, Rhode Island und Connecticut. In dieser Region landete die Mehrzahl der ersten US-Einwanderer und ließ sich in Pionierstädten und Dörfern nieder. Einige der angesehensten Bildungseinrichtungen

▲ Eine Nachtaufnahme von Manhattan, New York City, zeigt, wie sehr seine Silhouette von Wolkenkratzern geprägt ist (rechts das Empire State Building).

▲ Auf einer kleinen Insel im Hafen von New York City steht die 93,5 m hohe Freiheitsstatue, ein Geschenk wohlhabender französischer Bürger. Sie wurde 1886 aufgestellt.

▼ Das am Zusammenfluss mehrerer Flüsse, einschließlich des 1.579 km langen Ohio, gelegene Pittsburgh gehört zu den geschäftigsten Binnenhäfen der USA.

DER OSTEN DER USA

NEW YORK

Im Südosten des Staates New York liegt die riesige Metropole New York. Sie war anfänglich ein Pelzhandelsposten an der Mündung des Hudson. Heute gehört sie zu den größten und reichsten Städten der Welt und ist ein internationales Finanz- und Geschäftszentrum. New York liegt gleichzeitig auf dem Festland und auf 50 Inseln, deren größte Manhattan ist. In den vergangenen 200 Jahren war die Stadt das wichtigste Tor in die USA und große Einwandererwellen machten sie zu einem Schmelztiegel der Kulturen. Laut einer Volkszählung aus dem Jahr 2000 sind 68 % der Bewohner New Yorks weiß und 16 % schwarz. 6 % stammen aus Asien und von den Pazifischen Inseln und 10 % sind anderer Herkunft.

▲ Seit 1817 hat die größte Börse der Welt, die New York Stock Exchange, ihren Sitz in der Wall Street von Manhattan.

der Vereinigten Staaten befinden sich in Neuengland. Hierzu zählen das Massachusetts Institute of Technology (MIT) und die Harvard University in Massachusetts sowie die Yale University in Connecticut. Mit ihrer Geschichte, ihren Hügeln und Bergen und ihren malerischen Wäldern – vor allem Laubwälder – locken die Neuenglandstaaten viele Touristen an. Über 85 % der 91.653 km² großen Landfläche des nördlichsten Staates Maine sind waldbedeckt. Maine ist aber auch berühmt für seine zerklüftete Küste, die vor allem durch Gletscherbewegungen während der letzten Eiszeit entstand. Der höchste Berg Neuenglands, Mount Washington (1.917 m), befindet sich im nördlichen New Hampshire nahe der Grenze zu Maine.

▲ Baseball gehört zu den beliebtesten Sportarten der USA. Hier spielen im Camden-Yards-Stadion in Baltimore, Maryland, die Baltimore Orioles gegen die Boston Red Sox. Beide Teams stammen aus dem Osten der USA.

DIE ARKTIS, NORD- UND MITTELAMERIKA

MITTLERER WESTEN, GROSSE SEEN

Als weltweit größter Getreidelieferant und wichtiger Standort für Produktion und Handel spielt diese Region eine wesentliche Rolle in der US-Ökonomie.

▲ Bei Städten wie Detroit und Chicago denkt man unwillkürlich an verarbeitende Industrien wie die Fahrzeugproduktion. In diesem Ford-Montagewerk in Chicago werden jährlich rund 250.000 Fahrzeuge produziert.

▼ Fast ein Fünftel des in den USA angebauten Weizens stammt aus Kansas. Etwa die Hälfte des Weizens aus Kansas wird nach Übersee exportiert.

Das amerikanische Binnenland ist weitgehend Teil einer gewaltigen Hochebene, die sich durch das Landesinnere bis zu den Rocky Mountains im Westen erstreckt. Sie wird von mehreren Gebirgsketten durchzogen wie den Smoky Hills in Kansas und den Black Hills in South Dakota und Wyoming. In South und North Dakota und im nordwestlichen Nebraska gibt es auch eine Region zerklüfteter, seltsam geformter Gesteinsformationen, die so genannten Badlands (Badlands-Nationalpark). Es ist ein vegetationsarmes, fast wüstenhaftes Gebiet, das durch Erosion geformt wurde, die Folge kurzer, heftiger Regenzeiten gefolgt von langen Dürreperioden. Einen Großteil des Landesinnern nehmen die Great Plains ein; ein so genannter Maisgürtel, der sich von West-Ohio bis ins Zentrum Nebraskas erstreckt, gehört zu den größten Getreideanbaugebieten der Welt.

DIE GREAT PLAINS

Die Great Plains nehmen einen großen Bereich Südkanadas ein und reichen weit

▲ Das am Südwestufer des Lake Michigan gelegene Chicago ist nach New York und Los Angeles die bevölkerungsmäßig drittgrößte Stadt der USA und eine wichtige Drehscheibe für den Luft-, Wasser- und Landverkehr.

in die USA in das Gebiet östlich der Rocky Mountains und westlich des Mississippi hinein. Sie umfassen Teile von North Dakota, South Dakota, Montana, Wyoming, Colorado, Nebraska und Kansas sowie der Südstaaten Oklahoma, New Mexico und Texas. Weite Bereiche der Great Plains waren einst von einem riesigen Binnensee bedeckt, und die Gesteinsschichten, die meist horizontal unter der Erdoberfläche liegen, bestehen aus Sedimentablagerungen. Früher gehörten die Great Plains zu den größten Prärien der Welt, in denen über 50 Millionen Bisons lebten. Ein Großteil des Graslandes hatte eine fruchtbare Bodenkrume und wurde seit dem 19. Jh. intensiv landwirtschaftlich genutzt. Jahrelange Misswirtschaft ließ große Trockengebiete entstehen. Dank moderner Ackerbau- und Bewässerungstechniken werden Nordamerikas Prärien jetzt wieder intensiv zur Viehaufzucht und zum Anbau von Roggen, Gerste, Alfalfa und Weizen genutzt. Knapp über 75 % der weltweiten Weizenexporte stammen aus dieser Region.

USA: MITTLERER WESTEN UND GROSSE SEEN

▶ Der Bison ist das größte Landsäugetier Nordamerikas. Rund 50 Millionen Tiere zogen, bevor im 19. Jh. mit Schusswaffen ausgerüstete Europäer ins Land kamen, durch die Great Plains.

MISSOURI UND MISSISSIPPI

Der Missouri durchquert das Zentrum der USA und ist nach dem Mississippi, in den er nördlich der Stadt St. Louis mündet, der zweitgrößte Fluss des Landes. Zusammen schlängeln sich die beiden Flüsse fast durch das gesamte Land. Auf dem Mississippi transportieren große Frachtkähne und Schiffe unter anderem Erdölprodukte, Kohle, Sand, Kies und Eisenerz. Der Missouri wird im Rahmen des Missouri River Basin Projects zur Bewässerung von Ackerbauregionen und zur Erzeugung von Energie mittels Wasserkraftwerken genutzt.

DIE GROSSEN SEEN

Die fünf Großen Seen entstanden während der letzten Eiszeit, als durch Gletscherbewegung Stromtäler zu immer breiteren und tieferen Senken ausgehöhlt wurden. Die Seen enthalten rund 20 % des Süßwassers der Welt und 90 % des Süßwassers der USA. Der Michigansee liegt als einziger der fünf Großen Seen ganz innerhalb der Grenzen der USA. Die anderen vier – Ontariosee, Eriesee, Huronsee und Oberer See – reichen bis nach Kanada hinein. Alle Seen sind miteinander verbunden und bilden ein gewaltiges Entwässerungssystem. Das Wasser fließt vom Oberen See durch die anderen Seen und schließlich im Sankt-Lorenz-Golf ins Meer. Aufgrund ihrer Größe beeinflussen die Seen das Klima des umliegenden Landes. Sie sorgen für wärmere Winter und kühlere Sommer. Zusammen entwässern sie ein rund 750.000 km² großes Gebiet, bekannt als das Becken der Großen Seen. Etwa ein Fünftel der US-Bevölkerung lebt in dieser Region.

▼ Ein Shoppingcenter in Columbus, 1797 als Franklinton gegründet und seit 1816 die Hauptstadt des Staates Ohio. Mit 632.900 Einwohnern ist Columbus Ohios größte Stadt.

DIE ARKTIS, NORD- UND MITTELAMERIKA

▲ Der 191 m hohe Gateway Arch in St. Louis, Missouri, symbolisiert den historischen Status der Stadt als Tor zum Westen.

▲ Auf dem Mount Rushmore wurden 18 m hohe Gesichter von vier US-Präsidenten in den Stein gehauen.

DIE STAATEN DER GROSSEN SEEN

Als Staaten der Großen Seen gelten Ohio, Michigan, Indiana, Illinois, Wisconsin und für manche auch Minnesota. Diese bilden das traditionelle industrielle Herzland der USA, in dem z.B. Kraftfahrzeuge und Industriemaschinen produziert werden. Maschinenbau- und weiterverarbeitende Industrien entwickelten sich hier im 19. und 20. Jh., denn notwendige Rohstoffe wie Eisenerz und Kohle gab es in greifbarer Nähe und die Seen ermöglichten den Schiffstransport über weite Entfernungen. An den Ufern der Großen Seen entstanden Siedlungen, die als Industriezentren, Häfen und Handelsgemeinschaften fungierten. Aus diesen haben sich einige der größten Städte der USA wie Cleveland am Eriesee und Milwaukee und Chicago am Michigansee entwickelt. Detroit, das zwischen Erie- und Huronsee am Detroit liegt, wurde zum führenden Kraftfahrzeugproduzenten der Welt. Viele Einwanderer aus Übersee, vor allem Europäer, und Schwarze aus den Südstaaten zog es in den industriellen Norden. Die Mischung der Kulturen brachte neue Kunst- und Musikformen hervor, so z. B. den elektrischen Blues mit Ursprung in Chicago und die Soulmusik Detroits. Aufgrund wirtschaftlicher Probleme in vielen Zweigen der Schwerindustrie und der Konkurrenz aus Übersee haben die Staaten der Großen Seen sich anderen Wirtschaftszweigen wie dem Finanzwesen, der Elektronik und dem Tourismus zugewandt. Auch die Landwirtschaft spielt dort mittlerweile eine große Rolle. Über 75 % der Fläche von Illinois, dem größten Sojabohnenproduzenten der USA, sind z. B. dem Ackerbau gewidmet. Und Wisconsin ist für seine Milchviehhaltung bekannt, dort werden mehr als 10 % der Milch der USA und große Mengen Käse produziert.

▼ Diese seltsamen, spektakulären Gesteinsformationen im Badlands-Nationalpark in South Dakota entstanden durch Millionen Jahre der Wasser- und Winderosion.

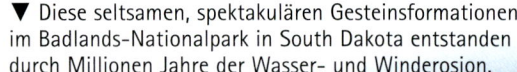

USA: MITTLERER WESTEN UND GROSSE SEEN

▲ Der 1872 gegründete Yellowstone-Nationalpark, der älteste Nationalpark der USA, ist berühmt für seine heißen Quellen, Geysire, Wasserfälle und Tiere. Er erstreckt sich durch einige Bereiche Montanas, Wyomings und Ost-Idahos und beheimatet 200 Vogelarten.

INDIANER

Jahrtausende vor der Ankunft europäischer Forscher und Siedler lebten in weiten Teilen Nordamerikas bereits Indianer. Obwohl man anfänglich friedlich, wenn auch vorsichtig miteinander Handel trieb, bauten sich, als die Siedler mehr und mehr Ackerland in Anspruch nahmen und auch die Bodenschätze ausbeuten wollten, allmählich Spannungen auf. Im 19. Jh. erreichten die Konflikte ihren Höhepunkt. Unzählige Büffelherden, die Lebensgrundlage vieler Indianerstämme, waren bereits getötet worden und Tausende von Siedlern, vor allem Europäer, drängten weiter nach Westen vor und beanspruchten das Land, das die Existenzgrundlage der Indianer war. Da die vielen unterschiedlichen Indianerstämme ihr Land zumindest teilweise behalten wollten, brachen Kriege aus, viele davon im Mittleren Westen und in den Staaten der Großen Seen. So führte die erzwungene Umsiedlung der Sauks und Foxes 1832 zum Black-Hawk-Krieg in Wisconsin und Illinois. Am berühmtesten wurde die Schlacht am Little Bighorn (1876) in Montana zwischen einer von General Custer geführten Abteilung der US-Kavallerie und den vereinten Truppen der Sioux und Cheyenne unter Crazy Horse und Sitting Bull. Custers Abteilung wurde vernichtend geschlagen. Das Massaker von Männern, Frauen und Kindern der Sioux am Wounded Knee Creek in Dakota im Jahr 1890 signalisierte das Ende der Indianerkriege. Heute machen die Indianer nur noch 2 % der Gesamtbevölkerung der USA aus. Sie sind zwar in allen Staaten zu Hause, doch die meisten von ihnen leben in den vier aneinander grenzenden Südstaaten Oklahoma, New Mexico, Arizona und Kalifornien. In jedem dieser Staaten beträgt ihre Zahl über 200.000.

▲ Der Schnee auf Colorados Bergen lockt Tausende von Skifahrern in Urlaubsorte wie Powderhorn und Aspen.

DIE ARKTIS, NORD- UND MITTELAMERIKA

Der Süden

Landschaft, Wirtschaft, Kultur und seine Menschen verleihen dem Süden der Vereinigten Staaten etwas Einzigartiges.

▲ Der White-Sands-Nationalpark liegt im Südwesten New Mexicos. Diese weißen Gipssanddünen wandern aufgrund des Windes und bilden sich stets ändernde Formationen.

In den Südstaaten der USA gibt es sehr unterschiedliche Landschaften und Klimata. In einigen herrscht ein warmes, gemäßigtes Klima, in anderen, wie Louisiana und Florida, ein subtropisches Klima mit heißen, feuchten Sommern und milden Wintern. In den beiden südlichsten Staaten, Florida und Texas, bleibt es weitgehend das ganze Jahr über warm. Leichte bis heftige Niederschläge, oft begleitet von Gewittern, sind typisch für die Staaten am Golf von Mexiko. Einige Küstenbereiche werden im Durchschnitt alljährlich von fünf bis acht Hurrikanen heimgesucht.

◄ New Orleans in Louisiana, einst französische und auch spanische Kolonie, ist für seine reiche Mischung kultureller Einflüsse bekannt. Hier spielt eine Jazzband im Vieux Carré, auch französisches Viertel genannt.

▼ Die Mesa Montosa liegt in New Mexico. Dort entspringt der Rio Chuviscar, der schließlich auf mexikanischem Gebiet in den größeren Rio Conchos mündet.

DIE LANDSCHAFT

Die sich fast an der gesamten Ostküste entlangziehenden Appalachen reichen bis in die Südstaaten North Carolina, Georgia und Alabama hinein. Es gibt noch weitere große Gebirgsketten, unter anderem das Cumberland Plateau, das sich durch das östliche Tennessee und das nordöstliche Alabama erstreckt. Im Westen finden sich die Ouachita Mountains, die den mittleren Westen von Arkansas und den Südosten Oklahomas einnehmen. New Mexico, Oklahoma, Arkansas und Tennessee sind die einzigen Südstaaten, die weder an den Atlantischen Ozean noch an den Golf von Mexiko grenzen. Die Ostseite der Halbinsel Florida liegt zum Atlantik, die Westseite zum wärmeren Wasser des Golfs hin. Auch Texas, Louisiana, Mississippi und Alabama grenzen (wenn auch bei Alabama nur ein kleines Stück im Südwesten) an den Golf. Westlich von Texas liegt New Mexico, in dessen östliches Drittel mit der Llano Estacado die Great Plains hineinreichen.

USA: DER SÜDEN

EBENE UND DELTA DES MISSISSIPPI

Der Mississippi ist mit seinen 3.765 km (ohne Missouri) der längste Fluss sowohl der Region als auch der USA. Auf seinem Weg nach Süden bildet er die Grenze zwischen Tennessee und Arkansas sowie die beiden westlichen Grenzen Mississippis mit Arkansas und Louisiana. Der legendäre Strom schlängelt sich durch die Südstaaten und schließlich durch das südliche Louisiana, bevor er sich bei New Orleans mit einer Durchschnittsgeschwindigkeit von 19 Mio. l/sec in den Golf von Mexiko ergießt. Der Verlauf des Mississippi hat sich in den vergangenen Jahrtausenden mehrmals geändert und es entstand ein riesiges, rund 28.500 km² großes Flussdelta. Dieses wird noch stets größer, da bei der Mündung des Flusses in den Golf weiteres Sediment abgelagert wird.

Der Mississippi lagert allerdings nicht nur an seinem Delta Sedimente ab. In den Südstaaten gibt es zu beiden Seiten des Flusses große Schwemmebenen. Diese sind über lange Zeiträume entstanden und zwischen 60 und 120 km breit. Da ein beträchtliches Risiko besteht, dass die tief liegenden Ebenen überflutet werden, wurden zahlreiche Maßnahmen ergriffen. Unter anderem wurden Wasserreservoirs im Nordteil des Flusses angelegt sowie auf einer Strecke von rund 2.575 km Dämme und hohe Deiche errichtet.

▼ Ein Bewohner der Appalachen-Region im US-Staat North Carolina spielt Banjo. Die Volksmusik der Appalachen hat ihren Ursprung in der keltischen Volksmusik, die im 18. und 19. Jh. Siedler von den Britischen Inseln mit ins Land brachten.

DIE ARKTIS, NORD- UND MITTELAMERIKA

▼ Der Rio Grande ist über 3.000 km lang. Er fließt durch New Mexico und bildet die Grenze zwischen den USA (Texas) und Mexiko. Hier sucht er seinen Weg durch den Big-Bend-Nationalpark in Texas.

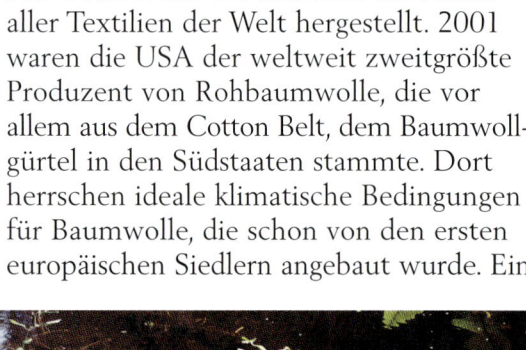

◀ Der Mississippi-Aligator lebt im Sumpfland der Südstaaten Alabama, Georgia und Florida. Erwachsene Tiere können bis zu 3,60 m lang werden.

DER COTTON BELT

Aus Baumwolle werden rund die Hälfte aller Textilien der Welt hergestellt. 2001 waren die USA der weltweit zweitgrößte Produzent von Rohbaumwolle, die vor allem aus dem Cotton Belt, dem Baumwollgürtel in den Südstaaten stammte. Dort herrschen ideale klimatische Bedingungen für Baumwolle, die schon von den ersten europäischen Siedlern angebaut wurde. Ein Großteil der Produktion ist heute nach Kalifornien und Arizona verlagert, doch Mississippi, Arkansas, Louisiana und Texas sind noch immer führend in diesem Bereich.

SKLAVEREI

Die ersten in den Südstaaten siedelnden Europäer bauten vor allem Baumwolle, Tabak, Reis und Zuckerrohr an. Als die Farmen und Plantagen größer wurden, deckten sie ihren Bedarf an Arbeitskräften mit Sklaven. Millionen von ihnen wurden von Sklavenhändlern aus Schwarzafrika eingeschleppt, 1790 machten sie ein Drittel der Bevölkerung der Südstaaten aus. Da der Norden die Sklaverei ablehnte, kam es zu Auseinandersetzungen, die die USA schließlich spalteten. 1860/61 verließen elf Südstaaten den Staatenverbund und bildeten die konföderierten Staaten von Amerika. Damit begann der Amerikanische Bürgerkrieg (1861–1865), der so genannte Sezessionskrieg. Die Südstaaten verloren ihn und die Sklaverei wurde abgeschafft. Dennoch verbesserten sich die Arbeitsbedingungen jahrzehntelang kaum, viele Afroamerikaner gingen in den industriellen Norden.

NEUE WIRTSCHAFTSZWEIGE

Obwohl in den Südstaaten noch immer traditionelle Feldfrüchte wie Baumwolle angebaut werden, hat man sich, um die Wirtschaft zu stärken, auch anderen Bereichen zugewandt. So baut man mehr Sojabohnen und Erdnüsse an und Arkansas, Alabama, Georgia und North Carolina wurden die führenden Geflügelproduzenten der USA. Öl aus dem Golf von Mexiko und den Staaten Louisiana und Mississippi ist der Rohstoff für die chemische und verarbeitende Industrie und die Bedeutung von Maschinenbau und Elektronik hat, auch dank des US-Militärs und der NASA, zugenommen. Mit New Orleans, Miami und Florida als erstklassigen Reisezielen ist außerdem der Tourismus zu einer wichtigen Einnahmequelle geworden. Beliebt sind auch Floridas Feuchtgebiete, die mit dem Everglades-Nationalpark fast ein Fünftel des Landes einnehmen, sowie die Urlaubsorte am Atlantik und am Golf. Florida ist auch ein führender Produzent von Zitrusfrüchten und das ganzjährig warme Klima lockt pensionierte Amerikaner an.

TEXAS

Texas ist der zweitgrößte Staat der USA mit der drittgrößten Bevölkerungsdichte. Der Westen des Landes liegt weitgehend in den oder in der Nähe der Great Plains. Texas gehört zu den wichtigsten Agrarproduzenten der USA und ist führend im Anbau von Feldfrüchten, ob Wassermelonen oder Spinat. Eine wichtige Rolle spielt die Rinderzucht, riesige Rinderfarmen erstrecken sich über das Land. Texas hat, unter anderem aufgrund seiner großen Reserven fossiler Brennstoffe, eine eigene Entwicklung genommen. Einkünfte aus dem Abbau dieser Brennstoffe, aus der Ölverarbeitung und der Fertigungsindustrie haben die Schaffung großer, moderner Städte wie Dallas, Houston und Austin, die Hauptstadt von Texas, möglich gemacht.

▲ Eine NASA-Raumfähre beim Start auf Cape Canaveral an der Ostküste Floridas.

▼ Diese Rancharbeiter treiben Rinder auf eine Mastweide. Im Jahr 2000 wurden in Texas 15 Millionen Rinder gezählt.

DIE ARKTIS, NORD- UND MITTELAMERIKA

DER WESTEN DER USA

Hohe Vulkanberge im Norden, der Grand Canyon und ebene, trockene Wüsten im Süden kennzeichnen die Landschaft des Westens der USA.

▲ Der Organ-Pipe-Nationalpark in Arizona gehört zu einer Reihe von Nationalparks, die Teile der Sonorawüste schützen. Der Park, mit einer Fläche von 132.000 Hektar, verdankt seinen Namen dem seltenen Orgelpfeifenkaktus.

▲ Der 1,3 km lange Convict Lake in der östlichen Sierra Nevada verdankt seinen Namen einer Schießerei, die 1871 unter Beteiligung entflohener Häftlinge an seinen Ufern stattfand.

Der Westen der USA ist ein Land der Gegensätze. Neben Ballungsgebieten wie San Francisco und Los Angeles finden sich hier die dünnst besiedelten Regionen des Landes und neben den modernsten Hightechregionen und -zentren Nordamerikas Gebiete, die seit Jahrtausenden von Indianern bewohnt sind. Geografisch gehören zum Westen einige der höchsten und niedrigsten wie auch nassesten und trockensten Orte der USA. Dieser Teil der Vereinigten Staaten besteht aus einer Reihe sehr unterschiedlicher Regionen. Im Inland trennen die gewaltigen Rocky Mountains einen Großteil des Westens von weiter östlich gelegenen Staaten. Sie verlaufen durch Utah und Idaho und reichen dann weit nach Kanada hinein. Im Süden existieren große, ebene Wüsten, die sich bis in den Norden Mexikos hinein erstrecken. Kalifornien ist durch eine tektonische Verwerfungszone geprägt, die San-Andreas-Störung, die sich rund 1.100 km vom Nordende des Golfs von Kalifornien in nordwestliche Richtung erstreckt. Im Zentrum Kaliforniens gibt es ein riesiges Tal, das Central Valley, das im Osten von den Bergen der Sierra Nevada und im Westen von Küstengebirgen flankiert wird. In diesem Tal, aber auch entlang der Pazifischen Küste, westlich der Küstengebirge und im Südosten mit Wüstengebieten wie der Mojavewüste, finden sich die tiefer gelegenen Gebiete Kaliforniens. Nördlich des zentralen Kalifornien liegt die als Pazifischer Nordwesten bekannte Region, die durch den Norden Kaliforniens, durch Oregon und durch Washington State verläuft. Dort gibt es das Küstengebirge und weiter im Inland die Cascade Range, Kaskadenkette. Östlich von Kalifornien und dem Pazifischen Nordwesten besteht die Landschaft weitgehend aus von Bergen eingerahmten Becken und Plateaus, einschließlich dem Großen Becken, dem Great Basin (siehe S. 81), das im Osten an die Rocky Mountains grenzt.

◄ Eines der berühmtesten Wahrzeichen der USA, die Golden Gate Bridge, befindet sich in San Francisco. Die Stützweite der bei der Fertigstellung 1937 größten Hängebrücke der Welt beträgt 1.280 m. Die Brücke hängt an zwei Drahtseilen, die an 227 m hohen Türmen befestigt sind.

DER WESTEN DER USA

HEISS UND KALT, TROCKEN UND NASS

Norden und Süden der Region unterscheiden sich landschaftlich stark voneinander. Arizona sowie Teile Nevadas und Südkaliforniens sind von heißen, trockenen Wüsten bedeckt, deren größte, die Sonorawüste, auch die größte der USA ist. Sie hat eine Fläche von rund 310.000 km² und reicht vom Nordwesten Mexikos bis in den Südwesten Arizonas und den Südosten Kaliforniens. Das Death Valley ist eine extrem trockene Wüste in Kalifornien und Nevada mit durchschnittlich nur 50 mm Niederschlag pro Jahr. Hier wurde die Rekordtemperatur der USA verzeichnet: 56,7 °C. In den nördlichen Staaten Idaho, Oregon und Washington sind die Temperaturen sehr viel niedriger, nämlich im Durchschnitt zwischen 7 °C und 12 °C mit einem Rekordtief in Idaho von minus 51,1 °C. Diese Staaten werden von einer Reihe von Gebirgsketten mit bis zu 4.000 m hohen Gipfeln durchzogen. Zu den nassesten Orten der Welt gehören Teile von Washington und Oregon mit über 2.000 mm Niederschlag pro Jahr. In allen drei Staaten gibt es viel Wald und Forstwirtschaft.

◀ In knapp einem Jahrhundert ist aus einer Stadt mit 50.000 Einwohnern eine städtische Agglomeration geworden, die eine Gesamtbevölkerung von 16,374 Millionen Menschen (2000) umfasst. Los Angeles ist unter anderem der Sitz Hollywoods, des Zentrums der amerikanischen Filmindustrie.

▼ Bei Surfern beliebt: die kalifornische Küste mit ihren hohen Wellen.

DIE ARKTIS, NORD- UND MITTELAMERIKA

▲ Ein Feld mit Senfsamen in Kaliforniens Napa Valley. Berühmt sind auch Kaliforniens Trauben, aus denen Wein hergestellt wird.

▲ Das Death Valley, Tal des Todes, in Kalifornien ist eine 86 m unter dem Meeresspiegel liegende Senke und der tiefste Punkt der USA.

▼ In den zahlreichen Casinos von Las Vegas locken unzählige Spielautomaten und Spieltische risikofreudige Touristen an.

KALIFORNIENS INDUSTRIEN

Mit 34,5 Millionen Menschen, einer Zahl, die in nur 21 Jahren um elf Millionen gestiegen ist, ist Kalifornien der bevölkerungsreichste Staat der USA. Seine großen Film-, Musik- und Unterhaltungsindustrien und seine unternehmerischen Möglichkeiten locken viele Menschen an. Kalifornien ist Heimat einer der größten und profitabelsten Hightech- und Computerregionen der Welt mit dem Spitznamen Silicon Valley. Diese 40 km lange Industrieregion erstreckt sich entlang zweier Täler. Im Silicon Valley, das Tausende Arbeitsplätze bietet und viele Millionen Dollar einbringt, haben sich zahlreiche führende Computerhersteller und Forschungszentren angesiedelt. Noch immer gibt es in Kalifornien traditionelle Industrien wie die Raumfahrt und den Schiffbau, doch in den größten Städten des Landes, San Francisco und Los Angeles, sind die Elektronikindustrie und das Dienstleistungsgewerbe, unter anderem Unterhaltung, Tourismus und Bankwesen, von großer Bedeutung.

In der Großstadt San Francisco leben sieben Millionen Menschen, im Großraum Los Angeles, dem größten Stadtgebiet im Westen der USA, über 16 Millionen. Das in einer Küstenebene gelegene kosmopolitische Stadtgebiet ist durch ein großes Netz von Schnellstraßen verbunden, das ernsthafte Probleme mit der Luftverschmutzung hervorgerufen hat. Im Süden von Los Angeles liegt sein Hafen, genannt Los Angeles-Long Beach. Es ist der größte Frachthafen an der Pazifikküste der USA.

▲ Der Grand Cañon in Arizona gehört zu den berühmtesten Landschaftsdenkmälern der Welt. Er wurde durch den Colorado aus dem umliegenden Gestein ausgeschnitten, ist rund 350 km lang und stellenweise über 1,6 km tief.

DER FÜHRENDE LEBENSMITTEL- PRODUZENT DER USA

Wäre Kalifornien eine Nation, gehörte sie in Sachen Lebensmittelproduktion zu den Topten der Welt, denn von dort stammen 50 % des Obstes und Gemüses und 15 % der Milch Nordamerikas. In Kalifornien ist auch der größte Weinhersteller zu Hause, Ernest Gallo, der rund zwei Millionen Flaschen pro Tag produziert. Neben einem fruchtbaren Boden sind zahlreiche andere Faktoren für Kaliforniens landwirtschaftlichen Erfolg verantwortlich. Sein warmes, subtropisches Klima ermöglicht lange Anbauperioden, und in Abhängigkeit von der Nähe zum Pazifik und der Lage über dem Meeresspiegel variiert das Klima, sodass in Kalifornien 200 verschiedene Feldfrüchte gedeihen. Forschung und Investitionen haben vor allem im Central Valley zur Verwendung neuester Technologien, Anbautechniken und Bewässerungssysteme geführt, was diese trockene Region in die Lage versetzt, über die Hälfte der Agrarprodukte Kaliforniens zu produzieren.

DER WESTEN DER USA

DAS GROSSE BECKEN

Das Great Basin hat eine Fläche von über 500.000 km². Es nimmt fast ganz Nevada, die Westhälfte Utahs und kleinere Bereiche von Idaho, Oregon und Kalifornien ein. Hoch im Norden verengt sich das Große Becken und nach Süden hin wird es flacher. Es besteht aus breiten Tälern und zerklüfteten Bergmassiven. Die Sierra Nevada im Westen verhindert, dass feuchte Luft vom Pazifischen Ozean ins Becken dringt. Die meiste Feuchtigkeit regnet vorher an den Bergen ab. Deswegen herrscht im Becken weitgehend Wüstenklima mit einem Gesamtniederschlag von 150 bis 300 mm pro Jahr. Abgesehen von Gebieten mit künstlichen Bewässerungssystemen gibt es ein nur wenig ausgeprägtes Pflanzen- und Tierleben. Das Große Becken ist eine Region ohne Abfluss, das heißt, dass Wasser aus Flüssen und Bächen in den Wüstenebenen versickert, statt in ein Meer zu fließen. Der größte See der Region ist der Große Salzsee im nördlichen Utah. Er wird vor allem durch Schneeschmelze von den Bergen und durch kleinere Flüsse gespeist. Der durchschnittlich nur 3 m tiefe See hat eine Fläche von rund 4.400 km², die jedoch je nach Verdunstung und zugeführter Wassermenge stark variiert. Er gehört zu den salzigsten Süßwasserseen der Welt. An seinem Ufer haben sich Betriebe angesiedelt, die das Salz gewinnen und verarbeiten.

LEBEN IM GROSSEN BECKEN

Verglichen mit vielen anderen Gebieten der USA, ist das Große Becken eine unwirtliche Region. Es gibt zwar größere Städte, doch weite Bereiche sind unbewohnt. Die Landwirtschaft, größtenteils Rinder- und Schafzucht, ist ein eher unbedeutender Wirtschaftsfaktor. Doch verfügt die Region über reiche Mineralvorkommen. Der Abbau von Silber, Gold und anderen Metallen ließ Städte wie Carson City, die Hauptstadt Nevadas, entstehen. Noch immer ist Nevada der größte Gold- und Quecksilberproduzent der USA, während Utah zu den führenden Produzenten von Silber, Kupfer und Eisenerz gehört. Salt Lake City ist ein wichtiges Fertigungszentrum, aber auch Heimat der Mormonenkirche, deren Anhänger die Stadt nach dem legendären »großen Mormonenzug« aus Illinois 1847 gründeten. Das Wachstum der Städte und Bevölkerung Nevadas hängt stark mit der Legalisierung von Glücksspielen im Jahr 1931 zusammen. Las Vegas eröffnete 1941 sein erstes Kasino und heute ist eine Bevölkerung von 1,5 Millionen vom Status der Stadt als eines der führenden Glücksspielzentren der Welt abhängig.

▲ Der Steinadler, Mexikos Nationalvogel, ist auch an der gesamten Pazifikküste der USA zu Hause. Er hat eine Flügelspannweite von bis zu 2,30 m.

▼ Der zur Cascade Range, der Kaskadenkette im Staat Washington, gehörende Mount Rainier (im Mount-Rainier-Nationalpark), ein ruhender Vulkan, wird von fünf großen Gletschern bedeckt. Mit einer Höhe von 4.395 m über dem Meeresspiegel ist er der dritthöchste Berg Nordamerikas.

DIE ARKTIS, NORD- UND MITTELAMERIKA

ALASKA

Der größte und nördlichste Teil der USA, die eisige Wildnis Alaskas, wurde 1867 Russland abgekauft.

Alaska, das hoch oben im Nordwesten Nordamerikas liegt, ist von Russland durch die Meere getrennt, die durch die Beringstraße verbunden werden. Der 1,7 Mio. km² große Staat wird von der Tundra im Norden, großen Taigawälder und Hunderten kleinen Seen geprägt. Eine schmale Halbinsel erstreckt sich gen Westen, ihr schließen sich die Aleuten an, eine lange Inselkette. Alaskas große Gebirgsketten grenzen an den Pazifischen Ozean, verlaufen aber auch durchs Inland. Insgesamt hat der Staat 39 Gebirgsketten mit 17 der 20 höchsten Berge der USA.

BEVÖLKERUNG UND WIRTSCHAFT

Vor mindestens 30.000 Jahren kamen, wie man annimmt, die ersten Völker über die Beringstraße nach Nordamerika. Zu ihren Nachfahren gehören die Inuit und die Aleuten, die heute rund ein Zehntel der 627.000 Bewohner ausmachen. Alaskas wichtigster Wirtschaftszweig ist die Förderung von Öl und Petroleum, die fast ein Drittel seines Einkommens ausmacht. Wichtig sind auch Forstwirtschaft und Fischfang und zunehmend auch der Tourismus. Angelockt werden die Besucher von Alaskas rauer Landschaft und seinen Nationalparks, in denen Tiere wie Schwarz-, Braun- und Eisbären sowie große Rentierherden zu Hause sind.

▲ Die 1.285 km lange Trans-Alaska-Pipeline, gebaut in den 1970er-Jahren, bringt Rohöl von Alaskas Nordküste zum eisfreien Hafen Valdez südlich von Anchorage.

▼ Der 6.198 m hohe Mount McKinley ist der höchste Berg Nordamerikas. Die Indianer nennen ihn Denali, was »der Hohe« bedeutet.

▶ Alaska ist die Heimat der größten Timberwolf-Population der Welt.

USA: ALASKA UND HAWAII • BERMUDA-INSELN

HAWAII

Hawaii ist der Name einer Gruppe von 132 Atollen und Inseln sowie der größten Insel der Gruppe. 1959 wurden die Inseln der 50. Bundesstaat der USA.

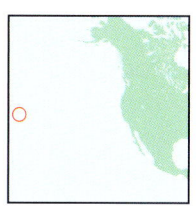

Die Hawaii-Inseln bilden einen 2.400 km langen Bogen durch den Pazifischen Ozean. Einige kleinere Inseln sind Korallenatolle, die meisten jedoch riesige Vulkane, die vom Grund des Pazifiks aus 9 km nach oben ragen und die Wasseroberfläche durchbrechen. Nur die Vulkane auf der Insel Hawaii, auch Big Island genannt, gelten noch als aktiv, obwohl es in der Region Erdbeben gibt. Die Landschaft Hawaiis ist geprägt von Vulkanbergen, steilen Klippen, Sandstränden und tiefen, bewaldeten Tälern.

▼ Schönes Wetter, Sandstrände und der Pazifik mit idealen Bedingungen zum Surfen locken Touristen aus aller Welt nach Hawaii.

Das Klima ist tropisch. Nordöstliche Passate bringen Regen mit sich und große Teile der Inseln haben eine üppige, tropische Vegetation. Neben Hawaii gibt es sieben andere große Inseln. Auf einer davon, Oahu, leben über zwei Drittel der 1,22 Millionen Einwohner. Außerdem befindet sich dort Hawaiis größte Stadt Honolulu, die gleichzeitig auch die Hauptstadt ist. Auf Hawaii lebt ein Völkergemisch. Die größten Gruppen sind die Europäer (31%), Japaner (20%), Filipinos (14%) und Polynesier (13%). Der Fischfang ist ein wichtiger Wirtschaftszweig. Die größte Einnahmequelle ist jedoch der Tourismus, der jährlich über 10 Mrd. US-Dollar einbringt.

BERMUDA-INSELN

Die nördlichsten Koralleninseln der Welt, die Bermuda-Inseln, liegen im Atlantischen Ozean, rund 900 km vor der Küste der USA. Sie sind eine britische Kolonie.

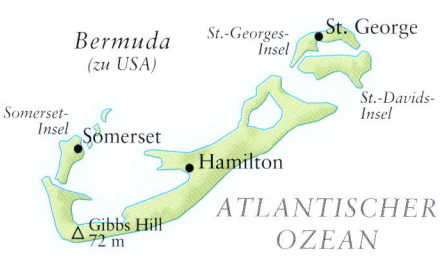
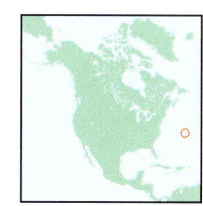

Fläche: 53 km²
Bevölkerungszahl: 64.000
Hauptstadt: Hamilton (6.000)
Sprache/n: Englisch
Religion/en: Anglikaner, Methodisten
Währung: Bermuda-Dollar
Exportgüter: Treibstoff für Schiffe und Flugzeuge, wieder ausgeführte Arzneimittel
Regierungsform: Selbst verwaltete britische Kronkolonie

Die Bermuda-Inseln, eine Gruppe von 360 Inseln, davon über 20 bewohnt, bestehen aus Vulkangestein mit darüber liegenden Korallenschichten. Um die Wasserversorgung zu sichern, muss die Bevölkerung Regenwasser auffangen und speichern. Die Inselkette hat, unterstützt durch den Golfstrom, ein warmes, feuchtes Klima. Die Vegetation, einschließlich Mangroven und vielen blühenden Pflanzen, ist üppig. Es gibt jedoch wenig Ackerland und Lilien sind der einzige Agrarexport der Inseln. Touristen tragen noch immer wesentlich zur Wirtschaft bei, obwohl ihre Zahl in den 1990er-Jahren abnahm. Über 80% der Besucher kommen aus den USA.

Ein weiterer wichtiger Wirtschaftszweig sind Dienstleistungen wie Versicherungen. Die Inselkette, die 1503 vom Spanier Juan Bermúdez entdeckt wurde, ist seit 1684 eine britische Kronkolonie, seit 1968 steht sie unter Selbstverwaltung. Die Bevölkerung, meist Nachkommen ehemaliger schwarzer Sklaven oder portugiesischer und britischer Siedler, erfreut sich eines hohen Lebensstandards und entschied sich 1995 in einer Volksabstimmung gegen die völlige Unabhängigkeit.

DIE ARKTIS, NORD- UND MITTELAMERIKA

MITTELAMERIKA

Mittelamerika, das im Westen an den Pazifischen Ozean und im Osten an das Karibische Meer grenzt, ist eine als Isthmus bekannte Landbrücke, die das übrige Nordamerika mit dem südamerikanischen Kontinent verbindet. Es wird von Mexiko beherrscht, in dessen Süden sieben weitere Länder liegen: Belize, Guatemala, El Salvador, Honduras, Nicaragua, Costa Rica und Panama. Rund 40 % der Landfläche dieser Länder ist von Regenwald bedeckt, in dem eine große Anzahl von Tierarten zu Hause ist. Mittelamerika ist, südlich von Südmexiko, größtenteils gebirgig und gehört zu den aktivsten Vulkangebieten der Welt. Wasser vom Hochland wird genutzt, um mittels Wasserkraft fast die Hälfte der Region mit Elektrizität zu versorgen. Für die Mehrzahl der Mittelamerikaner ist die Landwirtschaft die Haupteinkommensquelle und auf kleinen Familienfarmen werden z. B. Mais und Bohnen angebaut. Rund die Hälfte aller Agrarprodukte werden exportiert. Die fünf wichtigsten Exportgüter sind: Kaffee, Baumwolle, Zucker, Rindfleisch und Bananen. In Mittelamerika lebt eine Reihe alter Völker wie die Azteken, die Maya, die Olmeken und Tolteken. In der Region hat es seit Ankunft der spanischen Eroberer im 16. Jh. zahlreiche Kriege gegeben.

▼ Mexiko-Stadt, die Hauptstadt Mexikos, platzt mit fast 21 Millionen Einwohnern aus allen Nähten. Viele Menschen leben in Slums ohne sanitäre Anlagen. Die Stadt leidet, da es keinerlei Kontrollen gibt, unter einer der weltweit schlimmsten Luftverschmutzungen.

MITTELAMERIKA

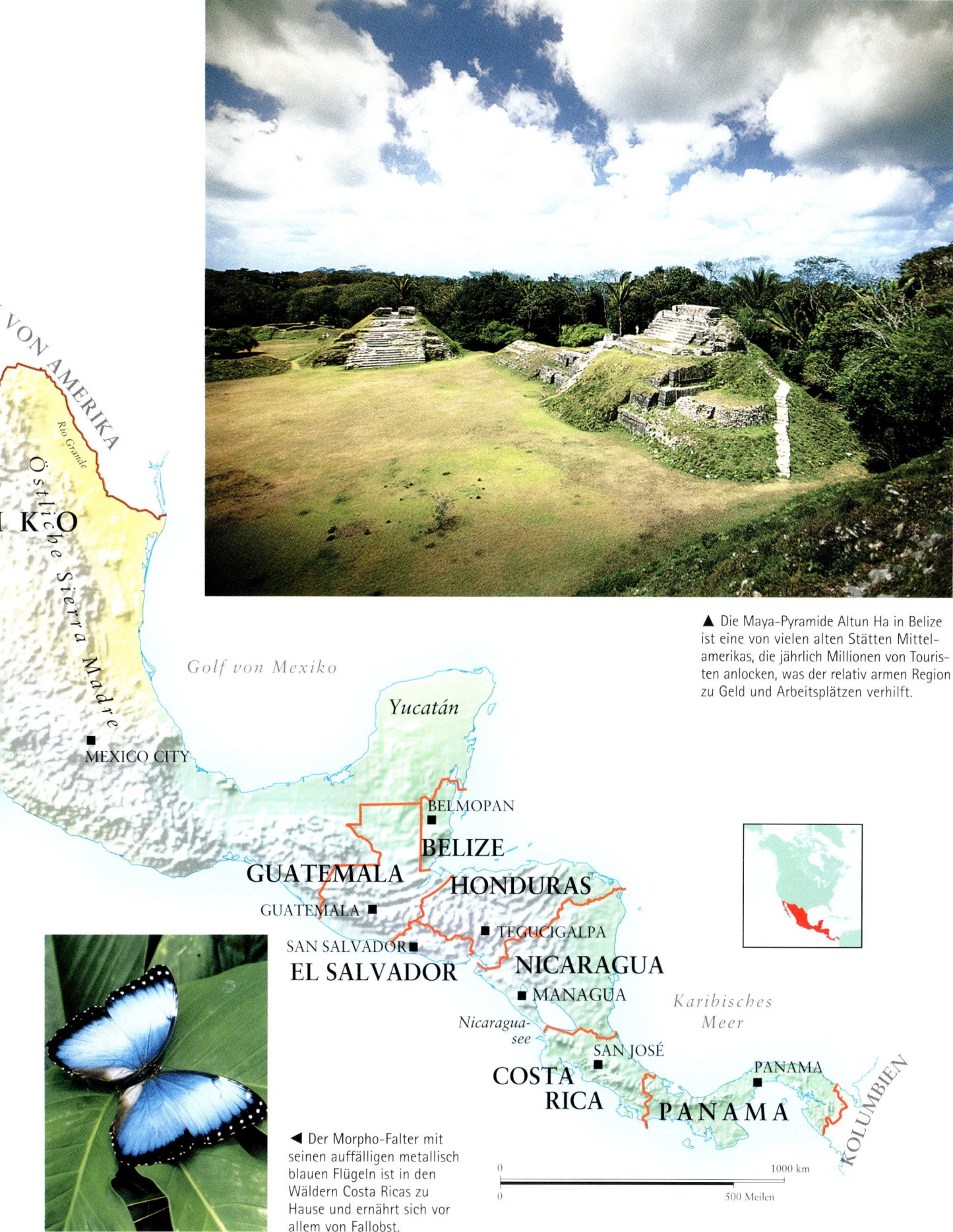

▲ Die Maya-Pyramide Altun Ha in Belize ist eine von vielen alten Stätten Mittelamerikas, die jährlich Millionen von Touristen anlocken, was der relativ armen Region zu Geld und Arbeitsplätzen verhilft.

◀ Der Morpho-Falter mit seinen auffälligen metallisch blauen Flügeln ist in den Wäldern Costa Ricas zu Hause und ernährt sich vor allem von Fallobst.

DIE ARKTIS, NORD- UND MITTELAMERIKA

MEXIKO

Mexiko, etwa ein Fünftel so groß wie die USA, mit denen es eine Grenze teilt, ist die einwohnerstärkste Spanisch sprechende Nation.

Fläche: 1.953.162 km²
Bevölkerungszahl: 100.819.000
Hauptstadt: Mexiko-Stadt (Agglomeration: 20.965.000)
Sprache/n: Spanisch
Religion/en: Christen (röm.-kath.; protest. Minderheit)
Währung: Mexikanischer Peso
Exportgüter: Fertigwaren, Rohöl, Agrarprodukte
Staatsform: Präsidiale Bundesrepublik

Mexiko ist im Norden, wo es an die USA grenzt, am breitesten, und wird dort, wo es in einem Bogen nach Osten verläuft, schmaler. Dort teilt es seine Landesgrenzen mit Guatemala und Belize und läuft aus in der Halbinsel Yucatán, die in den Golf von Mexiko hineinragt. Die Halbinsel besteht vor allem aus Kalksteinfelsen und liegt im Durchschnitt nur 30 m über dem Meeresspiegel. Die zweite Halbinsel Mexikos, Niederkalifornien (Baja California), ist völlig anders geformt. Sie erstreckt sich vom US-Staat Kalifornien aus rund 1.225 km in Richtung Süden, bildet den Golf von Kalifornien und stößt im Westen an den Pazifischen Ozean. Auf dieser Halbinsel gibt es mehrere Gebirgsketten mit über 3.000 m hohen Gipfeln.

DAS ZENTRALPLATEAU

Das Zentrum Mexikos bildet ein großes, hohes Plateau, das nach Norden hin offen ist, im Osten und Westen aber von einer Gebirgskette begrenzt wird: der Östlichen Sierra Madre und der Westlichen Sierra Madre. Das Plateau nimmt etwa die Hälfte der Gesamtfläche Mexikos ein und fällt nach Westen und Osten hin ab. Im Süden formt es eine Region mit vielen Bergen und Vulkanen. Auf der Mitte zwischen den Städten Veracruz und Puebla liegt der Citlaltépetl, ein Vulkan, der den höchsten Punkt des Landes bildet (5.700 m). Auf der dem Zentralplateau abgewandten Seite der Gebirgsketten befinden sich weite, tief liegende Küstenebenen. Die Ebenen, die zum Golf von Mexiko hin liegen, sind gesäumt von Sümpfen, Lagunen und Sandbänken. Mexiko hat relativ wenig

▲ Cancún ist ein großer Urlaubsort in der Nähe der Ostküste der Halbinsel Yucatán. In den 1970er-Jahren noch ein kleines Inseldorf, hat der Ort nun über 30.000 Hotelzimmer und lockt Touristen aus aller Welt an.

▼ Das Zentrum von Mexiko-Stadt bildet der Zócalo oder Platz der Verfassung. Dort steht die Catedral Metropolitana, die größte Kathedrale des Kontinents.

MEXIKO

▲ Ein geschäftiger Markttag für Einheimische im Süden des Landes. In ganz Mexiko gibt es solche *mercados*, für die Bevölkerung ein wichtiger Ort zum Handeltreiben.

große Flüsse und Seen. Der größte See ist der Chapalasee, der eine Fläche von rund 1.700 km² bedeckt und in der Nähe von Guadalajara, Mexikos zweitgrößter Stadt, liegt. Der längste Fluss des Landes, der Rio Grande (auch bekannt als Rio Bravo del Norte), bildet über 2.000 km der Grenze zwischen dem US-Staat Texas und Mexiko, bevor er in den Golf von Mexiko mündet.

HEISS UND KALT

Mexikos Landschaft reicht von permanent schneebedeckten Berggipfeln bis zu heißen, trockenen Wüsten und üppigen Regenwäldern. Das Klima ändert sich je nach geografischer Breite und Höhe des Landes über dem Meeresspiegel. Unter 910 m hohes Land heißt *tierra caliente* (heißes Land), zwischen 910 und 1.800 m hohes *tierra templada* (Land mit gemäßigtem Klima) und über 1.800 m hohes *tierra fria* (kaltes Land). Mexiko-Stadt z. B. liegt in der *tierra templada* und hat ein kühles, trockenes Klima mit ganzjährig nur geringen Temperaturunterschieden (meist zwischen 12 und 17 °C). Im Norden kann das Barometer hingegen auf über 45 °C klettern und dort gibt es, auch wegen des geringen Niederschlags (oft unter 250 mm pro Jahr) riesige Wüsten und Halbwüsten. Große Bereiche Zentral- und Südmexikos sind ebenfalls relativ trocken. Nur in den tropischen Regionen ganz im Süden und Südosten des Landes regnet es viel. Mexikos feuchteste Gebiete befinden sich im Süden und auf der Halbinsel Yucatán, wo über 3.000 mm Niederschlag pro Jahr keine Ausnahme sind.

▼ Die Maya bevölkerten einst große Gebiete Mexikos und hinterließen viele beeindruckende Bauwerke und Stätten. Diese alte Maya-Pyramide in Palenque, 110 km südöstlich der Stadt Villahermosa, wird Tempel der Inschriften genannt.

DIE ARKTIS, NORD- UND MITTELAMERIKA

▲ Mexiko-Stadt hat rund drei Millionen Autos, die in hohem Maße für die Luftverschmutzung verantwortlich sind.

▼ Aus den Fasern von Blättern der Sisalpflanze werden Taue hergestellt, die salzwasserbeständig sind. Hier werden Sisalblätter für eine Seilfabrik in Mérida, der größten Stadt auf der Halbinsel Yucatán, geerntet.

PFLANZEN UND TIERE

Mexikos vielfältige Landschaften und Klimata sind Heimat einer Vielzahl von Tieren und Pflanzen. Selbst in den heißesten und trockensten Wüstengebieten im Norden wachsen z. B. Yuccas und viele Kaktusarten. Außerdem leben dort Insekten, Echsen, Kojoten und Gürteltiere. Mexiko verfügt über rund 550.000 km² Wald, der über 20 % des Landes bedeckt. In den Regenwäldern des heißen, feuchten Südens finden Affen, Jaguare, Ameisenbären und viele Vogel- und Echsenarten ihren Lebensraum. An den Hängen der Sierra Madre und anderer Berge wachsen in Höhen unter 4.000 m große Pinienwälder und andere Nadelwälder, in denen unter anderem Bären, Wildschweine und Ozelote leben. Da immer mehr Waldgebiete gerodet und die Tiere ihres Lebensraums beraubt werden, sind viele von ihnen vom Aussterben bedroht.

BODENSCHÄTZE UND INDUSTRIEN

Landwirtschaft, Forstwirtschaft und Fischerei tragen nur knapp 10 % zur Wirtschaft Mexikos bei. Die Landwirtschaft wird oft in kleinem Maßstab betrieben, doch die Bewässerung bleibt ein Problem. Mexikos wichtigste Lebensmittelexporte sind Kaffee und Zucker. Das an Mineralien reiche Land ist der führende Silberproduzent der Welt und einer der größten Zink- und Bleiproduzenten. Seine Ölreserven sind die siebtgrößten der Welt. Die Verarbeitung von Öl und Erdgas sowie die Fertigung einer Vielzahl von Produkten sorgen für mehr Einkünfte als jeder andere Sektor. Fertigungsindustrien sind u. a. die Lebensmittelverarbeitung, Papiermühlen und Kleiderfabriken. Mexiko ist auch der zehntgrößte Kraftfahrzeughersteller der Welt. Typisch für seine Industrie, vor allem im Umland von Mexiko-Stadt und nahe der US-Grenze, sind die Maquiladora-Industrien, in denen mit geringen Lohnkosten bekannte Markenprodukte aus anderen Ländern hergestellt werden. Im Norden gibt es über 2.000 Maquiladores, die Kleidung, Computer, Schuhe und anderes produzieren.

MEXIKO

▼ Ein Zug fährt über einen Viadukt im Kupfercañon in den Bergen der Westlichen Sierra Madre.

▲ Überall im Süden Mexikos sind Leguane zu Hause. Über einem offenen Feuer geräuchert, gelten sie als Delikatesse.

Abkömmlinge spanisch-indianischer Eltern. Die Mischung europäischer und indianischer Gruppen trägt zu Mexikos reicher Kultur bei. Diese spiegelt sich in der Musik, der Kunst, in Textilien, Nahrungsmitteln und Gerichten, die häufig mit über 200 unterschiedlichen Chilisorten gewürzt sind.

VEREINIGTE STAATEN VON MEXIKO

Mexikos offizieller Name lautet: Vereinigte Staaten von Mexiko. Das Land ist in 32 Verwaltungsbezirke aufgeteilt – 31 Bundesstaaten und den Bundesdistrikt Mexiko-Stadt. Das riesige Stadtgebiet ist allerdings so gewachsen, dass es über die Grenzen des Bundesdistrikts hinausreicht. Kleinere Siedlungen außerhalb der Stadt wurden geschluckt, als die Stadt sich ausbreitete. In und um Mexiko-Stadt leben in einem der größten Ballungsgebiete der Welt schätzungsweise 21 Millionen Menschen. Über die Hälfte der Industrien Mexikos sind in oder nahe der von Bergen umgebenen Hauptstadt angesiedelt. Diese liegt in einem Kessel, sodass die Luftverschmutzung durch Kraftfahrzeug- und Industrieabgase noch verstärkt wird und ein ernsthaftes Gesundheitsproblem darstellt.

DIE BEVÖLKERUNG MEXIKOS

Mexiko ist die Heimat einer Reihe alter Zivilisationen, einschließlich der Olmeken, der Maya und der Azteken. Die Azteken ließen sich im 14. Jh. in Mexiko nieder und bauten ihre Hauptstadt Tenochtitlán dort, wo heute Mexiko-Stadt steht. Anfang des 16. Jh.s wurde die aztekische Zivilisation von spanischen Eroberern weitgehend zerstört. Mexiko, damals Neuspanien genannt, blieb bis 1821 unter spanischer Herrschaft. Indianer machen rund 30 % der 100 Millionen Einwohner Mexikos aus. Die größte Bevölkerungsgruppe, rund 60 %, bilden die Mestizen,

▼ Den höchsten Punkt Mexikos und den dritthöchsten in Nord- und Mittelamerika bildet mit 5.700 m der Citlaltépetl, ein ruhender Vulkan.

GUATEMALA

In Guatemala, einem bergigen Land, gibt es sowohl Erdbeben als auch Vulkanausbrüche. Guatemala hat das größte Regenwaldgebiet Mittelamerikas.

Fläche: 108.889 km²
Bevölkerungszahl: 11.992.000
Hauptstadt: Guatemala-Stadt (1.020.000)
Sprache/n: Spanisch
Religion/en: Christen (röm.-kath.; protest. Minderheit)
Währung: Quetzal
Exportgüter: Kaffee, Zucker, Bananen, Gemüsesamen, Hülsenfrüchte
Staatsform: Präsidialrepublik

▼ Der zwischen Mazatenango und Guatemala-Stadt gelegene Lago di Atilán füllt Teile des Kraters eines erloschenen Vulkans, der durch eine Vulkanexplosion entstand.

Fast zwei Drittel Guatemalas, das von zwei großen Gebirgsketten durchzogen ist, sind von Bergen bedeckt. Im Norden gibt es eine Reihe älterer Berge, die stark abgetragen wurden, zum Teil aber noch über 3.000 m hoch sind. Die Berge im Süden sind jünger, darunter über 30 Vulkane, von denen drei noch aktiv sind. Erde vermischt mit Vulkanasche, wurde von den Bergen herabgeschwemmt und hat entlang Guatemalas Pazifikküste eine schmale Ebene mit sehr fruchtbarem Boden gebildet. Obwohl Guatemala in den Tropen liegt, sorgen die kühleren Meere, an die es grenzt, sowie die vielen Berge und Täler für eine Reihe unterschiedlicher Klimata. An der Pazifikküste herrschen im Durchschnitt Temperaturen über 30 °C, in Höhenlagen über 1.800 m Temperaturen zwischen 10 °C und 16 °C. Die meisten der 850.000 Touristen, vor allem aus den USA und aus Mexiko, kommen während der trockenen Jahreszeit ins Land.

EL PETÉN

Die tief gelegene nördliche Region El Petén macht etwa ein Drittel Guatemalas aus. Sie besteht aus Ebenen und kleinen Hügeln, die meist aus Kalkstein geformt sind. Fast die gesamte Region wird von dichtem Regenwald bedeckt, der vielen Tieren, einschließlich dem Jaguar, Lebensraum bietet. Durch El Petén fließen nur wenige Flüsse, da der meiste Niederschlag im Erdboden versickert. Verkehrswege gibt es nur wenige, einzig eine Hauptverkehrsstraße und ein Flughafen verbinden die größte Stadt der Region, Flores, mit dem übrigen Land.

GUATEMALA • BELIZE

DIE BEVÖLKERUNG GUATEMALAS

Guatemala war das Zentrum der alten Maya-Zivilisation, die ihre Blütezeit von 300 bis 900 n. Chr. hatte. Knapp 50 % der Guatemalteken sind Nachfahren der Maya und anderer indianischer Völker, der Rest Mestizen – Menschen indianisch-europäischer Abstammung. 60 % der Bevölkerung leben vom Ackerbau. Getreide und Obst werden für den Eigenbedarf angebaut, Kaffee für den Export. Guatemala gehört auch zu den weltweit größten Kardamonproduzenten. Nach jahrzehntelanger Diktatur und heftigen Bürgerkriegen herrscht derzeit Frieden, doch gibt es viele Probleme im Gesundheits- und Bildungswesen. 39 % der Frauen können z. B. weder lesen noch schreiben.

◀ Rund 1,7 % von Guatemalas Regenwäldern, dem Lebensraum vieler Tiere, werden jährlich wegen des Bauholzes und für neues Ackerland gerodet.

BELIZE

Das kleine Land am Karibischen Meer wird geprägt durch eine vielfältige Landschaft und Bevölkerung. 1981 wurde es unabhängig.

Fläche: 22.965 km²
Bevölkerungszahl: 253.000
Hauptstadt: Belmopan (8.100)
Sprache/n: Englisch
Religion/en: Christen (röm.-kath.; protest. Minderheit)
Währung: Belize-Dollar
Exportgüter: Zucker, Orangen- und Grapefruitsaft, Bananen, Fisch, Kleidung
Staatsform: Parlamentarische Monarchie im Commonwealth

▶ Ein Fischertukan

Belize, das bis 1973 als Britisch-Honduras bekannt war, ist geografisch gesehen zweigeteilt. In der tief liegenden Nordhälfte, die an Mexiko grenzt, gibt es nahe der Küste viele Sümpfe. In der Südhälfte werden Grassavannen von Gebirgsketten abgelöst. Aufgrund seines subtropischen Klimas sind über 40 % von Belize waldbedeckt. Die Wälder liefern Harthölzer wie Mahagoni und Rosenholz, und aus dem Latex des Sapotillbaums wird Chiclegummi gewonnen, der Inhaltsstoff von Kaugummi. Vor der Küste von Belize gibt es eine Korallenriffkette und kleine, sandige Koralleninseln. Das etwa 290 km lange Riff ist das größte Korallenriff der westlichen Hemisphäre. Belizes Strände und Riffe, aber auch seine historischen Stätten locken jährlich Hunderttausende Touristen an. Das Land gehörte einst zum Mayareich und viele alte Stätten sind noch erhalten.

75 % der Bevölkerung, die viele Kulturen vereint, sind Mestizen und Kreolen. Über die Hälfte der Menschen leben in ländlichen Gebieten, wo sie in der Forstwirtschaft arbeiten oder Zuckerrohr, Zitrusfrüchte, Mais und Reis anbauen. Belmopan ist zwar die offizielle Hauptstadt, doch der Haupthafen des Landes, Belize-Stadt, wo rund 20 % der Gesamtbevölkerung leben, ist viel größer.

▼ El Castillo ist Teil einer alten Mayastätte im bergigen Westen des Landes.

DIE ARKTIS, NORD- UND MITTELAMERIKA

HONDURAS

Das drittgrößte Land Mittelamerikas wird von Gebirgsketten geprägt. Es grenzt an Nicaragua, Guatemala und El Salvador.

Fläche: 112.492 km²
Bevölkerungszahl: 6.797.000
Hauptstadt: Tegucigalpa (988.000)
Sprache/n: Spanisch
Religion/en: Christen (röm.-kath.)
Währung: Lempira
Exportgüter: Kaffee, Bananen, Garnelen und Hummer, Zink, Gefrierfleisch
Staatsform: Präsidialrepublik

Honduras grenzt an das Karibische Meer und an den Pazifischen Ozean. An der kürzeren karibischen Küste liegen mehrere wichtige Häfen wie Le Ceiba und vor der Küste die Islas de la Bahía, beliebte Touristenziele. Die Flachlandgebiete des Landes befinden sich in Küstennähe und in großen Flusstälern, die sich kreuz und quer durch das Hochland von Honduras ziehen. Honduras' höchste Berge im Westen und im Zentrum des Landes entstanden durch Vulkantätigkeit. Weite Teile der heißen, feuchten Flachlandgebiete sind von Regenwäldern bedeckt, während auf den Bergen vor allem Eichen- und Pinienwälder gedeihen.

EIN ENTWICKLUNGSLAND

Honduras ist weniger industrialisiert als seine Nachbarn und seine Bevölkerung zählt zu den ärmsten der westlichen Welt. Auslandshilfe und Investitionen haben die Schaffung von Fabriken zur Lebensmittelverarbeitung und von Industrien ermöglicht, die Rum, Kochöl, Zement und Papier herstellen. Große Metallerzvorkommen in den Bergen, vor allem Silber, Zink, Blei und Gold, werden im Untertagebau abgebaut. Die meisten Menschen betreiben Ackerbau oder arbeiten auf großen Plantagen, auf denen Bananen, Kaffee, exotische Früchte und Blumen für den Export angebaut werden. Honduras war früher der weltweit führende Bananenexporteur und Bananen machen noch immer 25 % seines Einkommens aus. Das Hochland ist für den Ackerbau weitgehend ungeeignet, doch werden dort mithilfe von Wasserkraftwerken über 80 % der Elektrizität des Landes erzeugt.

▲ Die Islas de la Bahía, die Christoph Kolumbus 1512 entdeckte, liegen im Karibischen Meer vor der Nordküste Honduras' und locken viele Touristen und Taucher an.

▶ Viele Honduraner arbeiten auf Bananen- und Kaffeeplantagen, die im Besitz ausländischer Firmen sind. Diese Frauen, Beschäftigte des US-Unternehmens Chiquita, waschen Bananen.

HONDURAS • EL SALVADOR

EL SALVADOR

Der kleinste Staat Mittelamerikas ist eine Mischung aus Tiefebenen und hohen Vulkanen.

Fläche: 21.041 km²
Bevölkerungszahl: 6.417.000
Hauptstadt: San Salvador (610.700)
Sprache/n: Spanisch
Religion/en: Christen (röm.-kath., protest. Minderheit)
Währung: El-Salvador-Colón und US-Dollar
Exportgüter: Kaffee, Papier und Papierprodukte, Kleidung, Arzneimittel, Zucker
Staatsform: Präsidialrepublik

El Salvador grenzt im Osten und Norden an Honduras und im Westen an Guatemala. Entlang der 320 km langen Pazifikküste erstreckt sich ein schmales Küstental, das in ein großes Zentralplateau mit mehreren Gebirgsketten und Bergen, rund 20 Vulkanen und tiefen Tälern übergeht. Die meisten der über 280 Flüsse und großen Bäche münden in den Pazifischen Ozean. Von allen südlich von Mexiko gelegenen Ländern Mittelamerikas ist El Salvador das am wenigsten bewaldete. In der Vergangenheit war das anders, aber nachdem jahrelang Wälder gerodet wurden, um Ackerland zu gewinnen, sind jetzt nur noch rund 6 % des Landes waldbedeckt.

BODENSCHÄTZE

In El Salvadors Bergen leben seit vielen Jahrtausenden indianische Völker, denn der nährstoffreiche Boden an den Hängen der Vulkanberge hat seit jeher Bauern angelockt. El Salvador hat nur wenige Mineralvorkommen wie Gold, Eisen oder Öl. In den Bergen und Hügeln werden jedoch zwei Drittel der Elektrizität des Landes erzeugt. Das die Wasserfälle hinabstürzende Wasser strömt in die Turbinen der Wasserkraftwerke. Weitere 10 % der Energie stammen aus einem Erdwärmekraftwerk. Dieses nutzt die Wärme unterhalb der Erdoberfläche.

▲ San Salvador ist El Salvadors Hauptstadt und größte Stadt. Die Weltbank schätzt, dass 48 % der Gesamtbevölkerung extrem arm sind. Viele Menschen leben in den Slums El Salvadors und anderer Städte.

ARM UND REICH

Mit rund 300 Einwohnern pro km² ist El Salvador das am dichtesten besiedelte Land Mittelamerikas. Die Mehrheit der Bevölkerung sind Mestizen – Menschen indianisch-europäischer Abstammung. Viele Jahre waren rund 75 % des Landes im Besitz von nur 14 Familien, doch Reformen sorgen nun dafür, dass viele Leute kleine Grundstücke erhalten. Nach einem verheerenden, 13 Jahre dauernden Bürgerkrieg, der 1991 endete, ist die Kluft zwischen Arm und Reich noch immer groß und der Reichtum weiterhin in den Händen einiger weniger konzentriert. Der wichtigste Handelspartner El Salvadors sind die USA, die für 40 % der Importe und für 20 % der Exporte, u. a. Kleidung, Maschinen und Anbaufrüchte wie Obst, Kaffee und Zuckerrohr, verantwortlich sind.

▼ Ananas gehört so wie Avocados, Mangos und Papayas zu den Früchten, die auf El Salvadors fruchtbarem Boden gedeihen.

DIE ARKTIS, NORD- UND MITTELAMERIKA

NICARAGUA

Nicaragua gilt als eines der schönsten Länder Mittelamerikas. Doch Erdbeben und Bürgerkrieg haben Spuren hinterlassen.

Fläche: 120.254 km²
Bevölkerungszahl: 5.342.000
Hauptstadt: Managua (1,09 Mio.)
Sprache/n: Spanisch
Religion/en: Christen (röm.-kath., protest. Minderheit)
Währung: Córdoba
Exportgüter: Baumwolle, Kaffee, Fleisch, Chemikalien, Zucker
Staatsform: Präsidialrepublik

Nicaragua hat eine unglaublich abwechslungsreiche Landschaft. Der Osten des Landes, der an das Karibische Meer grenzt, ist bekannt als Moskitoküste. Diese teilweise von Regenwald bedeckte Küstenebene, in der es viele Lagunen und Flussdeltas gibt, erstreckt sich vom Meer aus über 70 km weit ins Landesinnere hinein. Der Westen, in dem ein trockeneres Klima herrscht, wird vor allem durch Savannen-Grasland und einige Wälder geprägt. Dazwischen liegen zwei große Gebirgsketten mit über 40 Vulkanen. Diese sind mit verantwortlich für Nicaraguas viele Erdbeben. 1992 z. B. machte ein großes Erdbeben 16.000 Menschen obdachlos. Nicaragua hat ein tropisches Klima mit einer Regenzeit zwischen Mai und Oktober. In einigen Gebieten beträgt der Niederschlag pro Jahr mehr als 3.100 mm. Der Osten Nicaraguas wird oft von Hurrikanen heimgesucht. 1998 fielen dem Hurrikan Mitch (der auch El Salvador und vor allem Honduras verwüstete) über 1.800 Menschen zum Opfer. Außerdem wurde ein Großteil der Bananen-, Zucker und Kaffeeernte vernichtet.

LEBEN NAHE DER SEEN

Der Süden Nicaraguas wird von einem riesigen Becken beherrscht, in dem der Managuasee und der größte See Mittelamerikas, der Nicaraguasee, liegen. In Letzterem gibt es über 400 Inseln, deren malerische Lage sie zu einem beliebten Ausflugsziel macht. Der Nicaraguasee ist der einzige Süßwassersee der Welt, in dem Meeresfische wie Schwertfische und Haie leben. Forschungen ergaben, dass diese Fische aus dem Karibischen Meer kamen und auf dem Weg über den San Juan, einen von vier großen Flüssen, die aus dem See abfließen, dorthin gelangten. Die Mehrzahl der Bevölkerung Nicaraguas lebt und arbeitet im Flachland zwischen dem Pazifischen Ozean und den Ufern des Managua- und des Nicaraguasees. Auf dem nährstoffreichen Boden dieser Regionen werden u. a. Baumwolle, Mais, Reis, Bananen und Bohnen sowohl für den Eigenbedarf als auch den Export angebaut.

PROBLEME

Neben zahlreichen Naturkatastrophen wie Hurrikanen und Erdbeben gab es in Nicaragua einen mehrere Jahre dauernden Bürgerkrieg sowie viele kleine Unruheherde. Der Somoza-Klan, der das Land regierte, wurde 1979 gestürzt und die sandinistische Regierung, die dann die Macht übernahm, 1990 abgesetzt. Als Ergebnis all dieser Probleme sind die öffentlichen Dienstleistungsbetriebe in einem schlechten Zustand und immer wieder herrscht ein Mangel an Lebensmitteln und sauberem Wasser. Um die Staatskasse zu füllen, werden neue Industrien gefördert und Bodenschätze wie Gold, Silber und Kupfer abgebaut.

▼ Nicaraguas Hauptstadt Managua liegt am Südufer des Managuasees. Die Stadt wurde 1931 und 1972 von schweren Erdbeben heimgesucht. Teile des Zentrums wurden nie wieder aufgebaut.

COSTA RICA

In Costa Rica, einem der friedlichsten und wohlhabendsten Länder Mittelamerikas, lebt die Landbevölkerung vor allem vom Kaffeeanbau.

Fläche: 51.000 km²
Bevölkerungszahl: 3.942.000
Hauptstadt: San José (970.000)
Sprache/n: Spanisch
Religion/en: Christen (röm.-kath., protest. Minderheit)
Währung: Costa-Rica-Cólon
Exportgüter: Bananen, Kaffee, Textilien und Kleidung. Fisch, Blumen
Staatsform: Präsidialrepublik

Costa Rica nimmt die schmale mittelamerikanische Landenge ein. Beide Küstengebiete sind relativ flach und haben einige Mangrovensümpfe und weiße Sandstrände, doch regnet es im Osten mehr als im Westen. Im Landesinneren und im Süden gibt es hohe, zerklüftete, durch Vulkantätigkeit geformte Berge. Zwischen den größten Gebirgsketten liegt eine weite Hochebene, auf der die meisten Einheimischen leben. Costa Rica hat ein tropisches Klima mit relativ viel Niederschlag. Seine Regenwälder bedecken rund ein Drittel des Landes und bieten einer Vielzahl von Pflanzen und Tieren einen Lebensraum.

BEVÖLKERUNG UND WOHLSTAND

Costa Rica bildet in der Region insofern eine Ausnahme, als seine Bevölkerung vor allem von Europäern abstammt. Weniger als 1 % sind Indianer, 3 % Schwarze. Die meisten Menschen sind in der Landwirtschaft tätig und ca. 50 % der Staatseinkünfte stammen aus dem Verkauf von Bananen und Kaffee. Die Elektrizität wird weitgehend mithilfe von Wasserkraftwerken erzeugt. Zunehmend wichtig sind der Abbau von Metallerzen, insbesondere Bauxit, sowie der Tourismus. Seit dem Bürgerkrieg von 1948 ist es in Costa Rica, dem Land mit dem umfassendsten Wohlfahrtssystem Mittelamerikas, weitgehend friedlich. Die Universität von Mittelamerika hat hier ihren Sitz und der Schulbesuch ist bis zum Alter von 15 kostenlos. Da fast 25 % der Ausgaben dem Gesundheitswesen zugute kommen, haben die Costa-Ricaner eine Lebenserwartung von knapp über 76 Jahren, die höchste der Region. Sinkende US-Hilfe, der steigende Ölpreis und fallende Weltpreise für Kaffee und Bananen, zwei wichtige Exportgüter, haben jedoch einen Schuldenberg entstehen lassen.

▲ Aras sind nur eine von 725 in Costa Rica lebenden Vogelarten.

▶ Ein Obstmarkt in Costa Rica. Bananen gehören zu den wichtigsten Exportgütern des Landes.

▲ Costa Rica war das erste Land der Region, das Kaffee anbaute und exportierte. Die Arbeit auf Kaffeeplantagen ernährt etwa die Hälfte der Bevölkerung und Kaffee ist seit über 100 Jahren wichtigstes Exportgut.

DIE ARKTIS, NORD- UND MITTELAMERIKA

PANAMA

Das schmale Land Panama verbindet die Kontinente Nord- und Südamerika und sein 81 km langer Kanal den Pazifischen und den Atlantischen Ozean.

Fläche: 75.517 km²
Bevölkerungszahl: 2.940.000
Hauptstadt: Panama (1.052.000)
Sprache: Spanisch
Religion: Christen (röm.-kath.)
Währung: Balboa, US-Dollar
Exportgüter: Bananen, Garnelen, Kaffee, Kleidung, Fisch
Staatsform: Präsidialrepublik

Panama nimmt einen relativ schmalen, als Isthmus bekannten Landstreifen ein, der im Norden an das Karibische Meer und im Süden an den Pazifischen Ozean grenzt. Zwischen den beiden Gebirgsketten, die sich durch Panama ziehen, gibt es Seen, über 400 Flüsse und Bäche sowie Hügellandschaften. Panama hat ein tropisches Klima mit besonders heftigen Niederschlägen an der Karibikseite. Dort wachsen üppige Regenwälder, Panama ist Heimat von über 2.000 tropischen Pflanzenarten. Auf der am Pazifik gelegenen Seite, wo es weniger regnet, gibt es viel Buschland. Das Buschland des Darién-Nationalparks im Osten Panamas ist praktisch unbewohnt und unberührt. Panamas Küste ist von vielen Lagunen und Buchten zerklüftet. Im Golf von Panama, der dem Pazifik zugewandt ist, gibt es über 100 kleine Inseln.

DER PANAMAKANAL

Der Panamakanal, eine der größten Ingenieursleistungen der Welt, wurde 1914 eröffnet. Er ist 81 km lang und verbindet den Atlantischen und den Pazifischen Ozean. Will man, ohne den Kanal zu benutzen, von einem Ozean zum anderen gelangen, muss man eine 12.000 km lange Strecke um die Südspitze Südamerikas zurücklegen. Jährlich befahren über 14.000 Schiffe den Kanal und die Benutzungsgebühr ist für Panama eine wichtige Einkommensquelle. Der Verkehr geht in beide Richtungen und drei riesige Schleusen heben und senken den Wasserspiegel um 26 m. Der Kanal wurde von den USA gebaut, die Panama 1903 darin unterstützten, von Kolumbien unabhängig zu werden. Ende 1999 erhielt Panama nach zwanzigjähriger Übergangsphase die alleinige Aufsicht über den Kanal.

EIN INTERNATIONALES TOR

Der Panamakanal hat das Land zum internationalen Tor für Schifffahrt, Handel und Finanzwesen gemacht. Um den Kanal

herum gibt es eine Freihandelszone und steuerfreie Bankgeschäfte locken Kunden aus aller Welt an. Panama hat auch eine der größten Handelsflotten der Welt. Die meisten Schiffe, die in Panama registriert sind, gehören allerdings ausländischen Unternehmen. Das warme Klima und der fruchtbare Boden machen das Land im Hinblick auf Nahrungsmittel weitgehend autark. Die wichtigsten davon sind Reis, Mais und Bohnen. Bananen, Kaffee und Zucker werden für den Export angebaut. Auch Garnelen sind ein wichtiges Exportgut.

▲ Dank ihrer Reedereien und Banken sowie ihrer Einnahmen als Betreiber des Panamakanals gehört die Hauptstadt des Landes, Panamá, zu den wohlhabendsten Städten Mittelamerikas.

▲ Die Miraflores-Schleuse am Panamakanal hebt bzw. senkt den Wasserspiegel um 16,8 m, d. h. um den Unterschied zwischen Mirafloressee und Pazifik.

Die Karibik und Südamerika

DIE KARIBIK

Die Karibischen Inseln bilden eine durchbrochene Landbrücke von 3.200 km Länge zwischen dem US-Staat Florida und Venezuela in Südamerika. Sie trennen als Barriere den Atlantischen Ozean vom Karibischen Meer. Das Klima in dieser Region ist überwiegend tropisch und auf den meisten Inseln gibt es zwischen Juni und November eine Regenzeit. Hier drohen am häufigsten Hurrikane. Die Inseln bestehen aus drei Gruppen. Im Norden liegen die Bahamas, am weitesten östlich die Kleinen Antillen, unter ihnen Antigua & Barbuda, Grenada und Trinidad & Tobago, nordwestlich davon die Großen Antillen mit den größten Inseln wie Kuba, Jamaika und Hispaniola, das in die Staaten Haiti und Dominikanische Republik geteilt ist. Benannt wurde die Region nach den Kariben, die zu ihren frühesten bekannten Bewohnern gehören. Im Jahr 1492 landeten Christoph Kolumbus und seine Mannschaft als erste Europäer auf den Bahamas. Er dachte irrtümlich, er habe Indien erreicht, sodass die Region den Namen Westindische Inseln bekam. In den folgenden Jahrhunderten stand ein Großteil der Karibik unter der Kolonialherrschaft der Spanier, Franzosen, Briten, Dänen und Holländer.

DIE KARIBIK

▶ Diese kubanischen Arbeiter ernten Tabak, ein Hauptprodukt Kubas und einiger anderer Inseln der Karibik. Mit 110.860 km² umfasst Kuba fast die Hälfte der gesamten Landfläche der Karibik.

◀ Die Jungfern-Inseln (USA) sind dank Landschaft und Klima ein beliebtes Touristenziel. In der ganzen Karibik gibt es Sandstrände, oft von Palmen gesäumt.

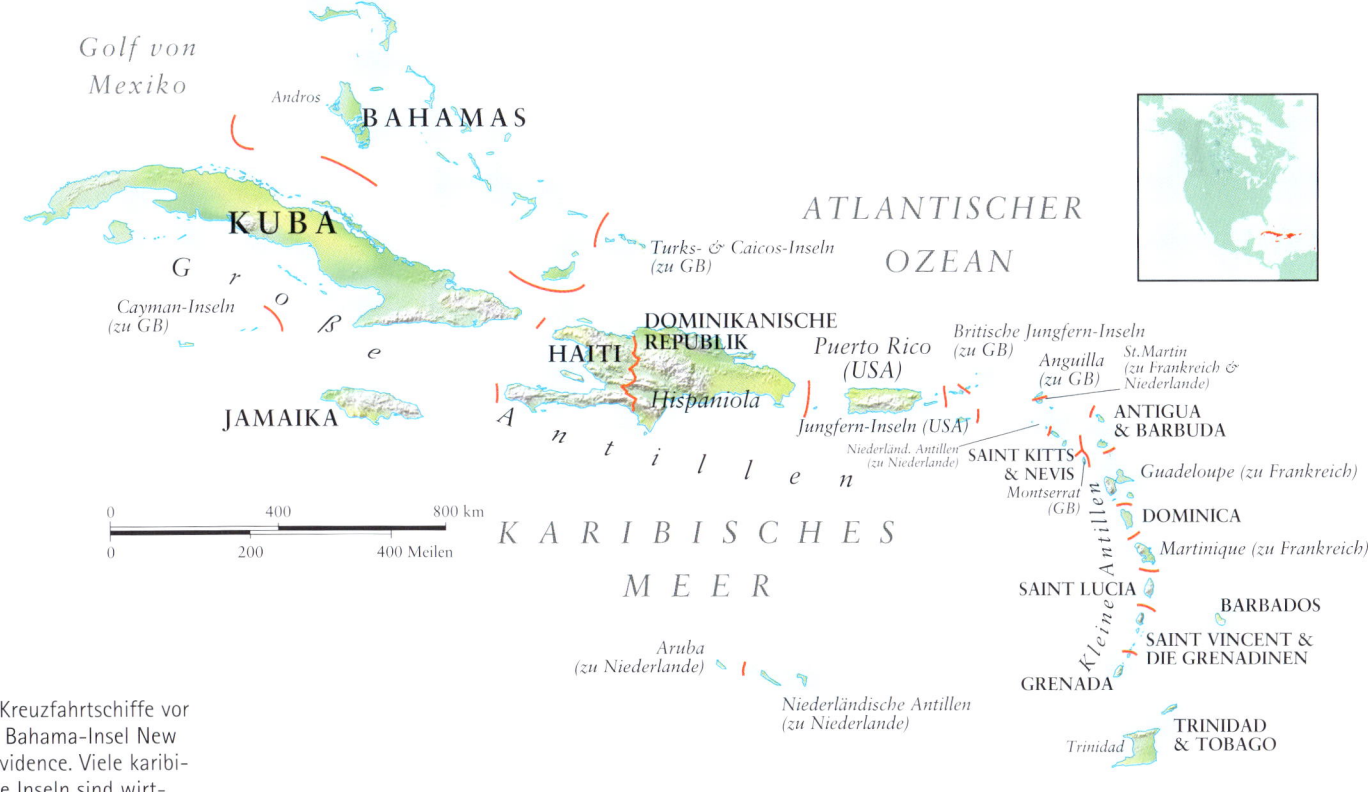

▼ Kreuzfahrtschiffe vor der Bahama-Insel New Providence. Viele karibische Inseln sind wirtschaftlich vom Tourismus abhängig.

DIE KARIBIK UND SÜDAMERIKA

KUBA

Kuba ist die größte und vielseitigste karibische Insel und eine der schönsten. Lang und schmal liegt sie nur 144 km südlich des US-Staates Florida.

Fläche: 110.860 km²
Bevölkerungszahl: 11.263.000
Hauptstadt: Havanna (2.181.500)
Sprache: Spanisch
Religion/en: Mehrheit konfessionslos, Minderheit Christen (röm.-kath.)
Währung: Kubanischer Peso
Exportgüter: Zucker, Mineralien (Nickel und Chromit), Meeresfrüchte, Tabak
Staatsform: Sozialistische Republik

▼ Der Zug mit der alten Dampflokomotive bringt das geerntete Zuckerrohr in eine Raffinerie. Im Jahr 2000 produzierte Kuba 36 Mio. t des Exportgutes Zucker.

Kuba erstreckt sich über etwa 1.260 km von Westen nach Osten, bei einer maximalen Breite von 191 km. Die Straße von Florida trennt es von den USA, die Windward Passage von der Insel Hispaniola. Sein nächster Nachbar ist in 139 km Entfernung Jamaika. Aufgrund Hunderter natürlicher Buchten, Riffe und Halbinseln hat Kuba eine Küstenlänge von 3.735 km. Zu seinem Gebiet gehören eine große Insel, die Isla de la Juventud (Jugendinsel), und viele kleine Inseln.

Kuba ist weniger gebirgig als die übrigen Großen Antillen; hohe Berge gibt es nur auf rund einem Viertel seiner Fläche. Das Hauptgebirge der Karibik zieht sich durch den Südosten von Kuba und heißt dort Sierra Maestra. Der Rest ist überwiegend Flachland. Kuba ist Teil eines Kalkstein-Plateaus, das mit den Kalksteingebieten der Halbinsel Yucatán in Mexiko, Floridas und der Bahamas zusammenhängt. Der längste Fluss des Landes, der Cauto, zieht sich von Osten nach Westen und fließt 20 km nördlich der Stadt Bayamo vorbei. Er kann nur von kleinen Schiffen befahren werden.

▲ Aus kubanischem Tabak werden die weltberühmten Zigarren hergestellt. 1998 exportierte Kuba 180 Millionen Stück. Nur die teuersten sind handgerollt.

DIE LANDWIRTSCHAFT

Rund 80 % des kubanischen Bodens sind der Einwirkung von Regen auf roten Kalkstein zu verdanken, durch die eine tiefe, fruchtbare Erdschicht entstand. Etwa 20 % des Landes sind von Kiefern- und Mahagoniwäldern bedeckt. Der Rest ist meist Weideland für die 4,6 Millionen Rinder oder Ackerland. Das Klima ist heiß und in der Regenzeit fällt viel Niederschlag. Dadurch gedeihen Produkte wie Kaffee, Zitrusfrüchte, Reis und Tabak, aus dem die berühmten kubanischen Zigarren hergestellt werden. Hauptprodukt ist jedoch schon seit über 100 Jahren das Zuckerrohr. Kuba ist der drittgrößte Zuckerproduzent der Welt und Zucker macht fast 50 % seines Exports aus.

DIE SOZIALISTISCHE REGIERUNG

Kuba hat die einzige sozialistische Regierung in ganz Nord- und Südamerika. Als die Insel 1898 die Unabhängigkeit von Spanien erlangt hatte, blieb sie bis in die 1930er-Jahre unter starkem Einfluss der USA. 1958/1959 kam Fidel Castro an die Macht und war es 2004 immer noch. 1962 führte die Stationierung sowjetischer Raketen auf der Insel so nahe bei den USA zur so genannten Kubakrise, die jedoch friedlich gelöst werden konnte. Kuba war in Handel und Wirtschaft stark von der Sowjetunion abhängig und hat seit dem Zusammenbruch der einstigen Supermacht ökonomisch sehr zu kämpfen. Ein wenig entschärft wurde die Situation durch vermehrten Abbau von Nickel und durch steigende Touristenzahlen.

▼ Havanna, die Hauptstadt von Kuba, hat rund 2,2 Millionen Einwohner. In der Altstadt gibt es noch viele Gebäude aus der Kolonialzeit, Kunstschätze und Zeugnisse einer reichen Kultur.

CAYMAN-INSELN

Die drei Cayman-Inseln liegen etwa 290 km nordwestlich von Jamaika und sind weltberühmt für ihre schönen Strände.

Fläche: 259 km²
Bevölkerungszahl: 39.410
Hauptstadt:
George Town (20.626)
Sprache: Englisch
Religion/en:
Anglikaner, Katholiken
Währung: Cayman-Dollar
Exportgüter:
Produkte aus Schildkröten, Konsumgüter
Staatsform:
Selbst verwaltete britische Kronkolonie

Die Cayman-Inseln umfassen Cayman Brac, Klein-Cayman und Groß-Cayman. Alle drei sind flach, haben sehr schöne Strände und sind gesäumt von herrlichen Korallenriffs, die einer reichen Artenvielfalt Lebensraum bieten. Mangrovensümpfe bedecken knapp ein Drittel des Landes, obwohl es auf keiner der Inseln einen Süßwasserfluss gibt. Auch Kokospalmen, Bananen, Mango- und Brotfruchtbäume wachsen auf den Inseln. Schildkröten, die auf einer regierungseigenen Farm gezüchtet werden, liefern Nahrung, Schildpatt und Leder, aus dem unter anderem Souvenirs für die zahlreichen Touristen hergestellt werden. Cayman Brac ist etwa 19 km lang und 1,6 km breit. Es gibt dort zahlreiche Höhlen und Dutzende von Schiffswracks, die ein beliebtes Ziel von Tauchern sind. Klein-Cayman ist nur rund 8 km lang und ein Großteil seiner Fläche ist Naturschutzgebiet für Leguane und Vögel. Mehr als die Hälfte der Bewohner der Cayman-Inseln leben in der Hauptstadt George Town. Dort nutzen über 500 Banken aus aller Herren Länder die Vorteile der niedrigen Steuern der Cayman-Inseln. Die Inseln wurden seit 1863 von Jamaika aus verwaltet. Als Jamaika 1962 selbstständig wurde, blieben sie eine britische Kolonie. Der Gouverneur der Inseln, der Großbritannien vertritt, arbeitet mit einem Legislativrat mit 18 Mitgliedern zusammen, von denen 15 gewählt, drei vom Gouverneur ernannt werden.

DIE KARIBIK UND SÜDAMERIKA

JAMAIKA

Jamaika hat bergige ebenso wie flache Regionen, die relativ dicht besiedelt sind. Es liegt rund 145 km südlich von Kuba.

Fläche: 10.991 km²
Bevölkerungszahl: 2.617.000
Hauptstadt: Kingston (925.000)
Sprache: Englisch
Religion/en: Protestanten, Katholiken
Währung: Jamaika-Dollar
Exportgüter: Bauxit, Agrarprodukte, Nahrungsmittel, Getränke, Tabak
Staatsform: Parlamentarische Monarchie im Commonwealth

Auch auf Jamaika gibt es wie auf den anderen karibischen Inseln Strände, aber ein Großteil dieser Insel ist bergig. Im Nordwesten bilden Kalksteinfelsen eine Reihe steiler Bergkämme und stark erodierter Karstplateaus. Im Osten erheben sich die Blue Mountains, der Hauptgebirgszug der Insel. Sein höchster Gipfel, der Blue Mountain Peak, ist zugleich die höchste Stelle der Karibik. Die Tiefebenen werden überwiegend als Ackerland genutzt, vor allem für den Anbau von Zuckerrohr. Im Jahr 2000 wurden rund 2,5 Mio. t Zucker produziert. Die Landwirtschaft beschäftigt etwa ein Fünftel der Arbeitskräfte von Jamaika; es gibt über 440.000 Ziegen und eine ähnliche Anzahl von Rindern. Der Bergbau zählt zu den wichtigsten Industriezweigen. Bauxit – ein Erz, aus dem Aluminium gewonnen wird – baut man seit den 1950er-Jahren ab und Produkte aus Aluminium machen über 60 % des Exports aus. Auch der Tourismus spielt eine große Rolle: 2001 haben mehr als 1,5 Millionen Menschen die Insel besucht.

▼ Auf dem Coronation Market in Kingston verkaufen Jamaikaner vielerlei Produkte wie Paprika, Bananen, Tabak, Jamswurzeln und Mango. Jamaika deckt fast den gesamten Weltbedarf an Piment.

KINGSTON

Kingston ist die Hauptstadt von Jamaika und die größte englischsprachige Stadt in der gesamten Karibik. Sie ist Regierungssitz der Insel, die in 14 Bezirke aufgeteilt ist. Die Stadt wurde 1692 gegründet, nachdem ein Erdbeben einen Großteil der damaligen Hauptstadt Port Royal zerstört hatte. Kingston liegt an einem der größten natürlichen Häfen der Welt und hat ein ansteigendes Hinterland. Die geschäftige Hafenstadt ist gleichzeitig Zentrum der Textil- und Nahrungsmittelindustrie und beliebtes Ziel für Kreuzfahrtschiffe. Architektonisch ist sie eine Mischung aus traditionellen Kolonialbauten, modernen Hochhäusern, Villen und Slumgebieten. Die Reggaemusik entwickelte sich besonders in den armen Vierteln von Kingston und machte den Musiker Bob Marley zum bekanntesten Jamaikaner.

BAHAMAS

Die Bahamas gehören zu den reichsten Ländern der Karibik. Sie bestehen aus rund 700 Inseln und 2.000 felsigen Inselchen.

Fläche: 13.939 km²
Bevölkerungszahl: 314.000
Hauptstadt:
Nassau (215.000)
Sprache: Englisch
Religion/en: Baptisten, Katholiken, Anglikaner
Währung: Bahama-Dollar
Exportgüter: Erdölprodukte, Krustentiere, Maschinen und Transportausrüstungen, Salz
Staatsform:
Parlamentarische Monarchie im Commonwealth

Die Bahamas sind ein auf 233.000 km² Meer verteiltes Inselarchipel, die nächsten größeren Landmassen sind der US-Staat Florida im Norden und Kuba im Süden. Die meisten der Inseln sind flach und von Riffen und Mangrovensümpfen gesäumt. Es gibt keine Flüsse, aber dennoch viele tropische Pflanzen wie Orchideen und Jasmin sowie zahlreiche Vogelarten. Die Landschaft, die Strände und das warme Klima locken tausende von Touristen auf die Bahamas. Die durchschnittliche Tagestemperatur sinkt selbst im Winter selten unter 18 °C. Nur rund 40 der 700 Inseln sind bewohnt. Die größte Insel ist Andros, aber ein Großteil der Industrie ist auf Groß-Bahama angesiedelt, besonders um die Stadt Freeport. Mehr als die Hälfte der Bevölkerung der Bahamas lebt in der Hauptstadt Nassau auf New Providence.

◄ Herrliche Palmenstrände, klares Wasser und das stets warme Klima locken viele Besucher auf die Bahamas.

TURKS- UND CAICOS-INSELN

Die Turks- und die Caicos-Inseln sind zwei Gruppen von Inseln, von denen einige mehr als 2.000 m über den Meeresboden aufragen.

Fläche: 430 km²
Bevölkerungszahl: 16.863
Hauptstadt:
Cockburn Town (5.000)
Sprache: Englisch
Religion/en:
Anglikaner, Methodisten
Währung: US-Dollar
Exportgüter:
Hummer, Fisch
Staatsform: Selbst verwaltete britische Kronkolonie

Die Turks- und die Caicos-Inseln sind eine Verlängerung der Bahamas und bestehen aus acht größeren und über 30 weitgehend unbewohnten Riffen. Die beiden Gruppen sind durch einen 35 km breiten, über 2.200 m tiefen Graben, die Turks Island Passage, getrennt. Ein Großteil des Landes ist sandig und felsig und von Buschwerk und Kakteen bedeckt. Der Name der Inseln stammt vom Turks-head-Kaktus. Das Klima ist gleichmäßig warm und liegt ganzjährig zwischen 24 und 32 °C. Die Regenmenge liegt zwischen 540 und 720 mm im Jahr und Trinkwasser ist relativ rar. Bewässerung und sorgfältiger Umgang mit dem vorhandenen Wasser erlauben den Anbau von Zitrusfrüchten, Bohnen und Mais. 1678 begannen Salzhändler von den Bermudas, einen Großteil der Inseln für Salinen zu roden, in denen Salz getrocknet und dann auf Schiffe verladen und verkauft wurde. Salz blieb bis in die 1960er-Jahre eine Schlüsselindustrie, heute sind Tourismus, Fischfang und Finanzdienste die wichtigsten Einnahmequellen.

DIE KARIBIK UND SÜDAMERIKA

HAITI

Haiti nimmt das westliche Drittel der Insel Hispaniola ein. Er hat wenige natürliche Ressourcen und hängt ökonomisch von der Landwirtschaft ab.

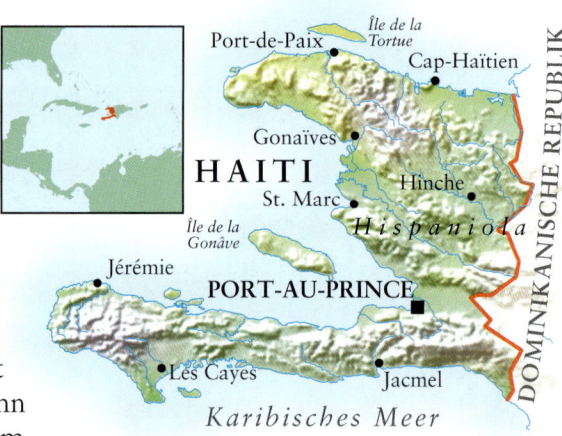

Fläche: 27.750 km²
Bevölkerungszahl: 8.286.000
Hauptstadt: Port-au-Prince (917.112)
Sprache/n: Französisch, kreolisches Französisch
Religion/en: Christen (röm.-kath.), Voodoo-Anhänger
Währung: Gourde
Exportgüter: Textilien und Kleidung, Kunsthandwerk, Kaffee, Fertigwaren
Staatsform: Präsidialrepublik

In Haiti gibt es fünf Gebirgsketten, die durch tiefe Täler und Ebenen getrennt sind. Das Tiefland ist dicht besiedelt, denn rund 80 % der Bevölkerung leben auf dem Land. Etwa ein Drittel der Fläche ist Ackerland, aber die meisten Bauernhöfe sind klein und können nur die Familie ernähren, die sie bewirtschaftet. Für den Eigenbedarf werden am häufigsten Mais, Bananen und Maniok gepflanzt. Größere Höfe und Plantagen gibt es dort, wo Exportgüter angebaut werden, wie Kaffee, Sisal und Zucker. Große Teile des Ackerlandes sind von Erosion bedroht und viele ehemalige Waldgebiete wurden gerodet, um das Ackerland zu vermehren und Holzkohle zu gewinnen. 95 % der Bewohner stammen von schwarzen Sklaven ab, die für die Kolonialmächte Spanien und Frankreich Zuckerrohr anbauen mussten. 1804 führte ein Sklavenaufstand zur Unabhängigkeit Haitis von Frankreich; es wurde das erste unabhängige Land in der Karibik.

▶ Die Haitianer sind das ärmste Volk in der ganzen Karibik. Viele leben in Slums wie der Cité Soleil an den Rändern der Hauptstadt Port-au-Prince.

DOMINIKANISCHE REPUBLIK

Die Dominikanische Republik nimmt die östlichen zwei Drittel von Hispaniola ein. Sie ist das zweitgrößte Land der Karibik und hat die zweitgrößte Bevölkerung.

Fläche: 48.422 km²
Bevölkerungszahl: 8.613.000
Hauptstadt: Santo Domingo (2.677.056)
Sprache: Spanisch
Religion: Katholiken
Währung: Dominikanischer Peso
Exportgüter: Eisennickel, Rohzucker, Kaffee, Gold
Staatsform: Präsidialrepublik

Die Dominikanische Republik ist ein bergiges Land mit viel fruchtbarem Boden in den Tälern und den tiefen Landstrichen nahe der Küste. Es werden unter anderem Tabak, Zuckerrohr und Kakao angebaut. Im Jahr 2000 wurden 1,29 Mio. t Früchte und Beeren geerntet. Die Wirtschaft der Dominikanischen Republik ist nicht nur die stärkste in der Karibik, sie wächst auch am schnellsten. Reiche Vorkommen an Erz, darunter Nickel und Gold, werden abgebaut; Baugewerbe und Telekommunikationsindustrie haben sich rasch entwickelt. Auch der Tourismus hat zugenommen und viele Kreuzfahrtschiffe legen in den natürlichen Häfen an. Das Land hat innerhalb seiner Grenzen eine Reihe von Freihandelszonen eingerichtet. Ausländische Firmen beschäftigen mehr als 200.000 Menschen in der Textil-, Schuh- und Elektronikindustrie. Christoph Kolumbus war zweimal auf der Insel und 1496 gründete sein Bruder Bartholomäus die Stadt Santo Domingo. Sie ist die älteste europäische Siedlung in Nord- und Südamerika. Heute ist Santo Domingo die Hauptstadt der Dominikanischen Republik und hat über 2,6 Millionen Einwohner.

PUERTO RICO

Das gebirgige Puerto Rico, die östlichste Insel der Großen Antillen, hat tropisches Klima und eine große Vielfalt an Pflanzen.

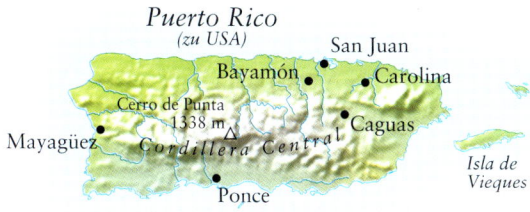

Fläche: 8.959 km²
Bevölkerungszahl: 3.808.610
Hauptstadt: San Juan (2.450.000)
Sprache/n: Spanisch, Englisch
Religion: Katholiken
Währung: US-Dollar
Exportgüter: Chemikalien und chemische Produkte, Nahrungsmittel (vor allem Zucker, Kaffee und Gemüse)
Staatsform: Assoziiertes Übersee-Territorium der USA, innere Autonomie

Puerto Rico ist von der Dominikanischen Republik durch die Mona-Passage getrennt, eine wichtige Schiffsroute zum Panamakanal. Daher hat die Insel von der Schifffahrts- und der Handelsindustrie profitiert, besonders da ihre Hauptstadt San Juan an einem der größten natürlichen Häfen der Karibik liegt. Etwa drei Fünftel des Landes sind bergig, an der Küste gibt es Ebenen, in denen Kaffe angebaut und Milchvieh gehalten wird. 1493 landete Christoph Kolumbus auf der Insel und erhob Anspruch auf sie. Bis 1898 blieb sie spanische Kolonie und wurde dann von den USA besetzt. Viele

▶ Diese Puertoricanerinnen arbeiten in einer Rum-Brennerei. Der Hauptbestandteil des Rums, der in viele Länder exportiert wird, ist Zucker.

US-Firmen haben auf der Insel investiert und die Wirtschaft hängt zunehmend von Fertigwaren und vom Dienstleistungsgewerbe ab. 89 % der Exporte der Insel gehen in die USA.

JUNGFERN-INSELN

Diese östlich von Puerto Rico gelegenen Inseln sind geteilt in ein wirtschaftlich starkes Territorium der USA und eine kleine, weniger reiche britische Kronkolonie.

Jungferninseln (USA)

Britische Jungferninseln

Fläche: 347 km²
Bevölkerungszahl: 108.612
Hauptstadt: Charlotte Amalie (11.044)
Sprache: Englisch
Religion/en: Katholiken, Baptisten
Währung: US-Dollar
Exportgüter: Raffiniertes Petroleum, Rum, Uhren, Duftstoffe
Staatsform: Nichtstaatliches Territorium der USA, innere Autonomie

Fläche: 153 km²
Bevölkerungszahl: 19.864
Hauptstadt: Road Town (9.000)
Sprache: Englisch
Religion/en: Katholiken, Anglikaner
Währung: US-Dollar
Exportgüter: Fisch, Kies, Früchte
Staatsform: Selbst verwaltete britische Kronkolonie

Die Hauptstadt der Britischen Jungferninseln, Road Town, liegt auf der größten Insel, Tortola. Die meisten Inseln sind vulkanischen Ursprungs, ausgenommen die zweitgrößte, Anegada, die ein Korallen- und Kalkstein-Atoll ist. Die Inselbewohner stellen Rum her, züchten Vieh und fischen, aber drei Viertel der Staatseinkünfte bringt der Tourismus. Auch die Wirtschaft der Amerikanischen Jungferninseln wird vom Tourismus bestimmt: Es kommen mehr als eine Million Besucher pro Jahr. 1917 kauften die USA die vielen kleinen, bergigen Vulkaninseln Dänemark ab. Eine riesige Ölraffinerie auf St. Croix ist fast für den gesamten Export der Insel verantwortlich.

DIE KARIBIK UND SÜDAMERIKA

SAINT KITTS & NEVIS

Saint Kitts und Nevis waren um 1620 die ersten britischen Kolonien in der Karibik. Die beiden Inseln, die ein 3 km breiter Kanal trennt, sind eine Föderation.

Fläche: 262 km²
Bevölkerungszahl: 46.000
Hauptstadt:
Basseterre (18.000)
Sprache/n: Englisch, kreolisches Englisch
Religion/en:
Anglikaner, Methodisten
Währung: Ostkarib. Dollar
Exportgüter: Elektronikwaren, Zucker, Nahrungsmittel
Staatsform: Parlamentarische Monarchie im Commonwealth

Beide Inseln entstanden durch vulkanische Aktivität und haben einen hohen Vulkan in der Mitte. Das tropische Klima sorgt für viel Regen, mehrmals wurden sie von Hurrikanen großflächig verwüstet. Obwohl viel Land für den Ackerbau gerodet wurde, gibt es noch reichlich Regenwaldgebiete, Grasland und Feuchtgebiete mit einer großen Vielfalt an Tieren und Pflanzen. Saint Kitts und Nevis haben wenige Bodenschätze und Energiequellen. Ein Großteil des Energiebedarfs muss über Importe gedeckt werden, hauptsächlich Öl aus Mexiko und Venezuela. Auf der größeren Insel, Saint Kitts, liegt auch die Hauptstadt Basseterre, ein wichtiger Hafen, dem Kreuzfahrtschiffe viele Einnahmen bringen. Charlestown ist die größte Stadt auf Nevis. Einst lebten auf den Inseln Kariben und Arawaken, heute sind die Bewohner fast durchweg afrikanischer oder gemischt afrikanisch-europäischer Abstammung. 1983 wurden die Inseln von Großbritannien unabhängig und 1998 verfehlte eine Wahl über den Austritt von Nevis aus der Föderation nur knapp die notwendige Zweidrittelmehrheit.

Unten: Ein Arbeiter erntet Zuckerrohr auf der Insel Saint Kitts. Zucker ist für die Föderation Saint Kitts & Nevis ein wichtiges Exportgut.

ANGUILLA UND MONTSERRAT

Anguilla ist eine flache Insel aus Korallensandstein, während Montserrat gebirgiger ist und sieben aktive Vulkane hat. Beide sind britische Kronkolonien.

Anguilla

Fläche: 96 km²
Bevölkerungszahl: 11.560
Hauptstadt:
The Valley (1.169)
Sprache: Englisch
Religion/en:
Anglikaner, Katholiken
Währung:
Ostkaribischer Dollar
Exportgüter: Hummer, Fisch, Vieh, Salz
Staatsform: Selbst verwaltete britische Kronkolonie

Montserrat

Fläche: 102 km²
Bevölkerungszahl: 4.482
Hauptstadt (vorübergehend):
Olde Town (2.000)
Sprache: Englisch
Religion/en:
Anglikaner, Methodisten
Währung: Ostkarib. Dollar
Exportgüter: Elektronikteile, Vieh, Nahrungsmittel
Staatsform: Selbst verwaltete britische Kronkolonie

Anguilla wurde erstmals 1650 von britischen Siedlern besetzt und seine heutigen Bewohner stammen meist von afrikanischen und europäischen Vorfahren ab. Einkünfte bringen Anguilla der Tourismus, Hummerfang und Salzbergwerke. Es hat ein sonniges, trockenes Klima. Die Wirtschaft von Montserrat ist vielfältiger als die Anguillas: Es gibt Gemüse- und Baumwollanbau sowie Betriebe, die Kunsthandwerk, Fahrzeug- und Elektronikteile herstellen. Die Insel hat mehrere aktive Vulkane. 1997 zerstörten Ausbrüche eines Vulkans in den im Süden gelegenen Soufrière Hills Großteile der Hauptstadt Plymouth.

SAINT KITTS & NEVIS • ANGUILLA UND MONTSERRAT • ANTIGUA & BARBUDA • GUADELOUPE

ANTIGUA & BARBUDA

Antigua & Barbuda wurden im 17. Jh. von den Briten kolonisiert und 1981 unabhängig. Das Land ist wirtschaftlich fast völlig vom Tourismus abhängig.

Fläche: 442 km²
Bevölkerungszahl: 69.000
Hauptstadt:
St. John's (38.000)
Sprache: Englisch
Religion/en: Anglikaner, Protestanten
Währung: Ostkarib. Dollar
Exportgüter: Reexportierte Erdölprodukte, Früchte
Staatsform:
Parlamentarische Monarchie im Commonwealth

Der Staat besteht aus drei Inseln. Antigua ist die wichtigste und größte; etwa 98 % der Bevölkerung leben dort. Der Rest wohnt auf der flachen Koralleninsel Barbuda. Eine winzige dritte Insel ist unbewohnt. Im Gegensatz zu den meisten anderen Leeward Islands hat Antigua nur wenige Bäume und keine Flüsse. Daher kommt es zu Dürren, obwohl jährlich etwa 1.000 mm Regen fallen. Es gibt wenige einheimische Tiere, dafür über 100 Vogelarten. Nach Aufgabe des Zuckerrohranbaus im Jahr 1970 wurden die Inseln davon abhängig, dass ihre Strände Touristen anlocken. Sie entwickelten auch Dienstleistungen im Bereich Banken und Finanzen. Zwei Militärbasen auf Antigua wurden an die USA verpachtet. 90 % der Bevölkerung von Antigua & Barbuda sind Nachfahren schwarzer Sklaven, die auf die Inseln gebracht wurden. Die Bevölkerung wuchs kürzlich um rund 3.000 Flüchtlinge, die vor einem Vulkanausbruch auf der nahe gelegenen Insel Montserrat flohen.

GUADELOUPE

Zwei gegensätzliche Inseln, eine Vulkaninsel mit hohem Gipfel und eine flache Koralleninsel, machen den Großteil von Guadeloupe aus.

Fläche: 1.705 km²
Bevölkerungszahl: 422.496
Hauptstadt:
Basse-Terre (54.000)
Sprache: Französisch
Religion: Katholiken
Währung: Euro
Exportgüter: Bananen, Zucker, Rum, Melonen
Staatsform:
Französisches Übersee-Département

Guadeloupe ist ein Archipel, bestehend aus zwei größeren Inseln, Basse-Terre und Grande-Terre, und mehreren kleineren Inseln. Auf Basse-Terre ist der Gipfel des aktiven Vulkans Soufrière eine der feuchtesten Stellen der Karibik: Es kann dort mehr als 8.000 mm Regen im Jahr geben. In den Küstenstreifen der Inseln fallen dagegen rund 1.300 mm. Auf Basse-Terre liegt die gleichnamige Hauptstadt, aber Grande-Terre hat mehr Einwohner und Pointe-à-Pitre ist Haupthafen und Handelszentrum. Guadeloupe hängt stark vom Tourismus und von französischer Hilfe ab.

DIE KARIBIK UND SÜDAMERIKA

DOMINICA

Dominica ist eine Vulkaninsel mit vielen heißen Quellen und hat eine große Vielfalt an Tieren sowie zahlreiche geschützte Parks und Reservate.

Fläche: 751 km²
Bevölkerungszahl: 72.000
Hauptstadt: Roseau (26.000)
Sprache: Englisch
Religion: Katholiken
Währung: Ostkarib. Dollar
Exportgüter: Bananen, Seife, frisches Gemüse, Limonen
Staatsform: Präsidiale Republik im Commonwealth

Ein hohes, zum Meer hin abfallendes Bergmassiv mit über 300 Flüssen und Bächen bildet das Rückgrat der Insel. Die Hänge sind von dichtem Regenwald bedeckt, der in Nationalparks und Reservaten großflächig geschützt ist. Dominica hat eine reiche Vielfalt an Pflanzen und Tieren, darunter über 130 Vogelarten. Tiere wie Opossums, Leguane, Krabben und Flusskrebse dienen auch als Nahrung. Ein Wasserkraftwerk im Zentrum der Insel erzeugt einen Großteil der benötigten Energie. Dominica war eine der wenigen karibischen Inseln, deren einheimische Indianer die Kolonisierung durch ein europäisches Land bis ins späte 18. Jh. verhindern konnten. Rund 3.000 Nachkommen der Kariben leben noch heute auf der Insel.

MARTINIQUE

Martinique ist zerklüftet und eine der schönsten Inseln der Karibik mit hohen Vulkanen, dichten Regenwäldern in den Bergen und engen, fruchtbaren Tälern.

Fläche: 1.106 km²
Bevölkerungszahl: 381.427
Hauptstadt: Fort-de-France (130.616)
Sprache: Französisch
Religion: Katholiken
Währung: Euro
Exportgüter: Bananen, raffiniertes Öl, Rum, Melonen
Staatsform: Französisches Übersee-Département

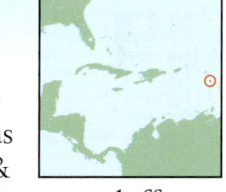

Die Insel liegt im Durchschnitt 900 m über dem Meeresspiegel. Schmale, flache Küstenstreifen und eine Ebene in der Mitte der Insel sind die einzigen tiefen Gebiete. Der höchste Berg, der Vulkan Mont Pelée, zerstörte 1902 die damalige Hauptstadt St. Pierre. Über 40.000 Menschen starben. Rund ein Drittel der Insel ist von Wald bedeckt, der viele tropische Harthölzer enthält. Die Insel wurde 1635 französische Kolonie, seit 1946 Übersee-Département. Frankreich hat auf der Insel eine Ölraffinerie, in der Rohöl aus Venezuela und Trinidad & Tobago verarbeitet und dann verschifft wird. Die Bewohner stammen meist von Afrikanern ab oder sind afrikanisch-europäische Mischlinge. Einkünfte bringen die Landwirtschaft und Dienstleistungen, vor allem der Tourismus.

Saint Lucia

Die Vulkaninsel Saint Lucia wurde erst von den Spaniern, dann von den Franzosen erforscht. 1814 wurde sie britisch und 1979 unabhängig.

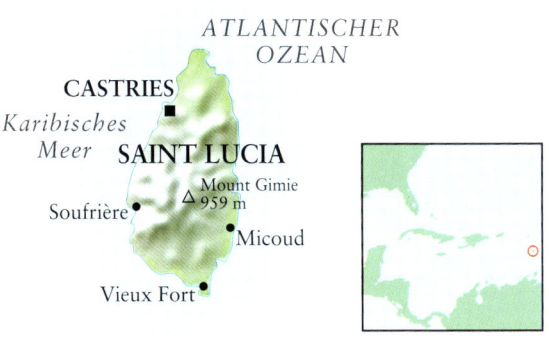

Fläche: 617 km²
Bevölkerungszahl: 160.000
Hauptstadt: Castries (64.404)
Sprache: Englisch
Religion: Katholiken
Währung: Ostkaribischer Dollar
Exportgüter: Bananen und andere Nahrungsmittel, lebende Tiere, Chemikalien und Chemieprodukte
Staatsform: Parlamentarische Monarchie im Commonwealth

Die Berge von Saint Lucia sind dicht bewaldet und haben viele reißende Flüsse und Bäche. Spuren des vulkanischen Ursprungs der Insel sind an vielen Stellen zu finden. Nahe Soufrière liegen ein Krater, dampfende Schwefelquellen und kochende Schlammseen. Die Stadt wird von vulkanischen Zwillingsgipfeln überragt. Südlich der Insel liegt ein Gebiet mit einer Kette von 18 Vulkankegeln und einer Anzahl von Kratern. Die Insel hat viele schöne Strände, von denen im Südwesten einige von schwarzem, vulkanischem Sand bedeckt sind. Saint Lucia ist der zweitgrößte Bananenproduzent der Karibik. Das Meer rund um die Insel wird stark befischt: Im Jahr 2000 waren es 1.795 t Fisch, besonders Thunfisch, Gold- und Königsmakrelen.

▼ Die Pitons blicken auf den Hafen Jalousie Plantation auf der Westseite von Saint Lucia herab. Die Vulkane sind 798 und 750 m hoch.

Saint Vincent & die Grenadinen

Saint Vincent & die Grenadinen bestehen aus einer Hauptinsel, Saint Vincent, und dem nördlichen Teil einer Kette von 600 Inseln namens Grenadinen.

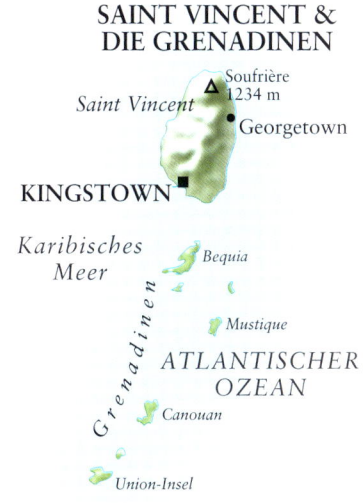

Fläche: 389 km²
Bevölkerungszahl: 117.000
Hauptstadt: Kingstown (27.000)
Sprache: Englisch
Religion/en: Anglikaner, Protestanten
Währung: Ostkarib. Dollar
Exportgüter: Bananen, Mehl, Reis, verarbeitete Waren
Staatsform: Parlamentarische Monarchie im Commonwealth

◄ Auf Dominica benutzen die Fischer Schlagnetze, um Fischschwärme nahe der Küste zu fangen.

Die Insel Saint Vincent besitzt 89 % der Fläche und 95 % der Bevölkerung des Landes. Die Insel ist zerklüftet und hat wenig flaches Land, das nördliche Drittel wird dominiert von einem aktiven Vulkan namens Soufrière, der im 20. Jh. mehrmals ausbrach. In der Mitte und im Süden der Insel fällt hohes Bergland steil ins Meer ab, auf der Ostseite liegen Felsklippen und schwarze Sandstrände. Die meisten Grenadinen sind weniger zerklüftet und oft von Korallenriffs gesäumt. Einige Grenadinen, wie etwa Mustique und Bequia, sind zu exklusiven Ferieninseln für reiche Ausländer geworden. Bananen sind das wichtigste Agrarprodukt; auch gibt es kleine Betriebe, in denen Lebensmittel verarbeitet, Zement, Kleidung und Rum hergestellt werden. Saint Vincent und die Grenadinen sind ärmer als viele ihrer Nachbarn in der Karibik und haben eine hohe Arbeitslosigkeit (22 % im Jahr 2001).

DIE KARIBIK UND SÜDAMERIKA

BARBADOS

Barbados ist die östlichste aller karibischen Inseln. Sie lebt von Landwirtschaft, Tourismus und anderen Dienstleistungen.

Fläche: 430 km²
Bevölkerungszahl: 269.000
Hauptstadt:
Bridgetown (98.000)
Sprache: Englisch
Religion/en:
Anglikaner, Protestanten
Währung:
Barbados-Dollar
Exportgüter: Zucker, Chemikalien, Nahrungsmittel und Getränke, Baumaterialien
Staatsform:
Parlamentarische Monarchie im Commonwealth

Barbados besteht aus Korallenkalk und ist bis auf ein paar Hügel im Norden weitgehend flach. An der Westküste gibt es einige weiße Sandstrände, die Ostküste ist felsig. Auf 80 % des Ackerlandes wird Zuckerrohr angebaut. Einheimisches Öl deckt rund ein Drittel des Energiebedarfs des Landes. Bridgetown, gegründet 1628, ist Handelshafen und die Hauptstadt der Insel. 90 % der Bewohner von Barbados, der so genannten Bajans, sind afrikanischer Abstammung. Rund ein Drittel lebt in oder um Bridgetown. Die Ureinwohner von Barbados waren die Arawaken, von denen man glaubt, dass sie um 1200 von den kriegerischen Kariben von der Insel vertrieben wurden. Die Insel war verlassen, bis 1625 britische Siedler eine Kolonie gründeten. Seit 1966 ist Barbados unabhängig und der Tourismus bindet inzwischen ein Drittel der Arbeitskräfte. Reste der traditionellen britischen Gebäude und Sitten haben der Insel bei ihren karibischen Nachbarn den Spitznamen »Klein-England« eingebracht.

▶ Durch diesen Bogen gelangt man nach Bridgetown, Hauptstadt von Barbados und größter Hafen der Insel.

GRENADA

Grenada besteht aus einer großen Insel und einigen der südlichen Grenadinen-Inseln, darunter Carriacou. Es ist berühmt für seine Gewürze und Agrarprodukte.

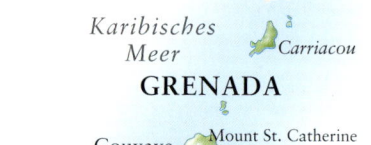

Fläche: 344 km²
Bevölkerungszahl: 102.000
Hauptstadt:
St. George's (27.000)
Sprache: Englisch
Religion/en:
Anglikaner, Katholiken
Währung:
Ostkaribischer Dollar
Exportgüter: Fisch, Kakao, Muskatnüsse, Bananen, Textilien
Staatsform:
Parlamentarische Monarchie im Commonwealth

Grenada hat eine abwechslungsreiche Landschaft: üppig bewaldete Berge im Inneren, tiefe Täler mit schnellen Bächen, mehrere Bergseen und mehr als 40 Strände an der Küste. Das Klima ist tropisch mit 1.500 mm Regen im Jahr an den Küsten und mehr als doppelt so viel an den Berghängen. Die Insel entstand durch vulkanische Aktivität und hat einen fruchtbaren schwarzen Boden, auf dem vieles gedeiht. Grenada ist als »Gewürzinsel« der Karibik bekannt und der weltgrößte Lieferant von Muskatblüten und Muskatnüssen. Es produziert auch große Mengen von Zimt, Gewürznelken, Pfeffer und Ingwer sowie Limonen, Kakao und Bananen. Grenada war seit 1674 französische Kronkolonie und wurde 1762 von britischen Streitkräften erobert. 1974 wurde es selbstständig.

Nach zwei Militärputschen in den Jahren 1979 und 1983 marschierten die USA auf der Insel ein und setzten eine neue Regierung ein. Seit in Point Salines nahe der Hauptstadt St. George's ein internationaler Flughafen gebaut wurde, ist auch der Tourismus wichtig geworden.

▲ Plantagenarbeiterin beim Auslesen von Gewürzen.

Trinidad & Tobago

Trinidad und Tobago sind die beiden südlichsten Inseln in der Karibik und gehören zu den wenigen Karibikstaaten mit Ölvorkommen.

Fläche: 5.128 km²
Bevölkerungszahl: 1.304.000
Hauptstadt: Port of Spain (260.000)
Sprache: Englisch
Religion/en: Christen (röm.-kath.), Hindus
Währung: Trinidad-und-Tobago-Dollar
Exportgüter: Petroleum, Ammoniak, Eisen und Stahl
Staatsform: Präsidialrepublik im Commonwealth

Trinidad liegt nahe der Küste Venezuelas nicht weit von der Mündung des Orinoco und ist geologisch eine Verlängerung Südamerikas. Trinidads wichtigster Bodenschatz sind fossile Brennstoffe. Große Vorkommen an Öl und Erdgas werden sowohl auf der Insel als auch off-shore gefördert. Im Südwesten der Insel liegt eines der weltgrößten Reservoirs von natürlichem Asphalt, der zum Straßenbau verwendet wird. Anders als sonst in der Karibik sind die Bewohner von Trinidad und Tobago vielfältiger Abstammung. Je 40 % sind afrikanischer und ostasiatischer, der Rest europäischer, chinesischer und südamerikanischer Herkunft.

◄ Dieser Arbeiter gehört zu den Tausenden, die auf den 30 Ölfeldern von Trinidad arbeiten. 1999 produzierten sie 46,8 Mio. Barrel Erdöl.

Niederländische Antillen und Aruba

Die niederländischen Kolonien in der Karibik finden sich in zwei Regionen: östlich der Jungferninseln und vor der Küste Venezuelas.

Niederländische Antillen

Fläche: 800 km²
Bevölkerungszahl: 215.000
Hauptstadt: Willemstad (119.000)
Sprache: Niederländisch
Religion: Katholiken
Währung: Niederländischer Antillengulden od. -florin
Exportgüter: Raffiniertes Erdöl, Konsumgüter
Staatsform: Autonomer Teil der Niederlande

Aruba

Fläche: 193 km²
Bevölkerungszahl: 103.000
Hauptstadt: Oranjestad (20.070)
Sprache: Niederländisch
Religion: Katholiken
Währung: Arubischer Florin
Exportgüter: Raffiniertes Erdöl, Fisch
Staatsform: Autonomer Teil der Niederlande

Die Niederländischen Antillen bestehen aus zwei gegensätzlichen Inselgruppen. Curaçao und Bonaire liegen vor der Küste von Venezuela, die zweite Gruppe mit Saba und Sint Eustatius findet sich 800 km weiter nördlich. 80 % des Imports und Exports der Niederländischen Antillen machen Erdölprodukte und Rohöl aus. Die Erdölindustrie ist auch für Aruba wichtig, das nur 25 km vor der venezolanischen Küste liegt. Aruba ist flach und auf der Westseite gibt es viel Tourismus. Der Ackerbau ist begrenzt, da der Boden schlecht und Wasser knapp sind, aber Erdnüsse und tropische Früchte werden angebaut.

► Willemstad mit seinen Häusern im holländischen Stil ist die Hauptstadt von Curaçao.

DIE KARIBIK UND SÜDAMERIKA

SÜDAMERIKA

Südamerika ist der viertgrößte Kontinent mit einer Gesamtfläche von 17.820.900 km². Er erstreckt sich vom Karibischen Meer 7.400 km nach Süden bis zum Kap Hoorn und ist maximal 5.160 km breit. Der Brasilianische und der kleinere Guyana-Schild im Norden und der Patagonische Schild im Südwesten sind die geologisch ältesten Teile des Kontinents. Am gesamten Westrand des Kontinents ziehen sich die weit jüngeren Anden entlang, in denen es viele über 6.000 m hohe Gipfel gibt. Im Inneren liegen mehrere Becken, aus denen drei mächtige Ströme, der Amazonas, der Orinoco und der Paraguay-Paraná einen Großteil des gesamten Wassers in den Atlantischen Ozean leiten. Die größte Tiefebene von Südamerika ist das riesige Amazonasbecken – das größte Flussbecken der Welt –, das eine Fläche von 7 Mio. km² einnimmt und überwiegend mit tropischem Regenwald bedeckt ist. Über Jahrtausende gab es in Südamerika hoch entwickelte Kulturen wie die der Chavín, Moche, Chimú und Inka. Die Bevölkerung des Kontinents liegt heute bei über 345 Millionen; sie hat sich zwischen 1960 und 2000 mehr als verdoppelt.

▲ Diese Hütten aus Adobe-Ziegeln stehen am Ufer des Titicacasees, der auf der Grenze zwischen Bolivien und Peru liegt.

SÜDAMERIKA

▲ Indianische Ureinwohner des Kontinents wie dieses Mädchen aus Ecuador sind heute nur noch eine Minderheit. Die Mehrheit ist anderer, auch europäischer, Herkunft.

▲ Ein indianischer Markt in Peru. Viele Menschen in den Andenländern kaufen, verkaufen oder tauschen ihre Waren auf solchen Märkten.

◀ Die Andenkette dominiert die Landschaft der westlichen Länder von Südamerika. Dieser herrlich grüne See namens Laguna Verde liegt in Bolivien.

DIE KARIBIK UND SÜDAMERIKA

NÖRDLICHES SÜDAMERIKA

Der Norden von Südamerika ist der breiteste Teil des Kontinents. Dort liegt der höchste schiffbare See der Welt, der Titicacasee. Er ist Teil der Grenze zwischen Peru und Bolivien. In Venezuela liegt der höchste Wasserfall der Welt. Der mächtige Amazonas, nach dem Nil der zweitgrößte Strom der Welt, nimmt das Wasser von 7.050.000 km² Fläche auf. Der Regenwald, der das Land um den Strom und seine Nebenflüsse bedeckt, gehört zu den letzten großen, wilden Regionen der Welt und enthält die größte Artenvielfalt überhaupt. Das größte, bevölkerungsreichste und wirtschaftlich stärkste Land ist Brasilien. Es grenzt an alle Länder in der Region außer Ecuador und Chile. Die am Atlantischen Ozean gelegenen Gebiete wurden als erste erforscht und von den Europäern als Kolonien beansprucht. Zwar sind inzwischen alle Länder Südamerikas bis auf Französisch-Guyana unabhängig, aber das koloniale Erbe ist überall spürbar. Englisch, Niederländisch, Französisch und Portugiesisch sind die Amtssprachen von Guyana, Suriname, Französisch-Guyana und Brasilien, Spanisch ist die Amtssprache der übrigen Länder.

▲ Etwa die Hälfte der Bewohner von Ecuador ist Indianer. Die meisten indianischen Völker des nördlichen Südamerika leben in den Andenstaaten Kolumbien, Ecuador, Peru und Bolivien.

NÖRDLICHES SÜDAMERIKA

▲ Das Lama war für die Indianer in Bolivien, Peru und Ecuador lange Zeit sehr wichtig. Lamas werden als Lasttiere gebraucht und geben Nahrung, Wolle, Felle und Talg für Kerzen.

◀ Die Mitte des nördlichen Südamerika wird vom Amazonas beherrscht, der von Westen nach Osten fließt und in den Atlantischen Ozean mündet.

▶ Die meisten Südamerikaner sind Katholiken. Katholische Kirchen wie diese in Brasilien findet man überall im nördlichen Südamerika.

DIE KARIBIK UND SÜDAMERIKA

VENEZUELA

Im 20. Jahrhundert durchlief Venezuela einen Wandel von einem der ärmsten südamerikanischen Länder zu einem der reichsten.

Fläche: 912.050 km²
Bevölkerungszahl: 25.090.000
Hauptstadt: Caracas (1.975.787)
Sprache: Spanisch
Religion: Katholiken
Währung: Bolívar
Exportgüter: Erdöl und Erdölprodukte, Fertigwaren, Bauxit, Aluminium, Chemikalien
Staatsform: Präsidiale Bundesrepublik

▼ Das flache Grasland der Llanos im Zentrum von Venezuela ist gutes Weideland für große Rinderherden. Die Hirten oder Cowboys heißen hier »Llaneros«.

Venezuela grenzt im Süden an Brasilien, im Westen an Kolumbien und im Osten an Guyana. Seine Küste liegt im Norden des Landes am Karibischen Meer, im Osten am Atlantischen Ozean, wo auch rund 70 Inseln liegen, die zu Venezuela gehören. Das Land hat mehrere geografische Regionen. Im Zentrum gibt es von Steppen bedeckte Tiefebenen, die Llanos. Im Süden und Südosten findet sich das zerklüftete und dünn besiedelte Bergland von Guyana aus Granit. Ein großer Teil des Nordens von Venezuela besteht aus schmalen Küstenebenen und hohen Bergen, zwei von ihnen Andenausläufer. Sie bilden einen Teil der Grenze zwischen Venezuela und Kolumbien. Dort liegt auch der höchste Gipfel des Landes, der Pico Bolívar (5.007 m). Zwischen den beiden Bergketten liegen die sumpfigen Tiefebenen um den Maracaibosee. Das Wasser aus den Llanos und dem Bergland von Guyana fließt überwiegend in den 2.140 km langen Orinoco.

▼ Ein Ölumschlagplatz am Rand des Maracaibosees. Obwohl Venezuela noch viele andere Bodenschätze hat, machen Rohöl und raffiniertes Öl fast vier Fünftel der Staatseinkünfte durch den Export aus.

ÖL UNTERM MARACAIBOSEE

Der Maracaibosee ist, genau genommen, eine Bucht des Karibischen Meeres im Nordwesten des Landes. Er erstreckt sich vom Golf von Venezuela aus rund 210 km nach Süden. In diesen See münden viele Flüsse, von denen manche auch wichtige Transportwege für Schiffe sind. Das Wasser im nördlichen Teil des Sees ist salzig und träge, da sich durch die Gezeiten Salz- und Süßwasser mischen. Im Süden hat der See Süßwasser. Eine 8 km lange Brücke überspannt die Meerenge, die

VENEZUELA

den Abfluss des Sees bildet. Die Entdeckung von Erdöl unter dem See und östlich des Sees hat die venezolanische Wirtschaft gewandelt. Die erste ergiebige Ölbohrung fand 1914 statt und viele ausländische Firmen halfen bei der Erschließung der Ölfelder, bis die Ölindustrie 1975 verstaatlicht wurde. Die Ölvorräte sind riesig und gehören zu den größten außerhalb des Nahen Ostens. Venezuela produziert etwa 3,2 Mio. Barrel Öl pro Tag und um den See haben sich Raffinerien, verarbeitende Betriebe und Schiffindustrie angesiedelt.

Zwei große Städte, Cabimas am Seeufer und der Hafen von Maracaibo, gelangten dadurch zu großer Blüte.

▼ Der Salto Angel im Bergland von Guyana (Nationalpark Canaima) ist mit einer Fallhöhe von 978 m der höchste Wasserfall der Erde.

DIE KARIBIK UND SÜDAMERIKA

▲ Der Orinoco fließt vom Bergland von Guyana durch die Llanos und mündet in den Atlantischen Ozean.

▼ Caracas ist eine moderne Stadt mit Hochhäusern, aber auf den Hügeln der Umgebung breiten sich große Slums aus, in denen die Armen wohnen.

GESCHICHTE UND BEVÖLKERUNG

Venezuela war vor der Ankunft der europäischen Forscher und Siedler jahrhundertelang von Indianern bewohnt. Bis ins frühe 19. Jh. war Venezuela von den Spaniern beherrscht, die Sklaven aus Asien und Afrika zur Feldarbeit ins Land holten. Im späten 17. und frühen 18. Jh. wuchs eine Unabhängigkeitsbewegung, geführt von General Simón Bolívar. Schließlich gelang ihr ein Sieg über die Spanier und 1821 verband sich Venezuela mit Ecuador und Kolumbien zur Republik Großkolumbien. 1830 zog sich Kolumbien aus diesem Verbund zurück und wurde ein eigenständiges Land. Die Bevölkerung von Venezuela spiegelt dessen koloniale Vergangenheit wider, denn Mestizen, eine Mischung von Indianern und Europäern, machen zwei Drittel der Bevölkerung aus. Nur 2 % der Bevölkerung sind noch reine Indianer. Eine kleine Anzahl konnte tief in den Wäldern ihre traditionelle Lebensweise bewahren. Am bekanntesten sind die Yanomami, die in den Wäldern des Orinoco-Beckens in Südvenezuela und jenseits der Grenze in Nordbrasilien leben. Es gibt derer noch zwischen 10.000 und 17.000; rund ein Drittel von ihnen starb in den 1970er-Jahren bei Gefechten mit Goldschürfern und Goldgräbern oder an Krankheiten, die diese Fremden eingeschleppt hatten. 1991 richtete Brasilien ein 93.000 km² großes Reservat für die Yanomami ein, aber viele leben noch innerhalb von Venezuela.

STADTBEWOHNER

Venezuela ist ein Land mit riesigen unbebauten Gebieten. Savannen bedecken die halbe Fläche des Landes und auf zwei Fünftel wachsen Wälder verschiedener Art. Weniger als 5 % des Landes werden bebaut, aber dieses Ackerland bringt reiche Ernten der Hauptprodukte hervor, wie etwa Bananen, Mais und Reis. Auch gibt es 15 Millionen Rinder, 4,5 Millionen Schweine und vier Millionen Ziegen. Die Mehrheit der Bevölkerung Venezuelas lebt in Städten – rund 87 % werden als urban eingestuft. Am größten ist die Hauptstadt Caracas, die schon seit mehr als 400 Jahren besteht.

GUYANA

Guyana heißt in der einheimischen Indianersprache »Land der vielen Wasser«, was auf die vielen Flüsse im Land anspielt. Es wurde 1966 unabhängig.

Fläche: 214.969 km²
Bevölkerungszahl: 766.000
Hauptstadt: Georgetown (234.000)
Sprache: Englisch
Religion/en: Hindus, Christen (röm.-kath., anglik.)
Währung: Guyana-Dollar
Exportgüter: Zucker, Gold, Reis, Bauxit, Holz
Staatsform: Präsidialrepublik im Commonwealth

Guyana ist ein Land mit dichtem Regenwald im Inneren, der weitgehend noch völlig unberührt ist. 90 % der Bevölkerung leben in einer schmalen Küstenebene am Atlantischen Ozean. Zum Teil besteht diese Ebene aus Land, das durch über 200 km Deiche und Kanäle dem Meer abgerungen wurde. Im Küstenstreifen, der nirgendwo breiter als 64 km ist, werden Reis, Zucker, Kokosnüsse, Getreide und Kaffee angebaut. Der längste Fluss von Guyana ist mit 1.010 km der Essequibo, der streckenweise mit kleinen Schiffen befahrbar ist. In vielen Flüssen des Landes wird nach Diamanten geschürft; der wichtigste Bodenschatz ist Bauxit. Die Niederlande erreichten Guyana als erste Kolonialmacht und errichteten 1615 am Essequibo entlang Siedlungen. Sie pflanzten unter anderem Zuckerrohr und Kakao an und holten Sklaven aus Afrika ins Land. Im frühen 19. Jh. übernahm Großbritannien die niederländischen Kolonien Berbice, Demerara und Essequibo, die 1831 zu Britisch-Guyana wurden. Die Sklaverei wurde 1834 verboten und der große Bedarf an Plantagenarbeitern führte zu einer Einwanderungswelle, vor allem aus Indien. Heute ist rund die Hälfte der Bevölkerung indischer Abstammung, etwa 43 % hat afrikanische Wurzeln.

▲ Waldarbeiter in Guyana beim Fällen eines Baumes. Wald bedeckt rund vier Fünftel des Landes.

▶ Die Kaieteur-Fälle im Landesinneren sind oben bis zu 105 m breit und stürzen 226 m in die Tiefe. Sie haben im Lauf der Zeit eine 8 km lange Schlucht gegraben.

DIE KARIBIK UND SÜDAMERIKA

SURINAME

Die Bevölkerung der unabhängigen Republik Suriname, früher Niederländisch-Guyana, gehört zu den vielfältigsten in Südamerika.

Fläche: 163.265 km²
Bevölkerungszahl: 433.000
Hauptstadt: Paramaribo (205.000)
Sprache: Niederländisch
Religion/en: Hindus, Christen (röm.-kath., protest.), Muslime (sunnitisch)
Währung: Suriname-Gulden
Exportgüter: Bauxit, Shrimps und Fisch, Reis, Aluminium
Staatsform: Präsidialrepublik

▼ Die größte Industrie Surinames, der Bergbau, ist das Rückgrat der Wirtschaft: Bauxit wird abgebaut, verarbeitet und exportiert. Hier fahren Lastkähne mit Bauxit die Raffinerie Suralco an.

Suriname besteht aus drei sehr unterschiedlichen geografischen Regionen, einer schmalen und teilweise sumpfigen Küstenebene, einer kleinen Hochebene mit Savannen und Wald und einem Gebiet mit dichtem Regenwald, das ungefähr 90 % des Landes bedeckt und in das kaum Straßen führen. Im Gegensatz zu seinen nächsten Nachbarn, Französisch-Guyana im Osten und Guyana im Westen, hat Suriname mehrere riesige Seen, darunter südlich von Brokopondo einen der größten künstlichen Seen in Südamerika. Er entstand durch das Aufstauen eines Flusses für ein Wasserkraftwerk. Nur ein kleiner Teil der Fläche dient dem Ackerbau und es wächst dort vorwiegend Reis. Die Briten legten 1651 an den Ufern des Flusses Suriname Plantagen an und gründeten die Siedlung, an deren Stelle die heutige Hauptstadt Paramaribo liegt. 1667 tauschten die Briten und die Niederländer in Amerika Land aus. Die Briten gaben ihr Gebiet in Suriname her und bekamen dafür New Amsterdam, das heutige New York in den USA. Die Niederländer holten für die Arbeit auf den Plantagen viele Sklaven ins Land, nicht nur aus Afrika, sondern auch aus vielen Teilen Asiens, was zu einer großen kulturellen Vielfalt geführt hat. Rund 37 % der Bevölkerung stammen aus Indien, 31 % sind Kreolen und 15 % sind indonesischen Ursprungs. Es gibt auch erhebliche Anteile an Chinesen und Nachfahren einheimischer Indianer. Die Niederlande entließen Suriname 1975 in die Unabhängigkeit, leisten aber noch immer beträchtliche Hilfe und stellen 80 % der Touristen. Viele Surinamesen sind in die Niederlande ausgewandert. Das Land ist politisch instabil und das Militär mischt sich häufig in die Staatsführung ein.

FRANZÖSISCH-GUYANA

Französisch-Guyana besteht aus einem schmalen Gürtel Flachland an der Küste und nach innen hin ansteigendem Bergland mit üppigem Regenwald.

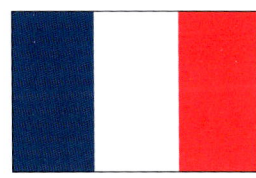

Fläche: 83.534 km²
Bevölkerungszahl: 181.000
Hauptstadt: Cayenne (66.149)
Sprache: Französisch
Religion: Katholiken
Währung: Euro
Exportgüter: Bauxit, Holz und Holzprodukte
Staatsform: Französisches Übersee-Département

Französisch-Guyana liegt an der Nordostküste von Südamerika und grenzt im Süden und Osten an Brasilien, im Westen an Suriname. Um ein Gebiet am Fluss Maroni streiten sich Suriname und Französisch-Guyana. Der Großteil des Landes ist von Regenwald bedeckt, der sich von der Tiefebene an der Küste bis auf die Berge an der brasilianischen Grenze zieht. Im Regenwald leben kaum Menschen, aber er beherbergt eine große Artenvielfalt, darunter viele Affenarten, Tapire, Ameisenbären, Ozelots und Kaimane. Französisch-Guyana hat ein tropisches Klima mit hoher Feuchtigkeit und vor allem im Landesinneren starken Regengüssen. Der meiste Regen fällt von Januar bis Juni; in der Hauptstadt Cayenne durchschnittlich 3.800 mm. Cayenne ist auch die größte Stadt des Landes und der Haupthafen. Französisch-Guyana exportiert Bananen, Zucker, Aluminium und Holz. Nur ein Prozent des Landes ist landwirtschaftlich nutzbar, sodass viele Nahrungsmittel importiert werden müssen.

Französisch-Guyana ist die letzte Kolonie auf dem Festland von Südamerika. 1637 errichteten die Franzosen in Cayenne eine Siedlung. Ab 1852 war das Land fast 100 Jahre lang als der Ort berüchtigt, an den die Franzosen ihre schlimmsten Verbrecher schickten. In Cayenne und auf einer nahe gelegenen Insel im Atlantischen Ozean namens Teufelsinsel wurden Straflager eingerichtet. Die Bewohner von Französisch-Guyana leben meist nahe der Küste und sind Kreolen, haben also weiße, indianische und schwarze Vorfahren. Einige Indianer leben im Regenwald des entlegenen Berglandes im Inneren, weitgehend unberührt vom modernen Leben.

▲ Fast neun Zehntel von Französisch-Guyana sind von Regenwald bedeckt, der Holz, Öle, Fasern und Nahrung für die Bevölkerung liefert.

▲ Eine Ariane-4-Rakete startet im Mai 2002 vom Raumfahrtzentrum Kourou in Französisch-Guyana. Kourou ist der Weltraumbahnhof für die europäische Raumfahrtbehörde und die nahe Stadt Kourou heute die zweitgrößte in Französisch-Guyana.

DIE KARIBIK UND SÜDAMERIKA

KOLUMBIEN

Kolumbien hat politische Probleme, verfügt aber über eine reiche Flora und Fauna, fruchtbares Ackerland und große Bodenschätze.

Fläche: 1.141.748 km²
Bevölkerungszahl: 43.733.000
Hauptstadt: (Santa Fe de) Bogotá (6.803.000)
Sprache: Spanisch
Religion: Katholiken
Währung: Kolumbianischer Peso
Exportgüter: Erdölprodukte, Kaffee, Chemikalien, Textilien und Kleidung. (Die meisten Einkünfte bringt die illegale Ausfuhr von Kokain und Marihuana.)
Staatsform: Präsidialrepublik

Kolumbiens kurze Grenze mit Panama markiert das Nordende des südamerikanischen Kontinents. Durch den Westen des Landes verlaufen drei große Züge der Andenkette: die West-, die Zentral- und die Ostkordillere. Dazwischen liegen weite Täler. Durch das östliche fließt der Magdalena nach Norden. Zusätzlich wird die Landschaft im Westen Kolumbiens noch von einem isolierten Bergmassiv im Norden geprägt. Dort liegt der höchste Gipfel von Kolumbien, der Pico Cristóbal Colón (5.775 m), und es ist das höchste Küstengebirge der Welt. Mehr als die Hälfte von Kolumbien besteht aus Tiefebenen. Im Norden sind es die Llanos, die nach Osten bis weit nach Venezuela hineinreichen. Südlich der Llanos folgen weitere Tiefebenen, die zum Amazonasbecken gehören und von dichtem Regenwald bedeckt sind.

Viele Flüsse sind ein wichtiger, manchmal sogar der einzige Transportweg zu abgelegenen Gegenden in den Tiefebenen.

DAS KLIMA

Da das Land nahe am Äquator liegt, ist das Klima weitgehend tropisch und ändert sich das Jahr über wenig. Dennoch gibt es große Unterschiede in Temperatur und Regenmenge, je nach Höhe und Lage im Verhältnis zu den Gebirgszügen, durch die manche Tiefebenen in der Nähe im Regenschatten liegen. Oberhalb von etwa 3.000 m ist das Klima mit Temperaturen von minus 18 °C bis 13 °C kalt. Berggipfel in den Anden, die höher als 4.500 m sind, haben eine Kappe aus ewigem Schnee und Eis. Im Allgemeinen regnet es in Kolumbien mäßig bis stark und es gibt keine ganz trockene Zeit.

◀ Bogotá, die Hauptstadt Kolumbiens, zieht sich an den Hängen zweier Berge hinauf. Zwei der ältesten Universitäten von Südamerika liegen dort: die Universidad de Santo Tomás (gegründet 1580) und die Pontificia Universidad Javeriana (gegründet 1622).

KOLUMBIEN

▼ Eine große Kaffeeplantage nahe der Stadt Manizales in Westkolumbien. 1848 gegründet, ist die Stadt ein wichtiges Handels- und Transportzentrum für Kaffee, Kakao und Gold.

▲ Diese Steinfigur, eine von Hunderten, die eine unbekannte Kultur schuf, steht im Archäologischen Park von San Agustín, nahe der Quelle des Flusses Magdalena.

REICHE FLORA UND FAUNA

In Kolumbien gibt es eine solche Vielfalt an Pflanzen und Tieren, dass es zu den artenreichsten Ländern der Erde gehört. Auf seiner Fläche wurden mehr als 130.000 Pflanzenarten gezählt und es hat ebenso viele Tierarten wie Brasilien, das zehnmal so groß ist, darunter Jaguare, Brillenbären, Tapire, Ozelots und viele Affenarten. Außerdem gibt es in Kolumbien über 1.500 Vogelarten, wohl mehr als in jedem anderen Land. Durch Rodung für Viehzucht, Ackerland und die Holzindustrie hat das Land zwischen 1990 und 1995 1,3 Mio. ha Wald verloren.

DIE BODENSCHÄTZE

Kolumbien hat reiche Vorkommen an Mineralien, wie etwa Kupfer, Blei und Quecksilber. Auch 21.000 kg Gold wurden im Jahr 2000 aus den zahlreichen, meist kleinen Minen gewonnen. Nordöstlich von Bogotá wird auch Smaragd abgebaut. Zudem gibt es große Reserven an fossilen Brennstoffen: Kolumbien hat die größten Kohlevorräte in ganz Südamerika und auf seinen Ölfeldern werden im Schnitt täglich 800.000 Barrel Öl gefördert. Die Ölfelder liegen meist im Magdalena-Tal und nahe der Grenze zu Venezuela. Dennoch stammen 70 % des Stroms, der in Kolumbien zum Betreiben der vielen Industriebetriebe gebraucht wird, aus Wasserkraftwerken, die die vielen reißenden Bergbäche und Flüsse nutzen.

DIE LANDWIRTSCHAFT

In der Landwirtschaft sind mehr als 30 % der Arbeitskräfte beschäftigt. Exportiert wird vor allem Kaffee, aber auch Bananen, Baumwolle, Mais, Reis und Kartoffeln sind wichtig. Die höchsten Einkünfte bringen leider Koka (aus dem Kokain gemacht wird) und Cannabis. Kolumbien gehört zu den weltgrößten Produzenten dieser Drogen, die in den meisten Ländern illegal sind. Die Macht der Drogenbosse hat die schon vorher schwierige Aufrechterhaltung von Recht und Ordnung noch mehr erschwert. Bereits seit Jahrzehnten herrschen in Kolumbien bürgerkriegsähnliche Zustände.

DIE KARIBIK UND SÜDAMERIKA

ECUADOR

Ecuador ist das kleinste der Andenländer, hat aber eine vielfältige Landschaft und besitzt die weltweit berühmten Galápagos-Inseln im Pazifischen Ozean.

Fläche: 256.370 km²
Bevölkerungszahl: 12.818.000
Hauptstadt: Quito (1.750.000)
Sprache: Spanisch
Religion: Katholiken
Währung: US-Dollar
Exportgüter: Erdöl, Bananen, Shrimps, Kaffee, Kakao
Staatsform: Präsidialrepublik

▼ Quito liegt an den Hängen eines Vulkans in einem Andental. Es ist die älteste Hauptstadt Südamerikas und hat viele gut erhaltene spanische Kolonialgebäude, darunter 86 Kirchen.

Ecuador hat drei geografisch klar getrennte Regionen: zwei Tiefebenen, geteilt durch Berge, die sich von Norden nach Süden ziehen. Diese Berge gliedern sich in zwei Ketten, die Teil der Anden sind. Es gibt 22 Gipfel, die mehr als 4.200 m hoch sind, und etwa 30 Berge vulkanischen Ursprungs, zu denen der 5.897 m hohe Vulkankegel des Cotopaxi gehört, einer der höchsten aktiven Vulkane der Welt. Westlich des Berglands liegt das Tiefland der Küste, die an den Pazifischen Ozean grenzt. Im Norden ist das Küstentiefland weitgehend von Regenwald bedeckt, im Süden ist das Land trockener und die Vegetation ärmer. Das Tiefland östlich der Andenzüge gehört zum Amazonasbecken und ist von dichtem Regenwald bedeckt.

DIE WIRTSCHAFT VON ECUADOR

Ökonomisch stützt sich Ecuador vor allem auf die Landwirtschaft, den Fischfang und das Öl. Jedes Jahr werden über 310.000 t Fisch gefangen, obwohl manche Arten inzwischen durch Überfischung bedroht sind. Die Ölindustrie produziert rund 400.000 Barrel pro Tag, sodass durch Ölexport das meiste Geld ins Land fließt. Die zerklüfteten Berge ermöglichen Ecuador, über 70 % seines Stroms mit Wasserkraftwerken zu erzeugen. Es werden mehrere Arten von Erz abgebaut und die Regierung besitzt ergiebige Salzbergwerke. Guayaquil im Süden des Landes ist das Industriezentrum Ecuadors und sein größter Hafen. Quito im Norden ist Regierungssitz und Kulturhauptstadt.

DIE MENSCHEN

Wie alle Andenländer wurde Ecuador von den Spaniern kolonisiert und erlangte erst im 19. Jh. die Unabhängigkeit. In Kriegen mit Peru in den Jahren 1904 und 1942 verlor Ecuador viel Territorium. Im Gegensatz zu den meisten anderen südamerikanischen Ländern hat es eine große indianische Bevölkerung – allein die Ketschua-Indianer machen 25 % aus. Die meisten sprechen Ketschua, das schon in der Inka-Kultur gesprochen wurde. Menschen gemischt europäischen und indianischen Ursprungs machen weitere 65 % der Bevölkerung aus. Ecuador ist das am dichtesten besiedelte Land von Südamerika: auf einen km² kommen durchschnittlich 48,5 Personen.

DIE GALÁPAGOS-INSELN

Die wichtigsten zu Ecuador gehörenden Inseln liegen rund 1.000 km vor seiner Küste im Pazifischen Ozean. Zu den Galápagos gehören 19 Inseln und viele Inselchen und Klippen, die meist aus Lava sind. Lavagestein bildet auch die Küsten der größeren Inseln, sodass sich die Pflanzenwelt eher in höheren Lagen findet. Zwar hat man einige Reste von Tonwaren der Inka gefunden, aber man nimmt an, dass die Galápagos-Inseln zumeist unbewohnt waren. Weit von anderen Landmassen entfernt, bieten sie einer großen Zahl einzigartiger Pflanzen und Tiere Lebensraum, die es sonst nirgendwo mehr gibt. Man nimmt an, dass die Tiere vor langer Zeit aus Süd- und Mittelamerika eingewandert sind, aber sie haben sich adaptiert und zu eigenen Arten entwickelt. Zum Beispiel kann die Meerechse als einzige Echse schwimmen und ernährt sich von Algen. Ungewöhnlich sind auch flugunfähige Kormorane und Riesenschildkröten, die über 250 kg wiegen können und vermutlich die langlebigsten Tiere der Welt sind. Die Zahl der Besucher muss begrenzt werden, damit die Galápagos-Inseln unbeschadet erhalten bleiben. Gesetze verbieten ihre weitere Besiedlung und Modernisierung.

▲ Die Riesenschildkröte, die auf den Galápagos-Inseln lebt, kann etwas mehr als einen Meter groß, über 250 kg schwer und älter als 100 Jahre alt werden.

▼ Hirten bringen einige der 2,1 Millionen Schafe des Landes von den Hängen des inaktiven Vulkans Chimborazo herunter. Er ist der höchste Berg des Landes und hat ab 4.600 m Höhe eine Kappe aus ewigem Schnee. Sein Name entstammt der Ketschua-Sprache und bedeutet »Schneeberg«.

▲ Rund 60 % der Ecuadorianer leben in Städten. In der bevölkerungsreichsten Stadt des Landes, Guayaquil, wohnen mehr als 2,5 Millionen Menschen.

DIE KARIBIK UND SÜDAMERIKA

PERU

Peru ist das drittgrößte Land in Südamerika und hat eine lange Küste am Pazifischen Ozean. Im Inneren des Landes liegen die Anden und Regenwald.

Fläche: 1.285.216 km²
Bevölkerungszahl: 26.749.000
Hauptstadt: Lima (7.912.274)
Sprache/n: Spanisch, Ketschua, Aimará
Religion: Katholiken
Währung: Neuer Sol
Exportgüter: Kupfer, Fisch und Fischprodukte, Zink, Kaffee, Erdöl, Blei
Staatsform: Präsidialrepublik

▼ Einheimische Aimará fischen im Titicacasee. Die Aimará verwenden wie ihre Vorfahren Boote aus Binsen und Schilfrohr.

Peru kann in drei Regionen unterteilt werden: die Küste, den Regenwald im Inneren und das Gebirge dazwischen. Der schmale Küstenstreifen Perus zieht sich auf rund 2.410 km das ganze Land entlang. Er liegt am Pazifischen Ozean und ist weitgehend trocken. Dennoch werden viele Täler nahe der Küste dank moderner Bewässerungsmethoden bebaut. Im Dschungel im Inneren des Landes fällt dagegen viel Regen – an manchen Stellen bis zu 3.800 mm. Dieses Gebiet bedeckt mehr als die Hälfte von Peru und teilt sich in Hochland und Tiefland. Das Hochland liegt an der Ostflanke der Anden zwischen 490 und 2.800 m Höhe. Das Tiefland mit dem dichten Regenwald ist Teil des Amazonasbeckens. Dort finden sich auch die beiden längsten Flüsse Perus, der Ucayali und der Marañón. Diese Flüsse vereinen sich 80 km südlich von Iquitos und bilden mit anderen später den Amazonas.

DAS PERUANISCHE HOCHLAND

Das peruanische Hochland beansprucht etwa 30 % von Peru und besteht aus zahlreichen Berggipfeln, von denen mehr als 170 über 4.850 m hoch sind. Die Temperaturen hängen von der Höhe ab und können von minus 7 °C bis 21 °C gehen. Trockene Gegenden und etwas fruchtbarer Boden, meist in tiefen Tälern, wechseln sich ab. Die Menschen, die dort leben, arbeiten entweder in den zahlreichen Erzbergwerken oder besitzen kleine Bauernhöfe zur eigenen Ernährung. Im Hochland auf der Grenze zu Bolivien liegt auf 3.810 m Höhe der Titicacasee, der über 8.300 km² groß und der höchste schiffbare See der Welt ist.

PERU

DIE MENSCHEN DES INKAREICHES

Im heutigen Peru waren einst mehrere Hochkulturen zu Hause, darunter die Nazca-, Chimú- und Chavínkultur. Es war auch Zentrum des großen Inkareiches, dessen Hauptstadt Cuzco in Südperu lag. Trotz großflächiger Zerstörung durch die Spanier sind in ganz Peru noch viele Überreste vom einstigen Glanz der Inkas zu finden. Vor allem sie locken die eine Million Touristen an, die jährlich ins Land kommt. 37 % der Bevölkerung von Peru haben gemischt europäische und indianische Vorfahren, aber die größte Bevölkerungsgruppe stellen mit 45 % die Indianer. Bis 1975 war Spanisch die einzige Amtssprache, dann wurde auch die Indianersprache Ketschua zugelassen. Aimará, eine weitere wichtige Indianersprache, kam 1980 dazu.

POLITIK UND WIRTSCHAFT

Die Förderung von Öl und Erdgas sowie der Abbau von Erzen sind in Peru wichtige Industriezweige. Außerdem zählt das Land zu den führenden Produzenten von Silber, Kupfer und Blei. Ackerland gibt es relativ wenig, aber Terrassen in den Berghängen und Bewässerung in den trockenen Gebieten an der Küste erlauben unter anderem den Anbau von Mais, Reis, Zuckerrohr und Kartoffeln. Auch die Fischindustrie war bisher wichtig, aber sie wurde wie die Landwirtschaft von der Veränderung des Wetters getroffen, die als »El Niño« (siehe S. 31) bezeichnet wird. El Niño hat den Fischbestand vor der Küste Perus verringert und durch große Erdrutsche und Überschwemmungen Ernten vernichtet. Aber die peruanische Bevölkerung, von der nach Schätzungen der UN 50 % unter der Armutsgrenze leben, musste noch mehr verkraften. Aufgrund von Misswirtschaft stieg die Inflationsrate zeitweise auf 7.000 % und Guerillakämpfe in jüngster Zeit forderten mehr als 23.000 Menschenleben.

▲ Auf einem peruanischen Markt kaufen und tauschen traditionell gekleidete einheimische Indianer ihre Waren.

▼ Im so genannten Heiligen Tal der Inkas finden sich viele alte Stätten, unter anderem die Stadt Cuczo, die große, steinerne Festung von Sacsahuamán und das weltbekannte Machu Picchu.

DIE KARIBIK UND SÜDAMERIKA

BOLIVIEN

Die meisten Bewohner von Bolivien, das zu den ärmsten Ländern der Welt gehört, leben auf einem Hochplateau in den Anden, dem Altiplano.

Fläche: 1.098.581 km²
Bevölkerungszahl: 8.809.000
Hauptstadt: Sucre (215.788)
Regierungssitz: La Paz (1.477.000)
Sprache/n: Spanisch, Ketschua, Aimará
Religion: Katholiken
Währung: Boliviano
Exportgüter: Erdgas, Zink, Sojabohnen, Erdöl, Gold, Zinn
Staatsform: Präsidialrepublik

Bolivien ist ein Binnenland ohne Küste. Es grenzt an fünf südamerikanische Länder – Peru und Chile im Westen, Brasilien im Norden und Osten und Paraguay und Argentinien im Süden. Die größte Wasserfläche ist der Titicacasee, der auf der Grenze zu Peru liegt. Das Bergland besteht aus zwei Gebirgszügen, die im Westen des Landes von Norden nach Süden verlaufen. In der westlichen Kette gibt es eine Reihe aktiver Vulkane, und ihre steilen Hänge und hohen Gipfel sind nur sehr dünn besiedelt. Die östliche Kette, in der die beiden Hauptstädte Sucre und La Paz liegen, ist dichter besiedelt. Die östlichen Hänge sind von dichtem Wald bedeckt. Diese Region ist die feuchteste der bolivianischen Anden, in nur drei Monaten im Jahr fallen etwa 1.350 mm Regen. Im Norden und Osten fällt das Land in eine große Tiefebene namens Oriente ab. Sie besteht aus Schwemmland, weiten Sumpfgebieten und Regenwald.

DER ALTIPLANO

Zwischen den beiden Andenketten, die sich durch Bolivien ziehen, liegt ein großes Hochplateau namens Altiplano. Bei rund 800 km Länge ist es an der breitesten Stelle über 320 km breit. Der Altiplano besteht aus mehreren Becken, die etwa 3.650 m hoch liegen. In zwei von ihnen erstrecken sich der Titicacasee und der Poopósee, in einigen anderen Salzwüsten. In der Nordhälfte der Region fällt mäßig viel Regen, die Südhälfte ist trocken. Der meiste Regen fällt bei Sommergewittern im Januar und Februar. Kalte Winde fegen über das ganze Plateau und halten die Durchschnittstemperaturen bei unter 12 °C. Im Winter gibt es Minusgrade. Der Boden ist dünn und die Vegetation besteht hauptsächlich aus Gräsern, Büschen und niedrigen Bäumen.

Diese karge Landschaft ist das Zuhause der meisten Bolivianer. Viele leben in Städten, arbeiten im Bergbau rund um Oruro oder treiben Landwirtschaft und züchten Alpaka- und Lamaherden. Immer wieder wurden die Menschen gedrängt, vom Altiplano in den Oriente umzuziehen, wo die Entdeckung von fossilen Brennstoffen, Waldwirtschaft großen Stils und der Anbau von tropischen Früchten zu einem Wirtschaftsaufschwung führen könnten. Die Bevölkerung dort hat auch zugenommen, vor allem um die Hauptstadt des Oriente, Santa Cruz, aber die meisten Bewohner des Altiplano möchten das Land ihrer Vorfahren nicht verlassen.

◀ Das Leben auf dem Land ist oft hart. Fast die Hälfte aller Bolivianer verdient ihren Unterhalt durch Ackerbau oder Viehzucht.

BOLIVIEN

▲ Die meisten in Bolivien angebauten Feldfrüchte werden auf Märkten verkauft und im Land verzehrt. So etwa Mais, Kartoffeln, Weizen und Sojabohnen.

▼ Die imposante Kirche San Francisco in La Paz. Die Stadt liegt zwischen 3.250 m und 4.100 m hoch und ist die höchste Hauptstadt der Welt. Mehr als zwei Drittel der Produktionsbetriebe von Bolivien haben ihren Standort in La Paz.

BERGBAU UND ERDGAS

Die spanischen Eroberer, die im 16. Jh. nach Bolivien kamen, entdeckten Silber, und das Bergwerk von Potosí wurde als das größte der Welt berühmt. Der Boom der Silbergewinnung kam und ging. Heute stützt sich Bolivien, das seit dem 19. Jh. unabhängig ist, auf den Abbau anderer Bodenschätze. Es hat Reserven mehrerer Mineralien, die aber nicht alle abgebaut werden. Zinnproduktion großen Stils, die 1895 begann, hat den Silberabbau abgelöst. In der ersten Hälfte des 20. Jh.s war Bolivien der größte Zinnproduzent der Welt und gehört noch immer zu den ersten zehn. Ebenfalls gefördert werden Zink, Wolfram, Uran, Kupfer und Blei. Fast die Hälfte des Stroms wird in Wasserkraftwerken erzeugt, aber es gibt auch Erdöl und Gas. Erdgas ist das wichtigste Exportgut Boliviens und erzielt über 50 % der Einkünfte aus dem Außenhandel.

DAS LEBEN IN BOLIVIEN

Viele Bolivianer sind arm und kämpfen um das Überleben. Einst hatte das Land eine Küste am Pazifischen Ozean, die Provinz Antofagasta, verlor sie jedoch 1884 im Salpeterkrieg mit Chile. Weitere wichtige Gebiete büßte es im Chacokrieg gegen Paraguay (1932–1935) ein. Seine isolierte Lage, die aufgrund der zerklüfteten Berge schlechten Transportmöglichkeiten und häufige Regierungswechsel haben die Entwicklung nicht eben begünstigt. In den kleinen und großen Städten gibt es Reichtum, aber das Leben auf dem Land ist meist hart. Außerhalb der Städte sind Ärzte selten und medizinische Versorgung ist schwer zu erhalten, sodass Kinder nur selten gegen Krankheiten geimpft werden können. Viele bolivianische Bauern haben sich dem Koka-Anbau zugewandt, obwohl die daraus gewonnene Droge Kokain illegal ist.

DIE KARIBIK UND SÜDAMERIKA

BRASILIEN

Das größte Land Südamerikas hat eine schnell wachsende Industrie und Bevölkerung, eine reiche Flora und Fauna und zahlreiche Bodenschätze.

Fläche: 8.547.404 km²
Bevölkerungszahl: 174.485.000
Hauptstadt: Brasília (2.043.169)
Sprache: Portugiesisch
Religion/en: Christen (röm.-kath.), Naturreligionen (u. a. Candomblé)
Währung: Real
Exportgüter: Eisen- und Stahlprodukte, mechanische Maschinen, Eisenerz, Fahrzeuge, Holz und Holzprodukte, Kaffee
Staatsform: Präsidiale Bundesrepublik

▼ Brasilien hat die Rodung im Amazonasbecken weitgehend verboten. Aber Gesetze sind in einem so riesigen Gebiet schwer durchzusetzen und es wird weiterhin illegal gerodet, denn das tropische Holz ist äußerst wertvoll.

Brasilien grenzt an alle Länder Südamerikas mit Ausnahme von Chile und Ecuador. Es ist eine Republik, die in 26 Bundesstaaten und einen Hauptstadt-Bundesdistrikt gegliedert ist. Auf seiner riesigen Fläche gibt es vielfältige Landschaften, aber auch einige wenige geografische Hauptzonen. Im Norden, wo Brasilien an vier andere Länder grenzt, liegt das Bergland von Guyana, das sich auch nach Suriname, Guyana und Venezuela hinein erstreckt. In diesem Bergland liegt der Pico da Neblina, der mit einer Höhe von 3.014 m höchste Berg des Landes, er wurde erst 1962 entdeckt. Ein Großteil von Nord- und Westbrasilien ist Teil des gewaltigen Amazonasbeckens mit dem Amazonas selbst und Hunderten von Nebenflüssen sowie dem größten Regenwaldgebiet der Erde. In der Mitte und im Süden liegt das Brasilianische Bergland, ein großes Plateau aus uraltem Gestein, zergliedert durch niedrige Bergformationen und tiefe Flusstäler, entstanden durch jahrtausendelange Verwitterung. Dieses

▲ Das dekorative Opernhaus in Manaus, errichtet 1896. Manaus liegt am Negro und ist Hauptstadt des Staates Amazonas. 50 % seiner Bewohner leben hier.

Bergland ist überwiegend von Buschland und Wäldern bedeckt.

DAS AMAZONASBECKEN

Zwar sind das gigantische Becken und der Regenwald, durch die der Amazonas fließt, auf mehrere Länder Südamerikas verteilt, aber der größte Teil liegt in Brasilien. Das Amazonasbecken beansprucht mehr als ein Drittel der brasilianischen Landfläche, und große Teile des Regenwaldes sind

BRASILIEN

▲ Der Jaguar kommt in vielen Teilen von Mittel- und Südamerika vor, aber am häufigsten in Brasilien. Er ist die größte Wildkatzenart in Nord- und Südamerika.

noch unerforscht oder wurden erst in jüngster Zeit erkundet. Der Amazonasregenwald enthält allein eine größere Vielfalt an Lebensformen als jedes andere Gebiet der Welt. Niemand weiß genau, wie viele Arten es dort wirklich gibt, aber Wissenschaftler schätzen, dass es bis zu fünf Millionen sein könnten, und das wäre fast ein Drittel aller Lebensformen der Erde. Fest steht, dass die Tierwelt ganz außerordentlich vielfältig ist. Früher lebten im Regenwald auch bis zu fünf Millionen Indianer, heute liegt ihre Zahl eher nahe bei 200.000. Zu den größeren Stämmen, die noch immer am Amazonas leben, gehören die Tikuna, die Yanomami, die auch in Venezuela leben, die Xavante und die Guajajara.

ABHOLZUNG IN AMAZONIEN

Der Regenwald schrumpft, manchmal aufgrund von Waldbränden, aber meist durch menschliche Einwirkung. Durch Abholzung zugunsten von Bergwerken und Ackerland oder zur Gewinnung von Holz und anderen Produkten sind seit Anfang der 1970er-Jahre 15 % des gesamten Regenwaldes zerstört worden. In einzelnen Jahren wurden bis zu 35.000 km² gerodet. Die Abholzung am Amazonas macht heute der ganzen internationalen Gemeinschaft Sorgen und es gibt Hilfsprogramme und Initiativen, die das Fällen der Bäume aufhalten oder stoppen sollen. Aber Pläne der Regierung, einen riesigen Staudamm und ein gutes Straßennetz zu bauen, um die Industrie zu fördern, bedrohen noch weit größere Teile des Regenwaldes.

DIE KARIBIK UND SÜDAMERIKA

▲ Der Karneval von Rio de Janeiro ist ein riesiges Fest, das mit Musik, Tanz und seinen berühmten Umzügen als größte Party der Welt gilt.

▼ Die Statue von Christus dem Erlöser steht auf dem Corcovado in 704 m Höhe und blickt auf die brasilianische Großstadt Rio de Janeiro hinab.

DAS KLIMA

Brasilien hat im Allgemeinen ein warmes und feuchtes Klima, das aber je nach Gegend stark variiert. Städte auf einem Plateau, wie Brasília, haben ein mildes Klima mit Tagestemperaturen von durchschnittlich 19 °C. Küstenstädte wie Rio de Janeiro haben ein wärmeres Klima. Der heißeste Teil ist der Nordosten, wo in der Trockenzeit zwischen Mai und November häufig mehr als 38 °C gemessen werden. In den meisten Gegenden regnet es mäßig, am nassesten sind Teile des Amazonasbeckens

KAFFEE UND BERGBAU

Kein Land produziert mehr Kaffee als Brasilien. 2001 wurden mehr als 1,27 Mio. t dieses lukrativen Agrarproduktes erzeugt und überwiegend exportiert. Zuckerrohr, Bohnen, Kakao, Mais und Orangen werden ebenfalls exportiert, angebaut werden aber auch Kartoffeln, Baumwolle, Tabak und Reis. Brasilien hat mit die größten Mineralienvorräte der Welt, dabei kennt man ihren vollen Umfang noch gar nicht, da bisher nicht das ganze Land erforscht ist. Der Vorrat an Eisenerz wird auf mindestens 48 Mio. t geschätzt, außerdem gibt es Bauxit, Blei, Nickel und Mangan. 90 % der Elektrizität des Landes werden in Wasserkraftwerken erzeugt. Die Bodenschätze Brasiliens werden von der gigantischen verarbeitenden Industrie zur Herstellung einer Vielzahl von Produkten genutzt, darunter Autos, Chemikalien, Textilien und Kleidung.

DIE MENSCHEN

Fast die Hälfte der Brasilianer ist jünger als 20 Jahre und die Bevölkerung hat sich in den letzten 60 Jahren mehr als verdreifacht. Sie ist eine Mischung von Menschen unterschiedlichster Herkunft, wobei die

BRASILIEN

Indianer, die das Land ursprünglich bewohnten, heute nur noch weniger als ein Prozent der Bevölkerung ausmachen. Die ersten europäischen Siedler waren Portugiesen, und sie holten zwischen dem 16. und dem 19. Jh. zwischen drei und fünf Millionen Afrikaner als Sklaven nach Brasilien. In Brasilien lebt auch die höchste Zahl von Japanern außerhalb Japans. Sie kamen überwiegend in den 1920er-Jahren als arme Bauern; heute leben in Brasilien über zwei Millionen Menschen japanischer Abstammung. Manche Brasilianer sind sehr reich, aber es gibt extreme Einkommensunterschiede, Millionen von Menschen sind bitterarm. Eine Massenlandflucht ließ die Städte überquellen. In ausgedehnten Slums rings um die großen Städte leben Menschen ohne Wasser und unter schlechtesten hygienischen Verhältnissen.

BRASILIANISCHE STÄDTE

Im Gegensatz zu vielen anderen südamerikanischen Ländern hat Brasilien viele Großstädte: São Paulo ist die größte Stadt des Landes und Rio de Janeiro die international bekannteste und kulturelles Zentrum. Keine von beiden ist die offizielle Hauptstadt, diese Rolle hat die eigens dafür errichtete Stadt Brasília übernommen. Sie wurde in den 1950er-Jahren als Teil einer Initiative, mehr Menschen im Landesinneren anzusiedeln, errichtet. Brasília ist nationaler Regierungssitz und beherbergt viele ausländische Botschaften. Die größte Stadt, São Paulo, ist zugleich eine der ältesten Kolonialstädte des Landes. Gegründet 1554 auf einem 760 m hoch gelegenen Plateau, hat São Paulo in den letzten 120 Jahren einen Boom erlebt, da zuerst der Anbau und Export von Kaffee und später die Industrie Reichtum und Arbeit in die Region brachten. Heute ist es das Zentrum einer urbanen Zone, in der mehr als 17 Millionen Menschen leben. Damit ist es die größte urbane Zone Südamerikas und die drittgrößte der Welt. São Paulo ist rund 75 km vom Atlantischen Ozean entfernt, beherbergt mehr als 20.000 Industriebetriebe und Fabriken und ist das Finanzzentrum Brasiliens. Rio de Janeiro hingegen ist die international bekannteste Stadt und war bis 1960 auch die Hauptstadt. Sie ist ein wichtiges Touristenziel und Handelszentrum, noch immer eine Metropole und erste Station für die meisten der 5,3 Millionen Menschen, die jährlich Brasilien besuchen.

▲ Armut und Mangel an Wohnraum sind die Ursache dafür, dass viele Millionen Brasilianer so gut wie ohne Wasser, Hygiene und Grundversorgung in den so genannten »favelas« am Rand der Großstädte leben müssen.

▼ Eines der vielen modernen Regierungsgebäude: der Congresso Nacional in der Hauptstadt Brasília.

DIE KARIBIK UND SÜDAMERIKA

DAS SÜDLICHE SÜDAMERIKA

Die vier Länder des südlichen Südamerika sind an Größe, Form und geografischer Beschaffenheit sehr verschieden. Die Formen reichen von den endlosen Tiefebenen der Pampas bis zu den majestätischen, zerklüfteten Anden. Auch das Klima variiert beträchtlich, von der trockenen, heißen Wüste im Norden Chiles bis zur Eiswüste im äußersten Süden Argentiniens. An der Westküste erstreckt sich von Norden nach Süden über 4.300 km Länge Chile, ist aber kaum je mehr als einige Hundert Kilometer breit. Kleiner und kompakter sind das Binnenland Paraguay und das kleinste Land von Südamerika, Uruguay. Argentinien ist das größte Land im Süden und das zweitgrößte auf dem Kontinent. Zusammen haben die vier Länder eine Fläche von etwa 4.106.000 km². Riesige Gebiete sind jedoch dünn oder gar nicht besiedelt. Anders als in den Andenländern machen Indianer in all diesen Staaten bis auf Paraguay nur einen sehr kleinen Anteil der Bevölkerung aus. Die meisten Bewohner dieser Länder können ihre Herkunft auf europäische Siedler zurückverfolgen, die in den letzten 400 Jahren nach Südamerika eingewandert sind. Traditionell hatte die Landwirtschaft große Bedeutung und ist noch heute das Rückgrat dieser Länder, allerdings beziehen sie bis auf Paraguay ihre Einkünfte zunehmend aus Industrie und Dienstleistungen.

▲ Der Nationalpark Torres del Paine liegt im äußersten Süden von Chile, über 2.500 km südlich der Hauptstadt Santiago. Er ist für seine unberührten Berge und Flüsse bekannt.

DAS SÜDLICHE SÜDAMERIKA

▼ Die Tierzucht ist in allen vier Ländern des südlichen Südamerika wichtig. Die Pampas sind ausgedehnte Tiefebenen in Argentinien, von denen große Teile als Weiden für die riesigen Rinder- und Schafherden genutzt werden. 2000 gab es in Argentinien rund 58 Millionen Rinder und 15 Millionen Schafe.

DIE KARIBIK UND SÜDAMERIKA

PARAGUAY

Paraguay ist ein relativ unbekanntes und isoliertes Land und geografisch in zwei Regionen geteilt. Die Osthälfte ist dichter besiedelt.

Fläche: 406.752 km²
Bevölkerungszahl: 5.510.000
Hauptstadt: Asunción (998.000)
Sprache/n: Spanisch, Guaraní
Religion: Katholiken
Währung: Guaraní
Exportgüter: Sojamehl, Baumwolle, Ölsaaten und Pflanzenöl, Holz
Staatsform: Präsidialrepublik

▼ Ochsen werden überall im ländlichen Paraguay als Lasttiere eingesetzt. 90 % der Straßen des Landes sind nicht asphaltiert und es gibt nur wenige Autos: Auf 1.000 Einwohner kommen 14, verglichen mit 140 je 1.000 in Argentinien.

Die Grenzen von Paraguay werden überwiegend durch Flüsse markiert, etwa den Paraná, Paraguay und den Pilcomayo, die auf langen Strecken die Grenze zu Argentinien bilden. Der Paraguay teilt das Land in zwei ganz verschiedene Regionen. Östlich des Flusses steigt die Region Paraneña zu einem Mittelgebirge nahe der Grenze zu Brasilien an. Westlich von ihm liegt der Gran Chaco, eine riesige, etwa 125 m hoch gelegene Ebene. Sie beansprucht mehr als 60 % des Landes. In der Regenzeit im Sommer werden weite Teile überschwemmt und zeitweilig zu Sumpfland. Die Bewohner von Paraguay stammen überwiegend von Indianern ab. Arbeit gibt es vor allem im Bereich der Landwirtschaft. Die Hälfte der Bevölkerung lebt auf dem Land und baut zahlreiche Agrarprodukte an wie etwa Baumwolle, Zuckerrohr, Weizen, Bananen und Süßkartoffeln. Die Tierzucht, vor allem die Rinderzucht, hat einen hohen Stellenwert. Im Chaco grasen über neun Millionen Rinder sowie Pferde und Schafe. Paraguay ist erheblich weniger industrialisiert als seine Nachbarn. Wichtig ist die Forstwirtschaft, die für 7 % des Exportes verantwortlich ist. Die größte Stadt und Hauptstadt von Paraguay ist Asunción. Sie wurde 1537 von spanischen Siedlern gegründet und liegt auf Hügeln über dem Zusammenfluss von Paraguay und Pilcomayo. Hier gibt es auch die meisten Produktionsbetriebe im Land.

URUGUAY

Uruguay ist das kleinste Land Südamerikas und hat weite Ebenen und sanfte Hügel. Im größten Teil des Landes wird Vieh gezüchtet.

Fläche: 176.215 km²
Bevölkerungszahl: 3.361.000
Hauptstadt: Montevideo (1.378.705)
Sprache: Spanisch
Religion: Katholiken
Währung: Uruguayischer Peso
Exportgüter: Fleisch und andere tierische Produkte, Tiere, Textilien und Kleidung, Gemüse
Staatsform: Präsidialrepublik

Uruguay ist eines der wenigen Länder in Südamerika, die kein tropisches oder subtropisches Klima haben. Die Entfernung vom Äquator und die Lage am Atlantischen Ozean schenken dem Land ein warmes, gemäßigtes Klima mit relativ viel Regen (rund 950 mm jährlich) und Temperaturen von durchschnittlich 10 °C im Winter und 22 °C im Sommer. Im Winter wehen oft kalte Winde, die man »pamperos« nennt, aber nur in wenigen Gegenden von Uruguay gibt es je Frost. Die natürliche Vegetation besteht vor allem aus hohem Präriegras, Wald gibt es wenig. Fast 90 % des Bodens eignen sich für die Landwirtschaft, aber nur ein Zehntel wird für den Anbau von Mais, Weizen und Reis genutzt. Der Rest dient der Ernährung der riesigen Herden, vor allem Rinder- und Schafherden, die in den Ebenen grasen. Gemessen an seiner geringen Größe hat Uruguay eine bedeutende Schafzucht und ist der zweitgrößte Wollexporteur der Welt.

In der Bevölkerung haben die Ureinwohner kaum Spuren hinterlassen, weniger als 10 % sind entweder reine Indianer oder Indianermischlinge. Die große Mehrheit der Bevölkerung bilden Einwanderer aus Europa, Brasilien oder Argentinien. Die Hauptstadt von Uruguay, Montevideo, zieht sich am Nordufer des Rio de la Plata entlang und ist Zentrum des Handels und der Fleisch und Wolle verarbeitenden Industrie. Eine starke Landflucht hat dazu geführt, dass etwa die Hälfte der gesamten

▲ Ein Marktstand im Viertel Barrio Reus in Montevideo, der Hauptstadt Uruguays. Die Stadt ist gleichzeitig der wichtigste Hafen und Sitz der staatlichen Universität.

Bevölkerung des Landes in Montevideo oder seiner Umgebung lebt. Uruguay hat als erstes südamerikanisches Land ein staatliches Wohlfahrtssystem eingerichtet, die gesundheitliche Versorgung ist gut und die meisten Menschen können lesen (97 %).

▼ Ein Hirte hütet seine Herde in Osturuguay. Im ganzen Land gibt es etwa 16 Millionen Schafe.

DIE KARIBIK UND SÜDAMERIKA

CHILE

Das hoch entwickelte Land ist mit seinen Vulkanen, Eiswüsten und gemäßigten Ebenen geografisch und besonders klimatisch ein Land der Extreme.

Fläche: 756.096 km²
Bevölkerungszahl: 15.589.000
Hauptstadt: Santiago de Chile (6.038.974), Valparaíso (811.000) ist Sitz des Parlaments
Sprache/n: Spanisch
Religion/en: Katholiken
Währung: Chilenischer Peso
Exportgüter: Kupfer, Eisenerz, Zink, Silber, Nahrungsmittelprodukte, Papier und Papiererzeugnisse
Staatsform: Präsidialrepublik

▼ Punta Arenas, gegründet 1849, liegt an der Magellanstraße, die den Atlantischen Ozean mit dem Pazifischen Ozean verbindet. Die 116.000 Einwohner arbeiten in Industriebetrieben, die Öl, Fleisch, Wolle und Holz verarbeiten und transportieren.

Chile grenzt an Argentinien, Peru und Bolivien und hat die längste Pazifikküste aller südamerikanischen Länder. Rund 3.700 km westlich der Küste liegt im südlichen Pazifischen Ozean die Osterinsel (Isla de Pascua), sie gehört heute zu Chile, so wie auch einige andere kleine Pazifikinseln und der westliche Teil der Inselgruppe Feuerland (Tierra del Fuego) ganz im Süden des Kontinents.

WECHSELNDE LANDSCHAFTEN

Bei rund 4.300 km Länge, aber im Schnitt nur 175 km Breite wird Chile landschaftlich von den Anden dominiert, die sich durch das ganze Land ziehen. Im Norden liegt die Atacama-Wüste, eine der trockensten Gegenden der Erde, in der zum Teil noch nie messbarer Niederschlag gefallen ist. Südlich davon folgt eine große gemäßigte Zone, in der die meisten Städte und das meiste Ackerland Chiles liegen. Der Süden des mittleren Teils ist wegen seiner vielen Seen und großen Wälder berühmt. Noch weiter südlich geht die milde Zone in eine kalte, windige Region über. Hier regnet es bis zu 4.065 mm im Jahr. Kap Hoorn ist der südlichste Punkt Chiles und Südamerikas und nur noch 650 km von der Antarktis entfernt.

▲ Magellanpinguine brüten an der chilenischen Südküste und auf Inseln, die zu Feuerland gehören.

CHILE

▲ Die Atacama-Wüste ist eines der trockensten Gebiete der Welt. Hier gibt es Salz und Kupfer, die im weltweit größten Tagebaubergwerk gewonnen werden.

MENSCHEN UND WIRTSCHAFT

Die große Mehrheit der chilenischen Bevölkerung sind Mestizen. Indianer machen etwa ein Zehntel der Bevölkerung aus und leben überwiegend in den Anden in Nordchile und an der Südküste. Fast 90 % aller Chilenen leben in der Mitte des Landes, mehr als ein Drittel in der Hauptstadt Santiago und ihrer Umgebung. Der wichtigste Hafen ist Valparaiso.

Hauptindustriezweig ist der Abbau von Mineralien, darunter Salz und Metalle. Chile ist der größte Kupferproduzent der Welt. Die Landwirtschaft in der Mitte des Landes erzeugt Früchte für den Export und Trauben für die weltberühmten Weine. In Wasserkraftwerken an den reißenden Andenflüssen wird gut die Hälfte der in Chile benötigten Elektrizität gewonnen.

▶ 55 km nordöstlich von Puerto Montt liegt der 2.652 m hohe Osorno, einer von Hunderten von Vulkanen in den chilenischen Anden. Der Vulkan mit seinem von ewigem Schnee bedeckten Kegel ist noch jung und brach zuletzt in den 1830er-Jahren aus.

DIE KARIBIK UND SÜDAMERIKA

ARGENTINIEN

Das zweitgrößte Land Südamerikas verfügt über ausgedehnte Gebiete sehr guten Weidelands, auf dem riesige Viehherden grasen.

Fläche: 2.780.403 km²
Bevölkerungszahl: 36.480.000
Hauptstadt: Buenos Aires (2.776.138, Agglomeration 11.931.000)
Sprache: Spanisch
Religion: Katholiken
Währung: Argentinischer Peso
Exportgüter: Fleisch, Wolle, Zerealien, Konsumgüter, Maschinen und Transportausrüstung
Staatsform: Präsidiale Bundesrepublik

▼ Ushuaia ist die Hauptstadt der argentinischen Provinz Feuerland, der Antarktis und der Südatlantischen Inseln. Sie wurde 1884 gegründet, hat rund 29.000 Einwohner und liegt auf 54,8° südl. Br. Damit ist es die südlichste Stadt der Welt.

Argentinien liegt im Südosten Südamerikas: eine große Tiefebene, die sich vom Atlantischen Ozean nach Westen erstreckt und zur chilenischen Grenze hin ansteigt. In den argentinischen Anden sind einige der höchsten Andengipfel, darunter der Aconcagua mit 6.960 m. Die Andenregion ist dünn besiedelt, meist von Bergleuten und Schafhirten. Im Norden, wo Argentinien an Bolivien und Paraguay grenzt, liegt die Region des Gran Chaco mit ihren großen Wäldern und Sümpfen. Südlich davon sind die weiten Ebenen der Pampas, in denen auch Buenos Aires, die größte Stadt des Landes, liegt. Weiter südlich schließt sich Patagonien an, ein großes, unwirtliches Gebiet, das sich Argentinien mit Chile teilt.

DAS KLIMA

Weil Argentinien ein sehr langes Land ist – etwa 3.330 km von Norden nach Süden –, erstreckt es sich über viele Klimazonen. Im Nordosten liegt ein kleines, tropisches Gebiet, während im Gran Chaco subtropische Temperaturen herrschen. Der größte Teil des Landes wird jedoch von einem gemäßigten Klima geprägt, aber es wird kälter, je weiter man nach Süden kommt. Die Regenmenge ist

ARGENTINIEN

▲ Argentinien ist eine der führenden Polo-Nationen. Viele der besten Polo-Pferde der Welt sind reinrassige Pferde aus Argentinien oder dem Südwesten der USA.

▲ Buenos Aires ist die größte Stadt Argentiniens und seit 1816 auch seine Hauptstadt. Es hat den größten Hafen und den größten Bahnhof Südamerikas und ist ein wichtiger Umschlagplatz.

sehr unterschiedlich. In Buenos Aires fallen im Schnitt 950 mm im Jahr. Im Süden und Westen regnet es viel weniger und das halbtrockene Klima lässt nur ein beschränktes Pflanzenwachstum zu. In den Anden kommen heiße, trockene Winde, die »zondas«, über die Berge und nehmen Feuchtigkeit auf, aber sie bilden keine Wolken, aus denen es regnet.

PATAGONIEN

Die südlichste Region Argentiniens, Patagonien, ist eine riesige Ebene von etwa 777.000 km² Ausdehnung, in der meist ein kalter Wind weht. Hier ist es überwiegend trocken, aber der Norden ist warm genug für große Farmen mit Alfalfa, Gemüse und einigen Obstsorten sowie für die gewaltigen Schafherden. In Argentinien gibt es etwa 13,7 Millionen Schafe, die meisten davon in Patagonien. Auch der Tourismus ist für die Region wichtig geworden. Argentinien hat über 20 Nationalparks, von denen einige in Patagonien liegen, dazu Wildreservate und andere Schutzgebiete. Aber den größten Beitrag zur Wirtschaft des Landes leistet Patagonien zunehmend durch seine Vorkommen an Öl, Erdgas und Kohle sowie Eisen, Wolfram, Blei und Gold.

DIE PAMPAS

Die Pampas haben ihren Namen von einem Wort der Ketschua-Indianer, das »flache Ebene« bedeutet. Diese weitgehend baumlosen Ebenen machen einen Großteil Mittelargentiniens aus. Sie sind klimatisch zweigeteilt. Die feuchten Pampas ziehen sich von der Küste her ins Landesinnere und erhalten mäßig viel bis viel Regen. Die Böden sind tief, schwer und fruchtbar. Die trockenen Pampas weiter im Landesinneren sind zwar flächenmäßig größer, haben aber weniger Ackerland und ernähren weniger Menschen. Ursprünglich waren die Pampas Savannen, aber ein guter Teil wurde in Ackerland, Weiden und Farmen für die riesigen Rinderherden verwandelt.

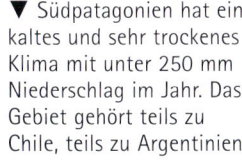

▼ Südpatagonien hat ein kaltes und sehr trockenes Klima mit unter 250 mm Niederschlag im Jahr. Das Gebiet gehört teils zu Chile, teils zu Argentinien.

DIE KARIBIK UND SÜDAMERIKA

▲ Argentinische Hirten treiben Vieh durch die Pampas. Diese Gauchos sind ein nationales Symbol Argentiniens und waren früher Nomaden, die mit Rindern und Pferden handelten. Heute arbeiten viele Gauchos auf Farmen.

GESCHICHTE UND BEVÖLKERUNG

Argentinien erhielt seinen Namen, der »Land des Silbers« bedeutet, von spanischen Eroberern, die das Land im 16. Jh. erreichten. 1536 gründeten die Spanier eine Kolonie an der Stelle, an der heute Buenos Aires liegt. Sie wurde nach Kämpfen mit den Indianern aufgegeben und 1580 neu aufgebaut. Nachdem das Land den Versuch einer Invasion durch die Briten 1806/1807 erfolgreich abgewehrt hatte, erklärte es sich 1816 für unabhängig von Spanien.

Danach begannen lange Machtkämpfe im Inneren. In den 1870er-Jahren fanden erbitterte Kämpfe mit den einheimischen Indianern statt, heute leben schätzungsweise nur noch rund 700.000 Indianer in Argentinien. Ganze Wellen von Einwanderern aus Europa, besonders aus Italien, Spanien, Großbritannien sowie aus dem Nahen Osten, vor allem Syrien und dem Libanon, trafen Ende des 19. und Anfang des 20. Jh.s in Argentinien ein. Sie veränderten die Landwirtschaft und die Infrastruktur des Landes, wie das Schienennetz und die Häfen. Die Zusammensetzung der Bevölkerung ist daher anders als in den meisten anderen Ländern Südamerikas. Es gibt starke italienisch- und britisch-argentinische sowie jüdische Gruppen. Bis zur Wirtschaftskrise im Jahr 2002 erfreuten sich relativ viele Argentinier, gemessen am übrigen Südamerika, eines hohen Lebensstandards. Die Krise trieb jedoch viele in die Armut: Die UNO schätzt, dass 53 % der Argentinier unter der Armutsgrenze und ein Viertel der Bevölkerung in extremer Armut leben.

▼ Die Iguaçu-Fälle im Nordosten des Landes zählen zu den Naturwundern Südamerikas. Sie sind mit rund 4.000 m fast viermal so breit wie die nordamerikanischen Niagarafälle und fallen 72 m in die Tiefe.

SÜDATLANTISCHE INSELN

Im eisigen Wasser des Südatlantischen Ozeans liegen mehrere kahle, eisbedeckte Inseln, zu denen Südgeorgien und die Südsandwich-Inseln gehören.

▲ Auf den Südsandwich-Inseln gibt es die drittgrößte Pinguinart, den Eselspinguin, der an den felsigen Küsten brütet.

Südgeorgien ist die größte Insel im Südatlantik und liegt etwa 1.300 km südöstlich der Falklandinseln. Sie ist weitgehend von Eis bedeckt, bergig und hat eine zerklüftete Küste. Die wenigen Bewohner sind überwiegend Militärs und Wissenschaftler, die in einer ehemaligen Walfängersiedlung leben. Die Südsandwich-Inseln sind eine Gruppe von sechs kleinen, eisbedeckten Vulkaninseln, 760 km südöstlich von Südgeorgien. Der britische Anspruch auf die südatlantischen Inseln wird von Argentinien angefochten.

SANKT HELENA

Eine kleine, entlegene Gruppe von Inseln bildet die britische Kronkolonie Sankt Helena. Dazu gehören Sankt Helena, Ascension und Tristan da Cunha.

Fläche: 411 km²
Bevölkerungszahl: 7.000
Hauptstadt: Jamestown (1500)
Sprache: Englisch
Religion/en: Anglikaner, Baptisten
Währung: Pfund Sterling (Lokale Ausgabe)
Exportgüter: Fischkonserven und tiefgekühlter Fisch, Kunsthandwerk
Staatsform: Britische Kronkolonie

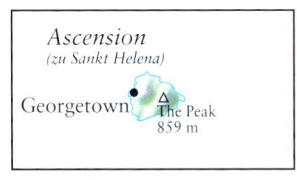

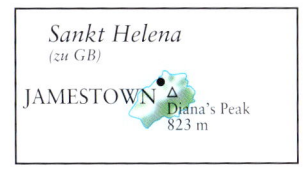

▲ Sankt Helena war das letzte Exil des französischen Exkaisers Napoleon Bonaparte.

Sankt Helena liegt im südlichen Atlantik etwa 1.900 km von der Westküste Afrikas entfernt und ist eine zerklüftete, bergige Insel. Auf der Nord-, Ost- und Westseite ragen steile Felsen auf, in die Berge der Insel sind tiefe Täler eingeschnitten. Rund ein Viertel der Bevölkerung lebt in Jamestown, einem natürlichen Hafen mit viel Schiffsverkehr. Es werden Kartoffeln, Mais und Flachs angebaut, aber die Wirtschaft hängt stark von Subventionen aus Großbritannien ab. Einkünfte erbringt der Hafen. Ascension liegt rund 1.130 km nordwestlich von Sankt Helena und wird als Militärbasis genutzt. Seine zerklüftete Vulkanlandschaft bietet Tausenden von Seeschildkröten und rußbraunen Seeschwalben Lebensraum. Die wenigen Bewohner von Tristan da Cunha pflanzen Kartoffeln an und fischen Krustentiere. Die Hauptinsel wird von einem Vulkan dominiert, der zuletzt 1961 ausbrach, was zur Evakuierung der Insel führte.

▶ Die Hänge des Green Mountain auf Ascension gehören zu den wenigen Orten der Insel, an denen Obst und Gemüse gedeihen.

DIE KARIBIK UND SÜDAMERIKA

FALKLAND-INSELN

Die Falkland-Inseln liegen im Süden des Atlantischen
Ozeans und werden auch von Argentinien
beansprucht, dort heißen sie Islas Malvinas.

Fläche: 12.173 km²
Bevölkerungszahl: 2.490
Hauptstadt:
Stanley (1.900)
Sprache: Englisch
Religion: Protestanten
Währung: Pfund Sterling
Exportgüter:
Fisch, Wolle und Schaffelle
Staatsform:
Britische Kronkolonie

Die Falkland-Inseln bestehen aus zwei Hauptinseln, Ost- und West-Falkland, sowie etwa 200 kleinen Inseln. Die Hauptinseln sind hügelig und ihre Küsten haben zahlreiche tiefe Buchten, in denen versunkene Flusstäler Naturhäfen bilden. Das Klima ist kalt, windig und nass. Die Wintertemperaturen liegen im Schnitt bei 1,7 °C, die Sommertemperaturen bei 9,4 °C. An rund 250 Tagen im Jahr regnet es und es weht ein ständiger Wind mit einer Geschwindigkeit von durchschnittlich 30 km/h. Die Vegetation der Insel spiegelt die harten Bedingungen wider: Es gibt kaum Bäume, viele Gräser und niedriges Buschwerk. Das Grasland ist Weide für die Schafe, deren Zucht Haupterwerb der Landwirtschaft ist. Die größte Siedlung, Stanley, liegt auf Ost-Falkland. 90 % der Bewohner leben dort, wo auch das einzige Krankenhaus des Landes ist. Viele ältere Häuser in Stanley wurden aus einheimischem Stein gebaut und aus Holz, das aus Schiffswracks stammt. Heute gehört Holz zu den vielen Gütern, die importiert werden müssen. Stanley liegt an einem großen Naturhafen und ist zentraler Umschlagplatz für den Import von Nahrungsmitteln, Kohle, Öl und Kleidung und den Export von Wolle und Schaffellen. Schon seit Jahrzehnten streiten die Briten mit Argentinien um den Besitz der Inseln. Im April 1982 stockten die Verhandlungen und die Argentinier marschierten auf der Insel ein. Es folgte ein blutiger Krieg, der zehn Wochen dauerte und mit einem Sieg des britischen Militärs und der Rückeroberung der Insel endete. 2002 riefen die Vereinten Nationen beide Länder dazu auf, wieder Verhandlungen über die Zukunft der Insel aufzunehmen.

▼ Port Howard ist mit rund 20 ständigen Einwohnern die zweitgrößte Siedlung auf West-Falkland. Es ist die Basis der Port Howard Farm, auf der etwa 45.000 Schafe gehalten werden

EUROPA

EUROPA

Europa gilt als eigener Kontinent, ist aber eigentlich Teil der Eurasischen Platte, die auch Asien im Osten mit einschließt. Die vielfältige Landschaft reicht von vereisten, zerklüfteten Gebirgszügen wie den Alpen über gemäßigte, waldreiche Gebiete bis hin zu warmen Regionen, vor allem am Mittelmeer. Europa ist der zweitkleinste Kontinent und nicht sehr viel größer als Australien. Mit seinen annähernd 700 Millionen Menschen hat es allerdings die zweithöchste Einwohnerzahl und die höchste Bevölkerungsdichte überhaupt. Auf dem Kontinent der Erfindungen und Entdeckungen erhoben vor allem Spanien, Frankreich, Großbritannien, Portugal und die Niederlande schon seit dem 15. Jh. Anspruch auf Kolonien überall auf der Welt. Im Laufe von Europas langer Geschichte, die mehrere Jahrtausende zurückreicht, sind viele Nationen entstanden und heute noch werden mehr als 60 Sprachen gesprochen. Der Kontinent hat viele Kriege und wechselnde Grenzziehungen erlebt, die letzten in den 1990er-Jahren mit der Wiedervereinigung Deutschlands, der Spaltung der Tschechoslowakei in die Slowakei und die Tschechische Republik und der Auflösung des frühere Jugoslawien in mehrere kleine Staaten. Europas größte Nation ist zugleich seine östlichste. Die Russische Föderation entstand aus dem Zusammenbruch der Sowjetunion Anfang der 1990er-Jahre.

St. Petersburg war zwei Jahrhunderte lang die Hauptstadt des Russischen Reiches und ist heute die zweitgrößte Stadt der Russischen Föderation. Sie liegt am Delta der Newa und hat viele schöne Bauwerke, darunter auch die Christi-Auferstehungskirche (erbaut 1883–1907).

◄ Viele Länder Südeuropas liegen am Mittelmeer, das jedes Jahr Tausende Tonnen Fisch liefert. Der Fisch wird auf Märkten wie diesem hier im südfranzösischen Marseille verkauft.

EUROPA

▲ Rotwild lebt vor allem in den Waldgebieten Nord- und Westeuropas.

▶ Europa gehört zu den am höchsten industrialisierten Kontinenten. Diese Stahlfabrik liegt im Ruhrgebiet im Westen der Bundesrepublik Deutschland, einem der großen Industriezentren Europas.

EUROPA

Nord- und Westeuropa

Dieses Gebiet umfasst eine bunte Vielfalt von Ländern, von den großen Wirtschaftsnationen Deutschland, Frankreich und Großbritannien bis hin zum winzigen Luxemburg. Die Landschaft ist vor allem durch die Eiszeiten geprägt, die Landformen wie etwa die zerklüftete Küstenlinie Norwegens mit ihren mehr als 100.000 Inseln und Fjorden entstehen ließen. Die drei größten Inseln der Region, Island und die beiden Inseln Großbritanniens und Irlands, liegen im Nordatlantik. Große Gebiete waren einst von Wäldern bedeckt, aber Bevölkerungswachstum und Industrialisierung führten zu einer weiträumigen Abholzung. Größere Waldgebiete findet man noch in Skandinavien und Deutschland. Überall in Nord- und Westeuropa wird zwar Landwirtschaft betrieben, der Schwerpunkt der Wirtschaft liegt jedoch meist auf der verarbeitenden Industrie und dem Dienstleistungsgewerbe, etwa dem Bankwesen. Beides hat zum hohen Lebensstandard beigetragen. Auch der Tourismus spielt in vielen Ländern eine wichtige Rolle. Frankreich ist mit mehr als 75 Millionen Besuchern im Jahr das beliebteste Ferienziel der Welt. Die meisten Länder der Region gehören der Europäischen Union an, die Institutionen und Verwaltungszentren vor allem in Frankreich, Belgien und Luxemburg unterhält.

▼ In Nordschweden liegen einige der letzten Urwälder Nord- und Westeuropas, mehr als 1.000 km² unberührte Fichten- und Kiefernwälder.

▲ Nord- und Westeuropa sind von zahlreichen Flüssen durchzogen, an denen viele Städte der Region liegen. Hier die Marktstadt Dinan im Nordwesten Frankreichs.

NORD- UND WESTEUROPA

▶ Eine Windmühle in den Niederlanden. Im Gegensatz zur teilweise wild zerklüfteten Landschaft Skandinaviens sind die Benelux-Staaten flach und liegen nur knapp über dem Wasserspiegel.

EUROPA

NORWEGEN

Das gebirgige Land ist der nördlichste und westlichste Teil des skandinavischen Festlands und gehört zu den am dünnsten besiedelten Gebieten Europas.

Fläche: 323.758 km²
Bevölkerungszahl: 4.538.000
Hauptstadt: Oslo (521.886)
Sprache: Norwegisch
Religion: Christen (ev.-luth. Norwegische Staatskirche)
Währung: Norwegische Krone
Exportgüter: Erdöl, Erdgas und Produkte daraus, Maschinen und Transportausrüstung, Metalle und Metallprodukte
Staatsform: Parlamentarische Monarchie

▼ 1969 wurden im Ekofisk-Feld zum ersten Mal größere Mengen Öl in der Nordsee gefunden. In großen Ölterminals wie diesem wird das Öl aufbereitet und verladen.

Norwegen ist ein langes, schmales Land, das sich vom Nordosten nach Südwesten auf der skandinavischen Halbinsel erstreckt und nach Süden, Richtung Nordsee hin, breiter wird. Ein Ausläufer der Nordsee, das Skagerrak, trennt Norwegen von Dänemark; das Land hat eine lange Landgrenze mit Schweden und eine sehr viel kürzere im Norden mit Finnland und der Russischen Föderation. Zum Territorium Norwegens gehört auch die Insel Jan Mayen (380 km²) und die Inselgruppe Spitzbergen (62.050 km²) im Nordpolarmeer. Das norwegische Festland besteht aus vielen Hochplateaus, den so genannten Vidder. Diese sind oft sehr bergig und im hohen Norden noch mit Gletschern bedeckt. Die Norweger leben hauptsächlich entlang der Küste (die wichtigen Städte sind Bergen, Trondheim und Stavanger) sowie im Südosten des Landes im Umfeld der Hauptstadt Oslo.

EIN LAND DES WASSERS

Norwegens Westküste ist so zerklüftet, dass das Land selbst zwar nur 2.650 km lang ist, die Küstenlinie aber 21.347 km misst. Vor der Küste liegen Hunderte von Inseln, die zusammenfassend Skerryguard genannt werden. Sie bieten einen gewissen Schutz vor dem offenen Meer, sodass die Fjorde und Buchten hervorragende natürliche Häfen bilden. Ein Großteil der Küstenlinie bleibt trotz seiner nördlichen Lage aufgrund des warmen Golfstroms eisfrei. Von verschiedenen Eiszeiten geformt, durchziehen Hunderte Flüsse und Bäche das Land, dazu gibt es Tausende von Seen. Der größte ist der Mjøsen mit einer Fläche von 368 km² im Südosten des Landes, rund 70 km nördlich von Oslo. Der See friert in den Wintermonaten oft zu.

NORWEGEN

LAND- UND FORSTWIRTSCHAFT, FISCHEREI

Noch nicht einmal 3 % des Landes, vor allem Gebiete im Südosten, können landwirtschaftlich genutzt werden. Angebaut werden dort vor allem Futterpflanzen, Roggen, Hafer und Gerste sowie Wurzelgemüse. Dazu kommt die Schweine-, Schaf- und Rinderzucht. Mehr als ein Viertel des Landes ist noch immer von Wäldern bedeckt, Zellstoff- und Papierfabriken sind ebenso wichtig wie die Landwirtschaft. Kein Punkt Norwegens ist allzu weit vom Meer entfernt, das für den Fischfang, den Transport und den Handel genutzt wird; bedeutend sind auch Boots- und Schiffbau. Norwegen hat eine der größten Handelsflotten der Welt, und seine Fischerei liefert trotz der Erschöpfung vieler Fischgründe immer noch 2,6 Mio. t Fisch pro Jahr.

EIN ÖLREICHES LAND

Norwegens traditionelle Gewerbezweige sind zugunsten einer Leichtindustrie zurückgegangen, eine große Rolle spielen Möbelbau, Elektronik sowie Ölverarbeitung und Chemie. Die Entdeckung großer Öl- und Erdgasvorkommen vor der Küste in den 1960er-Jahren hat die Wirtschaft des Landes nachhaltig verändert. Heute ist Norwegen Europas größter Ölproduzent und liefert etwa 3,2 Mio. Barrel pro Tag. Da Norwegen 99 % des eigenen Energiebedarfs aus Wasserkraft deckt, kann es einen Großteil des Öls exportieren. Das hat zu dem enorm hohen Lebensstandard der Bevölkerung samt niedriger Arbeitslosigkeit und umfassenden Sozialleistungen beigetragen.

▲ Die spektakuläre Sprungschanze am Holmenkollen bei Oslo ist die älteste der Welt und Austragungsort des jährlichen Skifestivals im März.

▼ Das Fischerdorf Nusfjord auf der Lofoten-Insel Flakstadøya liegt an einem malerischen natürlichen Hafen, der durch die Gletscher der Eiszeiten entstanden ist.

EUROPA

SCHWEDEN

Schweden ist ein hoch entwickelter Wohlfahrtsstaat mit fortschrittlicher Industrie, die seiner Bevölkerung einen sehr hohen Lebensstandard sichert.

Fläche: 449.964 km²
Bevölkerungszahl: 8.924.000
Hauptstadt: Stockholm (743.700)
Sprache/n: Schwedisch
Religion/en: Christen (ev.-luth. Schwedische Kirche)
Währung: Schwedische Krone
Exportgüter: Maschinen und Transportausrüstung (vor allem Motorfahrzeuge und elektrische Maschinen), Papier- und Chemieprodukte, Eisen- und Stahlprodukte
Staatsform: Parlamentarische Monarchie

▼ Der Norden Schwedens ist Teil der Region Samiland (Lappland), die sich auch nach Norwegen, Finnland und Russland hinein erstreckt. Es herrscht ein arktisches Klima, noch immer dienen dort Hundeschlitten als Transportmittel.

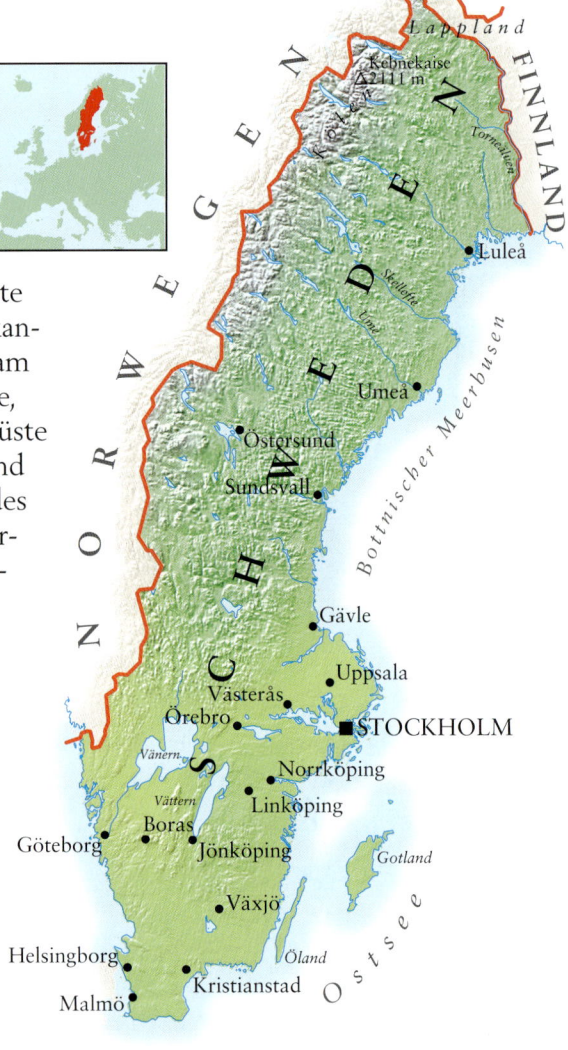

Das Königreich Schweden ist das größte und bevölkerungsreichste der drei skandinavischen Länder. Seine Ostküste liegt am Bottnischen Meerbusen und an der Ostsee, ein Großteil der sehr viel kürzeren Westküste am Ausgang der Nordsee. Auf dem Festland grenzt es an Norwegen, und der Westen des Landes ist ebenso gebirgig wie das Nachbarland. Im Nordwesten liegen im Skandinavischen Gebirge die höchsten Erhebungen Schwedens. In der Mitte, im Osten und Süden des Landes ist die Landschaft weniger zerklüftet und besteht großteils aus Plateaus und sanft gewelltem Tiefland. Die Eiszeiten haben viele Seen zurückgelassen. Schweden hat mehr als 4.000 Seen mit einer Oberfläche von mehr als 1 km², der Vänern bedeckt 5.585 km². Außerdem hat das Land viele Flüsse, die meist nach Osten in den Bottnischen Meerbusen und die Ostsee fließen.

LANDNUTZUNG

Etwa die Hälfte Schwedens, vor allem der Norden, ist Waldland. Schweden beutet diese gewaltige Ressource aus und ist führender Produzent von Papier und Holzprodukten mit vielen Holz verarbeitenden Betrieben entlang der Ostküste. Weniger als 7 % des Landes sind für Landwirtschaft geeignet, aber mithilfe intensiver Anbaumethoden kann Schweden

SCHWEDEN

◀ Die lange Uferstraße Strandvägen mitten in Stockholm zieht sich von der Diplomatenstadt, die wegen der vielen dort angesiedelten Botschaften so genannt wird, bis zum Berzelii-Park.

seinen Bedarf etwa an Weizen, Gerste und Kartoffeln selbst decken. Außerdem gibt es eine intensive Schweine- und Rinderzucht. Schweden produziert 53 % seiner Energie durch Wasserkraft. Es hat große Reserven an Eisenerz und anderen Metallen, aber weder Kohle noch Öl, die es aus Norwegen, Russland oder anderen Regionen einführen muss.

DIE STÄDTE SCHWEDENS

Schwedens größte Stadt, Stockholm, ist seit mehr als 600 Jahren die Hauptstadt des Landes. Sie liegt auf mehreren Inseln, die durch alte und moderne Brücken mit dem Festland verbunden sind, und ist eine der elegantesten und malerischsten Hauptstädte der Welt. Außerdem ist sie der zweitgrößte Hafen Schwedens und das größte Industriegebiet des Landes mit Maschinenbau, Kommunikations- und Computertechnik, Druck-, Chemie- und Metall verarbeitender Industrie. Stockholm ist Sitz der gesetzgebenden Körperschaft des Landes, des Riksdag. Vor den Toren der Stadt befindet sich die offizielle Residenz des Königshauses. Dort residieren zurzeit Karl XVI. Gustav (seit 1973) und seine Frau Silvia.

Schwedens größte Hafenstadt ist Göteborg an der Westküste. An der Südspitze Schwedens liegt Malmö, ein wichtiges Hafen- und Handelszentrum, das durch die im Jahr 2000 freigegebene 15,5 km lange Öresund-Verbindung noch an Bedeutung gewonnen hat. Diese beeindruckende Ingenieursleistung umfasst 3,5 km Tunnel, 7,8 km Brücken und 4 km künstliche Inseln, über die Malmö jetzt mit der dänischen Hauptstadt Kopenhagen verbunden ist. Damit ist Schweden sehr viel schneller vom europäischen Festland aus erreichbar und die europäische Integration nach dem Beitritt zur EU 1995 ein weiteres Stück vorangekommen.

▲ Ein Mann vom Volk der Samen, früher Lappen genannt, in traditioneller Kleidung. In Schweden, Finnland, Norwegen und Russland leben insgesamt etwa 80.000 Samen.

▼ Göteborg liegt an der Westküste Schwedens und ist der größte Hafen Skandinaviens mit einem Umschlag von 33,5 Mio. t im Jahr (2001).

EUROPA

FINNLAND

Dieses flache Land der Seen und Wälder liegt zwar räumlich isoliert und weit entfernt vom europäischen Kerngebiet, ist aber dennoch 1995 der EU beigetreten.

Fläche: 338.145 km²
Bevölkerungszahl: 5.199.000
Hauptstadt: Helsinki (559.330)
Sprache/n: Finnisch, Schwedisch
Religion/en: Christen (ev.-luth.)
Währung: Euro
Exportgüter: Metallprodukte und Maschinen, Papier und Papierprodukte, Chemikalien und Chemieprodukte
Staatsform: Parlamentarische Republik

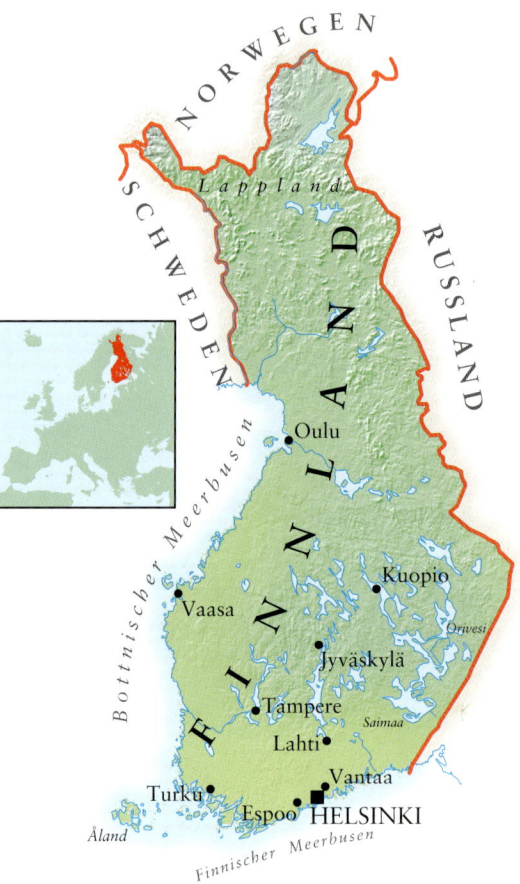

Finnland liegt zwischen Russland im Osten und Schweden im Westen, hat aber im Norden auch eine gemeinsame Grenze mit Norwegen. Die Westküste Finnlands am Bottnischen Meerbusen liegt Schweden gegenüber, der Finnische Meerbusen im Süden ist Teil der Ostsee und trennt Finnland von dem kleinen baltischen Staat Estland. Fast ganz Finnland ist relativ flach und liegt durchschnittlich nur 120 bis 190 m über dem Meeresspiegel. Die finnische Küste ist zwar nicht so von Fjorden zerklüftet wie die norwegische, aber immer noch von Tausenden meist kleinen Inseln geprägt. Viele von ihnen liegen im Südwesten, wo sich eine Inselkette, das Turku-Archipel, nach Westen bis zu den Åland-Inseln erstreckt. Die Åland-Inseln selbst bestehen aus 6.500 Felsriffen und Granitinseln, von denen nur 35 bewohnt sind. Die Landschaft Finnlands hat sich durch die Eiszeiten sehr verändert. Wissenschaftler gehen davon aus, dass mehrere Kilometer dicke Gletscher mit ihrem Gewicht die Erdkruste um viele Meter hinuntergedrückt haben. Nach dem Verschwinden der Gletscher heben sich viele Regionen Finnlands allmählich mit einem Tempo von bis zu 1 cm pro Jahr aus dem Meer.

▲ Ein Same fischt in der Arktis: Er schneidet ein Loch ins Eis, in das er seine Angelschnur hält.

DAS LAND DER MITTERNACHTSSONNE

Der Norden Finnlands, etwas mehr als ein Viertel der Fläche, liegt jenseits des Polarkreises. Es ist die hügeligste Region des Landes und erhebt sich im Nordwesten, an der Grenze zu Norwegen, bis zu richtigen Bergen. Im äußersten Norden geht die Sonne im Sommer 73 Tage lang nicht unter und scheint 24 Stunden am Tag. Daher hat das Gebiet den Namen »Land der Mitternachtssonne«. In der kalten Winterzeit, auf Finnisch Kaamos genannt, steigt die Sonne dort 51 Tage lang nicht über den Horizont.

SEEN UND WÄLDER

Drei Viertel Finnlands sind von Waldgebieten bedeckt, in denen über 1.100 Baum- und Pflanzenarten zu finden sind. Im Süden gibt es einige Laubbäume, darunter Espen und Ulmen, in der großen Mehrheit sind es jedoch Nadelbäume wie Kiefern und Fichten. Diese Wälder bieten Lebensraum für eine Vielzahl von Tieren, darunter Wildgänse und Schwäne und Säugetiere wie Polarfuchs, Luchs und Wolf. Die Wälder sind die bei weitem wichtigste natürliche Ressource des Landes. Im Jahre 2000 stammten fast 30 % der durch Exporte erlösten Einnahmen aus den finnischen Wäldern, und zwar in Form von Holz, jungen Bäumen, Holzschnitzeln und Papier. Da größere Öl- und Kohlevorkommen fehlen, gibt es nur noch einen anderen natürlich vorkommenden Brenn-

FINNLAND

◀ Anders als bei anderen Hirschen tragen bei den Rentieren männliche wie weibliche Tiere ein Geweih. Die Samen halten Rentiere, aus deren Häuten sie Kleidung, Stiefel und Zelte machen, während ihr Fleisch und ihre Milch als Nahrung dienen. In abgelegenen Gebieten werden Rentiere auch als Packtiere benutzt.

▲ Ein Teil des Hafens in Finnlands Hauptstadt Helsinki.

stoff im Land: Torf, der vor allem in den großen Mooren im nördlichen Drittel des Landes gestochen wird. Finnland hat um die 87.000 Seen, die etwa 10% seiner Oberfläche ausmachen. Die größte Wasserfläche im Inneren des Landes ist der Saimaa im Südosten mit einer Fläche von 1.460 km². Als Teil eines sich über 400 km nach Norden und Nordosten ausstreckenden Seen- und Wassersystems mit 120 Seen und insgesamt rund 14.000 Inseln fließt das Wasser des Saimaa in den russischen Ladogasee, mit 17.700 m² der größte See Europas.

GESCHICHTE UND WIRTSCHAFT

Finnland liegt zwischen Schweden und Russland und ist in seiner Geschichte über lange Zeiten hinweg von beiden Nationen beherrscht worden. Zwischen 1323 und 1809 stand es zum Großteil unter schwedischer Herrschaft, wurde dann ein russischer Landesteil bis 1917, als es seine Unabhängigkeit erklärte. Finnlands Hauptstadt wurde 1550 vom schwedischen König Gustav I. Wasa gegründet. 1640 verlegte man sie an ihren heutigen Standort am Finnischen Meerbusen. Helsinki war traditionell ein wichtiger Hafen, obwohl alle Schifffahrtswege außer einem zwischen Januar und April/Mai zugefroren sind. Im 20. Jh. hat Finnland eine fortschrittliche industriell geprägte Wirtschaft entwickelt. Metallgewinnung und -verarbeitung tragen zusammen mit Maschinenbau und Elektronik mehr als die Hälfte zum Exporterlös bei. Helsinki ist das Wirtschafts- und Handelszentrum des Landes und Sitz des finnischen Parlaments mit seinen 200 Mitgliedern, der Eduskunta. Im Großraum Helsinki leben fast 20 % der Bevölkerung des Landes.

▼ Der Koli-Nationalpark liegt am Westufer des Pielisjärvi fast 9,5 km östlich von Kuopin. Die Koli-Berge (höchste Erhebung Südfinnlands mit 347 m) sind Reste einer vor fast zwei Milliarden Jahren entstandenen Bergkette. Mehr als 120.000 Besucher kommen jedes Jahr, um die Aussicht zu genießen und dort zu wandern.

EUROPA

DÄNEMARK

Das kleinste und am dichtesten bevölkerte Land Skandinaviens besteht aus einer Halbinsel (Jütland) und 406 Inseln.

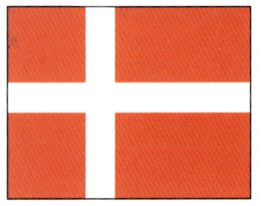

Fläche: 43.098 km²
Bevölkerungszahl: 5.374.000
Hauptstadt: Kopenhagen (501.664, als Agglomeration 1,085 Mio.)
Sprache: Dänisch
Religion: Christen (ev.-luth.)
Währung: Dänische Krone
Exportgüter: Maschinen, Schweinefleisch, Pharmazeutika, Möbel, Textilien und Bekleidung
Staatsform: Parlamentarische Monarchie

Das dänische Festland besteht aus der Halbinsel Jütland, die sich von Deutschland aus fast 340 Kilometer in die Nordsee hinein erstreckt. Der Meeresteil zwischen Schweden und der dänischen Ostküste heißt Kattegatt, der Arm der Nordsee, der Norwegen vom Nordwesten Dänemarks trennt, Skagerrak. Im Süden Jütlands hat Dänemark eine 68 Kilometer lange Grenze mit Deutschland. Jütland bildet etwa 70 Prozent der Landfläche Dänemarks. Der Rest besteht aus einer Menge Inseln, die vor allem östlich von Jütland liegen. Das Land hat außerdem noch zwei Außengebiete mit eigener Regierung: die Faröer-Inseln und die größte Insel der Welt, Grönland.

EIN FLACHES, GEMÄSSIGTES LAND

Dänemark ist eines der flachsten Länder der Welt. Fast das ganze Land liegt im Durchschnitt nur 30 m über dem Meeresspiegel. Eine Ausnahme bildet die hügelige Felseninsel Bornholm mit einer Fläche von 588 km² in der Ostsee vor der Südostspitze Schwedens. Die Westküste Jütlands ist unterbrochen von Lagunen, Nehrungen, Dünen und Sandbänken. Im Osten zerschneiden Fjorde die Küste, vor allem der Limfjord, der sich durch den gesamten Norden Jütlands zieht und sich zu einem verzweigten System inländischer Wasserwege erweitert. Dänemark hat ein gemäßigtes Klima mit milden Sommern, in denen die Temperaturen 25 °C erreichen können, und kühlen, regnerischen Wintern mit Durchschnittstemperaturen am Tag um den Gefrierpunkt. Immerhin liegen die Temperaturen im Winter damit aufgrund des warmen Golfstroms, der an der Westküste des Landes entlangzieht, um bis zu 10 °C über dem Durchschnitt für diesen Breitengrad.

EIN VOLK VON BAUERN

Dänemarks verarbeitende Industrie und der Dienstleistungssektor ist sehr wichtig für die

▲ Der Tivoli, ein großer Vergnügungspark mitten in Kopenhagen, zu dem auch Konzertsäle, Cafés, Blumengärten gehören, wurde 1843 eröffnet.

▶ Der Nyhavn-Kanal in Kopenhagen ist von malerischen Häusern gesäumt, die teils noch aus dem 16. Jh. stammen. Die meisten Einwanderer und knapp über ein Viertel der gesamten dänischen Bevölkerung leben in oder um Kopenhagen. Die Stadt liegt auf der Insel Sjælland.

Wirtschaft, obwohl das Land nur wenige Bodenschätze besitzt. Fast zwei Drittel des Landes werden landwirtschaftlich genutzt. Der jahrhundertelange Anbau hat die Leistungsfähigkeit des Landes verbessert. Heute wird vor allem Getreide angebaut, in erster Linie Weizen, aber auch Gerste und Roggen. Ein Großteil des landwirtschaftlich genutzten Landes in Dänemark ist der Schweine- und Rinderzucht gewidmet. Im Jahr 2000 gab es in Dänemark 11,6 Millionen Schweine und 1,85 Millionen Rinder; 4 Mio. t Gerste wurden geerntet. Außerdem verfügt das Land über eine große Fischereiflotte von etwa 2.500 Schiffen, die pro Jahr mehr als 1 Mio. t Fisch fangen.

DIE DÄNEN

Dänemark wird seit Jahrtausenden von verschiedenen Völkern bewohnt, benannt ist es allerdings nach den Dänen, einem schwedischen Volksstamm, der um 500 n. Chr. die Region besiedelte. Dänemarks älteste Stadt Ribe, 25 km südöstlich von Esbjerg gelegen, war schon 850 n. Chr. ein internationales Handelszentrum. Die Bevölkerung Dänemarks stammt fast vollständig von den Dänen und anderen skandinavischen Völkern ab, die 96 % der Bevölkerung ausmachen. Kleine Gemeinden mit deutscher Abstammung liegen nahe der deutschen Grenze, und es gibt einen kleinen Prozentsatz von Türken, Iranern, Pakistanern sowie einige Flüchtlinge aus dem früheren Jugoslawien und aus Somalia. Das dänische Volk erfreut sich eines der höchsten Lebensstandards der Welt.

▲ Die dänische Insel Fünen verfügt über große Flächen guten Ackerlands, auf dem Getreide und Obst wachsen. Zusammen mit einigen Nachbarinseln bildet Fünen einen Bezirk, in dem fast eine halbe Million Menschen leben.

FARÖER-INSELN

Die Inselgruppe im Nordatlantik, zwischen Norwegen, Island und Schottland gelegen, ist ein Territorium Dänemarks mit eigener Regierung.

Fläche: 1.399 km²
Bevölkerungszahl: 46.991
Hauptstadt: Tórshavn (15.800)
Sprache/n: Färöisch, Dänisch
Religion: Christen (ev.-luth.)
Währung: Färöische Krone
Exportgüter: Fisch und Fischprodukte
Staatsform: Autonomes Außengebiet Dänemarks

Die einzelnen Faröer-Inseln sind nur durch tiefe Fjorde voneinander getrennt. Die Inseln sind durch Vulkantätigkeit geformt, spätere Erosion hat scharfe Kliffs und hoch aufragende Felspyramiden entstehen lassen und an vielen Stellen eine relativ dünne Erdschicht abgelagert. Ein andauernder starker Wind hat dazu geführt, dass auf den Inseln ursprünglich kaum Bäume wuchsen. Heute hat man in künstlich geschützten Regionen einige angepflanzt. Große Schwärme von Seevögeln bewohnen die Küsten der Inseln, eine dichte Grasdecke liefert Futter für Schafe. Die Mehrheit der Inselbewohner allerdings lebt vom Fischfang. Das Meer um die Inseln herum ist reich an Kabeljau und Schellfisch, die Aussichten auf eine Erforschung der Ölvorkom-

men vor der Küste sind seit einem 1999 geschlossenen Abkommen zwischen Dänemark und Großbritannien gewachsen.

EUROPA

ISLAND

Die Insel im Nordatlantik ist relativ jungen vulkanischen Ursprungs. Ihre Bevölkerung lebt vor allem vom Fischfang.

Fläche: 103.000 km²
Bevölkerungszahl: 284.000
Hauptstadt: Reykjavík (112.300)
Sprache: Isländisch
Religion: Christen (ev.-luth.)
Währung: Isländische Krone
Exportgüter: Fisch (frisch, tiefgekühlt, gepökelt), Shrimps und Hummer, Aluminium
Staatsform: Republik

Island liegt nur 287 km östlich von Grönland, aber 798 km nordwestlich von Schottland. Die Insel besteht aus einem Felsplateau, auf dem sich die Berge erheben. Im Durchschnitt liegt sie zwischen 600 und 950 m über dem Meer. Etwa 15 % der Fläche sind von Eis und Schneefeldern bedeckt. Im Osten und Nordwesten ist die Küstenlinie zerklüftet mit tiefen Buchten, steilen Felskliffs und Fjorden, während die Südküste meist etwas flacher ist. Geologisch gesehen ist Island eine sehr junge Insel, die noch im Entstehen begriffen ist. Sie liegt auf einer größeren geologischen Verwerfung – dem Mittelatlantischen Rücken – und ist deshalb ein vulkanisch besonders aktives Gebiet.

DIE BEVÖLKERUNG

Keltische Völker aus Irland und nordische Völker aus Skandinavien waren die ersten Siedler auf Island, und fast die gesamte Bevölkerung stammt von ihnen ab. Die Insel wurde zunächst von Norwegen, dann von Dänemark aus regiert, bevor sie 1918 selbstständig wurde, jedoch bis 1944 in Personalunion mit Dänemark verbunden blieb. Fast die gesamte Elektrizität und ein Großteil der Heizenergie wird mithilfe der reichlich vorhandenen Wasserkraft und Geothermie gewonnen.

▲ Die Fischerei trägt mehr als 70 % zum Exporteinkommen der isländischen Wirtschaft bei. Die größten Abnehmer sind Großbritannien und Deutschland.

▲ Die Thermalquellen Islands werden oft zum Heizen genutzt. Hervorschießende Heißwasserquellen werden nach einer solchen Quelle auf Island Geysire genannt.

▶ Mehr als die Hälfte der isländischen Bevölkerung lebt in der Hauptstadt Reykjavík. Hier befindet sich das Zentrum der Fischerei und der Fisch verarbeitenden Industrie, aber auch Islands einzige Universität und die älteste gesetzgebende Körperschaft der Welt, das im Jahr 930 n. Chr. eingerichtete Althing.

DIE BRITISCHEN INSELN

Diese Gruppe von zwei großen und einigen kleineren Inseln liegt vor der Nordwestküste des europäischen Festlands. Die größte Insel, das eigentliche Großbritannien, ist in drei Länder unterteilt: England, Schottland und Wales, die zusammen mit Nordirland das Vereinigte Königreich Großbritannien und Nordirland, kurz Großbritannien, bilden. Die Republik Irland nimmt den Rest der zweitgrößten Insel ein, die durch die Irische See von der Hauptinsel getrennt ist. Trotz ihrer relativ kleinen Fläche bieten die Britischen Inseln eine Vielfalt von Landschaften – von tief liegenden Sümpfen in Ostanglien und Mooren und Marschen in Irland bis hin zu sanften Hügeln in England und Wales und zerklüfteten Gebirgen in den schottischen Highlands. Irland gehörte zwischen 1800 und 1922 zu Großbritannien, bis der irische Freistaat als unabhängiges Mitglied des britischen Commonwealth eingerichtet wurde. 1937 wurde Irland Republik und verließ 1949 den Commonwealth.

▼ Der Scafell Pike ist mit seinen 978 m die höchste Erhebung Englands. Er liegt im Nordwesten des Landes im Lake District.

EUROPA

IRLAND

Die am westlichen Rand Europas gelegene Republik Irland nimmt einen Großteil der irischen Insel ein und besteht aus Ackerland, Seen und Bergen.

Fläche: 70.273 km²
Bevölkerungszahl: 3.920.000
Hauptstadt: Dublin (495.101)
Sprache/n: Englisch, Irisch (Gälisch)
Religion: Christen (röm.-kath.)
Währung: Euro
Exportgüter: Maschinen und Transportausrüstung, Chemieprodukte, Nahrungsmittel (Milchprodukte und Fleisch), Erzeugnisse der verarbeitenden Industrie
Staatsform: Republik

Irland liegt im äußersten Westen der eurasischen Landmasse und war wie Großbritannien einst Teil des europäischen Festlands. Beide Inseln wurden erst vor 11.000 Jahren beim Schmelzen der Gletscher und dem damit verbundenen Anstieg des Meeresspiegels getrennt. Irlands Landschaft besteht aus einer großen, zentralen Ebene, die an der Küste fast vollständig von Hochland umrahmt wird. Sie liegt relativ tief, im Durchschnitt etwa 90 m hoch, und ist an vielen Stellen von flachen Hügeln, Seen und Flüssen durchbrochen. Der größte Fluss des Landes wie der Britischen Inseln überhaupt ist mit einer Länge von 370 km der breite, träge dahinfließende Shannon, der im Norden entspringt und südlich von Limerick ein großes Mündungsgebiet bildet.

DIE »GRÜNE INSEL«

Das warme Wasser des Nordatlantischen Stroms macht die Winter in Irland milder als die anderer Regionen auf demselben Breitengrad. Die durchschnittliche Tagestemperatur beträgt im Winter zwischen 4,5 und 7 °C, das ist bis zu 14 °C wärmer als an vergleichbaren Orten. Der umgekehrte Effekt tritt im Sommer ein, wenn die Durchschnittstemperaturen bei relativ kühlen 15 bis 17 °C liegen. Die wärmenden Meeres-

▲ Die Saint Patrick's Cathedral im Zentrum Dublins wurde 1191 errichtet, schon seit dem 5. Jh. stand eine Kirche an dieser Stelle. Mit einer Länge von 91 m ist St. Patrick's eine der größten Kirchen Irlands.

▶ Ein Großteil des irischen Dorflebens spielt sich in den Pubs und Bars ab, in denen Geschichten erzählt werden und keltische Volksmusik gespielt wird.

IRLAND

▲ Schafmarkt in Ballinrobe, 25 km südlich von Castlebar im County Mayo. 2001 gab es in der Republik Irland mehr als 5,3 Millionen Schafe.

▲ Ein irischer Torfstecher mit Torfsoden, die jahrhundertelang als Brennstoff benutzt wurden. Torf entsteht unter Druck aus den Resten abgestorbener, verrotteter Pflanzen. In Irland werden mehrere Kraftwerke mit Torf betrieben.

strömungen und die atlantischen Winde bringen auch eine Menge Regen. An zwei von drei Tagen während des ganzen Jahres regnet es und die durchschnittliche Niederschlagsmenge kann bis zu 2.500 mm in den Bergen des Südwestens betragen. Diese Regenfälle sind verantwortlich für das starke Wachstum von Gras, Moos und wilden Pflanzen und Blumen, die einen großen Teil des Landes bedecken und ihm den Namen »Grüne Insel« eingebracht haben. Torfmoore, die etwa 10 % der Landesfläche ausmachen, bieten seltenen Wildpflanzen eine Heimat, sind aber bedroht durch den fortgesetzten Abbau des Torfs als Brennstoff und Dünger. Viele kleine Säugetiere wie Hermeline, Hasen und Füchse bewohnen zusammen mit mehr als 120 Arten heimischer Vögel die Insel.

TRADITIONELLE KULTUR

Irland blickt auf eine lange Siedlungstradition von mindestens 9.000 Jahren zurück. Vor etwa 2.400 Jahren landeten die Kelten vom europäischen Festland aus auf der Insel. Seit dieser Zeit war Irland oft vom übrigen Europa abgeschnitten – es war zum Beispiel nie Teil des Römischen Reiches –, sodass die Bewohner eine reiche und eigenständige Kultur sowie die gälische Sprache entwickelten. Inzwischen hat Englisch Gälisch als die meistgesprochene Sprache abgelöst. Gälisch wird zwar noch in den Schulen gelehrt, aber nur noch von einer sinkenden Zahl von Menschen in den ländlichen Gebieten als Muttersprache gesprochen. Andere Elemente der irischen Kultur dagegen florieren noch immer, wie etwa die keltische Kunst, Literatur und verschiedene Musikformen.

WIRTSCHAFT IM UMBRUCH

Lange Zeit stützte sich Irlands Wirtschaft auf den Anbau von Nutzpflanzen wie Zuckerrüben, Kartoffeln und Getreide. Schweine wurden zu Hunderttausenden gehalten, Schafe grasten auf den Weiden der Berghänge und Rinder lebten vor allem in der Mitte und im Süden des Landes. Auch heute noch spielt die Landwirtschaft eine wichtige Rolle, aber die Wirtschaft Irlands verändert sich dramatisch. Die Anbaumethoden wurden mit finanziellen Hilfen der EU, der das Land seit 1973 angehört, modernisiert. Noch nicht einmal mehr 7 % der Beschäftigten arbeiten in der Landwirtschaft, viel mehr dagegen in der verarbeitenden Industrie wie etwa in Elektronik- und Computerfirmen.

▶ Die Cliffs of Moher an der Westküste Irlands bestehen aus Schiefer und Sandstein und erreichen Höhen von mehr als 200 m.

EUROPA

GROSSBRITANNIEN

Dieser dicht bevölkerte Zusammenschluss von vier Ländern – England, Schottland, Wales und Nordirland – liegt vor der Küste Nordwesteuropas.

Fläche: 242.513 km²
Bevölkerungszahl: 59.229.000
Hauptstadt: London (7.375.100)
Sprache: Englisch
Religion/en: Anglikaner, Katholiken, Methodisten
Währung: Pfund Sterling
Exportgüter: Maschinen, Waren des verarbeitenden Gewerbes, chemische Erzeugnisse
Staatsform: Parlamentarische Monarchie

▲ Das Riesenrad »London Eye« ist 135 m hoch. Mehr als 15.000 Menschen können jeden Tag in seinen Gondeln Platz nehmen.

▲ London besaß als erste Stadt eine U-Bahn. Bereits 1863 gab es von Dampfloks gezogene unterirdische Züge.

▶ Der Steinkreis in Stonehenge in Südengland wurde zwischen 3200 und 1000 v. Chr. errichtet. Er zählt zu den bedeutendsten prähistorischen Monumenten Europas.

Das Staatsgebiet Großbritanniens besteht aus der Insel Großbritannien, dem nordöstlichen Teil Irlands und vielen kleineren Inseln vor der Küste. Wegen des wärmenden Nordatlantischen Stroms hat das Land ein gemäßigtes Klima mit relativ hoher Niederschlagsmenge und milden Wintern. Aufgrund seiner Lage am Schnittpunkt mehrerer Meeresarme und Luftströmungen ist das Wetter extrem wechselhaft. Insgesamt ist der Süden etwas wärmer und der Westen etwas feuchter als der Rest des Landes.

EINE VIELFÄLTIGE LANDSCHAFT

Für ein so kleines Gebiet weist die Landschaft Großbritanniens eine große Vielfalt auf. Etwa die Hälfte Schottlands besteht aus den Highlands und vielen gebirgigen Inseln vor der Küste, während Wales von den Cambrian Mountains geprägt ist, die in nord-südlicher Richtung einen Großteil der Region durchziehen. Nordirland wiederum ist ein hügeliges Gebiet mit einigen niedrigen Bergen. Im Norden Englands findet man ebenfalls Hügel und niedrige Bergzüge, während der Rest des Landes abgesehen von einzelnen Regionen mit sanften Hügeln relativ flach ist.

Viele Flüsse durchziehen das Land: An ihnen liegen die meisten größeren Städte, London zum Beispiel an der Themse und Newcastle am Tyne. Der längste Fluss ist der Severn (354 km), der mitten in Wales entspringt und im Südwesten Englands in den Bristolkanal mündet. Schottlands stark zerklüftete Küste und seine vielen Seen, die so genannten Lochs, offenbaren die frühere Gletschertätigkeit, die die Landschaft an vielen Stellen geprägt hat.

Die Eiszeiten haben auch die Flusstäler ausgewaschen, die heute die Seen des landschaftlich reizvollen Lake

District in Nordwestengland aufnehmen. Dort befindet sich auch der mit 978 m höchste Gipfel Englands, der Scafell Pike. Mount Snowdon ist der höchste Berg von Wales (1.085 m), Ben Nevis (1.343 m) der höchste Gipfel Schottlands und

GROSSBRITANNIEN

▼ Mit einer Höhe von 244 m ist das so genannte Canary Wharf Building das höchste Gebäude Großbritanniens und ein Wahrzeichen der Londoner Docklands, das sind aufgegebene Docks und Lagerhäuser, die sich seit den 1980er-Jahren zu einem wichtigen Finanz-, Medien- und Geschäftszentrum entwickelt haben.

der Britischen Inseln insgesamt. Der größte See Großbritanniens ist mit 396 m² Lough Neagh in Nordirland westlich von Belfast.

FLORA, FAUNA UND LANDWIRTSCHAFT

Einst war fast ganz Großbritannien von Wäldern bedeckt, aber die Siedlungsaktivitäten von Jahrtausenden haben diese Flächen stark zurückgedrängt. Obwohl es schon seit den Anfängen des 20. Jh.s Aufforstungspläne gibt, hat Großbritannien nach wie vor so wenig Wald wie kaum ein anderes Land in Europa. Nadelbäume, vor allem Kiefern, finden sich in Schottland, sonst vor allem Buchen, Eschen, Eichen und Kastanien. Das größte Tier in freier Wildbahn ist der Rothirsch in Schottland und in Exmoor in Südwestengland. Außerdem gibt es Füchse, Wühlmäuse, Spitzmäuse und Eichhörnchen. Die Hecken, Moore und Küsten Großbritanniens bieten Lebensraum für viele Vogelarten, aber die gesamte Tierwelt wie auch der Artenreichtum der Wildpflanzen hat doch sehr unter der Zerstörung der Lebensräume und der Umweltverschmutzung gelitten. Etwa 7 % der Fläche Großbritanniens stehen als Nationalparks unter einem gewissen Schutz, darunter Snowdonia in Nordwales, der Lake District und Teile der North York Moors 15 km südlich von Middlesbrough. Weite Gebiete Großbritanniens sind Ackerland oder Weidefläche, auf denen Schafe und Rinder grasen. Obwohl nur 1 % der Beschäftigten in der Landwirtschaft tätig ist, ist Großbritannien bei 60 % aller Nahrungsmittel und Futterpflanzen Selbstversorger.

▲ Kanäle wie der Trent-&-Mersey-Kanal in den englischen Midlands (1777 eröffnet) wurden während der industriellen Revolution gebaut, um Rohstoffe und Waren zu transportieren. Heute werden die meisten nur noch von Freizeitkapitänen genutzt.

EUROPA

▲ Edinburgh Castle auf einem riesigen vulkanischen Fels über Schottlands Hauptstadt war jahrhundertelang die wichtigste schottische Festung.

DIE ERSTE INDUSTRIENATION

Großbritannien erlebte als erstes Land der Welt eine industrielle Revolution. Reich wurde es durch die Erfindung und den frühen Einsatz von Maschinen und die damit einhergehende Entwicklung industrieller Fertigungsprozesse vor allem in der Kohle-, Eisen-, Stahl- und Textilindustrie. Seit vielen Jahren allerdings stecken Kohlenminen, Stahlwerke, Schiffbau und andere Zweige der Schwerindustrie in der Krise. An ihre Stelle treten schnell wachsende Dienstleistungsunternehmen und Hightech-Firmen, Medizin- und Chemieproduzenten, angewandte Forschung und Maschinenbau. Auch aufgrund der großen Öl- und Erdgasvorkommen vor seiner Küste ist Großbritannien heute die viertgrößte Wirtschaftsmacht der Welt und eine wichtige Handelsnation.

DICHT BEVÖLKERTE INSELN

Großbritannien stellt den drittgrößten Bevölkerungsanteil Europas nach Russland und Deutschland, obwohl es nicht einmal halb so groß ist wie Frankreich, wo weniger Menschen wohnen. Die Bevölkerungsdichte liegt bei etwa 250 Menschen pro km², von denen 90 % in den größeren Städten und deren Umland wohnen. Im 20. Jh. haben sich die städtischen Zentren Großbritanniens enorm ausgedehnt, wodurch sowohl neue Städte, wie etwa Milton Keynes auf halbem Wege zwischen London und Birmingham, als auch große Ballungsräume z. B. um Birmingham herum entstanden sind. In allen drei Ländern auf der Insel Großbritannien konzentriert sich die Bevölkerung jeweils im Süden. An der Südküste von Wales liegen die Städte Swansea, Cardiff und Newport und auch die beiden größten Städte Schottlands, Glasgow und Edinburgh, liegen südlich der Highlands. Der Südosten ist der am dichtesten besiedelte Teil Englands und wird von London beherrscht. London, 43 n. Chr. von den Römern gegründet, gehört zu den führenden Städten der Welt. Heute beruht der Wohlstand der Stadt vor allem auf dem Dienstleistungssektor wie Versicherungen, Finanzen und Handel, während die vielen historischen Gebäude und Parks jedes Jahr Millionen Touristen anziehen.

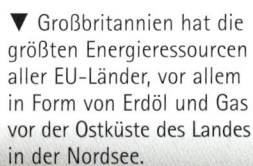

▼ Großbritannien hat die größten Energieressourcen aller EU-Länder, vor allem in Form von Erdöl und Gas vor der Ostküste des Landes in der Nordsee.

GROSSBRITANNIEN

◀ Im Millennium-Stadion im walisischen Cardiff finden Konzerte und Sportereignisse statt. Es hat ein bewegliches Dach und fasst mehr als 72.000 Zuschauer.

▲ Mehr als elf Millionen Rinder wurden in Großbritannien gezüchtet – vor dem Ausbruch der Maul- und Klauenseuche 2001, bei der über eine Million Stück Vieh getötet werden musste.

▲ Das keltische Kreuz findet sich als Stele vor allem in Schottland und Nordirland.

▼ Der Giant's Causeway an der Nordküste Nordirlands entstand vor mehr als 50 Millionen Jahren aus vulkanischer Lava, die beim Abkühlen mehr als 40.000 Basaltsäulen bildete.

DIE BEVÖLKERUNG

In der Vergangenheit hat Großbritannien als Inselstaat dicht vor dem europäischen Festland Zeiten der Isolation wie auch der Invasion erlebt. Die Einwanderung keltischer Völker, die Besetzung durch die Römer und Invasions- und Siedlungswellen der Dänen, Sachsen, Wikinger und Normannen haben jeweils ihre Spuren hinterlassen. Ein Großteil der Bevölkerung stammt von diesen Angreifern und Siedlern ab. Daneben gibt es relativ große Gemeinden anderer ethnischer Gruppen, Völker aus den ehemaligen britischen Kolonien in Afrika, der Karibik und in Südasien ebenso wie chinesische, jüdische und europäische Einwanderer. Die vorherrschende Sprache ist Englisch, das sich vor allem aus dem Angelsächsischen und dem normannischen Französisch gebildet hat.

VIER LÄNDER IN EINEM

Großbritannien blickt auf eine komplizierte politische Geschichte zurück. England und Wales waren seit dem 16. Jh. vereint, im Jahr 1707 entstand durch den »Act of Union« das Königreich Großbritannien, dem auch Schottland angehörte. Zwischen 1801 und den 1920er-Jahren standen sogar Großbritannien und ganz Irland unter einer gemeinsamen Herrschaft. Wales, Schottland und Nordirland haben ihre jeweils eigene nationale Identität, kulturelle Eigenart und eine gewisse regionale Selbstverwaltung bewahrt. 1999 wurden das schottische Parlament und die Nationalversammlung für Wales ins Leben gerufen, sodass diese beiden Länder jetzt mehr Kontrollrolle über ihre eigenen Angelegenheiten haben. Die nordirische Versammlung in Belfast ist geprägt von Problemen zwischen der protestantischen Mehrheit und der katholischen Minderheit. Offizielles Staatsoberhaupt ist die Königin, aber die eigentliche Macht übt der Premierminister aus.

EINE KOLONIALMACHT

Vom 17. bis ins 20. Jh. hinein war Großbritannien eine führende Kolonialmacht. Das britische Empire beanspruchte Territorien auf allen Kontinenten für sich und beutete die Rohstoffe und die Bevölkerung seiner Kolonien zum eigenen Geld- und Machtgewinn aus. Die meisten früheren Kolonien sind heute unabhängig, aber noch immer Teil eines lockeren Zusammenschlusses von Staaten des ehemaligen Empire, des so genannten Commonwealth. Heute besitzt Großbritannien noch einige weit vom Mutterland entfernte Territorien wie etwa die Falkland-Inseln im Südatlantik und die Turks- und Caicos-Inseln in der Karibik. Näher liegen die Isle of Man zwischen Irland und Großbritannien und die Kanalinseln vor der Nordküste Frankreichs. Beide Territorien haben eigene Rechtssysteme, werden aber durch Großbritannien nach außen vertreten. Durch seine enge Beziehung zu den Vereinigten Staaten und als Mitglied der EU übt Großbritannien noch immer großen internationalen Einfluss aus.

EUROPA

BELGIEN

Als einer der drei Benelux-Staaten (mit Luxemburg und den Niederlanden) ist Belgien eine Industrienation, in der 97 % der Bevölkerung in den Städten leben.

Fläche: 30.528 km²
Bevölkerungszahl: 10.333.000
Hauptstadt: Brüssel (134.400; Region: 964.400)
Sprache/n: Niederländisch (Flämisch), Französisch, Deutsch
Religion: Christen (röm.-kath.)
Währung: Euro
Exportgüter: Maschinen und Ausrüstungen, Chemieprodukte (Kunststoffe), Nahrungsmittel, Diamanten, Eisen und Stahl, Textilien
Staatsform: Parlamentarische Monarchie

Der Norden Belgiens ähnelt landschaftlich den Niederlanden. Es ist eine flache Küstenebene, die sich selten mehr als ein paar Meter über den Meeresspiegel erhebt und von Flussdeltas und Kanälen durchzogen ist. Entlang der Küste finden sich fast überall riesige Sanddünen, die zu den größten Europas gehören. Südöstlich der Küstenebene liegt ein Zentralplateau mit dem besten Ackerland, weiter im Osten dagegen erheben sich die Ardennen, ein felsiges, dicht bewaldetes Gebiet mit einer Durchschnittshöhe von 460 m. Belgiens wichtigster Fluss, die Maas, ist mit weiteren Flüssen und Kanälen verbunden, sodass das Land fast 1.600 km Wasserwege besitzt, die meist auch von großen Binnenschiffen befahren werden können.

EINE HANDELSNATION

Die Lage Belgiens zwischen vielen anderen europäischen Staaten sowie sein Zugang zum Meer über die Scheldemündung, an der die Hafenstadt Antwerpen liegt, haben das Land zu einer wichtigen Handelsnation gemacht. Metallverarbeitung, Eisen- und Stahlindustrie, Textil- und Teppichfabriken sowie schwerer Maschinenbau brauchen Energie, die zu etwa zwei Dritteln durch Kernkraft erzeugt wird. Belgien muss fast alle Rohstoffe importieren und exportiert Fertig- und Halbwaren. Millionen Tonnen Importe und Exporte werden in Antwerpen umgeschlagen. Obwohl rund 80 km von der Nordsee entfernt, ist Antwerpen einer der größten Häfen Europas.

▲ Die Arbeiten am Rathaus der Hauptstadt Brüssel begannen schon 1402. Der imposante Turm ist 96 m hoch.

▶ Das Atomium ist zum Symbol Brüssels geworden. Der 102 m hohe Bau wurde zur Weltausstellung 1958 errichtet und ist ein 165-milliardenfach vergrößertes Aluminiummodell eines kristallinen Metallmoleküls.

SPRACHBARRIEREN

Belgien ist in drei Regionen unterteilt, die teilweise auch die jahrhundertealten Sprachgrenzen zwischen dem Holländisch bzw. Flämisch sprechenden Bevölkerungsteil, den Flamen, und den Französisch sprechenden Wallonen nachzeichnen. Flandern, die nördliche Region, ist die eigentliche Heimat der Flamen, die südliche Region Wallonien ist vor allem von französischsprachigen Belgiern bewohnt. Zweisprachige Schilder auf Flämisch wie auch Französisch findet man überall im Lande. Im äußersten Osten des Landes lebt zudem noch eine kleine Deutsch sprechende Minderheit. Die dritte Region, das Gebiet um die Hauptstadt Brüssel herum, hat eine gemischte Bevölkerung. In Brüssel, einem internationalen Geschäftszentrum, wohnt ein Zehntel aller Belgier. Die Stadt beherbergt das NATO-Hauptquartier, die Europäische Kommission, den Rat der EU und ist Tagungsort des Europäischen Parlaments.

▲ Die malerische Stadt Gent mit ihren mehr als 200 Brücken liegt im Westen Belgiens am Zusammenfluss zweier Flüsse, die ebenso wie einige Kanäle die Stadt durchziehen und sie in viele kleine Inseln teilen.

LUXEMBURG

Dieses winzige Land zwischen Deutschland, Belgien und Frankreich ist ein Finanzzentrum und der Sitz des Europäischen Gerichtshofes.

Fläche: 2.586 km²
Bevölkerungszahl: 454.000
Hauptstadt: Luxemburg (76.687)
Sprache/n: Lëtzebuergesch, Deutsch, Französisch
Religion: Christen (röm.-kath.)
Währung: Euro
Exportgüter: Maschinen und Transportmittel, Eisen- und Stahlprodukte, Kunststoffe und Gummiartikel, Nahrungs- und Genussmittel
Regierungsform: Parlamentarische Monarchie (Großherzogtum)

Der Norden Luxemburgs besteht aus dicht bewaldeten Hügeln und vielen engen Tälern mit schnell fließenden Bächen. Die lieblichere Landschaft des Südens ist von Weiden, Weinbergen und Wäldern geprägt. Im Südwesten finden sich große Eisen- und Stahlwerke sowie einige Chemie- und Lebensmittelfabriken.

Die Bevölkerung Luxemburgs genießt den höchsten Lebensstandard in Europa. Fast ein Drittel aller Beschäftigten sind Ausländer, viele arbeiten bei den mehr als 200 ansässigen Banken, darunter der Europäischen Investmentbank. Luxemburg ist außerdem Sitz des Europäischen Gerichtshofes. Ein Großteil der Bevölkerung spricht zwei oder drei Sprachen. Gesprochen wird vor allem Französisch, Deutsch liest man in den Zeitungen und in der Literatur. Jahrhundertelang wurde Luxemburg von anderen Ländern aus regiert und erlangte erst 1890 wieder seine vollständige Unabhängigkeit.

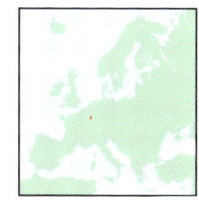

EUROPA

NIEDERLANDE

Das Land zwischen Deutschland und Belgien mit der langen Nordseeküste liegt so tief wie weltweit kaum ein anderes.

Fläche: 41.526 km²
Bevölkerungszahl: 16.144.000
Hauptstadt: Amsterdam (736.562); Regierungssitz: Den Haag (457.726)
Sprache/n: Niederländisch, Friesisch (regional)
Religion/en: Nichtreligiös (über ein Drittel); Christen (röm.-kath., protestant.)
Währung: Euro
Exportgüter: Motoren, Maschinen und Transportmittel, Nahrungsmittel (Fleisch und Milchprodukte), chem. Produkte, Mineralöl und -produkte
Staatsform: Parlamentarische Monarchie

Geografisch kann man die Niederlande in zwei Regionen einteilen: das Tiefland des Nordens und Westens und ein kleines Gebiet mit sanften Hügeln, die holländische Schweiz, im Südosten. Die durchschnittliche Höhe über dem Meer liegt bei unter 50 m. Weil die Niederlande keine großen Höhenzüge oder Berge haben, unterschiedet sich das Wetter regional kaum. Geringe Unterschiede in der Temperatur und den Niederschlägen gibt es nur zwischen Küste und Binnenland. Die Niederlande haben ein gemäßigtes maritimes Klima wie der Großteil Nord- und Westeuropas. Die Winter sind mild, die Sommer durch westliche Winde ziemlich kühl. Der Niederschlag liegt bei etwa 730 mm im Jahr.

UNTER DEM MEERESSPIEGEL

Das Land hat seinen Namen vom holländischen Ausdruck für tief liegendes Land. Etwa ein Viertel der Landesfläche liegt unter dem Meeresspiegel. Große Teile der Niederlande wurden dem Meer abgerungen oder befestigt, damit die Flüsse es nicht abtragen.

Seit dem 13. Jahrhundert wurden Deiche gebaut und mithilfe von Windmühlen wurde Wasser abgepumpt. Im 19. Jh. gab es mehr als 9.000 Windmühlen in den Niederlanden. Polder sind entwässerte, von Deichen umgebene und geschützte Landflächen. Heute gibt es mehr als 5.000 Polder in den Niederlanden. Der Größte mit etwa 1.650 km² neu gewonnenem Land wurde am Ijsselmeer geschaffen, das durch einen Deich zum Süßwassersee wurde. Ohne Deiche und Dämme würde der am dich-

▶ Die 1996 freigegebene Erasmus-Brücke überspannt den Fluss am Rotterdamer Hafen. Der Bau der Brücke mit einer Höhe von 139 m und einer Spannweite von 800 m dauerte sieben Jahre. Zwei Spuren für Kraftfahrzeuge, eine Straßenbahnspur, zwei Fußwege und zwei Radwege finden auf ihr Platz.

NIEDERLANDE

▲ 10.150 ha Obst, Gemüse und Blumen wurden im Jahr 2000 in den niederländischen Treibhäusern angebaut. Auf mehr als einem Zehntel davon (1.155 ha) wächst Paprika, der hier für den Export geerntet wird.

testen besiedelte Teil der Niederlande, etwa die Hälfte der Landesfläche, von der Nordsee und den Flüssen des Landes überflutet werden.

EUROPAS GRÖSSTER HAFEN

Im Zentrum des am stärksten industrialisierten und bevölkerungsreichsten Gebietes der Welt liegt der Hafen von Rotterdam. Das frühere Fischerdorf wurde in beiden Weltkriegen zerstört, hat sich aber seitdem zum größten Hafen der Welt und einem wichtigen Zentrum der Ölindustrie und des Handels entwickelt. Es liegt hervorragend etwa 30 km von der Nordseeküste entfernt an der Mündung zweier wichtiger europäischer Flüsse, des Rheins und der Maas. Zehntausende Lastschiffe schlagen ihre Ladung in Rotterdam um, befahren den Rhein und bringen Rohstoffe und Industrieprodukte nach Frankreich, Deutschland und weiter in den Osten Europas. Im Jahr 2000 wurden 397 Mio.t Waren über die niederländischen Häfen, allen voran Rotterdam, umgeschlagen. Aber die Schifffahrt ist nicht die einzige Transportmöglichkeit. Riesige Pipelines bringen Mineralöl und -produkte in andere Teile der Niederlande, ins belgische Antwerpen und auch nach Deutschland.

▶ Das reizvolle Amsterdam mit seinen gut erhaltenen alten Häusern, 160 Kanälen und Hunderten von Brücken ist ein beliebtes Ziel für Touristen aus aller Welt.

DIE HOLLÄNDER

Die Niederlande sind mit rund 390 Menschen pro km² überaus dicht besiedelt. Ein Teil der Bewohner sind Einwanderer aus der Türkei, aus Marokko und früheren niederländischen Kolonien, darunter Teile Indonesiens, Suriname und die Niederländischen Antillen. Die Hälfte des Landes wird landwirtschaftlich genutzt und die holländische Landwirtschaft gehört zu den fortschrittlichsten und intensivsten der Welt. Die Niederlande zählen durch ihre Transport- und Handelsdienstleistungen, Tourismus, Maschinenbau, chemische und Elektroindustrie zu den 20 größten und einflussreichsten Wirtschaftsnationen.

EUROPA

DEUTSCHLAND

Die drittgrößte Wirtschaftsmacht der Welt liegt im Herzen Europas und spielt eine wichtige Rolle in der Europäischen Union.

Fläche: 357.027 km²
Bevölkerungszahl: 82.495.000
Hauptstadt: Berlin (3.292.425)
Sprache: Deutsch
Religion/en: Christen (röm.-kath., ev.-luth.)
Währung: Euro
Exportgüter: Kraftfahrzeuge und -teile, Maschinen, chemische Produkte, Eisen- und Stahlerzeugnisse, Kunststoffe
Staatsform: Demokratisch-parlamentarischer Bundesstaat

Deutschland erstreckt sich von den Alpen im Süden bis zur Nord- und Ostseeküste im Norden. Die maximale Entfernung zwischen Nord und Süd beträgt 876 km. Dazu kommen noch Inseln, vor allem Rügen, Hiddensee und Fehmarn in der Ostsee sowie die Ost- und Nordfriesischen Inseln in der Nordsee. Das Land hat gemeinsame Grenzen von 3.621 km Länge mit insgesamt neun Ländern: Frankreich, Luxemburg, Belgien, die Niederlande im Westen, die Schweiz und Österreich im Süden, Dänemark im Norden und Polen sowie die Tschechische Republik im Osten.

▼ Schwerindustrie wie dieses Chemiewerk an der Elbe bildet auch heute noch einen wichtigen Teil der deutschen Wirtschaft, obwohl Dienstleistungen und Leichtindustrie wie etwa die Elektronik mittlerweile mehr zur Wirtschaftsleistung beitragen.

FLACHLAND UND BERGE

Die deutsche Landschaft ist vielgestaltig mit ihren dicht bewaldeten Hügeln und Bergen, Ebenen und Seen und zahlreichen großen

DEUTSCHLAND

▲ Die berühmte Saarschleife. Die Saar entspringt in Frankreich in den nördlichen Vogesen und windet sich in nordwestlicher Richtung durch Deutschland, bevor sie in die Mosel mündet.

und kleineren Flüssen. Man kann sie in drei Großregionen einteilen: Eine breite, flache Ebene im Norden erstreckt sich von den Niederlanden bis nach Polen. Sie besteht aus trockenen, sandigen Ebenen mit Mooren und Heideland. Die zweite Region sind die Mittelgebirge, die Nord- und Süddeutschland voneinander trennen. Es sind Hügel- und Bergzüge, Flusstäler und Plateaus. Ihr höchster Punkt liegt 1.141 m über dem Meeresspiegel, es ist der Brocken im Harz. Der Südteil Deutschlands schließlich besteht vor allem aus Hügeln und Bergen mit im unteren Teil dicht bewaldeten Hängen. Teile von Süddeutschland liegen im Bergsystem der Alpen, den so genannten Bayerischen Alpen.

DEUTSCHLANDS WÄLDER

Deutschland ist ein dicht bevölkertes Industrieland, besitzt aber auch große, fast unberührte Waldgebiete. Etwa 30 % des Landes sind bewaldet und etwa ein Drittel dieses Gebiets ist mit Laubbäumen wie Buchen, Eichen und Birken bedeckt, der Rest mit Kiefern, Fichten und anderen Nadelhölzern. Die Hälfte aller Wälder gehört dem Staat oder den Gemeinden. Außerdem bewirtschaften Bauern und die Holzindustrie vor allem schnell wachsende Nadelwälder und gewinnen daraus Holz, Papier und andere Holzprodukte. Der Bayerische Wald im Südosten Deutschlands ist der größte Bergwald Westeuropas. Deutschlands berühmtester Wald, der Schwarzwald, liegt im Südwesten des Landes und bedeckt ein Gebiet von mehr als 5.100 km². Mit seinen kilometerlangen Wanderwegen, romantischen Tälern und malerischen Seen ist er ein beliebtes Touristenziel.

▼ Frankfurt ist nicht nur ein wichtiges Finanz- und Wirtschaftszentrum, in dem jedes Jahr viele internationale Messen stattfinden, sondern auch der Sitz der Europäischen Zentralbank. Der Flughafen der Stadt gehört zu den größten Europas.

EUROPA

▲ Das neugotische Neue Rathaus (1867–1908) mit seinem reich verzierten Turm liegt am Marienplatz im Herzen Münchens. Im Mittelalter wurden auf diesem Platz Märkte, Feste und Turniere abgehalten.

▼ Marktplatz der mittelalterlichen Stadt Rothenburg ob der Tauber, etwa 65 km westlich von Nürnberg.

EIN GUTES KLIMA FÜR DIE LANDWIRTSCHAFT

Deutschland liegt in der gemäßigt warmen Zone zwischen dem Atlantik und dem Kontinentalklima Osteuropas. Niederschläge fallen gleichmäßig über das Jahr verteilt und häufig ist der Himmel bedeckt. Das Land hat eine Jahresdurchschnittstemperatur von 9 °C, und abrupte Temperaturschwankungen sind selten, obwohl der Unterschied jahreszeitlich sehr deutlich ist. Im Winter liegt die Durchschnittstemperatur zwischen 1,5 °C im Flachland und minus 6 °C in den Bergen. Im wärmsten Monat des Jahres, dem Juli, steigen die Temperaturen auf 25 bis 30 °C. In Bayern weht gelegentlich der warme Föhnwind über die Alpen und kann eine plötzliche Schneeschmelze verursachen. Mit einer langen, frostfreien Wachstumsperiode, mehr als 700 mm Niederschlag pro Jahr und seltenen Temperaturextremen ist Deutschland für viele Formen der Landwirtschaft gut geeignet. Es gibt dort 27 Millionen Schweine, 14 Millionen Rinder und 103 Millionen Hühner, außerdem zählt das Land zu den zehn größten Getreideproduzenten der Welt, etwa für Gerste. Obwohl nicht einmal mehr 3 % der Bevölkerung in der Landwirtschaft tätig sind, produziert Deutschland außerdem Kartoffeln und andere Wurzelgemüse sowie Hopfen für das Brauen von Bier. Die Nahrungsmittelverarbeitung ist eine der größten Industrien Deutschlands, das nach den USA auch die zweitgrößte Biernation ist und zu den zehn größten Weinanbaugebieten der Welt gehört.

DER RHEIN UND ANDERE FLÜSSE

Deutschlands größter Fluss ist der Rhein, der von den Schweizer Alpen durch oder entlang der Grenzen von Österreich, Liechtenstein, Frankreich, Deutschland und den Niederlanden fließt, bis er in der Nordsee mündet. Aufgrund seiner Breite war er schon immer eine natürliche Grenze und ist heute eine wichtige Verkehrsader. Riesige Lastschiffe transportieren Millionen Tonnen Ladung auf ihm. 1992 wurde der 171 km lange Main-Donau-Kanal eröffnet. Er verbindet die Donau, die durch Osteuropa fließt, mit dem Rhein und erlaubt dem Schwerlastverkehr die Passage durch ganz Mitteleuropa. Außer dem Rhein und dem Main durchfließen noch zehn weitere Flüsse das Land, darunter die Elbe, die Ems und die Weser. Alle sind zumindest streckenweise schiffbar und bilden wichtige Verkehrslinien für die an ihren Ufern angesiedelten Industrien.

DEUTSCHLAND

◀ »Mauerspechte« bei der Arbeit. 1989 fiel die Berliner Mauer, Symbol der deutsch-deutschen Spaltung. Nur noch wenige Stücke der Mauer sind erhalten, zum Beispiel die »East Side Gallery« in der Mühlenstraße. Am 9. November 1999 wurde das Dokumentationszentrum Berliner Mauer eröffnet, Bestandteil des Gedenkstätten-Ensembles an der Bernauerstraße.

▲ Das Brandenburger Tor in Berlin, von dem Architekten Carl Gotthard Langhans entworfen und 1791 vollendet, liegt nahe der Mauer, die früher Ost- von Westberlin trennte. 1990 wurde das 19 m hohe Tor zu einem Symbol des wiedervereinten Deutschland.

INDUSTRIE UND UMWELT

Die heutige Wirtschaftskraft Deutschlands beruht hauptsächlich auf seiner produzierenden und verarbeitenden Industrie, die sich vor allem an der Ruhr im Westen des Landes, einem europäischen Zentrum der Schwerindustrie, befindet. Durch sie ist Deutschland zur zweitgrößten Exportnation der Welt aufgestiegen. Die produzierende Industrie beschäftigt ein Viertel der deutschen Arbeitskräfte und liefert eine große Palette von Waren, von elektrischen Haushaltsgeräten bis hin zum schweren Maschinenbau. Das Land war in den 1990er-Jahren der drittgrößte Produzent von Motorfahrzeugen. Deutschland hat schwer unter der Umweltverschmutzung und den daraus resultierenden Schäden gelitten, fast die Hälfte aller Bäume im Schwarzwald sind vom sauren Regen beeinträchtigt. Das Land gehörte aber auch zu den ersten Industrienationen, die diese Umweltprobleme ernst nahmen. Seit 1998 sind die Grünen sogar an der Bundesregierung beteiligt und unter ihrem Druck und dem anderer Umweltschutzverbände hat Deutschland seine Umweltstandards erhöht und mit dem Ausstieg aus der Atomenergie begonnen.

▼ Eine Werft in Stralsund, die Containerschiffe herstellt. Stralsund, im Nordosten Deutschlands an einer Ostseebucht gelegen, wurde um 1200 gegründet, war Mitglied der Hanse und stand ab 1648 unter schwedischer Herrschaft, bevor es 1815 zu Preußen kam.

EUROPA

▲ Das Münchner Oktoberfest geht zurück auf ein Pferderennen am 17.10.1810 anlässlich der Vermählung des späteren Königs Ludwig I. von Bayern mit Therese von Sachsen-Hildburghausen.

Die Kirche von Ramsau bei Berchtesgaden.

VERKEHR UND STÄDTE

Deutschland hat hervorragende Land-, See- und Luftverbindungen. Das Hauptverkehrsmittel für Güter wie für Menschen ist das Auto. Es gibt über 650.000 km Straßen, darunter 11.400 km Autobahnen. Viele wichtige Städte sind durch Hochgeschwindigkeitszüge, den Intercityexpress (ICE), miteinander verbunden, die bis zu 280 km/h erreichen können. Flüge zwischen den Großstädten dauern wenig länger als eine Stunde. Deutschland besitzt eine große Hochseeflotte mit Handelsschiffen, die in Häfen wie Bremen oder Hamburg, dem größten Hafen und der viertgrößten Stadt des Landes, beheimatet sind.

KONFLIKT UND TEILUNG

Deutschland ist in seiner Geschichte viel häufiger geteilt als vereint gewesen. Vor etwa 3.000 Jahren siedelten verschiedene Stämme in den Flusstälern von Rhein und Donau. Die Römer nannten später das Gebiet nach einem dieser Stämme Germania. Bis zum 19. Jh. war die Region in zahlreiche Kleinstaaten zersplittert und wurde erst 1871 nach dem Deutsch-Französischen Krieg zur Nation. Nach dem Zweiten Weltkrieg wurde Deutschland dann in vier Zonen geteilt, die von den Siegermächten Großbritannien, Frankreich, den USA und der Sowjetunion besetzt wurden. 1949 wurden aus den vier Besatzungszonen zwei getrennte Staaten: Die sowjetisch besetzte Zone (SBZ) im Osten wurde zur Deutschen Demokratischen Republik (DDR), die Bundesrepublik Deutschland ihrerseits umfasste die drei Zonen der westlichen Alliierten. Beide Länder traten den jeweiligen Sicherheitsorganisationen ihrer früheren Besatzungsmächte bei – die Bundesrepublik der NATO, die DDR dem Warschauer Pakt. Nach dem Fall der Mauer und dem Zusammenbruch der Sowjetunion wurden die beiden deutschen Staaten 1990 vereinigt. Zu den elf westdeutschen Bundesländern kamen nun fünf weitere aus Ostdeutschland hinzu: Mecklenburg-Vorpommern, Brandenburg, Sachsen-Anhalt, Sachsen und Thüringen. Seitdem hat Deutschland sich mit den wirtschaftlichen und sozialen Problemen der Wiedervereinigung auseinander zu setzen.

FRANKREICH

Das größte Land Westeuropas übt bis heute weltweit einen großen politischen, wirtschaftlichen und kulturellen Einfluss aus.

Fläche: 543.965 km²
Bevölkerungszahl: 59.485.000
Hauptstadt: Paris (2.115.757)
Sprache: Französisch
Religion/en: Christen (röm.-kath.), Muslime (sunnitisch)
Währung: Euro
Exportgüter: Maschinen und Transportausrüstung, Agrarprodukte (bes. Nahrungsmittel und Wein), chemische Produkte, Kunststoffe
Staatsform: Republik

▼ Der Hochgeschwindigkeitszug TGV verbindet mit einer Geschwindigkeit von bis zu 300 km/h Paris mit den anderen großen Städten Frankreichs.

Ein Großteil Frankreichs liegt nicht einmal 250 m über dem Meeresspiegel. Die meisten dieser Flächen besteht aus sanften Ebenen mit gelegentlichen Felsen und Hügeln sowie breiten Flusstälern. Der Nordwesten des Landes, die Bretagne und Normandie, ist hügeliger und hat stark zerklüftete Küsten. Daneben gibt es noch einige auffällige Höhenzüge: im Nordosten die Vogesen mit ihren 200 Millionen Jahre alten sanft gerundeten Gipfeln, südlich davon das Jura-Gebirge, das sich bis in die Schweiz erstreckt und bis zu 1.710 m hoch ist. Überragt werden beide von den mit 65 Millionen Jahren recht jungen Französischen Alpen im Osten Frankreichs. Der Montblanc ist mit 4.810 m (Neuvermessung 2001) der höchste Berg Europas. Das Hochland im Süden und in der Mitte des Landes, das Zentralmassiv, entstand vor etwa 300 Millionen Jahren. Es bedeckt etwa 15 % des Landes. Vor etwa 10.000 Jahren endete die vulkanische Aktivität in dieser Region und ließ viele erloschene Krater, Felsnasen und spitze Hügel, die so genannten Puys, zurück. Einige große Flüsse Frankreichs entspringen im Zentralmassiv, darunter die Loire. Sie hat, wie auch die Seine und die Rhône, ein breites Tal und fruchtbares Land geschaffen.

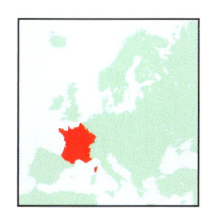

EUROPA

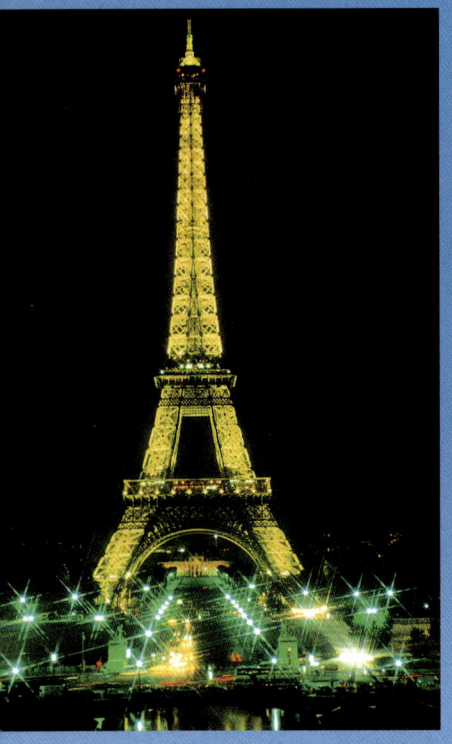

▲ Der Eiffelturm, ein Wahrzeichen von Paris, wurde zwischen 1885 und 1889 aus 7.300 t Schmiedeeisen errichtet. Wer den 300,51 m hohen Turm (mit Antenne 320,80 m) besteigt, wird mit einer atemberaubenden Aussicht auf Paris belohnt.

▼ Der faszinierende Mont-Saint-Michel ist eine 90 m hohe Granitinsel im Golf von Saint-Malo im Nordwesten Frankreichs; bei Flut ist sie vom Festland getrennt. Die ehemalige Benediktinerabtei wurde 966 gegründet, die Kirche auf dem Gipfel stammt aus dem 11. Jh.

FRANKREICHS GRENZEN UND TERRITORIEN

Die Pyrenäen, ein weiteres eindrucksvolles Gebirge Frankreichs, fungieren als natürliche Grenze im Südwesten und trennen das Land von Spanien. Im Nordosten grenzt Frankreich an Belgien und Luxemburg, im Osten an Deutschland, die Schweiz und Italien. Im Südosten nahe der Stadt Nizza umschließt es das winzige Fürstentum Monaco. Korsika, die viertgrößte Insel im Mittelmeer, gehört zu Frankreich. Zwei Drittel von Korsika bestehen aus Granitbergen mit mehr als 20 über 2.000 m hohen Gipfeln. Fast 251.000 Menschen wohnen auf der Insel. Frankreich ist in 96 Départements aufgeteilt, dazu kommen die vier Überseedépartements Réunion im Indischen Ozean, Martinique und Guadeloupe in der Karibik und Französisch-Guyana in Südamerika, die Überseeterritorien mit beschränkter Selbstverwaltung Französisch-Polynesien, Neukaledonien, und die Wallis-und-Futuna-Inseln sowie die Collectivités Territoriales St. Pierre-et-Miquelon und Mayotte; außerdem beansprucht Frankreich einen Anteil an der Antarktis.

DIE FRANZÖSISCHE KÜSTE

Mit Spanien und Portugal bildet Frankreich den westlichen Abschluss des europäischen Festlands und besitzt lange Küsten im Norden und Westen sowie am Mittelmeer. Aufgrund dieser Lage ist es in der Vergangenheit zu einer großen Handels- und Kolonialmacht aufgestiegen. Im Norden grenzt es an die Nordsee und den Ärmelkanal. In Häfen wie Le Havre landen viele Schiffe, vor allem Passagierfähren. An der schmalsten Stelle des Kanals, der Straße von Dover, sind Frankreich und Großbritannien kaum 30 km voneinander entfernt. 1994 wurde der Eurotunnel (Länge: 50,45 km) eröffnet, der unter dem Ärmelkanal verläuft und eine Eisenbahnverbindung zwischen den beiden Ländern herstellt. Fast die gesamte Atlantikküste im Westen liegt innerhalb des großen, weit ausholenden Golfs von Biscaya mit Städten wie Bordeaux, die sich zu wichtigen Häfen entwickelt haben. Die Mittelmeerküste ist eine bedeutende Tourismusregion mit Urlaubszielen wie Cannes und Nizza.

FRANKREICH

DAS KLIMA

Das gemäßigte Klima des Landes weist einige regionale Unterschiede auf. Im Norden und Westen bringen Atlantikwinde viel Feuchtigkeit, wechselhaftes Wetter und damit kühle Sommer und milde Winter. In der Region um Paris, der Île de France, herrscht ein eher kontinentales Klima. Das Gebiet bekommt im Frühjahr und Herbst viel Regen, im Sommer toben manchmal starke Gewitter. In Ostfrankreich und im Zentralmassiv sind die Temperaturunterschiede zwischen Sommer und Winter größer. Im Süden des Landes, besonders in der Provence im Südosten, herrscht ein wärmeres, mediterranes Klima. Die durchschnittlichen Tagestemperaturen schwanken hier zwischen 17 °C und 29 °C im Sommer und fallen im Winter nur selten unter 0 °C. Südfrankreich bekommt manchmal die Auswirkungen des Mistral zu spüren – ein starker, kalter, trockener Wind, der oft mehrere Tage lang weht, Geschwindigkeiten bis zu 130 km/h erreicht und Ernteschäden anrichten kann. Die Niederschlagsmenge variiert stark, sie reicht von weniger als 300 mm in einigen flachen Gebieten im Norden bis zu über 1.300 mm in den Gebirgsregionen.

LANDWIRTSCHAFT UND ESSEN

Frankreich gehört zu den größten Nahrungsmittelproduzenten und -exporteuren der Welt. Angebaut wird eine große Palette, von Getreide und Wurzelgemüse bis hin zu Spargel, Flachs und Tabak. Mehr als 20 Millionen Rinder und fast 300 Millionen Stück Geflügel werden gehalten. Der Obstbau ist weit verbreitet, und ein Großteil der Weintrauben, Äpfel und anderen Früchte wird zu Getränken und Kompott verarbeitet. Frankreich ist ein großer Produzent von Weinen und Spirituosen, die üblicherweise nach ihrer Herkunftsregion benannt werden, wie etwa der Burgunder oder der Bordeaux. Die Franzosen haben eine reichhaltige und vielfältige, regional sehr unterschiedliche Küche entwickelt. Entlang der Südküste gibt es vor allem Fischgerichte und jede Region hat ihr eigenes Gebäck und verschiedene Brote, Fleischgerichte, Desserts und Käsesorten. Frankreich ist der zweitgrößte Käseproduzent der Welt.

▲ Ein Lavendelfeld im Süden der Provence. Lavendel, der zwischen 60 und 90 cm hoch wird, baut man in Frankreich häufig wegen seines duftenden Öls an, das in Parfums und Dufttöpfen Verwendung findet.

▲ Ein Kellermeister prüft Champagner im Weingut Veuve Clicquot. Dieser Luxusschaumwein hat seinen Namen von der Champagne, der Region um die Stadt Reims.

EUROPA

▲ Das Gebäude des EU-Parlaments in Strasbourg im Nordosten Frankreichs wurde 1999 eröffnet. Die Mitglieder dieses Parlaments werden von den Wahlberechtigten aller Länder der EU gewählt.

▼ Straßencafés prägen das Bild der Städte in Frankreich. Dieses Café liegt an der Avenue des Champs-Elysées, dem berühmten Prachtboulevard, der sich vom Arc de Triomphe aus 1,88 km durch Paris zieht.

INDUSTRIE UND UMWELT

Nach einer anfänglich eher langsamen Industrialisierung wurde Frankreich nach dem Zweiten Weltkrieg zu einer wichtigen Industriemacht. Dazu trugen große Rohstoffreserven bei, vor allem die Eisenerzvorkommen, die zu den reichsten in Europa zählen. Früher wurde vor allem im Norden und Osten viel Kohle gefördert, jetzt aber gehen diese Vorräte zurück. Frankreich ist einer der größten Atomstromproduzenten der Welt. 77 % der Elektrizität werden in Kernkraftwerken gewonnen. Das Land ist ein wichtiges Maschinenbauzentrum mit vielen Unternehmen der Automobil- und Rüstungsindustrie. Die Wasser- und Luftverschmutzung durch einige dieser Industrien ist erheblich.

Die 15 Millionen Hektar Wald Frankreichs haben unter dem sauren Regen allerdings nicht so stark gelitten wie die Wälder der Nachbarn im Osten.

DIE KULTURELLE HAUPTSTADT

Der Tourismus spielt für das beliebteste Reiseziel der Welt mit mehr als 75 Millionen Besuchern im Jahr 2000 eine lebenswichtige Rolle. Die Menschen bereisen ganz Frankreich und besuchen seine vielen Attraktionen: von dem Pilgerziel Lourdes am Fuße der Pyrenäen und den Skigebieten in den Alpen bis hin zu den unberührten Landschaften der Flusstäler und der Wärme und dem Glanz von Küstenstädten wie Nizza. Paris ist allerdings das wichtigste Touristenziel. Die Metropole ist nicht nur französische Hauptstadt, sondern übt landesweit einen beherrschenden Einfluss auf Politik, Wirtschaft und Kultur aus. Paris überragt alle anderen französischen Städte bei weitem. Im Großraum Paris lebt ein Fünftel aller Einwohner des Landes und er ist etwa siebenmal so groß wie die zweitgrößte Stadt Marseille. Die Île de la Cité ist eine kleine Insel in der Seine, die vor mehr als 2.200 Jahren erstmals von einem keltischen Stamm besiedelt wurde. Seitdem hat sich Paris um diese Mitte herum entwickelt, der Fluss zieht sich quer durch die Stadt mit ihrer langen und turbulenten Geschichte. Paris wurde in beiden Welt-

FRANKREICH • MONACO

kriegen eingenommen und war der Mittelpunkt der Französischen Revolution (1789–1799), in der das Königtum, das Frankreich mehr als 1.300 Jahre lang regiert hatte, abgeschafft wurde. Überall in Paris stößt man auf das Erbe der langen französischen Geschichte, sei es die Kirche Notre-Dame, die Universität Sorbonne, das Louvre-Museum oder das Panthéon.

DAS FRANZÖSISCHE VOLK

Mehr als 90 % der Franzosen sind im Lande geboren, weiß und sprechen Französisch als Muttersprache. Vor langer Zeit war Frankreich eine Drehscheibe des Handels und wurde immer wieder von verschiedenen Völkern besiedelt, von Kelten, Westgoten aus Italien, von den Wikingern. Die alten Griechen bauten vor mehr als 2.600 Jahren eine Handelskolonie, die heutige Groß- und Hafenstadt Marseille, auf, ein großer Teil Frankreichs wurde später vom Römischen Reich kontrolliert. Vom 18. bis ins 20. Jh. hinein unterstanden Teile Nordafrikas, Westafrikas, der Karibik, Südostasiens und viele Inseln im Pazifik der Kolonialherrschaft Frankreichs. Obwohl die meisten Kolonien heute unabhängig sind, haben sich viele Menschen aus den ehemaligen Kolonien, besonders aus Nordafrika, in Frankreich niedergelassen. Dazu kommen große portugiesische, italienische, spanische und türkische Gemeinden.

▲ Bei Einheimischen wie Touristen gleichermaßen beliebt: die Märkte in Südfrankreich mit ihrem reichhaltigen Angebot an Obst und Gemüse, Kuchen und Süßwaren. Dieser Stand gehört zu einem Markt im südfranzösischen Nizza.

MONACO

Monaco liegt am Mittelmeer und ist ansonsten ganz von Frankreich umschlossen. Das Land hat eine sehr raue Landschaft und ein mildes Klima.

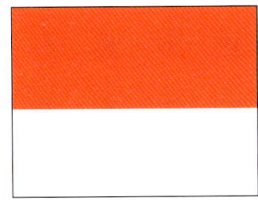

Fläche: 1,95 km²
Bevölkerungszahl: 32.000
Hauptstadt: Monaco-Ville (1.034)
Sprache/n: Französisch, Monegassisch
Religion: Christen (röm.-kath.)
Währung: Euro
Exportgüter: Chemikalien, Kunststoffe, elektrotechnische Erzeugnisse
Staatsform: Parlamentarische Monarchie (Fürstentum)

Monaco ist noch immer die zweitkleinste Nation der Welt, obwohl es seit 1964 durch dem Meer abgerungenes Land um 20 % gewachsen ist. Weniger als ein Viertel der Bevölkerung ist im Lande geboren. Viele Prominente, Geschäftsleute und Sportler lassen sich, angezogen von den niedrigen Steuern, hier nieder. Leichtindustrie wie Kosmetik- und Textilfirmen sind wirtschaftlich von geringer Bedeutung gegenüber den Banken und Versicherungsunternehmen des Landes. Monaco wird seit mehr als sieben Jahrhunderten von einer Familie, den Grimaldis, regiert. Der Nationalrat mit seinen 24 gewählten Mitgliedern

führt das Land zusammen mit dem aktuellen Chef des Grimaldi-Clans, seit 1949 Rainier III.

▶ Angezogen von dem milden Klima Monacos und seinem Ruf als Steuerparadies, haben sich viele Millionäre in den Luxusapartments mit Meerblick niedergelassen.

EUROPA

MITTELEUROPA

Mitteleuropa besteht aus vielen kleinen und mittelgroßen Staaten mit Polen als dem größten und dem winzigen Liechtenstein als dem kleinsten. Es liegt hauptsächlich in der Nordeuropäischen Tiefebene und weist nur wenige Höhenzüge auf, abgesehen von dem mitteleuropäischen Hauptgebirge, den Alpen, die sich über 1.200 km hinweg in einem weiten Bogen durch die Schweiz, Österreich und Teile von Frankreich, Italien, Slowenien und den äußersten Süden Deutschlands ziehen. Der größte Fluss der Region ist die Donau, die an der Ostseite des südlichen Schwarzwaldes entspringt, durch Österreich, Ungarn und Osteuropa fließt und schließlich im Schwarzen Meer mündet. Politisch hat die Region in alten wie in neueren Zeiten große Umwälzungen erlebt. Nur die Schweiz, die seit 1815 neutral geblieben ist (immer währende Neutralität), hat sich aus den vielen Kriegen, Konflikten und Grenzänderungen in der Region heraushalten können. Heute haben die Nationen Mitteleuropas gemischte Wirtschaftsstrukturen, in denen Landwirtschaft und Nahrungsmittelverarbeitung noch immer eine wichtige Rolle spielen, Industrie und Dienstleistungen, vor allem der Tourismus, aber schon an erster Stelle stehen.

▲ Mitteleuropas größter Fluss, die Donau, fließt auch durch die ungarische Hauptstadt Budapest. Seit dem Zusammenbruch des Ostblocks 1990/91 hat sich die Tourismusindustrie des Landes stark entwickelt.

▼ Fast 70 Millionen Touristen kommen jedes Jahr nach Mitteleuropa. Die Schweiz mit ihren spektakulären Bergen ist dabei ein wichtiges Reiseziel.

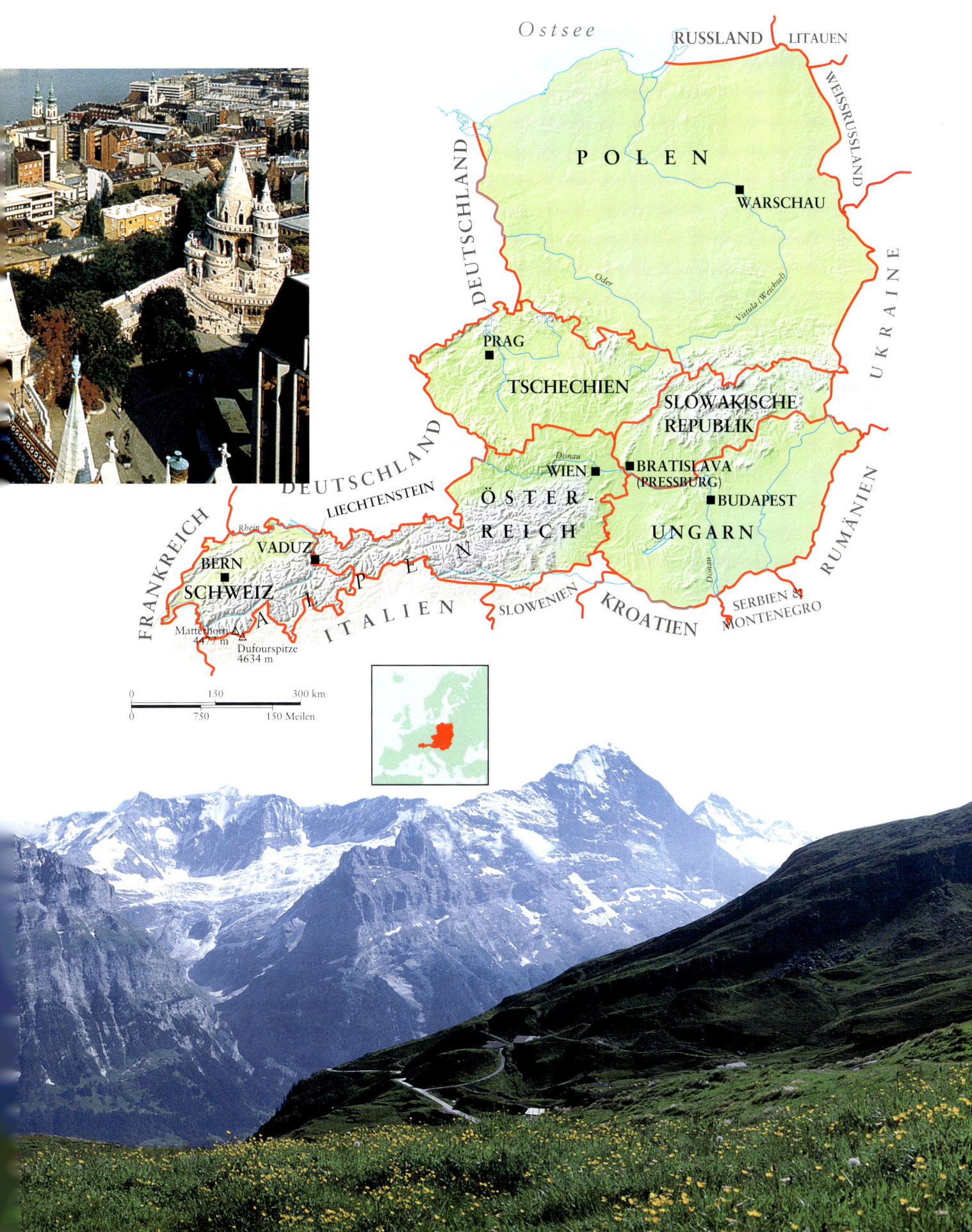

EUROPA

SCHWEIZ

In dem gebirgigsten Land Europas sprechen die Menschen verschiedene Sprachen und genießen einen hohen Lebensstandard.

Fläche: 41.285 km²
Bevölkerungszahl: 7.290.000
Hauptstadt: Bern (122.707)
Sprache/n: Deutsch, Französisch, Italienisch, Rätoromanisch (Rumantsch)
Religion/en: Christen (röm.-kath., protest.)
Währung: Schweizer Franken
Exportgüter: Maschinen, Elektronik, chemische Produkte, Präzisionsinstrumente, Uhren, Schmuck
Staatsform: Parlamentarischer Bundesstaat

Die Schweiz grenzt im Westen an Frankreich, im Osten an Liechtenstein und Österreich, im Norden an Deutschland und im Süden an Italien. Die Landschaft ist geprägt von hohen Bergen und fruchtbaren grünen Tälern, etwa 20 % der Fläche sind von Wald bedeckt. Die wichtigen Flüsse des Landes, zu denen auch der Rhein und die Rhône gehören, münden in drei verschiedenen Meeren: der Nordsee, dem Mittelmeer und dem Schwarzen Meer. Winde vom Atlantik tragen viel Regen in den Westen. Im Osten ist das Klima trockener, die Temperaturunterschiede sind größer. Allgemein findet man in den tiefer liegenden Ebenen und Tälern eine gemäßigte Temperatur, am Südhang der Alpen dagegen wärmeres Wetter.

DIE SCHWEIZER BERGE

Mehr als drei Viertel des Staatsgebietes sind von zwei Bergzügen bedeckt. Im Westen bildet das Jura-Gebirge eine natürliche Grenze zu Frankreich. Zwischen dem Jura und den Alpen liegt das Schweizer Mittelland mit einer durchschnittlichen Höhe von 395 m und vielen kleinen Hügeln.

Die Alpen ziehen sich in grob ost-westlicher Richtung durch den Süden und die Mitte des Landes. Besonders spektakuläre Ansichten bieten sie an der Südwestgrenze der Schweiz zu Italien. Zu den berühmten, über 4.000 m hohen Gipfeln zählen etwa das Matterhorn oder die Dufourspitze.

LANDWIRTSCHAFT, HANDEL UND VERKEHR

Landwirtschaft und Industrie in der Schweiz mussten sich den landschaftlichen Gegebenheiten anpassen, um zu florieren. Das Terrain erschwert den Ackerbau, dennoch sind die Schweizer Selbstversorger bei bestimmten landwirtschaftlichen Produkten wie etwa Rindfleisch, Milchprodukten und Weizen. Schweizerische Milchprodukte wie Käse und Schokolade werden in die ganze Welt verkauft. Abgesehen von schnell fließenden Flüssen mit ihrer Wasserkraft hat die Schweiz wenig natürliche Ressourcen.

▼ In Luzern führen sieben Brücken über die Reuss. Die Stadt ist ein Zentrum der deutschsprachigen Schweiz.

Das Land muss Rohstoffe einführen, sie verarbeiten und zur Herstellung von Waren einsetzen, vor allem für kleine Gegenstände mit hohem Wert, etwa Uhren, Medikamente, Elektronik, wissenschaftliche Instrumente und Kunsthandwerk. Der Transport der Rohstoffe und der Fertigprodukte erfolgt auf den Flüssen und auf den besonders guten Straßen- und Eisenbahnverbindungen. Die Schweiz hat zusammen mit ihren Anrainerstaaten viele Straßen- und Bahntunnel durch ihre gebirgigen Grenzen getrieben. Obwohl das Land keinen Zugang zum Meer hat, besitzt es eine Flotte von mehr als 170 Handelsschiffen, die in ausländischen Häfen oder in Basel, einer Stadt am Rhein, beheimatet sind.

SPRACHENVIELFALT

Obwohl die Schweiz ein kleines Land ist, spricht die Bevölkerung viele verschiedene Sprachen. 65 % der Einwohner sprechen Deutsch, 18 % Französisch, 4 % Italienisch. Rätoromanisch oder Rumantsch ist die vierte offizielle Landessprache, obwohl noch nicht einmal 2 % der Bevölkerung diese Sprache sprechen. Schweizerdeutsch unterscheidet sich durchaus vom Hochdeutsch, findet aber als Schriftsprache keine Verwendung. In und um Genf und im Westen des Landes wird Französisch gesprochen.

EINE NATION IN ABGESCHIEDENHEIT UND FRIEDEN

Die Schweiz ist seit fast zwei Jahrhunderten in Kriegen und Konflikten neutral geblieben. Aufgrund seiner inneren Stabilität konnte das Land als Finanz- und Bankenzentrum florieren. Diese und andere Dienstleistungen bieten heute Arbeit für mehr als die Hälfte aller Beschäftigten. Im Land sind viele internationale Organisationen angesiedelt, darunter das Rote Kreuz und die Weltgesundheitsorganisation (WHO), beide mit Sitz in Genf. Auch das europäische Hauptquartier der UNO liegt in der Schweiz, obwohl das Land erst 2002 der UNO beitrat. Ein Jahr zuvor hatten sich mehr als drei Viertel aller Wähler gegen einen Beitritt zur EU ausgesprochen.

▲ Der berühmte Schweizer Emmentaler wird etwa 20 Stunden lang gepresst, die Löcher in diesem Käse entstehen durch sich entwickelnde Gase.

▼ Die Gemeinde Lauterbrunnen liegt 100 km östlich von Lausanne in einem tief eingeschnittenen Flusstal, dem Lauterbrunner Tal, in dem es viele Wasserfälle gibt; am bekanntesten: Trümmelbachfall und Staubbachfall.

EUROPA

ÖSTERREICH

Die Vorgebirge und Höhenzüge der Alpen prägen diesen Binnenstaat mit seiner berühmten Berglandschaft und seinen historischen und kulturellen Sehenswürdigkeiten.

Fläche: 83.871 km²
Bevölkerungszahl: 8.048.000
Hauptstadt: Wien (1.550.123)
Sprache/n: Deutsch, regional auch: Slowenisch, Kroatisch, Ungarisch
Religion: Christen (röm.-kath.)
Währung: Euro
Exportgüter: Maschinen und Fahrzeuge, Chemikalien, Papier und Papierprodukte, Eisen und Stahl
Staatsform: Demokratisch-parlamentarischer Bundesstaat

▼ Walzertanz bei einem Ball. In Wien ist die Ballsaison ein wichtiger Teil des gesellschaftlichen Lebens. Sie beginnt Silvester und dauert etwa sieben Wochen.

Österreich liegt nördlich von Italien und Slowenien und südlich von Deutschland und der Tschechischen Republik. Die Alpen bedecken mehr als zwei Drittel der Landesfläche. An vielen Stellen ist diese Gebirgsbarriere von Pässen durchbrochen, darunter der Brenner (1.371 m) 30 km südlich von Innsbruck, eine wichtige Verbindung zwischen Österreich und Italien. Das Land hat ein gemäßigtes kontinentales Klima mit je nach Höhe unterschiedlichen Temperaturen. Die Sommer sind meist relativ kurz und mild, die Winter sind kalt und dauern auch in den Tälern drei Monate und länger.

Österreich ist von vielen Flüssen durchzogen, darunter die Donau und ihre Zuflüsse, wie etwa der Inn. Oft liegen breite grüne Täler mit saftigen Wiesen und Weiden zwischen den Bergen, dichte Wälder bedecken viele Berghänge. Fast alle Äcker Österreichs liegen im Nordosten, während in den Bergtälern die Milchviehhaltung überwiegt.

ELEKTRIZITÄT UND INDUSTRIE

Die schnell fließenden Flüsse und die bergige Landschaft sorgen für große Mengen Strom aus Wasserkraft, der sogar in die Nachbarländer verkauft wird. Mehr als 70 % der Energie wird in Österreich auf diese Weise produziert und auch für die Herstellung von Eisen, Stahl und Aluminium eingesetzt. Diese Rohmaterialien werden dann zu Schiffen, Werkzeugmaschinen und Motorfahrzeugen weiterverarbeitet. Eine Auffälligkeit der österreichischen Wirtschaft ist der hohe Anteil an Kunsthandwerk, etwa die Produktion und der Vertrieb von Porzellan, hochwertigen Glaswaren, Schmuck und traditioneller Kleidung. Die Hauptstadt Wien ist das Zentrum der österreichischen Wirt-

schaft, knapp ein Fünftel der Bevölkerung des Landes lebt dort. Die Stadt ist auch eines der neun Bundesländer Österreichs.

GESCHICHTE UND REGIERUNG

Seit prähistorischen Zeiten haben Menschen in Österreich gesiedelt, aber eine besondere Bedeutung erlangte das Land erst seit dem 13. Jahrhundert unter der Herrschaft der Habsburger. Es wurde zum Mittelpunkt eines riesigen Reiches, zu dem auf dem Höhepunkt seiner Macht auch Ungarn und viele andere Länder wie Spanien und die Niederlande gehörten. Wien und Salzburg wurden zu wichtigen europäischen Kultur- und Kunstzentren. Zwei Weltkriege verwüsteten das Land und endeten mit einer Besatzung durch sowjetische, amerikanische, britische und französische Truppen. Erst 1955 gewann Österreich seine Unabhängigkeit zurück, 1995 trat das Land der Europäischen Union bei.

▲ Das Bundesland Tirol ist sehr gebirgig mit mehr als 300 Gipfeln über 3.000 m. Zwischen den Gipfeln liegen Seen, dichte Wälder und grüne Wiesen, die im Sommer Wanderer und im Winter Wintersportbegeisterte anziehen. Die größte Stadt Tirols ist Innsbruck mit etwa 114.000 Einwohnern.

LIECHTENSTEIN

Der sechstkleinste Staat der Welt ist zwischen dem Rhein und den Alpen eingezwängt. Viele Aufgaben und Dienste übernimmt der große Nachbar Schweiz.

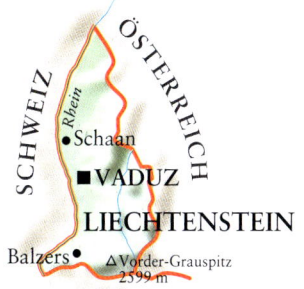

Fläche: 160 km²
Bevölkerungszahl: 32.800
Hauptstadt: Vaduz (5.038)
Sprache: Deutsch
Religion: Christen (röm.-kath.)
Währung: Schweizer Franken
Exportgüter: Maschinen, Metallprodukte, Zahnersatz, Nahrungsmittel
Staatsform: Parlamentarische Monarchie

Liechtenstein ist nicht so gebirgig wie seine Nachbarn Österreich und die Schweiz. Im Winter fällt bei Temperaturen unter 0 °C zwar viel Schnee, doch die Sommer sind warm mit Temperaturen bis zu 28 °C, sodass auch Wein und Getreide wächst. In der Rheinebene wird Vieh gehalten. Das winzige Fürstentum besteht seit 1719 und hat es geschafft, seine Unabhängigkeit zu wahren. Seine Einwohner genießen einen sehr hohen Lebensstandard. Niedrige Steuern ziehen ausländische Unternehmen und Banken an, der Verkauf von Briefmarken trägt etwa ein Zehntel zum Einkommen des Landes bei. Liechtenstein hat keinen eigenen Flughafen; der nächste liegt im schweizerischen Zürich. Wie die Schweiz gehört auch Liechtenstein nicht der Europäischen Union an.

UNGARN

Dieser Binnenstaat in der Mitte Europas hat eine gemischte Wirtschaftsstruktur und eine der schönsten Hauptstädte des Kontinents.

Fläche: 93.030 km²
Bevölkerungszahl: 10.159.000
Hauptstadt: Budapest (1.739.569)
Sprache: Ungarisch
Religion/en: Christen (röm.-kath., protest.)
Währung: Forint
Exportgüter: Maschinen und Ausrüstungen, Industriegüter, Konsumgüter, Nahrungsmittel (Getreide, Fleisch, Milchprodukte)
Staatsform: Parlamentarische Republik

Die Donau teilt Ungarn in zwei Regionen. Im Osten liegt das Große Ungarische Tiefland (Alföld), das mehr als die Hälfte Ungarns ausmacht und vom zweitgrößten Fluss Ungarns, der Tisza, durchflossen wird. Westlich der Donau liegt ein hügeliges Gebiet, das so genannte Transdanubische Hügelland. Dazu gehört das Bakonygebirge am Nordrand des Plattensees, des größten Süßwassersees Mitteleuropas (591 km²). An der Nordgrenze erheben sich hohe Berge. Ungarn hat ein kontinentales Klima mit kalten, wolkenreichen Wintern, späten Sommern und starken Regenfällen im Frühjahr und Sommer.

VON DER LANDWIRTSCHAFT ZUR INDUSTRIE

Die dunklen Böden des Großen Tieflandes sind extrem nährstoffreich und bieten im Zusammenspiel mit dem milden, trockenen Klima und den Regenfällen in der Wachstumsperiode gute Voraussetzungen für Landwirtschaft, vor allem für den Anbau von Obst, Wein, Getreide und Gemüse.

Bis zum Zweiten Weltkrieg war Ungarn ein so gut wie reines Agrarland, danach begann die Industrialisierung, teils unterstützt durch finanzielle Hilfen des kommunistischen Sowjetblocks, dem Ungarn von 1949 bis 1989 angehörte. Stahl-, Aluminium- und Zementproduktion waren die größten Industriezweige, dazu kamen Lederwaren, Autos, Maschinenbau und Dünger. Unkontrollierte industrielle Entwicklung in einigen Regionen führte zu starker Luft- und Wasserverschmutzung. Der Plattensee und Teile der Donau sind schwer belastet, und auch die Laubwälder mit ihren Buchen und Eichen haben gelitten.

▼ Die Erzsébeth Hid ist eine von vielen Brücken über die Donau, die heute die beiden Teile von Budapest verbinden. Die Brücke stammt aus dem Jahr 1903 und wurde zwischen 1961 und 1964 restauriert.

UNGARN

▲ Vater und Sohn spielen am Ufer des Plattensees auf ihren Geigen Roma-Volksmusik. Der Plattensee liegt fast 90 km südwestlich von Budapest, hat eine Fläche von 591 km² und ist Mitteleuropas größter Süßwassersee.

DIE MAGYAREN

Ungarn war früher ein größeres Land mit großen deutschen, kroatischen und rumänischen Minderheiten. Nach dem Ersten Weltkrieg jedoch büßte es seine Grenzprovinzen ein. Heute sind 95 % der Ungarn Magyaren, Nachkommen von Volksstämmen, die vor mehr als 1.100 Jahren nach Ungarn einwanderten und dort siedelten. Die Magyaren hatten eine ausgeprägte Kultur, die auch heute noch besonders in den Städten und Dörfern des Großen Tieflandes sehr lebendig ist. Hier findet man noch traditionelles Leben, ausgedrückt in Web- und Stickkunst ebenso wie in traditioneller Kleidung, Volkssagen und Musik.

BUDAPEST – DIE »KÖNIGIN DER DONAU«

Ungarns Haupt- und zugleich größte Stadt Budapest ist eigentlich ein Verbund aus drei einzelnen Städten mit langer Geschichte: Obuda war im 10. Jh. das erste Zentrum Ungarns; Buda am Westufer der Donau war die frühere königliche Hauptstadt des ungarischen Reiches; Pest am Ostufer wurde zum Zentrum von Industrie und Handel und stand lange unter der Kontrolle der deutschen Herrscher. 1849 wurde die erste Brücke über die Donau eröffnet, die Buda und Pest verband und die Städte vereinte. Budapest ist rund achtmal so groß wie die zweitgrößte Stadt Debrecen, die in einer Ackerbauregion im Osten Ungarns liegt. Budapest beherbergt Universitäten und Hochschulen für mehr als die Hälfte aller ungarischen Studenten und zieht zwei Drittel des Geldes an, das ausländische Unternehmen in Ungarn investieren. Auch die meisten der 15 Millionen Touristen jedes Jahr besuchen die »Perle der Donau«.

▶ Das hohe Parlamentsgebäude in Budapest mit der markanten Kuppel wurde zwischen 1880 und 1902 errichtet.

EUROPA

TSCHECHIEN

Die Völker und Siedlungen der jungen Tschechischen Republik, einem Land in der Mitte Europas, blicken auf eine lange Geschichte zurück.

Fläche: 78.866 km²
Bevölkerungszahl: 10.210.000
Hauptstadt: Prag (1.178.576)
Sprache: Tschechisch
Religion/en: Nichtreligiös (fast 50 %), Christen (röm.-kath.)
Währung: Tschechische Krone
Exportgüter: Maschinen, Halbfabrikate, Fertigerzeugnisse (einschl. Textilien), Chemikalien, Brennstoffe
Staatsform: Parlamentarische Republik

▼ Die Prager Burg (der Hradschin) blickt auf eine lange Geschichte zurück und ist heute Sitz des Präsidenten der Tschechischen Republik.

Am 1. Januar 1993 löste sich die frühere Tschechoslowakische Sozialistische Republik (ČSSR) auf und zwei neue Nationen entstanden: die Tschechische Republik und die Slowakische Republik. Die Tschechische Republik ist größer, hat mehr Einwohner und ist stärker industrialisiert als die Slowakei, ja als alle anderen früheren kommunistischen Staaten Osteuropas. Das Land hat keinen Zugang zum Meer und liegt über 300 km von der Adria und der Ostsee entfernt. Es hat vier Nachbarstaaten: Deutschland im Westen und Norden, Polen im Norden und Osten, Österreich im Süden und die Slowakei im Südosten. In weiten Teilen bilden Gebirgszüge die Grenzen: Die Karpaten trennen das Land von der Slowakei, die Sudeten beginnen westlich der Stadt Ostrava (Ostrau) und bilden über weite Strecken die polnische Grenze. Das von diesen niedrigen Bergen umschlossene Land liegt großteils in einem weiten Becken, dem Böhmischen Mittelgebirge. Es ist in zwei Regionen geteilt: Im Osten liegt Mähren, im Westen Böhmen.

KALTE WINTER UND WARME SOMMER

Die Tschechische Republik hat ein feuchtes, kontinentales Klima und ist nicht den Einflüssen ozeanischer Luftmassen unterworfen. Deshalb sind die Winter oft kälter und die Sommer wärmer als in anderen europäischen Staaten auf ähnlichem Breitengrad. Östliche Winde aus Sibirien drücken die Temperaturen im Winter bei oft sehr starken Schneefällen bis unter den Gefrierpunkt. Knapp zwei Drittel der Landesfläche sind bewaldet, vor allem mit Fichten, Kiefern und Buchen (14 Millionen Festmeter Holz wurden 2001 produziert). Die Landwirtschaft ist modernisiert worden, vor allem werden Getreide und Wurzelgemüse angebaut. 1999 gab es 30.000 km² kultiviertes Land.

TSCHECHIEN

DIE MODERNISIERUNG ALTER INDUSTRIEN

Über 100 Jahre lang haben die Tschechen auf die Schwerindustrie gesetzt, die auf ihren großen Vorräten an Kohle, Kupfer, Blei und Zink und ihrer zentralen Handelsposition in Europa aufbaute. Mit der wirtschaftlichen Unabhängigkeit im Jahr 1993 kam auch die Erkenntnis, dass viele Industrieanlagen weder modern noch effizient genug waren, um auf dem Weltmarkt zu bestehen. Die tschechische Regierung hat mit hohen Investitionen und Bürgschaften viele Industrieunternehmen modernisiert, und zahlreiche ausländische Firmen haben gern in das Land mit seinen gut ausgebildeten Arbeitern und seiner stabilen Regierung investiert. Die mit Abstand größte Industrie Tschechiens ist der Maschinenbau, gefolgt von Nahrungsmittelproduktion, Elektroindustrie, Chemie, Kunststoff, Asbest, Eisen und Stahl. Der wichtigste Handelspartner ist Deutschland. Dorthin gingen 2001 40 % der Exporte des Landes, 27 % aller Importe kamen von dort.

▲ Die Budweiser-Brauerei liegt im Süden der Tschechischen Republik in Ceské Budejovice (Budweis) an der Moldau. Die Stadt ist seit 700 Jahren ein Zentrum der Braukunst.

DAS ERBE DER TSCHECHISCHEN REPUBLIK

Die Tschechische Republik gibt es erst seit etwas über einem Jahrzehnt, und auch die Tschechoslowakei, zu der sie vorher gehörte, wurde erst 1918 gegründet. Dennoch reicht die Siedlungsgeschichte des tschechischen Volkes in diesem Gebiet 1.500 Jahre zurück. Prag, die heutige Hauptstadt, war schon im 14. Jh. eine wichtige europäische Stadt und über mehr als 500 Jahre hinweg ein Zentrum der Kultur, der Künste und der Bildung. Viele Gebäude Prags sowie die Gesamtanlage der Stadt haben alle Konflikte, die beiden Weltkriege und die sowjetische Besatzung überstanden. Es ist eine der schönsten Hauptstädte Europas und ein lohnendes Ziel für Touristen. Die Tschechische Republik hat ihre Tourismusindustrie ausgebaut und empfängt heute fast sechs Millionen Besucher pro Jahr.

▼ Im Süden der Tschechischen Republik, etwa 40 km südlich von Brno (Brünn), bilden die Palava-Höhen ein Biosphärenreservat, dessen Wälder, Pflanzen und Tiere unter Schutz stehen.

EUROPA

POLEN

Die heutigen Grenzen dieses großen Staates im nördlichen Mitteleuropa wurden 1945 nach dem Zweiten Weltkriegs gezogen.

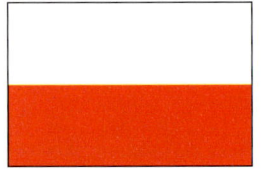

Fläche: 312.685 km²
Bevölkerungszahl: 38.626.000
Hauptstadt: Warszawa (Warschau) (1.671.670)
Sprache: Polnisch
Religion: Christen (röm.-kath.)
Währung: Zloty
Exportgüter: Fertigerzeugnisse, Maschinen und Transportausrüstung, Konsumgüter, Lebensmittel (Geflügel, Eier, Schweinefleisch, Obst und Gemüse)
Staatsform: Parlamentarische Republik

▼ Der Wawel (Burgberg) liegt oberhalb von Kraków, einer der ältesten Siedlungen Polens. Schloss und Dom überblicken die Weichsel und waren jahrhundertelang Krönungs- und Grabstätte der polnischen Könige.

Die Republik Polen hat gemeinsame Grenzen mit sieben anderen Nationen. Sie besteht vor allem aus Ebenen mit niedrigen Erhebungen im Norden und dem gebirgigen Süden. Die Karpaten bilden die Südgrenze des Landes. Die Tatra, ein Gebirgszug der Karpaten, ist ein geschützter Nationalpark, dessen Gipfel über 2.400 m hoch aufragen. Außerdem gibt es noch 27 weitere Nationalparks in Polen.

WECHSELHAFTES KLIMA

Polen hat eigentlich warme Sommer und kalte Winter, das Klima ist aber aufgrund der besonderen Lage von vielen verschiedenen Luftfronten beeinflusst, die zu einem sehr unterschiedlichen und wechselhaften Wetter führen. Kalte Polarluft aus Russland und Skandinavien trifft auf wärmere Luft aus dem Süden des Landes sowie auf Luftströme von Westen her. Man sagt manchmal, dass Polen sechs Jahreszeiten hat, weil der Frühling und der Herbst jeweils in zwei sehr unterschiedliche Wetterphasen zerfallen. Die durchschnittliche Niederschlagsmenge liegt bei über 600 mm, aber

auch hier gibt es große Unterschiede. Das Tiefland in der Mitte Polens bekommt etwa 450 mm, während in den Bergregionen bis zu 1.450 mm Regen und Schnee fallen können. Im Winter bedeckt Schnee die meisten Berge Polens und etwa die Hälfte der Ebenen.

POLEN

Gdansk (Danzig), die größte Stadt in Nordpolen, liegt an der Ostseeküste und beherbergt viele Werften, in denen Schiffe und Boote repariert und gebaut werden.

SICH VERÄNDERNDE GRENZEN

Der Name Polska, Polen, ist mit einem Gebiet im nördlichen Mitteleuropa verbunden, dessen Grenzen sich immer wieder verschoben haben. Ursprünglich stammt der Namen von einem Volk der Polanen, die sich im 10. und 11. Jh. in den Niederungen zwischen Oder und Weichsel niederließen. Auf seinem Höhepunkt im 15. Jh. war Polen größter Staat Europas. 300 Jahre später verschwand er völlig von der Landkarte, die Großmächte Österreich, Preußen und Russland teilten ihn 1772, 1793 und endgültig dann 1795 untereinander auf. Erst nach dem Ersten Weltkrieg 1918 wurde Polen wieder ein unabhängiger Staat, nur um 1939 zu Beginn des Zweiten Weltkrieges erneut überrannt zu werden. In der zweiten Hälfte des Jahrhunderts gehörte es zum Ostblock, sagte sich aber als erstes Land in Mittel- und Osteuropa 1989 von der kommunistischen Herrschaft los. Ein Jahr später wurde der Anführer der Gewerkschaft Solidarność, Lech Walesa, Präsident des Landes. Im Jahr 2004 schließlich trat Polen der EU bei.

▲ Die kämpfende Meerjungfrau mit Schwert und Schild heißt Syrenka und steht auf dem Alten Markt von Warschau. Bilder dieses nationalen Wahrzeichens findet man auf Gebäuden überall in der Stadt.

▼ 14 km südöstlich von Kraków liegt das Salzbergwerk Wieliczka, ein Netzwerk mit 2.148 Kammern und Gängen von einer Gesamtlänge von 320 km. Viele der älteren Kammern sind mit aus dem Salzstein gehauenen Skulpturen geschmückt. Die Salzminen sind seit dem 13. Jh. in Betrieb und damit die ältesten noch arbeitenden in Europa.

POLENS FLUSSSYSTEME

Polen hat mehr als 4.000 km schiffbare Flüsse und Seen mit historischer Bedeutung als Verkehrs- und Handelsrouten. Die Oder (poln. Odra) entspringt in Tschechien, fließt durch den polnischen Westen und bildet einen Teil der Grenze zu Deutschland. Sie ist 910 km lang und über einen Kanal mit der Weichsel (poln. Vistula), Polens längstem Fluss, verbunden. Die Weichsel ist fast auf ihrer ganzen Länge von 1.047 km, von den Westbeskiden bis zur Danziger Bucht, schiffbar. Viele große Städte, wie Kraków (Krakau) und die Hauptstadt Warszawa (Warschau), liegen an ihren Ufern.

DIE MENSCHEN UND DIE ARBEIT

Polen besitzt beträchtliche Bodenschätze und gute Böden. Es verfügt über die fünftgrößten Kohlereserven der Welt, dazu kommen Kupfer, Schwefel, Zink, Blei und Silber. Die Industrieregion um Katowice gehört zu den größten Europas. Angebaut werden Getreide, vor allem Gerste und Weizen, Kartoffeln, Zuckerrüben, außerdem wird Heu geerntet. Es gibt etwa acht Millionen Rinder und Milchkühe sowie 19 Millionen Schweine. Rund 30 % Polens sind bewaldet, doch die früher florierende Holzindustrie ist von der hohen Luft- und Wasserverschmutzung durch die Schwerindustrie stark in Mitleidenschaft gezogen.

EUROPA
SLOWAKISCHE REPUBLIK

Auch dieser kleine mitteleuropäische Binnenstaat entstand durch die Teilung der Tschechoslowakei im Jahr 1993.

Fläche: 49.034 km²
Bevölkerungszahl: 5.379.000
Hauptstadt: Bratislava (Preßburg) (447.400)
Sprache/n: Slowakisch, Ungarisch (regional)
Religion/en: Christen (überwiegend röm.-kath., auch protest.)
Währung: Slowakische Krone
Exportgüter: Halbfabrikate, Maschinen und Transportmittel, Chemikalien, Fertigerzeugnisse, Lebensmittel
Staatsform: Parlamentarische Republik

Die Slowakei hat fünf Nachbarn: Polen, die Ukraine, Ungarn, Österreich und die Tschechische Republik. Der Norden und Westen ist gebirgig, während auf den fruchtbaren Ebenen des Südens Mais, Weizen und Kartoffeln angebaut werden. Die Slowakei hat ein kontinentales Klima mit warmen Sommern und kalten Wintern. 86 % der Einwohner sind Slowaken – eine ethnische Gruppe, die schon seit über 1.000 Jahren in der Region lebt. Weitere 11 % der Bevölkerung sind ungarischer Abstammung und immerhin war die slowakische Hauptstadt Bratislava (Pressburg) vom 16. bis zum 18. Jh. die Hauptstadt des Königreich Ungarns.

INDUSTRIE UND UMWELT
Die Slowakei verfügt über Kupfer-, Blei-, Eisen- und Braunkohlevorkommen, muss aber Öl und Erdgas importieren. Wasserkraft aus Kraftwerken am Váh und anderen Flüssen ist eine wichtige Energiequelle, dazu kommen neue Atomkraftwerke. Ein groß angelegtes Wasserkraftprojekt in Gabcíkovo 40 km südöstlich von Bratislava, für das auch die Donau gestaut werden soll, hat die Umweltschützer auf den Plan gerufen. Die Slowakei leidet unter starker Umweltverschmutzung durch die Industrie, die auch die Wälder und die Flüsse beeinträchtigt. Etwa drei von zehn Beschäftigten arbeiten in Eisen- und Stahlwerken sowie in der Autoindustrie. Tausende sind auch in Nahrungsmittelunternehmen beschäftigt, die zum Beispiel Bier und Schafskäse herstellen. Die Industrie ballt sich um die Hauptstadt und im Südosten um Košice.

▶ Die Hohe Tatra ist der höchste Gebirgszug der Karpaten entlang der Grenze zwischen Polen und der Slowakei. Sie besteht aus mehr als 300 Gipfeln, deren Hänge im unteren Teil dicht mit Kiefern und Fichten bewaldet sind und Lebensraum für viele Tiere bieten, sogar für Bären und Adler. Das ganze Jahr über kommen Touristen hierher, um in den Bergen zu wandern und die vielen malerischen Bergseen zu genießen.

Südeuropa, der Balkan, Kaukasus und Kleinasien

EUROPA

SÜDEUROPA

Der größte Teil Südeuropas wird vom Mittelmeer dominiert. Unter den größeren Staaten ist nur das am Atlantik gelegene Portugal ohne Mittelmeerküste. Mit einer Länge von 3.800 km und insgesamt 3,02 Mio. km² ist das Mittelmeer das größte Binnenmeer der Welt. Es ist fast vollständig von Land umschlossen, und nur eine zwischen 14 und 27 km breite, etwa 60 km lange Meerenge, die Straße von Gibraltar, verbindet es mit dem Atlantischen Ozean. Das Mittelmeer entstand vor 50 Millionen Jahren und ist damit relativ jung. Immer noch kommt es in der Region zu Bewegungen der tektonischen Platten. Dadurch entstehen in und um Italien vulkanische Aktivitäten und auch Erdbeben, die in Teilen Südeuropas Schäden verursachen, etwa in Italien und in jenen Balkanländern, die am Mittelmeer liegen, zum Beispiel Griechenland. Seit der Antike ist das Mittelmeer ein wichtiger Handels- und Transportweg und viele große europäische Kulturen haben im Mittelmeerraum ihren Anfang genommen. Das Meer bestimmt das Klima in der Region, die mit Ausnahme der Bergregionen, wie z. B. den italienischen Alpen, milde Winter, warme Sommer und relativ geringe Regenfälle zu verzeichnen hat. Dieses Klima beeinflusst auch maßgeblich die Lebensweise und die Arbeit der Menschen in Südeuropa und macht die Landwirtschaft und den Tourismus zu bedeutenden Wirtschaftsfaktoren.

▼ Die italienische Stadt Venedig hat mehr als 200 Kanäle, über 400 Brücken und unzählige reizvolle historische Gebäude.

SÜDEUROPA

▼ Das mediterrane Klima ermöglicht Weinanbau und reiche Traubenernten. Dieses Weingut liegt im Baskenland in Nordspanien.

EUROPA

SPANIEN

Spanien mit seiner vielfältigen Kultur, Geschichte und Architektur ist das viertgrößte Land in Europa, es war einst Zentrum eines riesigen Kolonialreiches.

Fläche: 504.782 km²
Bevölkerungszahl: 40.917.000
Hauptstadt: Madrid (2.882.000, autonome Region 5.423.000)
Sprache/n: Spanisch, regional: Katalanisch, Baskisch, Galicisch
Religion: Christen (röm.-kath.)
Währung: Euro
Exportgüter: Transportausrüstung, landwirtschaftliche Produkte, Maschinen
Staatsform: Parlamentarische Monarchie

Spanien ist das Land mit der fünftgrößten Bevölkerung in Europa. Es grenzt an Portugal, Gibraltar und in den Pyrenäen an Frankreich und Andorra. Zum spanischen Territorium gehören die Balearen und die Kanarischen Inseln sowie drei kleinere Inselgruppen vor der Küste Afrikas. Spanien besitzt eine lange Atlantikküste im Norden und grenzt im Osten an das Mittelmeer.

AFRIKA IST NAHE

Spanien nimmt vier Fünftel der Iberischen Halbinsel ein, der europäischen Landmasse, die Afrika am nächsten liegt. Von Nordafrika ist es nur durch die Straße von Gibraltar getrennt – den engen Auslass des Mittelmeeres zum Atlantischen Ozean. Spanien verwaltet zwei kleine Gebiete im nordafrikanischen Marokko, Ceuta und Melilla. An der Meerenge des spanischen Festlandes liegt die britische Kolonie Gibraltar. In diesem 6,5 km² großen Gebiet leben 27.000 Menschen, von denen die meisten in der Tourismusbranche und im Transportwesen arbeiten. Spanien und Großbritannien streiten sich seit vielen Jahren um die Herrschaft über die Kolonie. Im November 2002 entschieden sich die Gibraltarer in einem Referendum für den Verbleib bei Großbritannien, doch es ist zu erwarten, dass die Verhandlungen auch in der Zukunft fortgesetzt werden.

BERGE UND MESETA

Mehrere große Gebirgszüge durchziehen das Land und eine große Zentralebene nimmt fast die Hälfte des spanischen Festlandes ein, die Meseta. In Nordosten liegen die Pyrenäen und von dort aus Richtung Westen entlang der spanischen Atlantikküste verläuft das Kantabrische Gebirge. Im Osten verlaufen Gebirge südöstlich des Kantabrischen

▲ Der Flamenco hat seinen Ursprung im südlichen Spanien des 18. Jh.s.

SPANIEN

Gebirges zum Mittelmeer hin, während südlich der zentralen Ebene die Bergkette Sistemas Béticos liegt. Die Meseta bedeckt eine Fläche von rund 210.000 km² und ist durchschnittlich 700 m hoch. Sie enthält die ältesten geologischen Merkmale der Iberischen Halbinsel. Die größtenteils baumlose Ebene wird von den beiden Hauptflüssen Duero und Tejo und ihren Nebenflüssen entwässert. Die Bodenqualität im Osten der Meseta unterscheidet sich wesentlich von der im Westen. Durch die darunter liegenden Kalkfelsen im Osten ist der Boden fruchtbarer und bietet gute Möglichkeiten für landwirtschaftliche Nutzung.

KLIMA UND LANDWIRTSCHAFT

Im größten Teil Spaniens herrscht ein warmes mediterranes Klima, das je nach Höhe und Lage unterschiedlich ist. Während in Nordspanien die Temperaturen im Winter unter 0 °C fallen, verzeichnet Málaga an der Südküste im Winter eine Durchschnittstemperatur von 13,9 °C. In den meisten Landesteilen fallen weniger als 600 mm Regen im Jahr, in der Meseta kommt es häufig zu Trockenperioden. In vielen Gegenden bewässern die Landwirte ihre Felder mit Bewässerungssystemen und das Problem der Wüstenbildung wächst.

Traditionell ist Spanien ein Agrarland, in dem eine Vielzahl von Nutzpflanzen angebaut wird, von Zuckerrüben und Getreide bis hin zu Zitrusfrüchten und Weintrauben, und trotz der Industrialisierung spielt die Landwirtschaft immer noch eine große Rolle. Spanien gehört auch zu den größten Weinproduzenten der Welt.

▲ Das von Titanplatten umhüllte Guggenheim-Museum wurde 1997 in der Industriestadt Bilbao eröffnet und ist ein hervorragendes Beispiel moderner Architektur. Innerhalb eines Jahres kamen 1,3 Millionen Besucher.

▼ Traubenlese nahe der Stadt Málaga im Süden. Im Jahr 2000 wurden in Spanien mehr als 6 Mio. t Trauben geerntet.

EUROPA

▲ Die Stadt Toledo wird überragt vom Alcázar, einem mehrfach wieder aufgebauten Festungspalast aus dem 14. Jh. Toledo liegt in Zentralspanien am Fluss Tajo, nicht weit von Madrid entfernt.

▼ Der riesige Vulkankegel des Teide liegt im Zentrum von Teneriffa, der größten der Kanarischen Inseln. Mit einer Höhe von 3.718 m ist er der höchste Punkt der Inseln sowie Spaniens.

EINE VIELZAHL VON KULTUREN

Bis ins 15. Jh. hinein war Spanien durch viele Wellen der Besiedlung ein Flickwerk von Staaten mit unterschiedlichen Kulturen geworden. Nachdem die Römer die iberischen Völker erobert hatten, kamen Siedler aus Nordeuropa sowie muslimische Völker aus Nordafrika. Zwischen dem 9. und dem 14. Jh. war das Land ein blühendes Zentrum islamischer Kultur, deren Einfluss noch Jahrhunderte später zu spüren ist. Spanien selbst hatte damals und hat heute immer noch großen Einfluss auf die Kunst, Architektur, Literatur und Musik in Europa. Etliche Regionen in Spanien haben ihre eigene Kultur und Identität erhalten, so die Basken im Norden und die Katalanen im Osten und Nordosten des Landes. Nach dem Bürgerkrieg 1936–1939 wurde Spanien bis 1975 von General Francisco Franco Bahamonde diktatorisch regiert, unter ihm wurden Minderheiten und ihre Gebräuche und Sprachen verboten. Separatistische Bewegungen im Baskenland und in Katalonien, die schon vor Francos Machtergreifung existiert hatten, verstärkten ihre Forderungen nach Unabhängigkeit. Erst Ende der 1970er-Jahre gab es demokratische Wahlen und eine neue Verfassung. Die separatistischen Bewegungen existieren immer noch, und Baskisch, Katalanisch und Galicisch wird in den Schulen unterrichtet.

STADTLEBEN

Mit wachsender Bedeutung der verarbeitenden Industrie und des Dienstleistungssektors setzte eine Wanderung vom Land in die Städte ein. Rund drei Viertel aller Spanier leben heute in Städten, von denen Madrid die größte und zugleich Hauptstadt und Regierungssitz ist. Madrid liegt im Zentrum der Meseta, und es ist ungewöhnlich, dass eine europäische Hauptstadt weder an einem der größeren Flüsse noch an der Küste liegt, wie etwa Spaniens zweitgrößte Stadt Barcelona. Diese ist ein wichtiger Mittelmeerhafen und Zentrum eines großen, dicht besiedelten Industriegebiets.

EINE BEDEUTENDE KOLONIALMACHT

Ende des 15. Jh.s wurde Spanien als Nation unter der Herrschaft von Königin Isabella I. und König Ferdinand II. vereinigt. Etwa zur selben Zeit begaben sich spanische Seefahrer (Christoph Kolumbus!) auf die ersten größeren Forschungsreisen zu anderen Kontinenten. Dadurch vermochte Spanien ein großes Kolonialreich zu errichten. Im Jahre 1600 kontrollierte Spanien Teile von Nord- und Südamerika, einen großen Teil Mittelamerikas und eine Anzahl karibischer Inseln.

Zum Spanischen Reich gehörten auch Portugal, die Niederlande, Österreich und Teile von Frankreich, Deutschland und Italien. Ab Mitte des 17. Jh.s gab es Konflikte, in deren Folge Spanien bis 1714 seine europäischen Gebiete und im Laufe des 19. Jh.s fast alle seine südamerikanischen Kolonien verlor.

EIN TOURISMUSGIGANT

Spanien gehört zu den fünf meistbesuchten Touristenzielen und erzielte im Jahr 2000 Einkünfte aus dem Tourismus im Wert von über 30 Mrd. US-Dollar. Die Hälfte der Besucher kommt aus Deutschland und Großbritannien, angelockt vom warmen Klima, den Mittelmeerstränden, besonders an der Costa del Sol, der Costa Blanca und der Costa Brava, sowie wegen der kulturell und historisch bedeutenden Städte wie Barcelona, Madrid und Valencia. Die beiden wichtigsten Inselgruppen des Landes – die Balearen im Mittelmeer und die Kanarischen Inseln im Atlantik – sind ebenfalls begehrte Touristenziele geworden. Die Kanarischen Inseln sind Überreste steiler Vulkankegel mit eher spärlicher

Vegetation, Sonnenschein über das ganze Jahr und milde Winter ziehen nicht nur zahlreiche Touristen an, sondern erlauben auch den Anbau von Bananen und Tomaten für den Export. Zu den Balearen gehören die beliebten Ferienziele Mallorca, Menorca und Ibiza.

▲ Cafébesucher genießen den Blick auf die Plaza Mayor im Zentrum der spanischen Hauptstadt Madrid. Sie wurde Anfang des 17. Jh.s angelegt und wurde ursprünglich von Mitgliedern des Königshauses für Spiele, Stierkämpfe und Umzüge genutzt.

ANDORRA

Das kleine, in den Pyrenäen gelegene Fürstentum Andorra existiert seit 1278 als separater Staat und lebt vom Tourismus und von seinem Status als Steuerparadies.

Fläche: 468 km²
Bevölkerungszahl: 68.000
Hauptstadt:
Andorra la Vella (36.000)
Sprache: Katalanisch
Religion:
Christen (röm.-kath.)
Währung: Euro
Exportgüter: Kraftfahrzeuge, elektrische Maschinen
Staatsform:
Cofürstentum, de facto parlamentarische Demokratie

Andorra grenzt an Frankreich und Spanien. Seine Landschaft wird dominiert von spitzen Berggipfeln, steilen Hängen und einigen Tälern. Es gibt dort zahlreiche thermale Felsquellen. Die Sommer sind trocken und relativ warm, doch im Winter herrschen niedrige Temperaturen und die Berghänge sind viele Monate lang schneebedeckt. Nur 4 % seiner Fläche sind landwirtschaftlich nutzbar, der Rest ist größtenteils bewaldet. Andorra lebt von den Millionen Besuchern, die der Schnee anzieht. Zu anderen Zeiten zieht es Besucher wegen seines Charmes und der Ruhe an. Staatsoberhäupter sind die Cofürsten – das sind französische und spanische Autoritäten, zurzeit sind das der spanische Bischof von Urgel und der französische Präsident. 1993 führte Andorra eine neue Verfassung ein, die seinen Einwohnern freie Wahlen und das Recht auf Organisation in Gewerkschaften einräumte. Im selben Jahr trat Andorra den Vereinten Nationen bei, obwohl für seine Verteidigung immer noch Spanien und Frankreich verantwortlich sind. Einheimische Andorraner machen 30 % der Bevölkerung aus. Die meisten anderen sind Einwanderer aus Frankreich und Spanien. Andorra la Vella ist die höchstgelegene Hauptstadt in Europa.

EUROPA

PORTUGAL

Das am westlichen Ende Südeuropas gelegene Portugal hat die Form eines Rechtecks und ist eine der ländlichsten Regionen in Westeuropa.

Fläche: 92.345 km²
Bevölkerungszahl: 10.177.000
Hauptstadt: Lissabon (556.797)
Sprache: Portugiesisch
Religion: Christen (röm.-kath.)
Währung: Euro
Exportgüter: Textilien und Bekleidung, Maschinen und Transportausrüstung, Schuhe, Kork, Chemikalien
Staatsform: Parlamentarische Republik

▼ Lissabon liegt auf sieben Hügeln an der Mündung des Tejo. Sie ist eine bedeutende europäische Stadt und ein wichtiger Tiefseehafen.

Portugal nimmt den westlichen Teil der Iberischen Halbinsel ein, grenzt im Norden und Osten an Spanien und im Süden und Westen an den Atlantischen Ozean. Der Norden des Landes ist gebirgig. Die höchstgelegene Region ist im Winter ein beliebtes Skigebiet. Im Norden finden sich auch die meisten Wälder, die Portugal zu 35 % bedecken. Der bedeutendste Fluss Portugals, der Tejo, entspringt im Westen Spaniens und teilt Portugal in eine nördliche und eine südliche Region. Weitere bedeutende Flüsse sind der Douro und der Guadiana, die beide ebenfalls in Spanien entspringen. Südlich des Tejo ist das Land viel flacher und tiefer gelegen. Es besteht hauptsächlich aus einer weiten Ebene, die vom Süden her von einer Bergkette durchzogen wird. Die südliche Küstenregion, die Algarve, ist ein beliebtes Touristenziel.

TRADITIONELLE LANDWIRTSCHAFT

Rund 10 % der Bevölkerung betreiben Landwirtschaft, wobei fast ein Viertel der Einwohner in ländlichen Gebieten lebt. Im trockenen Klima im Süden des Landes gedeihen Oliven, Wein und Obst. Portugal ist weltbekannt für seine Tafelweine sowie für die beiden Dessertweine Madeira und den nach der Stadt Porto benannten Port. Im flacheren Hochland und in den küstennahen

PORTUGAL

◄ Von den über zwölf Millionen Touristen, die Portugal jährlich besuchen, kommt ein großer Teil an die Algarve im Süden des Landes. Sie ist bekannt für ihre weißen Sandstrände und ihr mildes Klima.

Ebenen gibt es Getreideanbau und Viehhaltung. Da in großen Teilen des Landes noch traditionelle Landwirtschaft betrieben wird, blieb der natürliche Lebensraum vieler Vögel und anderer Tiere erhalten. Große wirtschaftliche Veränderungen in den letzten 20 Jahren brachten Portugal insbesondere eine Zunahme bei den leichten Fertigungsindustrien wie Bekleidung, Schuhe, Papier- und Lebensmittelverarbeitung.

EINE SEEFAHRERNATION

Da Portugal eine lange Küste am Atlantik hat, haben über die Jahrhunderte hinweg die Bewohner dieser Region ihren Lebensunterhalt hauptsächlich mit Fischfang und Handel verdient. Zum Teil ist das heute noch der Fall. Lissabon und Porto sind wichtige Häfen, das Land verfügt über eine große Fischereiflotte. Im Atlantik werden Kabeljau, Seehecht, Makrele und Heilbutt gefangen, wobei Sardinen ein Drittel des gesamten Fangs ausmachen. In den flacheren Küstengewässern werden Austern und andere Schalentiere gesammelt. Vom 15. Jh. an fuhren portugiesische Seefahrer in die Welt. Das Land wurde eine Kolonialmacht mit Besitzungen in Afrika, in der Karibik, Südamerika und Asien. Mit der Übergabe von Macau an China 1999 gab Portugal die Herrschaft über die letzte europäische Kolonie in Fernost auf. Heute betreibt Portugal hauptsächlich Handel mit anderen Mitgliedern der Europäischen Union.

► Portugal ist weltweit führender Korklieferant, gewonnen aus der Rinde einer speziellen immergrünen Eiche, die im Land in Hülle und Fülle wächst.

INSELN UND VERWALTUNG

1143 erlangte Portugal erstmals seine Unabhängigkeit vom maurischen Spanien. Bis 1910 wurde es von einem Monarchen regiert, danach wurde es Republik. Portugal ist in 18 Distrikte und zwei autonome Regionen, Madeira und die Azoren, eingeteilt. Madeira besteht aus drei kleinen Inseln und einer Hauptinsel mit der Hauptstadt Funchal. Auf der beliebten Ferieninsel, die rund 1.000 km südwestlich von Portugal liegt, wachsen tropische und subtropische Pflanzen. Die Azoren sind eine Gruppe von neun Inseln vulkanischen Ursprungs sowie kleinerer Inselchen und liegen über 1.200 km westlich von Lissabon.

▲ Diese charakteristische Töpferware stammt aus Sintra, einer kleinen Region mit Städten und Dörfern an den Hängen der Sierra de Sintra nordwestlich von Lissabon.

EUROPA

ITALIEN

Italien wurde 1860/61 zu einem Land vereinigt und ist heute ein bedeutender Industriestaat mit landwirtschaftlicher Basis.

Fläche: 301.336 km²
Bevölkerungszahl: 57.690.000
Hauptstadt: Rom (2.656.000)
Sprache/n: Italienisch, regional: Deutsch, Französisch, Slowenisch
Religion: Christen (röm.-kath.)
Währung: Euro
Exportgüter: Maschinen und Transportmittel, Schuhe, Kork, Chemikalien Textilien und Bekleidung
Staatsform: Parlamentarische Republik

▼ Neapel wurde im 5. Jh. v. Chr. als griechische Kolonie Neapolis (»Neustadt«) gegründet und ist heute einer der größten Häfen in Italien sowie das Industriezentrum in Süditalien.

Ein Großteil Italiens erstreckt sich als lange Halbinsel ins Mittelmeer. Im Norden grenzen vier Länder an Italien: Frankreich, Schweiz, Österreich und Slowenien. Innerhalb des italienischen Staatsgebiets gibt es zwei winzige unabhängige Staaten: San Marino und Vatikanstadt. Im Nordosten des Landes liegt Italiens größte Ebene, die lombardische Ebene, die von Italiens längstem Fluss, dem 652 km langen Po, bewässert wird. Entlang der Westküste Italiens von Genua im Norden bis nach Neapel liegen Tiefebenen, die von Bergen, Ebenen und Gipfeln unterbrochen werden. Diese Region ist neben der lombardischen Ebene die fruchtbarste und die am dichtesten besiedelte des gesamten Landes.

BERGE, GEBIRGE UND VULKANE

Ein großer Teil Italiens besteht aus Bergen und Gebirge. Im Norden liegen die zu den Alpen gehörenden Dolomiten. Sie haben ihren Namen von den vielen Formationen aus Dolomitgestein auf ihren Gipfeln. Auf der Alpensüdseite gibt es eine Reihe von Seen, zum Beispiel den Comer See, den Gardasee und den Lago Maggiore. Aus der Nutzung schnell fließender Flüsse und Bäche wird etwa die Hälfte des Elektrizitätsbedarfs Norditaliens gedeckt. Südlich der Poebene verläuft der Apennin von Norden nach Süden fast über die gesamte Länge

▲ Das Marmolada-Massiv ist mit seinen 3.342 m der höchste Gipfel der italienischen Dolomiten und beherbergt den größten Gletscher der südlichen Kalkalpen.

des Landes. Er ist das »Rückgrat« Italiens und erhebt sich östlich der Hauptstadt Rom im Gran-Sasso-Massiv bis zu einer Höhe von 2.914 m. An der Westküste verläuft eine Störungszone bis nach Sizilien, auf der verschiedene aktive Vulkane liegen, zum Beispiel der Ätna auf Sizilien und der Vesuv bei Neapel.

SIZILIEN

Sizilien gehört zum italienischen Staatsgebiet und ist die größte Insel im Mittelmeer (25.426 km²). Von der Südwestspitze des Festlandes trennt sie die Straße von Messina. Der Großteil Siziliens ist ein zwischen 200 und 500 m hohes Plateau mit höheren Bergen im Norden und mehreren vulkanischen Gipfeln, deren bekanntester der 3.350 m hohe Ätna ist, Europas höchster aktiver Vulkan. Im warmen, trockenen Klima gedeihen reiche Ernten von Zitrusfrüchten, Weintrauben und Oliven, obwohl die Insel oft mit Trockenheit zu kämpfen hat. Der Fischfang ist von enormer Bedeutung, rund ein Viertel der italienischen Fischereiflotte liegt auf Sizilien. Die Insel ist einer der weltgrößten Produzenten von Schwefel, daneben gibt es auch Eisen und Kohle.

▼ Die Tomatenernte ist harte Arbeit. Italien ist der zweitgrößte Tomatenproduzent der Welt und verarbeitet einen großen Teil der Ernte zu Soßen und Pasten, die in der italienischen Küche verwendet werden.

EUROPA

▲ Eine der zahlreichen berühmten Sehenswürdigkeiten in Rom ist die Spanische Treppe. Das aus dem frühen 18. Jh. stammende Bauwerk ist Anziehungspunkt für Touristen und Straßenkünstler und führt hinauf zur Kirche Trinità dei Monti aus dem 16. Jh.

▶ Italien gehört zu den bedeutendsten Automobilherstellern in Europa und der charakteristische rote Ferrari ist Europas berühmtestes Luxusauto. Ferrari wurde 1939 von Enzo Ferrari (1898-1988) gegründet und unterhält seit den 1940er-Jahren ein erfolgreiches Rennteam (die Formel 1 gibt es seit 1950).

SARDINIEN
Die nördlich von Sizilien gelegene Insel Sardinien (23.813 km²) ist ebenfalls bergig. Das beste Ackerland liegt in einer weiten Ebene im Südwesten der Insel, wo hauptsächlich Getreide, Oliven und Tabak angebaut werden. Daneben werden auf der Insel Blei, Kupfer, Zink und Salz gewonnen. Die über 1,6 Millionen Einwohner Sardiniens (Tendenz abnehmend) leben meist in Städten an der Küste. Die Hauptstadt der Insel ist Cagliari mit einem bedeutenden Hafen.

NORD-SÜD-KLUFT
Italien ist zwar in 20 Regionen gegliedert, doch Geografen und Wirtschaftswissenschaftler sprechen vom zweigeteilten Italien: dem Norden und dem Süden. Besonders seit dem Zweiten Weltkrieg hat sich der Norden zum industriellen Kernland entwickelt, in dem unter anderem Chemikalien, Eisen und Stahl, elektrotechnische Gebrauchsgüter, Textilien und über eine Million Automobile im Jahr produziert werden. In den großen Industriestädten im Norden, zum Beispiel in Mailand und Turin, haben italienische Großunternehmen wie Fiat und Olivetti ihren Sitz. Norditalien gehört zu den wohlhabendsten Regionen in Europa und steht damit in starkem Kontrast zum armen Süden des Landes mit seiner hohen Arbeitslosigkeit. Dort, im zerklüfteten, bergigen Gelände mit trockenen Böden herrschen Landwirtschaft im traditionellen Stil und Kleinindustrie vor. Die Armut zwingt viele Süditaliener, in den Norden abzuwandern, rund zwei Drittel der Bevölkerung lebt in Städten.

ITALIENS ATTRAKTIONEN
Italien mit seinem milden mediterranen Klima, seinen malerischen Seen und Bergen, den Überresten des alten Rom und den Skiorten gehört zu den fünf beliebtesten Touristenzielen der Welt. Im Jahr 2001 strömten 41 Millionen Touristen nach Italien, um italienische Geschichte, Kultur und die abwechslungsreiche Küche mit ihrer fast unüberschaubaren regionalen Vielfalt zu erleben. Das Land ist zweitgrößter Weinproduzent der Welt.

Die über 100.000 historischen Stätten in Italien erzählen von Reichtum und Macht vergangener Zeiten: zum einen als Zentrum des Römischen Reiches und zum anderen ab dem 14. Jh. als Geburtsstätte der Renaissance, die neues Denken in Naturwissenschaften, Philosophie und Kunst brachte. Als Heimat der Oper und dutzender einflussreicher Künstler, Architekten, Schriftsteller und Komponisten ist Italiens Kultur weltberühmt.

ITALIEN • SAN MARINO • VATIKANSTADT

SAN MARINO

Der drittkleinste Staat in Europa wurde im 13./14. Jh. unabhängig und grenzt rundum an Italien. Haupteinkommensquelle ist der Tourismus.

Fläche: 61 km²
Bevölkerungszahl: 28.000
Hauptstadt:
San Marino Città (4.400)
Sprache: Italienisch
Religion:
Christen (röm.-kath.)
Währung: Euro
Exportgüter: Wein, Weizen, Wollprodukte, Möbel, Keramik
Staatsform:
Parlamentarische Republik

San Marino liegt im nördlichen Apennin und ist an seiner längsten Stelle 12 km lang. Seine Landschaft wird vom Monte Titano mit seinen drei Gipfeln beherrscht. Auf jedem dieser Gipfel liegt eine mittelalterliche Festung: Guaita, Montale und Cesta. Letztere stammt aus dem 13. Jh. und ist am höchsten gelegen. Nach Nordosten fällt der Bergkamm zur Romagna-Ebene an der Adria hin ab, im Südwesten erheben sich einige Berge. Durch San Marino fließen mehrere große Flüsse, unter anderem Ausa und Marano. Das Land hat eine durchschnittliche Bevölkerungsdichte von über 450 Menschen pro km². An den steilen Hängen des Monte Titano liegt auf 750 m Höhe die Landeshauptstadt San Marino Città.

Landwirtschaft und Steinbrüche waren in der Vergangenheit wichtig, heute stammen drei Fünftel des Einkommens aus dem Tourismus. Die eindrucksvolle Lage und das milde Klima ziehen jährlich 2,5 Millionen Touristen an, drei Viertel davon sind Italiener. Viele Touristen reisen über die italienische Stadt Rimini an, wo sich der nächstgelegene Flughafen befindet.

VATIKANSTADT

Der kleinste unabhängige Staat der Welt liegt in der Nähe des Tiber und grenzt sich durch seine mittelalterlichen Mauern von Rom ab.

Fläche: 0,44 km²
Bevölkerungszahl: 524
Sprache/n:
Italienisch, Latein
Religion:
Zentrum der römisch-katholischen Kirche
Währung: Euro
Exportgüter: keine
Staatsform:
Souveränes Bistum

Alle Gebrauchsgüter müssen importiert werden. Die Wirtschaft von Vatikanstadt ist einzigartig in der Welt. Geld fließt aus Investitionen und von den Kirchen und den Anhängern des Katholizismus weltweit. Zusätzliche Einnahmen: Eintrittsgelder und der Verkauf von Literatur und Souvenirs an Hunderttausende von Touristen. Die vatikanische Regierungsform ist eine absolute Wahlmonarchie. Die von der römisch-katholischen Kirche auf Lebenszeit zum Papst gewählte Person hat die oberste Macht über die Gesetze und die Regierung des Staates. Für die Sicherheit ist die 100 Mann starke Schweizergarde zuständig.

▶ Der im 16. Jh. erbaute Petersdom ist wohl das berühmteste sakrale Bauwerk der Welt.

EUROPA

SLOWENIEN

Das malerische Slowenien war Teil des ehemaligen Jugoslawien, ehe es 1991 seine Unabhängigkeit erlangte.

Fläche: 20.253 km²
Bevölkerungszahl: 1.964.000
Hauptstadt: Ljubljana (264.269)
Sprache: Slowenisch
Religion: Christen (röm.-kath.)
Währung: Tolar
Exportgüter: Maschinen, Straßen- und Wasserfahrzeuge, Metallerzeugnisse, chemische Rohstoffe und Erzeugnisse, Nahrungsmittel
Staatsform: Parlamentarische Republik

▼ Ein Markt in der slowenischen Stadt Ljubljana. Die an zwei Flüssen gelegene Stadt ist seit Jahrhunderten ein bedeutendes Zentrum für den Güterverkehr. Heute gibt es in Ljubljana Schwerindustrie sowie Seifen- und Chemiefabriken.

Slowenien grenzt im Westen an Italien, im Norden an Österreich, im Osten an Ungarn und im Süden an Kroatien. Es besitzt 46 km Küste an der Adria. Im Norden und Westen besteht das Land zum Großteil aus Gebirge mit dichten Wäldern auf den tiefer gelegenen Abhängen. Fast die Hälfte des Landes ist bewaldet und bietet einigen Bären, Wölfen und Luchsen Lebensraum. Der östliche Teil liegt auf einem unfruchtbaren Kalkplateau. Über Millionen Jahre hat das Regenwasser hier eines der beeindruckendsten Tropfsteinhöhlensysteme in Europa ausgewaschen, die Höhlen von Postojna (Adelsberger Grotten), von denen bislang 22 km erforscht sind.

In Slowenien herrscht ein kontinentales Klima mit kalten Wintern und warmen Sommern. 45 % der Bevölkerung leben in kleinen landwirtschaftlichen Gemeinschaften, wo Rinder- und Schafzucht vorherrschen. Im Nordosten, wo das Klima milder ist, wird auch Weinbau betrieben. Außerdem werden Braunkohle, Blei, Zink und Uran gewonnen. Daneben gibt es eine kleine, florierende Fertigungsindustrie. Obwohl die Slowenen, die zu 85 % slawischen Ursprungs sind, im Laufe ihrer Geschichte lange Zeit von anderen Nationen beherrscht wurden, haben sie ihre reiche Kultur und ihr handwerklichen Künste erhalten. Sie haben einen relativ hohen Lebensstandard, eine gute Gesundheitsversorgung und ein gutes Bildungssystem. Mit 630 Häftlingen im Jahr 2001 hat das Land die niedrigste Zahl an Häftlingen im Verhältnis zur Bevölkerung.

MALTA

Strategisch günstig im Mittelmeer zwischen Europa und Nordafrika gelegen, ist Malta seit 2.000 Jahren ein wichtiges Handelszentrum.

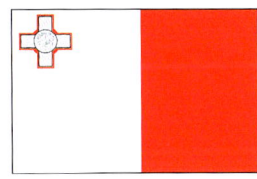

Fläche: 316 km²
Bevölkerungszahl: 397.000
Hauptstadt: Valletta (7.199)
Sprache/n: Maltesisch, Englisch
Religion: Christen (röm.-kath.)
Währung: Maltesische Lira
Exportgüter: Maschinen und Transportmittel, Fertigerzeugnisse (hauptsächlich Textilien, Bekleidung und Schuhe), Chemikalien
Staatsform: Parlamentarische Republik (im Commonwealth)

Neben den bewohnten Inseln Malta, Gozo und Comino gehören auch zwei unbewohnte zum maltesischen Archipel. Es liegt im Mittelmeer, rund 90 km südlich Siziliens und über 250 km von der Küste Nordafrikas entfernt. Malta ist die größte der Inseln. Mit 27 km Länge und 14,5 km an der breitesten Stelle hat die Insel 137 km Felsküste mit vielen niedrigen Klippen, Buchten und natürlichen Häfen. Es gibt auch einige Sandstrände, die neben dem warmen, trockenen Klima und der bedeutenden Geschichte über eine Million Urlauber jährlich anziehen. Abseits der Küste prägen hauptsächlich sanfte Hügel mit kleinen, terrassenförmig in die Abhänge eingeschnittenen Feldern die Landschaft. Angebaut werden Viehfutter, Blumen und Zitrusfrüchte. Auf Malta gibt es keine Flüsse und nur wenig Oberflächenwasser. Trinkwasser wird in Entsalzungsanlagen aus Meerwasser gewonnen. Zur nordwestlich von Malta gelegenen Insel Gozo gibt es eine regelmäßige Fährverbindung. Auf dieser weniger bevölkerten Insel gibt es fruchtbarere Böden, auf denen Früchte (vor allem Weintrauben) und Gemüse angebaut werden. Wegen ihrer strategisch günstigen Lage waren die Inseln im Laufe ihrer Geschichte von Phöniziern, Griechen, Römern, Normannen, Arabern und Türken besetzt. Letzte Kolonialmacht war Großbritannien, das Malta 1964 in die Unabhängigkeit entließ. Transportwesen und Handel haben weiterhin wesentliche Bedeutung für die maltesische Wirtschaft. Malta besitzt wenige natürliche Ressourcen und muss Treibstoff, Rohstoffe und zahlreiche Lebensmittel einführen.

▼ Die Hafenstadt Marsaxlokk an der Südostküste von Malta war viele Jahrhunderte lang ein bedeutendes Zentrum für die Fischerei.

EUROPA

DER BALKAN

Der Balkan hat seinen Namen von der gleichnamigen Halbinsel, die ins Mittelmeer ragt. Im Westen liegt auf der anderen Seite des Adriatischen Meeres Italien, im Süden läuft die Balkanküste in der ausgefransten Küste Griechenlands mit zahlreichen Inselgruppen aus. Vor der griechischen Küste erreicht das Mittelmeer mit 4.982 m seine größte Tiefe. Das Wort »Balkan« stammt vom türkischen Wort für Berge, und schroffe Gebirge bestimmen die Landschaft der Region, von der ein Großteil jahrhundertelang zum Osmanischen Reich gehörte. Als es Ende des 19. und Anfang des 20. Jh.s zerfiel, bildeten sich aufgrund der Rivalitäten zwischen den verschiedenen ethnischen Gruppen neue Staaten im Gebiet nördlich von Griechenland. Nach dem Ersten Weltkrieg ging ein großer Teil des Balkan im neuen Staat Jugoslawien auf. Nach dessen Zusammenbruch im Jahre 1991 brachen Konflikte zwischen den verschiedenen ethnischen Gruppen in Jugoslawien aus und es kam zu erbitterten Kämpfen mit Tausenden von Toten. Heute bemühen sich in der Region mehrere junge Staaten in einem unsicheren Frieden um den Wiederaufbau und um die Bildung stabiler Gesellschaften.

▲ Eine kroatische Frau an ihrem Marktstand in Zagreb, der größten Stadt in Kroatien, die auch industrielles und kulturelles Zentrum ist.

◄ Ruinen eines Tempels für einen griechischen Gott der Heilkunst, Asklepios, auf der griechischen Dodekanes-Insel Kos.

KROATIEN

Das im Jahr 800 gegründete Kroatien liegt am Übergang von Mitteleuropa zur Mittelmeerregion und gehörte im 20. Jh. lange zu Jugoslawien.

Fläche: 56.542 km²
Bevölkerungszahl: 4.465.000
Hauptstadt: Zagreb (779.000)
Sprache: Kroatisch
Religion/en: Katholiken, Serbisch-Orthodoxe
Währung: Kuna
Exportgüter: Fertigerzeugnisse, Maschinen, Chemieprodukte, Brennstoffe, Nahrungsmittel
Staatsform: Republik

▼ Die historische Altstadt und der Hafen von Dubrovnik gehören zu den malerischsten Orten in Kroatien. Die im 7. Jh. gegründete Stadt am Fuße des Sergiusberges ist mit starken Mauern befestigt.

Kroatien grenzt im Norden an Slowenien und Ungarn, seine Ostgrenze zu Serbien und Montenegro entspricht teilweise dem Donaulauf. Kroatien umschließt die Nord- und Westseite von Bosnien und Herzegowina und erstreckt sich entlang des Adriatischen Meeres mit einer Unterbrechung von 20 km, auf denen die kurze Adriaküste von Bosnien und Herzegowina liegt. Das übrige Gebiet Kroatiens, in dem auch Dubrovnik liegt, ist vom restlichen Kroatien abgeschnitten und hat einen kurzen Grenzabschnitt zu Serbien und Montenegro. Der westliche Teil Kroatiens, Dalmatien, besteht aus felsigem, eher unfruchtbarem Land mit vielen Inseln und kleinen Halbinseln. In diesem Teil herrscht mediterranes Klima, während im restlichen Land kontinentales Klima mit kalten Wintern dominiert. Der größte Fluss Kroatiens, die Save, fließt in die Donau. Etwa ein Fünftel des Landes wird landwirtschaftlich genutzt, die fruchtbarste Region liegt im Osten. Getreidefelder bedecken fast zwei Drittel davon, daneben werden Schweine, Hühner und Milchvieh gehalten und Sonnenblumenkerne, Sojabohnen sowie Zuckerrüben angebaut. Es gibt reichhaltige Rohstoffquellen, auch Öl und Kohle. Nach den zerstörerischen Konflikten der 1990er-Jahre fließen viele Hilfsmittel und Investitionen in den Wiederaufbau der früheren Wirtschaftszweige.

EUROPA

BOSNIEN & HERZEGOWINA

Bosnien und Herzegowina, seit 1992 unabhängig, sind nach einem verheerenden Bürgerkrieg mit dem Wiederaufbau beschäftigt.

Fläche: 51.129 km²
Bevölkerungszahl: 4.112.000
Hauptstadt: Sarajewo (552.000)
Sprache/n: Bosnisch, Kroatisch, Serbisch
Religion/en: Muslime (sunnitisch), Christen (serb.-orth., röm.-kath.)
Währung: Marka, Konvertible Mark
Exportgüter: Nahrungsmittel, Holz, Fertigerzeugnisse
Staatsform: Präsidialrepublik

▼ Die Stadt Mostar ist von hohen, kahlen Bergen umgeben. Früher lebten hier katholische Kroaten, bosnische Muslime und Serben. Nach dem Bürgerkrieg leben heute keine Serben mehr in der Stadt.

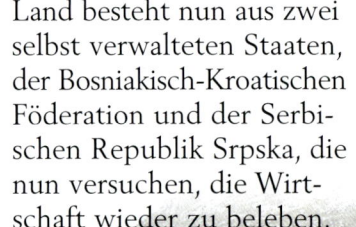

Bosnien und Herzegowina liegen auf dem Balkan und grenzen an Serbien und Montenegro sowie an Kroatien. Die Landschaft ist im Norden gebirgig, im Süden flacher und fruchtbarer. Im Norden werden Getreide und Flachs angebaut, im Süden Tabak, Obst und Baumwolle. Große Teile des Landes liegen auf einem unfruchtbaren Kalksteinplateau, durch das unterirdische Flüsse fließen, und es gibt zahlreiche Mineralquellen. Fast die Hälfte des Landes ist von Eichen-, Buchen- und Kiefernwäldern bedeckt. Seit der Römerzeit siedelten hier verschiedene religiöse und kulturelle Gruppen. Die wichtigsten ethnischen Gruppen heute sind Kroaten, Serben und Bosniaken. Letztere stellen die größte Gruppe dar und sind vorrangig Muslime. Während des erbitterten Bürgerkriegs wanderten viele Einwohner aus, die Bevölkerung schrumpfte um ein Viertel. Das Land besteht nun aus zwei selbst verwalteten Staaten, der Bosniakisch-Kroatischen Föderation und der Serbischen Republik Srpska, die nun versuchen, die Wirtschaft wieder zu beleben.

SERBIEN & MONTENEGRO

Die Union zweier semi-unabhängiger Republiken, die beide Teil des ehemaligen Jugoslawien waren, ist landschaftlich und klimatisch sehr abwechslungsreich.

Fläche: 102.173 km²
Bevölkerungszahl: 8.160.000
Regierungssitz: Belgrad (1.208.639)
Sprache: Serbisch
Religion/en: Christen (serb.-orth., röm.-kath. Minderheit), Muslime (sunnitisch)
Währung: (Serbien) Neuer Dinar, (Montenegro) Euro
Exportgüter: Fertigwaren, Nahrungsmittel, Maschinen und Transportausrüstung, Chemikalien
Staatsform: Republik, Staatenunion

Serbien und Montenegro liegen strategisch günstig auf dem Balkan, da sie an die osteuropäischen Länder Ungarn, Rumänien und Bulgarien angrenzen sowie an fünf Balkanstaaten. Mit 86 % der Landfläche ist Serbien der größere der beiden Staaten, doch hat Montenegro eine Küste am Adriatischen Meer. Im Norden, wo ein kontinentales Klima herrscht, gibt es weite Ebenen und einige flachere Hügel. Im Osten liegen Kalkberge und -becken, während Gebirge im Südwesten die Grenze zwischen dem Binnenland und der Küste bilden, an der mildes, mediterranes Klima herrscht. Nur die Hälfte der Bevölkerung lebt in Städten, von denen Belgrad die größte ist. Serben sind die größte ethnische Gruppe und machen etwa 60 % der Bevölkerung aus, muslimische Albaner etwa 17 %. Die Montenegriner (5 %) leben fast alle in Montenegro.

▼ Serbische Flüchtlinge aus dem Kosovo arbeiten auf einem Bauernhof in der zentralen Region von Serbien und Montenegro.

Aufgrund großer Kohlereserven und der Nutzung von Wasserkraft kann das Land seinen gesamten Energiebedarf selbst decken. Daneben gibt es große Vorkommen von Bauxit, Eisen, Kupfer und Blei. Die Industrie ist im Bürgerkrieg zum Erliegen gekommen. Sein Ende hat zwar ein gewisses Maß an Frieden gebracht, bislang aber kaum Wohlstand. Die Bevölkerung des Landes gehört zu den Ärmsten in Europa. Etwa zwei Drittel leben unterhalb der Armutsgrenze.

EUROPA

MAZEDONIEN

Der nur von Land umgebene Staat ist landschaftlich sehr schön. Die ehemalige jugoslawische Republik war einst das Herz des Mazedonischen Reiches.

Fläche: 25.713 km²
Bevölkerungszahl: 2.038.000
Hauptstadt: Skopje (467.257)
Sprache: Mazedonisch
Religion/en: Christen (mazedonisch-orth., röm.-kath. Minderheit), Muslime
Währung: Denar
Exportgüter: Fertigerzeugnisse, Maschinen und Transportausrüstung, Nahrungsmittel, Chemikalien
Staatsform: Präsidialrepublik

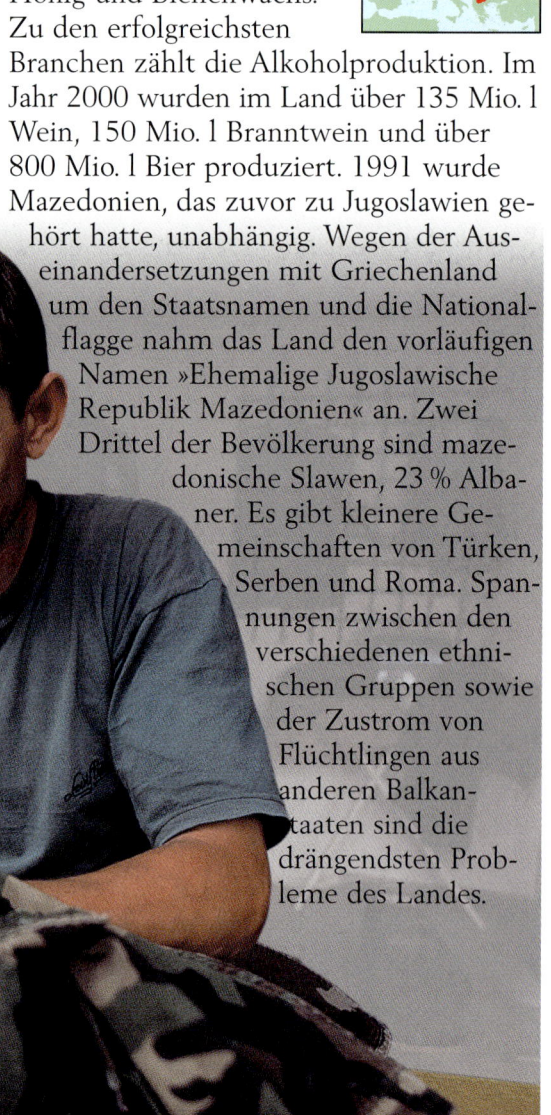

▼ Ein Mazedonier näht UNO-Abzeichen auf Militäruniformen. Eine rund 1.000 Mann starke UN-Friedenstruppe ist seit den 1990-ern in Mazedonien stationiert.

Mazedonien grenzt an Bulgarien, Serbien und Montenegro, Albanien und Griechenland. Ein Großteil des Landes besteht aus steil abfallenden Bergen, tief eingeschnittenen Tälern und ausgedehnten Waldgebieten. 34 Berggipfel über 2.000 m gibt es und vier größere Seen, von denen der Ohridsee der größte ist. Mazedoniens längster Fluss, der Vardar, durchfließt das Land auf 300 km. Er entspringt im Nordwesten und fließt nach Griechenland, wo er Axiós genannt wird, ehe er sich ins Ägäische Meer ergießt. Die Hauptstadt und zugleich größte Stadt des Landes, Skopje, liegt am Vardar. Skopje wurde nach einem Erdbeben, das 1961 große Zerstörungen in der Stadt anrichtete, wieder aufgebaut und ist nicht nur ein bedeutendes Handelszentrum für die Landwirtschaft der Region, sondern auch Industriezentrum. Metallerzeugung und -verarbeitung, Chemie und Montage sind die bedeutendsten Branchen. Schaf- und Hühnerzucht sind verbreitet und über 80.000 Bienenstöcke im Land liefern Honig und Bienenwachs. Zu den erfolgreichsten Branchen zählt die Alkoholproduktion. Im Jahr 2000 wurden im Land über 135 Mio. l Wein, 150 Mio. l Branntwein und über 800 Mio. l Bier produziert. 1991 wurde Mazedonien, das zuvor zu Jugoslawien gehört hatte, unabhängig. Wegen der Auseinandersetzungen mit Griechenland um den Staatsnamen und die Nationalflagge nahm das Land den vorläufigen Namen »Ehemalige Jugoslawische Republik Mazedonien« an. Zwei Drittel der Bevölkerung sind mazedonische Slawen, 23 % Albaner. Es gibt kleinere Gemeinschaften von Türken, Serben und Roma. Spannungen zwischen den verschiedenen ethnischen Gruppen sowie der Zustrom von Flüchtlingen aus anderen Balkanstaaten sind die drängendsten Probleme des Landes.

ALBANIEN

Das Land ist eines der ärmsten und am wenigsten entwickelten Länder in Europa und war im 20. Jh. meist von der Außenwelt isoliert.

Fläche: 28.748 km²
Bevölkerungszahl: 3.150.000
Hauptstadt: Tirana (343.000)
Sprache: Albanisch
Religion/en: Muslime (sunnitisch), Christen (albanisch-orth., röm.-kath.)
Währung: Lek
Exportgüter: Fertigerzeugnisse, Chrom und Kupfer, Nahrungsmittel und Tabak, Fabrikerzeugnisse
Staatsform: Präsidialrepublik

▼ Die im 17. Jh. gegründete Stadt Tirana an der Iskar ist Albaniens größte Stadt und zugleich Hauptstadt.

Albanien liegt auf dem westlichen Teil der Balkanhalbinsel am Adriatischen Meer und grenzt im Norden an Serbien und Montenegro, im Osten an Mazedonien und im Süden an Griechenland. Im westlichen Küstentiefland gibt es einige Sumpfgebiete, doch der größte Teil besteht aus fruchtbarem Boden und wird intensiv genutzt. Hier ist das Land auch am dichtesten besiedelt. Der Rest des Landes besteht vor allem aus Gebirge. Die wichtigsten Flüsse Albaniens entspringen in den Bergen und fließen westwärts in die Adria.

Die Hälfte der arbeitenden Bevölkerung ist in der Landwirtschaft beschäftigt. Es werden hauptsächlich Weizen, Mais, Kartoffeln und Zuckerrüben angebaut. Daneben gibt es 1,9 Millionen Schafe. Die albanische Bevölkerung gehört mit weniger als 2 % Nichtalbanern zu den homogensten in Europa. Das Land stand den größten Teil des 20. Jh.s unter kommunistischer Herrschaft und war vom Rest der Welt isoliert. Daher ist es weniger entwickelt und trotz der Metall-, Gas- und Ölvorkommen sind Industrie und Wirtschaft hinter dem restlichen Europa zurück. Die albanische Bevölkerung gehört zu den ärmsten in Europa, und viele junge Albaner wollen im Ausland arbeiten. Es leben bereits mehr Albaner im Ausland als in Albanien.

EUROPA

GRIECHENLAND

Griechenland repräsentiert eine der ältesten Kulturen in Europa, obwohl es erst 1822 von der Türkei unabhängig wurde.

Fläche: 131.957 km²
Bevölkerungszahl: 10.631.000
Hauptstadt: Athen (745.514, Agglomeration 3,12 Mio.)
Sprache: Griechisch
Religion: Griechisch-Orthodoxe
Währung: Euro
Exportgüter: Textilien, Nahrungsmittel, Getränke, Tabak, Erdölprodukte, Mineralien, Baumwolle
Staatsform: Parlamentarische Republik

Griechenland nimmt mit seiner stark fragmentierten Landmasse und seiner zerklüfteten, über 4.000 km langen Küste den südlichsten Teil der Balkanhalbinsel ein. Zu Lande grenzt Griechenland im Norden an Albanien, Mazedonien, Bulgarien und die Türkei. Zwei große Golfe trennen die Peloponnes-Halbinsel vom Rest des griechischen Festlandes. Ein Großteil des Landes ist gebirgig, wobei der Pindos der größte Gebirgszug ist. In den noch jungen Gebirgen gibt es häufig Erdbeben. Es herrscht hauptsächlich mediterranes Klima mit milden, feuchten Wintern, die durchschnittliche Tagestemperatur fällt selten unter 10 °C. In den subtropischen, trockenen und warmen Sommern sorgen die so genannten Meltemia-Winde für leichte Abkühlung. In den Wäldern im Norden Griechenlands leben Wildkatzen, Rehwild, einige wenige Braunbären, Luchse und Wildschweine. Im Süden trifft man Schakale und Wildziegen. Weite Teile Griechenlands, besonders die westlichen Feuchtgebiete, werden im Winter von Zugvogelschwärmen besucht.

▼ Vor fast 2.500 Jahren war Piräus am Saronischen Golf die Hafenstadt für die rund 8 km weiter landeinwärts liegende Stadt Athen. Seit dem 20. Jh. ist Piräus Griechenlands größter Hafen.

LANDWIRTSCHAFTLICHE FAMILIENBETRIEBE

Nur 22 % des Bodens sind landwirtschaftlich nutzbar, der Rest sind steinige Strauchgebiete, Gebirge oder Wald. Trotz der schlechten Böden und der Erosion mancherorts ist fast ein Fünftel der arbeitenden Bevölkerung in der Landwirtschaft tätig, die sowohl vom griechischen Staat als auch von der Europäischen Union, der Griechenland 1981 beitrat (damals noch EG), unterstützt wird. In dem warmen Klima bauen die meist kleinen Familienbetriebe Oliven, Wein und Zitrusfrüchte an. Für den Export sind vor allem Tabak, Baumwolle, Olivenöl und griechischer Käse von Bedeutung. Daneben werden Schafe und Ziegen gehalten, in der Fischerei gelten strenge Regeln, um eine Überfischung des Mittelmeeres zu vermeiden.

GRIECHENLAND

▲ Eine geschäftige Metropole: Durch Landflucht gibt es in Athen eine hohe Bevölkerungsdichte, allerdings auch viel Verkehr und eine starke Luftverschmutzung.

DIE WIRTSCHAFT

Griechenland ist eines der weniger wohlhabenden Mitglieder der Europäischen Union und baut wirtschaftlich vor allem auf den Tourismus und die Landwirtschaft. Mit Ausnahme von Bauxit gibt es im Land kaum Bodenschätze. Bedeutsam sind seit dem Zweiten Weltkrieg die Textil-, Zement-, Telekommunikations- sowie die Lebensmittelbranche. Die griechische Handelsflotte ist die größte der Welt, und Schiffbau und Handel sind ebenfalls wichtige Wirtschaftszweige.

DIE GRIECHISCHEN INSELN

Die mehr als 2.000 Inseln machen ein Fünftel der griechischen Landfläche aus, doch nur 154 davon sind bewohnt. Zu den Inselgruppen gehören die Ionischen Inseln im Westen und die Kykladen im Südosten. Einige griechische Inseln liegen nahe vor der Küste der Türkei, mit der Griechenland einige territoriale Streitigkeiten hat. Kreta ist mit einer Fläche von 8.261 km² die größte griechische Insel und die fünftgrößte im Mittelmeer. Sie ist berühmt für ihre eindrucksvollen Schluchten – am bekanntesten ist die 18 km lange Samariaschlucht. Auf Kreta fand man Überreste der minoischen Kultur aus der Zeit um 3500 v. Chr. Doch gehört die Insel auch zu den wichtigsten Entstehungsstätten der antiken griechischen Kultur, die sich in der Region um die heutige Hauptstadt Athen ausbreitete. Die Olympischen Spiele, die vor über 2.500 Jahren in Griechenland ihren Anfang genommen hatten, kehrten 2004 nach Athen zurück.

▼ In ganz Griechenland findet man Tausende von Überresten antiker Bauwerke. Dieses besterhaltene griechische Theater in Epidauros fasste mit seinen 55 Reihen rund 14.000 Zuschauer und wird heute wieder benutzt.

EUROPA

OSTEUROPA

Osteuropa erstreckt sich vom Westen bis zum Ural in Russland. Dazu zählen die baltischen Staaten Estland, Lettland, Litauen sowie Weißrussland, Ukraine, Moldawien, Rumänien und Bulgarien. Für die Handelsbeziehungen der Region sind die Ostsee im Norden und das Schwarze Meer im Süden von Bedeutung. Zwar gibt es einige Bergketten, allerdings sind weite Gebiete Osteuropas Teil der mittel- und osteuropäischen Tiefebene, die sich bis weit nach Westrussland hinein erstreckt. Zwar ist in manchen Teilen dieser Ebene der Boden schlecht, an anderen Orten ist sie jedoch fruchtbar genug für extensiven Getreideanbau, besonders in der Ukraine und in Westrussland. Alle Länder in dieser Region gehörten bis Ende der 80er-Jahre des 20. Jahrhunderts entweder zur ehemaligen Sowjetunion oder zum kommunistischen Ostblock. Die meisten Länder Osteuropas sind bemüht, ihre Industrien zu modernisieren und mit den Ländern in Westeuropa in Wettbewerb zu treten. Die Verbindungen zwischen beiden Teilen der Kontinents werden enger. Die baltischen Staaten Estland, Lettland und Litauen sind der Europäischen Union im Jahr 2004 beigetreten. Bulgarien und Rumänien wollen 2007 folgen.

▼ Die Basilius-Kathedrale auf dem Roten Platz in der russischen Hauptstadt Moskau: Sie wurde 1555–1560 unter Iwan IV. dem Schrecklichen erbaut als Dank für seinen Sieg über die Kasan-Tataren.

OSTEUROPA

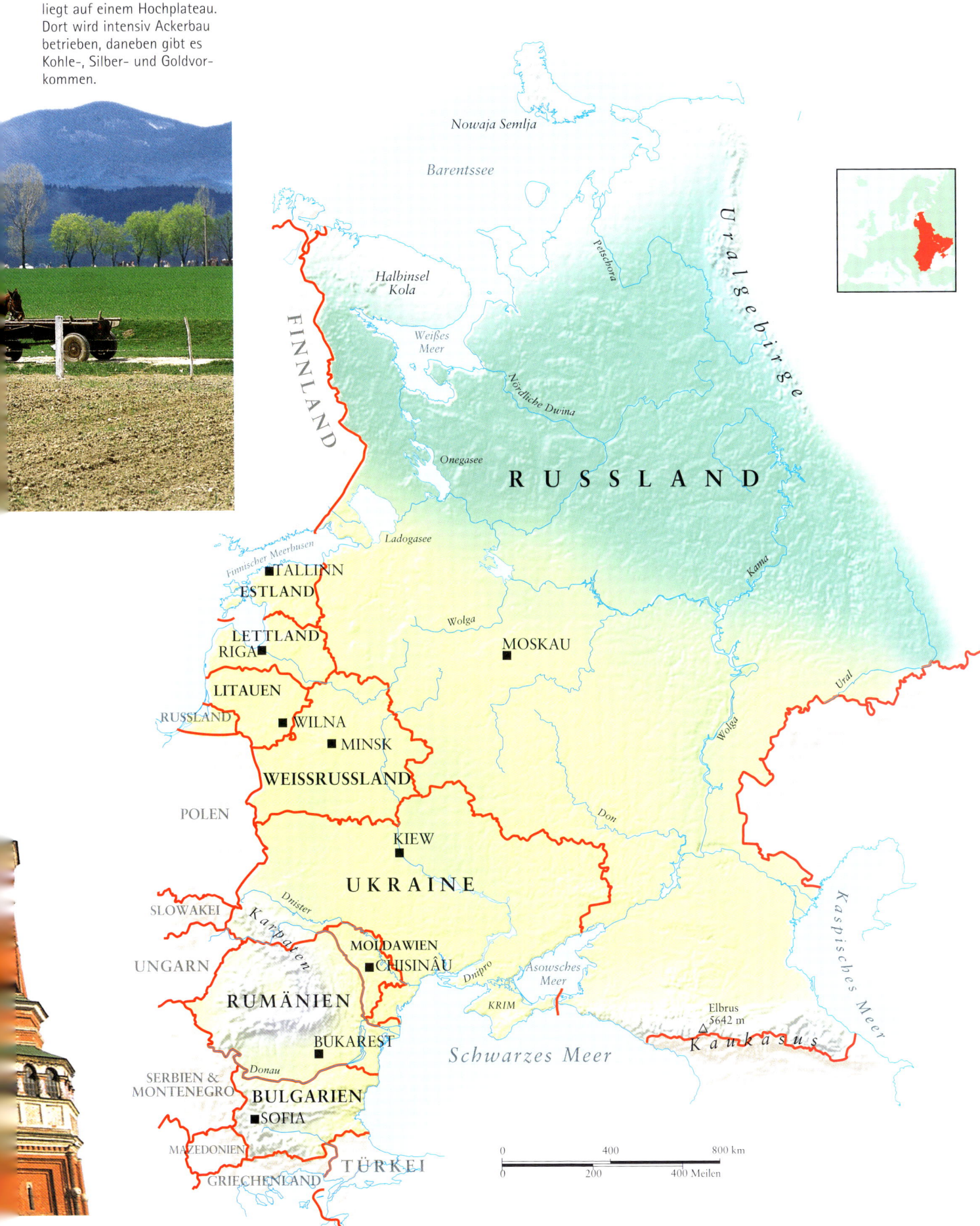

▼ Transsilvanien in Rumänien liegt auf einem Hochplateau. Dort wird intensiv Ackerbau betrieben, daneben gibt es Kohle-, Silber- und Goldvorkommen.

EUROPA

ESTLAND

Dichte Wälder, sanfte Hügel und eine lange Küste bestimmen die Landschaft im kleinsten und nördlichsten baltischen Staat.

Fläche: 45.227 km²
Bevölkerungszahl: 1.358.000
Hauptstadt: Tallinn (Reval) (397.150)
Sprache: Estnisch
Religion/en: Nichtgläubige (über 60 %), Christen (ev.-luth., russ.-orth.)
Währung: Estnische Krone
Exportgüter: Chemikalien, Mineralöle, Nahrungsmittel, Textilien, Bekleidung, Holz und Papier
Staatsform: Parlamentarische Republik

Estland grenzt im Süden an seinen baltischen Nachbarn Lettland, im Osten an Russland, im Westen an die Ostsee und im Norden an den Finnischen Meerbusen, einen Ausläufer der Ostsee. In Estland dominiert das Tiefland, zwei Drittel des Landes liegen weniger als 50 m hoch. Rund 7.000 Bäche und Flüsse durchziehen das Land und machen zusammen mit den über 1.000 Seen rund 5 % der Landfläche aus. Der größte ist der Peipussee (Peipsi järv, 2.670 km²), der fünftgrößte Süßwassersee in Europa, durch den auch ein großer Teil der Grenze zu Russland verläuft. Weitere 10 % des estnischen Territoriums sind der baltischen Küste vorgelagerte Inseln. Die beiden größten sind Saaremaa (Ösel), wo hauptsächlich Viehzucht betrieben wird, und Hiiumaa (Dagö), auf der die meisten Beschäftigten, darunter viele schwedischen Ursprungs, dem Fischfang nachgehen. Rund 45 % des Landes sind bewaldet und bieten einer vielfältigen Tierwelt Lebensraum. Aus den Wäldern stammt auch der Rohstoff für die starke Holz-, Möbel- und Papierindustrie des Landes. Die wichtigsten Wirtschaftszweige sind Metallverarbeitung, Maschinenbau, der Abbau von Ölschiefer und die Produktion von Treibstoffen und chemischen Produkten. Mit nur 31 Einwohnern je km² hat Estland eine der geringsten Bevölkerungsdichten in Europa. Der Name des Landes leitet sich vom Volk der Esten ab, die vor rund 2.000 Jahren in der Region siedelten und deren Sprache und Abstammung enge Verwandtschaft mit den Finnen aufweist. Etwa zwei Drittel der Bevölkerung sind Esten, mit 28 % stellen die Russen die größte Minderheitengruppe. Sieben von zehn Esten leben in größeren Städten wie der Hauptstadt Tallinn, der Industriestadt Narva und im beliebten Sommer-Ferienort Pärnu (Pernau), wo ein wärmeres Klima herrscht als im Rest des Landes.

▲ Tallinn wurde im 13. Jh. gegründet, als Kreuzritter an diesem Ort eine Burg errichteten. Zahlreiche historische Gebäude überstanden Feuersbrünste und Kriege. Mehrere Hunderttausend ausländische Touristen besuchen Tallinn jedes Jahr.

▶ Eine Segeljolle im unruhigen Wasser der Bucht von Tallinn, im Hintergrund die Skyline der estnischen Hauptstadt.

LETTLAND

Das flache, waldreiche und sumpfige Lettland ist der am stärksten industrialisierte baltische Staat. Handel wird vor allem an der Küste betrieben.

Fläche: 64.589 km²
Bevölkerungszahl: 2.338.000
Hauptstadt: Riga (764.328)
Sprache: Lettisch
Religion/en: Nichtgläubige (etwa 60 %), Christen (ev.-luth., röm.-kath.)
Währung: Lats
Exportgüter: Holz und Papierprodukte, Textilien, Nahrungsmittel, Agrarprodukte, Maschinen
Staatsform: Parlamentarische Republik

▼ Riga am Südende des Rigaischen Meerbusens ist Lettlands bedeutendster Hafen. Hier leben zwei Drittel der Bevölkerung.

Lettland besteht zum Großteil aus Niederungen, die weniger als 200 m hoch liegen. Es grenzt im Osten an Weißrussland und Russland, und ein großer Teil seiner Küste umschließt den Rigaischen Meerbusen. In dieser durch die große estnische Insel Saaremaa (Ösel) geschützten Bucht liegen Häfen mit relativ warmem Wasser, zum Beispiel Liepaja (Libāu), Ventspils (Windau) und Riga, der größte Hafen und zugleich Hauptstadt des Landes. Von den zahlreichen Bächen und Flüssen im Land sind nur 17 länger als 90 km. Der längste ist die Düna, die im Nordwesten Russlands entspringt, Lettland durchfließt und in den Rigaischen Meerbusen mündet. Da der von Dezember bis April zugefrorene Fluss eine Reihe von Stromschnellen und Untiefen aufweist, ist er für größere Schiffe nicht schiffbar. Mit seiner Wasserkraft wird Elektrizität gewonnen und Holz vom bewaldeten Landesinneren wird auf der Düna zu den Küstenhäfen geflößt. Mehr als die Hälfte der lettischen Wälder bestehen aus Nadelbäumen, auch Eichenwälder sind verbreitet. Aus den Wäldern, die über 40 % des Landes bedecken, wird eine bedeutende Holzwirtschaft beliefert. Abgesehen von Torf aus den Sümpfen, die fast ein Zehntel des Landes ausmachen, und von Kalk und Dolomitgestein für die Bauwirtschaft, verfügt Lettland kaum über Rohstoffe. Es importiert Öl und andere Treibstoffe aus Russland, obwohl im Osten des Landes selbst kürzlich Öl entdeckt wurde. Drei Viertel der Bevölkerung leben in Städten, in ländlichen Gebieten leben die Menschen von Milchwirtschaft und Viehzucht. Rund 57 % der Bevölkerung sind Letten. Die größte Minderheit bilden mit 30 % die Russen, daneben gibt es Ukrainer, Weißrussen und Polen in Lettland.

REGIERUNG UND UNABHÄNGIGKEIT

Lettland wurde in der Vergangenheit meistens von fremden Mächten regiert, zum Beispiel von Schweden und später von Polen. Im 18. Jh. wurde das Land in das große russische Reich Peters des Großen annektiert. 1919 erlangte es seine Unabhängigkeit, bis der Ostblock es nach dem Zweiten Weltkrieg absorbierte. Nach seiner Unabhängigkeit 1991 trat die Verfassung aus dem Jahre 1922 wieder in Kraft. Der Staatspräsident wird von der Saeima gewählt, einem Parlament mit 100 Abgeordneten, das in freien Wahlen alle vier Jahre gewählt wird. Lettland wurde 2004 Mitglied der Europäischen Union.

EUROPA

LITAUEN

Der südlichste baltische Staat hat eine kurze Küste im Westen. Wichtigste Erwerbszweige sind Schwerindustrie und Landwirtschaft.

Fläche: 65.300 km²
Bevölkerungszahl: 3.469.000
Hauptstadt: Vilnius (Wilna) (543.000)
Sprache: Litauisch
Religion: Katholiken
Währung: Litas
Exportgüter: Textilien, Chemikalien, Mineralerzeugnisse, Maschinen
Staatsform: Republik

▼ Litauer beten vor dem Altar mit einer Ikone der Jungfrau Maria. Rund 79 % der Litauer sind Katholiken.

Litauen grenzt im Norden an Lettland, im Süden und Osten an Weißrussland und im Südwesten an Polen und Russland. Seine Landschaft wird von Tiefebenen und flachen Hügeln mit über 20 Flüssen und zahlreichen Seen bestimmt. Das Land wird hauptsächlich vom größten Fluss, der über 937 km langen Nemunas (Memel), entwässert. Am kurzen Küstenstreifen zur Ostsee wird ein Großteil des Bernsteins in der Welt gefunden. Aus dem fossilen Harz prähistorischer Bäume wird unter anderem Schmuck hergestellt. Vor der Küste liegt eine 95 km lange Bank aus Sanddünen, die Kurische Nehrung, die südlich der Stadt Klaipéda (Memel) beginnt und das Kurische Haff umschließt. Über ein Viertel des Landes ist bewaldet und es gibt fünf Nationalparks und vier Wildreservate. Vor 700 Jahren war Litauen ein mächtiger, unabhängiger Staat, doch ab dem 16. Jh. gehörte es zu Polen und später zu Russland. 1918 erklärte Litauen seine Unabhängigkeit, wurde jedoch 1944 von Russland okkupiert, bis es 1991 wieder unabhängig wurde. 82 % der Bevölkerung sind Litauer, die größten Minderheiten sind Polen und Russen (je 7 %).

WEISSRUSSLAND

Weißrussland (seit 1991 von der ehemaligen Sowjetunion unabhängig) wird von Niederungen und Seen im Norden sowie Sumpfgebieten im Süden bestimmt.

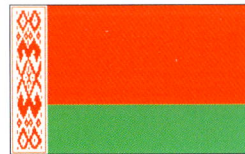

Fläche: 207.595 km²
Bevölkerungszahl: 9.925.000
Hauptstadt: Minsk (1.699.100)
Sprache/n: Weißrussisch, Russisch
Religion/en: Nichtgläubige (fast 50 %), Russisch-Orthodoxe
Währung: Belarus-Rubel
Exportgüter: Lastfahrzeuge, Reifen, Dieselkraftstoff, Synthetikfasern, Kühlschränke, Düngemittel, Milch und Milchprodukte
Staatsform: Präsidialrepublik

Ein diagonal durch Weißrussland verlaufender Gebirgszug teilt das Land in zwei Tieflandgebiete. Im Norden liegen sanft-wellige Hügel und zahlreiche der 11.000 kleinen Seen des Landes. Südlich liegt eine weite Sumpflandebene, die vom Fluss Pripjat und seinen Zuflüssen entwässert wird. In dieser Region liegt auch das größte, nicht kultivierte Sumpfgebiet Europas, die Pripjat-Sümpfe. Im Westen, an der Grenze zu Polen, liegt der Beloweschskaja-Puschta-Nationalpark, Europas größtes Naturreservat, wo noch die sehr seltenen Wisente anzutreffen sind.

ZWEIMAL ZERSTÖRT

Im Zweiten Weltkrieg verloren über zwei Millionen Weißrussen ihr Leben, nachdem zahlreiche Städte des Landes zerstört worden waren. Als 1986 in der benachbarten Ukraine das Atomkraftwerk in Tschernobyl explodierte, gingen 70 % des radioaktiven Niederschlags auf weißrussischem Gebiet nieder. Fast drei Millionen Menschen wurden schwer verstrahlt, Erde, Flüsse und Bäche kontaminiert. Rund 15 % der Wälder des Landes und 20 % seiner landwirtschaftlichen Nutzfläche sind immer noch so stark radioaktiv, dass sie nicht genutzt werden dürfen. Die Kosten für die Dekontamination der Region und die Umsiedlung der Bewohner sowie die langfristigen Folgen des bislang schwersten Reaktorunfalls weltweit haben das Gesundheitssystem und die Wirtschaft des Landes trotz Hilfe aus dem Ausland stark belastet.

EINE WIRTSCHAFT IM NIEDERGANG

Schätzungsweise ein Fünftel der Beschäftigten des Landes arbeitet in der Landwirtschaft, doch trägt die Industrie mehr zur Wirtschaft des Landes bei. Als Weißrussland noch Teil der Sowjetunion war, wurden zahlreiche Anlagen für Schwerindustrie gebaut, in denen die in anderen Teilen der Sowjetunion, besonders aus der Ukraine gewonnenen Rohstoffe verarbeitet wurden. Als unabhängiger Staat mit relativ wenig Bodenschätzen steht Weißrussland nun vor wirtschaftlichen Schwierigkeiten. Von den alten Strukturen aus der Sowjetzeit ist viel geblieben, nur wenig wurde privatisiert oder modernisiert, sodass das Land auf dem Weltmarkt kaum wettbewerbsfähig ist. In der Folge ist die Produktion gesunken. Im wichtigsten Industriezentrum, der Hauptstadt Minsk und ihrer Umgebung, werden unter anderem Landmaschinen, Kraftfahrzeuge, Werkzeugmaschinen und Elektroartikel produziert oder montiert. Das Land unterhält noch enge wirtschaftliche Beziehungen zu Russland: Rund drei Fünftel der Importe und fast die Hälfte der Exporte werden mit Russland abgewickelt. Russland unterstützt das Land mit über einer Milliarde US-Dollar in Form von Schuldenerlässen, verlangt aber Weltmarktpreise für seine Erdöl- und Rohstofflieferungen.

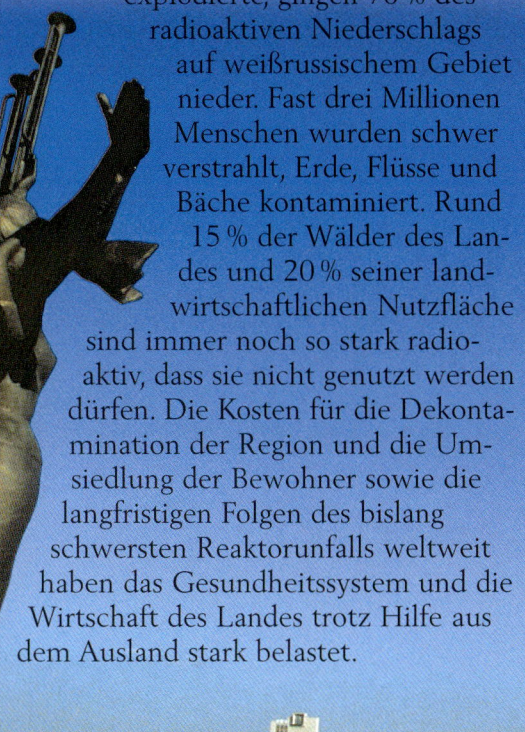

▼ Ein Denkmal in der weißrussischen Hauptstadt Minsk. Die größte Stadt im Land wurde nach 1944 fast vollständig wieder aufgebaut und hat sich seit der Unabhängigkeit kaum verändert.

EUROPA

UKRAINE

Die Ukraine mit Zugang zum Schwarzen Meer gehört zu den wirtschaftlich stärksten unter den ehemaligen Sowjetstaaten.

Fläche: 603.701 km²
Bevölkerungszahl: 48.717.000
Hauptstadt: Kiew (2.611.000)
Sprache: Ukrainisch
Religion/en: Nichtgläubige (rund 55 %), Christen (russ.-orth., ukrainisch-orth.)
Währung: Griwna
Exportgüter: Eisenmetalle, Maschinen, Bodenschätze, Chemikalien
Staatsform: Präsidialrepublik

▼ Ein Mähdrescher erntet Getreide in der Ukraine. Das Land gehört zu den bedeutendsten Getreideproduzenten der Welt und ist der größte Produzent von Zuckerrüben.

Die Ukraine ist nach Russland der zweitgrößte der ehemaligen Sowjetstaaten, was Fläche und Bevölkerungszahl betrifft. Der größte Teil des Landes besteht aus fruchtbaren Ebenen, den so genannten Steppen, und aus Hochflächen. Den Norden bedecken dichte Wälder aus Kiefern, Eichen und Fichten. Gebirge gibt es nur im Westen und auf der Halbinsel Krim, die ins Schwarze Meer ragt. Die Ukraine hat eine lange Schwarzmeerküste und grenzt außerdem an das Asowsche Meer, das eine Oberfläche von rund 38.000 km² einnimmt. Das nur bis zu 14 m tiefe Gewässer ist fast vollständig von Land umgeben und hat durch den starken Zufluss von Süßwasser nur einen geringen Salzgehalt. Nur die schmale Straße von Kertsch im Süden verbindet es mit dem Schwarzen Meer. In der Ukraine herrscht generell kontinentales Klima mit warmen Sommern und kalten Wintern, besonders im Osten des Landes. An der Krimküste dagegen ist das Klima mediterran, mit heißeren Sommern. Die Regenmengen variieren stark je nach Region: Im Norden und Westen des Landes sind die Niederschläge stärker, in den Bergregionen fällt sehr viel Schnee.

REICH AN BODENSCHÄTZEN

Schätzungsweise 5 % aller Bodenschätze weltweit lagern in der Ukraine. Das Land verfügt über die größten Mangan- und Titan- und die drittgrößten Eisenerzreserven der Welt. Im Jahr 2000 förderte die Ukraine über 26 Mio. t Eisenerz. Trotz des dramatischen Rückgangs seit der Unabhängigkeit 1991 bleibt die Metallindustrie bedeutendster Wirtschaftszweig des Landes, der etwa ein Fünftel des Bruttoinlandsprodukts und etwa ein Viertel aller Exporte ausmacht. Es gibt gewaltige Kohlevorkommen im Land, besonders im Osten um die Stadt Donezk. Erdöl- und Erdgasvorkommen sind jedoch so gering, dass das Land über vier Fünftel seines Bedarfs einführen muss.

GETREIDEGIGANT IN OSTEUROPA

Auf den sehr fruchtbaren Millionen Hektar flachen Landes kann Getreide im großen Stil angebaut werden. Die ehemalige »Kornkammer der Sowjetunion« produzierte immer schon einen großen Überschuss an landwirtschaftlichen Erzeugnissen und Nahrungsmitteln, der in andere Teile der ehemaligen Sowjetunion oder in osteuropäische »Bruderstaaten« exportiert wurde. Ende der 1980er-Jahre stammte über ein Viertel der landwirtschaftlichen Produkte der Sowjetunion aus der Ukraine. Seit der Unabhängigkeit ist die Produktion jedoch auf weniger als die Hälfte der Werte von vor 1991 gesunken. Ein Teil der Agrarflächen wurde durch den radioaktiven Niederschlag nach der Reaktorkatastrophe in Tschernobyl 1986 kontaminiert. Da die von der Landwirtschaft abhängigen Branchen wie die Produktion von Fabrikmaschinen und die Lebensmittelindustrie größtenteils veraltet sind und um ihr Überleben kämpfen müssen, werden bestimmte Grundnahrungsmittel immer wieder knapp. Eine Reihe ausländischer Unternehmen hat den Betrieb in der Ukraine aufgenommen, will die Industrie modernisieren und die ausgebildeten Arbeitskräfte nutzen. Seit der Unabhängigkeit im Jahr 1991 ist die Schere zwischen Arm und Reich in der Bevölkerung, die zu 73 % aus Ukrainern und zu 22 % aus Russen besteht, beträchtlich gewachsen.

▲ Ukrainische Bergleute unter Tage: Die gewaltigen Kohlevorkommen der Ukraine reichen bei der gegenwärtigen Fördermenge noch 300 Jahre lang.

EUROPA

MOLDAWIEN

Moldawien, eines der ärmsten Ländern Europas, ist die kleinste und am dichtesten besiedelte der ehemaligen Sowjetrepubliken. Es hat keinen Zugang zum Wasser.

Fläche: 33.800 km²
Bevölkerungszahl: 4.255.000
Hauptstadt: Chisinau (Kischinjow) (662.400)
Sprache: Moldawisch
Religion/en: Nichtgläubige (über 45%), Christen (rumän.-orth., russ.-orth.)
Währung: Moldau-Leu
Exportgüter: Nahrungsmittel und landwirtschaftliche Produkte, Maschinen, Textilien, Metalle
Staatsform: Präsidialrepublik

Moldawien (auch Moldau) grenzt an drei Seiten an die Ukraine und im Westen an Rumänien. Das Land mit einer mittleren Höhe von nur 140 m ist größtenteils hügelig und wird von Hunderten kurzer Flüsse und Bäche durchzogen. Der längste, der Dnjestr, fließt durch den Osten des Landes und mündet in der Ukraine in das Schwarze Meer.

EIN AGRARLAND

Über sieben Zehntel der Fläche Moldawiens sind von fruchtbarer schwarzer Erde bedeckt, die landwirtschaftlich nutzbar ist. Weizen, Tabak, Mais und Sonnenblumenkerne gehören zu den Hauptprodukten, während im Süden Wein angebaut wird. Der Weinbau in Moldawien gehört zu den wenigen Wirtschaftszweigen, die seit der Unabhängigkeit 1991 florieren. Größter Arbeitgeber des Landes ist die Landwirtschaft. Sie beschäftigt 39% der Arbeitskräfte und produziert zahlreiche Exportprodukte. Die Lebensmittelverarbeitung macht 42% der Industrieproduktion aus. Da das Land nur über geringe Bodenschätze verfügt und zudem die Infrastruktur sehr schlecht ist, ist die wirtschaftliche Lage schwierig; die Moldawier gehören zu den Ärmsten in Europa. Moldawien war früher ein Teil Rumäniens und fast zwei Drittel der Bevölkerung sind entweder moldawischer oder rumänischer Abstammung. Zwei große Minderheiten, Ukrainer und Russen, machen ein weiteres Viertel der Bevölkerung aus. Zahlreiche Russen und Ukrainer leben in einer autonomen Republik innerhalb Moldawiens, der Dnjestr-Republik östlich des Flusses.

▲ Eine Hochzeit in einer Kirche der Hauptstadt Chisinau. Viele Moldawier gehören der rumänisch-orthodoxen Kirche an.

▶ Kartoffelernte in Moldawien. Ein Großteil der landwirtschaftlichen Produkte in Moldawien stammt aus Kooperativen.

RUMÄNIEN

Das seit 1878 unabhängige Rumänien ist landschaftlich vielfältig mit seiner Schwarzmeerküste, den Gebirgen und Tiefebenen.

Fläche: 238.391 km²
Bevölkerungszahl: 22.300.000
Hauptstadt: Bukarest (Bucuresti) (921.751)
Sprache: Rumänisch
Religion: Rumänisch-Orthodoxe
Währung: Leu
Exportgüter: Textilien, Mineralprodukte, Chemikalien, Maschinen, Schuhe
Staatsform: Republik

Rumänien grenzt im Nordwesten an Ungarn, im Norden an die Ukraine, im Osten an Moldawien, im Süden an Bulgarien und im Osten an Serbien und Montenegro. Es besitzt eine strategisch wichtige Küste am Schwarzen Meer. Die Donau als herausragender Transportweg fließt größtenteils entlang der bulgarischen Grenze und bildet an ihrer Mündung ins Schwarze Meer ein weites Delta.

BERGE, WÄLDER UND FELDER

Ein Großteil Nord- und Mittelrumäniens wird von zwei großen Gebirgszügen bedeckt. Von Osten nach Westen verlaufen die Südkarpaten, mit dem höchsten Gipfel des Landes, dem 2.544 m hohen Moldoveanu. Nördlich davon liegt eine weite, hügelige Hochfläche, die im Norden und Osten von den Ostkarpaten umschlossen wird. Über ein Viertel des Landes ist von Wäldern bedeckt und bietet zahlreichen Wildtieren Lebensraum, unter anderem Wölfen, Rotwild, Bären, Wildschweinen und Luchsen. 45 % des Landes sind landwirtschaftlich nutzbar.

NATÜRLICHE RESSOURCEN

Die meisten Rohstoffe für die rumänische Industrie werden importiert, und die einstmals bedeutenden Erdöl- und Erdgasvorkommen schwinden schnell. Wichtigste Ressourcen sind die fruchtbaren Böden und die schnell fließenden Flüsse, an denen Strom erzeugt wird; daneben gibt es Blei-, Zink- und Schwefelvorkommen. Ein Großteil der industriellen und landwirtschaftlichen Exporte werden über den größten Hafen des Landes in Constanta verschifft. Die Stadt Iasi im Nordosten ist mit über 340.000 Einwohnern Rumäniens zweitgrößte Stadt nach der Hauptstadt Bukarest.

▼ Ein Teil von Bukarest wurde in den 1980er-Jahren abgerissen, damit der gigantische Palast des Volkes (heute Parlaments-Palast) errichtet werden konnte. Obgleich noch nicht zur Gänze fertig gestellt, ist er nach dem Pentagon in den USA das zweitgrößte Verwaltungsgebäude der Welt.

EUROPA

BULGARIEN

Das gebirgige Land am Schwarzen Meer in Südosteuropa blickt auf eine lange und wechselvolle Geschichte zurück.

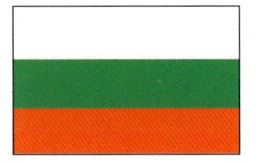

Fläche: 110.994 km²
Bevölkerungszahl: 7.965.000
Hauptstadt: Sofia (1.096.289)
Sprache: Bulgarisch
Religion/en: Nichtgläubige (über 40%), Christen (bulgar.-orth.), Muslime (sunnitisch)
Währung: Lew
Exportgüter: Chemikalien, Kunststoffe, Nahrungsmittel, Getränke, Tabak, Textilien
Staatsform: Parlamentarische Republik

In Bulgariens Landschaft wechseln sich Hochflächen, Ebenen, Hügel und Berge ab. Die beiden größten Gebirgszüge sind das Balkangebirge, das von Westen nach Osten mitten durch das Land verläuft, und die Rhodopen im Südwesten. Das Klima im Land ist gemäßigt, mit deutlichen jahreszeitlichen Unterschieden. Im Süden und am Schwarzen Meer sind die Temperaturen im Winter milder und im Sommer mit einem Tagesdurchschnitt von 29 °C in Juli und August wärmer als der Landesdurchschnitt.

EIN LAND IM UMBRUCH

Bulgarien gehörte vom Ende des 14. Jh. bis 1878 zum Osmanischen Reich und erlangte 1908 die Unabhängigkeit als Königreich. Von 1946 bis 1990 war es kommunistischer Verbündeter der ehemaligen Sowjetunion und ist seitdem eine Demokratie mit einem Mehrparteiensystem. Seine Wirtschaft erholt sich nach größeren Krisen in den Jahren 1995, 1997 und 1999. Noch immer ist die Anpassung an die neuen wirtschaftlichen Gegebenheiten nicht abgeschlossen. Die Unabhängigkeit hat nämlich zur Folge, dass die Sowjetunion nicht mehr hochwertige Kohle, Erdöl oder Eisen zu günstigen Preisen liefert. Landwirtschaft und Industrie werden umstrukturiert, um konkurrenzfähiger zu werden, und es wird viel in den Tourismus investiert. 84 % der Bevölkerung sind bulgarischer Abstammung, 10 % türkischer, daneben gibt es kleinere Minderheiten wie Mazedonier und Roma. 70 % der Bevölkerung leben in Städten.

▲ Schätzungsweise 1.000 Wölfe leben in den abgelegeneren Teilen Bulgariens. Außerdem gibt es Wildkatzen, Elche, Bären und weitere große Säugetiere.

▶ Das Gebäude der bulgarischen Volksversammlung (rechts) liegt im Zentrum der Hauptstadt Sofia. Es wurde in drei Abschnitten zwischen 1884 und 1928 nach Plänen des österreichischen Architekten Jovanowitsch erbaut. Dahinter die Alexander-Newski-Kathedrale (1904–1912).

RUSSLAND

Das größte Land der Welt liegt auf zwei Kontinenten und erstreckt sich über elf Zeitzonen. Die Bevölkerung erfährt einen gewaltigen Umbruch seiner Lebensgewohnheiten.

Fläche: 17.075.400 km²
Bevölkerungszahl: 144.071.000
Hauptstadt: Moskau (8.304.600)
Sprache: Russisch
Religion/en: Nichtgläubige (über 70 %), Christen (russ.-orth.), Muslime (sunnitisch)
Währung: Rubel
Exportgüter: Treib- und Schmierstoffe, eisenhaltige und nichteisenhaltige Metalle, Maschinen und Transportausrüstung, Chemikalien, Edelmetalle, Holz und forstwirtschaftliche Produkte
Regierungsform: Föderative Republik mit Präsidialsystem

Russland ist ein riesiges Land mit einer Ost-West-Ausdehnung von fast 10.000 km und über 4.000 km in Nord-Süd-Richtung. Weite Ebenen bedecken einen Großteil des Landes, während Gebirge hauptsächlich im Osten und im Süden zu finden sind. Das von Nord nach Süd verlaufende Uralgebirge teilt das westliche, europäische Russland vom östlichen, asiatischen. Der größte Teil Russlands unterliegt einem kontinentalen Klima, doch in einem so riesigen Land variieren Klima und Vegetation beträchtlich. Es gibt große gemäßigte Zonen, riesige Waldgebiete und ausgedehnte Flächen von Eiswüsten im Norden. Das Land besitzt große Flächen fruchtbaren Ackerlandes und ist reich an Bodenschätzen. Es gehört zu den weltgrößten Förderern fossiler Brennstoffe und produziert eine Reihe von Metallen. Die ehemals größte und mächtigste Republik der ehemaligen Sowjetunion, die Russische Föderation, hat seit ihrer Entstehung 1991 mit politischen und wirtschaftlichen Problemen zu kämpfen.

▲ Der 73.000 m² große Rote Platz ist das Zentrum der Stadt Moskau. An seiner Westseite liegt das Mausoleum des kommunistischen Führers Lenin, vor dem hier gerade eine Wachablösung stattfindet.

EUROPA

WESTRUSSLAND

Als wirtschaftlich stärkster Teil des Landes besitzt Westrussland die meisten größeren Städte und den größten Teil des ertragreichen Ackerbodens.

▲ Die kunstvoll ausgestattete Marmorhalle einer U-Bahn-Station in Moskau. Die Moskauer Untergrundbahn wurde in den 1930er-Jahren erbaut und befördert täglich über sechs Millionen Passagiere.

▼ Der Kreml wurde 1156 als Festung innerhalb der Stadt Moskau errichtet. Die mehrfach wieder aufgebaute Anlage ist heute Sitz der russischen Regierung.

Westrussland grenzt im Süden an Kasachstan, Georgien und Aserbaidschan und hat eine Küste sowohl am Kaspischen als auch am Schwarzen Meer. Im Westen grenzt es an die Ukraine, Weißrussland, Lettland, Estland (und mit der Exklave Kaliningrad, dem ehemaligen Königsberg, an Litauen und Polen), an Finnland und hoch im Norden an Norwegen. Der größte Teil des Landes gehört zum Osteuropäischen Tiefland, das sich nach Osten hin erweitert.

HALBINSEL KOLA UND BARENTSSEE

Die höchsten Erhebungen Westrusslands finden sich im Kaukasus und auf der Halbinsel Kola, an die im Osten die Barentssee grenzt, ein seichter Arm des Nordpolarmeeres. Sie ist im Winter zugefroren, doch in Küstennähe ist durch warmes Wasser vom Golfstrom ganzjährige Schifffahrt möglich. Die beiden größten Inseln Westrusslands bilden den Archipel Nowaja Semlja und liegen in der Barentssee. Auf der Halbinsel Kola liegt der strategisch wichtige Hafen von Murmansk mit einer bedeutenden russischen Marinebasis. Daneben gibt es Anlagen der Fisch verarbeitenden Industrie, des Schiffbaus sowie Institute für Meeresforschung.

DER URAL

Das Osteuropäische Tiefland erstreckt sich nach Osten bis zum Ural. Das rund 250 Millionen Jahre alte Gebirge wurde von der Kontinentaldrift gebildet, die Sibirien und Europa aufeinander zutrieb. Die Erosion hat das Gebirge bis auf eine durchschnittliche Höhe von 600 m abgetragen. Der Ural ist reich an wichtigen Bodenschätzen wie Kohle, Eisenerz, Platin, Blei, Chrom und Kupfer. Westlich vom Südural entstand durch den Abbau und die Verarbeitung dieser Mineralien sowie die Entwicklung von verarbeitender Industrie eine Reihe von Industriestädten, zum Beispiel Perm und Ufa.

DAS FRUCHTBARE DREIECK

Der Großteil von Russlands landwirtschaftlich genutzter Fläche liegt im Westen und wird das »fruchtbare Dreieck« genannt. Es erstreckt sich vom Schwarzen Meer entlang Russlands Westgrenze bis zur Ostsee und von der Gegend um Sankt Petersburg nach Südosten bis zum Südural. In diesem Dreieck werden große Mengen Getreide, Futterpflanzen und Gemüse angebaut, was Russland zu den führenden Produzenten von Roggen, Hafer, Gerste, Zuckerrüben und Kartoffeln macht.

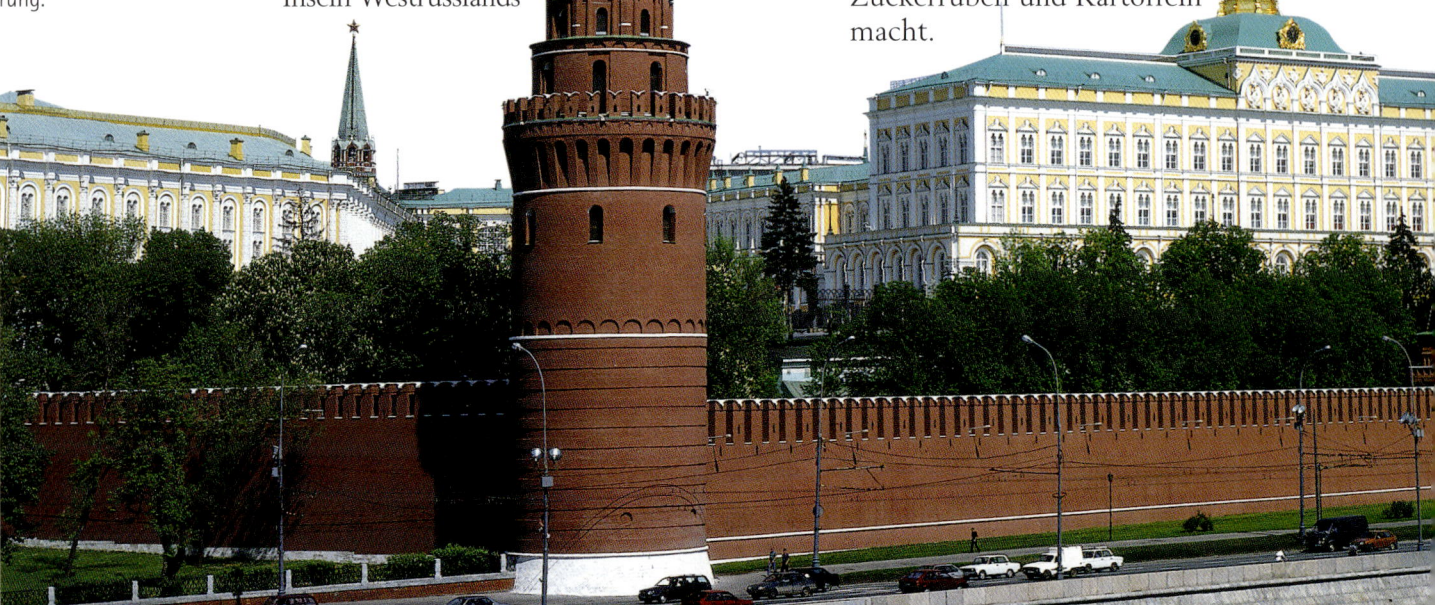

WESTRUSSLAND

◄ In den unendlichen Weiten der Taigawälder lebt auch der Braunbär, bekanntes Symboltier für Russland.

Außerdem werden Hühner, Schafe und Rinder in großer Zahl gehalten. Der landwirtschaftliche Ertrag, der hauptsächlich innerhalb Russlands verbraucht wird, ist seit dem Zusammenbruch der Sowjetunion 1991 gesunken, weil das herkömmliche Handelssystem zerstört wurde und Investitionen fehlten.

► Eine Frau in der russischen Republik Dagestan trägt einen Teil der Ernte. Die Republik im Südwesten des Landes hat eine lange Küste am Kaspischen Meer.

EUROPA/ASIEN

▲ Ein großes Gebiet mit Wohnblocks bietet einigen der neun Millionen Einwohner Moskaus Wohnraum. Die Metropole ist nicht nur die größte und politisch bedeutendste Stadt Russlands, sondern auch spirituelles Zentrum der russisch-orthodoxen Kirche.

PARTNERSTÄDTE DER MACHT

Russland blickt auf eine lange Geschichte der Besiedelung zurück und ist seit Jahrhunderten eine mächtige Kraft in Europa und in Asien. Zwei Städte waren Hauptstadt und Zentrum in dieser Zeit – Moskau und Sankt Petersburg. Der erste russische Herrscher mit dem Titel Kaiser (zum Zarentitel dazu) war Peter I., der Große, der Anfang des 18. Jh.s die Stadt Sankt Petersburg gründete. Ab 1712 wurde sie Hauptstadt des Russischen Reiches. Ihre Lage, Anbindung an die Ostsee durch den Finnischen Meerbusen, ermöglichte der Stadt den Aufstieg zur Handelsmacht und zum bedeutenden Kulturzentrum in Osteuropa. Heute ist Sankt Petersburg Russlands zweitgrößte Stadt mit zahlreichen Großindustrien, insbesondere Maschinenbau, chemische Industrie und Schiffbau. Sie hat außerdem den größten Seehafen. Ein System von Flüssen und Kanälen verbindet Sankt Petersburg mit dem Kaspischen Meer im Süden sowie mit dem Weißen Meer und der Wolga.

Das 1147 erstmals urkundlich erwähnte Moskau war vor dem Bau von Sankt Petersburg die Hauptstadt Russlands. 1918 wurde es wieder Hauptstadt, nachdem die Bolschewisten den Zaren gestürzt und die Macht ergriffen hatten. 70 Jahre lang war Moskau die Hauptstadt der ehemaligen Sowjetunion. In dieser Zeit boomte die Industrie und ein Sechstel der gesamten Industrieproduktion der Sowjetunion kam aus Moskau. Die inzwischen stark gewachsene Stadt ist heute Sitz des Präsidenten und der höchsten gesetzgebenden Körperschaft, des Parlaments. Über drei Viertel der russischen Bevölkerung leben in Moskau, Sankt Petersburg und anderen städtischen Regionen in Westrussland.

▼ Nishnij Nowgorod ist Verkehrsknotenpunkt und Industriezentrum, in dem Kraftfahrzeuge, Flugzeuge und elektrotechnische Gebrauchsgüter produziert werden. Die Wolga, der längste Fluss Europas, ist fast auf ihrer gesamten Länge von 3.530 km schiffbar.

OSTRUSSLAND

Das Land östlich des Ural ist ein spärlich besiedeltes Gebiet mit Bergen, Flüssen und Eiswüsten, in dem gewaltige, noch ungenutzte Bodenschätze lagern.

▲ Ein Zug der Transsibirischen Eisenbahn fährt am Baikalsee vorbei. Der See enthält ein Fünftel des gesamten Süßwassers der Erde. Die Transsibirische Eisenbahn legt von Moskau bis Wladiwostok an der Pazifikküste in Ostrussland die gewaltige Entfernung von 9.297 km zurück. In den 1990er-Jahren dauerte die gesamte Reise sechs Tage.

Östlich des Uralgebirges erstreckt sich Russland über 5.000 km weit bis zu seiner langen Küste am Pazifischen Ozean. Ostrussland grenzt im Süden an Kasachstan, die Mongolei und China. In der Nähe der Mongolei und Chinas gehören zum russischen Territorium einige Gebirgsketten, zum Beispiel das Jablonowyj- und das Stanowojgebirge. Geografisch lässt sich Ostrussland in vier große Regionen aufteilen: Die bereits erwähnten Gebirge im Süden, das Westsibirische Tiefland, das Mittelsibirische Bergland und der russische »Ferne Osten«. In diesen weitläufigen, kaum bewohnten Landstrichen finden sich Felsformationen, Landschaftsbilder und Vegetationen in großer Vielfalt.

DAS SIBIRISCHE TIEFLAND

Östlich des Ural erstreckt sich das weite Westsibirische Tiefland. Mit einer Ausdehnung von 1.900 km von Osten nach Westen und 2.400 km von Norden nach Süden bedeckt es eine Fläche von über 2,5 Mio. km². Über die Hälfte der Ebene liegt tiefer als 100 m, und nur im Süden gibt es Erhebungen über 250 m. In dem kaum entwässerten Tiefland liegen einige der größten Sümpfe und Überschwemmungsgebiete der Welt. Bedeutende Städte sind zum Beispiel Omsk und Tscheljabinsk, die in der Nähe des Ural in einer wohlhabenden Kohlebergbauregion liegen. Der 4.092 km lange Jenissej fließt von Süden nach Norden und ergießt sich an seiner Mündung mit über 19 Mio. l pro Sekunde in die Karasee. Das von ihm und seinem Nebenfluss Angara geformte Tal bildet eine grobe Trennlinie zwischen dem Westsibirischen Tiefland und dem Mittelsibirischen Bergland.

▲ In Ostrussland liegen riesige, noch ungenutzte Ölreserven. Doch Transportprobleme sowie das ungünstige Klima in der Region stehen der Ölförderung entgegen.

▼ Ein Lager von Korjaken-Nomaden mitten in der eisbedeckten Tundra im Nordosten Russlands. Die Korjaken leben weiter im traditionellen Stil, hauptsächlich von der Rentierhaltung und von der Jagd auf Pelztiere. In Küstennähe leben sie vom Krabbenfang.

DAS MITTELSIBIRISCHE BERGLAND UND RUSSLANDS »FERNER OSTEN«

Das Mittelsibirische Bergland besteht aus mehreren zwischen 300 und 700 m hohen Hochflächen, an die im Süden und größtenteils auch im Osten Gebirge grenzen. In der Region gibt es zahlreiche, meist ungenutzte Lagerstätten von Bodenschätzen.

Russlands »Ferner Osten« ist geografisch sehr komplex: Er besteht aus zahlreichen Bergketten mit unterschiedlicher Entstehungsgeschichte. Die Halbinsel Kamtschatka ragt nach Süden ins Ochotskische Meer, einen Arm des Pazifischen Ozeans. Von den zahlreichen Vulkangipfeln der Insel ist der Kljutschew mit 4.750 m der höchste und damit auch höchster Punkt in Russlands »Fernem Osten«. Wie der Kaukasus im Südwesten gehört Kamtschatka zu den aktivsten Erdbebengebieten Russlands. Die vulkanische Bergkette setzt sich von der Südspitze Kamtschatkas über die Kurilen fort und endet nach 1.200 km bei Hokkaido, der nördlichsten Insel des japanischen Archipels. Von den über 100 Vulkanen auf den Inseln ist rund ein Drittel noch aktiv. Russland und Japan streiten über Besitzansprüche an einigen Kurileninseln im Süden. Größte Stadt in der Region ist Wladiwostok ganz im Süden des russischen Ostens. Die 1860 als Marinestützpunkt gegründete Stadt hat inzwischen über 620.000 Einwohner und ist ein bedeutender Hafen, auch für Fisch- und Walfangflotten.

TUNDRA UND TAIGA

Die Hauptvegetationszonen in Russland ändern sich je nach Breitengrad von Norden nach Süden. Im Süden liegen Steppen, Graslandebenen, die auch Russlands beste Ackerböden bilden. Im äußersten Norden erstreckt sich die Tundra über die gesamte Breite Russlands. Dort liegen größtenteils eisbedeckte und baumlose Ebenen mit sehr kalten Wintern und nur eingeschränkter Vegetation. Südlich der Tundra schließen sich große Waldgürtel an, die Taiga. Diese größten Waldgebiete der Erde bestehen aus Nadelbäumen wie Sibirischen Zedern, Lärchen, Kiefern und Tannen.

OSTRUSSLAND

FLÜSSE UND SEEN

Von den über 100.000 Flüssen in Russland liegen die meisten längeren im Osten. Das Ob-Irtysch-Flusssystem zum Beispiel ist 5.410 km lang und verläuft von Westchina nach Norden durch Sibirien, ehe es sich ins Nordpolarmeer ergießt. Fast 84 % des Oberflächenwassers in Russland befinden sich in den Flüssen und Seen östlich des Uralgebirges. Der größte See, der Baikalsee, liegt im zentralen Südsibirien. Der 636 km lange und zwischen 15 und 80 km breite See ist mit bis zu 1.637 m Tiefe der tiefste Südwassersee der Welt.

RUSSLANDS MENSCHEN

Die russische Bevölkerung ist sowohl im östlichen als auch im westlichen Teil eine multikulturelle Mischung. Als Russland im 20. Jh. der dominante Teil der Sowjetunion war, machten Russischstämmige fast die Hälfte der Bevölkerung aus. In den 1980er-Jahren forderten viele sowjetische Republiken, in denen andere ethnische Gruppen lebten, die Unabhängigkeit. Der damalige KPdSU-Generalsekretär Michail Gorbatschow predigte Glasnost (Transparenz) und Perestroika (Umbau). Damit sollte die Führung des Landes modernisiert und einigen Republiken mehr Selbstständigkeit zugestanden werden. Doch im Dezember 1991 zerfiel die Sowjetunion in 15 unabhängige Republiken, von denen Russland die größte ist. Heute machen Russen 82 % der Bevölkerung aus, doch es gibt große Minderheitengruppen. Die über fünf Millionen Tataren zum Beispiel sind islamische Völker, die von den Mongolen abstammen, die vor über 750 Jahren nach Russland eindrangen. Insgesamt leben in Russlands Grenzen über 120 unterschiedliche Nationalitäten und ethnische Gruppen. Russlands Einwohner haben in der Vergangenheit einen großen Wandel erlebt und erfahren im Augenblick weitere, umwälzende und häufig schwierige Veränderungen in der Führung ihres Landes und der Unternehmen in ihrem Land. Gesundheits- und andere Sozialdienstleistungen sind in eine Krise geraten und die Kriminalität steigt. Die meisten Russen müssen eine Senkung ihres Lebensstandards hinnehmen.

▲ Eine Frau beobachtet den Start eines Hubschraubers der staatseigenen Fluggesellschaft Aeroflot in der Nähe ihres Dorfes ganz im Osten Russlands. In vielen abgelegenen Teilen Ostrusslands ist der Luftweg die einzige Möglichkeit, die nähere Umgebung zu verlassen.

DER KAUKASUS UND KLEINASIEN

Auf der in prähistorischer Zeit entstandenen Landbrücke zwischen Europa und Asien spielte sich eine lange und wechselvolle Geschichte ab. Immer wieder zogen Armeen, Händler und Siedler durch die Region, die von drei Gewässern eingegrenzt wird: dem Mittelmeer, dem Schwarzen Meer und dem Kaspischen Meer. Deshalb leben dort nun zahlreiche verschiedene ethnische Gruppen mit unterschiedlichen Sprachen und Kulturen. Die größte und bevölkerungsreichste Nation in diesem Gebiet ist die Türkei, die auf der Grenze zwischen Asien und Europa liegt. Östlich von der Türkei liegen – zwischen dem Schwarzen und dem Kaspischen Meer – Georgien, Armenien und Aserbaidschan. Diese drei Länder gehörten zur ehemaligen Sowjetunion und werden manchmal nach den beiden Gebirgsketten benannt, die ihr Gebiet bestimmen, dem Kaukasus. Das Land dort ist zerklüftet, doch an vielen Stellen fruchtbar. Die Berghänge sind oft von Nadelbäumen bedeckt, während zahlreiche Flüsse das Land durchziehen und in das Schwarze, das Kaspische oder im Norden in das Asowsche Meer münden. In der gesamten Region gibt es große Lagerstätten von Bodenschätzen, zum Beispiel Erdöl, Erdgas und verschiedene Erze.

▲ Das gewaltige Massiv des erloschenen Vulkans Ararat liegt auf der Grenze zwischen der Türkei und Armenien und hat einen Durchmesser von fast 40 km an seiner Basis. Der höhere der beiden Gipfel misst 5.137 m und liegt in der Türkei.

GEORGIEN

Das gebirgige Land am Schwarzen Meer gehörte bis 1991 zur ehemaligen Sowjetunion.

Fläche: 69.700 km²
Bevölkerungszahl: 5.177.000
Hauptstadt: Tbilisi (Tiflis) (1.253.000)
Sprache: Georgisch
Religion/en: Nichtgläubige (über 40 %), Christen (georg.-orth.), Muslime (sunnitisch)
Währung: Lari
Exportgüter: Nahrungsmittel, Eisenmetalle, Textilien, Chemikalien
Staatsform: Präsidialrepublik

Georgien grenzt im Süden an die Türkei, Armenien und Aserbaidschan und im Norden an Russland. Das Kaukasusgebirge bildet die Nordgrenze des Landes. Dort liegt auch sein höchster Punkt, der Shkara. Im Süden durchzieht der Kleine Kaukasus das Land. Zwischen den beiden Bergketten gibt es tiefer gelegene Landstriche, zum Beispiel das Tal des Kura, des wichtigsten Flusses in Georgien. Flachere Gebiete gibt es auch im Osten und im Westen des Landes. Im Westen, nahe des Schwarzen Meeres, wurden Sümpfe und Feuchtgebiete kultiviert. In dieser Region liegt heute das fruchtbarste Ackerland in Georgien. Das warme, feuchte Klima ermöglicht hier den Anbau von Zitrusfrüchten, Tee, Wein und Tabak. Weiter im Landesinneren fallen weniger Niederschläge und es herrscht ein kontinentales Klima mit kalten Wintern. Gletscher und Schnee bedecken die höchsten Gipfel des Kaukasus. Große Waldgebiete mit Birken, Buchen und Eichen ziehen sich über die unteren Berghänge. Fast zwei Fünftel des Landes sind bewaldet.

EIN KNOTENPUNKT

Trotz der wilden Landschaft führen seit Jahrtausenden Handelswege durch Georgien, und deshalb ist die Bevölkerung des Landes schon immer sehr uneinheitlich. Rund 70 % der Bevölkerung sind Georgier, doch gibt es daneben rund 100 verschiedene ethnische Gruppierungen. In den 1990er-Jahren kam es zum Konflikt in Abchasien im Nordwesten des Landes, das die Unabhängigkeit von Georgien anstrebte. Das schwächte die um Wettbewerbsfähigkeit auf dem Weltmarkt bemühte Wirtschaft. Die meisten Georgier leben in Armut, obwohl die zunehmend besseren Verkehrsverbindungen, Bemühungen um Tourismus sowie die Ausbeute der größtenteils ungenutzten Ölreserven des Landes Hoffnung auf eine bessere Zukunft nähren.

▼ Ein Mann neben einem der mittelalterlichen Türme, die man in Georgien findet. Die meisten der etwa 200 noch existierenden stammen aus dem 12. Jh., doch einige sind auch über 1.000 Jahre älter.

DER KAUKASUS UND KLEINASIEN

ARMENIEN

Die ehemals kleinste Republik der ehemaligen Sowjetunion ist ein gebirgiger, von Land umschlossener Staat auf einer durchschnittlichen Höhe von 1.800 m.

Fläche: 29.800 km²
Bevölkerungszahl: 3.068.000
Hauptstadt: Jerewan (Eriwan) (1.246.100)
Sprache: Armenisch
Religion/en: Armenisch-Apostolische (»Gregorianer«); Minderheiten von Russisch-Orthodoxen, Protestanten
Währung: Dram
Exportgüter: Schmuck, Maschinen und Ausrüstung, Mineralien, Textilien
Staatsform: Präsidialrepublik

Armenien gehört mit seinen großen Bergen und tief eingeschnittenen Tälern zu den landschaftlich wildesten Gebieten im gesamten Eurasien. Zahlreiche kleinere Flüsse und Bäche durchqueren das Land und versorgen es mit Elektrizität aus Wasserkraft. Es gibt viele Wasserfälle, Stromschnellen und Bergseen. Der größte See Armeniens, der Sewansee, liegt im Kaukasusgebirge und hat eine Fläche von 1.244 km². Er enthält über 85 % allen stehenden Gewässers in Armenien. Teile des Landes sind erdbebengefährdet. 1988 zerstörte ein Erdbeben Gjumri, die zweitgrößte Stadt des Landes. Armenien gehörte mit seinen verschiedenen Wirtschaftszweigen, zum Beispiel Maschinenbau, Chemikalien, Konserven und Lederwaren, zu den am stärksten industrialisierten und wohlhabendsten Staaten der ehemaligen Sowjetunion. Seit der Unabhängigkeit 1990/91 befindet sich das Land in Konflikt mit Aserbaidschan wegen Bergkarabach, einem Gebiet in Aserbaidschan mit überwiegend armenischer Bevölkerung. Eine Folge des Krieges war der Treibstoffmangel, der zahlreiche Industrien des Landes gefährdete. Armeniens Infrastruktur ist zum Großteil veraltet und müsste dringend modernisiert werden. Die Hauptstadt Jerewan gehört zu den ältesten noch existierenden Städten, ihre archäologischen Siedlungsspuren reichen über 5.000 Jahre zurück. Die meisten Armenischstämmigen leben im Ausland.

▼ Armenische Kleinbauern im Norden des Landes bei der Kartoffelernte. Angebaut werden neben Kartoffeln hauptsächlich noch Weizen und Tabak.

ASERBAIDSCHAN

Das gebirgige Land mit reichen Erdölvorkommen kämpft mit wirtschaftlichen Schwierigkeiten.

Fläche: 86.600 km²
Bevölkerungszahl: 8.172.000
Hauptstadt: Baku (1.817.900)
Sprache/n: Aserbaidschanisch (Azeri)
Religion/en: Muslime (65% schiitisch, 35% sunnitisch), christl. Minderheiten
Währung: Aserb. Manat
Exportgüter: Erdöl und Erdölprodukte, Baumwolle, Maschinen, Nahrungsmittel
Staatsform: Präsidialrepublik

Mit Ausnahme des Ostens, wo es an das Kaspische Meer grenzt, ist Aserbaidschan von Bergen umgeben. Im Norden liegen Russland und Georgien, im Süden der Iran und im Westen Armenien. Der Grenzverlauf zwischen Aserbaidschan und Armenien ist kompliziert, weil beide Staaten Exklaven im Land des jeweils anderen haben und einige Gebiete umstritten sind. Die größte umkämpfte Region, Bergkarabach, war Gegenstand gewalttätiger Auseinandersetzungen in den 1990er-Jahren. Kaukasus und Kleiner Kaukasus durchziehen Aserbaidschan, und die schnell fließenden Flüsse an den Berghängen werden nicht nur zur Stromerzeugung genutzt, sondern speisen auch Wasserreservoirs und Bewässerungssysteme. In einigen Regionen, besonders auf den Gipfeln des Kaukasus und im äußersten Südosten des Landes, gibt es starke Regenfälle, doch der Rest des Landes ist warm und trocken mit weniger als 300 mm Regen im Jahr. Durch Bewässerung können Getreide, Tabak, Wein und Baumwolle angebaut werden. Die Landwirtschaft ist größter Arbeitgeber im Land. Im Gegensatz zu den kaukasischen Nachbarn sind die meisten Menschen in Aserbaidschan Muslime. Sie sind Nachkommen von Völkern, die das Gebiet vor über 900 Jahren eroberten. Das Land verfügt über große Erdgas- und Erdölvorkommen.

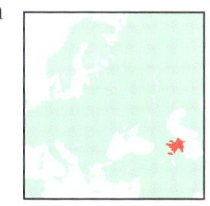

▲ Aserbaidschanische Fischer bringen ihren Fang vom Kaspischen Meer ein. Im Jahr 2001 wurden dort 8.488 t Fisch gefangen.

▼ Vor einem Jahrhundert war Aserbaidschan führend in der Ölförderung. Nachdem jedoch in vielen anderen Gegenden der Erde Öl entdeckt worden war, verlor die Ölindustrie im Land an Bedeutung.

DER KAUKASUS UND KLEINASIEN

TÜRKEI

Das große Land mit ausgedehnten Gebirgsregionen und langen Küsten liegt dort, wo Europa und Asien zusammentreffen, und blickt auf eine lange Geschichte zurück.

Fläche: 779.452 km²
Bevölkerungszahl: 69.626.000
Hauptstadt: Ankara (3.203.362)
Sprache: Türkisch
Religion/en: Muslime (sunnitisch, alevitisch)
Währung: Türkisches Pfund/Lira
Exportgüter: Textilien und Bekleidung, Eisen und Stahl, elektrische und elektronische Maschinen, Obst
Staatsform: Parlamentarische Republik

Geografisch liegt das Gebiet der Türkei sowohl in Asien als auch in Europa. Zwar liegen 97 % des Landes in Asien, doch wird es allgemein als Teil Europas akzeptiert. Es gehört zahlreichen europäischen Organisationen an und hat sich um die Mitgliedschaft in der Europäischen Union beworben. Vier Fünftel des Landes liegen über 500 m hoch. Die wichtigsten Tiefebenen finden sich an der Küste. Der größte Teil der Türkei gehört zum großen Alpen-Himalaya-Gebirgsgürtel und einige große Gebirgsketten durchziehen das Land von Ost nach West. Ein Gebirgszug verläuft entlang der Schwarzmeerküste, ein anderer, das Taurusgebirge, gegenüber an der Mittelmeerküste. In den meist aus Kalkstein bestehenden Bergen gibt es zahlreiche Höhlen und unterirdische Flüsse. Der höchste Punkt des Landes, der Ararat, liegt im äußersten Osten, ebenso der mit 3.724 km² größte See der Türkei, der Vansee, ein Salzsee mit schwankendem Wasserstand. Da das Land an einer größeren Störungszone liegt, wird es oft von schweren Erdbeben heimgesucht.

VON MEER UMGEBEN

Die 1.595 km lange Schwarzmeerküste macht fast die gesamte Nordgrenze der Türkei aus, im Süden und im Westen grenzen das Mittelmeer und das Ägäische Meer an. Viele der 159 türkischen Inseln liegen an der stark ausgezackten ägäischen Küste. Im Nordwesten des Landes liegt das Marmarameer, das durch zwei schmale Meerengen sowohl Verbindung zum Schwarzen als auch zum Ägäischen Meer hat. Das Marmarameer mit einer Fläche von 11.140 km² trennt den europäischen vom asiatischen Teil der Türkei.

TÜRKEI

◀ Die Hagia Sophia liegt in der größten Stadt der Türkei, in Istanbul. Die im 6. Jh. fertig gestellte Kirche gehört zu den schönsten Bauwerken byzantinischer Kultur. Das ehemalige Konstantinopel war Hauptstadt sowohl im Byzantinischen als auch im Osmanischen Reich.

▲ »Teestunde« im Genclik-Park (Park der Jugend) in Ankara. Die zweitgrößte Stadt des Landes wurde 1923 mit Ausrufung der türkischen Republik zur Hauptstadt erklärt.

▼ Eine große Touristenattraktion: Die Terrassen von Pamukkale im Südwesten des Landes. Die Sinterterrassen sind über Jahrtausende durch kalziumreiche Quellen entstanden. Durch Nutzung der Thermalquellen in den umliegenden Hotels werden die Terrassen nicht mehr ausreichend überspült und der Abbau der Sinterschicht beschleunigt.

KLIMA UND LANDSCHAFT

Die Türkei hat Anteil an verschiedenen Klimazonen, je nach Höhe und Nähe zum Meer. An der Schwarzmeerküste sind die Sommer heiß und die Winter mild, mit hoher Luftfeuchtigkeit und schweren Regenfällen. Am Mittelmeer und in der Ägäis ist das Klima ebenfalls warm, aber trockener, wobei der meiste Regen im Winter fällt. Weiter im Inland herrscht trockenes, kontinentales Klima. Die verschiedenen Klimazonen erlauben den Anbau ganz unterschiedlicher Nutzpflanzen, zum Beispiel Getreide, Baumwolle, Tabak, Obst und Nüsse. Fast die Hälfte der arbeitenden Bevölkerung ist in der Landwirtschaft beschäftigt und bei vielen Grundnahrungsmitteln ist die Türkei Selbstversorger. Das Land ist relativ reich an Bodenschätzen wie Kohle, Erdöl und einige Metalle. 38 % der Elektrizität im Land werden aus Wasserkraft gewonnen, besonders aus schnell fließenden Flüssen wie dem Tigris.

WEST TRIFFT OST

Wegen ihrer strategisch bedeutenden Lage am Berührungspunkt von Afrika, Asien und Europa wurde diese Region seit der Antike bereist und besiedelt, unter anderem von den Hethitern, Persern, Römern und Arabern. Die heutigen Türken sind Nachfahren dieser und anderer Völker und machen die Mehrheit der Bevölkerung aus. Die größte Minderheit bilden die Kurden.

EUROPA

ZYPERN

Die drittgrößte Insel im Mittelmeer liegt 80 km südlich der türkischen Küste. Zurzeit ist das Land in einen griechischen und einen türkischen Teil gespalten.

Fläche: 9251 km², davon 3355 km² in der türkisch kontrollierten Zone
Bevölkerungszahl: 765.000
Hauptstadt: Nikosia (205.633)
Sprache/n: Griechisch, Türkisch
Religion: Griechisch-Orthodoxe
Währung: Zypern-Pfund, türkische Währung im türkischen Teil
Exportgüter: Reexportierte Zigaretten, elektronische Ausrüstung, Schiffsvorräte, Bekleidung, Kartoffeln
Staatsform: Präsidialrepublik im Commonwealth

▼ Dieser Obstgarten liegt im Troodosgebirge im Südwesten Zyperns. Im warmen Klima gedeiht eine Vielzahl von Früchten.

Zypern wird von einer zentralen Ebene mit Gebirgszügen im Süden und im Norden geprägt. Die größte Gebirgskette, das Troodosgebirge, bedeckt einen Großteil des Südwestens. Die meisten Wälder der Insel sind gerodet, Büsche und Sträucher sind die vorherrschende Vegetation. Die Flüsse auf der Insel führen nicht das ganze Jahr hindurch Wasser. Ein Zehntel des Gebiets ist Weideland für Schafe, Ziegen und Schweine. Es werden hauptsächlich Weizen, Kartoffeln, Tabak und Trauben für den zyprischen Weinbau angebaut. Im warmen, mediterranen Klima mit einem Jahresdurchschnitt von 20,5 °C fallen im Jahresmittel weniger als 500 mm Regen, nur im Troodosgebirge können bis zu 1.050 mm fallen.

EINE GETEILTE INSEL

Zypern wurde schon von einigen Staaten erobert, zum Beispiel von Griechenland, Ägypten und dem Osmanischen Reich. Griechische Zyprioten machen etwa 78 % der Bevölkerung aus, der Rest ist größtenteils türkischer Abstammung. 1960 erhielt Zypern die Unabhängigkeit von Großbritannien, doch 1974 brachte die Türkei das nördliche Drittel unter ihre Kontrolle. Dann wurde dort die »Türkische Republik Nordzypern« gegründet, die jedoch vom Rest der Welt nicht anerkannt wird. Zypern bleibt vorerst geteilt und UN-Friedenstruppen sind dort ständig stationiert. Obwohl die meisten Industriegebiete Zyperns im türkisch besetzten Gebiet liegen, hat die Wirtschaft im Süden der Insel einen Aufschwung erlebt, besonders durch den Tourismus, der im Jahr 2000 rund 2,7 Millionen Besucher brachte.

ASIEN

ASIEN

Mit einer Fläche von 44,4 Mio. km² ist Asien der größte Erdteil. Er ist eine geologisch sehr aktive Landmasse mit den meisten aktiven Vulkanen, das gilt in besonderem Maße für den Osten, wo der Kontinent an den Pazifik grenzt. Asien kann viele physikalische Extreme für sich beanspruchen, so etwa die tiefste Depression der Erde im jordanischen Teil des Toten Meeres (829 m unter dem Meeresspiegel) und den höchsten Punkt, den Mount Everest im Himalaya. Zentralasien ist weitaus gebirgiger als andere Kontinente, der Himalaya ist nur einer von vielen hohen Bergzügen. Im Süden fallen mehrere große Halbinseln auf: die Arabische Halbinsel, der indische Subkontinent und die Halbinsel Indochinas. Dazu kommen die großen Inselgruppen Südostasiens. Der Kontinent bietet alle Klima- und Vegetationsformen, von eisiger Tundra und großen trockenen Wüsten bis zu tropischem Regenwald und fruchtbaren Ebenen und Flusstälern. Etwa 16 % Asiens sind von Wald bedeckt, die größten Flächen finden sich in Sibirien, China und Südostasien. Weite Teile Tibets, Sibiriens und Saudi-Arabiens sind praktisch unbewohnt, aber es gehören auch die beiden bevölkerungsreichsten Nationen, China und Indien, zu diesem Kontinent. Annähernd ein Drittel der Weltbevölkerung lebt in ihren Grenzen. Die hoch entwickelten Staaten Asiens, wie etwa Japan, haben einen hohen Lebensstandard, in anderen weniger entwickelten Ländern leben Menschen in bitterer Armut.

▲ Fahrräder und Lasttiere prägen das Bild dieser belebten Straße in der nordindischen Stadt Jaipur.

▼ Nomaden mit einer Pferdeherde in der Mongolei. Nomadenstämme, die mit Viehherden in den abgelegenen Gebieten der Mongolei umherziehen, machen 40 % der Bevölkerung aus.

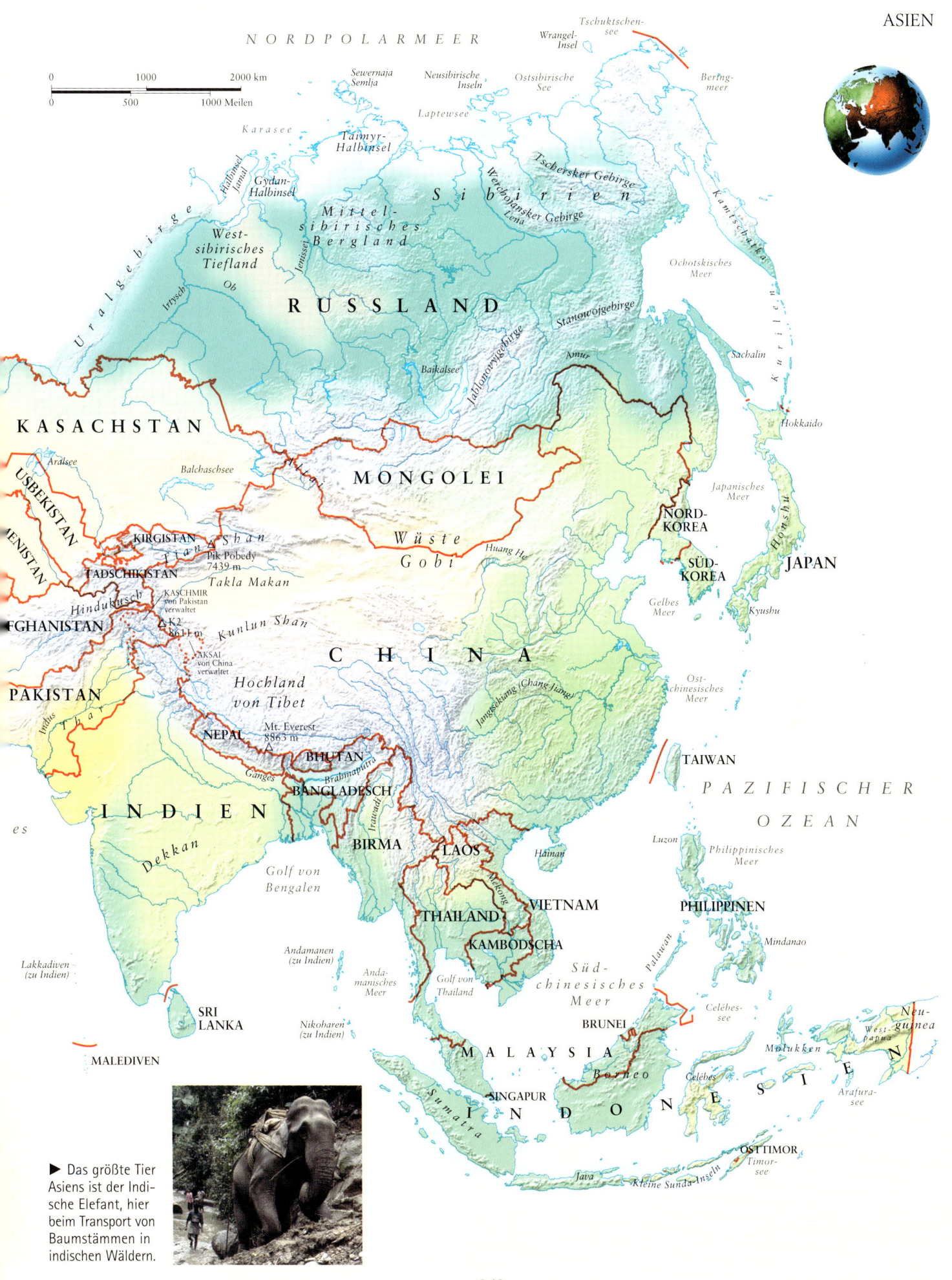

▶ Das größte Tier Asiens ist der Indische Elefant, hier beim Transport von Baumstämmen in indischen Wäldern.

ASIEN

Naher Osten

Der Nahe Osten ist Geburtsstätte vieler bedeutender Kulturen und der großen Weltreligionen des Christentums, des Judentums und des Islam. Die Landschaft ist meist lebensfeindlich mit vielen Sand- und Felswüsten und zerklüfteten Bergregionen. Kleinere fruchtbare Flächen finden sich vor allem an den Küsten und in Flusstälern und Becken. Bis zur Entdeckung der gewaltigen Erdölvorkommen Anfang des 20. Jh.s waren viele Länder der Region sehr arm. Heute liefert der Nahe Osten mehr als ein Drittel des weltweit gebrauchten Öls und hat sich durch die Einkünfte aus dem Erdölexport sehr verändert. Trotz der uralten Geschichte der Region sind die meisten Ländergrenzen relativ neuen Datums, gezogen von den westlichen Kolonialmächten Anfang und Mitte des 20. Jh.s – ein Grund für die turbulente neuere Geschichte der Region mit ihren Konflikten um Land, Ressourcen und Religionen. Neuestes Beispiel dafür ist der Irak-Krieg vom Frühjahr 2003 und seine noch immer unabsehbaren Folgen.

1948 wurde Israel als jüdischer Staat in Palästina gegründet, was zum ersten Israelisch-Arabischen Krieg und in dessen Folge zur Vertreibung und Flucht von 600.000 bis 800.000 Palästinensern führte. Es folgten weitere Kriege. 1967 besetzte Israel den Gazastreifen und das Westjordanland und begann dort mit dem Bau von Siedlungen, obwohl die UNO die Besetzung für unrechtmäßig erklärte. 1993 erkannten die Palästinenser Israel an, Israel gab ihnen im Gegenzug eine beschränkte Autonomie in Gaza und im Westjordanland. Inzwischen allerdings ist der Friedensprozess zum Stillstand gekommen und Israel hat wieder große Teile des palästinensischen Territoriums besetzt. Einige Palästinenser setzen noch immer auf terroristische Aktionen, während Israel sich weigert, seine illegalen Siedlungen aufzugeben. Die internationale Gemeinschaft einschließlich der Vereinigten Staaten erkennt das Recht der Palästinenser auf einen eigenen unabhängigen Staat im Westjordanland und im Gazastreifen an.

NAHER OSTEN

◀ Das Rote Meer, hier bei der Hafenstadt Akaba in Jordanien, gehört zu den meistbefahrenen Wasserstraßen der Welt. Es ist über den Suezkanal mit dem Mittelmeer verbunden und damit ein Verkehrsweg zwischen Europa, dem Nahen Osten und Asien.

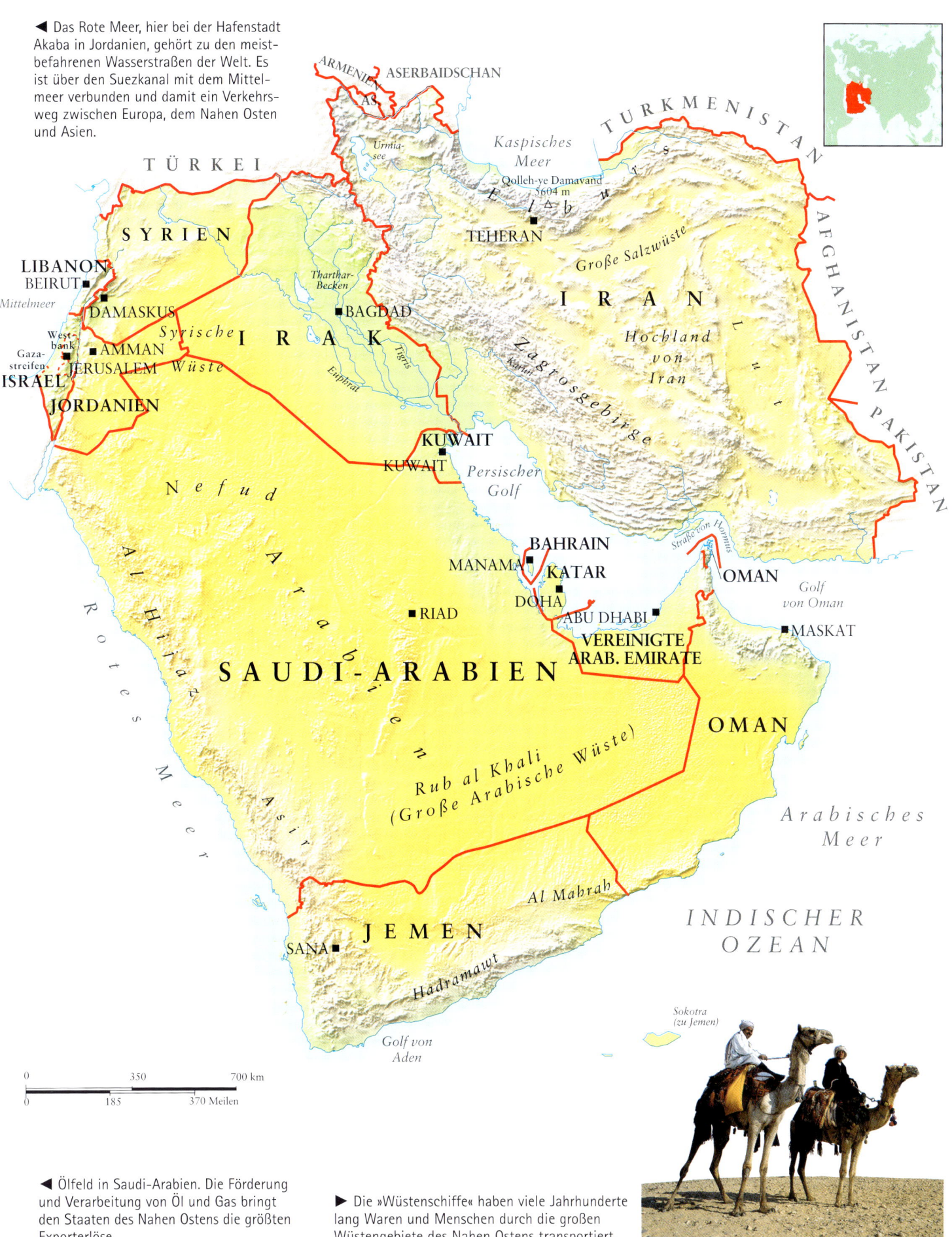

◀ Ölfeld in Saudi-Arabien. Die Förderung und Verarbeitung von Öl und Gas bringt den Staaten des Nahen Ostens die größten Exporterlöse.

▶ Die »Wüstenschiffe« haben viele Jahrhunderte lang Waren und Menschen durch die großen Wüstengebiete des Nahen Ostens transportiert.

ASIEN

SYRIEN

Diese große arabische Nation grenzt an die Türkei, den Irak, Jordanien, Libanon und Israel. Letzteres hält seit 1967 die Golanhöhen besetzt.

Fläche: 185.180 km² (einschließlich der von Israel besetzten Golanhöhen)
Bevölkerungszahl: 16.986.000
Hauptstadt: Damaskus (2.195.000)
Sprache: Arabisch
Religion/en: Muslime (mehrheitl. sunnitisch), Christen (mehrheitl. griech.-orth.)
Währung: Syrisches Pfund
Exportgüter: Rohöl und Ölerzeugnisse, Obst und Gemüse, Olivenöl, Baumwolle, Textilien und Stoffe
Staatsform: Präsidialrepublik

▼ Gewaltige Olivenhaine überziehen die Hügel Syriens. 2001 produzierte Syrien 26 % des weltweit verkauften Olivenöls.

Geografisch gliedert sich Syrien in drei große Regionen. Im Westen liegt die Küstenebene mit dem fruchtbarsten Land und der größten Bevölkerungsdichte. Syriens Mittelmeerküste erstreckt sich über 180 km zwischen der türkischen und der libanesischen Grenze und verfügt mit Tartus und Al-Ladhiqiyah über zwei Häfen. Bergzüge und mehrere fruchtbare Becken, in denen sich große Städte entwickelt haben, trennen die Küstenebene vom Landesinnern. Östlich der Berge liegen Plateaus und eine große Fels- und Schotterwüste. Die Syrische Wüste bedeckt mehr als die Hälfte des Landes und erstreckt sich bis nach Jordanien, in den Westen des Irak und den Norden Saudi-Arabiens hinein. Im Norden schließt sich am Euphrat ein fruchtbarer Landstreifen an. Ein Staudamm erzeugt hier fast 35 % des Strombedarfs des Landes.

LANDWIRTSCHAFT

Syrien ist ursprünglich ein landwirtschaftlich geprägtes Land. Erst in 1960er-Jahren entstanden große staatliche Industrieunternehmen und noch immer arbeiten 40 % der Bevölkerung in der Landwirtschaft: Auf 48.000 km² Ackerland werden Gerste, Weizen, Oliven, Tabak, Obst und Gemüse angepflanzt. Die wichtigste Exportpflanze ist die Baumwolle. Fast der gesamte Ackerbau

▲ Ein Stoffdrucker bei der Arbeit in einem Souk in Aleppo. Mit ihren 2.229.000 Einwohnern ist Aleppo die größte Stadt Syriens.

hängt von Bewässerungssystemen ab, denn selbst in den feuchtesten Regionen fällt der Regen meist im Winter. Große Teile des Landes nördlich der Syrischen Wüste dienen als Weide für rund 14,5 Millionen Schafe und 1,1 Millionen Ziegen.

ENERGIE UND INDUSTRIE

Die Gebiete in und um die syrischen Städte Damaskus, Aleppo und Homs haben sich zu großen industriellen Zentren entwickelt. Hier werden Öl und Tabak verarbeitet, Chemikalien produziert, Baumwollstoffe gewoben und eine große Palette von Kunsthandwerken wie Seiden-, Leder- und Glasverarbeitung ausgeübt. Die syrische Erdöl-

SYRIEN

industrie ist seit ihrem Beginn 1974 zum größten Devisenbringer herangewachsen, 2001 belief sich ihr Anteil am Export auf 68 %. Mehrere Ölpipelines durchziehen Syrien und verbinden das Land mit dem Irak, Jordanien und der Mittelmeerküste.

ARABISCHE VÖLKER

Syrien ist seit vielen Jahrtausenden besiedelt, unter anderem lebten dort Ägypter, Hethiter, Babylonier und Perser. Obwohl das Land vom 16. Jh. an bis 1918 Teil des Osmanischen Reiches war, stammt die heutige Bevölkerung zu mehr als 90 % von arabischen Völkern ab, die das Land im siebten Jahrhundert eroberten und 800 Jahre lang dort herrschten. Die größten Minderheiten sind Kurden in der Nähe der türkischen Grenze und Armenier. Syriens Hauptstadt Damaskus ist eine der ältesten Städte überhaupt und beansprucht für sich den Titel der ältesten ständig bewohnten Hauptstadt der Welt. Sie liegt im Südwesten des Landes am Rande einer fruchtbaren Ebene und am Fuße der Berge, die Syrien vom Libanon trennen.

▲ Geschäftige Märkte, die so genannten Souks, sind ein Kennzeichen arabischer Städte. Dieser große Souk al-Hamidiye befindet sich in Damaskus.

ASIEN

ISRAEL

Das als Heimat für das jüdische Volk gegründete Israel ist isoliert vom übrigen Nahen Osten, mit dem es immer wieder Konflikte austrägt.

Fläche: 20.991 km² (ohne Ost-Jerusalem und Golanhöhen)
Bevölkerungszahl: 6.566.000 (inkl. Golanhöhen und Ost-Jerusalem)
Hauptstadt: Jerusalem (692.300), wird von der internationalen Gemeinschaft nicht als Hauptstadt anerkannt
Sprache/n: Hebräisch, Arabisch
Religion/en: Juden, Muslime (sunnitisch), Christen (griech.-orth.)
Währung: Neuer Schekel
Exportgüter: Maschinen und Fahrzeuge, geschliffene Diamanten, Chemikalien, Kleidung, Nahrungsmittel und Getränke
Staatsform: Parlamentarische Republik

▼ Ein Gärtner pflanzt einen Baum in einem Kibbuz. Einige landwirtschaftliche Betriebe sind als Kibbuzim organisiert, als Gemeinschaften, in denen die Menschen ihr Einkommen und ihr Eigentum miteinander teilen.

Israel liegt am Ostufer des Mittelmeers und grenzt an Ägypten, Jordanien, Syrien und den Libanon sowie an die besetzten Gebiete des Gazastreifens und des Westjordanlandes. Ein kurzer Küstenstreifen am Roten Meer, der zum Touristenzentrum ausgebaut ist, bildet die Südspitze des Landes. Israels Küstenebene im Westen läuft parallel zum Mittelmeer und schließt mit fruchtbaren Landstreifen ab, die sich 40 km ins Landesinnere hineinziehen. In dieser Ebene lebt mehr als die Hälfte der Bevölkerung des Landes, ein Großteil der Industrie und des Ackerlands befindet sich dort. Südlich davon liegt die trockene und felsige Negevwüste. Im Norden ziehen sich Hügel bis in die Mitte des Landes, ganz im Osten liegt eine große Niederung, Teil des Great Rift Valley.

WIRTSCHAFT UND BEVÖLKERUNG

Die Wirtschaft des Landes ist geprägt von Dienstleistungs-, Rüstungs- und verarbeitender Industrie, obwohl auch die Landwirtschaft mithilfe modernster Technik und Bewässerung sehr hoch entwickelt ist. Israel ist ein Weltzentrum für das Schneiden und Polieren von Edelsteinen und besitzt große Computer-, Maschinenbau- und Chemiefirmen. Der Tourismus geht zwar seit Ende der 1990er-Jahre zurück, doch noch immer ziehen das angenehme Klima und die religiös geprägte Geschichte des Landes, das für die drei Weltreligionen Islam, Christentum und Judentum von großer Bedeutung ist, viele Besucher an. In den 1990er-Jahren wuchs Israels Wirtschaft, teils durch die Masseneinwanderung von gut ausgebildeten Juden aus der früheren Sowjetunion. Sie trafen auf eine

ISRAEL

sehr gemischte Bevölkerung aus fast 80 % Juden und 20 % Arabern. Aufgrund der offenen Immigrationspolitik jüdischen Einreisewilligen gegenüber wohnen heute Juden aus mehr als 100 Ländern in Israel.

HILFE, HANDEL UND KONFLIKT

Die USA unterhalten enge Beziehungen zu Israel. Sie sind der größte Handelspartner und spenden mehr Geld als jedes andere Land. Israel treibt intensiven Handel mit mehreren europäischen Ländern, aber nur sehr wenig mit seinen direkten arabischen Nachbarn. Durch seine Gebietsansprüche, eigentlich durch seine Existenz an sich, steht Israel in politischem und manchmal auch in militärischem Konflikt zu den Nachbarn. In einer Reihe von Kriegen seit der Staatsgründung hat es Teile der Nachbarländer besetzt. Der Gazastreifen am Mittelmeer gehörte einst zu Ägypten, das Westjordanland und Ost-Jerusalem waren jordanisch, die Golanhöhen gehörten zum Territorium von Syrien. Israels angespannte Beziehungen zu seinen arabischen Nachbarn und die Gewalt zwischen Juden und Palästinensern haben dazu geführt, dass heute mehr als ein Viertel des Staatsbudgets für die Verteidigung ausgegeben wird. Das größte Problem bleibt das Schicksal der Palästinenser, die 1948 bei der Gründung Israels von ihrem Grund und Boden vertrieben wurden. Sie fordern eine eigene Heimat im Westjordanland und im Gazastreifen.

▲ Ein trockenes Flussbett in der lebensfeindlichen Negevwüste, die mehr als die Hälfte des israelischen Territoriums ausmacht, in der aber nur 7 % der Bevölkerung leben. Die Landschaft wird zum Süden hin zerklüfteter und steigt deutlich an.

▼ Jerusalem ist die größte Stadt Israels. 1950 proklamierte Israel Jerusalem zur Hauptstadt, obwohl die UNO dies nicht anerkennt und fast alle Staaten ihre Botschaften in der Küstenstadt Tel Aviv unterhalten.

ASIEN

LIBANON

Libanon, ein schmaler Landstreifen an der Ostküste des Mittelmeers, befindet sich nach einem langwierigen Bürgerkrieg im Wiederaufbau.

Fläche: 10.452 km²
Bevölkerungszahl: 4.441.000
Hauptstadt: Beirut (2.115.000)
Sprache: Arabisch
Religion/en: Muslime (schiitisch, sunnitisch, drusisch), Christen (maronitisch, griech.-orth.)
Währung: Libanesisches Pfund
Exportgüter: Papierprodukte, Lebensmittel, Maschinen
Staatsform: Parlamentarische Republik

Libanon ist ein kleines Land, das im Süden an Israel und im Norden und Osten an Syrien grenzt. Es besteht aus einer Küstenebene, die im Osten zu zwei Bergzügen hin ansteigt. Zwischen diesen Bergen liegt ein großes fruchtbares Tal, die Bekaa-Ebene. Libanon teilt sich in zwei Klimazonen: Die Mittelmeerküste mit ihren warmen, trockenen Sommern und regnerischen, aber milden Wintern und die vor allem im Sommer heiße Bekaa-Ebene im Binnenland. Der Litani, der dieses Tal durchfließt, liefert Strom und Wasser für die Bewässerung des Südteils der Ebene sowie durch einen Tunnel auch für einen Teil der Küstenebene. Verglichen mit anderen Ländern der Region, fällt im Libanon verhältnismäßig viel Regen. Der Anbau von Getreide, Gemüse und vielen Obstsorten ist ein wichtiger Wirtschaftsfaktor sowohl an der Küste wie auch in der Bekaa-Ebene.

BÜRGERKRIEG UND WIEDERAUFBAU

Schon vor 3.000 Jahren entstanden phönizische Städte im Libanon. Später war das Land eine reiche Nation und ein Wirtschafts- und Handelszentrum, die Hauptstadt Beirut begehrtes Touristenziel. Aber die zunehmenden Spannungen zwischen den verschiedenen christlichen und muslimischen Volksgruppen führten schließlich zu einem langwierigen Bürgerkrieg, der 1975 begann und große Teile des Landes verwüstete. Die Stabilität der 1990er-Jahre hat es ausländischen Hilfsorganisationen und der Regierung ermöglicht, Geld für den Wiederaufbau zur Verfügung zu stellen.

▲ Die majestätischen Zedern des Libanon, von denen einige 1.500 Jahre alt sind, sind ein Symbol des Landes. Ein Großteil des Libanon war einst von riesigen Wäldern bedeckt, heute sind es nur noch 8 % des Landes.

▶ Neue Hotels und Apartmenthäuser zeigen, dass Beirut sich wirtschaftlich erholt hat und nach langen Jahren verheerender Kämpfe wieder Touristen anzieht.

JORDANIEN

Das arabische Königreich Jordanien, zwischen Saudi-Arabien, Israel, Syrien und Irak gelegen und fast ganz vom Meer abgeschlossen, wurde 1946 unabhängig.

Fläche: 89.342 km²
Bevölkerungszahl: 5.171.000
Hauptstadt: Amman (1.300.000)
Sprache: Arabisch
Religion: Muslime (sunnitisch)
Währung: Jordan-Dinar
Exportgüter: Chemikalien und chemische Produkte, Phosphatdünger, Pottasche, Obst, Gemüse und Nüsse
Staatsform: Konstitutionelle Erbmonarchie

Jordanien ist geografisch dreigeteilt: Das Jordantal im Westen, eine Wüstenregion im Osten und dazwischen ein Gebiet mit Bergland und Hochplateaus. Westjordanien hat ein mediterranes Klima mit heißen, trockenen Sommern, kühlen, feuchten Wintern und zwei kurzen Übergangszeiten. Die restlichen drei Viertel des Landes haben überwiegend Wüstenklima mit weniger als 250 mm Niederschlag im Jahr. Der Wassermangel ist ein Hauptproblem Jordaniens, dem auch größere Ölreserven oder Rohstoffvorkommen fehlen, mit Ausnahme von Phosphaten, die zusammen mit Dünger und Pottasche die Hauptexportprodukte des Landes bilden. Noch nicht einmal 5 % des Landes sind für den Ackerbau geeignet. Dort werden vor allem Tomaten, Obst, Weizen und Oliven angebaut. Schafe sind die wichtigsten Nutztiere, 1,6 Millionen sollen es 2002 gewesen sein. Jordanien verlor ein Fünftel seiner Industrieproduktion und viel gutes Ackerland durch die israelische Besetzung des westlichen Jordanufers im Jahr 1967. Etwa drei Viertel der Gesamtbevölkerung, darunter viele vertriebene Palästinenser, wohnen in den Städten, vor allem in der Hauptstadt Amman.

DAS JORDANTAL

Als Ausläufer des afrikanischen Great Rift Valley zieht sich das Jordantal die gesamte Westseite des Landes entlang. Dem Jordan wird viel Wasser zur Bewässerung des Landes in der Umgebung und zur Versorgung der lokalen Bevölkerung entzogen. Der Fluss mündet im Toten Meer, das 408 m unter dem Meeresspiegel liegt und damit der tiefste Punkt auf der Erdoberfläche ist.

▲ Tourismus ist eine wichtige Einnahmequelle für Jordanien. Viele Besucher wollen die Reste der antiken Stadt Petra sehen. Die faszinierenden Gebäude sind wie diese Grabkammer in den roten Sandsteinfelsen gehauen.

▶ Akaba, am gleichnamigen Golf am Roten Meer gelegen, ist die einzige Hafenstadt Jordaniens. Von hier aus starten die Taucher, die das vielfältige Leben in den Korallenriffen weiter im Süden des Golfs erkunden wollen.

ASIEN

IRAK

Irak ist ein Land der Berge, Wüsten und fruchtbaren Ebenen. Mehr als zehn Jahre lang stand es in Konflikt mit der internationalen Gemeinschaft.

Fläche: 438.317 km²
Bevölkerungszahl: 24.174.000
Hauptstadt: Bagdad (5.772.000)
Sprache/n: Arabisch, Kurdisch (regional)
Religion/en: Muslime (schiitisch und sunnitisch)
Währung: Irak-Dinar
Exportgüter: Rohöl und Ölerzeugnisse
Staatsform: Zurzeit Übergangsregierung, neue Verfassung bis Ende 2005 geplant

Irak liegt eingezwängt zwischen den beiden größten Ländern des Nahen Ostens, Saudi-Arabien und Iran. Außerdem hat das Land gemeinsame Grenzen mit Jordanien, Syrien, der Türkei und Kuwait. Ein schmaler, nur 58 km langer Küstenstreifen am Persischen Golf, der aber von enormer strategischer Bedeutung ist, gehört ebenfalls zum Territorium. Abgesehen von den bergigen Regionen im Norden und Nordosten ist der Irak sehr flach. Den Süden und die Mitte des Landes prägen Marschland, fruchtbare Flusstäler und Seen, die westliche Hälfte besteht aus Wüste. Teile der Syrischen Wüste reichen bis in den Irak hinein und bilden eine große, steinige Ebene mit wenigen sandigen Flecken. Wadis, Wasserläufe, die die meiste Zeit des Jahres trocken liegen, führen im Winter das Wasser der schweren Regenfälle. Die Sommertemperaturen in den Ebenen und Wüsten sind sehr hoch, die Winter im Allgemeinen mild. Diese Regionen bekommen wenig Niederschläge. Der Nordosten ist kühler und feuchter, besonders die Bergregionen.

DAS LAND ZWISCHEN DEN FLÜSSEN

In der Antike war das Gebiet des heutigen Irak als Mesopotamien, auf Griechisch das Land zwischen den Flüssen, bekannt. Die beiden großen Flüsse sind der Euphrat und der Tigris. Ganz im Süden des Landes, wo die beiden Ströme zusammentreffen, liegen sumpfige Niederungen mit Schilf und Palmen. Weiter im Norden durchziehen viele natürliche und künstliche Wasserstraßen und Seen das Land zwischen den Strömen und bilden fruchtbare Ebenen.

Seit mehr als 6.000 Jahren wird diese Region kultiviert und hat die Besiedlung durch viele alte

▲ Überall war er präsent: Saddam Hussein, Alleinherrscher über den Irak von 1979 an bis zur von den USA angeführten Invasion 2003.

▶ Die »Goldene Moschee« in Bagdads Vorort Kadhimain wurde 1515 errichtet und ist ein bedeutender schiitischer Wallfahrtsort.

252

Kulturen erlebt, darunter die Sumerer, Babylonier und Assyrer. Heute leben die meisten Iraker hier. Viele sind in der Landwirtschaft beschäftigt, züchten Vieh oder bauen Getreide und Obst an. Vor dem ersten Golfkrieg 1991 produzierte der Irak 80 % der weltweit verkauften Datteln.

ÖL UND KRIEG

1927 wurde das erste Öl im Irak gefunden, und 1990 war das Land der drittgrößte Ölproduzent der Welt. Außerdem besitzt es große Schwefelvorkommen, ein Element, das für viele industrielle Zwecke Verwendung findet. Die Öleinnahmen gingen vor allem in den Aufbau einer gewaltigen Militärmaschinerie. 1980 rückte Irak in den Iran vor, und als 1988 ein Waffenstillstand geschlossen wurde, hatten mehr als 300.000 Iraker ihr Leben verloren. Zwei Jahre später besetzte das Land den kleinen Ölstaat Kuwait. 1991 vertrieb eine internationale Koalition unter amerikanischer Führung Saddams Truppen aus Kuwait. Aufgrund von UN-Sanktionen nach diesem zweiten Golfkrieg konnte der Irak seine Ölreserven nur für den eigenen Gebrauch nutzen. Erst 1996 wurden wieder begrenzte und überwachte Exporte erlaubt. Durch die Sanktionen sankt das Bruttosozialprodukt (BSP) des Landes um die Hälfte. Die Kriegsschäden und das nachfolgende Handelsembargo haben Landwirtschaft und Industrie zum Erliegen gebracht, weite Teile der Bevölkerung verarmten. Unter der harten Hand von Saddam Hussein blieb der Irak isoliert und lag mit den meisten anderen Staaten im Streit. Im März 2003 marschierte eine internationale Truppe unter amerikanischer Führung in den Irak ein. Innerhalb von vier Wochen hatten die Koalitionstruppen fast das ganze Land eingenommen und Saddam Hussein gestürzt. Die Zukunft des Irak bleibt allerdings unsicher, das Land wartet auf den Wiederaufbau.

▼ Flüchtlingslager auf der türkischen Seite der Grenze. Wegen der brutalen Übergriffe der irakischen Regierung auf die kurdische Minderheit sind Tausende Kurden heimatlos geworden.

▼ Eine Gruppe arabischer Irakerinnen vor einem von Bomben zerstörten Haus in Bagdad. Die große Mehrheit der Iraker sind Araber, Kurden bilden die einzige größere Minderheit.

ASIEN

IRAN

Die bevölkerungsreichste und zweitgrößte Nation des Nahen Osten, die Islamische Republik Iran, ist ein zerklüftetes Land mit riesigen Öl- und Gasvorkommen.

Fläche: 1.648.000 km²
Bevölkerungszahl: 68.280.000
Hauptstadt: Teheran (6.758.845)
Sprache: Farsi (Persisch)
Religion: Muslime (90% schiitisch)
Währung: Rial
Exportgüter: Erdöl und Erdgas, Teppiche, Pistazien, Eisen und Stahl
Staatsform: Islamische Präsidialrepublik

Iran grenzt an sieben Nationen und drei Meere: den Golf von Oman, den Persischen Golf und das Kaspische Meer. Mehrere große Gebirgszüge und ein riesiges Plateau in der Mitte prägen das Land. Die Iranische Hochebene erstreckt sich ostwärts nach Zentralasien hinein. Bei einer Höhe um die 1.220 m umfasst die heiße, trockene Ebene zwei große Wüsten im Nordosten und Osten: die Dasht-e Kavir oder Große Salzwüste (180.000 km² Fläche) und die Dasht-e Lut (mehr als 166.000 km² Fläche). Man findet im Iran viele verschiedene Klimazonen. In den Bergen am Kaspischen Meer regnet es ziemlich viel, aber allgemein ist der Iran ein Land mit relativ geringen, je nach Jahreszeit unterschiedlichen Niederschlagsmengen.

▲ Eine von mehren Hundert Teppichknüpfereien in der zentraliranischen Stadt Isfahan. Die Stadt ist ein Zentrum der Textilproduktion. Aus Baumwolle, Seide und Wollstoffe entstehen hier Kleidung und Teppiche.

DIE IRANISCHEN BERGE

Die längste Bergkette des Landes, das Zagrosgebirge, erstreckt sich vom Nordwesten Richtung Südosten entlang des gesamten Persischen Golfs bis zur Straße von Hormus, die ihn mit dem Golf von Oman verbindet. Dort finden sich zahlreiche Gipfel über 3.000 m, aber auch

tiefe, fruchtbare Täler, in denen Landwirtschaft betrieben wird. Das Elburs-Gebirge im Norden besteht aus mehreren, parallel zum Kaspischen Meer verlaufenden Gebirgszügen mit dem Demawend als höchstem Punkt des Iran (5.671 m). Die Nordhänge des Elburs sind dicht mit Laubwäldern überzogen und bilden das größte Vegetationsgebiet des Iran. Viele nur zu bestimmten Jahreszeiten gefüllte Flüsse entspringen in diesen Bergen und fließen nach Norden ins Kaspische Meer. Die Hauptstadt Teheran liegt am Südhang des Elburs auf einer Höhe von 1.070 m.

EINE AUF ÖL GEBAUTE WIRTSCHAFT

Irans Wirtschaft ist eng mit den Bodenschätzen des Landes verbunden; 85 % der Exporteinkünfte stammen aus dem Verkauf von Öl und Erdgas. Im Iran lagern etwa 8 % der bekannten Ölreserven und beinahe ein Fünftel der Erdgasreserven. Nach den Modernisierungsplänen von Schah Mohammed Resa Pahlevi – dem Herrscher des Landes von 1941 bis 1979 – entwickelte Iran Öl verarbeitende Industrien und Transportkapazitäten in mehreren großen Hafenstädten entlang der Golfküste wie etwa Bandar-e Abbas und Abadan. Auch Textilindustrie, Maschinenbau und Zementherstellung wurden wichtig.

REVOLUTION UND KRIEG

Die Iraner sind ein tief religiöses Volk und alle Aspekte des Lebens sind vom islamischen Glauben durchdrungen. 1979 wurde der Schah durch eine Revolution gestürzt und der Iran zur Islamischen Republik erklärt. Die Regierung bekämpfte westliche Einflüsse und setzt ein striktes islamisches Recht durch. 1980 überfiel der Irak das Land und in dem anschließenden achtjährigen ersten Golfkrieg starben mehr als 400.000 Iraner. Sein Engagement für starke islamische Regierungen in anderen Ländern hat den Staat mit einigen seiner Nachbarn sowie mit westlichen Nationen in Konflikt gebracht.

▲ Eine Erdölraffinerie in Abadan. Die Stadt an der nördlichsten Spitze des Persischen Golfs ist ein wichtiges Zentrum der Ölverarbeitung.

▼ Iranische Bauern bei der Ernte. Die Landwirtschaft trägt ein Fünftel zum BSP bei, vor allem mit Weizen, Gerste, Reis, Zuckerrüben, Tabak und Wolle.

ASIEN

SAUDI-ARABIEN

Das Wüstenkönigreich Saudi-Arabien nimmt fast die gesamte Arabische Halbinsel ein und ist die größte und reichste Öl-Nation im Nahen Osten.

Fläche: 2.240.000 km²
Bevölkerungszahl: 24.290.000
Hauptstadt: Riad (1,8 Mio., als Agglomeration 2,8 Mio.)
Sprache: Arabisch
Religion: Muslime (sunnitisch)
Währung: Saudi Riyal
Exportgüter: Erdöl, petrochemische Produkte, Erdgas
Staatsform: Islamische absolute Monarchie

Saudi-Arabien grenzt an sieben Länder und ist durch einen Damm mit einem achten, Bahrain, verbunden. Das Land hat etwa ein Viertel der Fläche der USA und 2.640 km Küste, davon rund 1.760 km am Roten Meer und den Rest am Persischen Golf. Eine schmale, zwischen 15 und 65 km breite Küstenebene erstreckt sich entlang des Roten Meeres, es folgt ein Gebirgszug parallel zur Ebene. Diese Berge werden nach Süden hin höher und erreichen den höchsten Punkt des Landes im Jabal Sawda (3.133 m). Im Nordosten Saudi-Arabiens dehnt sich ein großes Plateau aus, erreicht eine Höhe von 1.800 m und fällt dann allmählich nach Osten zum Persischen Golf hin ab. Im Süden und Südosten liegt die größte zusammenhängende Sandwüste der Welt, die Rub al-Khali oder Große Arabische Wüste. In manchen Teilen dieser lebensfeindlichen Gegend fällt jahrelang kein Regen.

▲ An einer Ölquelle in Saudi-Arabien wird Gas abgefackelt. Erdöl und Gas werden durch 17.000 km Pipelines durch das Land zu Raffinerien und Häfen gepumpt.

WASSER UND LANDWIRTSCHAFT

Saudi-Arabien ist heiß und trocken. Die Temperaturen steigen im Sommer bis auf 50 °C, die Nächte dagegen sind kalt, im Winter kann es frieren. Es regnet eigentlich kaum. Die Hauptstadt Riad hat eine durchschnittliche Niederschlagsmenge von 85 mm im Jahr, das Asir-Gebirge im Südwesten immerhin das Drei- bis Vierfache. Aufgrund der Trockenheit gibt es keine ganzjährig Wasser führenden Flüsse oder Seen. Die Landwirtschaft beschränkt sich traditionell auf die Viehhaltung durch nomadisch lebende Beduinen, Feldfrüchte werden nur in der bergigen Asir-Region und in den Oasen der Wüsten-

SAUDI-ARABIEN

landschaft nördlich der Rub al-Khali angebaut. In riesigen Entsalzungsanlagen wird dem Meerwasser das Salz entzogen und so Millionen Liter Süßwasser gewonnen. Mit Bewässerungsprojekten sind so in neuerer Zeit viele Quadratkilometer Wüste in fruchtbares Land zurückverwandelt worden und die Landwirtschaft Saudi-Arabiens wächst. Produziert werden vor allem Weizen, Gerste, Datteln, Milchprodukte und verschiedene Früchte. Dazu kommt die Haltung von Schafen, Ziegen und Kamelen.

DER GRÖSSTE ÖLPRODUZENT DER WELT

Im Jahr 1936 wurde erstmals Öl in Saudi-Arabien entdeckt – 2002 wurden Schätzungen zufolge 10,5 Mio. Barrel (1 Barrel = 159 Liter) pro Tag gefördert. Das Land verfügt über die größten Öl- und Gasreserven der Welt, etwa ein Viertel der weltweiten Ölvorkommen. Deshalb prägen die Einkünfte aus dem Ölverkauf nicht nur die Wirtschaft des Landes und machen mehr als 90 % der Exporterlöse aus, sondern sie geben dem Land auch eine große Bedeutung in der Weltwirtschaft. Die Ölregion des Landes liegt vor allem im Osten am Persischen Golf. Mit den enormen Einnahmen wurden eine moderne Infrastruktur entwickelt, Häfen, Krankenhäuser und Schulen gebaut und alle Städte mit Strom versorgt. Auch andere Industrien wie Chemie-, Metallverarbeitung und Pharmafirmen wurden aufgebaut.

GESCHICHTE

Obwohl die Region seit Jahrtausenden besiedelt ist, ist das gegenwärtige Königreich Saudi-Arabien eine relativ junge Nation. Sie entstand im frühen 20. Jh., als Abd al-Asis ibn Saud (1882–1953) allmählich Territorien auf der Arabischen Halbinsel eroberte, angefangen mit Riad im Jahr 1901 und endend mit der Asir-Region im Jahr 1920. 1932 gründete er das Königreich Saudi-Arabien. Die Nachkommen der Familie Saud führen das Land noch immer, der Monarch verfügt über eine absolute Machtfülle. 1993 führte der gegenwärtige König Fahd politische Reformen durch und gründete einen Konsultativrat mit 60, später mit 120 Mitgliedern, die den König beraten sollen. Ein »Grundgesetz« wurde erlassen und die lokalen Regierungen der 13 Provinzen Saudi-Arabiens bekamen mehr Macht. Dennoch wird Saudi-Arabien noch immer von einer Familie beherrscht, die die politische Richtung vorgibt. Es gibt keine politischen Parteien und eine strenge Zensur der Medien. Das Satellitenfernsehen etwa wurde 1994 verboten, Internet und Religion unterliegen einem strengen Reglement.

▼ Zwei Beduinen bei der Falknerei. Falken oder Habichte werden darauf abgerichtet, Wildtiere und Vögel zu schlagen. Heute betreiben viele reiche Saudis diesen Sport, der sehr streng kontrolliert wird, um gefährdete Arten zu schützen, die den Falken zum Opfer fallen könnten.

▼ Eine Beduinenkarawane auf dem Weg durch die saudi-arabische Wüste. Viele Beduinen arbeiten heute in der Ölindustrie oder leben in den Städten.

ASIEN

▲ Saudische Börsenmakler in Riad überwachen die Aktienkurse. Die saudiarabische Börse ist heute die größte in der arabischen Welt.

▼ Pilger in der Großen Moschee in Mekka beten rund um die Kaaba, den heiligsten Ort der Muslime.

EINE REGIONALE SUPERMACHT

Die reichste Nation des Nahen Ostens hat enge Verbindungen zu ihren arabischen Nachbarn und großen Einfluss auf sie wie auch innerhalb der westlichen Welt, gesteigert noch durch saudische Beiträge zu militärischen und wirtschaftlichen Unternehmungen in der Region. Saudi-Arabien hat einige Hilfs- und Investmentprojekte in der Golfregion und im Nahen Osten gegründet und gibt amerikanischen, japanischen, französischen und britischen Unternehmen regelmäßig Aufträge für militärische und zivile Projekte. Viele Saudis schließen ihre Ausbildung in Europa oder Nordamerika ab.

GEBURTSSTÄTTE DES ISLAM

Die zweitgrößte Religion der Welt ist auf dem Gebiet Saudi-Arabiens entstanden. Der Gründer des Islam, der Prophet Mohammed (um 570–632), wurde in der Stadt Mekka geboren, etwa 70 km von Jiddah, einer Hafenstadt am Roten Meer, entfernt. Der islamische Kalender beginnt mit dem Jahr 622 n.Chr., dem Jahr der Hedschra, der Flucht Mohammeds aus Mekka. 630 kam er zurück, um die Stadt einzunehmen, die heute als die heiligste in der ganzen islamischen Welt gilt. Jeder Muslim versucht, wenigstens einmal im Leben die Pilgerfahrt, den Hadsch, nach Mekka zu machen, und Millionen Muslime besuchen die Stadt jedes Jahr. Die Große Moschee, Al-Masdschid al-Haram, kann 300.000 Menschen fassen. Im Hof der Großen Moschee steht die Kaaba, ein kleines Gebäude, in dem der Schwarze Stein von Mekka, das größte Heiligtum der gesamten islamischen Welt, untergebracht ist. Auch Medina, 340 km nördlich von Mekka gelegen, ist eine heilige Stadt, sie beherbergt die sterblichen Reste Mohammeds. Saudi-Arabien ist ein streng islamischer Staat, in dem das islamische Recht, die Scharia, gilt. Frauen spielen im öffentlichen Leben keine Rolle, dürfen nur in der Schule und im Gesundheitswesen arbeiten und noch nicht einmal Auto fahren. Auf bestimmte Verbrechen stehen strenge islamische Strafen, was von internationalen Menschenrechtsorganisationen kritisiert wird.

KUWAIT

Das im Vergleich zu Saudi-Arabien, Irak und Iran winzige Land verfügt über reiche Ölreserven, hat sich aber noch immer nicht ganz von der irakischen Invasion 1990 erholt.

Fläche: 17.818 km²
Bevölkerungszahl: 2.328.000
Hauptstadt: Kuwait (193.000; 50 % Ausländer)
Sprache: Arabisch
Religion/en: Muslime (sunnitisch und schiitisch)
Währung: Kuwait-Dinar
Exportgüter: Erdöl und Erdölerzeugnisse
Staatsform: Emirat (Erbmonarchie)

Kuwait liegt am Nordende des Persischen Golfs und umfasst auch mehrere, meist unbewohnte Inseln. Es ist ein flaches, fast ungegliedertes Land und besteht im Grunde nur aus einem sandigen Plateau, das im Westen, nahe der Grenze zu Saudi-Arabien und dem Irak, bis auf 289 m ansteigt. Die durchschnittliche jährliche Niederschlagsmenge liegt bei 125 mm, es gibt wenig Oberflächenwasser, das Land ist auf moderne Meerwasserentsalzungsanlagen angewiesen. Auch fruchtbarer Boden ist kaum vorhanden, einzige Ausnahme: die Oase Al Jahrah 50 km westlich der Hauptstadt. Außerdem gibt es nur noch Salzmarschen im Nordosten und an Teilen der Küste. Grünflächen in den großen Städten Kuwaits wurden mit importiertem Boden angelegt. Die Fischerei ist der einzige mit Nahrungsmitteln verbundene Industriezweig, Shrimps sind der profitabelste Fang.

ÖL, INVASION UND WIEDERAUFBAU

Unter den unfruchtbaren, öden Landstrichen Kuwaits verbergen sich riesige Öl- und kleinere, aber dennoch bedeutende Erdgasreserven. Kuwait verfügt über geschätzte 10 % der nachgewiesenen Rohölvorkommen der Welt und lieferte im Jahr 2002 wieder fast 2,2 Mio. Barrel pro Tag, nachdem die Ölförderung aufgrund der irakischen Invasion 1990 völlig zusammengebrochen war. Die Truppen des Irak wurden zwar von einer internationalen Koalition aus dem Land vertrieben, aber für Kuwait war der Krieg eine wirtschaftliche und ökologische Katastrophe. Im Jahr 2003 wurde das Land zur Ausgangsbasis für große Teile der Koalitionstruppen, die in den Irak einmarschierten.

▼ Ein Ölarbeiter in Kuwait an einer der vielen modernen Förderanlagen. Die kuwaitische Ölindustrie beschäftigt Tausende ausländische Arbeiter vor allem aus Südasien und anderen arabischen Staaten.

ASIEN

BAHRAIN

Das kleine Königreich Bahrain liegt im Persischen Golf zwischen Katar und Saudi-Arabien und besteht aus einer großen und mehreren kleineren Inseln.

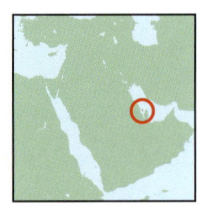

Fläche: 711 km²
Bevölkerungszahl: 698.000
Hauptstadt: Manama (153.395)
Sprache: Arabisch
Religion/en: Muslime (schiitisch und sunnitisch)
Währung: Bahrain-Dinar
Exportgüter: Erdöl und Erdölerzeugnisse, bearbeitete Waren
Staatsform: Emirat (absolute Monarchie)

Die Insel Bahrain, die größte Landfläche des Staates, hat eine felsige Mitte und ist mit dem saudi-arabischen Festland über einen langen Damm verbunden. Es herrscht ein heißes, trockenes Klima mit nicht mehr als 100 mm Niederschlägen jährlich. Mithilfe von importiertem Boden und Bewässerungssystemen werden heute Obst und Gemüse angepflanzt. Das Land war auch der erste Golfstaat, der Öl für den Weltmarkt förderte, doch die Reserven sind schon ziemlich erschöpft und wahrscheinlich in den nächsten zehn bis 20 Jahren aufgebraucht. Heute investiert das Land in andere Industriezweige wie etwa die Aluminiumherstellung, Chemie und Kunststoffproduktion.

Außerdem arbeiten viele gut ausgebildete Bahrainer in der florierenden Dienstleistungsbranche, vor allem bei Versicherungen und Banken. Dem Land, das von der mächtigen Familie al-Chalifa regiert wird, gehört auch ein Viertel der Fluggesellschaft Gulf Air. Seit dem 19. Jh. stand Bahrain unter dem Schutz Großbritanniens, im Jahr 1971 wurde der Protektoratsvertrag gelöst.

▶ Ein Teil des Geschäftsviertels der bahrainischen Hauptstadt Manama. Sie ist mit der nahe gelegenen Insel Al-Muharraq verbunden, auf der sich der Flughafen des Landes befindet.

KATAR

Das Emirat Katar liegt auf einer Halbinsel im Persischen Golf. Es ist ein flaches, trockenes Wüstenland mit besonders großen Erdgasvorkommen.

Fläche: 11.437 km²
Bevölkerungszahl: 817.000
Hauptstadt: Doha (392.000)
Sprache: Arabisch
Religion: Muslime (sunnitisch)
Währung: Katar-Riyal
Exportgüter: Erdöl und Erdölerzeugnisse, Chemikalien
Staatsform: Emirat (absolute Monarchie)

Katar grenzt an die Vereinigten Arabischen Emirate und Saudi-Arabien. Ein Großteil des Landes besteht aus Wüste mit einigen niedrigen Hügeln an der Westküste. Es fällt nur sehr wenig Regen, unter 100 mm pro Jahr und meist nur in schweren Winterstürmen. Etwas Süßwasser stammt aus unterirdischen Quellen, aber vor allem baut Katar auf Entsalzungsanlagen, die aus Meerwasser Süßwasser machen. Ackerland ist knapp, aber mithilfe von Bewässerungsanlagen werden Melonen, Tomaten und Auberginen angebaut. Die Fischerei vor der Halbinsel ist mit ihren 5.000 t jährlich wichtig für den lokalen Bedarf. Katar hat eher kleine Ölreserven, aber die drittgrößten Erdgasvorkommen der Welt.

EINHEIMISCHE IN DER MINDERHEIT

Nur einer von fünf Katarern ist auch in Katar geboren. Seit Beginn der Ölförderung haben unzählige Ausländer dort gearbeitet, vor allem Menschen aus dem Iran, aus Pakistan und Indien. Die Einheimischen sind Nachkommen nomadischer Beduinen. Heute leben mehr als 80 % der eingeborenen Katarer in den Städten und viele kleine Dörfer sind verlassen. Durch Öl- und Gasverkäufe ist das von der Familie al-Thani regierte Katar sehr reich geworden und bietet einen hohen Lebensstandard ohne Einkommensteuer, aber mit kostenlosen Gesundheitsdiensten und Bildungsangeboten.

BAHRAIN • KATAR • VEREINIGTE ARABISCHE EMIRATE

VEREINIGTE ARABISCHE EMIRATE

Dieser Zusammenschluss von sieben Emiraten liegt in der Wüste am Persischen Golf und ist durch Gas- und Ölverkäufe wohlhabend geworden.

Fläche: 77.700 km²
Bevölkerungszahl: 3.218.000
Hauptstadt: Abu Dhabi (471.000)
Sprache: Arabisch
Religion/en: Muslime (hauptsächlich sunnitisch, 16 % schiitisch)
Währung: Dirham
Exportgüter: Rohöl und raffiniertes Öl, Erdgas, Fertigwaren, Datteln
Staatsform: Föderation von sieben autonomen Emiraten

Die Vereinigten Arabischen Emirate (VAE) bestehen hauptsächlich aus flacher Wüste und Salzwüste mit einer durchschnittlichen Höhe über dem Meeresspiegel von nicht einmal 150 m. Im Osten an der Grenze zu Oman steigt das Land steil bis auf eine Höhe von 1.527 m an. Es hat eine lange Küste am Persischen Golf und eine kurze am Golf von Oman. Das Wasser dort ist sehr viel tiefer und nährstoffreicher; im Jahr 2001 wurden dort 115.000 t Fisch gefangen. Das Land ist extrem trocken mit unter 50 mm Niederschlag pro Jahr, in den bergigen Regionen bis zu 150 mm. Landwirtschaft ist nur mit Bewässerung möglich.

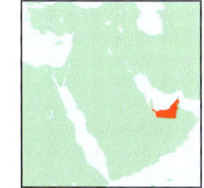

Die Vereinigten Arabischen Emirate entstanden 1971 nach dem Abzug der britischen Truppen aus einem Zusammenschluss der sieben Emirate Abu Dhabi, Dubai, Sharjah, Ajman, Umm el Qaiwain, Ras el Khaimah und Fujairah, die vorher unter der Bezeichnung »Vertragsstaaten« zusammengefasst wurden. Abu Dhabi war der größte der früheren Staaten und stellt heute mit der gleichnamigen Stadt die politische Hauptstadt des Landes. Zusammen mit der relativ großen Stadt Dubai bildet sie das industrielle Zentrum des Landes. Ölförderung und -verarbeitung prägen die Wirtschaft. Die Vereinigten Arabischen Emirate verfügen über fast 9 % der nachgewiesenen Öl- und Gasreserven der Welt und fördern etwa 2,5 Mio. Barrel pro Tag. Der weltgrößte künstliche Hafen 30 km südlich der Stadt Dubai ist zum wichtigen Umschlagplatz für die Golfstaaten geworden. Mit einem Teil der Einnahmen aus dem Ölgeschäft haben die Vereinigten Arabischen Emirate andere Branchen wie Finanzgeschäfte und Banken, Metallproduktion und Tourismus entwickelt sowie eine hochmoderne Infrastruktur und andere Dienste für die Bevölkerung aufgebaut. Die Bürger der Vereinigten Arabischen Emirate haben das höchste Pro-Kopf-Einkommen der gesamten arabischen Welt und bezahlen keine Einkommensteuer.

▲ Die VAE sind Selbstversorger bei vielen Obstsorten, auch bei Datteln, die hier geerntet werden.

▶ Die Markthalle des Neuen Souk (rechts) vor einer Moschee in der Stadt Sharjah. Die Bevölkerung der Stadt ist seit 1968 um das 20fache gewachsen, da Ausländer zugezogen sind, die in der Ölindustrie und in anderen Branchen arbeiten. Heute sind zwei Drittel der Bevölkerung des Landes Männer.

ASIEN

OMAN

Oman liegt zwar strategisch günstig am Eingang zum Persischen Golf und hat große Ölreserven, gehört aber dennoch zu den am wenigsten entwickelten Golfstaaten.

Fläche: 309.500 km²
Bevölkerungszahl: 2.538.000
Hauptstadt: Maskat (540.000)
Sprache: Arabisch
Religion/en: Muslime (ibaditisch und sunnitisch)
Währung: Rial Omani
Exportgüter: Erdöl (80 % der Exporte), Maschinen
Staatsform: Sultanat (absolute Monarchie)

▼ Diese zerklüftete Berglandschaft liegt auf der Halbinsel Musandam, einer Exklave Omans, die durch Territorium der Vereinigten Arabischen Emirate vom Rest des Landes getrennt ist.

Wüste bedeckt drei Viertel des Landes. Im Norden steigen Berge bis auf mehr als 3.000 m an. Die schmale, an manchen Stellen fruchtbare Küstenebene ist durch eine Hügelkette, die sich nach Südwesten parallel zum Arabischen Meer erstreckt, von der Wüste getrennt. Das Land hat eine 2.092 km lange Küste am Golf von Oman und am Arabischen Meer. Dabei wechseln sich tiefe Fjorde, lange Sandstrände, Mangrovenlagunen, Korallenriffe und kleine Felsinseln ab. Es gibt keine größeren Flüsse oder Seen und aufgrund des warmen, trockenen Klimas mit weniger als 110 mm Niederschlägen pro Jahr auch nur wenig Landwirtschaft. Auf bewässerten Flächen werden vor allem Exportpflanzen wie Limetten und Datteln angebaut. Der Fischfang spielt vor allem für die Menschen in den kleinen Küstensiedlungen eine wichtige Rolle. Oman wird von einem Sultan regiert, der ein Kabinett und einen Rat regionaler Repräsentanten ernennt. Es gibt weder politische Parteien noch eine gesetzgebende Versammlung. 1964 wurden die Ölreserven entdeckt, die die Wirtschaft Omans völlig dominieren, und drei Jahre später wurde mit der groß angelegten Förderung begonnen. Seit 1970 hat sich Oman stark verändert. Vorher gab es kaum Schulen, kaum Kommunikationswege und nur 10 km feste Straße. Mit den Ölerlösen hat Oman unter der Führung von Sultan Qabus bin Said eine moderne Infrastruktur und öffentliche Dienstleistungen entwickelt. Dieser Prozess ist noch immer im Gange. So sind z.B. seit 1996 100 neue Schulen gebaut worden, die Alphabetisierungsrate des Landes ist zügig auf fast 80 % gestiegen.

JEMEN

Dieser Zusammenschluss zweier Nationen ist der jüngste Staat des Nahen Ostens. Er liegt in der felsigen und trockenen Südwestecke der Arabischen Halbinsel.

Fläche: 536.869 km²
Bevölkerungszahl: 18.601.000
Hauptstadt: Sana (1.280.000)
Sprache: Arabisch
Religion: Muslime (sunnitisch)
Währung: Jemen-Rial
Exportgüter: Erdöl (über 90% der Exporte), Nahrungsmittel und lebende Tiere, Mineralien
Staatsform: Islamische Präsidialrepublik

Die Grenzen des Jemen zu Oman im Osten und zu Saudi-Arabien im Norden wurden zwischen 1992 und 2000 nach längeren Auseinandersetzungen festgeschrieben. Jemens Staatsgebiet umfasst auch einige Inseln, die größte, Sokotra, hat eine Fläche von 3.579 km². Außerdem hat das Land eine Küste am Roten Meer und am Golf von Aden, der zum Indischen Ozean gehört. Diese Position war seit dem Altertum strategisch wichtig, Aden ist seit mehr als 2.000 Jahren ein großer Hafen. Die Landschaft des Jemen ist vielfältig und besteht aus einer Halbwüste am Roten Meer, die dann zu Bergen und von tiefen Tälern durchschnittenen Hochebenen ansteigt. Im Osten liegen eine Felswüste und Berge. Die Niederschlagsmenge variiert, wobei die Südküste noch nicht einmal 100 mm Regen im Jahr bekommt, die Berge im Westen dagegen bis zu 750 mm. Das feuchteste Gebiet Jemens ist auch das am dichtesten besiedelte mit Sana, der größten Stadt und Hauptstadt, und anderen größeren Städten wie Ibb und Ta'izz.

▲ Ein jemenitischer Markt, auf dem Qat gehandelt wird. Die Blätter dieses immergrünen Busches sind im Jemen sehr beliebt. Sie entfalten beim Kauen eine leicht stimulierende Wirkung.

▼ Ein Ziegenhirte weidet seine Herde vor einer alten Bergfestung in der Provinz Al-Mahwit, der kleinsten der 17 Provinzen des Jemen.

Die große Mehrheit der Jemeniten sind muslimische Araber und die Bevölkerung ist ländlicher als in den meisten arabischen Staaten. Mehr als die Hälfte arbeitet in der Landwirtschaft und bewirtschaftet oft nur kleine Parzellen. Antike Terrassen an den Berghängen bieten zusätzliches Ackerland. Weizen, Hirse und andere Getreidesorten sind zusammen mit Zitrusfrüchten, Tomaten und einigen Gemüsesorten wichtige Grundnahrungsmittel. Exportiert werden vor allem Kaffee und Baumwolle. Schon seit 1.200 Jahren führt der Jemen Mokka aus. Heute ist Erdöl der bei weitem wichtigste Exportartikel. Die Republik Jemen entstand 1990 durch die Vereinigung der Jemenitischen Arabischen Republik (Nordjemen) und der Demokratischen Volkrepublik Jemen (Südjemen). Die neue Nation unterstützte den Irak im zweiten Golfkrieg von 1991, woraufhin Saudi-Arabien und Kuwait viele jemenitische Gastarbeiter nach Hause schickten. Dies hatte eine verheerende Wirkung auf die Wirtschaft und führte zu einer Arbeitslosenquote von mehr als 30%. 1994 kam es zu einem kurzen Bürgerkrieg zwischen Truppen des Nordens und des Südens, seitdem herrscht ein brüchiger Friede.

ASIEN

ZENTRALASIEN

Zentralasien ist ein Gebiet landschaftlicher Extreme. Es grenzt im Norden an die Russische Föderation, im Westen an den Nahen Osten und im Osten an Pakistan und China. Vor allem nomadische Hirtenvölker und Händler leben schon seit Jahrtausenden hier. Ein Teil der Region liegt an der legendären Seidenstraße, einer Fernroute, auf der seit 100 v. Chr. vor allem Seide zwischen China und Europa transportiert wurde. Heute allerdings fehlen einem Großteil Zentralasiens geeignete Transportwege durch Gebirge und Wüsten, vor allem jedoch gibt es keine Seehäfen. Kasachstan und Turkmenistan liegen am Kaspischen Meer, alle anderen im Binnenland und weit weg von allen Ozeanen, was auch ein Kontinentalklima mit großen Temperaturschwankungen zur Folge hat. Zentralasien ist insgesamt trocken, Wasser wird zur Kostbarkeit. Um Ackerbau zu betreiben, ist vielerorts Bewässerung nötig, die wiederum die Süßwasserseen und Flüsse stark beeinträchtigt. Auch andere Umweltprobleme wie das Vordringen der Wüste und die Verschmutzung durch Industrie und Nuklearanlagen sind sehr Besorgnis erregend. Fünf der sechs Länder Zentralasiens, Kasachstan, Turkmenistan, Usbekistan Kirgisistan und Tadschikistan, waren früher Republiken der Sowjetunion und sind erst seit 1991 unabhängig. Die Russische Föderation übt als wichtigster Handelspartner noch immer großen Einfluss in der Region aus, und Russen stellen in mehreren der Länder eine große Minorität.

▲ Diese afghanischen Händler transportieren Opium über einen Gebirgspass. Die UNO schätzt, dass in Afghanistan mehr als 60 % des illegalen Opiums weltweit angebaut werden.

▼ Dieser Fischer geht am Aralsee an der Grenze zwischen Usbekistan und Kasachstan seiner Arbeit nach. Sinkende Wasserstände haben die meisten Fischarten sterben lassen und die Fischwirtschaft des Gebietes zerstört.

ZENTRALASIEN

RUSSLAND

Ural
Kaspische Senke
Mugodsharyberge
KASACHSTAN
ASTANA
Kasachische Schwelle
Irysch
Saissansee
Alakul
Balchaschsee
Altai

Ustjurt-plateau
Aralsee
Syrdarja
Kysylkum
BISCHKEK
Pik Pobedy 7439 m
Kirghiz Range
Issyk-kul
KIRGISISTAN
Tian Shan
CHINA

Kaspisches Meer
Zaliv Kara-Bogaz Gol
Karakum
TASCHKENT
USBEKISTAN
Alaikette
Qullai Ismoili Somoni 7495 m
TADSCHIKISTAN
DUSCHANBE
Pamir

TURKMENISTAN
ASCHCHABAD
Amudarja

IRAN

Hindukusch
KABUL
AFGHANISTAN
Dasht-i-Margo
Helmand

PAKISTAN

300   600 km
150   300 Meilen

▼ Arbeiter setzen neue Rohre an eine Ölförderanlage in einem südkasachischen Ölfeld an. Kasachstan produziert 745.000 Barrel Öl pro Tag.

ASIEN

KASACHSTAN

Der größte Staat Zentralasiens und das neuntgrößte Land der Erde besteht aus Wüsten und Ebenen mit riesigen Vorkommen an mineralischen Bodenschätzen.

Fläche: 2.717.300 km²
Bevölkerungszahl: 16.760.000
Hauptstadt: Astana (313.000)
Sprache: Kasachisch
Religion/en: Muslime (sunnitisch), Christen (russ.-orth.)
Währung: Tenge
Exportgüter: Erdöl und Erdgas, gewalzte Eisenmetalle, veredeltes Kupfer, Getreide, Kohle
Staatsform: Präsidialrepublik

▲ Kasachstans Hauptstadt Astana, 1824 als Festung gegründet, hieß von 1992 bis 1998 Akmolinsk und davor Zelinograd. Ihr Status als zollfreies Gebiet soll ausländische Unternehmen zu Investitionen ermutigen.

Der Norden des riesigen Landes bis zur Mitte hin besteht aus grasigen Steppen. Südlich schließen sich Wüsten an, im äußersten Osten und Süden erheben sich mehrere hohe Gebirgszüge. Hier liegt der höchste Punkt des Landes, der Khan Tengri (6.995 m). Im Westen dagegen, in der Nähe des Kaspischen Meeres, fällt das Land bis auf 28 m unter den Meeresspiegel ab. Kasachstan hat kontinentales Klima mit großen Schwankungen in Temperatur und Niederschlägen. In den Bergen im Osten z. B. fallen durchschnittlich bis zu 1.500 mm, weite Teile des Landes müssen sich mit 200 bis 400 mm begnügen, und Teile der Wüstenregion in der Mitte des Landes bekommen nicht mehr als 100 mm Regen. Die Landwirtschaft ist von der Bewässerung aus den Flüssen und Seen des Landes abhängig. Der größte See, der ganz in Kasachstan liegt, ist der Balchaschsee mit einer Fläche von 17.400 km². 29 % der Bevölkerung sind Russen, außerdem gibt es große Minderheiten von Ukrainern, Tataren und Usbeken. Die Kasachen sind die größte ethnische Gruppe im Land und stellen fast die Hälfte der Einwohner. Früher führten die meisten Kasachen ein Nomadenleben, doch im Laufe des 20. Jh.s wurden sie gezwungen, sesshaft zu werden. Der Bergbau ist der größte Industriezweig, aber auch die Landwirtschaft bleibt wichtig. Kasachstan hat ein reiches Vorkommen an Bodenschätzen, darunter Blei, Zink, Chrom, Wolfram, Kohle, Eisenerz und Nickel. Große Erdöl- und Gaslagerstätten wurden im Kaspischen Meer gefunden; das Land hat sich mit ausländischen Konzernen zusammengeschlossen, um diese Reserven auszubeuten.

▲ Der Start einer Sojus-Fregat-Rakete vom Weltraumbahnhof Baikonur. Die Basis des früheren Raumfahrtprogramms der Sowjetunion liegt fast 200 km nordwestlich der Stadt Kysl-Orda.

USBEKISTAN

Usbekistan ist das bevölkerungsreichste Land Zentralasiens. Es hat gewaltige Bodenschätze, aber eine schwache Infrastruktur, viele Einwohner sind sehr arm.

Fläche: 447.400 km²
Bevölkerungszahl: 25.271.000
Hauptstadt: Taschkent (2.197.000)
Sprache: Usbekisch
Religion/en: Mehrheitlich Muslime (sunnitisch), Christen (russ.-orth.)
Währung: Usbekistan-Sum
Exportgüter: Produkte der Leichtindustrie, Erdöl und Gas, Maschinen und Ausrüstungen, Nahrungsmittel
Staatsform: Präsidialrepublik

▼ Seit 1960 ist der Aralsee um fast 40 % seiner Fläche geschrumpft, weil den Flüssen, die ihn seit Jahrtausenden speisen, zu viel Wasser entzogen wird. Das Salz und der Sand, die zurückbleiben, machen das Land unfruchtbar.

Usbekistan ist eines von nur zwei Ländern der Welt, die nur von Ländern umgeben sind, die ihrerseits auch keinen Zugang zum Meer haben (das andere ist Liechtenstein). Annähernd ein Drittel des Landes besteht aus Bergen und ihren Ausläufern im Osten und Südosten, wo sie in die Gebirgszüge der Nachbarländer Kirgisistan und Tadschikistan übergehen. Der Rest besteht meist aus trockenen Wüstenebenen. Usbekistans kontinentales Klima ist von geringen Niederschlägen zwischen 200 und 400 mm geprägt. Es gibt fast nur Bewässerungsfeldbau, vor allem im Osten und im fruchtbaren Flusstal des Amudarja, der in den Aralsee mündet. Ein zu großer Verbrauch von Wasser aus Flüssen und Seen zu Bewässerungszwecken hat zu großen ökologischen Problemen geführt. Baumwolle ist die wichtigste Feldfrucht, gefolgt von Tabak, Obst und Gemüse, während nur ein Drittel des nötigen Getreides angebaut, der Rest eingeführt wird. Usbeken stellen 80 % der Bevölkerung, Russen 5 %, Kasachen 4 %, Tadschiken 3 % und Tataren 2 %. Die Bevölkerung des Landes konzentriert sich im Süden und Osten. Viele leben in jahrhundertealten Städten: Samarkand ist eine der ältesten Städte Zentralasiens und ein wichtiges Kultur- und Wirtschaftszentrum. Taschkent, die Hauptstadt des Landes, ist das Zentrum von Usbekistans produzierender und Schwerindustrie, zu der auch der Automobil- und Flugzeugbau gehört, der Bau von Landmaschinen und die Schmuckproduktion mit Gold aus mehreren großen Minen in der Kysylkumwüste.

▲ Usbekistan gehört zu den weltweit führenden Baumwollproduzenten.

ASIEN

TURKMENISTAN

Das bevölkerungsärmste Land Zentralasiens ist ein isolierter Wüstenstaat mit großen Erdgasreserven.

Fläche: 488.100 km²
Bevölkerungszahl: 4.793.000
Hauptstadt: Aschchabad (605.000)
Sprache: Turkmenisch
Religion: Muslime (sunnitisch)
Währung: Turkmenistan-Manat
Exportgüter: Gas- und Erdölprodukte (fast 70 %), Baumwolle, Textilien
Staatsform: Präsidialrepublik

Vier Fünftel des Landes bestehen aus der riesigen flachen Karakum-Wüste, berühmt wegen ihres schwarzen Sandes, in der es über 50 °C heiß werden kann. Turkmenistan ist sehr trocken, die Temperaturschwankungen sind extrem; im Winter können die Temperaturen unter minus 30 °C fallen. Der größte Fluss, der Amudarja, durchfließt den Osten des Landes. In der Nähe der Grenze zu Afghanistan wird ein Teil seines Wasser mithilfe eines 1.445 km langen Bewässerungskanals nach Aschchabad geleitet. Der Karakumkanal ist der größte Bewässerungskanal der Welt und versorgt die Äcker an seinen Ufern mit so viel Wasser, dass Baumwolle, Weizen, Maulbeerbäume und Obst angebaut werden können. Viele Einwohner haben Gesundheitsprobleme, weil es zu wenig sauberes Wasser gibt. Die größte Stadt Aschchabad wurde 1948 durch ein Erdbeben vollständig zerstört, ist aber wieder aufgebaut worden und ist heute die Hauptstadt Turkmenistans und das Zentrum der Baumwoll- und Textilindustrie. Allerdings steht diese in der Exportstatistik nur an zweiter Stelle hinter der Erdöl- und Gasproduktion.

TADSCHIKISTAN

Dieses kleinste und ärmste Land in Zentralasien ist gleichzeitig auch das gebirgigste. Über die Hälfte des Landes liegt mehr als 3.000 m über dem Meer.

Fläche: 143.100 km²
Bevölkerungszahl: 6.265.000
Hauptstadt: Duschanbe (575.900)
Sprache: Tadschikisch
Religion/en: Muslime (sunnitisch, schiitische Minderheit)
Währung: Somoni
Exportgüter: Aluminium (über 50 %), Elektrizität, Baumwollfasern, Obst, Pflanzenöl
Staatsform: Präsidialrepublik

Berge bedecken mehr als 90 % des Landes, die höchsten Gipfel liegen im Pamir im Südosten des Landes. Die vielen aus dem Schmelzwasser der Gletscher gespeisten Flüsse liefern den Strom für die Aluminiumindustrie des Landes wie auch für den Export in Nachbarländer. Nur 6 % des Landes werden landwirtschaftlich genutzt. Mithilfe von Bewässerung können auf einem Teil des Flachlands Feldfrüchte wie Baumwolle, Obst und Maulbeerbäume angebaut werden. Tadschikistan hat bedeutende Bodenschätze, darunter Quecksilber, Silber, Gold sowie mehr als ein Zehntel der nachgewiesenen Uranreserven der Welt. Gewinnung und Transport sind allerdings durch die gebirgige Lage extrem schwierig. Das Land ist nach den Tadschiken benannt, die von den Iranern abstammen und mehr als 64 % der Bevölkerung stellen. Die Usbeken sind die größte Minderheit mit 25 %. Die meisten Einwohner sind Muslime. Ein Bürgerkrieg nach der Unabhängigkeit 1991 und die Auswanderung qualifizierter russischer Facharbeiter sind die Hauptgründe für den Niedergang der Industrie des Landes. Mehr als 80 % der Bevölkerung leben in Armut und fast ohne Gesundheitsfürsorge.

KIRGISISTAN

Das bergige Kirgisistan ist die ländlichste Republik in Zentralasien. Die Wirtschaft des Landes beruht auf den reichen Bodenschätzen.

Fläche: 198.500 km²
Bevölkerungszahl: 5.004.000
Hauptstadt: Bischkek (762.000)
Sprache/n: Kirgisisch, Russisch
Religion/en: Muslime (sunnitisch), religionslos (etwa 25 %)
Währung: Kirgisistan-Som
Exportgüter: Nahrungsmittel, Industriegüter, Metalle, Maschinen
Staatsform: Präsidialrepublik

◀ Eine Jurte aus mit Filz überzogenen Stangen dient Hirtennomaden in Kirgisistan als mobiles Sommerhaus.

Die Landschaft Kirgisistans ist geprägt von Bergen, die sich bis in das benachbarte China hineinziehen. Die höchsten Gipfel dieser von Schnee und Eis bedeckten Gebirge erreichen mehr als 7.000 m, unter ihnen der Pik Pobeda, mit 7.439 m höchster Gipfel des Tien Shan. Unterhalb des Tien Shan oder Himmelsgebirges im Norden des Landes liegt der Issyk-Kul, einer der größten Bergseen und der viertttiefste der Erde. Das Land hat ein kontinentales Klima mit durchschnittlichen Tagestemperaturen in den Tälern von 27 °C im Juli und minus 4 °C im Januar. Große Bodenschatzvorkommen, darunter Gold, Kohle, Eisen, Zink, Quecksilber und Erdgas, lagern in den Bergen. Obwohl nur 7 % des Landes agrarisch nutzbar sind, arbeiten mehr Menschen in der Landwirtschaft als in jedem anderen Sektor. Die Schafhaltung ist ebenso wie die von Kühen, Ziegen und Pferden wegen ihres Fleischs und der Milch weit verbreitet und trägt dazu bei, dass sich das Land selbst ernähren kann.

ASIEN

AFGHANISTAN

Dieser Bergstaat hatte in den letzten 25 Jahren unter extremen Auseinandersetzungen zu leiden. Die meisten seiner Bewohner leben in Armut.

Fläche: 652.225 km²
Bevölkerungszahl: 27.997.000
Hauptstadt: Kabul (etwa 2,7 Mio.)
Sprache/n: Paschtu, Dari (Persisch der Tadschiken)
Religion/en: Muslime (sunnitisch, schiitische Minderheit)
Währung: Afghani
Exportgüter: Getrocknetes Obst und Nüsse, Teppiche, Wolle und Häute, Baumwolle
Staatsform: Seit 2004 Präsidialrepublik mit neuer Verfassung

▼ Afghanistans gebirgige Landschaft hat Verkehr und Handel immer behindert. Noch heute sind viele kleine Siedlungen von der Außenwelt abgeschnitten.

Fast drei Viertel Afghanistans sind von Bergen und Hochland bedeckt. Der hohe Gebirgszug des Hindukusch zieht sich über 800 km hinweg durch Zentralafghanistan und nach Pakistan und Tadschikistan hinein. Seine höchsten Gipfel messen um die 7.000 m, im Durchschnitt liegt die Region auf fast 4.300 m Höhe. Der Hindukusch bildet eine natürliche, schwer zu überwindende Barriere zwischen der größten Ackerbaufläche in den nördlichen Ebenen und dem Rest des Landes. Südlich und südwestlich des Hindukusch liegt ein flaches Plateau mit einer Durchschnittshöhe von fast 1.000 m, das größtenteils von Wüste bedeckt ist. Der Boden dort ist unfruchtbar, mit Ausnahme der Gebiete direkt an den Flüssen, die das Land durchziehen, wie zum Beispiel der Helmand, der längste Fluss Afghanistans, der rund 80 km westlich von Kabul entspringt und durch die Wüste Dasht-i-Margo in den Iran fließt. Die Temperaturen in Afghanistan sind natürlich von der jeweiligen Höhe abhängig, aber es gibt kalte Winter und heiße Sommer, in denen die Temperaturen in den Wüsten des Südens über 45 °C klettern können. Der Niederschlag ist im ganzen Land gering, um die 300 mm pro Jahr. Manchmal haben die Bauern mit schweren Dürren zu kämpfen.

BEVÖLKERUNG

Afghanistans Geschichte reicht mehr als 5.000 Jahre zurück, seine Bewohner sind unterschiedlicher Abstammung. Die Hauptgruppen sind die Paschtunen, Tadschiken, Hazara und Usbeken. Mehr als 30 Sprachen werden im Land gesprochen, neben einer der beiden offiziellen Sprachen meist noch eine lokale. 99 % der Bevölkerung sind Muslime. Die meisten Afghanen leben auf dem Land und von der Landwirtschaft. Auf den flachen Ebenen im Norden wachsen Mais, Reis, Weizen, Baumwolle und Nüsse. Viele Afghanen halten auch Schafe und Ziegen, die Milch sowie Wolle für die Teppichherstellung, eines der wichtigsten Handwerke des Landes, liefern. Und Millionen von Afghanen leben noch immer als Nomaden mit kleinen Herden.

EINE REIHE VON KRIEGEN

Afghanistan war aufgrund seiner strategisch günstigen Lage zwischen Zentralasien und dem indischen Subkontinent immer wieder umkämpft. 1979 marschierten sowjetische Truppen in das Land ein, um eine ihnen nicht genehme Regierung zu stürzen, und es kam zu einem zehn Jahre dauernden Krieg zwischen den sowjetischen und Regierungstruppen auf der einen und den Mudschaheddin – die von den Vereinigten Staaten und Pakistan unterstützt wurden – auf der anderen Seite. 1996 kamen die Verfechter eines strengen Islam, die Taliban, an die Macht, die wiederum 2001 von den Vereinigten Staaten und deren Alliierten vertrieben wurden. Diese Konflikte haben eine völlig zerstörte Nation hinterlassen. Viele Städte liegen in Trümmern und die überall verstreut liegenden Landminen töten oder verstümmeln noch heute jeden Monat etwa 80 Menschen. In der Vergangenheit konnte Afghanistan genug Weizen und andere Grundnahrungsmittel für den eigenen Bedarf produzieren, heute ist ein Drittel des Ackerlandes zerstört und viele Menschen sind auf Nahrungsmittelhilfen angewiesen.

▲ Eine Mädchenschule in Kandahar, die im Januar 2002 eröffnet wurde. Nur 21 % der afghanischen Frauen können lesen und schreiben – einer der niedrigsten Werte weltweit.

ASIEN

SÜDASIEN

Südasien ist eine der ältesten ständig besiedelten Regionen der Welt und Geburtsstätte mehrerer Weltreligionen. Extreme Gelände- und Klimaunterschiede prägen das Gebiet; von den ständig mit Schnee bedeckten Bergen des Himalaya bis zu den riesigen, sehr tief liegenden Überschwemmungsgebieten, die einen Großteil von Bangladesch ausmachen und auch in Indien zu finden sind. Monsunwinde bringen im Sommer schwere Regenfälle und manchmal Überschwemmungen und Stürme in weite Teile der Region. Wenn der Regen ausbleibt, drohen massive Ernteausfälle. Mehr als ein Fünftel der Weltbevölkerung lebt in Südasien, oft in tiefster Armut, weil das große Bevölkerungswachstum alle Anstrengungen, das Einkommen der Menschen zu steigern, zunichte macht. Die riesige und volkreiche Nation Indien beherrscht das Gebiet. Zwei ihrer Nachbarn, Pakistan und Bangladesch, waren unter britischer Herrschaft noch Teile Indiens. In diesen beiden Nationen leben vor allem Muslime, während in Indien und Nepal Hindus und in Sri Lanka und Bhutan Buddhisten die Mehrheit bilden.

▲ Der Karakorum-Highway, 1978 nach 20-jähriger Bauzeit eröffnet, läuft über 800 km durch lebensfeindliches Gebiet und verbindet China mit der pakistanischen Stadt Islamabad.

▼ Gläubige baden im Ganges, dem heiligen Fluss der südasiatischen Hindus.

SÜDASIEN

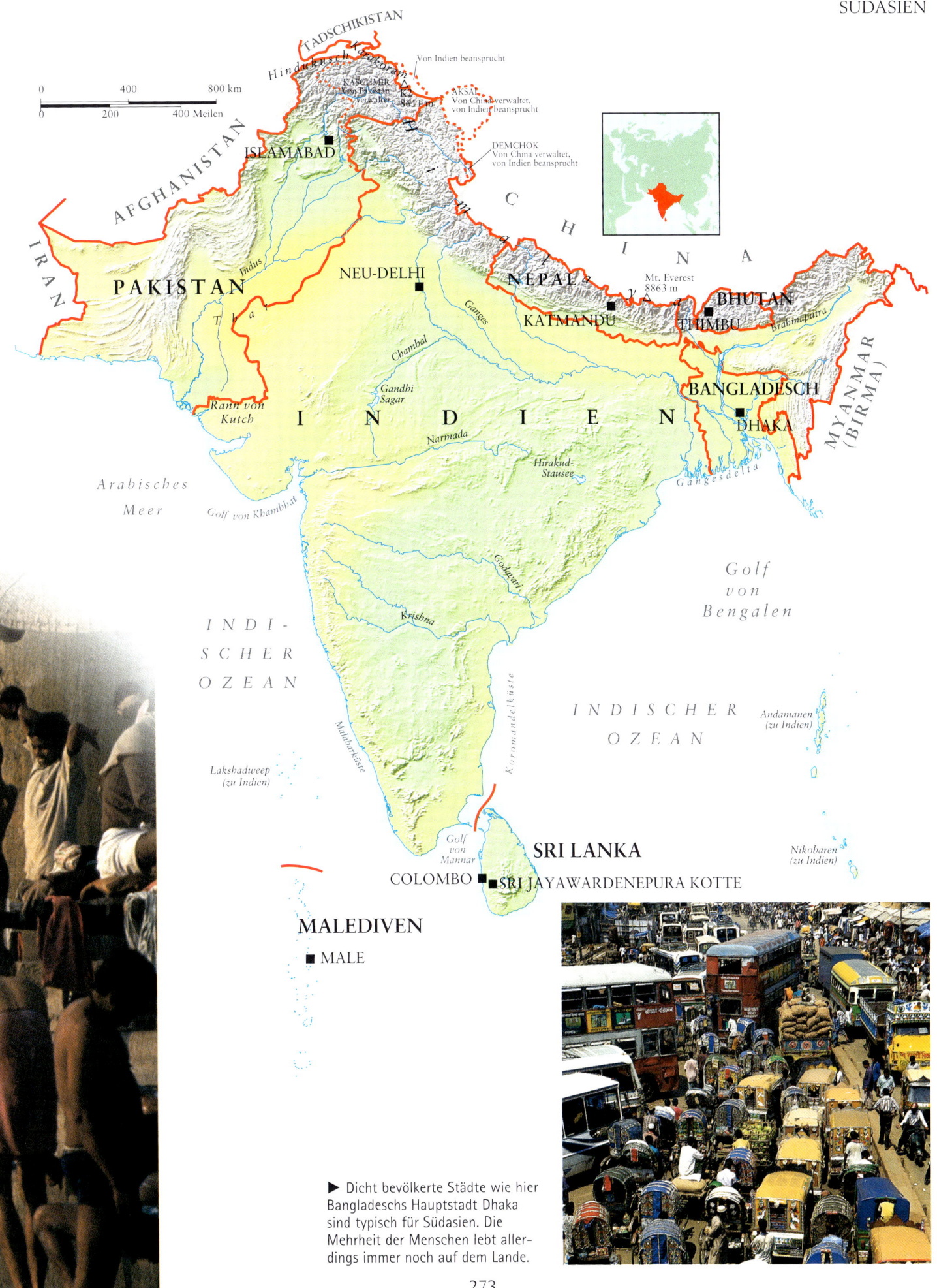

▶ Dicht bevölkerte Städte wie hier Bangladeschs Hauptstadt Dhaka sind typisch für Südasien. Die Mehrheit der Menschen lebt allerdings immer noch auf dem Lande.

ASIEN

PAKISTAN

Die Islamische Republik Pakistan grenzt an Afghanistan, Iran und Indien. Ein Land der Widersprüche, betrachtet man die vielfältigen Landschaften, Menschen und Kulturen.

Fläche: 796.095 km², ohne die von Pakistan verwaltete Kaschmir-Region und die umstrittenen Nordprovinzen (Gilgit, Baltistan und Diamir)
Bevölkerungszahl: 156.483.000
Hauptstadt: Islamabad (799.000)
Sprache: Urdu
Religion/en: Muslime (sunnitisch, schiitische Minderheit)
Währung: Pakistanische Rupie
Exportgüter: Textilien, Reis, Lederwaren, Fisch, Baumwolle
Staatsform: Islamische Republik

Die Landschaft von Pakistan wird durch das Flusssystem des Indus geteilt, das sich vom Nordosten bis in den Süden durch das Land zieht und schließlich im Arabischen Meer mündet. Die Indusebene, vor allem östlich des Flusses gelegen, ist zwischen 80 und 330 km breit und die am dichtesten bevölkerte und am intensivsten bewirtschaftete Fläche Pakistans. Eine Reihe von Bergzügen, darunter das Toba-Kakar-Gebirge, beherrschen den Norden des Landes, die Thar-Wüste erstreckt sich im Südosten. Das Klima ist sehr unterschiedlich je nach Höhe und Region, aber ein Großteil Pakistans leidet unter knappen Niederschlägen und häufigen Dürrezeiten.

▲ Eine Geschäftsstraße in Faisalabad in Nordostpakistan. Faisalabad ist ein wichtiger Verkehrsknotenpunkt und ein industrielles Zentrum mit Maschinenfabriken, Mühlen und großen Baumwoll-, Zucker- und Textilfabriken.

LANDWIRTSCHAFT UND INDUSTRIE

Etwa 44 % der arbeitenden Bevölkerung sind in der Landwirtschaft beschäftigt. Pakistan ist Selbstversorger bei Getreide und einer der führenden Baumwollproduzenten der Welt – Rohstoff für die riesige Textilindustrie. Allerdings steht die Landwirtschaft in Pakistan vor einigen ökologischen Problemen, wie etwa Versalzung und Vernässung des Bodens, Dürren und Überschwemmungen. Etwa 60 % der Pakistaner leben auf dem Lande, aber es gibt auch einige große Städte: Lahore ist ein wichtiges Handelszentrum für die umliegenden stark industrialisierten Gebiete. Hyderabad ist ein Zentrum der Schwerindustrie, das an der Küste liegende Karachi Pakistans größter Hafen und die größte Stadt überhaupt. Im produzierenden und Dienstleistungsgewerbe sowie beim Abbau verschiedener Bodenschätze sind ebenfalls viele Menschen beschäftigt.

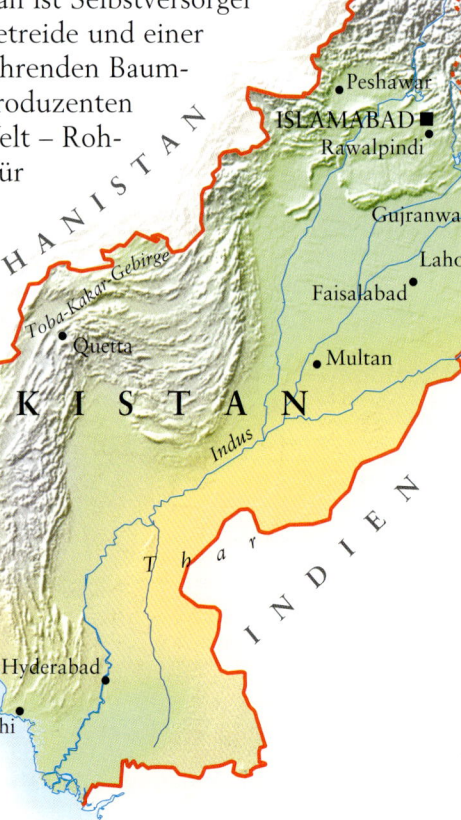

GESCHICHTE

Das Gebiet des heutigen Pakistan ist von vielen verschiedenen Völkern, darunter den Persern, Hunnen, Türken und Arabern, eingenommen und kontrolliert worden. Europäische Händler bereisten das Gebiet erstmals im 16. Jh., und Mitte des 18. Jh.s stand die gesamte Region unter britischer Herrschaft. Die Forderung nach Unabhängigkeit wurde immer lauter, bis 1947 das Gebiet geteilt wurde und zwei unabhängige Staaten entstanden: das vorwiegend hinduistische Indien und das muslimische Ost- und Westpakistan. Getrennt durch 1.600 km Land wuchsen die kulturellen und politischen Unterschiede zwischen den beiden pakistanischen Gebieten, was 1971 zu einem Krieg führte. Aus Ostpakistan wurde der unabhängige Staat Bangladesch. Pakistan hat viele politische Unruhen mit Militärputschen, politischen Morden und einer langen Militärregierung erlebt. Seit 1947 schwelt zwischen Indien und Pakistan ein schwerer Konflikt um die Regionen Jammu und Kaschmir im Norden.

BEVÖLKERUNG

Die Bevölkerung Pakistans besteht aus einer Mischung verschiedener ethnischer Gruppen, die sich im Laufe von Jahrtausenden in dieser Region angesiedelt haben Die fünf größten davon sind die Pandschabi, Paschtunen, Sindhi, Balutschen und Mohajiren. Die Pandschabi stellen fast 48 %, ihre Sprache ist die am häufigsten gesprochene. Sindhi machen als die zweitgrößte Gruppe 12 % der Bevölkerung aus. Als Pakistan 1947 von dem Hindustaat Indien getrennt wurde, verließen Millionen Muslime Indien und siedelten sich in Pakistan an. Diese Menschen und ihre Nachkommen sind die Mohajiren, die meist Urdu sprechen. 97 % der Pakistaner sind Muslime. Während eine reiche Elite, meist Pandschabi, ein recht luxuriöses Leben führt, vegetiert ein großer Teil der Bevölkerung am Existenzminimum dahin. Das Land hat eine der niedrigsten Zugangsraten zu Ärzten, Krankenhäusern und lebensnotwendigen Medikamenten überhaupt. Malaria, Tuberkulose und andere Krankheiten sind weit verbreitet, ebenso Nahrungs- und Wassermangel.

▲ Zuckerrohrernte in der Provinz Sind in Südostpakistan. Im Jahr 2000 produzierte Pakistan etwa 46,2 Mio. t Zuckerrohr.

▼ Eine Lkw-Schlange wartet auf dem Karakorum-Highway im Hochgebirge darauf, dass die Straße frei wird. 24.000 Arbeiter waren am Bau der Straße beteiligt.

ASIEN

INDIEN

Die Heimat von über einer Milliarde Menschen ist ein riesiges Land mit einer vielfältigen Kultur. Indien ist außerdem die größte Demokratie der Welt.

Fläche: 3.287.263 km²
Bevölkerungszahl: 1.048.641.000
Hauptstadt: Neu-Delhi, südlicher Stadtteil von Delhi (13.780.000)
Sprache/n: Hindi, Englisch, 17 gleichberechtigte Regionalsprachen
Religion/en: Hindus (80 %), Muslime (sunnitisch), Christen (röm.-kath.), Sikhs
Währung: Indische Rupie
Exportgüter: Agrarprodukte, geschnittene und polierte Diamanten und Schmuck, Bekleidung, Maschinen und Instrumente, Metalle inkl. Eisen und Stahl, Baumwolle
Regierungsform: Bundesrepublik (im Commonwealth)

Indien ist das siebtgrößte Land der Erde, und nur China hat mehr Einwohner. Indien grenzt an sechs Länder, darunter Myanmar, Nepal und Bhutan. Bangladesch umschließt es von drei Seiten, mit Pakistan im Nordwesten und China im Norden ist es seit langem in Grenzstreitigkeiten verstrickt. Die Landschaft Indiens ist unglaublich vielfältig mit trockenen Wüsten, grünem, feuchtem Hochland, riesigen Ebenen und Plateaus. Außerdem steht dort ein großer Teil des jüngsten und höchsten Gebirges der Welt – des Himalaya. Der Himalaja und seine Ausläufer bilden eine massive, mehr als 2.300 km lange geologische Barriere über fast ganz Nordindien hinweg. Sie sind durch die gewaltigen Kräfte entstanden, die den indischen Subkontinent nach Norden Richtung China drücken, und wachsen immer noch. Südlich der Gebirge liegt eine riesige Halbinsel, die in den Indischen Ozean vorspringt. Das Arabische Meer liegt westlich, der Golf von Bengalen östlich dieser Halbinsel.

DIE NÖRDLICHEN EBENEN

Südlich des Himalaya liegt ein breiter Flachland-Gürtel, den die großen Ströme geformt haben, allen voran der Ganges und der Brahmaputra, die Sedimente auf den weiten Überschwemmungsgebieten und Deltas ablagerten und so überaus fette und fruchtbare Böden schufen. Viele Flüsse Indiens entspringen wie der Ganges im Himalaya.

▼ Der Dal-See in Kaschmir im Nordwesten Indiens ist wegen seiner Lage, seiner Lotosblumen und seiner Bewohner berühmt, die auf hölzernen Hausbooten leben und schwimmende Gärten pflegen.

INDIEN

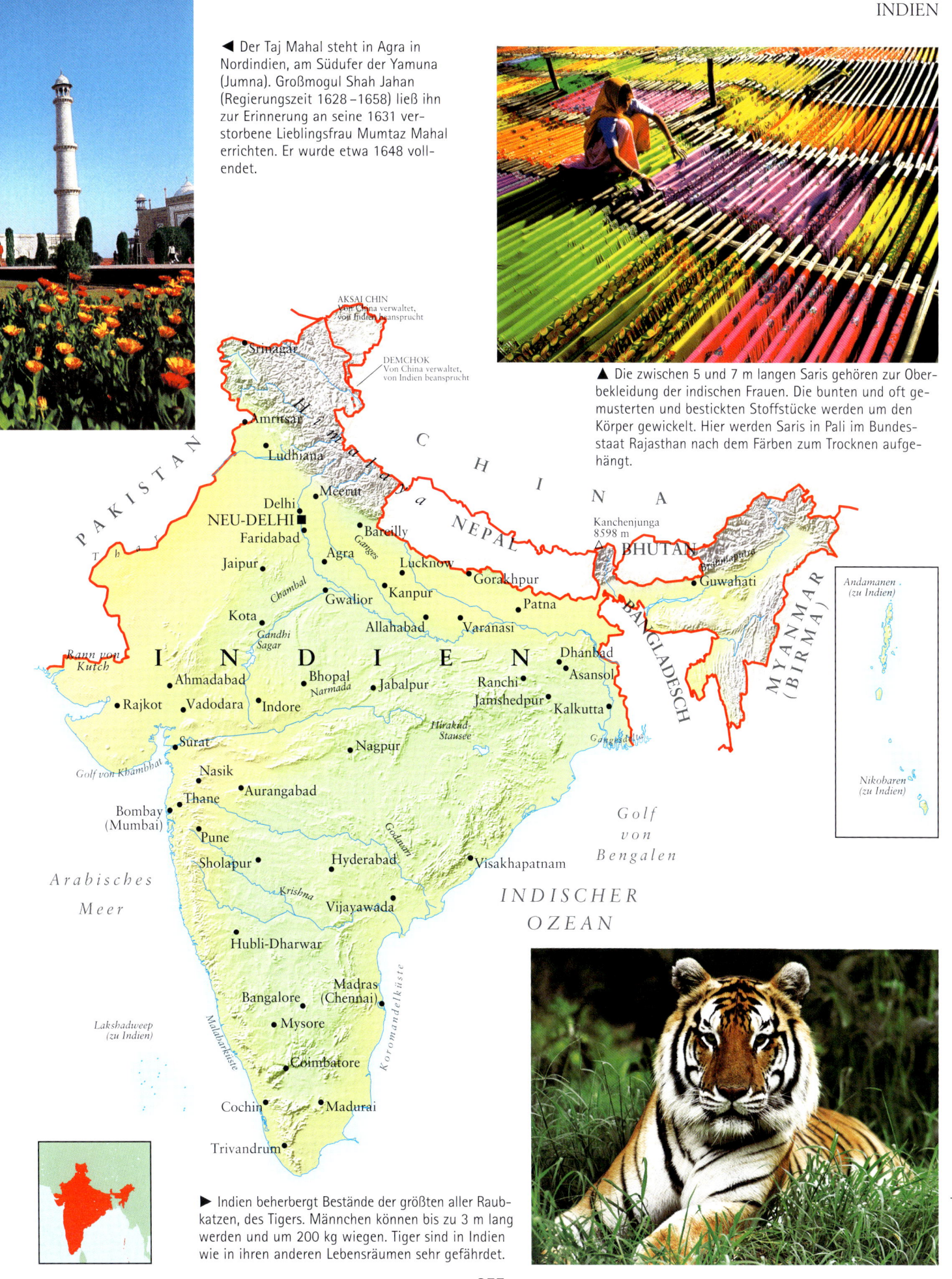

◀ Der Taj Mahal steht in Agra in Nordindien, am Südufer der Yamuna (Jumna). Großmogul Shah Jahan (Regierungszeit 1628–1658) ließ ihn zur Erinnerung an seine 1631 verstorbene Lieblingsfrau Mumtaz Mahal errichten. Er wurde etwa 1648 vollendet.

▲ Die zwischen 5 und 7 m langen Saris gehören zur Oberbekleidung der indischen Frauen. Die bunten und oft gemusterten und bestickten Stoffstücke werden um den Körper gewickelt. Hier werden Saris in Pali im Bundesstaat Rajasthan nach dem Färben zum Trocknen aufgehängt.

▶ Indien beherbergt Bestände der größten aller Raubkatzen, des Tigers. Männchen können bis zu 3 m lang werden und um 200 kg wiegen. Tiger sind in Indien wie in ihren anderen Lebensräumen sehr gefährdet.

ASIEN

▲ Ein indischer Führer im Stadtpalast von Jodhpur in Nordwestindien. Die Stadt ist ein wichtiges Handelszentrum für die Umgebung und berühmt für ihre Elfenbein-, Glas-, Textil- und Lederarbeiten.

▼ Victoria Station in Bombay (Mumbai) erinnert an die britische Herrschaft über Indien. Der Bahnhof wurde 1887 an der ersten Zugverbindung in Asien gebaut, die seit 1853 in Betrieb war.

Dieser breite, sich langsam dahinwälzende Fluss ist rund 2.700 km lang und entwässert fast ein Viertel des Landes. Er hat in Indien und Bangladesch eine weite, flache und dicht bevölkerte Ebene geschaffen. Millionen Inder nutzen das Wasser des Ganges, um Ackerbau zu betreiben. Allerdings ist dieses Tiefland auch immer wieder Überschwemmungen und Taifunen ausgesetzt. Einen deutlichen Gegensatz zu den Ebenen bildet die trockene Thar-Wüste im Nordwesten an der indisch-pakistanischen Grenze. Südlich der Ebenen liegt auf durchschnittlich 600 m das Hochland von Dekkan, das einen Großteil Zentral- und Südindiens umfasst. Auf beiden Seiten des Hochlands erheben sich Küstengebirge. Indien hat eine vielfältige Flora und Fauna, von arktischen Pflanzen in den Bergen bis zu tropischen Gewächsen, von Nashörnern bis zu Tigern und vielen anderen Katzen. Das Land bietet Lebensräume für mehr als 1.100 Vogelarten.

LANDWIRTSCHAFT UND FISCHEREI

Die Landwirtschaft ist das Rückgrat der indischen Wirtschaft. Sie beschäftigt direkt fast 61 % der Arbeitskräfte und liefert Rohmaterialien für einige Schlüsselindustrien des Landes, besonders die Textil-, Jute- und

▲ Eine Karawane in der Thar-Wüste. Etwas mehr als eine Million Kamele werden in den trockenen Wüstengebieten Indiens als Lasttiere eingesetzt.

Zuckerindustrie. Obwohl viele Anbaumethoden sich seit Jahrhunderten kaum geändert haben, sind durch technische Fortschritte, Kunstdünger und Bewässerung immer größere Landstriche kultiviert worden. Fast 600.000 km² Land werden heute durch Kanäle oder Brunnensysteme bewässert und mehr als die Hälfte aller Landflächen in Indien wird bearbeitet. Es gibt riesige Farmen und Plantagen, auf denen Exportpflanzen wie Kaffee, Tee, Baumwolle und Jute wachsen. Aber es gibt auch Tausende winzige Bauernhöfe – weniger als ein Zehntel Quadratkilometer –, und viele Familien auf dem Lande haben Mühe, genug zum Überleben zu ernten. An der gesamten indischen Küste, aber auch auf den großen Flüssen, wird Fischerei betrieben. Zwei Drittel aller Fänge sind Seefische. Die meisten Fischer fahren mit einfachen, unmotorisierten Booten hinaus, obwohl die indische Regierung in Hochseetrawler investiert.

ein wichtiger Bestandteil der Landwirtschaft ist. Die meisten der 220 Mio. Rinder und 94 Mio. Wasserbüffel werden als Arbeitstiere und Milchlieferanten gehalten.

BERGBAU UND INDUSTRIE

Indien besitzt große Vorkommen an Öl und Kohle ebenso wie an Zink, Kupfer, Silber und Gold. Es hat verschiedene Industrien entwickelt, die auf diesen natürlichen Ressourcen aufbauen, darunter eine große Stahlproduktion und den Maschinenbau. Millionen von Indern arbeiten in der Textilindustrie, vor allem in kleinen Firmen. Mithilfe ausländischer Investoren hat Indien in den 1990er-Jahren große Software-, Telekommunikations- und ähnliche Unternehmen aufgebaut. In und um die Stadt Bombay (Mumbai), im so genannten Bollywood, produziert Indiens Filmindustrie jedes Jahr mehr Filme als jedes andere Land.

▼ Hindus baden im Ganges in Varanasi in Nordindien. Das frühere Benares beherbergt mehr als 1.500 religiöse Gebäude. Hindus glauben, dass ein Bad im Ganges sie von der Sünde reinigt.

REIS UND GEWÜRZE

Indien baut mehr Reis an als jedes andere Land der Welt. Es ist seit Ende der 1970er-Jahre Selbstversorger in diesem Bereich und heute der zweitgrößte Reis-Exporteur der Welt. Indien gehört außerdem zu den größten Produzenten verschiedener anderer Feldfrüchte wie Zuckerrohr, Tee, Baumwolle, Mais, Hülsenfrüchte und Weizen. Als wichtiger Lieferant vieler Gewürze ist Indien bekannt für seine gute Küche und die gigantische regionale Vielfalt in diesem Bereich. Andererseits ernähren sich viele Inder sehr einfach. Sie essen kaum Fleisch, obwohl die Viehhaltung

ASIEN

▲ Pilger strömen zum Har Mandir Sahib, zum Goldenen Tempel von Amritsar, dem heiligsten Schrein der Sikhs. Der Goldene Tempel, 1604 errichtet und im 19. Jh. wieder aufgebaut, steht auf einer kleinen Insel, umgeben vom »Teich des Nektars der Unsterblichkeit«, Amrita Sarovar, von dem die Stadt ihren Namen hat.

EINE RIESIGE BEVÖLKERUNG

Auf etwa 2 % der weltweiten Landfläche wohnen in Indien etwa 15 % der Weltbevölkerung. Indien ist zwar immer noch ein eher ländlich geprägtes Land, aber mehr als 250 Millionen Menschen wohnen in Städten, darunter in zwei der zehn größten Ballungsräume der Welt: Bombay (Mumbai) mit 16,4 Millionen Menschen und Kalkutta mit 13,2 Millionen. Oft sieht man extremen Reichtum und ebenso extreme Armut dicht nebeneinander. Indien hat eine wohlhabende Mittelschicht von mehr als 150 Millionen Menschen und dennoch haben noch nicht einmal 4 % der indischen Haushalte ein Jahreseinkommen von mehr als 2.500 US-Dollar. Die UNO schätzt, dass 25 % der Bevölkerung unter der Armutsgrenze leben, viele in den Slums der Städte oder ganz ohne Dach über dem Kopf.

SPRACHE, RELIGION UND KASTE

Das Land ist seit prähistorischen Zeiten bewohnt. Mehrere Wellen von Invasoren und Siedlern haben ihm eine reiche Kultur beschert, was sich auch in den zwei offiziellen, 17 anerkannten und mehreren hundert weiteren Sprachen und Dialekten ausdrückt, die im Lande gesprochen werden und von denen Hindi die verbreitetste ist. Obwohl 81 % der Menschen Hindus sind, hat Indien mit 120 Millionen Gläubigen auch eine der weltgrößten Muslimgemeinschaften. Zu den verschiedenen Religionsgemeinschaften im Lande gehören mehr als 20 Millionen Christen und rund zehn Millionen Sikhs, hinzu kommen noch Buddhisten, Dschainas und Parsen. Es gibt ein kompliziertes Kastensystem, in dem die Menschen in eine von etwa 3.000 gesellschaftlichen Positionen eingeordnet werden, die bestimmt, wo sie arbeiten, mit wem sie gesellschaftlichen Umgang pflegen und wen sie heiraten dürfen. Trotz der staatlichen Reformen spielt das Kastenwesen noch immer eine wichtige Rolle.

DIE GRÖSSTE DEMOKRATIE DER WELT

1947 sagte sich Indien von der britischen Herrschaft los, 1950 trat die gegenwärtige

INDIEN

◄ Bauern pflügen Reisfelder im südostindischen Staat Tamil Nadu. Indische Bauern brauchen die Monsunzeit zwischen Juni und November zur Bewässerung ihrer Pflanzen.

▲ Ein überfüllter Zug auf Indiens ausgedehntem Schienensystem. Fast 63.700 km Gleise führen durchs Land und transportieren Millionen Passagiere und Millionen Tonnen Güter.

▼ Simla am Südhang des Himalaya war ab 1834 Sommerresidenz der Regierung von Britisch-Indien. 1971 wurde dort das Abkommen von Simla zwischen Indien und Pakistan geschlossen, in dem Jammu und Kaschmir geteilt wurden.

Verfassung in Kraft. Das Land ist eine Mehrparteiendemokratie mit rund 655 Millionen Wahlberechtigten und damit die größte der Welt. Indien hat eine föderale Regierungsform mit 28 Bundesstaaten, die jeweils sehr viel Autonomie genießen, und sieben Bundesterritorien mit weniger Autonomie. Jeder Bundesstaat wird von einem Gouverneur regiert, der für jeweils fünf Jahre vom Staatspräsidenten ernannt wird. Der Ministerpräsident verfügt in Indien über die größte politische Macht. Er und sein Ministerrat sind dem Parlament in Neu-Delhi verantwortlich, das aus zwei Kammern besteht, dem Rat der Staaten (Rajya Sabha) und dem Haus des Volkes (Lok Sabha).

JAMMU UND KASCHMIR

Jammu und Kaschmir bilden eine Region an der Nordgrenze Indiens und Pakistans. Dieses wegen seiner landschaftlichen Reize weltberühmte Gebiet beherbergt den K2 (oder Mt. Godwin-Austen), mit 8.614 m der zweithöchste Berg der Welt, ebenso wie etwa zwölf Millionen Einwohner. Sowohl Indien wie auch Pakistan beanspruchen die Region für sich. Nach mehreren bewaffneten Konflikten wurde das Gebiet aufgeteilt, der Osten mit dem Tal von Kaschmir, Jammu und Ladakh wird heute von Indien verwaltet. Noch immer besteht die Gefahr eines Krieges, da beide Konfliktparteien in den 1990er-Jahren Nuklearwaffen getestet haben. Auch wegen des Kaschmir-Konflikts sind die Rüstungsausgaben Indiens sehr hoch. Indien unterhält eine der größten Armeen der Welt mit einem Personal von 1,3 Millionen Menschen.

ASIEN

BANGLADESCH

Das Land am Golf von Bengalen zwischen Indien und Pakistan hieß Westpakistan, bevor es 1971 unabhängig wurde.

Fläche: 147.570 km²
Bevölkerungszahl: 135.684.000
Hauptstadt: Dhaka (9.912.908)
Sprache: Bengalisch
Religion/en: Muslime (sunnitisch), Hindus
Währung: Taka
Exportgüter: Kleidung, Jutewaren, Fisch und Krabben, Häute und Leder
Staatsform: Parlamentarische Republik (im Commonwealth)

Bangladesch besteht vor allem aus einem tief liegenden Überschwemmungsgebiet zweier großer Flüsse, des Ganges und des Brahmaputra. Diese und andere Flüsse führen Schmelzwasser aus dem Himalaya nach Süden in den Golf von Bengalen. Nur wenige Regionen der Welt sind noch stärker von Überschwemmungen bedroht als Bangladesch. In einigen Teilen des Landes regnet es mehr als 5.000 mm jährlich, annähernd zwei Drittel der Landesfläche stehen einen Teil des Jahres unter Wasser. Das kostet oft zahlreiche Menschenleben und Ernten fallen aus. Die Küstenregionen Bangladeschs werden außerdem von Zyklonen mit bis zu 7 m hohen Wellen und Windgeschwindigkeiten von über 240 km/h heimgesucht.

Die fruchtbaren Sedimentböden im Deltagebiet der Flüsse und lange Wachstumsphasen schaffen gute Bedingungen für die Landwirtschaft. Bangladesch ist der führende Produzent von Jute, einer Naturfaser, die besonders in der Herstellung von Seilen, Schnüren, Körben und grobem Papier Verwendung findet. Zuckerrohr und Tee sind weitere wichtige Exportprodukte. Meist wird allerdings auf kleinen Feldern für den Eigenbedarf angebaut, und viele Bauern in Bangladesch haben Mühe, mit der Ernte ihre Familien zu ernähren. Reis ist neben Hülsenfrüchten und verschiedenen Gemüsearten die wichtigste Kulturpflanze. Mehr als 1,1 Mio. t Fisch, vor allem Süßwasserarten, werden jedes Jahr gefangen. Das Wasser, das Bangladesch schädigt und seine Menschen bedroht, wird andererseits auch zur Bewässerung von Ackerland in der trockenen Jahreszeit und zur Stromproduktion benötigt. Bisher waren Bangladeschs Rohstoffvorkommen unberührt, aber jüngst entdeckte große Erdgasreserven werden jetzt ausgebeutet. Pipelines bringen das Gas in das wichtigste Industriezentrum Dhaka und in den größten Hafen Chittagong.

▼ Ein Verkehrsstau von Fußgängern und Fahrradrikschas in Dhaka, der Hauptstadt von Bangladesch. Allerdings leben etwa 80 % der Bangladescher in kleinen Dörfern auf dem Lande.

NEPAL

Das Königreich Nepal mit dem Mount Everest und seinen vielen anderen Himalaya-Gipfeln hat eine ökonomisch wichtige Tourismusindustrie aufgebaut.

Fläche: 147.181 km²
Bevölkerungszahl: 24.125.000
Hauptstadt: Katmandu (1.093.414)
Sprache: Nepali
Religion/en: Hindus (90%), Buddhisten, Muslime
Währung: Nepalesische Rupie
Exportgüter: Bearbeitete Waren, Textilien und Kleidung, Nahrungsmittel
Staatsform: Parlamentarische Monarchie

▶ Spenden und Opfer, von Gläubigen zurückgelassen im Swayambhunath-Tempel, einem buddhistischen Tempel nahe Katmandu. Nur 8 % der nepalesischen Bevölkerung sind Buddhisten.

Vier Fünftel Nepals sind von Bergen bedeckt, darunter acht der zehn höchsten Gipfel der Welt. Im Süden wird das Land flacher und bildet Ebenen und Marschen, die sich bis über die Grenze nach Indien hineinziehen. In dieser Region wachsen Hartholz- und Bambuswälder, in denen Tiger, Leoparden und einige Elefanten leben. Auch ein Großteil der nepalesischen Bevölkerung bewohnt diese Ebenen im Süden und das große Tal, in dem Katmandu liegt, die größte Stadt des Landes. Die Landwirtschaft prägt das Land, die meisten Nepalesen treiben Ackerbau oder halten Ziegen und Büffel. Die Lage ohne Zugang zum Meer und mit hohen Gebirgen behindert die Entwicklung von Industrien im großen Stil. Teppiche und Textilien sind die wichtigsten Produkte. Nepal mit seinen Bergen und seinen historischen und religiösen Stätten zog früher jährlich eine halbe Million Touristen an, aber in letzter Zeit sind die Zahlen rückläufig wegen der politischen Instabilität und den Übergriffen von Rebellengruppen. Nepal ist ein armes Land, mehr als ein Drittel der Bevölkerung ist unterernährt.

BHUTAN

Dieser von China und Indien umschlossene gebirgige Binnenstaat gehört zu den isoliertesten und unbekanntesten Ländern überhaupt.

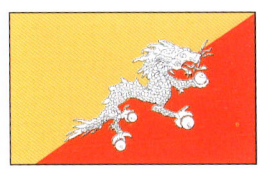

Fläche: 46.500 km²
Bevölkerungszahl: 2.124.000
Hauptstadt: Thimbu (45.000)
Sprache: Dzongkha
Religion/en: Buddhisten (72%), Hindus
Währung: Ngultrum
Exportgüter: Elektrizität, Zement, Holz, Obst und Gemüse
Staatsform: Konstitutionelle Monarchie

Der Norden Bhutans liegt in den »Great Himalayas« mit über 7.300 m hohen Gipfeln. Die Mitte des Landes bilden die nicht ganz so hohen »Lesser Himalayas«, zwischen deren Berggipfeln oft weite, fruchtbare Täler liegen. Nur im Süden existiert mit der Duars-Ebene ein schmaler Streifen flachen Landes, der größtenteils dicht bewaldet ist. Die Bevölkerung von Bhutan ist zu 93 % in der Landwirtschaft beschäftigt. Schafe und Rinder werden gehalten, an den kälteren Berghängen auch Yaks, die zum Transport und zur Fleisch- und Wollgewinnung gehalten werden. Nur 42 % der Erwachsenen können lesen und schreiben, Industrie und Infrastruktur des Landes sind unterentwickelt. Indien ist Bhutans wichtigster Handelspartner, 77 % der Importe kommen von dort, 94 % der Exporte gehen dorthin. Bhutan ist eine sehr traditionelle buddhistische Gesellschaft. Bis 1999 war das Fernsehen verboten, der Tourismus ist noch immer Beschränkungen unterworfen.

ASIEN

Sri Lanka

Sri Lanka, eine birnenförmige Insel vor der indischen Küste, war bis 1948 britische Kolonie. Seit 1983 leidet die Bevölkerung unter einem brutalen Bürgerkrieg.

Fläche: 65.610 km²
Bevölkerungszahl: 18.968.000
Hauptstadt: Colombo, Sitz der Verwaltung, und Sri Jayawardenepura, Sitz der Legislative (zus. 757.989)
Sprache/n: Singhalesisch, Tamil
Religion/en: Buddhisten, Hindus, Muslime (sunnitisch), Christen (röm.-kath.)
Währung: Sri-Lanka-Rupie
Exportgüter: Textilien, Kleidung, Tee, Diamanten, Kokosnussprodukte
Staatsform: Präsidiale Republik (im Commonwealth)

Ein ausgedehntes zerklüftetes Hochland in der Mitte und im Süden prägt das Aussehen der Insel. Gipfel erheben sich 1.500 m über steilen Schluchten und weiten Hochebenen. Nördlich des Hochlandes finden sich sanftere Ebenen, die von mehreren Flüssen durchzogen sind. Das Land liegt nahe am Äquator und hat ein im Wesentlichen tropisches Klima, wobei das Hochland kühler ist. Sri Lanka weist durchschnittlich 1.200 mm Niederschläge pro Jahr auf, im Südwesten kann es manchmal auch das Doppelte oder Dreifache sein. Dieses regenreiche Gebiet ist besonders dicht besiedelt. Sri Lanka hat keine Reserven an fossilen Brennstoffen, sondern produziert stattdessen mit Wasserkraft 68 % der benötigten Energie. Das Land verfügt über Eisenerz und Grafit und ist ein wichtiger Lieferant von Halbedel- und Edelsteinen. Etwa 36 % der Bevölkerung sind in der Landwirtschaft beschäftigt. Wichtigste Kulturpflanze ist Reis, der vor allem für den lokalen Bedarf bestimmt ist. Fast 3 Mio. t Reis wurden 2001 produziert, dennoch mussten noch zusätzlich Reis und viele andere Nahrungsmittel importiert werden. Obwohl nur 12 % des bebauten Landes für den Teeanbau genutzt werden, ist das Land der weltweit größte Teeexporteur.

SINGHALESEN UND TAMILEN

Die Bevölkerung Sri Lankas besteht vor allem aus zwei Völkern: den Singhalesen, die meist Buddhisten sind und 74 % der Einwohner stellen, und den Tamilen, meist Hindus, die etwa 18 % ausmachen. Beide Völker wohnen seit über 1.400 Jahren auf Sri Lanka. Seit 1983 haben sich die Spannungen zwischen ihnen in einem gewalttätigen Bürgerkrieg entladen. Viele Tamilen, besonders im Norden und Osten der Insel, fordern einen unabhängigen Staat. Konflikte zwischen Regierungstruppen und der tamilischen Rebellengruppe der Liberation Tigers of Tamil Eelam (LTTE) haben mehr als 60.000 Menschenleben gefordert, die Rüstungsausgaben sind eine schwere Belastung für die Wirtschaft des Landes. Die nach einem Waffenstillstand 2002 begonnenen Verhandlungen über eine größere Autonomie für die Tamilen sind in letzter Zeit zum Stillstand gekommen.

▼ Sri Lankas Tee wird meist in großen Plantagen im zentralen Hochland angebaut, wo er aufgrund kühlerer Temperaturen langsamer wächst und mehr Geschmack anreichert. Im Jahr 2000 wurden 283.760 t Tee geerntet.

SRI LANKA • INSELN IM INDISCHEN OZEAN • MALEDIVEN

Inseln im Indischen Ozean

Der drittgrößte Ozean erstreckt sich von der Ostküste Afrikas im Westen bis zur australischen Küste im Osten. Die meisten seiner Inseln werden geografisch Afrika zugerechnet, obwohl sie von Menschen afrikanischer wie asiatischer Abstammung besiedelt wurden. Eine Ausnahme bildet die Inselgruppe der Malediven, die zu Asien gehört. Abgesehen von Madagaskar, das größer ist als Frankreich, sind die Inseln eher klein. Trotz der meist üppigen Vegetation gibt das Terrain oft nur kleine Gebiete für den Ackerbau her. Der Tourismus zu den palmengesäumten Stränden der Inseln ist die größte Wachstumsindustrie.

Malediven

Die Kette aus 1.200 Koralleninseln, von denen 200 bewohnt sind, liegt südwestlich von Indien. Die Menschen dort leben vor allem vom Fischfang.

Fläche: 298 km²
Bevölkerungszahl: 329.600
Hauptstadt: Male (74.069)
Sprache: Maledivisch (Dhivehi)
Religion: Muslime (sunnitisch)
Währung: Rufiyaa
Exportgüter: Fisch, Kleidung, Textilien
Staatsform: Präsidialrepublik

Die Malediven bestehen aus einer 760 km langen Reihe von Inselgruppen im Indischen Ozean. Alle Inseln sind flach, keine liegt höher als 2 m über dem Meer, und viele sind vom durch die globale Erwärmung steigenden Meeresspiegel bedroht. Sie haben Sandstrände, gesäumt von üppigen Palmen und anderem Grün. Die Inseln liegen in den Tropen und haben ein heißes Klima mit einer Durchschnittstemperatur von 26,7 °C. Feuchte Monsunwinde bringen im Durchschnitt 1.520 mm Niederschlag vor allem zwischen Mai und August mit sich. Die beiden größten dort gedeihenden natürlichen Nahrungsmittelressourcen sind Kokospalmen und Affenbrotbäume. Die wichtigste Ressource überhaupt ist allerdings das reiche Leben im Meer. Mehr als 107.000 t Fisch, vor allem Thunfisch, wurden im Jahr 2002 gefangen. Zusammen mit der wachsenden Tourismusindustrie trägt die Fischerei den größten Teil zum nationalen Einkommen bei.

▼ Eine der typischen kleinen Inseln der Malediven.

ASIEN

MADAGASKAR

Die viertgrößte Insel der Welt liegt im Indischen Ozean. Madagaskar ist ein armes Land, bekannt ist es vor allem wegen seiner einzigartigen Pflanzen- und Tierwelt.

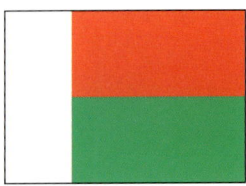

Fläche: 587.041 km²
Bevölkerungszahl: 16.437.000
Hauptstadt: Antananarivo (1.111.392)
Sprache/n: Malagasy, Französisch
Religion/en: Anhänger von Naturreligionen (über 50%), Christen (röm.-kath., protest.)
Währung: Ariary (seit 1.1.2005)
Exportgüter: Kaffee, Vanille, Shrimps, Baumwolle, Gewürznelken
Staatsform: Präsidiale Republik

Madagaskar löste sich vor fast 50 Millionen Jahren vom afrikanischen Kontinent. Heute ist es durch die 400 km breite Straße von Mosambik vom Festland getrennt. Bergketten ziehen sich in nord-südlicher Richtung über die Insel und fallen gegen Osten scharf ab. Im Westen gehen sie sanfter in eine Küstenebene über. Fast ganz Madagaskar war einst bewaldet, heute sind große Flächen gerodet. An manchen Stellen findet man einen fruchtbaren roten Boden, der für den Ackerbau geeignet ist. Aufgrund der Isolation vom afrikanischen Festland gibt es drei Viertel der Pflanzen und Tierarten der Insel nur dort, sie sind endemisch. Mit finanzieller Unterstützung des Auslands wird versucht, möglichst viele dieser Arten und ihren Lebensraum, der von Entwaldung und Erosion bedroht ist, zu erhalten.

DIE BEWOHNER VON MADAGASKAR

Die Bevölkerung der Insel ist unterschiedlicher Abstammung, die größte Gruppe bilden die Nachkommen indonesischer Völker, die wohl vor mehr als 1.000 Jahren die Insel besiedelten. Heute sind die meisten Madagassen in der Landwirtschaft oder mit der Verarbeitung von tierischen und pflanzlichen Produkten zu Nahrungsmitteln, Sisalseilen, Zucker und Textilien beschäftigt. Das wichtigste Grundnahrungsmittel ist Reis, aber auch Maniok, Bohnen, Taro (Wasserbrotwurzel) und Bananen werden häufig angebaut. Mehr als zehn Millionen Rinder gibt es auf der Insel, darunter viele Zebu-Rinder mit dem charakteristischen Buckel. Madagaskar gehört zu den ärmsten Ländern der Welt. Es hat Mühe, genügend Nahrungsmittel zu importieren, um seine um 3 % jährlich wachsende Bevölkerung zu ernähren. Gesundheitsfürsorge und Bildungssystem sind ungenügend, aber immerhin gibt es in letzter Zeit Erfolge im Kampf gegen Krankheiten wie Malaria.

▶ Lemuren gehören zu den Primaten wie Affen und Menschen. Man findet sie in freier Wildbahn nur auf Madagaskar. Bisher sind 40 verschiedene Arten bekannt.

KOMOREN

Dieses Inselarchipel zwischen der Ostküste Afrikas und Madagaskar ist sehr arm; die Bevölkerung lebt von Fischfang und Landwirtschaft.

Fläche: 1.862 km²
Bevölkerungszahl: 632.900
Hauptstadt: Moroni (60.200)
Sprache/n: Komorisch, Französisch
Religion: Muslime (sunnitisch)
Währung: Komoren-Franc
Exportgüter: Vanille, Ylang-Ylang-Öl, Gewürznelken
Staatsform: Islamische Bundesrepublik

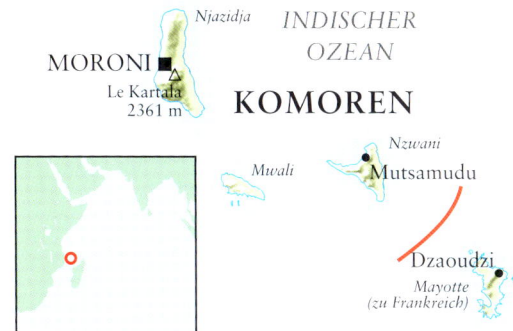

Vulkanaktivität hat die drei größeren Inseln und die Hand voll Inselchen der Komoren geschaffen. Mayotte, die Nachbarinsel im Osten, blieb französisch, während die Komoren 1975 nach einer Volksabstimmung unabhängig wurden. Le Kartala, der höchste Punkt von Njazidja, der größten und jüngsten Insel des Archipels, ist ein aktiver Vulkan. Auf den Inseln lebt mehr als ein Dutzend Vogelarten und verschiedene Säugetiere, die es sonst nirgendwo auf der Welt gibt. Dazu gehört auch der Komoren-Flughund mit einer Flügelspannweite von über einem Meter. Drei Viertel der Bevölkerung fischen oder bauen auf kleinen Äckern Maniok, Reis und Süßkartoffeln für den eigenen Bedarf sowie Kaffee, Vanille und andere Feldfrüchte für den Export an. Dennoch muss mehr als die Hälfte aller Nahrungsmittel importiert werden.

SEYCHELLEN

Die 105 Inseln, die 1.600 km von der Ostküste Afrikas entfernt liegen, waren eine britische Kolonie, bevor sie 1976 unabhängig wurden.

Fläche: 455 km²
Bevölkerungszahl: 80.500
Hauptstadt: Victoria (25.000)
Sprache/n: Kreolisch, Englisch, Französisch
Religion: Christen (röm.-kath.)
Währung: Seychellen-Rupie
Exportgüter: Thunfisch in Dosen, andere Fische und Fischprodukte
Staatsform: Präsidialrepublik (im Commonwealth)

▼ Im Tourismussektor arbeiten mehr als 30 % der Beschäftigten der Inseln. Die Touristen werden durch die ursprüngliche Landschaft und die Strände angezogen.

Die Seychellen bestehen aus zwei verschiedenen Typen von Inselformationen. Die Mahé-Gruppe besteht vor allem aus Granit, die übrigen Inseln meist aus Korallen. Die Granitinseln steigen bis zu 600 m hoch an, auf vielen von ihnen fließen kleine Bäche. Dagegen sind die Koralleninseln selten über neun Meter hoch und haben meist kein Süßwasser. 46 Inseln sind bewohnt, aber 98 % der Bevölkerung leben auf den vier Hauptinseln Mahé, Praslin, Silhouette und Felicité. Mahé ist die größte und bevölkerungsreichste der Seychellen. Die Inseln liegen in den Tropen mit schweren Regenfällen. Viele sind mit dichter, üppiger Vegetation bedeckt und auf gerodeten Landstrichen werden Tee, Zimt, Tabak, Bananen und Süßkartoffeln angebaut. Auch viele tropische Früchte wie Avocados, Mangos, Papayas und Ananas wachsen auf den Inseln. Die Seychellen haben keine Bodenschätze, die beiden größten natürlichen Ressourcen sind der fischreiche Ozean und die weißen Sandstrände, die zusammen mit der vielfältigen Tierwelt und dem warmen Klima jedes Jahr über 125.000 Touristen anziehen, denen die Inselbewohner auch ihren relativ hohen Lebensstandard verdanken.

ASIEN

RÉUNION

Dieses französische Überseedépartement ist eine Insel im Indischen Ozean. Die Einwohner leben vom Zuckerrohranbau, dem Tourismus und Finanzspritzen Frankreichs.

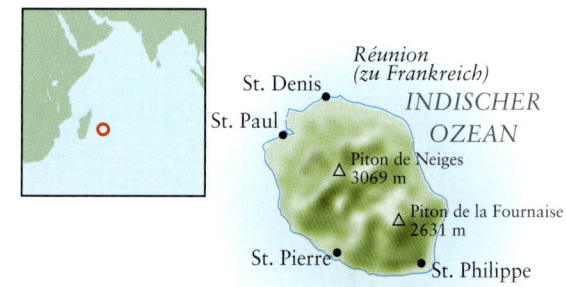

Fläche: 2.512 km²
Bevölkerungszahl: 721.000
Hauptstadt: Saint-Denis (158.139)
Sprache: Französisch
Religion: Christen (röm.-kath.)
Währung: Euro
Exportgüter: Zucker, Maschinen, Hummer
Staatsform: Außengebiet Frankreichs

Réunion ist die größte der Maskarenen im westlichen Indischen Ozean. Sie liegt etwa 180 km südwestlich von Mauritius und 680 km östlich von Madagaskar. Aufgrund ihres vulkanischen Ursprungs besteht Réunion größtenteils aus Bergen, die mit dem Piton de Neiges in der Mitte der Insel 3.069 m erreichen. Es herrscht tropisches, in höheren Regionen kühleres Klima mit sehr unterschiedlichen Niederschlagsmengen. An der Süd- und Ostseite fällt mit über 4.000 mm pro Jahr manchmal extrem viel Regen, während es im Norden und Westen sogar noch unter 1.000 mm sein können. Das Land hat unter starken Tropenstürmen zu leiden. Bis zu ihrer Entdeckung durch portugiesische Seeleute im 16. Jh. war die Insel unbewohnt. 1643 beanspruchte Frankreich sie, nannte sie Bourbon und brachte Sklaven aus Afrika hinüber, die auf den Zuckerrohrplantagen arbeiteten. 1793 wurde sie in Réunion umbenannt, 1946 wurde sie zum Überseedépartement. Réunions Wirtschaft beruhte lange Jahre auf der Landwirtschaft, besonders auf dem Zuckerrohr, der wichtigsten Kulturpflanze für mehr als ein Jahrhundert. Exportiert werden außerdem Rum, Vanille und Parfümessenzen. Die Einwohner der Insel sind meist gemischter afrikanischer, asiatischer und französischer Abstammung.

MAURITIUS

Mauritius ist eine Inselrepublik im Indischen Ozean. Die frühere Kolonie der Niederlande, Frankreichs und später Großbritanniens wurde 1968 unabhängig.

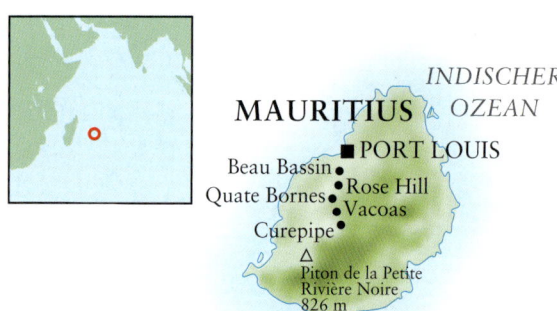

Fläche: 2.040 km²
Bevölkerungszahl: 1.212.000
Hauptstadt: Port Louis (147.100)
Sprache: Englisch
Religion/en: Hindus, Christen (röm.-kath.), Muslime (sunnitisch)
Währung: Mauritius-Rupie
Exportgüter: Kleidung, Zucker, Garne, Perlen
Staatsform: Parlamentarische Republik (im Commonwealth)

▶ Zuckerrohrplantagen bedecken etwa die Hälfte des kultivierten Landes und liefern 30% der Exporterlöse.

Der Staat Mauritius liegt fast 800 km östlich von Madagaskar und besteht aus einer großen Insel namens Mauritius und einigen kleineren Inseln. Die Vulkaninsel Mauritius hat einen gebirgigen Süden, ein Zentralplateau und eine Tiefebene im Norden. Früher lebte man vom Anbau und der Verarbeitung von Zuckerrohr, heute sind einige Tätigkeitsfelder hinzugekommen. Die weißen Sandstrände und Korallenriffe zusammen mit dem tropischen Klima haben viele Touristen angezogen. Die Insel produziert Strom aus Wasserkraft für die Bekleidungs- und Elektroindustrie. 68 % der Bevölkerung sind Indo-Mauritier, meist Nachkommen indischer Arbeiter, die im 19. Jh. auf die Insel gebracht wurden. Mischlinge, die Kreolen, stellen 27 % der Bevölkerung, außerdem gibt es noch größere europäische und chinesische Minderheiten.

Ost- und Südostasien

ASIEN

OSTASIEN

Diese Region der Extreme in Landschaft und Bevölkerung besteht aus einem großen Festlandgebiet an der Grenze zur Russischen Föderation, Kasachstan und Kirgisistan im Norden und mit einer langen Küste am Pazifischen Ozean nach Osten. Im Pazifik liegen die Inselstaaten Taiwan und Japan, die koreanische Halbinsel mit den Staaten Nord- und Südkorea schiebt sich weit in den Ozean vor. Geografisch ist Ostasien von China beherrscht, dem bevölkerungsreichsten und viertgrößten Land der Welt. Am höchsten liegt das Tibetische Hochland im Südwesten das über 5.000 m hinausgeht und im Süden, Richtung Himalaya, noch weiter ansteigt. Direkt nördlich an diese zerklüftete Bergregion schließt die Takla Makan an, eine riesige und öde Sandwüste. Die Wüste Gobi, die größte der Region, bedeckt einen Großteil der Mongolei und Nordchinas. Viele große Ströme fließen durch Ostasien, darunter der Huang He oder Gelbe Fluss und der Changjiang oder Jangtsekiang. Im Osten und Südosten ist die Landschaft weniger lebensfeindlich und leichter kultivierbar. Hier und auf den Inseln leben die meisten Menschen dieser Region. Die meisten Staaten dieses Gebiets haben sich lange vom Rest der Welt abgekapselt und erst im 20. Jh. große Veränderungen durchgemacht. Japan, Südkorea und Taiwan haben Staat, Gesellschaft und Wirtschaft modernisiert und sind enge Verbindungen mit der globalen Wirtschaft eingegangen. China vollzieht gegenwärtig diesen Wandel, ebenso die Mongolei. Nur Nordkorea ist nach wie vor vom Rest der Welt isoliert.

OSTASIEN

◄ Die Chinesische Mauer sollte im Altertum Chinas Nordgrenze schützen. Mit Verzweigungen und Teilabschnitten ergibt sich eine Länge von 6.700 km, damit ist sie das größte Befestigungswerk der Erde.

► Ein Schrein der Shinto-Religion auf dem Dach eines Hauses in einer japanischen Stadt. Japan ist eine moderne, industrialisierte Nation, aber viele Menschen dort bewahren die traditionellen Bräuche und Religionen.

ASIEN

CHINA

Die Volksrepublik China, Heimat einer über 5.000 Jahre alten Hochkultur, ist das bevölkerungsreichste und das viertgrößte Land der Welt.

Fläche: 9.572.419 km²
Bevölkerungszahl: 1.287.626.000
Hauptstadt: Beijing (Peking) (10.839.000)
Sprache: Chinesisch (Putonghua)
Religion/en: Nichtreligiöse Mehrheit, Anhänger chinesischer Volksreligionen (inkl. Daoismus), Buddhisten, Muslime
Währung: Yuan, Hongkong-Dollar (nur in Hongkong zugelassen) und Pataca (nur in Macau)
Exportgüter: Maschinen und Ausrüstung, Textilien und Kleidung, Schuhe, Spielzeug und Sportgeräte, Mineralien und Metallprodukte, elektrotechnische Erzeugnisse, Bürozubehör
Staatsform: Sozialistische Volksrepublik

▼ Die vielen hohen Bürotürme und Apartmenthäuser Hongkongs deuten darauf hin, dass die frühere britische Kolonie eines der führenden Handels- und Finanzzentren der Welt war. 1997 bekam China wieder die Kontrolle über Hongkong.

China hat eine 14.500 km lange Pazifikküste und 22.000 km Landgrenzen mit insgesamt 14 Staaten. Trotz der deutlichen Unterschiede in Klima und Landschaft kann man China ganz grob in drei Regionen einteilen: den Südwesten, den Nordwesten sowie den Osten und Norden. Der Südwesten ist ein kaltes, gebirgiges Gebiet mit dem höchsten Plateau der Welt, dem Tibetischen Hochland. Zwischen gefrorenem Unrat, Sümpfen und Salzseen leben hier nur wenige Menschen. Im Osten Chinas dagegen lebt die Masse der riesigen Bevölkerung des Landes. Auch dort gibt es zwar Hochflächen, aber meist liegt das Gelände noch nicht einmal 400 m hoch. Viele Flüsse durchziehen das Gebiet und haben im Laufe der Zeit große Schwemmebenen und Deltas mit fruchtbarem Land geschaffen. Der längste Fluss ganz Asiens ist der Changjiang oder Jangtsekiang. Auf seinem 6.300 km langen Weg vom Kunlun-Shan-Gebirge durch Zentralchina nach Osten nimmt er 70 Zuflüsse auf, bevor er im Pazifischen Ozean mündet. Der Nordwesten Chinas besteht vor allem aus Hochland mit großen Wüstenbecken und einigen Bergen. Östlich davon erstreckt sich die Gobi im nördlichen

Teil Zentralchinas. Wüsten bedecken insgesamt 27 % des Landes und wachsen jährlich um 1.550 km² durch Kahlschlag und Übernutzung von trockenen Böden nahe der Wüstenregionen. Aus dem Norden kommen gewaltige Sandstürme, die ganze Städte einhüllen, den Verkehr behindern und Ackerland zerstören. In einem auf 70 Jahre angelegten Projekt mit dem Namen »Grüne Chinesische Mauer« sollen mehrere Millionen Bäume am Südrand der Gobi gepflanzt werden, um das weitere Vordringen der Wüste zu verhindern.

CHINA

▲ Noch nicht einmal mehr 1.500 Riesenpandas, die letzten in freier Wildbahn, leben noch in Westchina. Dieser große Bär (Männchen können bis zu 125 kg wiegen) ernährt sich fast nur von Bambus, der nicht sehr nährstoffreich ist. Deshalb muss der Riesenpanda mindestens 16 Stunden pro Tag fressen.

▲ Die Gobi nimmt riesige Gebiete Nordchinas und der Mongolei ein. Vorn ein Streifen Wald, der den vom Wind getriebenen Wüstensand aufhalten soll.

ASIEN

▼ 370 km nordwestlich von Gungzhou bei Guilin liegt diese spektakuläre Landschaft. Durch Erosion des Kalksteins sind dort viele schlanke, mit Grün bedeckte Bergspitzen und ausgedehnte Höhlensysteme entstanden.

DAS KLIMA

Natürlich variiert das Klima in China von Region zu Region stark. Die Temperaturen steigen von Norden nach Süden, die Niederschläge von Nordwesten nach Südosten hin an. Nordostchina hat ein kontinentales Klima mit warmen und humiden (feuchten) Sommern, langen, kalten Wintern und unter 750 mm Regen im Jahr. Das zentrale Tiefland mit den heißesten Gebieten des Landes verzeichnet jährliche Niederschläge von 750 bis 1.100 mm. Der Süden ist feuchter, im äußersten, subtropischen Süden weht der Monsun. Im Nordwesten herrscht arides Klima vor, das heißt, es ist trocken, die Winter sind kalt. Westchina ist aufgrund seiner Höhe und weiten Entfernung vom Meer einem extremen Wetter ausgesetzt. Es gibt kaum Niederschläge und ein Großteil Tibets hat zehn Frostmonate.

EIN LANDWIRTSCHAFTSRIESE

Etwa die Hälfte aller Arbeitskräfte in China ist in der Landwirtschaft tätig. Auf einem Drittel des kultivierten Landes, besonders im Süden, wächst Reis, das Hauptnahrungsmittel. Andere Getreidearten wie Weizen, Mais, Hirse und Gerste werden ebenso häufig angebaut wie Ölsaaten, Sojabohnen, Wurzelgemüse, Zuckerrohr und Zuckerrüben. China gehört außerdem zu den führenden Produzenten von Erdnüssen,

CHINA

◀ Wasserbüffel sind beliebte Arbeitstiere in China, besonders in den feuchteren Gebieten mit Reisanbau. 2001 wurde ihre Zahl auf etwa 24 Millionen geschätzt.

Baumwolle und Tee. Die Viehmengen sind gewaltig mit 500 Millionen Schweinen, 610 Millionen Enten und 3,6 Milliarden Hühnern. Auch Fisch gehört zur Grundnahrung der Chinesen. Die jährlichen Fänge von 36 Mio. t bestehen vor allem aus Süßwasserfischen aus Flüssen, Seen und Fischfarmen.

BERGBAU UND INDUSTRIE

China hat gewaltige Bodenschätze und ist der führende Produzent von Kohle, Grafit und wertvollen Metallen wie Titan und Wolfram. Außerdem werden große Mengen anderer Metalle abgebaut, vor allem Eisenerz, Zinn und Kupfer sowie Bauxit, aus dem Aluminium gewonnen wird. Eisenerzvorkommen gibt es vor allem im Nordosten, dem Zentrum der Schwerindustrie. Die Ölproduktion lag 2002 bei etwa 3,2 Mio. Barrel pro Tag, obwohl die Förderung auf älteren Ölfeldern im Osten des Landes schon zurückgeht. Die Energieversorgung beruht vor allem auf Kohle, was zu schwerer Luftverschmutzung in den Städten geführt hat. Die kommunistische Regierung hat intensive Anstrengungen unternommen, Chinas Industrien weltmarktfähig zu machen. Die Stahlproduktion und Metallbearbeitung, die Ölverarbeitung zu Chemikalien, Kunstfasern und Kunststoffen und die Produktion von Kunstdünger, schweren Maschinen, Landwirtschaftsmaschinen und Bahn- sowie Motorfahrzeugen sind von besonderer Bedeutung. Chinas Textilproduktion ist die größte der Welt und beschäftigte 2001 geschätzt etwa 4,1 Millionen Arbeiter. Seit Ende der 1980er-Jahre hat China seine Grenzen für ausländische Investoren und Jointventures mit anderen Unternehmen geöffnet. Obwohl die Wirtschaft staatlich gelenkt ist, sind mittlerweile viele Geschäfte in privater Hand, und sie prosperieren. Wirtschaftswachstum und Wohlstand haben vor allem im Osten und an den Küsten Fuß gefasst. In vielen anderen Gebieten Chinas, besonders im Westen, mangelt es an entsprechender Infrastruktur und den Industrien, sodass der Lebensstandard dort sehr niedrig ist.

▲ Im Himmelstempel in Beijing beteten die chinesischen Kaiser traditionell zu den Göttern um eine gute Ernte. Dieser wunderschöne Tempel aus dem 15. Jh. ist ganz aus Holz und ohne einen einzigen Nagel gebaut.

▼ Shanghai war ein Handelszentrum Asiens, bevor die Kommunisten an die Macht kamen. Heute zieht es wieder ausländische Besucher und Unternehmen an.

295

ASIEN

▲ Mehr als sechs Millionen Menschen leben in der kleinen, aber stark verbauten Sonderverwaltungszone Hongkong. Es ist eines der bevölkerungsreichsten Gebiete der Welt.

▼ Seit seinem Bau im 17. Jh. war der atemberaubende Potala-Palast der traditionelle Sitz des spirituellen Führers der Tibeter, des Dalai-Lama, der heute im Exil lebt.

DAS KOMMUNISTISCHE CHINA

Anders als in der Wirtschaft sind politische Reformen in China kaum wahrzunehmen. Die Kommunistische Partei Chinas (KPCh) wurde 1921 gegründet und kam 1949 nach einem erbitterten, zwei Jahrzehnte währenden Kampf gegen nationalistische Kräfte an die Macht. Dieser Kampf erreichte seinen Höhepunkt in einem vierjährigen Bürgerkrieg (1945–1949), in dem Schätzungen zufolge etwa zwölf Millionen Menschen starben. Unter der Führung von Mao Zedong setzte die KPCh gewaltige Reformen in Gang, mit denen sie Chinas Wirtschaft und Gesellschaft vollkommen umgestalten wollte. Einige waren erfolgreich, wie etwa die Verbesserungen in den Bereichen Bildung, Gesundheit, Infrastruktur und Industrie. China wurde zu einer Wirtschaftsmacht. Auch die Position der Frau in der Gesellschaft wurde verbessert. Andere Ansätze wie etwa der »Große Sprung« nach vorn Ende der 1950er-Jahre erwiesen sich als Katastrophen. Der Versuch, Chinas Landbevölkerung in Landwirtschafts- und Industriekommunen neu zu organisieren, führte zu Ernteausfällen und ließ in den »drei bitteren Jahren« 1960–1962 schätzungsweise 20 Millionen Menschen verhungern. Das kommunistische China übte auch eine starke Zensur in den Medien aus und ging brutal gegen Kritiker vor. Während der Kulturrevolution (1966–1976) herrschte absolutes Chaos, Tausende wurden hingerichtet. Auch in jüngerer Zeit wurden Studentenunruhen blutig unterdrückt.

CHINA

◀ Die Bauarbeiten für den Drei-Schluchten-Damm am Changjiang werden fortgesetzt. Dieser riesige, 2 km lange Damm ist Teil der weltgrößten Wasserkraftanlage, die 2009 in Betrieb gehen soll. Mit seiner Hilfe sollen gewaltige Strommengen produziert werden und große Schiffe bis ins Innere Chinas fahren können. Umweltschützer protestieren, weil riesige Flächen des Flusstals überflutet werden und 1,5 Millionen Menschen umgesiedelt werden müssen.
China hat mehr Großstädte als jede andere Nation: 36 Städte mit einer Bevölkerung von über einer Million Menschen. Doch trotz der Industrialisierung und des Anwachsens der Städte zu riesigen Agglomerationen leben immer noch fast zwei Drittel aller Chinesen auf dem Lande.

EIN FÜNFTEL ALLER MENSCHEN

1949 wurde die Bevölkerung Chinas auf 500 Millionen geschätzt. Fünfzig Jahre später ist ihre Zahl um mehr als das Doppelte auf 1,2 Milliarden angestiegen. Die Organisation und Ernährung fast eines Fünftels der Weltbevölkerung ist eine gewaltige Aufgabe und die chinesische Führung hat manches Mal auf Methoden zurückgegriffen, die im Ausland Kritik hervorriefen.

Um zum Beispiel die hohe Geburtenrate zu senken, führte China in den 1970er-Jahren eine strenge Einkind-Familienpolitik ein. Die Familienplanung hat zu einer niedrigen Geburtenrate geführt, aber noch immer werden jedes Jahr elf Millionen Babys geboren. Der Anstieg der Bevölkerung ist vor allem auf die dramatisch steigende Lebenserwartung zurückzuführen. Seit 1950 haben bessere Gesundheitsfürsorge und die Ausmerzung zahlreicher Krankheiten dazu geführt, dass sich die Lebenserwartung auf über 70 Jahre mehr als verdoppelt hat. Die kommunistische Regierung hat viele Versuche unternommen, die Abwanderung in die Städte zu unterbinden, aber noch immer wachsen die Städte.

▼ Chinesinnen bauen am Fließband elektronische Geräte. Die elektronische und elektrotechnische Industrie wächst in China stark. Im Jahr 2002 wurden rund 36 Millionen Fernseher produziert.

ASIEN

▲ Die chinesische Provinz Yunnan grenzt an Myanmar, Vietnam und Laos im Süden und an Tibet im Westen und ist eine Region der Hochebenen und Berge.

▼ Die Terrakotta-Armee, die 1974 in der Nähe von X'ian entdeckt wurde, besteht aus über 6.000 lebensgroßen Tonstatuen von Soldaten und Tieren. Dieses riesige Heer sollte das Grab des Kaisers Shi Huangdi bewachen, der im 3. Jh. v. Chr. regierte.

MENSCHEN, RELIGION UND GESCHICHTE

In China leben über 55 verschiedene ethnische Gruppen, aber etwa 92 % der Einwohner sind Han-Chinesen. Die größte Minderheit, die Zhuang mit 15,5 Millionen Menschen, sind mit den Thai-Völkern verwandt. Außerdem gibt es fast 8,6 Millionen Hui und 7,2 Millionen Uiguren. Viele dieser größeren ethnischen Gruppen bewohnen die Grenzgebiete Chinas. Knapp über 50 % aller Chinesen betrachten sich selbst als nicht religiös, während ein Fünftel eine der vielen traditionellen Volksreligionen praktiziert. Dazu gibt es Millionen Buddhisten, Muslime, Daoisten und verschiedene christliche Glaubensrichtungen. Vor mehr als 3.000 Jahren kam die Zhou-Dynastie an die Macht und die Lehren des Philosophen Konfuzius (551–479 v. Chr.) erlangten Bedeutung. Sie beeinflussen die chinesische Gesellschaft noch heute. Unter der kurzlebigen Qin-Dynastie (221–206 v. Chr.) wurde China geeint und die Chinesische Mauer entlang der Nordgrenze des Landes gebaut. Die Dynastien der Han (202 v. Chr.–220 n. Chr.), Tang (618–907) und Song (960–1279) waren Zeiten großer Fortschritte in Wissenschaft und Kunst. Die Mongolen eroberten als Erste das chinesische Kaiserreich im 13. Jh., ihnen folgten die Ming-Dynastie und ab 1644 Chinas letzte Kaiserdynastie, die Qing, die 1912 endete, als das Land zur Republik wurde.

AUTONOME REGIONEN

China hat einige autonome Regionen, denen eine gewisse Selbstverwaltung zugesichert ist. Die Innere Mongolei im Norden, Xinjiang Uygur im Nordwesten gehören zu den größten, doch in allen wurde Aufbegehren gegen die chinesische Herrschaft schon mit Gewalt unterdrückt.

Die bekannteste autonome Region Chinas ist Tibet im Südwesten. An drei Seiten durch gewaltige Bergketten von seinen Nachbarn abgeschnitten, bilden Tibeter über 90 % der Gesamtbevölkerung von rund drei Millionen. Die Tibeter entwickelten ihre eigene Form des Buddhismus und haben einen nationalen und spirituellen Führer, den Dalai-Lama. Das Land war manchmal unabhängig, manchmal stand es unter chinesischer Herrschaft, bis schließlich 1950/51 chinesische Truppen endgültig die Macht übernahmen. Seitdem wurde das tibetische Volk religiös verfolgt, viele buddhistische Klöster, Bücher und Kunstwerke wurden zerstört.

An der Südküste Chinas liegt die frühere britische Kronkolonie Hongkong, die Ende der 1990er-Jahre an China zurückgegeben wurde. Hongkong ist ein wichtiges Handelszentrum und wurde zur Sonderverwaltungszone mit einer gewissen Kontrolle über die eigenen Angelegenheiten gemacht.

TAIWAN

Diese Insel führt den offiziellen Namen Republik China und liegt 165 km vor dem chinesischen Festland. Die Volksrepublik China spricht ihr die Unabhängigkeit ab.

Fläche: 36.006 km²
Bevölkerungszahl: 22.521.000
Hauptstadt: Taibei (Taipeh) (3.300.000)
Sprache: Chinesisch
Religion/en: Chinesische Volksreligionen (inkl. Daoisten), Buddhisten
Währung: Neuer Taiwan-Dollar
Exportgüter: Maschinen, Kunststoffartikel, Textilien, synthetische Fasern, Chemikalien
Staatsform: Republik

Taiwan besteht aus der Insel Taiwan und verschiedenen kleineren Inseln. Über 60 % sind gebirgig mit mehr als 150 Gipfeln über 3.000 m. Viele Berghänge sind mit Wäldern bedeckt. Die meisten Taiwanesen leben an den breiten und fruchtbaren Küstenebenen im Westen und Süden. In Taiwan gibt es schwere Niederschläge mit tropischen Temperaturen im Süden und subtropischen Temperaturen in größeren Höhen des Nordens. Die Landwirtschaft trägt noch nicht einmal 2 % zu Taiwans Einkommen bei, die wichtigsten Feldfrüchte sind Reis, Mais, Ananas und Bananen. Die taiwanesische Fischindustrie ist wichtig und exportiert hauptsächlich nach Japan.

WIRTSCHAFTLICHER ERFOLG

Taiwan hat relativ wenige Bodenschätze und kein Öl, aber dennoch großen wirtschaftlichen Erfolg. Durch Landreformen in den 1950er-Jahren haben viele Landarbeiter das von ihnen bewirtschaftete Land übereignet bekommen, während die früheren Landbesitzer ermutigt wurden, in Unternehmen zu investieren. Taiwan ist eine starke Industrienation, vier Fünftel seiner Industrie sind mit der Herstellung vor allem elektrischer und elektronischer Güter, von Textilien, Kunststoffen und Motorfahrzeugen beschäftigt. Seit Anfang der 1990er-Jahre gehört Taiwan zu den fünf größten Produzenten von Computer-Hardware. Die Taiwanesen haben einen der höchsten Lebensstandards in Asien.

TAIWAN UND CHINA

Taiwan, das frühere Formosa, gehörte seit 1624 zum chinesischen Kaiserreich und wurde ein halbes Jahrhundert lang von den Japanern regiert (1895–1945). Ende der 1940er-Jahre flohen nach der kommunistischen Machtübernahme in China fast zwei Millionen Menschen nach Taiwan. Chiang Kai-shek, der frühere Führer Chinas, weigerte sich, das Regime der Kommunisten anzuerkennen, und etablierte auf der Insel seine eigene Regierung. Die Volksrepublik China betrachtet Taiwan noch immer als eine seiner Provinzen und Taiwan verlor 1971 seinen Sitz bei der UNO. Heute erkennen nur wenige Länder Taiwan als unabhängige Nation an und die Beziehung des Landes zu China beherrscht seine Politik. Eine der zehn größten Armeen der Welt verschlingt einen großen Teil der Staatsausgaben.

▼ Ein Marktstand auf einem Nachtmarkt der Hauptstadt Taibei. Seit dem Zweiten Weltkrieg hat Taiwan eine rasche Verstädterung erlebt.

ASIEN

MONGOLEI

Dieses große, abgelegene Land mit seinen Bergen, Ebenen und Wüsten, eines der ärmsten Länder Asiens, war einst Mittelpunkt eines mächtigen Reiches.

Fläche: 1.566.500 km²
Bevölkerungszahl: 2.449.000
Hauptstadt: Ulan Bator (760.100)
Sprache: Mongolisch
Religion: Buddhisten (Lamaisten)
Währung: Tugrik
Exportgüter: Mineralprodukte (bes. Kupfer), lebende Tiere, Textilien (Kaschmir und Wolle), tierische Produkte (inkl. Häute)
Staatsform: Republik

Die Mongolei hat im Norden die Russische Föderation und im Süden China als Nachbarn. Sie besteht vor allem aus einer zwischen 900 und 1.500 m hohen Ebene, die von Bergzügen besonders im Westen, wo das Altaigebirge bis über 4.000 m ansteigt, durchbrochen wird. Im Nordosten und im Nordwesten grasen Schafe, Ziegen, Rinder und Pferde auf weiten Prärien. Die Mitte und der Südosten sind von der lebensfeindlichen Wüste Gobi bedeckt. Diese riesige Wüste misst von Westen nach Osten 1.600 km und von Norden nach Süden 950 km. Sie besteht vor allem aus Felsen und Schotter. Im Südosten ist die Gobi extrem trocken und fast ohne Leben, anderswo wachsen hartes Gras, Gestrüpp und Dornbüsche und bieten Nahrung für die Herden der nomadischen Wüstenbewohner. Wasser findet sich nur in den seltenen flachen Seen und Wasserlöchern.

KLIMA, RESSOURCEN UND MENSCHEN

Das Klima der Mongolei ist unwirtlich mit großen Temperaturunterschieden von bis zu 30 °C an einem einzigen Tag. Der Sommer ist meist kurz, kühl bis mild mit wenig Regen und vielen klaren Tagen. Die Winter sind lang und bitterkalt mit Temperaturen zwischen minus 15 und minus 30 °C. Ein besonders harter Winter, der so genannte

▶ Dieser mongolische Bauer lässt seine primitive Maschine von baktrischen Kamelen ziehen. Mehr als 350.000 Kamele werden im Land gehalten, vor allem als Arbeitstiere.

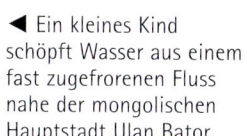

MONGOLEI

◀ Ein kleines Kind schöpft Wasser aus einem fast zugefrorenen Fluss nahe der mongolischen Hauptstadt Ulan Bator.

Zud, kann die Herden vernichten, von denen viele Mongolen leben. Die Landwirtschaft und die Verarbeitung von landwirtschaftlichen Produkten zu Lebensmitteln, Kleidung und Lederwaren sind wichtige Bereiche der mongolischen Wirtschaft. Außerdem ist die Mongolei reich an Eisenerz, Kohle, Kupfer, Blei und Wolfram. Das raue Klima des Landes und seine Abgeschiedenheit haben bisher dafür gesorgt, dass seine Bodenschätze kaum ausgebeutet wurden.

Von 1206 an war die Mongolei das Zentrum des großen mongolischen Reiches, zu dem große Teile Asiens gehörten und das wegen seiner erbarmungslosen Reiterkrieger gefürchtet war. Heute leben die Menschen in einem der ärmsten Länder Asiens. Die wenigen Verkehrsverbindungen sind oft in schlechtem Zustand. Das Land hat nur 1.600 km geteerte Straßen, keine Autobahnen und nur wenige Wasser- und Bahnverbindungen. Viele Mongolen sind in die Städte gezogen. Schätzungsweise 36 % leben unter der Armutsgrenze.

▼ Nomaden nehmen eine Mahlzeit in ihrem großen transportablen Zelt, der Jurte, ein.

ASIEN

NORDKOREA

Das Land ist eine kommunistische Diktatur (offiziell: Demokratische Volksrepublik) und seit der Teilung der koreanischen Halbinsel im Jahr 1948 isoliert.

Fläche: 122.762 km²
Bevölkerungszahl: 22.489.000
Hauptstadt: Pjöngjang (2.741.260)
Sprache: Koreanisch
Religion/en: Nichtreligiöse Mehrheit; Anhänger von Naturreligionen, Chondogyo
Währung: Won
Exportgüter: Mineralien, metallurgische Produkte, Waffen, landwirtschaftliche Produkte
Staatsform: Sozialistische Volksrepublik

▼ Eine politische Feier in einem Stadion in Nordkoreas Hauptstadt Pjöngjang. Nur loyale Anhänger des kommunistischen Regimes dürfen in der Hauptstadt wohnen.

Die Demokratische Volksrepublik Korea nimmt die Nordhälfte der koreanischen Halbinsel ein. Vier Fünftel des Landes sind gebirgig, die Hänge meist mit Nadelwäldern bedeckt. Die Berge steigen im Norden bis zum Pektu-san mit seinen 2.744 m an. Die Ostküste ist meist steil und zerklüftet mit wenigen Inseln. Nach Westen hin sind die Hänge sanfter und laufen in Ebenen und einem Netz von Flussdeltas aus. Das Tiefland, ein Fünftel des Landes, liegt eher im Westen und ist sehr bevölkerungsreich. Auch die Landwirtschaft konzentriert sich hier – wichtigste Pflanzen sind Reis, Mais und anderes Getreide, Kartoffeln und Gemüse. Nordkorea hat ein kontinentales Klima mit heißen Sommern und kalten Wintern. Das Klima wird von den kalten Winden aus Sibirien ebenso beeinflusst wie von den Monsunwinden aus Ostasien. In den Sommermonaten bringt der Monsun die Hauptniederschläge.

ISOLIERT UND KOMMUNISTISCH

Seit seiner Entstehung ist Nordkorea ein streng kommunistisches Land, in dem das Militär das Sagen hat. Beinahe alles Land und alle Industrien sind im Besitz des Staates, der die Einnahmen an das Volk verteilt. In der Praxis bekommen loyale Mitglieder der Kommunistischen Partei der Arbeit Koreas, der einzigen zugelassenen Partei, mehr als andere. Die Medien des Landes sind größtenteils vom Staat kontrolliert, Regimegegner werden verfolgt. Während andere kommunistische Staaten einen starken Wandel vollzogen haben, blieb Nordkorea bestehen und ist heute ziemlich isoliert. Handel und Kom-

NORDKOREA

◀ Die Mansudae-Versammlungshalle in Pjöngjang, 1984 eröffnet, ist eines der wichtigsten Regierungsgebäude Nordkoreas. Hier finden die Sitzungen der Obersten Volksversammlung statt.

munikation mit dem Rest der Welt sind eingeschränkt. Erst vor kurzem hat dieser geschlossene Staat seine Grenzen einen Spalt geöffnet und Hilfe sowie begrenzte ausländische Investitionen ins Land gelassen, weil seine Wirtschaft am Boden lag. Die Förderung von Kohle, Eisenerz, Wolfram, Zink und anderen Metallen spielt eine ebenso wichtige Rolle wie die Metall verarbeitende Industrie, der Maschinenbau und die Chemieindustrie. Das Land produziert fast zwei Drittel seiner Elektrizität durch Wasserkraft, aber es gibt häufig Engpässe. Zwischen 1995 und 1999 haben Dürreperioden und Überschwemmungen große Ackerflächen zerstört und eine Hungersnot hervorgerufen, bei der mehr als zwei Millionen Menschen gestorben sein sollen. Immer wieder kommt es zu Engpässen bei Nahrungsmitteln.

BEZIEHUNGEN ZU SÜDKOREA

Die koreanische Halbinsel hatte schon eine lange Siedlungs- und Kulturgeschichte hinter sich, als sie zuerst unter chinesische und dann 1910 unter japanische Herrschaft geriet. 1948 wurde die Halbinsel in zwei Nationen geteilt. Zwei Jahre später fiel Nordkorea im Nachbarland ein und versuchte Korea unter einer kommunistischen Regierung zu einen. Der Koreakrieg (1950–1953) war eine erbitterte Auseinandersetzung, in der Nordkorea von China, Südkorea von einer Koalition, besonders aber von den USA unterstützt wurde. Bei Kriegsende waren mehr als eine Million Koreaner und viele tausend ausländische Soldaten gestorben. Die Beziehungen zwischen den beiden Nationen sind seitdem schwierig geblieben, es kam immer wieder zu Zwischenfällen. Auch nach einem Gipfeltreffen zwischen den politischen Führern beider Länder im Jahr 2000, dem ersten persönlichen Treffen überhaupt, blieben beträchtliche Spannungen bestehen. Ende 2002 nahm Nordkorea sein Atomprogramm wieder auf und man befürchtet, dass es dem Land auch um den Bau von Atomwaffen geht.

▼ Eine nordkoreanische Schulklasse beim Unterricht im Freien. Die Ausbildung beginnt in Nordkorea mit der Vorschule. Der Schwerpunkt liegt auf Naturwissenschaften und Technik, Englisch ist Pflicht für alle Schüler über 14 Jahren.

ASIEN

SÜDKOREA

Dieses Land im Süden der koreanischen Halbinsel durchlief eine schnelle Industrialisierung und ist heute eine der mächtigsten Nationen Asiens.

Fläche: 99.313 km²
Bevölkerungszahl: 47.640.000
Hauptstadt: Seoul (9.853.972)
Sprache: Koreanisch
Religion/en: Nichtreligiöse Mehrheit; Buddhisten, Protestanten, Konfuzianer
Währung: Won
Exportgüter: Elektronische Produkte, Maschinen und Transportausrüstung (inkl. Motorfahrzeuge), Stahl, Schiffe, Textilien, Bekleidung und Schuhe
Staatsform: Präsidialrepublik

Über zwei Drittel von Südkorea sind gebirgig, die größten Ebenen liegen im Westen und Süden. Die Westküste ist zerklüftet, im Gelben Meer davor liegen die meisten zum Land gehörigen Inseln. Cheju vor der Südküste, die größte Insel, zieht mit ihrer spektakulären Landschaft und der üppigen subtropischen Vegetation viele Touristen an. Ullung, die größte Insel vor der Ostküste, dient als wichtiger Fischereihafen. 2002 wurden dort 2,7 Mio. t Fisch von südkoreanischen Trawlern gefangen. Die einzige Landgrenze Südkoreas, die zu Nordkorea im Norden, ist eine entmilitarisierte Zone, ein 4 km breiter Streifen quer über die ganze Halbinsel. Tausende Soldaten beider Länder sind auf beiden Seiten dieser entmilitarisierten Zone stationiert. Noch immer herrschen große Spannungen zwischen den beiden Nationen.

▼ Das Sungnyemun oder Südtor war ursprünglich ein großer Zugang zur Hauptstadt Seoul und ist heute der älteste Holzbau der Stadt. Seoul war vom späten 14. Jh. an bis 1948 Hauptstadt ganz Koreas.

SÜDKOREA

DAS KOREANISCHE VOLK

Anders als in allen anderen Ländern Südostasiens besteht die Bevölkerung der koreanischen Halbinsel im Grunde nur aus einer einzigen ethnischen Gruppe, die seit mehr als 2.000 Jahren in diesem Gebiet lebt. Zwischen 1950 und 1990 hat sich die Bevölkerung des Landes mehr als verdoppelt. Vor allem junge Leute zogen in Massen in die Städte Südkoreas, wo jetzt 80 % der Bevölkerung leben. Außerhalb der Städte spielt die Landwirtschaft, vor allem der Anbau von Reis, Kartoffeln und Getreide, noch immer eine wichtige Rolle. Die hohe Bevölkerungsdichte hat zu Umweltproblemen wie etwa einer starken Luftverschmutzung in den Städten geführt.

EIN WIRTSCHAFTSWUNDER

Südkorea war noch in den 1950er-Jahren ein unterentwickeltes Agrarland. Seit 1962 versuchte man in einer Reihe von Fünfjahresplänen mit Investitionen ausländischer Unternehmen und mithilfe vor allem Japans und der USA eine produzierende Industrie aufzubauen. Südkoreas Wirtschaft boomte und wuchs zwischen 1970 und Anfang der 1990er-Jahre um 9 % jährlich. Das Land wurde zu einer Größe etwa im Schiff- und Autobau, in der Hightech-Elektronik und im Computerbau. Dabei spielen riesige Konzerne, die so genannten Chaebol wie Samsung oder Hyundai, die entscheidende Rolle. Die meisten Industriezentren liegen an oder nahe der Küste, sodass viele Brennstoffe und Rohmaterialien per Schiff geliefert und verarbeitete Produkte auf diesem Weg in die ganze Welt exportiert werden können. Der größte Hafen des Landes ist Pusan, zugleich die zweitgrößte Stadt nach Seoul. Südkorea hat relativ wenige Bodenschätze, wenn man von den Grundstoffen der Zement-, Glas- und Keramikindustrie absieht. Importiertes Rohöl wird im Lande raffiniert. Etwa 38 % des benötigten Stroms stammen aus Atomkraftwerken.

▲ Kräne auf der riesigen Werft von Hyundai Heavy Industries in Ulsan. Hyundai baut 15 % aller neuen Schiffe weltweit. Südkorea ist die zwölftgrößte Handelsnation der Welt.

▼ Grenzsoldaten Südkoreas an der schwer bewachten entmilitarisierten Zone, die Nord- und Südkorea voneinander trennt.

ASIEN

JAPAN

Die Inselnation Japan am Westrand des Pazifiks mit ihrem alten und reichen kulturellen Erbe ist eine ökonomische Weltmacht geworden.

Fläche: 377.837 km²
Bevölkerungszahl: 127.150.000
Hauptstadt: Tokio (8.025.538)
Sprache: Japanisch
Religion/en: Schintoisten, Buddhisten, Angehörige von Mischreligionen
Währung: Yen
Exportgüter: Kraftfahrzeuge, elektronische und elektrotechnische Ausrüstung (bes. Halbleiter und Computer), Büromaschinen, Chemikalien, wissenschaftliche und optische Geräte, Eisen- und Stahlwaren
Staatsform: Parlamentarische Monarchie

Das japanische Inselarchipel von mehr als 2.900 km Länge erstreckt sich von Norden nach Süden und ist vom asiatischen Festland im Westen durch das Japanische Meer getrennt. Zum Territorium gehören mehr als 1.000 kleine Inseln und vier Hauptinseln, von Nord nach Süd: Hokkaido, die ländlichste, Honshu, die größte, Shikoku und Kyushu. Südlich von Kyushu schlägt die Ryuku-Inselgruppe mit der Insel Okinawa einen Bogen in Richtung Taiwan. Die vier Hauptinseln liegen nahe genug nebeneinander, um mit Tunneln, Brücken oder Dämmen verbunden zu werden. Zusammen bilden sie fast 98 % der japanischen Landmasse und den Lebensraum der überwältigenden Mehrheit der Bevölkerung.

Japans Klima ist sehr unterschiedlich, auch weil das Land sich über 17 Breitengrade erstreckt. Winde aus Sibirien und kaltes Meerwasser beeinflussen das Klima von Hokkaido und dem Norden Honshus, wo die Sommer kurz und die Winter lang und hart mit vielen Schneefällen sind. Hokkaidos größte Stadt, Sapporo, ist ein bekanntes Wintersportzentrum. Das südliche Honshu, Shikoku und Kyushu dagegen haben längere, wärmere und feuchtere Sommer und mildere Winter, unter anderem auch durch wärmere pazifische Winde und die warme, schnelle Kuroshio-Strömung, die von den Philippinen nach Nordosten fließt. Zwischen Juni und Oktober besteht Taifungefahr – die schweren Regenfälle und heftigen Winde können Häuser zerstören und die Ernte vernichten. Auf den Ryuku-Inseln herrscht ein subtropisches Klima. Auch die Niederschläge variieren stark. Die trockenste Region, Hokkaido, bekommt nur 1.000 mm Regen im Jahr, die Berge im Zentrum Honshus dagegen bis zu 3.800 mm.

FLORA UND FAUNA

Japan hat eine reiche Pflanzenwelt mit mehr als 17.000 Arten. Wälder bedecken über 60 % des Landes, vor allem Nadelwälder, aber besonders auf Honshu auch große Laubwälder. Selbst Bären, Wildschweine, Hirsche und eine Affenart, die Japanmakake, leben dort, dazu 400 Vogelarten.

VULKANE UND ERDBEBEN

In Japan stoßen drei tektonische Platten aufeinander, und das hat seine Landschaft seit Millionen Jahren geformt. Sie ist meist gebirgig mit Küstenebenen, auf denen fast alle größeren Städte zu finden sind. Es gibt über 200 Vulkane, von denen 77 als aktiv gelten. Hinweise auf die Bewegungen unter der Erdkruste liefern zahlreiche Heißwasserquellen und die Tsunamis, riesige, durch Beben ausgelöste Wellen, die manchmal die Ostküste des Landes treffen. Geschätzte 800 bis 1.000 Erdbeben erschüttern Japan jedes Jahr.

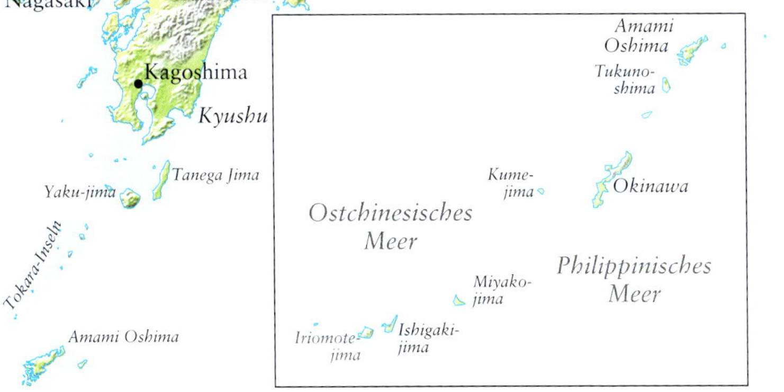

▲ Ein Shinkansen fährt an einem Reisfeld vorbei – eine für Japan typisch Szene mit seinem Nebeneinander aus traditioneller und moderner Lebensweise. Mit einer Geschwindigkeit von bis zu 300 km/h gehört der Zug zu den schnellsten Landtransportmitteln der Welt.

▼ Hikone, eine der besterhaltenen Burgen in Japan, liegt am Ostufer des Biwa-Sees, 53 km nordöstlich von Kioto. Sie entstand ab 1603, um sie herum wuchs eine Stadt gleichen Namens.

◄ Ein Nationalsymbol Japans: Der spektakuläre Vulkankegel des Fuji liegt fast 100 km westlich von Tokio. Mit einer Höhe von 3.776 m ist er der höchste Punkt Japans. Der Fuji ist zwar seit 1707 nicht mehr ausgebrochen, aber noch nicht erloschen und kann jederzeit wieder aktiv werden.

ASIEN

▲ Eine japanische Rakete wird in einer Fabrik von Mitsubishi Heavy Industries zusammengebaut. Japan gehört zu der kleinen und exklusiven Gruppe von Staaten, die Raumschiffe ins All gebracht haben. 1970 startete der erste Satellit, 1998 die Nozomi-Marssonde, die allerdings ihr Ziel verfehlte und jetzt in einer Umlaufbahn um die Sonne kreist.

LANDWIRTSCHAFT UND FISCHEREI

Obwohl nur etwa 13 % des Landes landwirtschaftlich nutzbar sind, ist Japan durch fortschrittliche, intensive Anbau- und Bewässerungstechniken und durch die Unterstützung der Regierung Selbstversorger beim wesentlichen Grundnahrungsmittel Reis. Auf mehr als 40 % des kultivierten Landes wird Reis angebaut, daneben vor allem Kartoffeln, Zuckerrüben, Zwiebeln, Gurken und Mandarinen. Fisch und Meeresfrüchte bilden einen wichtigen Teil der Ernährung und die Trawlerflotte des Landes gehört zu den größten der Welt. Japan hat auch Aquakultur- oder Fischfarmtechniken im großen Stil entwickelt.

MENSCHEN UND STÄDTE

Aufgrund der starken Zerklüftung der Landschaft sind nur knapp über 20 % Japans bewohnbar. Dennoch steht das Land an neunter Stelle in der Bevölkerungsstatistik. Die meisten Menschen drängen sich in den Städten, vier Fünftel der Bevölkerung allein auf der Insel Honshu. Der Großraum Tokio mit

seinen 30 Millionen Menschen ist das größte Ballungszentrum der Welt. 99 % der Japaner haben den gleichen ethnischen und kulturellen Hintergrund. Aber es gibt kleinere Minderheiten: Koreaner, Eingeborene Nordjapans, die so genannten Ainu, und einige wenige ausländische Arbeitskräfte. Japan hat eine rapide alternde Bevölkerung.

EINZIGARTIGE KULTUR

Die meisten Japaner sind Buddhisten, befolgen aber auch einige Traditionen der Shinto-Religion. Lange Zeit in seiner Geschichte war Japan vom Rest der Welt isoliert und hat

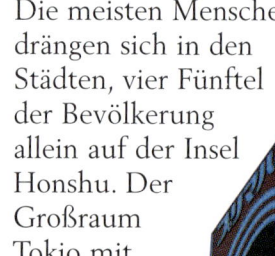

▼ Eine Straßenszene aus dem Herzen der größten Metropole der Welt, Tokio. Bis 1869, als sie Hauptstadt wurde, hieß die Stadt Edo.

▲ Der Ritsurinpark gehört zu den größten und schönsten traditionellen Gärten Japans. Er wurde in der Edo-Zeit (1603–1868) gebaut und bedeckt eine Fläche von 780.000 m².

Einflüsse von außen abgewehrt. Im Zusammenspiel mit den beengten Lebensverhältnissen haben sich daraus komplexe Lebensregeln und Verhaltensweisen entwickelt, darunter ein besonderer Respekt vor Älteren, höher Gestellten und Firmen sowie einzigartige Zeremonien und Traditionen. Japans Kunst, Literatur, Musik und Theater sind weltbekannt.

EINE DYNAMISCHE WIRTSCHAFT

Erst gegen Ende des 19. Jh.s setzte die Industrialisierung Japans ein, wobei das Land seine Kultur beibehielt und nur wirtschaftliche Ideen aus dem Westen übernahm. Etwa zur selben Zeit begann die Expansion des Kaiserreichs, das Kriege mit China und Russland führte und große Territorien in Ostasien eroberte. Im Zweiten Weltkrieg war Japan mit Deutschland verbündet und erlitt eine vernichtende Niederlage. Nach dem Abwurf zweier Atombomben auf Hiroshima und Nagasaki musste das Land kapitulieren. Japan baute seine Wirtschaft auf der Grundlage neuer Technologien wieder auf. Weil es gezwungenermaßen seine kostspielige Armee auflösen musste, boomte Japan mit Unterstützung des Auslands bis in die 1990er-Jahre hinein. In Japan stehen über die Hälfte aller Industrieroboter, das Land hat enorm in höhere Bildung und Forschung investiert. Heute gehört es zu den führenden Produzenten von vielen Fertigwaren ebenso wie von Chemikalien, Textilien und Stahl. Die Regierung arbeitet eng mit der Industrie zusammen, viele Arbeiter sind ihr Leben lang in einem Unternehmen beschäftigt und viele japanische Unternehmen treiben miteinander Handel auf der Basis einer Beziehung, die Keiretsu genannt wird und es ausländischen Firmen schwer macht, nach Japan zu exportieren. Früher wurde Japan von Klans, Kaisern und rivalisierenden feudalen Herrschern, den Shoguns, regiert. Noch heute hat es einen Kaiser mit zeremoniellen Aufgaben, die Macht jedoch liegt in den Händen des Premierministers und des Parlaments.

▼ Die traditionellen reetgedeckten Dächer haben das Dorf Shirakawa zu einer Stätte des UNESCO-Weltkulturerbes und zu einem Anziehungspunkt für Touristen aus Japan und dem Ausland gemacht.

ASIEN

SÜDOSTASIEN

Südostasien, östlich von Indien und südlich von China gelegen, besteht aus einem Festlandterritorium und mehr als 15.000 Inseln im Indischen und Pazifischen Ozean. Über 13.000 dieser Inseln bilden den Staat Indonesien. Borneo, die größte Insel der Region, ist die drittgrößte der Welt. Das Festland, am Schnittpunkt dreier großer tektonischer Platten – der Eurasischen, der Indisch-Australischen und der Pazifischen – gelegen, ist größtenteils gebirgig, während die Mehrzahl der Inseln durch Vulkanaktivitäten entstanden ist. Noch heute gehört die Region zu den vulkanisch aktivsten der Erde. Südostasien ist seit Jahrtausenden besiedelt und beherbergt eine große Vielfalt an Sprachen und Kulturen. Auf dem Festland herrscht der Buddhismus vor, doch insgesamt zwei Fünftel der Bevölkerung sind Muslime, vor allem in Indonesien. Es gibt allerdings auch ziemlich große christliche und Hindugemeinden in der Region. Vom 16. bzw. 17. bis ins 20. Jh. hinein befand sich fast ganz Südostasien unter der Herrschaft der Kolonialmächte Großbritannien, Frankreich, Portugal und Niederlande. Einige Staaten der Region sind durch Krieg und Konflikte verheert, die meisten aber haben moderne, auf Industrie und Dienstleistungen beruhende Ökonomien aufgebaut und einen Wohlstand erreicht, der zur Entstehung großer, moderner Städte führte.

◀ Der Kong-Meng-San-Phor-Kark-See-Tempel, auch als Bright-Hill-Tempel bekannt, ist der größte buddhistische Tempel Singapurs. Buddhismus ist die wichtigste Religion auf dem südostasiatischen Festland.

SÜDOSTASIEN

▲ Schwimmende Märkte wie hier in Bangkok gibt es in vielen Städten Südostasiens. Auf Flüssen und Kanälen verkaufen Händler von ihren kleinen Holzbooten aus z. B. Kleidung, warme Mahlzeiten, frischen Fisch, Obst und Gemüse.

▲ Ein Reisbauer auf der indonesischen Insel Bali. Reis ist die mit Abstand wichtigste Pflanze in Südostasien und wird dank des tropischen Klimas mit schweren Regenfällen vielerorts zweimal jährlich geerntet.

▶ Viele Städte Südostasiens wie hier Malaysias größte Stadt Kuala Lumpur sind in den letzten 50 Jahren rapide gewachsen.

ASIEN

THAILAND

Thailand ist einer der friedlichsten und stabilsten Staaten Südostasiens mit schnell wachsenden Industrien und großer Anziehungskraft für Touristen.

Fläche: 513.115 km²
Bevölkerungszahl: 64.270.000
Hauptstadt: Bangkok (Krung Thep) (6.320.174)
Sprache: Thai
Religion: Buddhisten
Währung: Baht
Exportgüter: Elektronik (bes. Computer und Transistoren), nichtelektronische Maschinen, Meeresfrüchte und lebende Fische, Kleidung, Reis, Kunststoffe
Staatsform: Parlamentarische Monarchie

▼ Wat Phra Si Sanphet ist ein wunderschönes buddhistisches Kloster in Ayutthaya, der alten Hauptstadt Thailands.

Eine Reihe von Bergketten durchzieht Thailand, die höchsten und ausgedehntesten liegen im Norden. Die Khorat-Hochebene im Nordosten bedeckt mehr als ein Viertel der Landesfläche. Dieses relativ unfruchtbare Gebiet ist die ärmste Region des Landes. Die fruchtbaren zentralen Ebenen sind dafür besonders dicht bevölkert (etwa im Ballungsraum um Bangkok) und als die »Reisschüssel« Thailands bekannt. Das Land produzierte 2002 mehr als 24 Mio. t Reis und gehört damit zu den drei größten Reisexporteuren. Südlich der zentralen Ebenen liegt die Halbinsel Malakka mit vielen reizvollen Inseln und Stränden. Auch Zinnbergbau, Kautschukplantagen und Fischfang finden sich in dieser Region. Thailands jährlicher Fang von Fisch und Schalentieren lag 2001 bei 3,49 Mio. t. Das Land hat ein warmes, feuchtes Tropenklima, wobei die Halbinsel im Süden fast doppelt so viele Niederschläge verzeichnet wie die Gebiete in der Mitte und im Norden des Landes. Thailand verfügt über reiche Vorkommen an Zinn, Kohle, Gold, Blei, Zink und wertvollen Edelsteinen. Die Ölförderung ist minimal, aber die Erdgasreserven werden ausgebeutet. Etwa 28 % des Landes sind bewaldet mit großen, wertvollen Hartholzwäldern, besonders im Norden und an der Küste. Viele Tierarten, darunter Elefanten, Leoparden, Tiger, Krokodile, Gibbons und etwa 50 Schlangenarten, bewohnen die Wälder.

INDUSTRIALISIERUNG UND MIGRATION

Seit den 1970er- und 1980er-Jahren hat Thailand sich industriell sehr stark entwickelt mit Elektrotechnik und Textilien als Schlüsselindustrien, während der Dienstleistungssektor hauptsächlich vom Tourismus mit seinen über neun Millionen Besuchern lebt. Die Kluft im Lebensstandard zwischen den Menschen in ländlichen und städtischen Gebieten hat sich dramatisch vergrößert und zu einer starken Abwande-

THAILAND

◀ Thailands Hauptstadt Bangkok ist in den letzten 40 Jahren explosionsartig gewachsen. Das MBK-Einkaufs-und-Vergnügungs-Zentrum mitten in Bangkok ist nur eine von vielen modernen Shopping-Malls in der Stadt.

rung in die Städte Thailands geführt. Vor allem Bangkok leidet unter dem gewaltigen Bevölkerungszuwachs mit den schlimmsten Staus und der schwersten Luftverschmutzung weltweit. 1999 wurde die erste Stufe eines Massenverkehrssystems in Bangkok in Betrieb genommen und man versucht Industrien aus der Stadt auszulagern.

DER KÖNIG UND SEIN VOLK

75 % der Einwohner sind Thais, ein Volk, das vermutlich aus Südwestchina stammt und vor etwa 2.000 Jahren in Südostasien eingewandert ist. Chinesen stellen die größte Minderheit mit etwa 14 % der Bevölkerung, daneben gibt es kleinere Gruppen von malaiischen Muslimen, Kambodschanern und Vietnamesen. In den Bergen des äußersten Nordens und Nordostens leben fast 650.000 Eingeborene mit eigener Kultur und Sprache. Anders als in vielen anderen Nationen Südostasiens gibt es kaum Spannungen zwischen den ethnischen Gruppen. Der Buddhismus, die Religion von 95 % der Thailänder, ist eine starke Friedenskraft. 1932 übertrug eine neue Verfassung dem Volk einen Großteil der vormals königlichen Macht. Dennoch hat Bhumibol Aduljadeh, Rama IX., der seit 1946 auf dem Königsthron sitzt, großen Einfluss. Er ist das dienstälteste Staatsoberhaupt der Welt.

▼ Ein schwimmendes Restaurant am Ufer des Mae Nam Khwae Noi, uns besser bekannt unter dem Namen River Kwai. Der gleichnamige Film mit Alex Guinness handelt davon, wie die alliierten Kriegsgefangenen im Zweiten Weltkrieg dort eine Brücke bauen mussten. Der Fluss entspringt an der Grenze zu Myanmar westlich von Nakhon Sawan.

ASIEN

MYANMAR (BIRMA)

Myanmar wird immer wieder von politischen Unruhen erschüttert. Das Agrarland mit großen Hartholzwäldern ist eines der geheimnisvollsten Länder Südostasiens.

Fläche: 676.552 km²
Bevölkerungszahl: 48.786.000
Hauptstadt: Rangun (Yangon) (4.504.000)
Sprache: Birmanisch
Religion: Buddhisten
Währung: Kyat
Exportgüter: Kleidung (über die Hälfte aller Exporte), Nahrungsmittel und lebende Tiere, Holz und Holzprodukte, Edelsteine
Staatsform: Sozialistische Republik, seit 1988 de facto Militärdiktatur

Myanmar grenzt an Bangladesch, Indien, China, Laos und Thailand. Riesige, meist unüberwindbare Gebirgsketten ziehen sich in Hufeisenform um den Westen, Norden und Osten des Landes herum. Nicht ganz so hohe Berge gibt es auch in zentraleren Regionen. Im Norden erreicht der Gipfel des Hkakado Razi 5.881 m und ist damit der höchste Punkt Südostasiens. Innerhalb des Hufeisens liegen die Ebenen des Landes, die vor allem aus den Tälern und Deltas der Flüsse Chindwin und Irawadi bestehen. Aufgrund ihrer fetten, fruchtbaren Böden und des Monsunklimas bilden sie das Zentrum der Landwirtschaft, in der die meisten Menschen arbeiten und vor allem Reis, Hülsenfrüchte, Mais und Zuckerrohr anbauen. Myanmar erstreckt sich im Süden bis zu einem schmalen westlichen Streifen der Halbinsel Malakka. Die Küste ist meist felsig mit einigen natürlichen Häfen. Der größte Fluss des Landes, der Irawadi (rund 2.000 km), entspringt in Tibet und durchfließt auf dem Weg nach Süden fast ganz Myanmar. Er ist auf 1.400 km Länge schiffbar und eine besonders für den Holztransport wichtige Verkehrsverbindung.

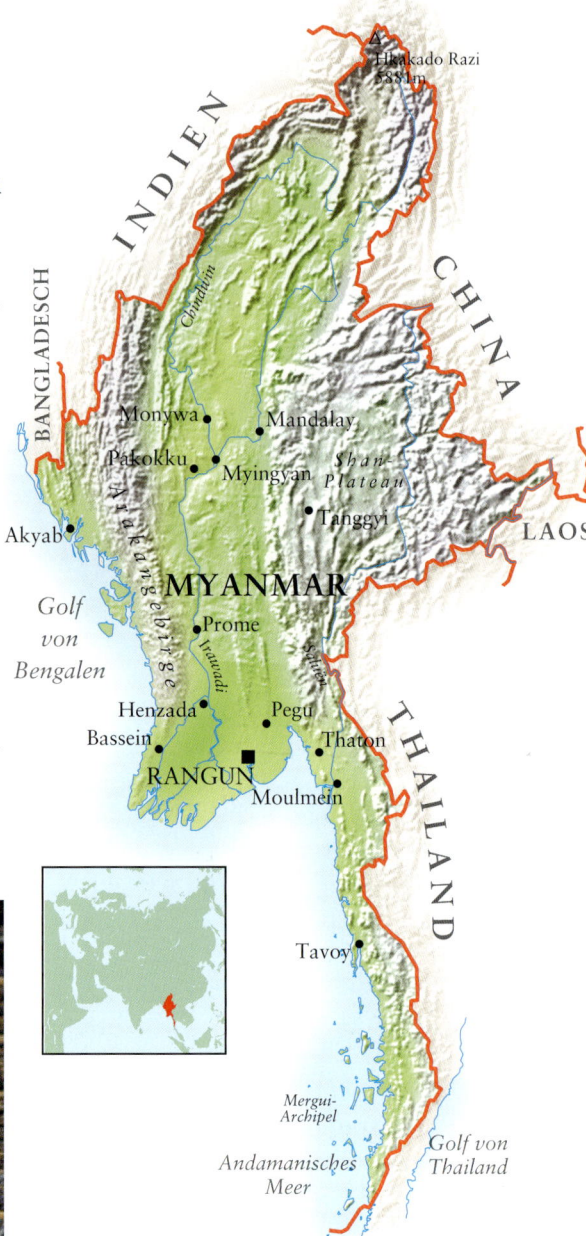

◀ Arbeiter in Myanmar schneiden und transportieren Bambus für ein Regierungsprojekt. Bambus ist vor allem auf dem Land ein wichtiges Baumaterial.

MYANMAR (BIRMA)

▼ Mehr als 2.000 buddhistische Pagoden stehen im Dorf Pagan, das 849 am Ufer des Irawadi gegründet wurde und früher ein Zentrum von Myanmar war. Es liegt etwa 500 km nördlich von Rangun.

ÜBERNUTZUNG DER RESSOURCEN

Fast die Hälfte Myanmars besteht aus Wald, und Teak und andere Harthölzer gehören trotz des ernsten Risikos der Übernutzung zu den wertvollsten Ressourcen des Landes. Entlang der Küsten wachsen Mangroven, im bergigen Norden große Kiefernwälder. Das Land hat eine artenreiche Tierwelt mit Roten oder Kleinen Pandas, Nashörnern und Tigern – wobei die letzteren beiden Arten manchmal gewildert werden, um medizinische Produkte herzustellen. Auch verschiedene Mineralien werden abgebaut, darunter Kupfer, Blei und Silber sowie Saphire und Rubine. Die Industrie ist kaum entwickelt, steht unter staatlicher Kontrolle und ist meist auf die Verarbeitung von Holz und landwirtschaftlichen Produkten beschränkt.

EINE HOCHBURG DES BUDDHISMUS

Myanmar war das erste Land Südostasiens, in dem sich die Lehren Buddhas verbreiteten, und heute ist der Buddhismus die Religion von fast neun Zehnteln der Bevölkerung. Das hat großen Einfluss auf das tägliche Leben der meisten Bewohner Myanmars: Im Zentrum der meisten Dörfer und Kleinstädte stehen buddhistische Tempel. Viele Buddhisten im Land glauben auch an bestimmte Geister in Wäldern, Bergen und Bäumen, die so genannten Nats, für die sie Häuser bauen und Feste feiern. Daneben gibt es kleine Minderheiten von Christen, Muslimen und Hindus.

GESELLSCHAFTLICHE KONFLIKTE

68 % der Bevölkerung sind Birmanen, daneben gibt es viele kleine ethnische Gruppen wie die Shan, Karen (Christen), Rohingya (Muslime), Mon, Chin und Kachin. Dies führt in dem seit der Unabhängigkeit vor allem vom Militär beherrschten Land zu häufigen und gewalttätigen Konflikten. Opposition wird nicht geduldet, die Menschenrechte werden oft missachtet.

▼ Über 100 verschiedene Baumarten werden in den Wäldern Myanmars – wie in diesem hier 50 km westlich von Taunggyi – kommerziell genutzt. Teakholz ist der mit Abstand wichtigste Rohstoff des Landes.

ASIEN

VIETNAM

Vietnam ist ein Land großer Flussdeltas, Bergketten und Küstenebenen. Das Volk hat im 20. Jh. lange Jahre unter Kriegen und Unterdrückung gelitten.

Fläche: 331.114 km²
Bevölkerungszahl: 80.424.000
Hauptstadt: Hanoi (2.841.700)
Sprachen: Vietnamesisch
Religionen: Buddhisten, Christen (röm.-kath.)
Währung: Dong
Exportgüter: Rohöl, Fisch und Fischprodukte, Kaffee, Reis, Kautschuk
Staatsform: Sozialistische Volksrepublik

▼ Vietnamesische Fischer mit kleinen, einfachen Booten auf dem Westsee nahe der Hauptstadt Hanoi. 2001 wurden 1,4 Mio. t Fisch, Krebse und Garnelen aus dem Südchinesischen Meer und in kleineren Mengen auch aus den Flüssen und Seen des Landes geholt. Viele Fischgründe im Süßwasser wie im Meer sind heute in Gefahr, überfischt zu werden.

Die Sozialistische Republik Vietnam ist ein lang gestrecktes, s-förmiges Land, das im Norden an China grenzt und eine 3.200 km lange Küste hat. Der Nordwesten ist gebirgig mit dem höchsten Punkt des Landes, dem Fan Si Pan mit 3.143 m. Fast zwei Drittel des Landes sind Hochland und die Kämme der Bergketten bilden einen Großteil der langen Westgrenze Vietnams mit Laos und weiter nach Süden mit Kambodscha. Die Berghänge sind meist bewaldet oder tragen Tee-, Kautschuk- oder Kaffeeplantagen. Vietnam gehört zu den fünf größten Kaffeeexporteuren der Welt. Im Osten des Hochlands zieht sich eine lange Küstenebene vom Golf von Tonking bis zum Südchinesischen Meer hin. Ein Großteil der dortigen Bevölkerung lebt von der Fischerei.

Fast überall in Vietnam herrscht tropisches Klima mit warmen bis heißen Temperaturen und schweren Regenfällen. Im Sommer und Herbst bringen die Monsunwinde Regen und ab und zu auch Taifune. Nur im bergigen Norden ist das Klima subtropisch mit kühleren Temperaturen.

ZWEI FLUSSDELTAS

Der schmale Landstreifen, der den Norden des Landes mit dem Süden verbindet, ist

taifungefährdet und Deiche schützen viele Dörfer vor den schlimmsten Folgen der Unwetter. An den großen und fruchtbaren Flussdeltas (des Roten Flusses oder Song Hong im Norden und des Mekong im Süden) konzentriert sich der Reisanbau ebenso wie die Bevölkerung. Die Landwirtschaft ist die Stütze der vietnamesischen Wirtschaft, Reis die dominante Anbaufrucht. Trotz einer starken Landflucht lebt bislang noch nicht einmal ein Viertel der Vietnamesen in städtischen Ballungsräumen.

DIE KRIEGE DES 20. JAHRHUNDERTS

Vietnam beherbergte einige alte Kulturen, bevor es viele Jahrhunderte von China beherrscht wurde. Im 19. Jh. kam das Land unter französische Kontrolle; sie endete mit dem ersten Indochinakrieg (1946–1954). Vietnam wurde zeitweise in eine Nord- und eine Südhälfte getrennt. Die Spannungen zwischen dem kommunistischen Norden und dem weitgehend antikommunistischen Süden führten ab 1964 zum Vietnamkrieg, an dem auch Hunderttausende Soldaten aus den USA beteiligt waren. Nach dem Waffenstillstand 1973 zogen sich die US-Truppen zurück, 1975 fiel die südvietnamesische Hauptstadt Saigon unter dem Ansturm nordvietnamesischer Soldaten. Vietnam wird seitdem von einer kommunistischen Regierung gelenkt.

NACH DEM KRIEG

Der Wiederaufbau nach dem jahrzehntelangen Krieg erforderte größte Anstrengungen. Mehr als 7 Mio. t Bomben waren abgeworfen, ganze Städte dem Erdboden gleichgemacht worden, nicht explodierte Landminen stellen noch heute eine Gefahr dar. 5 % der Wälder waren zerstört, fast 50 % durch Entlaubungsmittel geschädigt.

Seit 1986 verfolgt das Land eine Wirtschaftspolitik des »Doi Moi«, der »Erneuerung«. Ausländische Unternehmen dürfen investieren, Handelsverbindungen mit anderen Staaten und privates Unternehmertum werden gefördert und im Jahr 2000 öffnete sogar die erste Börse des Landes. Die Industrie ballt sich vor allem im Norden. Vietnam fördert zudem 300.000 Barrel Öl pro Tag. In den 1990er-Jahren begann Vietnam um Besucher aus nichtkommunistischen Ländern zu werben mit dem Ergebnis, dass im Jahr 2001 etwa 2,1 Millionen Touristen das Land besuchten, angezogen von seiner Geschichte, Kultur und seinen landschaftlichen Reizen.

▲ Ein geschäftiger Markt in Ho-Chi-Minh-Stadt. Die Stadt war früher unter dem Namen Saigon die Hauptstadt Südvietnams. Heute ist sie Vietnams größte Stadt mit einer Bevölkerung von mehr als vier Millionen Einwohnern. Außerdem ist sie einer der wichtigsten Häfen.

ASIEN

KAMBODSCHA

Dieses Land mit seiner großen Geschichte und landschaftlichen Schönheit hatte in der zweiten Hälfte des 20. Jh.s unter blutigen Konflikten zu leiden.

Fläche: 181.035 km²
Bevölkerungszahl: 12.487.000
Hauptstadt: Phnom Penh (999.804)
Sprache: Khmer
Religion: Buddhisten
Währung: Riel
Exportgüter: Rund- und Schnittholz, Kleidung, Kautschuk, Reis, Fisch
Staatsform: Parlamentarische Monarchie

Die Mitte Kambodschas bildet ein großes, flaches Becken namens Tonle Sap, umgeben von einer weiten Ebene, die von dem größten Fluss des Landes, dem Mekong, entwässert wird. Im Südosten des Beckens liegt das Mekong-Delta, das sich bis nach Vietnam hinein erstreckt, bevor der Fluss das Südchinesische Meer erreicht. Im Norden und im Südwesten liegen verschiedene Bergzüge, im Nordosten bis zur Mitte hin ein Hochland, das sich bis nach Vietnam hineinzieht. Mitten im Becken liegt der größte See Südostasiens, der ebenfalls Tonle Sap (Großer See) heißt. Die Größe dieses flachen Sees schwankt erheblich. Manchmal ist er bei einer Wassertiefe von 1 bis 3 m nur etwa 2.700 km² groß. In der Monsunzeit im Juni und November fließt das Hochwasser des Mekong in den See, der dann bis auf 10.300 km² und eine Tiefe von 9 bis 14 m anwächst.

KAMBODSCHA

NUTZUNG DER NATÜRLICHEN RESSOURCEN

Kambodscha besitzt nur wenige Bodenschätze, ist aber relativ reich an natürlichen Ressourcen, darunter Fisch aus Flüssen und Seen, der zur besseren Haltbarkeit oft fermentiert oder eingesalzen wird. Im Tiefland mit seinen vielen Wasserläufen wird vor allem Reis angebaut. Fast 80 % des Kulturlandes sind ihm vorbehalten, daneben wachsen vor allem Mangos, Bananen und Ananas. Kautschuk, im Osten des Landes gewonnen, ist ein wichtiger Exportartikel zusammen mit Mais, Pfeffer, Sesam und Maniok. Große Flächen sind bewaldet, darunter viel tropisches Hartholz wie Teak und Mahagoni. Der Raubbau am Wald ist eines der ernstesten Probleme Kambodschas – etwa die Hälfte des Waldes ist in den letzten 35 Jahren verschwunden.

VOM KÖNIGREICH ZU DEN ROTEN KHMER

Im 19. Jh. kam Kambodscha unter französische Herrschaft. 1954 erlangte es seine Unabhängigkeit zurück und hatte eine stabile Regierung, bis gegen Ende der 1960er-Jahre sich ein gewaltsamer Konflikt entlud. Nach dem Vietnamkrieg, der die ganze Region in Mitleidenschaft zog, ergriff ein brutales kommunistisches Regime, die Roten Khmer, die Macht.

Zwischen 1975 und 1979 wurden 1,5 Millionen Menschen ermordet, vor allem Angehörige der Armee und der Polizei, Beamte, Intellektuelle und der buddhistische Klerus waren Verfolgungen ausgesetzt. 1979 wurde das Terrorregime vertrieben, heute ist Kambodscha wieder ein Königreich. Allerdings ist es eines der ärmsten Länder Asiens.

▲ Pfahlbauten im Wasser des Tonle Sap. Viele Kambodschaner leben von Karpfenzucht und Fischfang. Fisch ist ein Grundnahrungsmittel in Kambodscha.

▼ Angkor Wat, gebaut unter König Suryavarman II., einem Herrscher des Khmer-Königreichs im 12. Jh., ist ein riesiger steinerner Hindutempel mit einer Länge von 1.000 m.

ASIEN

LAOS

Dieses gebirgige und dünn besiedelte Land ist isoliert, arm und wird von einer kommunistischen Regierung gelenkt.

Fläche: 236.800 km²
Bevölkerungszahl: 5.530.000
Hauptstadt: Vientiane (Viangchan, 663.000)
Sprache: Lao
Religion/en: Buddhisten, Anhänger von Naturreligionen
Währung: Kip
Exportgüter: Holzprodukte, Kleidung, Elektrizität, Kaffee, Zinn
Staatsform: Volksrepublik

▼ Laotische Bauern ziehen auf dem fruchtbaren Boden am Mekong Gemüse. Mehr als die Hälfte der Bevölkerung lebt in den Ebenen von Laos, besonders am Mekong.

Die »Demokratische Volksrepublik Laos« hat gemeinsame Grenzen mit fünf Ländern: Vietnam, Kambodscha, Thailand, Myanmar und China. Etwa 70 % des Landes sind Berge, die von Nordwest nach Südost verlaufen und ihren höchsten Punkt am Bia mit 2.819 m erreichen. Fast 55 % des Landes sind mit Wald bedeckt. Im Norden sind es meist tropische Regenwälder, im Süden mischen sich in die tropische Vegetation Laubbäume mit Hartholz, wie etwa Teak und Rosenholz. Das Holz dieser Wälder ist einerseits ein wichtiger Exportartikel, bietet aber andererseits auch einer großen Vielfalt von Tieren, von Tigern, Leoparden und Panthern bis hin zum größten Wildrind der Erde, dem Gaur, eine Heimat. Laos hat ein tropisches Monsunklima mit zwei ganz verschiedenen Jahreszeiten: In der Regenzeit von Mai bis Oktober regnet es fast jeden Tag und in der Mitte des Landes fallen zwischen 1.300 und 2.300 mm Niederschlag, im Süden manchmal sogar über 3.000. Während des restlichen Jahres ist es sehr trocken.

DER MEKONG

Der Mekong schlängelt sich 1.800 km lang durch Laos und bildet auf weiten Strecken die Westgrenze zu Thailand und Myanmar. Viele wichtige Städte liegen an seinen Ufern, ab der Stadt Louangphrabang ist er mit Booten befahrbar. Das Volk von Laos gehört über 65 verschiedenen ethnischen Gruppen mit unterschiedlichen Sitten und Lebensstilen an. Die überwiegende Mehrheit der Laoten bearbeitet das Land und baut Reis sowie Süßkartoffeln und Mais an. Auch die Viehhaltung, vor allem Wasserbüffel und Schweine, ist wichtig, ebenso der illegale Anbau und Verkauf von Schlafmohn. Das Land am

Mekong ist das größte Landwirtschaftsgebiet in Laos.

OHNE ZUGANG ZUM MEER UND ISOLIERT

Laos ist das einzige Binnenland Südostasiens. Das zerklüftete Terrain mit seinen Bergen und Wäldern hat die industrielle Entwicklung des Landes ebenso wie Infrastruktur und Handel behindert. Laos hat keine Eisenbahn und nur wenige, meist schlechte Straßen. Waren werden meist über den Wasserweg, vor allem auf dem Mekong, transportiert. Die von Australien finanzierte Freundschaftsbrücke wurde 1994 eröffnet. Sie überquert den Mekong bei Vientiane (Viangchan), der Hauptstadt des Landes, und verbindet Laos mit Thailand. Vorher mussten ausländische Besucher meist mit dem Flugzeug einreisen, weil es keine gute Straßenverbindung in die Nachbarländer gab.

Bis vor einigen Jahren war das Land auch politisch isoliert. Nach mehr als zwei Jahrzehnten interner Machtkämpfe wurde Laos 1975 zum kommunistischen Einparteienstaat und beschränkte seine Außenkontakte auf einige wenige kommunistische Staaten, vor allem Vietnam. Seit 1986 integriert sich das Land langsam wieder in die Weltgemeinschaft, der größte Handelspartner ist heute Thailand. Laos mit seiner unterentwickelten Industrie und den noch nicht ausgebeuteten Bodenschätzen ist von ausländischer Hilfe und Investitionen abhängig. Die Kindersterblichkeit liegt bei etwa 10 %, die durchschnittliche Lebenserwartung bei 54 Jahren.

▲ Buddhistische Mönche sammeln Nahrungsmittel von den Bewohnern des Ortes für ihre einzige Mahlzeit am Tag. Etwa 60 % der Laoten sind Buddhisten.

▼ Eine Familie des Khmu-Stammes hat sich in ihrer Zwei-Zimmer-Hütte ums Feuer versammelt. Die Khmu leben in kleinen Dörfern an den Berghängen nahe der Grenze zu Thailand. Sie treiben Landwirtschaft für den Eigenbedarf, ergänzt durch Fischfang, Jagd und Handel.

ASIEN

BRUNEI

Das Sultanat Brunei liegt an der Nordwestküste Borneos. Der 1984 unabhängig gewordene Staat hat reiche Reserven an fossilen Brennstoffen.

Fläche: 5.765 km²
Bevölkerungszahl: 351.000
Hauptstadt: Bandar Seri Begawan (46.000)
Sprache: Malaiisch
Religion/en: Muslime (sunnitisch), Buddhisten
Währung: Brunei-Dollar
Exportgüter: Rohöl, Erdgas und -erzeugnisse
Staatsform: Sultanat

Im Norden Bruneis liegt das Südchinesische Meer, ansonsten sind die beiden getrennten Landesteile von Malaysia umgeben. Das Land besteht aus einer schmalen Küstenebene mit Mangrovensümpfen und aus mit Regenwald überzogenen Hügelketten. Der höchste Punkt, der Bukit Pagon (1.850 m), liegt im Südosten. Zu Brunei gehören auch 33 Inseln, die 1,4 % der Landfläche ausmachen. Die meisten sind unbewohnt und wichtige Lebensräume gefährdeter Tierarten: Flughunde und bestimmte Affen- und Vogelarten. Brunei hat ein tropisches Klima mit durchschnittlichen Niederschlägen von mehr als 2.000 mm pro Jahr und nur geringen Temperaturschwankungen zwischen 24 und 31 °C. Die meisten Flüsse fließen nach Norden zur Küste hin, auch der Belait, der längste Fluss des Landes, der streckenweise nahe der Westgrenze verläuft. Fast 80 % Bruneis sind von Regenwald bedeckt, Heimat unter anderem von Asiatischen Elefanten, Leoparden, vielen Affenarten und unzähligen Reptilien und Vögeln.

DAS ÖL UND DIE BEVÖLKERUNG BRUNEIS

Im 16. Jh. war Brunei ein unabhängiges Sultanat, das fast die ganze Insel Borneo kontrollierte. Dann verlor es an Macht und wurde schließlich 1888 britisches Protektorat. Die eingeborenen Stämme Bruneis machen heute gerade noch 6 % der Bevölkerung aus. Menschen malaiischer Abstammung stellen zwei Drittel der Einwohner, und es gibt große chinesische und indische Minderheiten, die ins Land gekommen sind, seit 1929 Öl gefunden wurde. Die Ausbeutung der großen Öl- und Gasvorkommen beherrscht die Wirtschaft dieses kleinen Landes völlig. Die Öleinkünfte haben den Sultan Haji Hassan al-Bolkiah zu einem der reichsten Menschen der Welt gemacht. Auch sein Volk profitiert vom Öl und hat einen allgemein hohen Lebensstandard. Es gibt keine Einkommensteuern, sehr gute medizinische Versorgung und Bildung sowie subventionierte Nahrungsmittel und Wohnungen. 1988 wurden allerdings die politischen Parteien verboten und den Regierungsangestellten wurde jegliche politische Aktivität untersagt. In Bruneis gemischter Bevölkerung gibt es ganz unterschiedliche Glaubensrichtungen, aber die Mehrheit neigt doch der Staatsreligion, dem Islam, zu.

▼ Das Erdöl wird in Brunei meist vor der Küste gewonnen. Die Ölfelder liefern rund 194.000 Barrel pro Tag.

SINGAPUR

Der Stadtstaat Singapur gehört zu den reichsten und modernsten asiatischen Ländern mit einem mit Westeuropa vergleichbaren Lebensstandard.

Fläche: 683 km²
Bevölkerungszahl: 4.164.000
Hauptstadt: Singapur (4.164.000)
Sprache/n: Chinesisch, Englisch, Malaiisch, Tamil
Religion/en: Buddhisten, Daoisten, Muslime (sunnitisch)
Währung: Singapur-Dollar
Exportgüter: Maschinen und Transportausrüstung, Konsumgüter, Chemikalien, Ölerzeugnisse
Staatsform: Republik im Commonwealth

Singapur liegt direkt vor der südlichsten Spitze der Halbinsel Malakka. Über die schmale Wasserstraße, die es von Malaysia trennt, führt ein Damm mit Bahngleisen und Straßen. Das Land besteht aus der großen Insel Singapur und 60 kleineren Inseln. Singapur ist meist flach und hat nur einige kleinere Erhebungen. Ein Netz aus kleinen Flüssen durchzieht die Hauptinsel, Trinkwasser muss allerdings noch zusätzlich aus Malaysia herbeigeschafft werden. Das tropische Land in Äquatornähe hat eine durchschnittliche Jahrestemperatur von 27,2 °C und starke Niederschläge von mehr als 2.420 mm im Jahr, besonders zwischen November und März. Singapur war einst völlig von Regenwäldern bedeckt, heute jedoch ist das meiste Land gerodet, Sümpfe und Marschland sind trockengelegt und urbar gemacht. Nur noch 5 % des Landes sind bewaldet, meist in geschützten Reservaten. Die Insel war ursprünglich sehr dünn besiedelt, bis der britische Kolonialverwalter Sir Stamford Raffles 1819 die Stadt Singapur als Handelsposten gründete. Sie wuchs als Hafen und Basis der Kriegsmarine nach der Eröffnung des Suezkanals 1869. Heute zählt das Land zu den Staaten mit der größten Bevölkerungsdichte, die chinesischen Immigranten stellen fast 77 % der Einwohner, Malaien (14 %) und Inder (7 %) die größten Minderheiten. Obwohl Singapur alle Brennstoffe und Rohmaterialien einführen muss, hat das Land eine blühende Industrie, in der vor allem elektronische und elektrotechnische Geräte produziert werden. Außerdem verfügt es über große Ölraffinerien und Chemiefabriken.

▲ Im Jahr 2001 kamen 146.265 Schiffe in den Hafen von Singapur und machten ihn zum betriebsamsten in ganz Asien.

▶ Skyline von Singapur: Die Stadt ist Finanzmetropole der Region, mehr als ein Viertel des Landeseinkommens stammt aus Wirtschafts- und Finanzdienstleistungen.

ASIEN

MALAYSIA

Wirtschaftlich ist dieser Vielvölkerstaat in den letzten Jahren so schnell gewachsen wie kaum ein anderer in Südostasien.

Fläche: 329.733 km²
Bevölkerungszahl: 24.305.000
Hauptstadt: Kuala Lumpur (1.297.526)
Regierungssitz: Putrajaya (7.000)
Sprache: Malaiisch
Religion/en: Muslime (sunnitisch), Anhänger traditioneller chinesischer Religionen, Hindus
Währung: Malaysischer Ringgit
Exportgüter: Elektronikerzeugnisse, Maschinen und Transportausrüstung, Öl und Ölprodukte, Holz und Holzprodukte, Kautschuk, Textilien, Chemikalien
Staatsform: Wahlmonarchie im Commonwealth

▶ Der buddhistische Tempel Kek Lok Si am Ayer Itam auf der Insel Penang. Er umfasst Gärten, Schreine, einen Schildkrötenteich und die 30 m hohe »Pagode der zehntausend Buddhas«.

Das Südchinesische Meer teilt Malaysia in zwei Territorien, die 650 km voneinander entfernt liegen. Auf der Halbinsel Malakka grenzt Malaysia im Norden an Thailand und hat im Süden die Inseln Singapurs zum Nachbarn. Dieses Territorium macht etwa 40 % der Landesfläche aus. Bergketten trennen ein schlecht entwässertes Flachland im Süden von einem schmalen, bewaldeten Gürtel im Osten und weiteren fruchtbaren Ebenen im Westen. Diese sind besonders dicht bevölkert und entwickelt. Dagegen sind die beiden über 600 km entfernten Staaten Sabah und Sarawak, die Ostmalaysia bilden, kaum entwickelt. In Ostmalaysia wohnen etwa 20 % der Bevölkerung, es besteht aus einer sumpfigen Küstenebene, die zu dicht bewaldeten Hügeln und Tälern und später zu Bergen ansteigt. Mit 4.101 m ist der Kinabalu in Sabah der höchste Gipfel des Landes.

KLIMA UND TIERWELT

Malaysia ist ein Tropenland mit warmen bis heißen Temperaturen und hoher Luftfeuchtigkeit. Die Westküste von Westmalaysia auf der Halbinsel Malakka hat eine Regenzeit von September bis Dezember; an der Ostküste ebenso wie in Ostmalaysia dauert sie von Oktober bis Februar. Das Land besitzt eine enorme Artenvielfalt mit etwa 8.000 verschiedenen Blütenpflanzen. Ostmalaysia ist eines der größten und artenreichsten Vogelparadiese der Welt, außerdem gibt es dort Elefanten, Nashörner, Leoparden, Tiger, Orang-Utans und Gibbons.

MALAYSIA

◄ Kurz vor der Küste von Sabah liegt Pulau Sipadan, eine Koralleninsel mit dichtem Dschungel und einer artenreichen Unterwasserwelt.

▼ Die 452 m hohen Petronas-Zwillingstürme in Kuala Lumpur sind die höchsten Gebäude der Welt. Seit ihrer Fertigstellung 1996 sind sie der Hauptsitz der staatlichen Ölgesellschaft Malaysias.

Angezogen von der reichen Tierwelt, den Regenwäldern im Hochland, dem angenehmen Klima und den Stränden haben im Jahr 2001 etwa zehn Millionen Touristen das Land besucht.

REICHE NATÜRLICHE RESSOURCEN

Der wirtschaftliche Erfolg Malaysias ist auf seine reichen Bodenschätze zurückzuführen. Aus großen Öllagerstätten besonders vor der Küste von Sabah und Sarawak werden täglich mehr als 800.000 Barrel Öl gefördert. Zudem gibt es beträchtliche Erdgasvorkommen und Metallerze wie Zinn, Bauxit, Kupfer und Gold. Ein großer Teil der Regenwälder auf der Halbinsel Malakka wurde für Plantagen, Ackerland und Siedlungen gerodet. Der Staat Sarawak in Ostmalaysia verfügt noch immer über einige der größten und ältesten ursprünglichen Tropenwaldgebiete der Erde. Der Holzeinschlag gehört zu den größten Wirtschaftszweigen Malaysias, das Land ist weltgrößter Exporteur von tropischen Harthölzern, Rund- und Schnittholz, meist aus Sarawak. Allerdings ist der Raubbau am Wald auch das größte Umweltproblem des Landes. Die Weltbank schätzt, dass etwa dreimal so viele Bäume gefällt werden wie nachwachsen können.

ASIEN

▲ Diese ungewöhnlichen, messerscharfen Kalksteinspitzen erheben sich über den dicht bewaldeten Hängen des Gunung Mulu, Sarawaks größtem Nationalpark.

▼ Malaysia ist der führende Produzent von Palmöl, aus dem Seifen, Salben, Margarine und Bratfett hergestellt werden. Dieser Plantagenarbeiter lädt Bündel mit Ölfrüchten auf eine Lore, die sie zu einer Raffinerie bringt.

SUBSISTENZLANDWIRTSCHAFT UND PLANTAGEN

Die Bedeutung der Landwirtschaft in Malaysia geht zurück, aber noch immer arbeiten dort fast 18 % aller Beschäftigten. Viele Kleinbauern bewirtschaften ihr eigenes Stückchen Land. Reis ist das wichtigste Grundnahrungsmittel, das allerdings zum Teil importiert werden muss. Auf riesigen Plantagen wachsen Tee, tropische Früchte, Zuckerrohr und vor allem Kakao und Kautschuk für den Export. Malaysia gehört zu den zehn größten Exporteuren von Kakao und war früher der größte Kautschukproduzent der Welt. Noch heute gehört es zu den ersten fünf Lieferanten von Naturkautschuk, trotz eines akuten Arbeitskräftemangels, der die Produktion sinken lässt. Die Arbeiter wandern in die wachsenden Industrieunternehmen des Landes ab. Viele Plantagenbesitzer stellen deshalb um und bauen etwa Palmen an, weil sich Palmöl mit Maschinen ernten lässt.

DREIZEHN STAATEN, VIELE VÖLKER

Malaysia ist seit über 30.000 Jahren bewohnt und heute ein Schmelztiegel unterschiedlicher ethnischer Gruppen und Kulturen. Die Orang Asli, von denen es heute noch 60.000 gibt, sind die eigentlichen Ureinwohner der Halbinsel Malakka. Größere Gruppen indigener Völker leben noch in Ostmalaysia, wie etwa die Iban, Bidayuh und Kadazan, die größten unter den etwa 30 verschiedenen Völkern, die zusammen fast 9 % der Bevölkerung ausmachen. Fast 48 % sind Malaien, 34 % chinesischer und 8 % indischer Abstammung. Außerdem gibt es Schätzungen zufolge eine Million Immigranten, vor allem von den Philippinen und aus Indonesien, die die meisten schlecht bezahlten Arbeiten übernehmen. Der Islam ist in Malaysia Staatsreligion, es herrschen allerdings Religionsfreiheit und Toleranz, sodass sich fast alle großen Weltreligionen finden. Spannungen zwischen den traditionell reicheren Chinesen und den malaiischen Völkern haben seit 1970 zu einer Bevorzugung der Malaien im Bildungswesen und Arbeitsleben geführt.

▶ Holzeinschlag ist eine wichtige Verdienstquelle trotz aller Bedenken hinsichtlich der Zerstörung der Regenwälder. Mittlerweile ist man zum Möbelbau übergegangen, statt allein das Rohmaterial zu verkaufen. Dieser trägt jetzt ein Viertel zu den Exporten von Holz und Holzprodukten bei.

EINE ERFOLGSGESCHICHTE

Noch Anfang der 1970er-Jahre bestanden Malaysias Exporte zu 70 % aus Kautschuk und Zinn. In nur 25 Jahren hat sich die Wirtschaftsstruktur total gewandelt, heute sind mehr als 75 % aller Exporte Fertigwaren. Das schnelle Wachstum der Industrie seit den 1960er-Jahren war zumindest teilweise der New Economic Policy (NEP, Neue Wirtschaftspolitik) zu verdanken, die 1970 nach schweren, blutigen Unruhen eingeführt wurde. Sie sollte die Wirtschaftsstruktur des Landes verbessern, dessen

MALAYSIA

kalien. Heute ist Malaysia einer der führenden Exporteure von Hightech-Komponenten wie Computerchips und -laufwerken. George Town und die Städte um Kuala Lumpur herum sind die Zentren der boomenden Computerindustrie. In Westmalaysia, wo die große Masse der Industrie angesiedelt ist, ist der Lebensstandard der meisten Menschen stark gestiegen.

DIE WEITERE ENTWICKLUNG BIS 2020

Obwohl Malaysia sich schnell entwickelt und viel reicher ist als früher, hat es noch wirtschaftliche und soziale Probleme zu meistern. Eine Wirtschaftskrise im Jahr 1998 bremste das Wachstum erheblich, und manchen Industriezweigen fehlt es an ausgebildeten Arbeitern. Außerhalb der Städte und besonders in Ostmalaysia ist der Lebensstandard nicht spürbar gestiegen, viele Menschen dort leben nach wie vor unterhalb der Armutsgrenze. Zu den Plänen der Regierung, Malaysia bis 2020 in eine »entwickelte Nation« zu verwandeln, gehören eine gründlichere technische Ausbildung, bessere Gesundheitsversorgung und der Einsatz fortschrittlicher Technologien. Als neue Verwaltungshauptstadt wurde Putrajaya 35 km südlich von Kuala Lumpur errichtet.

▲ Malaysia ist durch seine Ölfelder vor der Küste von Sarawak und Sabah, die täglich etwa 800.000 Barrel liefern, zu einem wichtigen Öl- und Gasproduzenten geworden.

Unternehmen traditionell in der Hand der chinesischen Bevölkerung waren, und neue Industriezweige entwickeln. Mehr als ein Viertel aller Beschäftigten ist jetzt im produzierenden Gewerbe tätig, besonders in der Verarbeitung von Exportgütern wie Kautschuk, Zinn, Öl, Holz, Metallen, in der Produktion von elektrotechnischen und elektronischen Geräten, Motorfahrzeugen und Chemi-

▼ Die Cameron Highlands im Bundesstaat Perak an der Westküste von Westmalaysia sind das Zentrum der Teeplantagen, wie hier Sungai Palas Estate.

ASIEN

INDONESIEN

Dieses riesige Archipel mit seiner immensen natürlichen Vielfalt und seinen zahlreichen Völkern hat die viertgrößte Bevölkerung der Welt.

Fläche: 1.912.988 km²
Bevölkerungszahl: 211.716.000
Hauptstadt: Jakarta (9.341.400)
Sprache: Indonesisch
Religion: Muslime (sunnitisch)
Währung: Rupiah
Exportgüter: Rohöl und Erdgas, elektrotechnische Erzeugnisse, Sperrholz, verarbeiteter Kautschuk, Kleidung
Staatsform: Präsidialrepublik

Indonesien besteht aus mehr als 13.670 Inseln, die sich über ein Achtel des Erdumfangs erstrecken. Sumatra, von Westmalaysia und Singapur nur durch die Malakkastraße getrennt, ist die westlichste der größeren Inseln. Papua, der Westteil der Insel Neuguinea, ist das östlichste Territorium Indonesiens. Die überwiegende Mehrheit der Bevölkerung lebt auf den fünf Inseln Sumatra, Java, Papua, Celébes und Kalimantan – dem indonesischen Teil der Insel Borneo. Wegen seiner Nähe zum Äquator kennt das Land nur wenig Temperaturunterschiede im Jahresverlauf. Die Temperaturen verändern sich vor allem mit der Höhe, und auf einigen Hochflächen in Papua fällt sogar Schnee. Größere Unterschiede gibt es bei den Niederschlägen: Über 3.000 mm pro Jahr in den Bergregionen von Kalimantan, Sumatra, Celébes und Papua, zwischen 1.600 und 2.200 mm im Flachland.

▲ Mit seinen 2.392 m ist der Bromo ganz im Osten von Java einer der höchsten Vulkangipfel der Insel.

DIE VULKANE INDONESIENS

Indonesien ist durch Vulkantätigkeit entstanden, die meisten Inseln sind bergig und zerklüftet. Asche, Lava und Schlammlawinen aus mehreren Ausbrüchen haben an vielen Stellen fruchtbare Böden entstehen lassen. Auf dem Territorium des Landes liegen 128 aktive Vulkane, Java allein besitzt 22. Der Ausbruch des Krakatau zwischen Java und Sumatra im Jahr 1883 war der schwerste überhaupt seit Menschengedenken. Die gigantische Explosion zerstörte drei Viertel der Insel, war noch 4.000 km entfernt in Brisbane zu hören und ließ vulkanische Asche noch auf Madagaskar am anderen Ende des Indischen Ozeans herabregnen. Auch Erdbeben erschüttern das Land immer wieder. 1992 wurden 2.000 Menschen auf der Insel Flores bei einem Erdbeben getötet.

▼ Die Hauptstadt Jakarta an der Nordwestküste Javas ist die Handels- und Finanzmetropole Indonesiens. Der riesige Ballungsraum, der größtenteils in einer niedrigen, von Versumpfung bedrohten Ebene liegt, ist der bevölkerungsreichste Südostasiens.

▲ Dieser Arbeiter ritzt die Rinde eines Kautschukbaums an, um flüssigen Kautschuk zu gewinnen. Mit über 1,6 Mio. t Kautschuk im Jahr 2002 ist Indonesien einer der drei marktbeherrschenden Produzenten.

▼ Ein Terrassenhang auf Bali mit Reisfeldern. Reis ist das Grundnahrungsmittel der meisten Indonesier. 2002 wurden 51 Mio. t geerntet.

DIE GRÖSSTEN TROPISCHEN REGENWÄLDER ASIENS

Das tropische Klima, die hohen Niederschläge und die fruchtbaren Böden Indonesiens sind für die unglaublich üppige und artenreiche Vegetation überall im Lande verantwortlich. Es gibt Tausende Pflanzen- und Tierarten, von denen allerdings einige gefährdet sind. Indonesien hat die größten Gebiete unberührten Regenwaldes außerhalb des Amazonasgebietes.

Anfang des 20. Jh.s waren noch 82 % des Landes mit Wald bedeckt. Rodungen und Holzeinschlag nahmen allmählich zu, es entstanden große Papier-, Holz- und Zellstofffabriken. In den 1990er-Jahren gingen Schätzungen zufolge jährlich 20.000 km² Wald verloren, mehr als die Hälfte des Holzes, so schätzt man, stammt aus illegalem Einschlag. Hunderte von Tierarten, unter ihnen der Orang-Utan, sind vom Aussterben bedroht.

ASIATISCHE UND AUSTRALISCHE SÄUGETIERE

Indonesien liegt auf der Trennlinie zwischen zwei großen Tiergemeinschaften der Welt, der asiatischen und der australischen. Deshalb kann man australische Tiere wie den Schnabeligel, den Kakadu und den Beuteldachs auf den östlichsten Inseln finden, während in den nördlichen und westlichen Gebieten asiatische Arten wie der Tiger, der Asiatische Elefant und der Tapir zu Hause sind. Durch die isolierte Lage vieler indonesischer Eilande sind zahlreiche Arten nur auf einzelnen Inseln zu finden, darunter die größte Eidechse der Welt, der 4 m lange Komodo-Waran, der nur auf den beiden kleinen Inseln Rinca und Komodo vor der Westküste von Flores vorkommt.

▲ Der Vulkan Krakatau liegt zwischen den Inseln Java und Sumatra. Sein gigantischer Ausbruch im 19. Jh. verursachte Tsunamis (Flutwellen) von 40 m Höhe, die die meisten der 36.000 Opfer töteten. Auch heute noch kommt es gelegentlich zu kleineren Eruptionen.

LEBEN VON MEER UND LAND

Seit alters her haben die Völker Indonesiens den besten Nutzen aus ihrer reichen und vielfältigen Umwelt gezogen. So nutzt z. B. die traditionelle Kräutermedizin Jamu viele tausend Pflanzenarten. Vor mehr als 2.000 Jahren setzten die Völker in den Küstengebieten schon Bewässerungssysteme ein, um Reis anzubauen, während man im Landesinneren eher Brandrodungsfeldbau betrieb, bei dem Waldgebiete niedergebrannt und in die Asche gesät wurde. Obwohl noch nicht einmal 20 % Indonesiens Kulturland sind, produziert das Land riesige Menge von Feldfrüchten. Nach einer langen Zeit der Selbstversorgung mit dem Grundnahrungsmittel Reis muss heute für die wachsende Bevölkerung Reis importiert werden. Andere wichtige Nahrungsmittel sind Maniok, Mais, Sojabohnen, Erdnüsse und Süßkartoffeln. Für eine so große Bevölkerung sind die Viehherden mit etwa 15 Millionen Ziegen, zwölf Millionen Rindern und zehn Millionen Schweinen ziemlich klein. Hühner dagegen werden in gewaltigen Mengen gehalten – 2002 gab es mehr als eine Milliarde davon. Viele Indonesier, die kleine Landflächen an Flüssen, Seen oder der Küste bewirtschaften, gehen nebenbei auch noch fischen. Auch der Fischfang im großen Stil hat durch die Hilfe Japans stark zugenommen.

▼ Der faszinierende buddhistische Borobudur-Tempel auf Java wurde zwischen 778 und 850 errichtet. Er war seit dem 10. Jh. unter Vulkanasche und Vegetation begraben. Erst im 19. Jh. wurde er wieder entdeckt.

▲ Eine kleine Flusssiedlung in Westsumatra.

▼ Indonesische Teepflückerinnen bei der Arbeit. 1998 baute Indonesien 166 Mio. t Tee an, fast 6 % des gesamten Weltmarktes.

DIE RESSOURCEN DES LANDES

Auf einem Großteil der Anbaufläche Indonesiens wachsen auf großen Plantagen Pflanzen, deren Erzeugnisse für den Export bestimmt sind. Indonesien gehört zu den drei führenden Kautschuklieferanten, ist der drittgrößte Kaffeeproduzent und steht auch beim Anbau von Kokosnüssen, Tabak, Kakao und verschiedenen Gewürzen mit an der Spitze. Außerdem verfügt es über reiche Vorkommen an Zinn, Kupfer, Gold, Bauxit und Nickel, ist der weltgrößte Lieferant von Flüssiggas (LPG) und bezieht einen Großteil seiner Exporterlöse aus seinen Ölreserven. 2001 produzierte Indonesien 1,4 Mio. Barrel pro Tag, aber die Menge geht langsam zurück. Das hat zur Exploration von fossilen Brennstoffen in abgelegenen Regionen geführt. Außerdem wurden Anlagen zur Nutzung von Erdwärme und Wasserkraft errichtet.

SCHNELLE INDUSTRIALISIERUNG

Obwohl die Landwirtschaft und der Export von Rohstoffen die Wirtschaft noch immer prägen, hat sich Indonesien in den letzten 35 Jahren sehr zügig industrialisiert. Größere Unternehmen, meist vom Staat kontrolliert, verarbeiten Metalle, Öl und Holz und produzieren Chemikalien, Zement, Glas, Gummiwaren, Maschinen und Kunstdünger. Indonesien ist aber auch in der Elektronik und Luftfahrttechnik aktiv. Das Land hat eine große Textilindustrie, wobei Batik, eine Stofffärbetechnik, eine wichtige Rolle spielt. Trotz der gewaltigen Ressourcen und wachsenden Industrialisierung ist die indonesische Wirtschaft allerdings aufgrund politischer Instabilität, hoher Arbeitslosigkeit und Auslandsschulden sehr krisenanfällig. Zudem ist die Entwicklung nicht gleichmäßig vorangeschritten: Java und seine Nachbarinseln stehen wirtschaftlich gut da, während andernorts nach wie vor große Armut herrscht.

INDONESIEN

MENSCHEN UND GESCHICHTE

Indonesien war schon seit Jahrtausenden besiedelt, als es gegen Ende des 17. Jh.s unter niederländische Kontrolle kam. 1945 erklärte sich das Land für unabhängig, was die Niederlande erst 1949 nach blutigen Auseinandersetzungen anerkannten. Indonesien ist die bevölkerungsreichste Nation in Südostasien, die Einwohnerschaft ist im 20. Jh. dramatisch gewachsen. Trotz Kampagnen zur Familienplanung wächst sie weiter um etwa drei Millionen Menschen pro Jahr. Die Übervölkerung der am dichtesten besiedelten Inseln führte zu staatlichen Umsiedlungsprogrammen: 3,5 Millionen Menschen waren davon betroffen. So entstanden zwar einige neue Arbeitsplätze, aber die traditionellen Kulturen litten darunter. Die Indonesier gehören etwa 300 verschiedenen ethnischen Gruppen an und sprechen mehr als 250 Sprachen. Die Javaner, die größte Gruppe, stellt 45 % der Bevölkerung. Händler aus Indien brachten vor fast 2.000 Jahren den Hinduismus und den Buddhismus nach Indonesien, der Islam erreichte im 13. Jh. Sumatra, von wo er sich in weiten Teilen Indonesiens verbreitete. Heute leben dort über 175 Millionen Muslime, das Land ist damit die größte islamische Nation. Konflikte zwischen verschiedenen ethnischen und religiösen Gruppen haben Indonesien seit seiner Unabhängigkeit bedroht. Die Regierung hat immer wieder versucht, die traditionellen Kulturen vieler lokaler ethnischer Gruppen zu unterdrücken, wodurch die Konflikte nur noch mehr angefacht wurden. Osttimor wurde 1999 von Indonesien unabhängig und auch in Papua und auf Sumatra sind starke Unabhängigkeitsbestrebungen im Gange. Die Zahl der Touristen wuchs in den 1980er- und 1990er-Jahren stark an, ist aber seitdem wegen der unsicheren politischen Lage wieder zurückgegangen. Im Oktober 2002 fielen auf Bali fast 200 Menschen einem Terroranschlag zum Opfer.

▲ Zwei der drei wunderbaren Seen des Kelimutu auf der Insel Flores östlich von Java. Der Vulkan ist Zentrum eines indonesischen Nationalparks.

▼ Mitglieder der Organisasi Papua Merdeka (OPM) in ihrer traditionellen Kleidung. Dieser Zusammenschluss verschiedener Stammesgruppen kämpft seit den 1960er-Jahren für die Unabhängigkeit Papuas von Indonesien.

ASIEN

Osttimor

Osttimor wurde im Mai 2002 nach blutigen Kämpfen endgültig als unabhängiges Land anerkannt und war damit die erste neue Nation des 21. Jahrhunderts.

Fläche: 14.609 km²
Bevölkerungszahl: 780.000
Hauptstadt: Dili (56.000)
Sprache/n: Tétum, Portugiesisch
Religion: Katholiken
Währung: US-Dollar
Exportgüter: Holz (Sandelholz), Kaffee, Marmor
Staatsform: Republik

Die Insel Timor liegt im malaiischen Archipel. Osttimor umfasst die Osthälfte der Insel, dazu die Insel Palau Kambing und die Exklave Ambeno (auch als Ocussi bekannt) an der Nordküste des Westteils von Timor, der noch zu Indonesien gehört.

Osttimor hat eine größtenteils gebirgige Landschaft mit Erhebungen bis zu 2.963 m. Im Norden steigen die Berge fast direkt aus dem Meer steil an, im Süden gibt es eine breite Küstenebene mit Flussdeltas und Sumpfland. Das Land hat tropisches Klima mit ganzjährig hohen Temperaturen, aber großen Unterschieden in den Niederschlagsmengen. Die Südseite der Insel bekommt mehr Regen, die Vorgebirge sind mit Büschen und Bäumen, darunter Eukalyptus, bedeckt. Der Norden ist trockener, in der langen Trockenzeit zwischen Mai und November kann es zu Dürreperioden kommen.

LANDWIRTSCHAFT

Die Menschen in Osttimor leben vor allem von der Landwirtschaft, Mais ist das wichtigste Grundnahrungsmittel, gefolgt von Reis, Maniok, Hirse und Süßkartoffeln. Büffel, Rinder, Ziegen und Geflügel werden gehalten und gehandelt. Außerhalb der größeren Siedlungen gibt es viel Tauschhandel. Aber es werden auch einige Exportpflanzen angebaut: Kaffee, Kokosnüsse, Nelken und Sandelholzbäume. Das Sandelholzöl findet in Seifen und Parfüms Verwendung. Von Australien finanzierte Untersuchungen haben ergeben, dass es vor der Küste Öl- und Gasvorkommen gibt.

ZUR UNABHÄNGIGKEIT

Ab dem 16. Jh. war die Insel portugiesische Kolonie, bis Ende 1975 innerhalb von zehn Tagen indonesische Truppen eindrangen und Osttimor zu einem Teil Indonesiens erklärten. Es kam zu massiven Menschenrechtsverletzungen, mehr als 100.000 Bewohner von Osttimor starben im Kampf gegen die indonesische Besetzung. In einem Referendum zur Zukunft Osttimors sprachen sich 1999 fast vier Fünftel der Befragten für die Unabhängigkeit aus. Osttimor wurde danach fast drei Jahre lang von der UNO verwaltet, nachdem bewaffnete Gruppen, unterstützt vom indonesischen Militär, Hunderte von Menschen getötet und große Gebiete der größten Stadt des Landes, Dili, verwüstet hatten. Seitdem sind viele Entwicklungshilfegelder und Investitionen nach Osttimor geflossen.

▼ Zwei Landarbeiter in Osttimor bei der Ernte. In Osttimor lebt ein buntes Bevölkerungsgemisch aus mehr als 15 Ethnien, darunter auch Indonesier und Chinesen. Viele sind nach der langen Zeit portugiesischer Kolonialisierung katholisch.

PHILIPPINEN

Die sich über ein großes Gebiet ausbreitende Inselnation liegt im nördlichsten Teil des Malaiischen Archipels im westlichen Pazifik.

Fläche: 300.000 km²
Bevölkerungszahl: 79.944.000
Hauptstadt: Manila (1.581.082)
Sprache: Filipino
Religion/en: Christen (röm.-kath.), Muslime (sunnitisch)
Währung: Philippinischer Peso
Exportgüter: Elektronische Geräte (bes. Peripheriegeräte für Computer), Maschinen und Transportausrüstung, Bekleidung, Kokosöl, Stromkabel
Staatsform: Präsidialrepublik

Die Philippinen bestehen aus 7.107 Inseln, von denen nur ein Bruchteil bewohnt ist. Luzon im Norden und Mindanao im Süden sind die mit Abstand größten und stellen zwei Drittel des Gesamtterritoriums. Weitere neun Inseln sind über 2.500 km² groß. Nur zwei Fünftel der Inseln haben Namen, und nur 350 von ihnen sind mehr als 1,6 km² groß. Sie alle sind vulkanischen Ursprungs – die zerklüfteten Gipfel einer untergegangenen Gebirgskette. Der höchste Punkt ist der Apo auf Mindanao mit 2.954 m.

EIN VIELFÄLTIGES LAND

Die Philippinen liegen in den Tropen mit ganzjährig hohen Durchschnittstemperaturen (27 °C) und -niederschlägen (2.030 mm). Je nach Höhe und Lage gibt es allerdings große Unterschiede in Temperatur und Niederschlagsmenge. Etwa 45 % des Landes werden landwirtschaftlich genutzt, etwa ein Drittel ist trotz des oft illegalen Holzeinschlags und des Brandrodungsfeldbaus noch bewaldet. Es gibt über 10.000 Baum-, Strauch- und Farnarten, am häufigsten sind Palmen und Bambusarten. Außerdem leben über 700 Vogelarten und viele Amphibien und Reptilien auf den Inseln. Reis und Mais sind die wichtigsten Grundnahrungsmittel, daneben werden noch viele andere Feldfrüchte für den lokalen Verbrauch wie für den Export angebaut. Über 100 ethnische Gruppen leben im Land und sprechen viele verschiedene Sprachen und Dialekte. Filipino ist die offizielle Staatssprache, in Geschäfts- und Regierungsangelegenheiten wird aber auch oft Englisch gesprochen. Mehr als 80 % der Bevölkerung sind Katholiken, aber vor allem auf Mindanao gibt es auch eine große muslimische Minderheit von etwa 15 %.

▼ Die Hauptstadt Manila ist der Mittelpunkt einer riesigen Metropole mit fünf einzelnen Städten und mehr als 10,4 Millionen Einwohnern.

ASIEN

▲ Viele Filipinos leben vor allem auf den kleineren Inseln vom Fischfang. 2002 wurden insgesamt über 2,1 Mio. t Fisch gefangen.

▼ Die Gemeindekirche San Guillermo liegt in der Siedlung Bacolor 60 km nordwestlich von Manila. Die 1576 gegründete Kirche wurde durch den Schlamm des Pinatubo-Ausbruchs 1991 stark in Mitleidenschaft gezogen.

NATURKATASTROPHEN

Die Philippinen liegen in einem geologisch besonders aktiven Gebiet der Erdkruste, dem so genannten Ring of Fire rund um den Pazifischen Ozean. Regelmäßig wird das Land von Erdbeben erschüttert, 1990 kamen bei einem Erdbeben im Norden von Luzon mehr als 1.600 Menschen um, über 100.000 wurden obdachlos. Auf den Inseln gibt es darüber hinaus etwa 20 aktive Vulkane, darunter den Pinatubo auf Luzon, der nach einem 600-jährigen Schlaf 1991 ausbrach. Die Menschen auf den Philippinen haben außerdem mit Überschwemmungen, Erdrutschen und relativ häufigen Taifunen (dem Pendant der atlantischen Hurrikane) zu kämpfen, die vor allem in der Regenzeit zwischen September und Dezember auftreten. Laut Statistiken des UN-Büros für humanitäre Hilfe (OCHA) aus dem Jahr 2002 werden die Philippinen weltweit von den meisten Naturkatastrophen heimgesucht – zwischen 1900 und 2001 waren es 757.

EIN HISTORISCHES HANDELSZENTRUM

Die Philippinen kamen 1521 unter spanische Kolonialherrschaft und wurden 1543 zu Ehren des späteren spanischen Königs Philipp II. Felipinas genannt. Aufgrund ihrer strategisch günstigen Lage zwischen Asien und der Neuen Welt entwickelten sie sich zu einem Handels- und Verkehrsknotenpunkt. Die Herrschaft der Spanier ging nach den Siegen der Amerikaner im Spanisch-Amerikanischen Krieg (1898) und dem Philippinisch-Amerikanischen Krieg (1899–1901) an die USA über. Nach der japanischen Besetzung im Zweiten Weltkrieg wurden die Philippinen 1946 eine unabhängige Republik, bis Ferdinand Marcos 1965 an die Macht kam und jede politische Opposition unterdrückte. 1986 wurde das Marcos-Regime gestürzt und die Philippinen sind heute trotz aller Korruptionsvorwürfe und politischen Skandale eine aufstrebende demokratische Nation. Die brutalen Jahre des Marcos-Regimes ebenso wie Korruption und Naturkatastrophen haben die wirtschaftliche Entwicklung der Philippinen gebremst. Produzierende Industriezweige wie die Textil-, Elektronik-, Chemie- und Maschinenbauindustrie wachsen zwar, aber in den übervölkerten Slums vieler Städte herrscht große Armut.

AFRIKA

AFRIKA

Der zweitgrößte Kontinent umfasst etwa ein Fünftel der gesamten Landmasse der Erde. Das Mittelmeer und das Rote Meer, der Atlantische und der Indische Ozean umschließen ihn. Vor seiner Küste zum Indischen Ozean hin liegt die viertgrößte Insel der Welt, Madagaskar (siehe S. 286). Die größte Wüste der Erde, die Sahara, im Norden gehört ebenso zu Afrika wie der dichte tropische Regenwald in der Mitte des Kontinents. Afrika beherbergt die größten Landtiere der Erde, den Afrikanischen Elefanten, das Nashorn und die Giraffe, und seine Bevölkerung besteht aus mehr als 3.000 verschiedenen ethnischen Gruppen. Große Teile Afrikas wurden in früheren Jahrhunderten als Kolonien von den europäischen Mächten Großbritannien, Frankreich und Belgien beherrscht, die das Land meist ohne Rücksicht auf ethnische Grenzen und Territorien unter sich aufteilten. In den letzten 50 Jahren sind daraus unabhängige Nationen entstanden, die teilweise zu den ärmsten der Welt gehören und durch ethnische Konflikte, Bürgerkriege, Dürren, Hungersnöte und Seuchen schwer belastet sind.

▲ Diese Nigerianerinnen sind auf dem Weg zum Markt der Stadt Ikere-Ekiti in Südwestnigeria. Die überwältigende Mehrheit der Afrikaner lebt auf dem Land und von der Landwirtschaft.

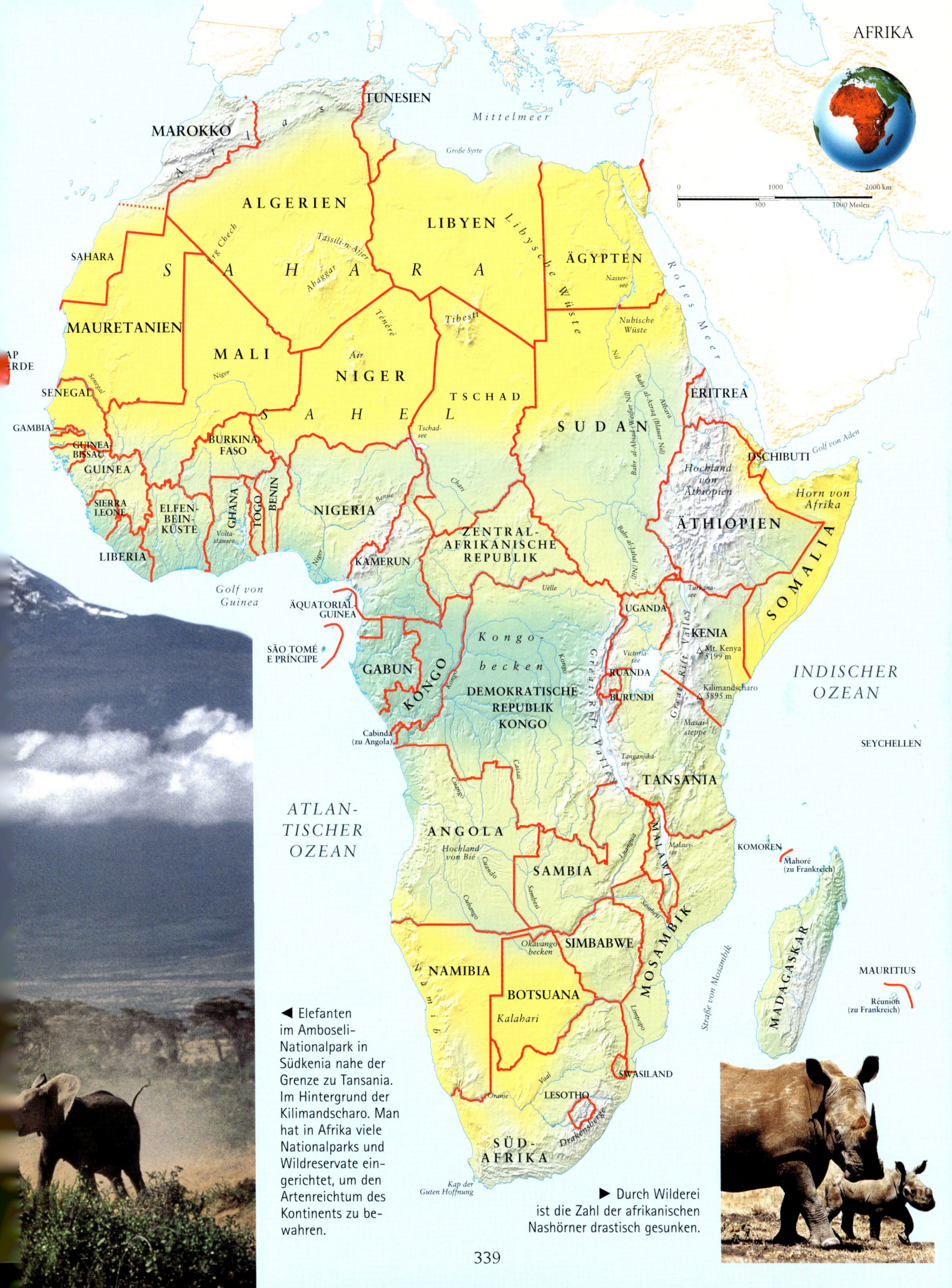

AFRIKA

NORDWESTAFRIKA

Die vier Staaten und das umstrittene Wüstengebiet, die zu Nordwestafrika gehören, profitieren von ihrer strategisch günstigen Lage zwischen dem Rest von Afrika, Westeuropa und dem Nahen Osten. Im Norden liegt das Mittelmeer und im Süden die riesige Sahara, die Algerien und Libyen fast ganz bedeckt. Durch Marokko über einen kleinen Teil von Algerien bis nach Tunesien hinein verläuft die größte Bergkette der Region, das Atlasgebirge. Die meisten Völker Nordwestafrikas sind nach Invasionen zwischen dem 7. und dem 11. Jh. arabischer Abstammung. Mehr als 85 % der Bevölkerung leben an der schmalen Küstenebene am Mittelmeer. Hier ist es im Sommer heiß und trocken, im Winter warm und relativ feucht – gute Bedingungen für den Ackerbau. Isolierte Brunnen und Oasen im Landesinneren bilden die Lebensgrundlage für die wenigen Menschen dort. Zur Region gehört die frühere spanische Kolonie Sahara, die Marokko seit 1979 okkupiert hat. Hier am Atlantik wohnen fast nur marokkanische Siedler, deren Umzug die Regierung gefördert hat. Die meisten Angehörigen der eingeborenen Sahraoui-Stämme leben heute im algerischen Exil.

▲ Die Tuareg sind ein Saharavolk, das viele Jahrhunderte lang den Handel durch die Wüste kontrollierte. Heute leben sie in Algerien, Tunesien, Libyen, Burkina Faso und Mali.

MAROKKO

Das gebirgige Königreich Marokko liegt gegenüber von Spanien, getrennt nur durch die Straße von Gibraltar. 1956 wurde es von Spanien und Frankreich unabhängig.

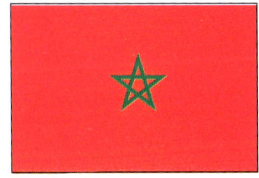

Fläche: 458.730 km²
Bevölkerungszahl: 29.641.000
Hauptstadt: Rabat (1.385.872)
Sprache: Arabisch
Religion: Muslime (sunnitisch)
Währung: Dirham
Exportgüter: Phosphate, Nahrungsmittel (bes. Obst, Wein und Gemüse), Konsumgüter
Staatsform: Parlamentarische Monarchie

▼ Der lebendige Hauptplatz Djemaa el-Fna in Marrakesch. Diese Stadt, die im Binnenland auf einer fruchtbaren Ebene liegt, wurde im 11. Jh. gegründet und ist ein wichtiges Handelszentrum.

Marokko ist von zwei großen Bergketten geprägt. Das Er-Rif-Massiv läuft an der Mittelmeerküste entlang, das höhere Atlasgebirge zieht sich von Südwesten nach Nordosten und ist stellenweise dicht bewaldet. Hier fällt viel Schnee und Regen, der über ein Netzwerk von Bächen abfließt. Im Süden und Südosten liegt die Sahara. Etwa 50 % der Bevölkerung arbeiten in der Landwirtschaft und der Fischerei – Getreide, Zuckerrohr und Zuckerrüben, Datteln, Oliven und Zitrusfrüchte spielen eine wichtige Rolle, ebenso die Schaf- und Ziegenhaltung. Mehr als 750.000 t Fisch werden jedes Jahr gefangen. An der Mittelmeer- wie an der Atlantikküste sind große Häfen entstanden, darunter Casablanca, die größte Stadt des Landes. Marokkos Bevölkerung besteht zu etwa 70 % aus Arabern und zu 29 % aus Berbern. Fast alle Einwohner sind Muslime. Marokko kontrolliert etwa drei Viertel der Phosphatreserven der Welt, die für die Herstellung von Kunstdünger, Reinigungsmitteln und Zahnpasta gebraucht werden. Das Land verfügt über Kohle, Eisenerz, Blei und andere Metalle, und auch Öl wurde im Jahr 2000 im Nordosten gefunden. Außerdem hat sich der Tourismus zu einer wichtigen Industrie entwickelt. Das warme Klima des Landes, die Strände, die Landschaft und die alten Städte wie Fès, Tanger und Marrakesch zogen 2002 4,1 Millionen Touristen an.

AFRIKA

ALGERIEN

Nach erbittertem Kampf wurde Algerien 1962 von Frankreich unabhängig. Das Land ist von der Sahara geprägt und abhängig von der Öl- und Gasförderung.

Fläche: 2.381.741 km²
Bevölkerungszahl: 31.320.000
Hauptstadt: Algier (1.519.570)
Sprache: Arabisch
Religion: Muslime (sunnitisch)
Währung: Algerischer Dinar
Exportgüter: Rohöl, Erdgas, raffiniertes Öl
Staatsform: Präsidialrepublik

▼ Tief in der Wüste, etwa 430 km östlich des Tahat, liegt die Oase Djanet, die größte Siedlung im Südosten Algeriens. Dürren haben in letzter Zeit viele Hirten und einige Bauern dazu gezwungen, ihr traditionelles Leben aufzugeben und in den Städten nach Arbeit zu suchen.

Auf der schmalen und hügeligen Küstenebene am Mittelmeer liegt Algeriens bestes Ackerland, und auch die meisten Menschen leben dort. Das Atlasgebirge und unfruchtbare Hochebenen trennen dieses Gebiet von der Wüste im Süden, die mehr als vier Fünftel des Landes bedeckt. An der Küste Algeriens ist es gemäßigt warm mit einer durchschnittlichen Regenmenge von 1.000 mm pro Jahr. Manche Gebiete tief in der Wüste dagegen bekommen jahrelang keinen Regen. Drei Viertel der Algerier sind Araber, fast ein Viertel Berber und etwa 1 % Europäer. 99 % der Bevölkerung sind Muslime. Angebaut werden vor allem Getreide, Feigen, Datteln, Oliven und verschiedene Obst- und Gemüsesorten. Etwa ein Viertel der Einwohner ist in der Landwirtschaft beschäftigt, dominiert wird die Wirtschaft jedoch von der Öl- und Gasförderung und deren Weiterverarbeitung.

Algerien hat mit die größten Ölreserven Afrikas und die fünftgrößten Gasvorkommen der Welt. Dennoch hatte das Land in letzter Zeit unter hohen Lebensmittelpreisen, 30 % Arbeitslosigkeit und Zusammenstößen zwischen Terroristen und Militär zu leiden.

TUNESIEN

Die kleinste Nation Nordwestafrikas liegt zwischen Algerien und Libyen und nennt einen historisch bedeutsamen Küstenabschnitt am Mittelmeer ihr Eigen.

Fläche: 163.610 km²
Bevölkerungszahl: 9.781.000
Hauptstadt: Tunis (1.927.000)
Sprache: Arabisch
Religion: Muslime (sunnitisch)
Währung: Tunesischer Dinar
Exportgüter: Kleidung und Accessoires, Maschinen und elektrische Apparate, Phosphate
Staatsform: Präsidialrepublik

▼ Jede Woche wird in Douz, 110 km westlich von Gabès, ein Viehmarkt abgehalten. Douz ist die größte Oase Tunesiens und hat etwa 15.000 Einwohner. Jedes Jahr findet dort das Internationale Sahara-Festival statt, zu dem Darsteller und Künstler aus ganz Nordafrika anreisen.

Das im Norden bergige und sehr grüne Tunesien wird nach Süden hin flacher und trockener. Das Atlasgebirge ragt in den Norden des Landes hinein und bildet zwei Bergketten, zu denen auch der höchste Punkt des Landes, der Jabal ash-Shanabi mit seinen 1.544 m gehört. Im Nordosten erstreckt sich ein gebirgiges Plateau, das zur Küste hin sanft abfällt. Richtung Süden dehnen sich Salzseen aus, von denen einige unter dem Meeresspiegel liegen. Noch weiter südlich folgt die Sahara mit einzelnen Wasserlöchern und Siedlungen. In der Mitte des Landes liegt der Chott-el-Djerid, ein großer See. Das fruchtbarste Ackerland findet sich im Norden. Tunesien kann auf weitaus größeren Flächen als seine Nachbarn Bewässerungsfeldbau betreiben. Dennoch haben periodisch auftretende Dürren eine verheerende Wirkung auf die Ernte, die meist aus Getreide, Zitrusfrüchten, Oliven und Gemüse besteht. Dazu kommen Schaf-, Ziegen-, Rinder- und Kamelherden. Tunesien hat eine gemischte Wirtschaftsstruktur, in der Landwirtschaft, Industrie, Bergbau und Tourismus eine Rolle spielen. Seit der Unabhängigkeit von Frankreich 1956 hat sich die Industrie vor allem um Tunis herumgebildet.

Stahlproduktion, Lebensmittelverarbeitung, Chemikalien und Lederwaren gehören zu diesem Sektor, während Phosphate, Blei und Öl die wichtigsten abgebauten Bodenschätze sind. Tunesien, das nur 160 km von Sizilien entfernt liegt, hatte engen Kontakt mit Europa. Die Phöniker (Punier) gründeten dort vor mehr als 3.000 Jahren Handelskolonien. Die Stadt Karthago in der Nähe von Tunis wurde zum Zentrum einer Mittelmeermacht, bis sie 146 v. Chr. von den Römern zerstört wurde. Antike Reste dieser Kulturen haben zusammen mit den Sandstränden und dem warmen Klima 2002 5,1 Millionen Besucher angezogen.

AFRIKA

LIBYEN

Der kaum bevölkerte Wüstenstaat profitiert vor allem von seinen großen Erdölreserven.

Fläche: 1.775.500 km²
Bevölkerungszahl: 5.488.000
Hauptstadt: Tripolis (1.776.000)
Sprache: Arabisch
Religion: Muslime (sunnitisch)
Währung: Libyscher Dinar
Exportgut: Rohöl
Staatsform: Islamisch-Sozialistische Volksrepublik

▼ Eine Oase in der Sahara. Große Wassermengen liegen unter der Oberfläche von Süd- und Südostlibyen. Das »Great Man-Made River«-Projekt, eine der größten Ingenieurleistungen der Welt, transportiert Wasser aus dieser Region in die Küstenstädte.

Die Sozialistische Libysch-Arabische Volks-Dschamahirija grenzt an Tunesien, Algerien, Niger, Tschad, Sudan und Ägypten und hat eine lange Mittelmeerküste. Die meisten Menschen wohnen in Städten an oder nahe der Küste. Kleine, isolierte Siedlungen liegen weiter südlich in der Sahara und im nordöstlichen Ausläufer der Wüste. Noch nicht einmal 1 % des Landes wird bebaut, und zwar mit Gerste, Tabak, Datteln, Feigen und Weintrauben. Vieh, besonders Schafe, Ziegen und Geflügel, spielt eine wichtigere Rolle. Bis zur Entdeckung von Öl in den 1950er-Jahren war Libyen ein entsetzlich armes, von Entwicklungshilfe und Lebensmittelimporten abhängiges Land. Heute liegt die Fördermenge bei etwa 1,5 Mio. Barrel pro Tag und 99 % der Exporte bestehen aus Rohöl. Die Regierung konnte einen Wohlfahrtsstaat errichten, in dem Bildung und Gesundheitswesen zwar kostenlos, in den ländlichen Gebieten allerdings nur eingeschränkt verfügbar sind. Außerdem konnte Libyen seine Armee verstärken: In den 1970er-Jahren marschierte das Land bei seinem südlichen Nachbarn, dem Tschad, ein, doch 1987 wurden die Truppen wieder vertrieben. Seit 1969 wird das Land von Oberst Moamar al-Gaddhafi diktatorisch regiert. Die 1992 verhängten UN-Sanktionen wegen Verbindungen der Regierung zum Terrorismus wurden 2003 endgültig aufgehoben.

NORDOST-AFRIKA

Nordostafrika ist eine geografisch sehr vielfältige Region, geprägt von den beiden größten landschaftlichen Besonderheiten des Kontinents – dem Great Rift Valley (Großer Afrikanischer Grabenbruch) und dem Nil. Der Nil fließt durch den Sudan und Ägypten ins Mittelmeer und liefert Leben spendendes Wasser für eine ansonsten trockene Region. Das Great Rift Valley ist die größte Kluft in der Erdoberfläche und durchschneidet einen Großteil Äthiopiens sowie die Länder südlich dieser Region. Die Felsklüfte rund um den Grabenbruch machen Äthiopien zum gebirgigsten Land mit den höchsten Gipfeln Nordostafrikas. Äthiopien ist auch das einzige Land, das keine Küste am Roten Meer oder am Indischen Ozean hat. In diesen Gewässern und im Suezkanal im Norden herrscht reger Schiffsverkehr Richtung Mittelmeer und Europa. Nordostafrikas Flora und Fauna variiert stark von den grünen Feuchtgebieten im Südsudan bis zur Sahara und anderen Wüsten. Im Allgemeinen gibt es wenig Niederschläge, dafür aber lange Dürrezeiten und in vielen Staaten Hungersnöte. Millionen unterernährte Menschen sind empfänglich für lebensbedrohliche Krankheiten und auf fremde Hilfe angewiesen, um zu überleben. Die Länder dieser Region wurden stark vom Nahen Osten beeinflusst, es gibt dort viele Muslime und Christen. Während Ägypten einen gewissen Wohlstand und Stabilität erlangt hat, leiden die anderen Staaten Nordostafrikas immer wieder unter Kriegen und internen blutigen Auseinandersetzungen.

▲ Diese sudanesischen Mädchen leben in einem provisorischen Lager für Kriegsflüchtlinge in Bahr-al Gazal im Südsudan. In diesem Lager, Riang Aguer, leben mehr als 4.000 Menschen.

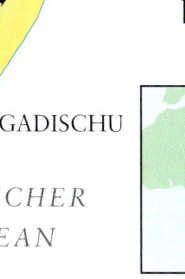

AFRIKA

ÄGYPTEN

Die Geburtsstätte der großen altägyptischen Kultur fasziniert die Menschen noch heute.

Fläche: 1.002.000 km²
Bevölkerungszahl: 66.372.000
Hauptstadt: Kairo (9.586.000)
Sprache: Arabisch
Religion/en: Muslime (sunnitisch), Christen (koptisch)
Währung: Ägyptisches Pfund
Exportgüter: Öl und Ölprodukte, Baumwollgarn und Textilien, verarbeitete Waren, Kleidung
Staatsform: Präsidialrepublik

▼ Die Pyramiden von Gise gehören zu den majestätischsten Monumenten der großen altägyptischen Kultur. 3.000 Jahre lang herrschte eine fast ununterbrochene Reihe von Pharaonen über ein Reich, in dem Kultur, Kunst, Wissenschaft und Technik blühten.

Ägypten ist fast quadratisch mit langen Küsten im Norden und Osten. Die Sinai-Halbinsel ist durch den Golf von Suez und den Suezkanal, einen künstlichen Wasserweg, der das Mittelmeer mit dem Roten Meer verbindet, vom Rest Ägyptens getrennt. Sie grenzt im Nordosten an Israel und den Gaza-Streifen und besteht im Norden aus Sandwüste. Der Süden ist bergig mit dem höchsten Punkt des Landes Jabal Katrina (2.629 m). Mehr als 90 % Ägyptens sind sehr trockene Wüste, die durch den Nil geteilt ist: Die Libysche Wüste ist flach mit mehreren Schotter- und Sandplateaus. Es gibt keine Flüsse oder Bäche, Regen sammelt sich, wenn er fällt, in Niederungen und bildet kurzfristig Salzseen. Die kleinere Arabische Wüste im Osten ist zerklüfteter mit Bergen und Hochebenen, die zum Roten Meer hin in Klippen enden.

WÜSTENKLIMA

In Ägypten ist es trocken, selbst in dem Küstenstreifen am Mittelmeer regnet es nicht einmal 220 mm pro Jahr. Sonst liegt die Regenmenge bei unter 100 mm, in manchen Wüstengebieten fällt jahrelang gar kein Regen. In den Sinai-Bergen schneit es im Winter oft und das Schmelzwasser wird für den heißen, trockenen Sommer gesammelt. In Ägyptens Wüsten schwanken die Temperaturen dramatisch. Wenn die Sonne scheint, erhitzen sich Sand und Felsen und strahlen Wärme in die trockene Luft ab. Die Tagestemperaturen können auf über 50 °C steigen. Wenn die Sonne untergeht, sinkt die Temperatur rapide. Innerhalb von 24 Stunden wurden schon Schwankungen um mehr als 37 °C gemessen.

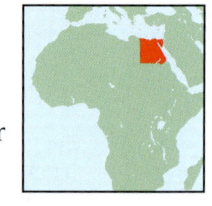

ÄGYPTEN

DER NIL

Der längste Fluss der Welt fließt mehr als 1.500 km vom Süden nach Norden durch Ägypten bis ins Mittelmeer. Nördlich von Kairo teilt er sich in zwei Arme, die durch Sedimentablagerungen das große und fruchtbare Nildelta geschaffen haben. Seit der Antike dient der Nil den Ägyptern als Verkehrsweg und liefert Wasser sowie fruchtbares Schwemmland im Niltal. Noch heute lebt der überwältigende Teil der Bevölkerung auf nur 4 % des Landes im Niltal und Nildelta. Die Landwirtschaft bietet fast einem Drittel der Ägypter Arbeit, die Felder nahe am Nil gehören zu den ertragreichsten der Welt. Baumwolle, Mais, Weizen, Zuckerrohr, Reis und eine breite Palette von Obst und Gemüse werden dort angebaut.

ÄGYPTENS RESSOURCEN UND INDUSTRIE

Der Nil ist Ägyptens größte natürliche Ressource, aber es gibt auch diverse Bodenschätze, darunter Gold, Uran, Phosphate und Eisenerz. Öl und Gas sind wichtige Exportgüter – Ägypten ist Afrikas viertgrößter Ölproduzent nach Nigeria, Algerien und Libyen. Fast ein Viertel der Beschäftigten arbeitet in der produzierenden Industrie, insbesondere in der Verarbeitung der landwirtschaftlichen Produkte und Bodenschätze. Ägyptens Baumwoll-, Textil- und Bekleidungsindustrie ist der größte Arbeitgeber nach dem Staat, dann folgen Ölraffinerien und Kunstdünger-, Zement- und Zuckerfabriken. In kleinen Werkstätten entstehen Keramik, Parfüms und Kunsthandwerk, beliebt bei den mehr als vier Millionen Touristen.

DAS ÄGYPTISCHE VOLK

98 % der Ägypter sind Nachkommen der einheimischen altägyptischen Bevölkerung (Hamiten) oder der Araber, die Ägypten 642 n. Chr. einnahmen und sich dort ansiedelten. Vor der arabischen Invasion waren die meisten Ägypter Christen, aber die arabischen Siedler brachten den Islam mit, und heute sind über 90 % der Ägypter Muslime. Ägyptens Bevölkerung wächst sehr rasch, jedes Jahr werden etwa 1,2 Millionen Kinder geboren. Dadurch entsteht ein gewaltiger Druck auf die Wirtschaft wie auch auf das schon dicht bevölkerte Siedlungsland. Große Städte wie Alexandria, der größte Hafen, und Kairo, die größte Stadt des Landes, wachsen überaus schnell.

▲ Der Nil ist seit mehr als 5.000 Jahren der wichtigste Verkehrsweg Ägyptens. Er entsteht aus drei größeren Flüssen: dem Atbara, dem Weißen Nil, der sich aus dem Victoriasee in Uganda speist, und dem Blauen Nil aus dem äthiopischen Hochland. Bei Assuan ist ein Staudamm angelegt worden, um aus Wasserkraft Energie zu gewinnen. Weil auch immer mehr Wasser für die Bewässerung entnommen wird, ist der Pegel des Nils deutlich gesunken.

AFRIKA

SUDAN

Die größte afrikanische Nation besteht aus zwei unterschiedlichen Hälften im Norden und Süden. Zwischen beiden kommt es immer wieder zu Konflikten.

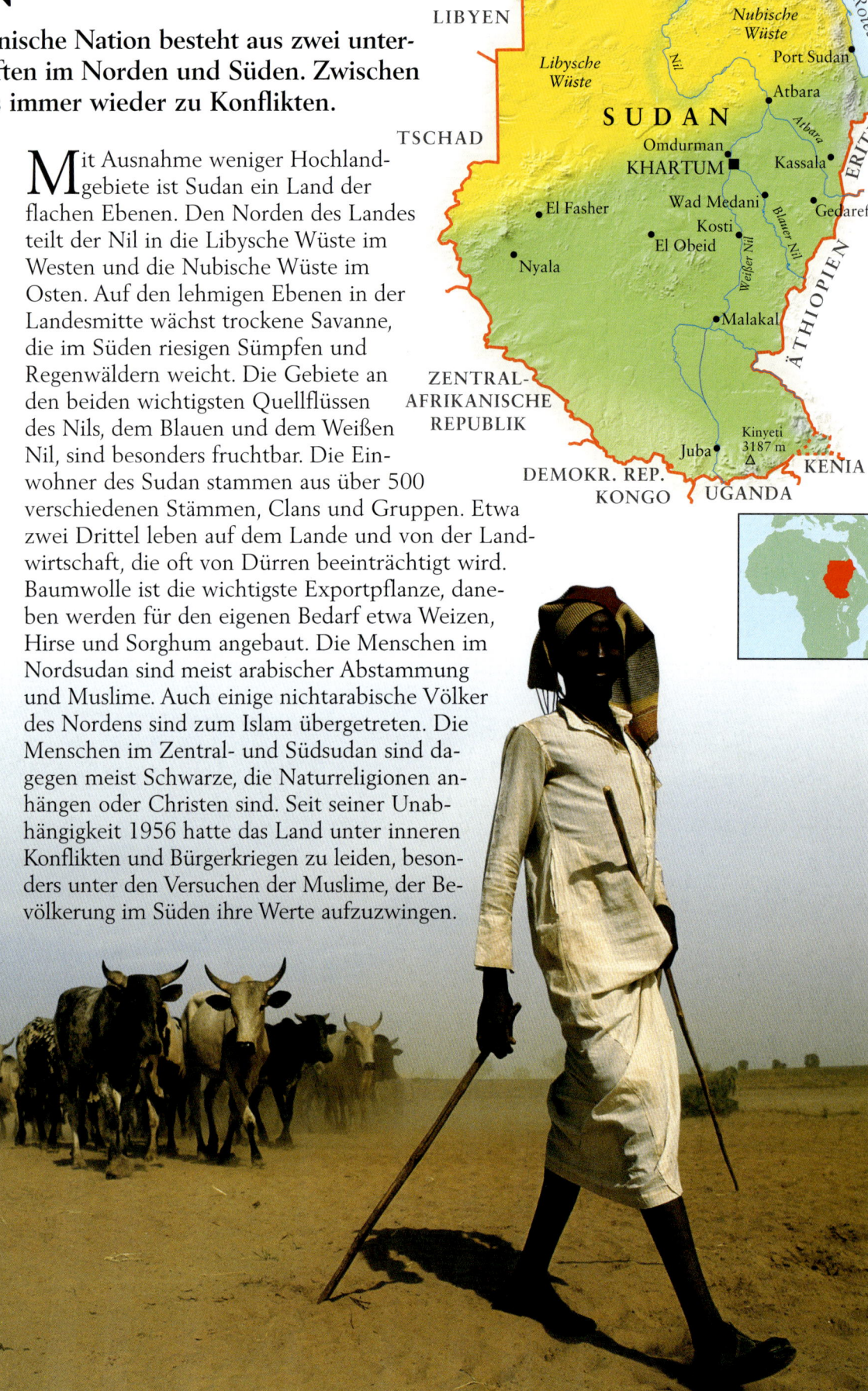

Fläche: 2.505.813 km²
Bevölkerungszahl: 32.791.000
Hauptstadt: Khartum (2.731.000)
Sprache: Arabisch
Religion/en: Muslime (sunnitisch), Anhänger von Naturreligionen, Christen
Währung: Sudanesischer Dinar
Exportgüter: Baumwolle, Schafe, Sesamsamen, Gummiarabikum, Gold
Staatsform: Islamische Präsidialrepublik

▼ Dieser sudanesische Nomade hütet seine Rinderherde. Es gibt mehr als 38 Millionen Rinder im Land. Etwa zwei Millionen Sudanesen sind Nomaden und hüten Rinder-, Schaf- und Ziegenherden.

Mit Ausnahme weniger Hochlandgebiete ist Sudan ein Land der flachen Ebenen. Den Norden des Landes teilt der Nil in die Libysche Wüste im Westen und die Nubische Wüste im Osten. Auf den lehmigen Ebenen in der Landesmitte wächst trockene Savanne, die im Süden riesigen Sümpfen und Regenwäldern weicht. Die Gebiete an den beiden wichtigsten Quellflüssen des Nils, dem Blauen und dem Weißen Nil, sind besonders fruchtbar. Die Einwohner des Sudan stammen aus über 500 verschiedenen Stämmen, Clans und Gruppen. Etwa zwei Drittel leben auf dem Lande und von der Landwirtschaft, die oft von Dürren beeinträchtigt wird. Baumwolle ist die wichtigste Exportpflanze, daneben werden für den eigenen Bedarf etwa Weizen, Hirse und Sorghum angebaut. Die Menschen im Nordsudan sind meist arabischer Abstammung und Muslime. Auch einige nichtarabische Völker des Nordens sind zum Islam übergetreten. Die Menschen im Zentral- und Südsudan sind dagegen meist Schwarze, die Naturreligionen anhängen oder Christen sind. Seit seiner Unabhängigkeit 1956 hatte das Land unter inneren Konflikten und Bürgerkriegen zu leiden, besonders unter den Versuchen der Muslime, der Bevölkerung im Süden ihre Werte aufzuzwingen.

SUDAN • SOMALIA • ÄTHIOPIEN

SOMALIA

Das 1960 aus den Kolonien Italienisch- und Britisch-Somaliland entstandene Somalia leidet unter Dürren und Krieg und ist eine der ärmsten Nationen der Welt.

Fläche: 637.657 km²
Bevölkerungszahl: 9.319.000
Hauptstadt: Mogadischu (1.212.000)
Sprache: Somali
Religion: Muslime (sunnitisch)
Währung: Somalia-Schilling
Exportgüter: Schafe und Ziegen, Bananen, Kamele und Rinder
Staatsform: Präsidialrepublik

Somalia besteht aus zerklüfteten Ebenen und Hochebenen. Es ist sehr trocken und bekommt nur 50 bis 150 mm Regen im Jahr. Im Südwesten werden Bananen und anderes Obst sowie Mais, Zuckerrohr und Baumwolle angebaut. Über die Hälfte der Einwohner sind Nomaden, die mit ihren Herden auf der Suche nach Weideland umherziehen. Die wenige Industrie – Leder- und Nahrungsmittelverarbeitung – kam in den 1990er-Jahren größtenteils zum Stillstand. 1991 wurde eine 22 Jahre dauernde Diktatur gestürzt, und seitdem ist das Land im Aufruhr. Das bitterarme Volk leidet unter blutigen Stammeskämpfen sowie schweren Dürren und Hungersnöten.

ÄTHIOPIEN

Das frühere Abessinien ist eine der ältesten Nationen der Welt und war nie eine europäische Kolonie.

Fläche: 1.133.380 km²
Bevölkerungszahl: 67.218.000
Hauptstadt: Addis Abeba (2.753.000)
Sprache: Amharisch
Religion/en: Muslime (sunnitisch), Christen (äthiopisch-orth.), Anhänger von Naturreligionen
Währung: Birr
Exportgüter: Kaffee (fast 66 % der Exporte), Häute, Hülsenfrüchte, Erdölprodukte
Staatsform: Bundesrepublik

Äthiopien ist vom Hochland geprägt, das durch das Great Rift Valley von Norden nach Süden geteilt wird. Drei Viertel des Landes liegen über 1.400 m hoch. Der Tanasee im Norden des Landes ist der größte See Nordostafrikas. Im Osten liegt eine Halbwüste, nördlich davon eine der heißesten Gegenden der Erde mit Temperaturen um die 50 °C. Die Niederschlagsmenge variiert je nach Höhe, reicht aber oft nicht aus, um verheerende Dürren zu verhindern. Mehr als 80 % der Äthiopier leben auf dem Lande und von der Landwirtschaft, dabei ist Kaffee die wichtigste Exportpflanze, Viehherden sind überlebenswichtig. Äthiopien ist eines der ärmsten Länder der Welt. Häufige Dürrekatastrophen und Hungersnöte sowie Kriege haben die Wirtschaft zerstört und den Menschen großes Leid gebracht.

▼ Ein Wasserfall des Blauen Nils, der durch Äthiopien fließt. Der bei den Äthiopiern als Abay bekannte Fluss ist ein wichtiger Quellfluss des Nils.

AFRIKA

ERITREA

Eritrea ist eine sehr junge Nation, die sich erst 1993 von Äthiopien lossagte. Das Land hat eine 1.000 km lange Küste am Roten Meer.

Fläche: 121.144 km²
Bevölkerungszahl: 4.297.000
Hauptstadt: Asmara (400.000)
Sprache/n: Tigrinya, Arabisch
Religion/en: Muslime (sunnitisch), Christen (eritreisch-orth.)
Währung: Nakfa
Exportgüter: Rohstoffe (inkl. Tierhäute), Nahrungsmittel, Konsumgüter (inkl. Schuhe und Textilien)
Staatsform: Präsidialrepublik

Eritrea besteht aus einer heißen, trockenen Küstenebene, die allmählich zu Hochebenen zwischen 1.500 und 2.450 m ansteigt. Dort liegt die Niederschlagsmenge zwar höher als im Tiefland, dennoch kommt es auch dort gelegentlich zu Dürren. 1952 hatte die UNO das Gebiet Äthiopien zugesprochen, und die Eritreer begannen einen 30 Jahre währenden Unabhängigkeitskrieg mit Hunderttausenden von Opfern. Die Wälder und die Infrastruktur des Landes trugen schwere Schäden davon. Vielleicht werden die Ölvorkommen vor der Küste irgendwann einmal die wirtschaftliche Situation verbessern, im Moment jedoch leben die meisten Menschen von Subsistenzlandwirtschaft. Etwa 70 %, so schätzt man, überleben durch Nahrungsmittelhilfen internationaler Organisationen.

DSCHIBUTI

Das kleine Dschibuti ist ein trockenes Wüstenland am Eingang zum Roten Meer. Seine Hauptstadt besitzt einen für die Region wichtigen Hafen.

Fläche: 23.200 km²
Bevölkerungszahl: 693.000
Hauptstadt: Dschibuti (547.100)
Sprache/n: Arabisch, Französisch
Religion: Muslime (sunnitisch)
Währung: Dschibuti-Franc
Exportgüter: Nahrungsmittel, lebende Tiere
Staatsform: Präsidialrepublik

Die im Norden bergige, in der Mitte und im Süden ebene Wüste Dschibutis wird nur gelegentlich von Oasen und Salzseen unterbrochen. Regen fällt am häufigsten in den Bergen, aber auch dort selten mehr als 320 mm pro Jahr, der Rest des Landes bekommt noch nicht einmal 150 mm. Viehzucht spielt eine gewisse Rolle, aber fast drei Viertel aller Einwohner des Landes wohnen im Großraum der Stadt Dschibuti. Die Wirtschaft profitiert von der strategisch günstigen Lage des Hafens am Golf von Aden. Aus dem Hafenhandel stammen die meisten Einnahmen – der Binnenstaat Äthiopien etwa verkauft hier seinen Kaffee und andere Produkte. Dschibuti wurde 1977 von Frankreich unabhängig und erhält immer noch Entwicklungshilfe von dort. Die Arbeitslosigkeit ist hoch, Armut verbreitet, und die Spannungen zwischen den beiden größten Völkern des Landes, den Issa im Süden und den Afar im Norden und Westen, führen gelegentlich zu Konflikten.

▶ Im Assalsee mitten in Dschibuti wird Salz gewonnen. Mit 157 m unter dem Meeresspiegel ist der See der tiefste Punkt Afrikas.

WESTAFRIKA

Westafrika liegt meist unter 1.500 m hoch und ist ziemlich eben. Die drei großen Staaten im Norden — Mauretanien, Mali und Niger – bilden einen großen Teil der Sahara. Weiter südlich gibt es Halbwüsten und Savannen, im äußersten Süden auch große, aber schrumpfende tropische Regenwälder. Südlich der drei großen Wüstenländer beginnt ein besonders dicht besiedeltes Gebiet Afrikas. Alle Länder außer Burkina Faso, Mali und Niger liegen am Atlantik, und auch die meisten Flüsse münden wie der größte, der Niger, in diesen Ozean. In Westafrika existierten bereits viele hundert Jahre vor der Ankunft der europäischen Entdecker und Händler große und blühende Kulturen. Dann eroberten die europäischen Kolonialmächte die Region und beuteten sie aus. Millionen Menschen wurden als Sklaven verschifft, die Region entvölkert. Heute besteht Westafrika aus 16 Nationen und der Inselrepublik Kap Verde. Es ist relativ reich an natürlichen Ressourcen und Bodenschätzen, einige Staaten sind dabei, große Industrien aufzubauen.

▲ Eine Frau in Niger mahlt Mehl mit einem großen Holzstößel. Einige westafrikanische Staaten haben zwar große produzierende und Dienstleistungsindustrien aufgebaut, aber für den Einzelnen blieb die Landwirtschaft dennoch der wichtigste Beschäftigungsbereich.

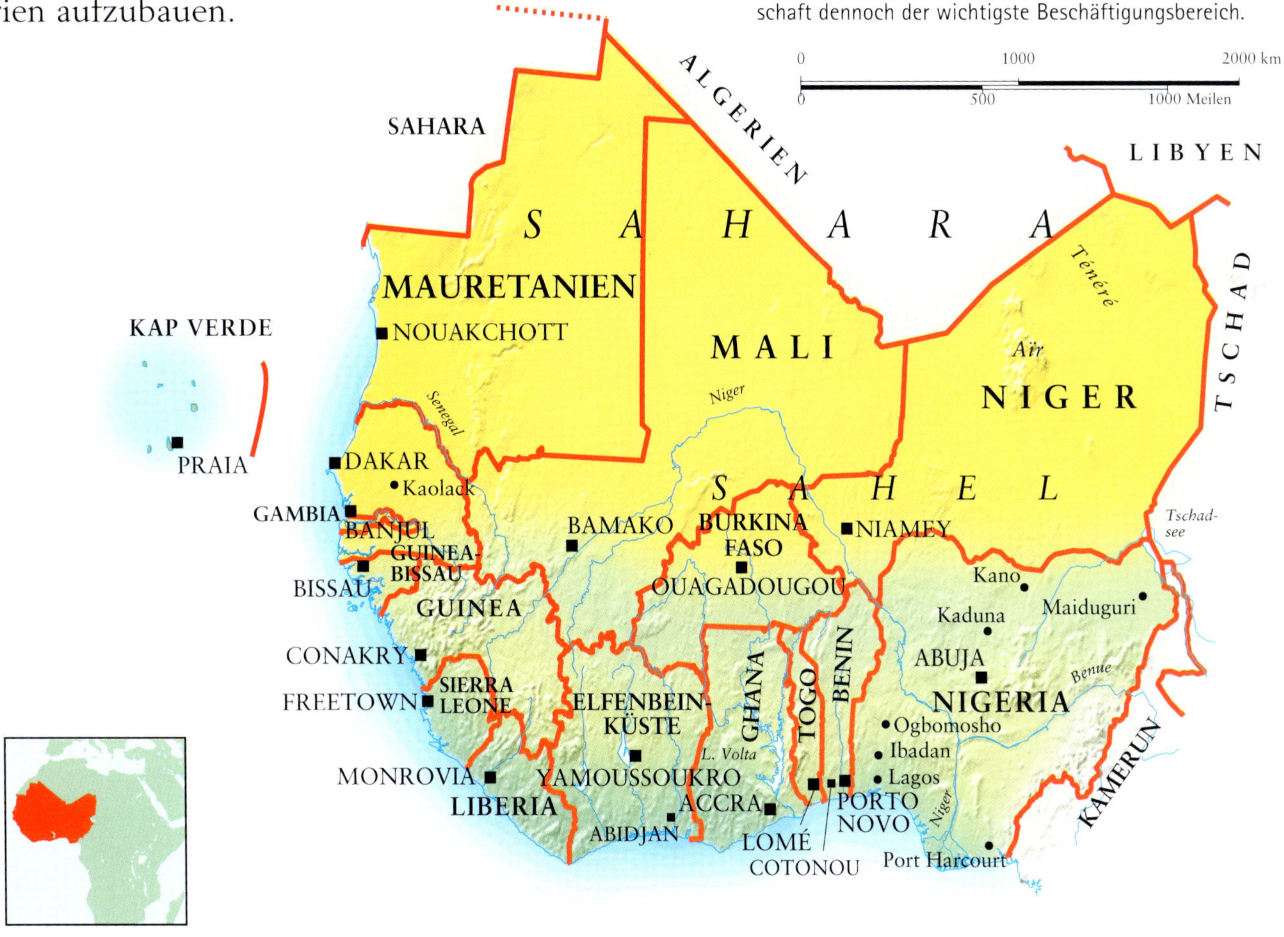

AFRIKA

KAP VERDE

Die Inselgruppe vor der Westküste Afrikas wurde 1975 von Portugal unabhängig. Mehr als die Hälfte der Bevölkerung lebt auf der Insel São Tiago.

Fläche: 4.036 km²
Bevölkerungszahl: 458.000
Hauptstadt: Cidade de Praia (94.757)
Sprache: Portugiesisch
Religion: Katholiken
Währung: Kap-Verde-Escudo
Exportgüter: Schuhe, Kleidung und Textilien, Fisch und Fischprodukte, Salz, Bananen
Staatsform: Republik

Die zehn Inseln und fünf Inselchen der Kapverden sind vulkanischen Ursprungs, auf São Filipe gibt es noch immer einen aktiven Vulkan, den Pico do Cano – mit 2.829 m auch der höchste Punkt der Inseln. Aufgrund der geringen Niederschläge (unter 250 mm) sind Vegetation und Tierwelt auf diesen meist gebirgigen und sehr zerklüfteten Inseln ziemlich eingeschränkt. Nur in einigen wenigen Tälern ist Bewässerungslandwirtschaft möglich, die meisten Lebensmittel müssen eingeführt werden. Größter Devisenbringer ist die Fischindustrie. In Porto Novo und Mindelo machen die Ozeanriesen zum Tanken Station, was ebenfalls Geld bringt. Entwicklungshilfe, vor allem von der EU, hat das Gesundheits- und Bildungswesen verbessert.

MAURETANIEN

Der große Wüstenstaat Mauretanien wurde 1960 von Frankreich unabhängig und hat seitdem seine Beziehungen zur arabischen Welt gestärkt.

Fläche: 1.030.700 km²
Bevölkerungszahl: 2.785.000
Hauptstadt: Nouakchott (760.500)
Sprache: Arabisch
Religion: Muslime (sunnitisch)
Währung: Ouguiya (die einzige nicht dezimale Währung der Welt)
Exportgüter: Eisenerz, Fisch und Fischprodukte
Staatsform: Islamische Präsidialrepublik

Wie Mali, sein Nachbar im Süden und Osten, liegt auch Mauretanien zum großen Teil in der Sahara. Nur der Süden des Landes und einige Gebiete an der Atlantikküste sind grün. Landwirtschaft ist beschränkt auf das Flusstal an der Grenze zum Senegal, wo auch Hirse, Hülsenfrüchte und Datteln angebaut werden. Die reichen Fischgründe vor der Küste machen Fische und Fischprodukte zum wichtigsten Ausfuhrgut nach dem Eisenerz, das 60 % der Exporte ausmacht. Das Land verfügt außerdem über riesige Gipsvorkommen, sodass Fischfang und Bergbau zusammen 99 % der Exporterlöse liefern. Die Mehrheit der mauretanischen Bevölkerung sind nordafrikanische Mauren, ein Teil von ihnen mit gemischt arabischer Abstammung. Schwarzafrikaner zahlreicher unterschiedlicher Ethnien stellen etwa 20 % der Bevölkerung. Es gibt ethnische Konflikte zwischen den Mauren, die die wichtigsten politischen Ämter besetzen, und der schwarzen Minderheit.

▶ Imraguen-Fischer mit einem Fang Goldmeeräschen im Banc-d'Arguin-Nationalpark vor der Küste Mauretaniens. Imraguen fischen hier schon seit Jahrtausenden.

MALI

Das einstige Zentrum eines großen Handelsreiches ist heute ein unterentwickelter, durch Trockenheit und Hungersnöte verarmter Binnenstaat.

Fläche: 1.240.192 km²
Bevölkerungszahl: 11.374.000
Hauptstadt: Bamako (1.178.977)
Sprache: Französisch
Religion/en: Muslime (sunnitisch), Anhänger von Naturreligionen
Währung: CFA-Franc
Exportgüter: Baumwolle und Baumwollprodukte, lebende Tiere, Gold
Staatsform: Präsidialrepublik

▶ Dürren und Grenzstreitigkeiten haben dazu geführt, dass sich immer mehr Tuareg-Nomaden in Ortschaften und Städten niederlassen.

Fast die Hälfte Malis liegt in der Sahara, der Rest besteht fast nur aus halbtrockenen Sandgebieten, im Süden erheben sich einige Berge. Staudämme des Niger liefern 57 % der Elektrizität des Landes. Die schnell wachsende Bevölkerung konzentriert sich im Süden des Landes und ist vom Niger abhängig, nicht nur wegen der Bewässerung der Felder, sondern auch wegen der reichen Fischbestände des Flusses. Abholzung und Wüstenbildung gehen Hand in Hand und noch nicht einmal 10 % der Bevölkerung haben Zugang zu angemessenen sanitären Anlagen. Die meisten Einwohner sind Bauern und Viehzüchter. Schlüsselindustrien des Landes sind Baumwollanbau und zunehmend auch der Abbau von Gold und anderen Bodenschätzen.

NIGER

Niger ist ein armer Wüstenstaat. Die meisten Menschen leben in einem relativ fruchtbaren Landstreifen an der Grenze zu Nigeria und im Südwesten am Niger.

Fläche: 1.267.000 km²
Bevölkerungszahl: 11.425.000
Hauptstadt: Niamey (398.265)
Sprache: Französisch
Religion/en: Muslime (sunnitisch), Anhänger von Naturreligionen
Währung: CFA-Franc
Exportgüter: Uran, Tiere, Kuhbohnen (auch Augenbohne genannt)
Regierungsform: Präsidialrepublik

Die beiden nördlichen Drittel Nigers gehören zur Sahara, die sich allmählich weiter nach Süden ausbreitet. 90 % der Bevölkerung leben von der Landwirtschaft, obwohl noch nicht einmal 4 % des Landes bearbeitet werden können. Neben dem Fischen im Niger und im Tschadsee im Südosten des Landes ist Viehhaltung der wichtigste Erwerbszweig. Niger war einer der wichtigsten Uranproduzenten weltweit, aber die Nachfrage der Atomindustrie hat nachgelassen und es sind große Schulden geblieben. Außerdem werden Kohle, Phosphate, Zinn und Salz abgebaut. Die Bevölkerung Nigers setzt sich aus mehreren ethnischen Gruppen zusammen. Die größte davon sind die Hausa mit etwas mehr als 50 % und die Dscherma mit etwa 23 %. Andere große Minderheiten sind die Tuareg, die meist als Nomaden im Norden leben. Die durchschnittliche Lebenserwartung im Niger beträgt nur 42 Jahre.

AFRIKA

SENEGAL

Die frühere französische Kolonie liegt im äußersten Westen Westafrikas und wird vom Atlantik, Mauretanien, Mali, Guinea und Guinea-Bissau begrenzt.

Fläche: 196.722 km²
Bevölkerungszahl: 10.007.000
Hauptstadt: Dakar (2.079.000)
Sprache/n: Wolof, Französisch
Religion: Muslime (sunnitisch)
Währung: CFA-Franc
Exportgüter: Fisch und Schalentiere, Chemikalien, Erdnussöl, Phosphate
Staatsform: Präsidialrepublik

▼ Frauen im Senegal tragen Körbe mit Hirsekolben auf dem Kopf. Hirse ist ein Grundnahrungsmittel für Eintöpfe und viele senegalesische Gerichte.

Senegal ist flach mit einer durchschnittlichen Höhe von unter 200 m und Sandböden. Höhere Gebiete sind nur im äußersten Südosten zu finden, wo sich über 500 m hohe Hügel erheben. Senegal ist tropisch heiß mit nach Süden hin zunehmendem Niederschlag. Deshalb dehnen sich im Norden trockene Savannen, im Süden üppig grüne Regenwälder. Vier größere Flüsse durchqueren das Land, darunter der breite Senegal, der über weite Strecken die Grenze zu Mauretanien bildet. Er tritt jedes Jahr über die Ufer und hinterlässt große Flächen fruchtbarer Sedimente, auf denen verschiedene Nutzpflanzen angebaut werden. Fast 70 % aller Beschäftigten arbeiten in der Landwirtschaft. Der Staat fördert den verstärkten Anbau von Zuckerrohr, Baumwolle, Reis und Gemüse, um sich aus der Abhängigkeit vom Erdnussanbau zu lösen.

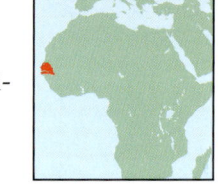

Die Bevölkerung besteht aus sieben größeren ethnischen Gruppen, unter denen die Wolof 45 % ausmachen. Verglichen mit vielen Nachbarländern ist der Senegal relativ reich und hat gut ausgebaute Verkehrs- und Kommunikationssysteme sowie recht große Industriebetriebe. Senegals größte und gleichzeitig Hauptstadt Dakar liegt auf der Kap-Verde-Halbinsel am westlichsten Punkt des afrikanischen Festlands.

GAMBIA

Gambia, an drei Seiten vom Senegal umgeben, ist die kleinste Nation auf dem westafrikanischen Festland und an keiner Stelle breiter als 80 km.

▲ Die frühere Hafenstadt und jetzige Hauptstadt Banjul liegt auf der Insel Banjul. Der Independence Drive verbindet die Stadt mit dem Festland.

Fläche: 11.295 km²
Bevölkerungszahl: 1.389.000
Hauptstadt: Banjul (42.326)
Sprache: Englisch
Religion: Muslime (sunnitisch)
Währung: Dalasi
Exportgüter: Reexporte (vor allem in den Senegal), Fisch und Fischprodukte, Erdnüsse, verarbeitete Lebensmittel
Staatsform: Präsidialrepublik im Commonwealth

Gambia wird vom gleichnamigen Fluss beherrscht, der von Ost nach West durch das ganze Land läuft und es in zwei Teile teilt. Es besteht meist aus Grassavanne mit einigen Wald- und Sumpfgebieten am Fluss und an der Küste. Es werden vor allem Reis und Erdnüsse angebaut, auch die Industrie beschränkt sich größtenteils auf die Verarbeitung von landwirtschaftlichen Produkten. Das tropische Land hat eine kurze Regenzeit zwischen Juni und Oktober. Die Bevölkerung setzt sich aus vielen ethnischen Gruppen zusammen, etwa 90% sind Muslime. Viele Gambier wandern in die Städte ab, wo die Einkommen oft drei- bis viermal so hoch sind wie auf dem Lande. Sie arbeiten dort in Dienstleistungsberufen, etwa im Tourismus. Die Hauptstadt Banjul liegt an einem tief eingeschnittenen Naturhafen, einem der besten an der afrikanischen Westküste. Einkünfte aus dem Tourismus, besonders aus Großbritannien, Deutschland und anderen europäischen Nationen, tragen sehr zum Wachstum der Wirtschaft bei.

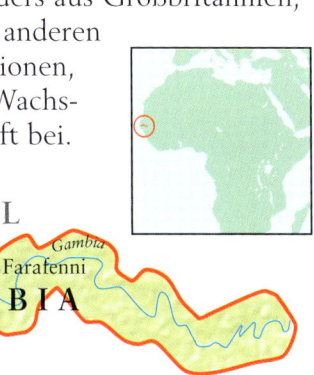

GUINEA-BISSAU

Guinea-Bissau, eine der ärmsten Nationen Westafrikas, hat seit seiner Unabhängigkeit von Portugal im Jahr 1974 mit internen Auseinandersetzungen zu kämpfen.

Fläche: 36.125 km²
Bevölkerungszahl: 1.447.000
Hauptstadt: Bissau (292.000)
Sprache: Portugiesisch
Religion/en: Anhänger von Naturreligionen, Muslime (sunnitisch), christl. Minderheiten
Währung: CFA-Franc
Exportgüter: Cashewnüsse, Holz, Baumwolle, Fisch
Staatsform: Präsidialrepublik

Zum Staatsgebiet Guinea-Bissaus gehören rund 60 Inseln im Atlantik, darunter die Bissagos-Inseln. Die Küste ist tief eingeschnitten, zahlreiche Flussmündungen durchbrechen die Küstenebene. Dahinter steigt das Land zu einem flachen Plateau, im Nordosten nahe der Grenze zu Guinea zum Hochland an. Guinea-Bissau hat ein tropisches Klima mit großen Regenmengen. Mangrovensümpfe und tropischer Dschungel bedecken das Land nahe der Küste. Im Landesinneren dominiert die Savanne. In den Wäldern wachsen wertvolle Harthölzer, außerdem verfügt das Land über Zinn, Bauxit und Kupfer sowie wahrscheinlich über Ölreserven vor der Küste. Aber keines dieser Vorkommen ist je richtig ausgebeutet worden. Die Bevölkerung lebt meist von Subsistenzlandwirtschaft und Fischfang. Etwa 50% der Einwohner sind Anhänger traditioneller afrikanischer Religionen, etwa 45% Muslime und der Rest Christen. Die Mehrheit der Bevölkerung lebt unter der Armutsgrenze, 66% können nicht lesen und etwa 11% aller Kinder erreichen nicht das Erwachsenenalter. Das Land ist dringend auf Entwicklungshilfe angewiesen.

AFRIKA

GUINEA

Seit seiner Unabhängigkeit 1958 ist Guinea ein armes Land und trotz seiner reichen Bodenschätze auf Entwicklungshilfe angewiesen.

Fläche: 245.857 km²
Bevölkerungszahl: 7.744.000
Hauptstadt: Conakry (1.091.483)
Sprache: Französisch
Religion/en: Sunnitische Muslime, Katholiken
Währung: Guinea-Franc
Exportgüter: Bauxit, Aluminium, Gold, Kaffee, Diamanten, Fisch
Staatsform: Präsidialrepublik

Guinea besteht aus vier sehr unterschiedlichen Regionen: einer feuchten Küstenebene schließt sich das Fouta-Djalon-Hügelland an, es folgt ein trockenes Flachland im Nordosten, der Südosten besteht aus hügeligen Waldflächen. Es ist insgesamt eines der regenreichsten Länder Afrikas, die Hauptstadt Conakry bekommt 4.295 mm Regen pro Jahr. Es werden vor allem Reis, Maniok, Ananas und Erdnüsse angebaut. Guinea verfügt über mehr als 30 % der Bauxiterzvorkommen der Erde. Bauxit, der Grundstoff des Aluminiums, macht über 75 % der Exporte aus. Es ist dennoch eine armes und unterentwickeltes Land, das außerdem noch große Mengen von Flüchtlingen aus den Nachbarländern verkraften muss.

SIERRA LEONE

Das von Bürgerkriegswirren gezeichnete Land wurde 1787 von den Briten als Siedlung für freigelassene Sklaven gegründet, 1961 wurde es unabhängig.

Fläche: 71.740 km²
Bevölkerungszahl: 5.235.000
Hauptstadt: Freetown (837.000)
Sprache: Englisch
Religion/en: Anhänger von Naturreligionen, Muslime (sunnitisch), protestant. Minderheit
Währung: Leone
Exportgüter: Diamanten, Titanoxid und Titanerz, Kakao, Kaffee
Staatsform: Präsidialrepublik im Commonwealth

Sierra Leone besteht aus einer sumpfigen Küstenebene, die nach Nordosten zu einer Hochebene und schließlich zu Bergen ansteigt. Die Hauptstadt Freetown liegt auf einer felsigen Halbinsel über einem der größten natürlichen Häfen der Welt. Der Norden ist von Savanne geprägt, der Süden von dichtem Regenwald. Wertvolle Harthölzer, darunter Teak und Mahagoni, sowie eine reiche Tierwelt mit zahlreichen Affen- (u. a. Schimpansen) und Vogelarten werden durch großflächige Abholzungen bedroht. In den 1990er-Jahren wurden jedes Jahr schätzungsweise 3 % des Waldes in Sierra Leone eingeschlagen. Zwei Drittel aller Einwohner leben von Subsistenzlandwirtschaft mit Reis als Grundnahrungsmittel.

Nach einem verheerenden Bürgerkrieg in den 1990er-Jahren ist Sierra Leone nun dringend auf Hilfe von außen angewiesen. Das Land ist noch immer nicht stabil und von weiteren Konflikten bedroht. Die Bevölkerung besteht aus über 20 Ethnien und gehört zu den ärmsten der Welt – so kommt etwa nur ein Arzt auf 15.000 Menschen.

▶ Frauen in Sierra Leone batiken Tücher für die Gara, ein traditionelles Kleidungsstück in leuchtenden Farben.

LIBERIA

Liberia wurde 1847 von hier angesiedelten freigelassenen schwarzen amerikanischen Sklaven gegen einheimischen Widerstand gegründet.

Fläche: 97.754 km²
Bevölkerungszahl: 3.295.000
Hauptstadt: Monrovia (550.200)
Sprache: Englisch
Religion/en: Anhänger von Naturreligionen, Christen (protest.), Muslime (sunnitisch)
Währung: Liberianischer Dollar (auch der US-Dollar zugelassen)
Exportgüter: Eisenerz, Kautschuk, Holz, Diamanten, Gold
Staatsform: Präsidialrepublik

Liberia besteht aus einer Felsküste mit Lagunen und Sanddünen und einer Küstenebene, auf der die meisten Menschen leben. Diese Ebene steigt zu einer Kette von Hochebenen und niedrigen Bergen an. Mit 1.381 m ist der Wuteve nahe der Grenze zu Guinea Liberias höchster Gipfel. Ein Fünftel des Landes ist bewaldet. Zwischen 1990 und 1997 hat ein blutiger Bürgerkrieg die Wirtschaft Liberias zerstört. Vor dem Krieg wurden vor allem Kautschuk aus riesigen Plantagen und Eisen aus groß angelegten Minen exportiert. Heute bemüht sich das Land, das früher enge Bindungen zu den USA hatte, Frieden zu halten. In Liberia ist die größte Hochseeflotte registriert, aber fast alle Schiffe gehören ausländischen Unternehmen.

▼ Diamantensuche – Liberia gehört zu den 20 größten Diamantenproduzenten der Welt.

TOGO

Dieses schmale Land besteht aus Küstensümpfen, Hochebenen und niedrigen Bergen, es zieht sich vom Golf von Guinea 515 km nach Westafrika hinein.

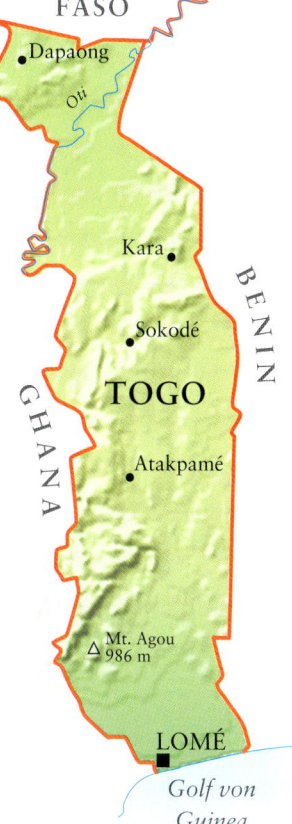

Fläche: 56.785 km²
Bevölkerungszahl: 4.760.000
Hauptstadt: Lomé (700.000)
Sprache: Französisch
Religion/en: Anhänger von Naturreligionen, Christen (v. a. röm.-kath.), Muslime (sunnitisch)
Währung: CFA-Franc
Exportgüter: Baumwolle, Reexporte, Phosphate, Kaffee
Staatsform: Präsidialrepublik

Fast 65 % der Beschäftigten Togos sind in der Landwirtschaft tätig. Vor allem Grundnahrungsmittel wie Maniok, Jamswurzel, Sorghum, Mais und Kochbananen wachsen auf meist kleinen Landflächen. Bodenschätze, besonders Phosphate, sind zum größten Exportartikel des Landes geworden, Bergbau zum wichtigsten Industriezweig. Die Hauptstadt Lomé ist ein für die Region wichtiger Hafen. Die Bevölkerung von Togo besteht aus vielen Ethnien. Spannungen bestehen zwischen den beiden größten Gruppen – den Kabyé im Norden und den Ewe im Süden. 50 % üben traditionelle afrikanische Religionen aus, 30 % sind Christen.

▲ Diese Togolesin verkauft Jamswurzeln. Sie können als Gemüse gegessen, zu Mehl gemahlen oder zu Paste gekocht werden.

AFRIKA

ELFENBEINKÜSTE

Die Elfenbeinküste ist eine große, in der Ausdehnung fast quadratische westafrikanische Nation mit tropischem Klima und großen, fruchtbaren Ackerbauzonen.

Fläche: 322.462 km²
Bevölkerungszahl: 16.513.000
Hauptstadt: Yamoussoukro (130.000)
Regierungssitz: Abidjan (1.929.079)
Sprache: Französisch
Religion/en: Muslime (sunnitisch), Christen (röm.-kath.), Anhänger von Naturreligionen
Währung: CFA-Franc
Exportgüter: Kakao, Kaffee, Holz- und Holzerzeugnisse, Ölerzeugnisse, Fischprodukte
Staatsform: Präsidialrepublik

Das Land besteht aus einer riesigen Hochebene, die allmählich vom Meeresspiegel bis auf fast 500 m ansteigt. Die Küste mit ihren Lagunen, Sanddünen, Sümpfen und Felsen ist nicht leicht anzusteuern, Buchten gibt es vor allem im Osten. Ein 1950 fertig gestellter Kanal verbindet die größte Stadt Abidjan mit dem Meer, sodass selbst Ozeanriesen dort anlegen können. Ein Großteil des Nordens besteht aus Savanne mit Bergen im Nordwesten, die Mitte ist von dichtem Regenwald mit einer artenreichen Tierwelt überzogen. Hier und etwas weiter im Süden ist viel Wald gerodet worden.

Landwirtschaft ist wichtigster Erwerbszweig, viele Bauern pflanzen gerade genug an, um ihre Familien zu ernähren, aber weite Flächen werden auch großflächig bearbeitet. Die Elfenbeinküste gehört zu den fünf größten Exporteuren von Kakaobohnen. Außerdem ist das Land der größte Kaffeeexporteur Afrikas und baut auch Baumwolle, Palmöl und Kautschuk für den Export an. Yamoussoukro in der Nähe des Kossou-Stausees wurde 1983 zur Hauptstadt erklärt, aber viele Regierungsbüros sind noch immer in Abidjan, dem Hafen- und Handelszentrum, angesiedelt.

Verglichen mit vielen seiner westafrikanischen Nachbarn, hat die Elfenbeinküste eine stabile politische Vergangenheit. 1960 wurde das Land von Frankreich unabhängig und dann 33 Jahre lang von einem einzigen Präsidenten regiert, von Félix Houphouët-Boigny. In den 1960er- und 1970er-Jahren boomte die Wirtschaft mit französischer Unterstützung. Prestigeprojekte wurden angeschoben, darunter der Bau einiger riesiger Kirchen und Moscheen. Heute hat die Elfenbeinküste mit gewaltigen Auslandsschulden zu kämpfen. 40 % der Bevölkerung sind Ausländer, die durch den früheren Wohlstand des Landes angezogen wurden. Spannungen zwischen Einheimischen und Zugezogenen haben seit 1999 immer wieder zu Konflikten geführt.

▼ Die Basilika Notre-Dame de la Paix in Yamoussoukro wurde dem Petersdom in Rom nachempfunden und ist eine der größten katholischen Kirchen der Welt. Das 360 m lange und 148 m hohe Gebäude bietet 18.000 Gläubigen Platz. Der Bau dauerte drei Jahre und kostete über 300 Mio. US-Dollar.

GHANA

Ghana gehört zu den am besten entwickelten Ländern Westafrikas. Die Wirtschaft basiert auf Landwirtschaft und Bergbau.

Fläche: 238.537 km²
Bevölkerungszahl: 20.271.000
Hauptstadt: Accra (1.976.000)
Sprache: Englisch
Religion/en: Christen (protest., röm.-kath.), Anhänger von Naturreligionen, Muslime (sunnitisch)
Währung: Cedi
Exportgüter: Gold, Kakao, andere Lebensmittel, Holz, Elektrizität
Staatsform: Präsidialrepublik

▼ Ein traditionelles Holzboot, die Piroge, auf dem Volta. Das System von Flüssen und Seen liefert fast 10 % der jährlichen Fischereierträge von über 440.000 t.

Ghana ist ein flaches Land, das zur Hälfte noch unter 150 m liegt. Der höchste Punkt, Afadjato (880 m), befindet sich im Osten nahe der Grenze zu Togo. Die Volta-Flüsse haben ein weites Becken und damit einen großen Teil der Landschaft geformt. Der Norden wird vom Schwarzen und Weißen Volta entwässert, die sich später zum Volta vereinigen. Dieser wird vom Akosombo-Staudamm im Südosten des Landes aufgestaut und bildet einen der größten künstlichen Seen der Erde, den Volta-Stausee. Wasserkraft liefert fast den gesamten Strom des Landes. Ghana ist ein Tropenland mit Temperaturen zwischen 21 und 32 °C. Es gibt zwei Regenzeiten von März bis Juli und von September bis Oktober. Die Niederschlagsmenge ist sehr unterschiedlich, zwischen 1.000 mm im Norden und 2.050 mm im Südosten. Im Norden gibt es weite Savannen, in der Mitte und im Süden eine Mischung aus Savanne und Regenwald. Ein Großteil der ursprünglichen Vegetation ist für die Landwirtschaft gerodet oder von der Holzindustrie eingeschlagen worden. Ghana gehört zu den größten Holzexporteuren Afrikas, Kakao ist der wichtigste Exportartikel überhaupt. Ghana war bis 1957 unter dem Namen Goldküste britische Kolonie. Diesem Namen macht das Land auch alle Ehre, es ist der zweitgrößte Goldproduzent Afrikas und hat 2002 80.000 kg des Edelmetalls gefördert. Außerdem verfügt es über Diamanten-, Bauxit- und Manganminen. Die Ghanaer haben bis 1992 unter politischer Instabilität und Korruption sowie einer Militärdiktatur zu leiden gehabt.

AFRIKA

NIGERIA

Das bevölkerungsreichste Land Afrikas ist die Heimat mehrerer Hundert Ethnien. Natürliche Ressourcen, vor allem Öl, sind in diesem Land reichlich vorhanden.

Fläche: 923.768 km²
Bevölkerungszahl: 132.785.000
Hauptstadt: Abuja (403.000)
Sprache: Englisch
Religion/en: Muslime (sunnitisch), Christen (protest., röm.-kath.), Anhänger von Naturreligionen
Währung: Naira
Exportgüter: Rohöl (über 90 %), Kakaobohnen, Kautschuk, Textilien
Staatsform: Präsidiale Bundesrepublik im Commonwealth

Nigerias Küste besteht aus langen Sandstränden, die an den Flussmündungen von Mangrovensümpfen unterbrochen werden. Der Niger, der im Nordwesten ins Land kommt und durch den gesamten Westen fließt, ist das größte Flusssystem des Landes. Auf seinem Weg an die Küste fächert er sich zum größten Flussdelta Afrikas auf – mit einer Fläche von 36.000 km². Aufgrund der hohen Niederschläge in den Flusstälern und an der Küste können dort die verschiedensten Nutzpflanzen wachsen. Auf den Schwemmebenen ist häufig Reis zu finden. Von der Küstenebene, die sich bis zu 100 km ins Land hinein erstreckt, steigt das Land an und ist bis zum Jos-Plateau in der Mitte des Landes meist bewaldet. Dann wird die Savanne trockener und geht in Halbwüste und im äußersten Norden in Wüste über.

VOM ÖL ABHÄNGIG

Nigeria ist reich an Bodenschätzen, darunter Zinn, Eisenerz, Kalkstein, Zink und Blei. Am wichtigsten aber sind natürlich die Öl- und Gasvorkommen. Nigeria gehört zu den führenden Rohölproduzenten der Welt und fördert fast 2 Mio. Barrel pro Tag. Öl trägt über 90 % zu den Exporten des Landes

NIGERIA

◀ Lagos im Südwesten, die wichtigste Stadt Nigerias mit einer schnell wachsenden Bevölkerung, wird über kurz oder lang Kairo den Titel der größten afrikanischen Stadt streitig machen. Etwa die Hälfte der verarbeitenden Industrie des Landes ist in und um die Hafenstadt angesiedelt.

bei, doch der daraus resultierende Reichtum kommt nur sehr wenigen zugute, da die Korruption das Land fest im Griff hat. Außerdem ist die Wirtschaft sehr vom jeweiligen Ölpreis abhängig. Die Gas- und andere Mineralvorkommen Nigerias sind dagegen noch nicht voll erschlossen. 70 % der Menschen arbeiten in der Landwirtschaft, Kakao, Kautschuk und Textilien sind hier die wichtigsten Exportgüter. Meist allerdings werden auf kleinen Bauernhöfen Grundnahrungsmittel wie Sorghum, Hirse, Mais, Jamswurzel, Wasserbrotwurzel (Taro) und Reis angebaut. Weil die Bevölkerung Nigerias schnell wächst, muss das Land viele Lebensmittel einführen.

VIELVÖLKERSTAAT

In Nigeria haben Völker wie die Hausa im Norden, die Ibo (Igbo) im Südosten und die Yoruba im Südwesten Jahrhunderte vor Ankunft der Europäer gut organisierte Königreiche und Stadtstaaten errichtet. Diese Völker bilden heute mehr als die Hälfte der Bevölkerung. Der Rest gehört über 250 verschiedenen ethnischen Gruppen an, was nicht nur zu Nigerias überaus vielfältiger Kultur und Kunst beiträgt, sondern das Land auch entlang ethnischer und sprachlicher Grenzen gespalten hat. Außerdem gibt es eine religiöse Trennung mit Muslimen im Norden und Christen oder Anhängern von afrikanischen Volksreligionen im Süden. Es hat sich als problematisch erwiesen, so viele verschiedene Völker mit unterschiedlichen Kulturen und religiösen Überzeugungen in einer Nation zusammenzuhalten, zumal sich die Kluft zwischen dem muslimischen Norden und dem Rest des Landes vertieft. Seit der Unabhängigkeit 1960 hat Nigeria mit inneren Konflikten zu kämpfen. In einem blutigen Bürgerkrieg (1967–1970) versuchten die Ibo-Völker sogar, mit Biafra einen eigenen Staat zu gründen. Es folgten Militärdiktaturen, dann gewählte zivile Regierungen, heute wahrt das Land einen prekären Frieden.

▼ Ein Schlepper manövriert ein Floß mit Stämmen auf einem Fluss. Holzeinschlag ist eine wichtige Einkommensquelle, das meiste Holz benutzen allerdings die Nigerianer als Feuerholz.

AFRIKA

BURKINA FASO

Ein Binnenstaat am Rande der Sahara. Schwere Dürren und das Vordringen der Wüste haben die Probleme in letzter Zeit verschärft.

Fläche: 274.200 km²
Bevölkerungszahl: 11.831.000
Hauptstadt: Ouagadougou (709.736)
Sprache: Französisch
Religion/en: Anhänger von Naturreligionen, Muslime (sunnitisch), Christen (röm.-kath.)
Währung: CFA-Franc
Exportgüter: Baumwolle, lebende Tiere, Gold, Häute und Felle
Staatsform: Präsidialrepublik

Burkina Faso ist meist flach mit einigen sanften Hügeln und Wäldern im Südwesten. Der Norden ist trocken und leidet häufig unter Dürren. Die meisten Menschen leben im Süden vom Anbau von Reis, Getreide und Gemüse oder von Exportpflanzen, vor allem Baumwolle. Sie halten auch Ziegen, Schafe und Rinder, aber die Viehmenge hat sich aufgrund der Dürrezeiten drastisch reduziert. Die Mossi sind die größte der vielen ethnischen Gruppen und waren die Herren der Region, bevor sie zwischen 1895 und 1960 als Obervolta französische Kolonie war.

▶ Ein Mann mit seinem holzbeladenen Eselskarren in der Sahelzone. Der Sahel ist eine trockene Übergangszone zwischen der Sahara und dem grüneren Grasland im Süden.

BENIN

Das frühere Dahomey ist eine kleine westafrikanische Nation, die sich vom Golf von Guinea 670 km nach Norden bis zum Niger erstreckt.

Fläche: 112.622 km²
Bevölkerungszahl: 6.552.000
Hauptstadt: Porto Novo (210.400), Regierungssitz: Cotonou (800.000)
Sprache: Französisch
Religion/en: Anhänger von Naturreligionen, Christen (röm.-kath.), Muslime (sunnitisch)
Währung: CFA-Franc
Exportgüter: Baumwolle, Garn, Reexporte von verarbeiteten Gütern, Öl
Staatsform: Präsidialrepublik

Der sandige, 121 km lange Küstenstreifen Benins ist mit Lagunen und Mangrovensümpfen durchsetzt. Es schließt sich eine fruchtbare Hochebene mit großen Marschen an, die allmählich ansteigt und in der Mitte des Landes von Bergen durchzogen ist. Trotz des tropischen Klimas bekommt Benin relativ wenig Regen, am meisten noch im Süden. Im Norden ist die Wüstenbildung ein großes Problem. Die Bevölkerung besteht aus verschiedenen Ethnien, die Fon als größte Gruppe stellen knapp 40 %. Die Menschen betreiben meist Subsistenzlandwirtschaft. Reis, Mais, Maniok, Hirse und Jams werden angebaut. Im Norden ist die Haltung von Ziegen, Schafen und Rindern der wichtigste Erwerbszweig. Mehr als sechs Jahrhunderte lang war die Stadt Abomey Mittelpunkt eines wohlhabenden Königreichs, bevor es unter französische Kontrolle kam. 1960 wurde das Land unabhängig, 1975 änderte es seinen Namen. In den frühen Jahren der Unabhängigkeit kam es zu mehreren Militärputschen, doch seit den 1990er-Jahren wurden wieder Wahlen mit mehreren Parteien abgehalten.

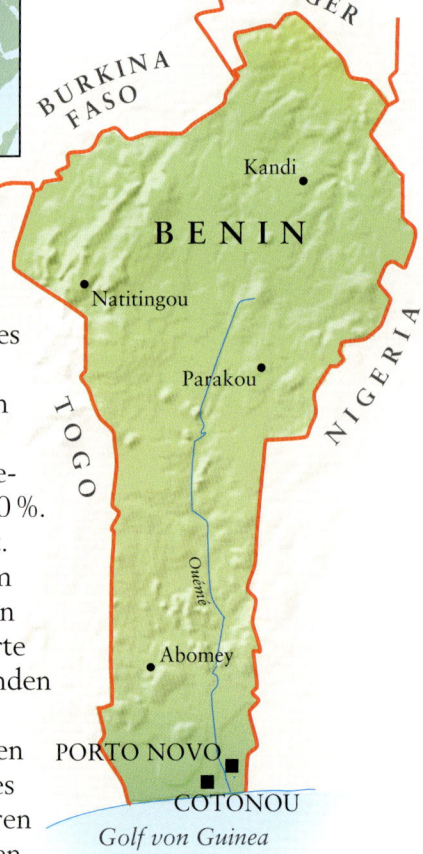

BURKINA FASO • BENIN • ZENTRAL- UND OSTAFRIKA

ZENTRAL- UND OSTAFRIKA

Die 14 Nationen dieser Region liegen in der Tropenzone rund um den Äquator. Das Great Rift Valley, ein riesiger Riss in der Erdkruste mit Hochland auf beiden Seiten, teilt die Region. Eine Kette von Seen liegt in diesem Graben, der Victoriasee, der größte Afrikas und der drittgrößte der Erde mit einer Fläche von 68.000 km², zwischen den beiden großen Armen dieses Erdrisses. Westlich des Great Rift Valley schlängelt sich der Kongo, der zweitlängste Fluss Afrikas, durch die Demokratische Republik Kongo (ehemals Zaire) und die Republik Kongo – eine Strecke von fast 4.400 km. Die Völker dieser Region haben seit der Unabhängigkeit von den Kolonialmächten, meist in den 1960er-Jahren, unterschiedliche Entwicklungen durchgemacht. Einige Nationen wie die Zentralafrikanische Republik sind arm, andere wie Ruanda durch Bürgerkriege zerrissen, manche aber auch wie etwa Kenia relativ stabil.

▲ In Zentralafrika leben Gorillas, die größten Menschenaffen der Erde. Durch Jagd und Zerstörung ihres Lebensraumes ist der Bestand allerdings bedroht.

▼ Flüchtlinge aus Ruanda in einem Flüchtlingslager in Tansania. Im Frühjahr 1994 wurden in Ruanda in nur 13 Wochen etwa 800.000 Angehörige des Tutsi-Volkes umgebracht, der größte Völkermord seit dem Holocaust.

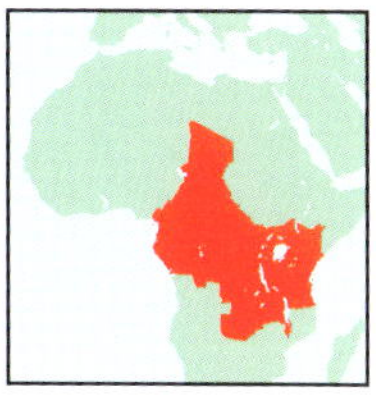

AFRIKA

KAMERUN

Das dicht bewaldete Land, dessen Menschen vor allem im Süden leben, hat seine Industrie und Infrastruktur seit der Unabhängigkeit 1961 stark ausgebaut.

Fläche: 475.442 km²
Bevölkerungszahl: 15.769.000
Hauptstadt: Yaoundé (1.420.000)
Sprache/n: Französisch, Englisch (regional)
Religion/en: Christen (röm.-kath., protest.), Anhänger von Naturreligionen, Muslime (sunnitisch)
Währung: CFA-Franc
Exportgüter: Rohöl, Holz, Kakao, Kaffee, Aluminium, Baumwolle
Staatsform: Präsidialrepublik im Commonwealth

Kamerun ist ein Land der abwechslungsreichen Landschaften. Im Süden gibt es Küstenebenen, kleine Feuchtgebiete und eine mit Regenwald überzogene Hochebene, im Norden trockenes Grasland bis an die Südufer des Tschadsees. Die Berge an der Grenze zu Nigeria steigen bis zum Gipfel des Vulkans Fako auf 4.095 m an. Die Westhänge dieses Berges gehören zu den regenreichsten Gebieten der Erde mit einem durchschnittlichen jährlichen Niederschlag von 10.000 mm. Die Bevölkerung Kameruns ist sehr vielfältig mit über 210 ethnischen Gruppen und ohne ein beherrschendes Volk. Für den eigenen Bedarf wie für den Export wird eine breite Palette von Pflanzen angebaut, viele Jahre war das Land Selbstversorger bei den Grundnahrungsmitteln. Über 90 % des Stroms werden durch Wasserkraft gewonnen, fast die Hälfte wird für den Betrieb eines riesigen Aluminiumwerkes gebraucht. Die Ölförderung geht zwar zurück, liefert aber immer noch wertvolle Exporterlöse. Die Fischerei dagegen wächst.

ZENTRALAFRIKANISCHE REPUBLIK

Seit der Unabhängigkeit im Jahr 1960 wurde der arme Binnenstaat meist von Diktatoren und dem Militär regiert.

Fläche: 622.984 km²
Bevölkerungszahl: 3.820.000
Hauptstadt: Bangui (524.000)
Sprache/n: Französisch, Sango
Religion/en: Anhänger von Naturreligionen, Christen (bapt., röm.-kath.), Muslime
Währung: CFA-Franc
Exportgüter: Diamanten, Kaffee, Holz und Holzerzeugnisse, Baumwolle
Staatsform: Präsidialrepublik

Ein großer Teil der Zentralafrikanischen Republik besteht aus einem Plateau mit Höhen zwischen 600 und 800 m, das im Nordosten von Hochlandgebieten und im Norden von Hügelketten flankiert wird. Dichter Regenwald bedeckt große Teile des Südens, auch in Wildreservaten, in denen unter anderem Gorillas und Leoparden leben. Der Rest des Landes ist Grasland mit vereinzelten Bäumen. Noch nicht einmal 4 % sind kultiviert, Subsistenzlandwirtschaft prägt das Leben der Menschen. Es gibt Uran-, Eisenerz- und Kupfervorkommen, aber der Bergbau beschränkt sich meist auf die Diamanten, die mehr als die Hälfte der Exporte ausmachen.

▶ Diese Baaka-Pygmäen in den Regenwäldern der Zentralafrikanischen Republik bauen einfache Schutzhütten aus gebogenen Zweigen, Rinde und Blättern.

KAMERUN • ZENTRALAFRIKANISCHE REPUBLIK • ÄQUATORIALGUINEA

ÄQUATORIALGUINEA

Das kleine Land besteht aus einem Festlandsgebiet namens Rio Muni und fünf Inseln. Auf der größten, Bioko, liegt die Hauptstadt Malabo.

Fläche: 28.051 km²
Bevölkerungszahl: 482.000
Hauptstadt:
Malabo (40.000)
Sprache: Spanisch
Religion/en:
Christen (röm.-kath.), Anhänger von Naturreligionen
Währung: CFA-Franc
Exportgüter:
Ölprodukte, Kakao
Staatsform:
Präsidialrepublik

Von Gabun und Kamerun umgeben, ist die kleine Festlandsregion von Äquatorialguinea ein Land ohne extreme Erhebungen. Im Landesinneren, hinter der Küste und der Hügelkette, ist das Land dicht bewaldet. Zur artenreichen Tierwelt gehören Elefanten, Gorillas, Leoparden, Krokodile und Schimpansen. Viele Arten sind allerdings vom Aussterben bedroht, weil der Wald zu stark und unkontrolliert abgeholzt wird. Die größte Insel Bioko dagegen ist vulkanischen Ursprungs und ziemlich zerklüftet. Sie besitzt mehrere Kraterseen und erloschene Vulkankegel, darunter den Pico de Basilé, mit 3.008 m die höchste Erhebung des Landes. Bioko ist das Zentrum des Kakaoanbaus, des wichtigsten Exportguts. Auf dem Festland wird auch Kaffee für den Export angebaut, daneben Reis, Jams und Bananen als wichtige Grundnahrungsmittel. Das Land wurde 1968 nach einer langen spanischen Herrschaft unabhängig und blieb unterentwickelt, bis Ende der 1980er-Jahre Öl entdeckt wurde. Die Ölproduktion liegt heute bei etwa 115.000 Barrel pro Tag, wenig nach arabischen Maßstäben, aber immerhin ist sie für 80 % der Verkaufserlöse und fast zwei Drittel des Bruttosozialprodukts des Landes verantwortlich.

AFRIKA

SÃO TOMÉ & PRÍNCIPE

Das kleinste Land Afrikas liegt vor der westafrikanischen Küste und besteht aus zwei Inseln und mehreren kleinen Eilanden.

Fläche: 1.001 km²
Bevölkerungszahl: 154.000
Hauptstadt: São Tomé (43.420)
Sprache: Portugiesisch
Religion: Katholiken
Währung: Dobra
Exportgüter: Kakao (über 95%)
Staatsform: Präsidialrepublik

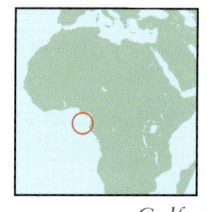

Die beiden 144 km voneinander entfernten Inseln sind durch vulkanische Aktivität entstanden und haben im Süden und Westen hohe Berge, im Norden Flachland. Aufgrund der Äquatorlage herrscht ein tropisches Klima, dichte Wälder bedecken beide Inseln etwa zur Hälfte. Die Einwohner dieser ehemals portugiesischen Kolonie sind meist afrikanischer Abstammung, eine Minderheit hat portugiesische Vorfahren.

Das Land ist nicht nur von seinen Kakaoexporten abhängig, um Lebensmittel und Brennstoffe bezahlen zu können, sondern auch von ausländischer Entwicklungshilfe. Allerdings bieten die Erdölexploration, die Fischerei und der Tourismus Perspektiven für eine künftige Entwicklung.

TSCHAD

Dieser arme Binnenstaat im Norden Zentralafrikas liegt mehr als 1.600 km vom Meer entfernt, die Nordhälfte ist Teil der Sahara.

Fläche: 1.284.000 km²
Bevölkerungszahl: 8.341.000
Hauptstadt: N'Djamena (529.555)
Sprache/n: Arabisch, Französisch
Religion/en: Muslime (sunnitisch), Christen (röm.-kath.), Anhänger von Naturreligionen
Währung: CFA-Franc
Exportgüter: Baumwolle, lebende Rinder, Fleisch, Tierhäute
Staatsform: Präsidialrepublik

Das große Becken rund um den Tschadsee beherrscht die Landschaft des Tschad. Die Größe dieses Sees schwankt von einer Fläche unter 10.000 km² bis zu 25.000 km² in einer besonders ergiebigen Regenzeit. Ausgehend von diesem Becken steigen im Norden, Süden und Osten Ebenen bis zu Bergen an. Im Norden, in der Wüste, ist der Tschad ein heißes und extrem trockenes Land, im Süden, wo ein Großteil der Bevölkerung lebt, gibt es relativ hohe Niederschläge. Dort wird in der Savanne Landwirtschaft betrieben. Seit der Unabhängigkeit von Frankreich leidet der Tschad unter internen Konflikten und Bürgerkriegen, was die Entwicklung des Landes sehr behindert. Ölreserven sind vor kurzem im Südwesten entdeckt worden und lassen eine Wandlung zum Besseren erhoffen.

▼ Die Oase Faya 790 km nordöstlich von N'Djamena ist eine der größten in der Sahara. Hier werden mit unterirdischen Wasserreserven Datteln, Weizen und Feigen angebaut.

GABUN

Dieses dünn besiedelte Land besitzt einige der größten unberührten Regenwälder Afrikas sowie eine artenreiche Tierwelt und ist relativ wohlhabend.

Fläche: 267.667 km²
Bevölkerungszahl: 1.315.000
Hauptstadt: Libreville (573.000)
Sprache: Französisch
Religion/en: Christen (röm.-kath., protest. Minderheit), Anhänger von Naturreligionen
Währung: CFA-Franc
Exportgüter: Öl und Ölerzeugnisse (mehr als 80%), Holz, Manganerz, Uran
Staatsform: Präsidialrepublik

Gabun besteht aus einer Küstenebene und Bergketten, Tälern und Hochebenen, die meist mit Regenwald bedeckt sind. In Gabun ist es seit der Unabhängigkeit von Frankreich 1960 nicht zu Konflikten gekommen. Zwar leben viele Menschen in Armut, aber dennoch ist das Land im Vergleich zum Großteil des Kontinents wohlhabend, vor allem wegen der Einkünfte aus dem Ölgeschäft – das Land fördert 325.000 Barrel pro Tag. Gabun hat große, nicht-ausgebeutete Metallvorkommen, darunter auch Eisenerz und Mangan.

KONGO

Die Republik Kongo ist ein Tropenland und war zwischen 1970 und 1991 der erste kommunistische Staat Afrikas. Über die Hälfte des Landes ist mit Regenwald bedeckt.

Fläche: 342.000 km²
Bevölkerungszahl: 3.657.000
Hauptstadt: Brazzaville (856.410)
Sprache: Französisch
Religionen: Christen (röm.-kath.), Anhänger von Naturreligionen
Währung: CFA-Franc
Exportgüter: Öl und Ölerzeugnisse, Holz und Holzerzeugnisse
Staatsform: Präsidialrepublik

Der Norden des Landes gehört größtenteils zum Kongo-Becken und ist mit Sümpfen und dichten Wäldern bedeckt. Der Kongo fließt entlang der Ostgrenze und bildet über weite Strecken die Grenze zur Demokratischen Republik Kongo. Grasland überzieht den Süden des Landes. Das in den 1970er-Jahren vor allem vor der Küste entdeckte Öl ist das wirtschaftliche Rückgrat des Landes und verantwortlich für 90% der Exporterlöse. Andere wichtige Erwerbsquellen sind Bergbau, Holzeinschlag, Kaffee- und Kakaoanbau. Das Ackerland dient meist der Selbstversorgung und wird traditionell von den Frauen bestellt. Verkehrs- und Kommunikationswege wie auch die Energieversorgung sind unterentwickelt und viele Landesteile sind nur auf Staubpisten oder über das große Netz von Flüssen zu erreichen. Mit chinesischer Hilfe wurden zwei Staudämme errichtet, ein dritter ist im Bau.

AFRIKA

DEMOKRATISCHE REPUBLIK KONGO

Das frühere Zaire ist das drittgrößte Land Afrikas. Trotz der reichen natürlichen Ressourcen zählen die Menschen dort zu den ärmsten in Afrika.

Fläche: 2.344.885 km²
Bevölkerungszahl: 51.580.000
Hauptstadt: Kinshasa (4.655.000)
Sprache: Französisch
Religion/en: Christen (röm.-kath., protest.), Anhänger von Naturreligionen
Währung: Kongo-Franc
Exportgüter: Diamanten, Rohöl, Kaffee, Kupfer
Staatsform: Präsidialrepublik

Die Demokratische Republik Kongo ist nur durch einen schmalen Landstreifen am Nordufer des Kongo mit dem Atlantik verbunden und hat eine 37 km lange Küste. Das riesige, fast ganz mit Regenwald bedeckte Flussbecken des Kongo beherrscht mit einer Fläche von fast 1 Mio. km² die Landschaft. Im Westen steigt es zu Hochebenen hin an, im Süden dehnen sich weite Grasflächen. Die höchsten Berge des Landes finden sich im Osten. Das Tropenland am Äquator ist im Zentrum am heißesten, das Hochland im Süden ist kühler und trockener, das Hochland im Osten kühler und feuchter. Über 60 % dieses großen Landes sind mit Regenwäldern bedeckt – fast die Hälfte der afrikanischen Wälder und etwa 6 % der Wälder weltweit. Eine unterentwickelte Infrastruktur hat größere Rodungen durch Holzkonzerne bisher verhindert. Dennoch gibt es Holzeinschlag für Brennholz und Ackerland. Die Mehrheit der Bevölkerung bebaut das Land und pflanzt Reis, Maniok, Erdnüsse und Obstbäume an. Die Demokratische Republik Kongo ist überaus reich an Bodenschätzen und gehört zu den führenden Lieferanten von Kupfer, Kobalt und Diamanten. Die Erlöse sind jedoch jahrzehntelang durch koloniale Ausbeutung, Bürgerkriege und korrupte Regierungen verschleudert worden.

▼ Eine kleine Siedlung in den Ruwenzori-Bergen. Diese zerklüftete Bergkette zieht sich an der Grenze zu Uganda entlang.

UGANDA

Uganda ist ein Land fruchtbarer Hochebenen und Berge am größten See in Afrika. Es litt mehr als 25 Jahre unter ethnischen Konflikten und diversen Diktatoren.

Fläche: 241.548 km²
Bevölkerungszahl: 24.600.000
Hauptstadt: Kampala (1.208.544)
Sprache: Englisch
Religion/en: Christen (röm.-kath., anglik.), Anhänger von Naturreligionen
Währung: Uganda-Schilling
Exportgüter: Kaffee (fast 70%), Baumwolle, Tee
Staatsform: Präsidialrepublik

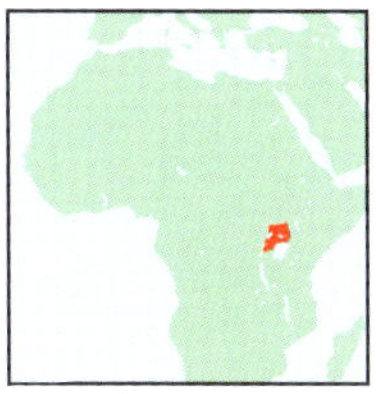

Uganda besteht zu einem großen Teil aus einem Hochland, das sanft von etwa 900 m im Norden bis auf 1.500 m im Süden ansteigt. Umgeben ist dieses Plateau von großen Tälern oder Bergen. Im Bergzug im Westen befinden sich die höchsten Gipfel des Landes. Uganda ist ein Land des Wassers: Viele Flüsse durchziehen das Gebiet, fast ein Fünftel der Fläche ist von Seen bedeckt, darunter der Kyogasee im Zentrum und der Albertsee im Great Rift Valley im Westen. Außerdem hat Uganda ein langes Ufer an Afrikas größtem See, dem Victoriasee. Aufgrund der Höhe sind die Temperaturen gemäßigter als in anderen tropischen Ländern. Die feuchtesten Gebiete bekommen etwa 1.500 mm Regen im Jahr, die trockensten im Nordosten etwas mehr als die Hälfte.

UGANDAS RESSOURCEN

Uganda hat nicht so viel Wald wie einige Nachbarländer. 1960 waren es etwa 6.500 km², doch diese Zahl ist heute um ein Viertel zurückgegangen. Dazu hat nicht nur die Rodung beigetragen, sondern vor allem die Nutzung von Holz als Brennstoff. 85% des Gesamtenergiebedarfs des Landes deckt die meist ländliche Bevölkerung durch Holz. Strom dagegen wird fast nur durch Wasserkraft gewonnen. Uganda ist kein Ölproduzent und hat keine größeren Minen oder Industrien. Die Transportkosten zu Seehäfen in Kenia oder Tansania sind hoch. Die Bevölkerung lebt also von dem fruchtbaren Ackerland und baut eine große Palette von Feldfrüchten für den Eigenbedarf wie auch für den Export an. Kaffeebohnen tragen über 70% zu den Exporterlösen des Landes bei.

▼ Ein ugandischer Fischer am Victoriasee. Die Fangmenge von Flussfischen gehört zu den größten weltweit, wird jedoch zum allergrößten Teil im Lande konsumiert. 2001 wurden insgesamt 218.000 t Fisch gefangen.

AFRIKA

RUANDA

Das »Land der 1000 Hügel« ist sehr dicht besiedelt. 90 % der Einwohner leben auf dem Lande und vom Land.

Fläche: 26.338 km²
Bevölkerungszahl: 8.163.000
Hauptstadt: Kigali (412.000)
Sprache/n: Kinyarwanda, Französisch, Englisch
Religion/en: Christen (röm.-kath.), Anhänger von Naturreligionen, Muslime
Währung: Ruanda-Franc
Exportgüter: Kaffee (über 70 %), Tee, Häute und Felle
Staatsform: Präsidialrepublik

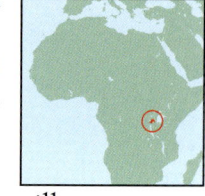

Ein jahrhunderte-alter Konflikt zwischen den beiden größten ethnischen Gruppen, der Hutu-Mehrheit und der Tutsi-Minderheit, beschäftigt Ruanda seit der Unabhängigkeit von Belgien im Jahr 1962. 1994 brach die Gewalt offen aus, etwa 800.000 Menschen, meist Tutsis und oppositionelle Hutus, wurden ermordet. Man hat Versuche unternommen, beide Völker zu versöhnen, aber Armut und Seuchen greifen um sich und Ruanda ist auf Hilfe von außen angewiesen. Das Land will die Erdgasreserven unter dem Kivusee ausbeuten und den Tourismus in den Wäldern im Norden fördern – dort lebt die weltweit größte Population an Berggorillas.

BURUNDI

Der kleine, bergige Binnenstaat direkt südlich des Äquators kommt durch den ethnischen Konflikt zwischen den Völkern der Tutsi und Hutu nicht zur Ruhe.

Fläche: 27.834 km²
Bevölkerungszahl: 7.071.000
Hauptstadt: Bujumbura (300.000)
Sprache/n: Kirundi, Französisch
Religion/en: Christen (meist röm.-kath.), Anhänger von Naturreligionen
Währung: Burundi-Franc
Exportgüter: Kaffee, Tee, Häute und Felle
Staatsform: Präsidialrepublik

Grüne Hügel und niedrige Berge prägen die Landschaft Burundis, im Süden steigt eine große Ebene am Tanganjikasee langsam zu einem Plateau an. Am Nordufer des Sees liegt die Haupt- und Hafenstadt Bujumbura. Die fruchtbaren Berghänge sind intensiv bewirtschaftet mit Kaffee als wichtigster Exportpflanze, gefolgt von Tee und Baumwolle. In den Tälern wachsen tropische Früchte. Burundi gehört zu den am dichtesten besiedelten Ländern Afrikas mit 254 Einwohnern pro km². Die Geburtsrate ist hoch, die Familien haben meist viele Kinder. Obwohl die Tutsi nur 14 % der Bevölkerung stellen, haben sie einen Großteil der politischen und militärischen Macht in Händen. Dies hat zu Auseinandersetzungen mit der Hutu-Mehrheit und mehr als 200.000 Toten und einer Million Flüchtlingen geführt.

KENIA

Nach der Unabhängigkeit im Jahr 1963 wuchs Kenias Wirtschaft, aber politische und wirtschaftliche Unruhen haben die Entwicklung beeinträchtigt.

Fläche: 580.367 km²
Bevölkerungszahl: 31.345.000
Hauptstadt: Nairobi (2.143.254)
Sprache/n: Swahili, Englisch
Religion/en: Anhänger von Naturreligionen, Christen (röm.-kath., protest.)
Währung: Kenia-Schilling
Exportgüter: Tee, Kaffee, Obst und Gemüse, Ölerzeugnisse, Zement
Staatsform: Präsidialrepublik im Commonwealth

Kenias faszinierende Landschaft ist vom Great Rift Valley beherrscht, das sich von Norden nach Süden durch das ganze Land zieht. Das Tal ist an manchen Stellen über 600 m tief und schwankt in der Breite zwischen 14 und über 85 km. Hier liegen einige Seen, mit dem Turkanasee auch der größte des Landes. Der Graben teilt Kenia in zwei unterschiedlich große Gebiete. Ein schmalerer westlicher Streifen besteht aus Ebenen und Hochebenen an der Grenze zu Uganda und dem Nordostufer des Victoriasees. Das weitaus größere Gebiet im Osten beginnt mit einem Hochland im Zentrum des Landes mit dem höchsten Gipfel, dem 5.199 m hohen Mt. Kenia. Dieser erloschene Vulkan ist der zweithöchste Berg Afrikas. Von den Bergen breiten sich Grasebenen bis zur Küste mit ihren langen Stränden und der zweitgrößten Stadt des Landes aus, der Hafenstadt Mombasa. Die frühere britische Kolonie Kenia hat 55 Nationalparks oder Reservate, um die artenreiche Tierwelt der Region zu schützen. Die Zahlen sind zwar seit den 1980er-Jahren rückläufig, aber noch immer empfängt Kenia fast eine Million Besucher pro Jahr und der Tourismus ist der mit Abstand größte Devisenbringer.

▲ Massai-Krieger im Masai-Mara-Nationalpark.

▼ Das Samburu-Reservat ist eines von vielen großen Reservaten in Kenia. Hier leben unter anderem Elefanten, Löwen, Giraffen, Zebras und Leoparden.

Etwa zwei Drittel der Kenianer gehören drei ethnischen Gruppen an: den Kikuyu, den Luhya und den Kamba. Die wenigen Araber besitzen eine große Wirtschaftsmacht. Die meisten Kenianer sind in der Landwirtschaft tätig, in den trockeneren Regionen des Nordens spielt die Viehhaltung eine wichtige Rolle. Kenias Industrieunternehmen sind zwar meist klein, aber weiter entwickelt als in Ostafrika üblich. Bedeutsam: Lebensmittel- und Textilfirmen, Brauereien, Möbel-, Kunststoff- und Baumaterialproduzenten.

AFRIKA

TANSANIA

Tansania beherbergt einige der spektakulärsten topografischen Besonderheiten der Erde, darunter den höchsten Berg Afrikas, den Kilimandscharo.

Fläche: 945.087 km²
Bevölkerungszahl: 35.181.000
Hauptstadt: Dodoma (203.833), Regierungssitz: Daressalam (1.436.000)
Sprache/n: Swahili, Englisch
Religion/en: Muslime (sunnitisch), Christen (röm.-kath., protest.), Anhänger von Naturreligionen
Währung: Tansania-Schilling
Exportgüter: Kaffee, Baumwolle, Cashewnüsse, Tabak
Staatsform: Föderative Präsidialrepublik

▼ Der Kilimandscharo in Nordost-Tansania besteht aus drei erloschenen Vulkangipfeln: Kibo, Mawensi und Shira. Kibo, der jüngste und höchste, hat einen Krater mit fast 2 km Durchmesser. Obwohl am Äquator gelegen, ist der 5.892 m hohe Gipfel das ganze Jahr über von Schnee und Eis bedeckt.

In Tansania geht die flache Küstenebene mit dichter tropischer Vegetation allmählich in zerklüftete Vulkangipfel über. Ein Großteil des Landes liegt dabei auf einer mit Grasland und Wald bedeckten, nach Norden trockener werdenden Hochebene mit einer durchschnittlichen Höhe von 1.200 m. Einzelne Berggruppen erheben sich im Südwesten und Nordosten, außerdem ziehen sich beide Arme des Great Rift Valley durch das Land. Der östliche Arm zerschneidet das Hochland und enthält eine Reihe kleiner Seen. Im westlichen Arm liegen der Malawi- und der Tanganjikasee, er bildet eine natürliche Grenze zu den Staaten im Westen. Etwas über die Hälfte des Victoriasees im Norden gehört zum Landesgebiet. Vor der Küste liegen einige Inseln im Indischen Ozean, unter ihnen Sansibar. 1964 schlossen sich viele von ihnen dem Festlandstaat Tanganjika an und bildeten Tansania. Etwa ein Drittel des Landes ist entweder als Nationalpark oder als Wildreservat geschützt, darunter der weltberühmte Serengeti-Park mit mehr als 200 Vogel- und 35 Säugetierarten: Geparden, Löwen, Elefanten und das extrem seltene Spitzmaulnashorn. Diese Parks und die spektakuläre Landschaft des Landes ziehen jedes Jahr fast eine halbe Million Touristen an. Obwohl Tansania Gold- und Diamantenminen hat und etwa 44 % der Fläche bewaldet sind, trägt die Landwirtschaft am meisten zu den Exporten des Landes bei und beschäftigt fast 80 % der arbeitenden Bevölkerung.

MALAWI

Zu Malawi gehört ein Großteil des riesigen Malawisees. Der Binnenstaat ist einer der unterentwickeltsten und ärmsten in Afrika.

Fläche: 118.484 km²
Bevölkerungszahl: 10.743.000
Hauptstadt: Lilongwe (440.471)
Sprache/n: Chichewa, Englisch
Religion/en: Christen (presbyt., röm.-kath.), Muslime (sunnitisch), Anhänger von Naturreligionen
Währung: Malawi-Kwacha
Exportgüter: Tabak (über 60 %), Tee, Zucker, Baumwolle
Staatsform: Präsidialrepublik

▼ Malawische Fischer bringen ihren Fang an Land. Fast die gesamten 56.500 t Fisch, die jedes Jahr gefangen werden, stammen aus dem Malawisee.

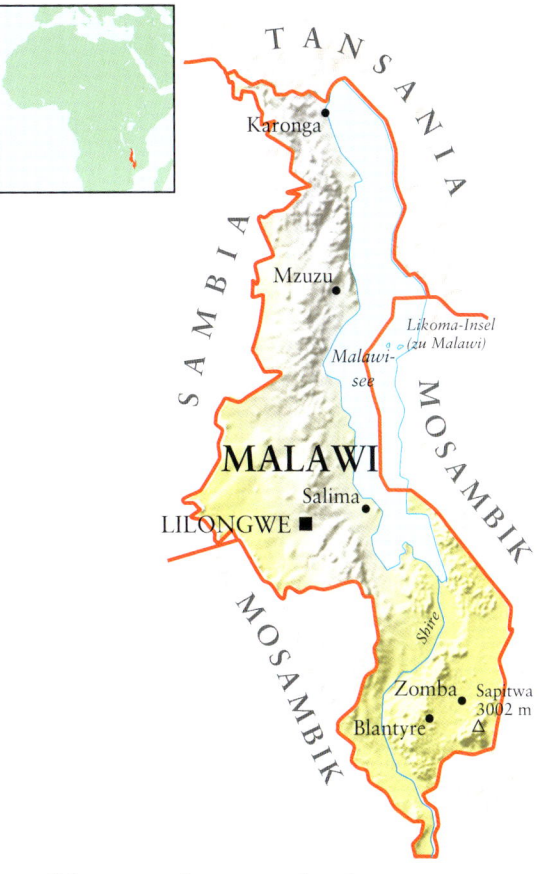

Malawi grenzt an Sambia, Mosambik und Tansania. Das Great Rift Valley zieht sich im Osten in Nord-Süd-Richtung durch das Land. In diesem Tal liegt der drittgrößte See Afrikas, der Malawisee, der fast ein Drittel des Territoriums ausmacht. Das Land besteht aus Hochebenen und Bergen. Südlich des Malawisees liegen das Shire-Hochland mit den höchsten Gipfeln. Die große Mehrheit der Einwohner lebt auf dem Land und treibt Ackerbau. Die Malawier sind als Landwirtschaftsnation völlig von ihren eigenen Ernten abhängig und Dürren können das Land verheeren. Wenn es genügend regnet, ist Malawi der zweitgrößte Tabak-Produzent nach Simbabwe. Andere wichtige Exportgüter sind Tee, Zucker und Erdnüsse, während Mais, Sorghum und viele Obst- und Gemüsesorten für den Eigenbedarf angebaut werden. Das Land hat auch eine wachsende Fischwirtschaft am Malawisee, wo jährlich 56.500 t Fisch gefangen werden. Abgesehen von kleinen lokalen Firmen und einigen wenigen Bodenschätzen hat Malawi keinerlei Industrie. Mehr als 90 % des Stroms werden durch Wasserkraft gewonnen. Anders als in anderen Ländern der Region gibt es in Malawi keine schweren Konflikte zwischen verschiedenen ethnischen oder religiösen Gruppen. Die Bevölkerung entstammt vielen verschiedenen Stammesgruppen, etwa 55 % sind Protestanten, 20 % Katholiken und 20 % Muslime, während 3 % traditionellen Naturreligionen anhängen. Das große Bevölkerungswachstum ist durch das Aufkommen von Aids gebremst worden – die Seuche hat zusammen mit Armut und einem schlechten Gesundheitswesen die durchschnittliche Lebenserwartung auf nur 37 Jahre sinken lassen. 44 % der Bevölkerung sind unter 15 Jahre alt.

SAMBIA

In Sambia, dem früheren Nordrhodesien, leben etwa 44 % der Einwohner in Städten, mehr als in den meisten Ländern Afrikas.

Fläche: 752.614 km²
Bevölkerungszahl: 10.244.000
Hauptstadt: Lusaka (1.718.000)
Sprache: Englisch
Religion/en: Christen (protest.), Anhänger von Naturreligionen
Währung: Kwacha
Exportgüter: Kupfer (über 70 %), Kobalt
Staatsform: Präsidialrepublik

▼ Der 125 m hohe Karibadamm an der Grenze zu Simbabwe wurde 1959 fertig gestellt. Der 620 m lange Damm ist Teil eines riesigen Wasserkraftwerks.

Weit in den Norden Sambias zieht sich ein Landstreifen hinein, der zur Demokratischen Republik Kongo gehört. Der so entstandene Ostteil des Landes ist nur dünn besiedelt. Von Westen her und parallel zum Luangwa verlaufen Berge mit den höchsten Gipfeln Sambias. Im Westen dagegen ballen sich die Bevölkerung und die Industrie. Sambia liegt auf einem Hochplateau, das von tiefen Flusstälern, einigen Seen und Sümpfen durchzogen ist. Die tropischen Temperaturen sind durch die relativ große Höhe gemildert. Die natürliche Vegetation besteht meist aus Grasland und Waldgebieten. Trotz der Wilderei, die die Nashorn- und Elefantenherden reduziert hat, leben in Sambia Unmengen von Wildtieren, viele heute in Reservaten geschützt. Manche Gegenden erlauben Landwirtschaft, die auch die häufigste Erwerbsquelle ist. Mais ist Grundnahrungsmittel, außerdem werden große Mengen Maniok, Zuckerrohr, Weizen und Erdnüsse geerntet.

SAMBESI, ENERGIE UND BODENSCHÄTZE

Der Sambesi fließt von Nordwestsambia bis zum Indischen Ozean und bildet über weite Strecken die Südgrenze des Landes. An den weltberühmten Victoriafällen an der Grenze zu Simbabwe stürzt er 108 m in die Tiefe, 480 km östlich der Victoriafälle speist er den riesigen Karibasee, den Sambia und Simbabwe gemeinsam zur Stromerzeugung angelegt haben. Sambia bezieht 99 % seiner Elektrizität aus Wasserkraft. Der Export konzentriert sich traditionell auf zwei Bodenschätze: Kupfer und Kobalt. Im Norden des Landes, wo riesige Vorkommen lagern, entstand eine Bergbauregion, der so genannte Kupfergürtel; dort werden die Bodenschätze gefördert und verarbeitet. Nachdem die Weltmarktpreise für Kupfer jetzt allerdings schon seit mehreren Jahrzehnten fallen und die Fördermengen sinken, steht das Land vor ernsten wirtschaftlichen Problemen.

DER SÜDEN AFRIKAS

Die Geografie ganz Südafrikas ist vom Südplateau geprägt, das sich auf weiten Strecken in einer Höhe zwischen 900 und 1.500 m durch die Region zieht. An den Rändern dieses Plateaus findet man eine Reihe von Bergen und Felsen, die so genannte Große Randstufe, während sich an der Süd- und Ostküste weitere bergige Gebiete ausdehnen. Große Teile der Region sind Grasland mit Wäldern, es gibt aber auch zwei Wüsten: die Kalahari im Zentrum und die Namib an der Westküste. Der Süden Afrikas gehört zu den mineralreichsten Weltgegenden. Hier lagert ein großer Teil des auf der Erde vorkommenden Kupfers, auch Uran, Gold und Diamanten kommen von hier und haben die regionale Wirtschaft geprägt. Politisch und wirtschaftlich wird die Region von Südafrika dominiert, der bevölkerungsreichsten und am meisten industrialisierten der acht Nationen dieser Region.

▲ Maislager in Mosambik. Das südliche Afrika hat eine lange Einwanderungsgeschichte und eine ethnisch sehr gemischte Bevölkerung, die meist in der Landwirtschaft arbeitet.

▼ Löwen durchstreifen die Savannen Südafrikas. Viele leben heute in geschützten Reservaten wie dem Etosha-Park in Namibia und dem Kalahari- oder dem Krüger-Nationalpark in Südafrika.

AFRIKA

ANGOLA

In dem öl- und diamantenreichen Angola tobte seit seiner Unabhängigkeit von Portugal 1975 bis 2002 praktisch ständig ein Bürgerkrieg.

Fläche: 1.246.700 km²
Bevölkerungszahl: 13.121.000
Hauptstadt: Luanda (2.819.000)
Sprache: Portugiesisch
Religion/en: Christen (röm.-kath.), Anhänger von Naturreligionen
Währung: Kwanza
Exportgüter: Öl, Diamanten
Staatsform: Präsidialrepublik

▼ Die Benguela-Bahn ist eine lebenswichtige Verkehrsader, die Angola mit der Demokratischen Republik Kongo und Simbabwe verbindet. Die schweren Schäden des langen Bürgerkriegs werden gerade repariert.

Angolas Landschaft ist vielfältig. Die Küstenebene hat im Süden eine Breite von 25 km und im Norden von bis zu 200 km. Weiter im Landesinneren liegen Berge und ein zwischen 1.200 und 1.600 m hohes Plateau, das fast zwei Drittel des Landes bedeckt. Höchster Berg ist mit 2.620 m der Morro de Moco.

Angola hat keine großen Seen, aber viele Flüsse, die fast alle im zentralen Bergland entspringen. Trotz des tropischen Klimas fällt relativ wenig Regen. Im Südwesten ist das Land äußerst trocken und wüstenähnlich. Nahe der Küste ist das Klima gemäßigter, die Nordhälfte der Hochebene ist wirklich tropisch und bekommt etwas mehr Regen. Riesige Regenwälder bedecken diesen Teil des Landes, während in der Mitte und weiter im Süden Grasland vorherrscht.

Angola hat große Ölvorkommen, besonders vor der Küste der Exklave Cabinda, wo täglich 730.000 Barrel gefördert werden. Außerdem besitzt das Land große Vorkommen an Diamanten, Eisen und vielen anderen Bodenschätzen sowie ein großes Wasserkraft-Potenzial. Wenn man dazu noch das fruchtbare Ackerland nimmt, sollte Angola eigentlich relativ wohlhabend sein, aber ein jahrzehntelanger Bürgerkrieg zwischen zwei großen Gruppen, der UNITA und der MPLA, hat die Wirtschaft ruiniert, die Minen, Fabriken und Infrastruktur zerstört und etwa zehn Millionen scharfe Minen im Land zurückgelassen.

ANGOLA • BOTSUANA • NAMIBIA

BOTSUANA

Der trockene Binnenstaat Botsuana mit seinem roten Boden, Sand und Buschland ist Teil der riesigen Kalahari-Wüste.

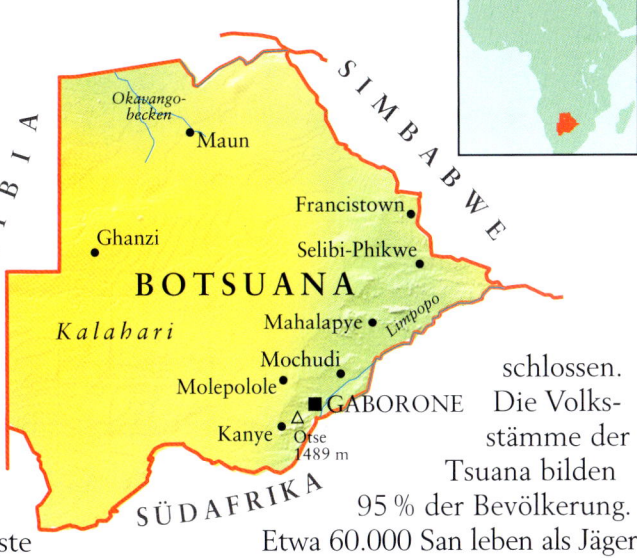

Fläche: 581.730 km²
Bevölkerungszahl: 1.712.000
Hauptstadt: Gaborone (186.000)
Sprache/n: Tsuana, Englisch
Religion/en: Anhänger von Naturreligionen, Christen (überwiegend protest.)
Währung: Pula
Exportgüter: Diamanten, Kupfer, Textilien
Staatsform: Präsidialrepublik im Commonwealth

Botsuana besteht hauptsächlich aus einer breiten, flachen Ebene mit einigen Hügeln im Osten. Im Nordwesten ergießt sich der Okavango ins Land und bildet das größte Binnendelta der Welt. Die Sümpfe und Überschwemmungsebenen des Deltas sind ein Paradies für Wildtiere, besonders für Vögel. Landwirtschaft ist der wichtigste Erwerbssektor, obwohl Wasser oft knapp ist. 1967, ein Jahr nach der Unabhängigkeit von Großbritannien, wurden riesige Diamantenvorkommen entdeckt und heute ist Botsuana der drittgrößte Produzent von Diamanten weltweit und hat auch riesige Kohle-, Kupfer- und Nickelvorkommen erschlossen. Die Volksstämme der Tsuana bilden 95 % der Bevölkerung. Etwa 60.000 San leben als Jäger und Sammler sowie als nomadische Hirten mit kleinen Herden in der Kalahari. Trotz des Wirtschaftswachstums sind die Menschen arm und leiden unter Seuchen, besonders unter Aids. Schätzungen zufolge sind 40 % aller Erwachsenen in Botsuana HIV-positiv – die höchste Rate der Welt.

NAMIBIA

Das bevölkerungsarme, aber an Bodenschätzen reiche Land an der Südwestküste Afrikas wurde 1990 von Südafrika unabhängig.

▲ Die Namib ist eine trockene, weitgehend kahle Wüste mit Temperaturen bis zu 49 °C.

Fläche: 824.292 km²
Bevölkerungszahl: 1.985.000
Hauptstadt: Windhuk (Windhoek), (223.364)
Sprache: Englisch
Religion/en: Christen (ev.-luth., röm.-kath.), Anhänger von Naturreligionen
Währung: Namibia-Dollar, auch südafrikanischer Rand
Exportgüter: Diamanten, Fisch und Fischprodukte, Kupfer, Blei
Staatsform: Präsidialrepublik im Commonwealth

Namibia besteht aus einer zentralen Hochebene, die etwa die Hälfte des Landes einnimmt und zwischen 970 und 2.000 m hoch liegt. Auf beiden Seiten findet man Wüsten; im Osten schiebt sich die Kalahari in das Land, die Westküste ist von der Namib bedeckt. Das trocken-heiße Klima ermöglicht nur im Hochland eine üppige Vegetation. Trotz dieser unwirtlichen Umgebung leben in Namibia viele Tiere, auch in geschützten Reservaten. 80 % der Bevölkerung sind Schwarzafrikaner, etwa 6 % Weiße. Namibia ist Afrikas viertgrößter Produzent von Mineralien, fossile Brennstoffe ausgenommen.

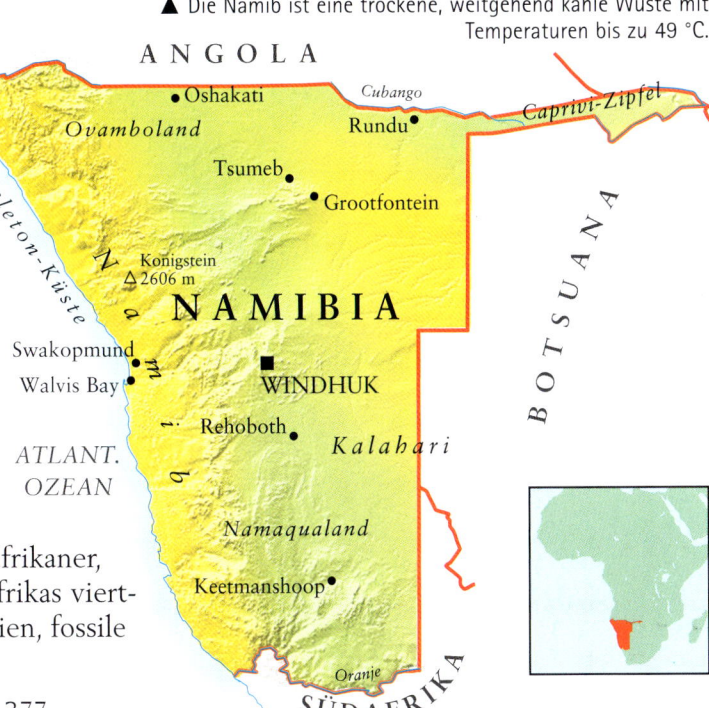

AFRIKA

SIMBABWE

Als britische Kolonie hieß der Binnenstaat Südrhodesien und später, zwischen 1965 und 1980, Rhodesien.

Fläche: 390.757 km²
Bevölkerungszahl: 13.001.000
Hauptstadt: Harare (1.868.000)
Sprache: Englisch
Religion/en: Christen (protest., unabh., röm.-kath.), Anhänger von Naturreligionen
Währung: Simbabwe-Dollar
Exportgüter: Gold, Eisenlegierungen, Nickel, Baumwolle, Asbest, Tabak, Schnittblumen
Staatsform: Präsidialrepublik im Commonwealth

▼ An der Grenze zwischen Simbabwe und Sambia liegen die Victoriafälle, die sehr viel breiter und mit 110 m rund doppelt so hoch sind wie die nordamerikanischen Niagarafälle.

Ein Großteil von Simbabwe liegt über 300 m hoch auf dem afrikanischen Süd-Plateau. Der Sambesi fließt an der Nordküste entlang und produziert fast 40 % der Elektrizität des Landes. Trotz einer enormen Abwanderung in die Städte leben noch immer etwa zwei Drittel der Bevölkerung auf dem Lande. Es gibt große, kommerzielle Baumwoll- und vor allem Tabakplantagen, aber auch Rinderzucht im großen Stil. Andererseits bearbeiten auch viele Simbabwer ihren eigenen kleinen Acker und ernten gerade genug, um ihre Familie zu ernähren. Das Land hat riesige Vorkommen an Gold, Nickel und Asbest und eine besonders große Industriepalette – von Stahl, Chemikalien und Zement bis hin zu Motorfahrzeugen, Schuhen und Textilien. Die immer autoritärer werdende Regierung Mugabe hat wegen ihrer Menschenrechtsverletzungen internationale Kritik auf sich gezogen. Obwohl eine gewaltsame Umverteilung von Land und Geld von der reichen weißen Minderheit hin zur schwarzen Mehrheit stattgefunden hat, sind noch immer viele schwarze Simbabwer arm. Zudem schätzt man, dass etwa ein Viertel der Bevölkerung HIV-positiv ist.

MOSAMBIK

Das ethnisch gemischte Land ist nach Bürgerkrieg, verheerenden Dürren und Überschwemmungen mit dem Wiederaufbau beschäftigt.

Fläche: 799.380 km²
Bevölkerungszahl: 18.438.000
Hauptstadt: Maputo (989.386)
Sprache: Portugiesisch
Religion/en: Anhänger von Naturreligionen, muslim. (sunnitisch) und christl. Minderheiten
Währung: Metical
Exportgüter: Garnelen, Baumwolle, Cashewnüsse, Zucker
Staatsform: Präsidialrepublik im Commonwealth

Zwei Fünftel des Landes sind Ebenen entlang der 2.470 km langen Küste am Indischen Ozean. Weiter im Inneren steigt das Land zu Hügelketten und im Westen und Norden zu Bergen an. Mosambik hat zwar ein tropisches Klima, aber meist schlechte Böden. Dennoch bauen die meisten Einwohner Mais und Maniok für sich selbst an oder ernten auf Plantagen Kokosnüsse, Cashewnüsse, Baumwolle oder Zuckerrohr. Die Fischerei spielt eine große Rolle, Garnelen bilden das wichtigste Exportgut. Der Bergbau ist unterentwickelt, das Land sucht Investoren, um die großen Vorkommen an Kupfer sowie Eisen, Uran, Kohle und Erdgas ausbeuten zu können. Nach der Unabhängigkeit von Portugal 1975 brach ein blutiger Bürgerkrieg aus. Mosambik hat sich bemüht, nach dem Ende des Krieges Anfang der 1990er-Jahre wieder auf die Beine zu kommen. Schwierigkeiten machen dabei neben den zerstörten Städten und der vernichteten Infrastruktur und Industrie vor allem die zwei bis drei Millionen Landminen, deren Räumung ein mühsamer und langwieriger Prozess ist. Zudem hatte das Land unter Überschwemmungen und Dürren zu leiden, die Tausende Opfer kosteten.

▲ Zebras gehören zu den vielen großen Säugetieren, die in Mosambik leben. 40.000 km² des Landes gehören zum Greater-Limpopo-Nationalpark, der sich auch nach Südafrika und Simbabwe hinein erstreckt.

▶ In einem Waisenhaus in Mosambik wird das Essen in einem großen, aus einem Ölfass gemachten Kochtopf umgerührt. Bürgerkrieg, Landminen und Seuchen, vor allem Aids, und haben über eine Million Kinder zu Waisen gemacht – ein Sechstel aller Kinder des Landes.

AFRIKA

SÜDAFRIKA

Diese multiethnische Nation an der Südspitze des afrikanischen Kontinents ist mit ihren reichen Bodenschätzen größte Wirtschaftsmacht Afrikas.

Fläche: 1.219.090 km²
Bevölkerungszahl: 45.345.000
Hauptstadt: Pretoria (525.583), Parlamentssitz: Cape Town (Kapstadt) (854.616)
Sprache/n: Englisch, Zulu, Afrikaans, Xhosa, Sotho, Tswana, Tsonga, Swasi, Ndebele, Venda
Religion/en: Christen verschiedenster Richtungen, Anhänger von Naturreligionen
Währung: Rand
Exportgüter: Gold, unedle Metalle, Diamanten, Nahrungsmittel (bes. Obst und Gemüse)
Staatsform: Republik im Commonwealth

Südafrika grenzt an sechs andere Länder, darunter Lesotho, das es ganz umschließt, und ist der einzige Staat mit einer Atlantik- und einer Pazifikküste. Der Fischfang in den Küstengewässern bringt über 500.000 t Fisch jährlich. In Küstennähe liegt ein relativ schmaler, zwischen 30 und 100 km breiter Streifen flacher, fruchtbarer Ebenen, die dann in eine Bergregion übergehen, die so genannte Große Randstufe. Sie trennt die Küste von dem Hochplateau im Inneren, auf dem der Großteil des Landes liegt. Die Drakensberge sind der höchste Teil der Großen Randstufe und verlaufen in einem Bogen vor der Küste des Indischen Ozeans.

VELDS UND TIERWELT

Die Hochlandregion Südafrikas ist das so genannte Hochveld und besteht aus sanftem Grasland in über 1.500 m Höhe. Der westliche Abschnitt ist das Middelveld: Auf einer durchschnittlichen Höhe von 920 m ist das Land hier trocken und wird meist zur Viehhaltung genutzt. Das Middelveld geht im Westen und im Nordwesten

▲ Bergarbeiter in der Savuka-Goldmine 80 km südwestlich von Johannesburg. Savuka gehört zusammen mit der Schwestermine Mponeng mit über 3.500 m zu den tiefsten Goldminen der Welt.

in die Namib und die Kalahari über. Im Nordosten fällt das Hochveld zu einem großen Flachgebiet ab, dem Buschveld, das vor allem aus Savanne und vereinzelten Bäumen besteht. Südafrika hat eine sehr artenreiche Tierwelt mit über 200 Säugetierarten, darunter Elefanten, Nashörner, Zebras und Löwen. Durch die Jagd sind die Herden geschrumpft, aber viele dieser Tiere werden heute in rund 30 National-

parks und Wildreservaten geschützt. Außerdem ist Südafrika mit über 20.000 verschiedenen Arten unglaublich reich an Blütenpflanzen.

KLIMA

Südafrika liegt in der gemäßigten Zone, aber das Klima ist je nach Region ganz unterschiedlich. Die höchste Temperatur wurde mit 51,7 °C in der Kalahari gemessen. In Sutherland, 270 km nordöstlich von Cape Town (Kapstadt), fallen die Wintertemperaturen dagegen regelmäßig unter minus 15 °C. Höhe, Wind und Meeresströmungen beeinflussen das regionale Klima. So kühlt etwa der kalte Benguelastrom, der an der Westküste nach Norden zieht, dort die Temperatur und senkt den Niederschlag. Etwa die Hälfte des Landes bekommt eine Niederschlagsmenge zwischen 200 und 600 mm im Jahr, ein weiteres Viertel noch nicht einmal 200 mm. Der Regen nimmt von Westen nach Osten zu, wobei die Ostküste vom warmen Mosambikstrom profitiert, durch den die Temperatur und die Niederschläge steigen.

WASSER UND LANDWIRTSCHAFT

Südafrika hat keine großen Seen und nur wenige größere Flüsse, darunter den Vaal und den Limpopo, der im Norden über weite Strecken die Grenze zu Botsuana und Simbabwe bildet. Südafrikas längster Fluss ist der Orange (Oranje), der 2.090 km weit von Lesotho nach Westen durch das Hochveld fließt, bevor er die Grenze zu Namibia bildet und in den Atlantik mündet (insgesamt 2.250 km). Wegen des knappen Wassers hat Südafrika große Bewässerungssysteme aufgebaut, um Ackerflächen zu schaffen. Obwohl nur ein kleiner Prozentsatz der Flächen für den Ackerbau geeignet ist, ist Südafrika Selbstversorger bei Getreide, Gemüse und Zuckerrohr. Das Land ist bekannt für seine qualitativ hochwertigen Früchte, darunter Weintrauben, Basis der großen Weingüter.

▲ Die Buschmänner im Kgalagadi-Transfrontier-Nationalpark untersuchen Tierfährten. Dieses riesige Reservat ist 36.000 km² groß.

▼ Dieser zerklüftete, spektakuläre Teil der Drakensberge liegt im Royal-Natal-Nationalpark. Manche Gipfel dieser Bergkette sind über 3.000 m hoch.

AFRIKA

▲ Johannesburg, 1886 als Goldgräbersiedlung gegründet, ist mit einer Einwohnerzahl von rund fünf Millionen zu Südafrikas größtem Ballungsraum angewachsen.

▼ Cape Town (Kapstadt) ist Sitz des südafrikanischen Parlaments und ein schnell wachsendes Hafen- und Wirtschaftszentrum, das vom majestätischen Tafelberg überragt wird.

INDUSTRIE

Südafrika ist das größte Industrieland des afrikanischen Kontinents. Cape Town (Kapstadt), Johannesburg, Port Elizabeth und Durban sind große Industriezentren, in denen von Chemikalien, Textilien und Papier bis hin zu Motorfahrzeugen, Elektroartikeln und Waffen eine breite Palette von Gütern hergestellt wird. Zur wirtschaftlichen Entwicklung Südafrikas haben vor allem die riesigen Reserven an wertvollen Bodenschätzen beigetragen. Trotz eines Rückgangs in der Goldgewinnung bleibt Südafrika der größte Produzent weltweit, ebenso bei der Förderung von Platin, Mangan, Chrom und Diamanten. Das Land hat keine größeren Ölvorkommen, aber beträchtliche Kohlelager, aus denen auch der Brennstoff für den Strom des Landes stammt. Eine große Herausforderung für die Regierung ist die Bereitstellung von Strom für die 80 % der schwarzen südafrikanischen Haushalte, die bisher noch nicht ans nationale Stromnetz angeschlossen sind.

DIE REGENBOGEN-NATION

Südafrika ist eine multiethnische Gesellschaft mit elf offiziell anerkannten und vielen weiteren gesprochenen Sprachen. Nahezu drei Viertel der Bevölkerung gehören einer der neun schwarzafrikanischen Ethnien an. Die Zulu-Völker stellen etwa 21 % der Gesamtbevölkerung, dann folgen die Xhosa, Tswana, Sotho, Venda, Tsonga, Nbedele, Swazi und Pedi. Etwa 12 % der Einwohner

▲ Diese Familie lebt in dem Township Nyanga nahe Cape Town (Kapstadt). Bewohner von Townships haben oft unter mangelhaften sanitären Anlagen, schlechter Wasserversorgung und hoher Arbeitslosigkeit zu leiden.

sind weiß: Die Afrikaander oder Buren sind Nachkommen niederländischer, manchmal auch deutscher oder französischer Siedler. Sie sprechen Afrikaans und stellen etwa 60 % der weißen Bevölkerung. Der Rest spricht meist Englisch und ist britischer Abstammung. Einer von zehn Südafrikanern hat einen gemischten ethnischen Hintergrund und 3 % sind asiatischer, meist indischer Herkunft. Mehr als die Hälfte der Südafrikaner lebt in Städten und neun von zehn in der Osthälfte des Landes oder an der Südküste. Abgesehen von dem Gebiet

SÜDAFRIKA

▲ Arbeiter ernten Weintrauben im Nuy Valley in der Provinz Western Cape. Südafrika zählt zu den führenden Weinproduzenten der Welt. Fast 1 Mrd. l werden jedes Jahr abgefüllt, über 300.000 Menschen sind in der Weinindustrie beschäftigt.

um Cape Town (Kapstadt) herum, ist der Westen nur sehr spärlich bevölkert.

APARTHEID UND VERSÖHNUNG

Die schwarze Bevölkerung Südafrikas wurde schon unterdrückt, lange bevor 1948 die Politik der Apartheid offiziell eingeführt wurde. Bis in die 1990er-Jahre hinein wurde diese »Trennung« landesweit betrieben und diente den Interessen der weißen Minderheit. Unter der Apartheid wurden die Menschen nach Rassen eingeteilt. Bestimmte Rassen wurden von öffentlichen Verkehrsmitteln, Schulen, Arbeitsplätzen und vielen anderen Lebensbereichen fern gehalten. Viele Schwarze wurden gezwungen, in so genannten »townships« außerhalb der größeren Städte oder in »homelands« auf dem Lande zu leben. In diesen Gebieten waren das Ackerland, die Schulen und die öffentlichen Einrichtungen meist sehr viel schlechter als in rein weißen Gebieten. Diese rassistische Politik der Apartheid wurde weltweit verurteilt und zog Handelssanktionen und Boykotte nach sich – das Land durfte an vielen Sport- und Kulturereignissen nicht mehr teilnehmen. Aber erst Ende der 1980er-Jahre löste sich langsam der Griff der Apartheid und 1994 fanden endlich Wahlen für alle Menschen ohne Ansehen von Rasse oder Hautfarbe statt, aus denen mit Nelson Mandela zum ersten Mal ein schwarzer Präsident als Sieger hervorging. Seitdem versucht die Regierung unter großen Schwierigkeiten, einen friedlichen Weg in eine multiethnische Gesellschaft zu finden. Große Unterschiede in Bildung, Einkommen und Lebensverhältnissen zwischen der Mehrheit der Schwarzen und den Weißen bleiben bestehen und die Rate an Gewaltverbrechen, besonders in den Städten, gehört zu den höchsten der Welt.

AFRIKA

SWASILAND

In dem Binnenstaat zwischen Südafrika und Mosambik steht die traditionelle Gesellschaft mit ihren Sitten und Gebräuchen in deutlichem Kontrast zu den vielen modernen Industrien.

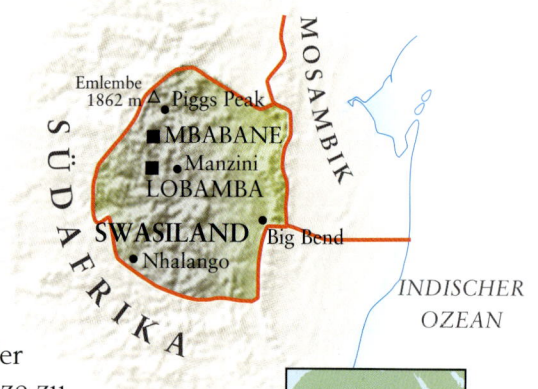

Fläche: 17.363 km²
Bevölkerung: 1.088.000
Hauptstadt: Verwaltung: Mbabane (80.000), Regierung: Lobamba (6.000)
Sprache/n: Siswati, Englisch
Religion/en: Christen (protest., röm.-kath.)
Währung: Lilangeni
Exportgüter: Holz und Holzerzeugnisse, Zucker
Staatsform: Parlamentarische Monarchie im Commonwealth

Swasiland ist in drei Regionen eingeteilt: das bergige Hochveld im Westen, das Gras bewachsene Middelveld im Zentrum und das flache Buschveld im Osten. Das Hochveld ist regenreich und gemäßigt mit warmen feuchten Sommern und kalten trockenen Wintern. Ursprünglich gab es dort kaum Bäume, heute gibt es dort große Plantagen mit Kiefern und Eukalyptus – Teil der extensiven Forstindustrie des Landes. Das Middelveld hat ein subtropisches Klima und die fruchtbarsten Böden. Hier lebt der Großteil der Bevölkerung. Viele halten Vieh, bauen Mais an oder arbeiten auf großen Plantagen, auf denen Zuckerrohr und andere Exportpflanzen wachsen. Das Buschveld ist trocken und im Sommer sehr heiß. An der Grenze zu Mosambik ziehen sich Berge entlang. Forstwirtschaft, Kohle-, Gold- und Diamantenbergbau sowie produzierende Industrie sind die wichtigsten Arbeitsfelder für die Bevölkerung, zu 95 % vom Volk der Swasi. Die Menschen haben viele alte Traditionen und Bräuche beibehalten und werden von einer Erbmonarchie regiert. Trotz aller Reformbemühungen sind Parteien noch immer verboten.

LESOTHO

Seit 1966 ist das ehemalige britische Protektorat unabhängig. Seine Einwohner, meist Bauern, sind auf den Handel mit Südafrika angewiesen.

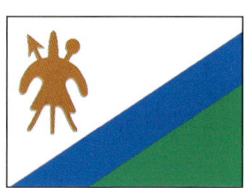

Fläche: 30.355 km²
Bevölkerung: 1.777.000
Hauptst.: Maseru (271.000)
Sprache/n: Sesotho, Englisch
Religion/en: Christen (röm.-kath., presbyt.), Anhänger von Naturreligionen
Währung: Loti (Plural Maloti)
Exportgüter: Kleidung, Möbel, Schuhe, Nahrungsmittel und lebende Tiere, Wolle
Staatsform: Parlamentarische Monarchie im Commonwealth

▶ Wie die meisten Menschen in Lesotho lebt diese Frau von einer kleinen Viehherde und Selbstangebautem.

Lesotho, das »Dach von Afrika«, ist ein bergiges Land. Sein niedrigster Punkt liegt auf 1.380 m, sein höchster in den Bergen im Osten bei 3.482 m. Grüne Ebenen vor allem im Westen sind das wichtigste Ackerbaugebiet. Mais, Weizen, Wurzelgemüse, Bohnen und Erbsen werden dort angebaut, weiteres Land wird als Weide für Rinder, Schafe und Ziegen genutzt. Das unbeschränkte Grasen der Herden hat zu einer starken Bodenerosion geführt. Abgesehen von einigen Diamantenminen, hat das Land wenig Bodenschätze. Lesothos zerklüftete Landschaft erlaubt es aber, allen Strom durch Wasserkraft zu erzeugen. Große Strommengen werden auch nach Südafrika exportiert. Lesotho hat wenig Industrie, viele Männer arbeiten in den Bergwerken oder Industriebetrieben Südafrikas. Die Bevölkerung ist arm; man schätzt, dass 49 % der Menschen unter der Armutsgrenze leben.

Ozeanien und Antarktis

OZEANIEN

Dieses riesige Gebiet verstreuter Inseln umfasst einen großen Teil des Pazifischen Ozeans. Der bedeckt etwa ein Drittel der Erdoberfläche, mehr als 165 Mio. km². Der Kontinent Ozeanien hat nur eine Landfläche von 8,5 Mio. km² und besteht aus Australien, größeren Inseln wie Neuseelands Nord- und Südinsel, Neuguinea und Tasmanien, und mehr als 20.000 kleineren Inseln, auch Pazifische Inseln genannt. Letztere sind oft in Gruppen angeordnet. Viele kleinere Inseln entstanden aus Korallenriffen oder durch vulkanische Aktivität. Die meisten liegen auf oder nahe der Pazifischen Platte, denn hier befindet sich ein Großteil der Vulkane der Welt. Die pazifischen Inseln Ozeaniens werden oft in drei eigenständige Gruppen unterteilt. Im Osten, begrenzt von Hawaii, Neuseeland und den Osterinseln, liegt Polynesien, ein riesiges, dreieckiges Pazifikgebiet. Mikronesien schließt im Westen an und ist Südostasien am nächsten. Melanesien umfasst Neuguinea, Fidschi, die Solomonen, Vanuatu und kleinere Inselgruppen. Vor 50.000 Jahren erreichten die Aborigines Australien, und auch Neuguinea hat eine lange Besiedlungsgeschichte. Andere Teile Ozeaniens gehören zu den am spätesten besiedelten Teilen der Welt.

Vor 6.000 bis 7.000 Jahren begann die Migration; verschiedene Völker Südostasiens erreichten die westlichen und nördlichen Inseln. Nach langen Reisen in einfachen Booten besiedelten sie den gesamten Pazifik. Vor 2.000 bis 1.000 Jahren erreichten sie auch die abgelegenen Inseln. Heute hat Ozeanien weniger als 31 Millionen Bewohner, kaum 0,5% der Erdbevölkerung. Größte Wirtschaftsnation des Kontinents ist das hoch entwickelte Australien, hier lebt mehr als die Hälfte der Bevölkerung. Im Gegensatz dazu sind Papua-Neuguinea und viele kleinere Inseln noch kaum entwickelt. Die meisten Menschen dort leben hauptsächlich von Fischfang und einfacher Landwirtschaft, die sich seit Jahrhunderten kaum verändert hat.

OZEANIEN

▲ Auf den verstreuten Inseln Ozeaniens herrscht meist subtropisches bis tropisches Klima mit heftigen Regenfällen. Viele Inseln sind üppig mit Palmen bewachsen.

OZEANIEN

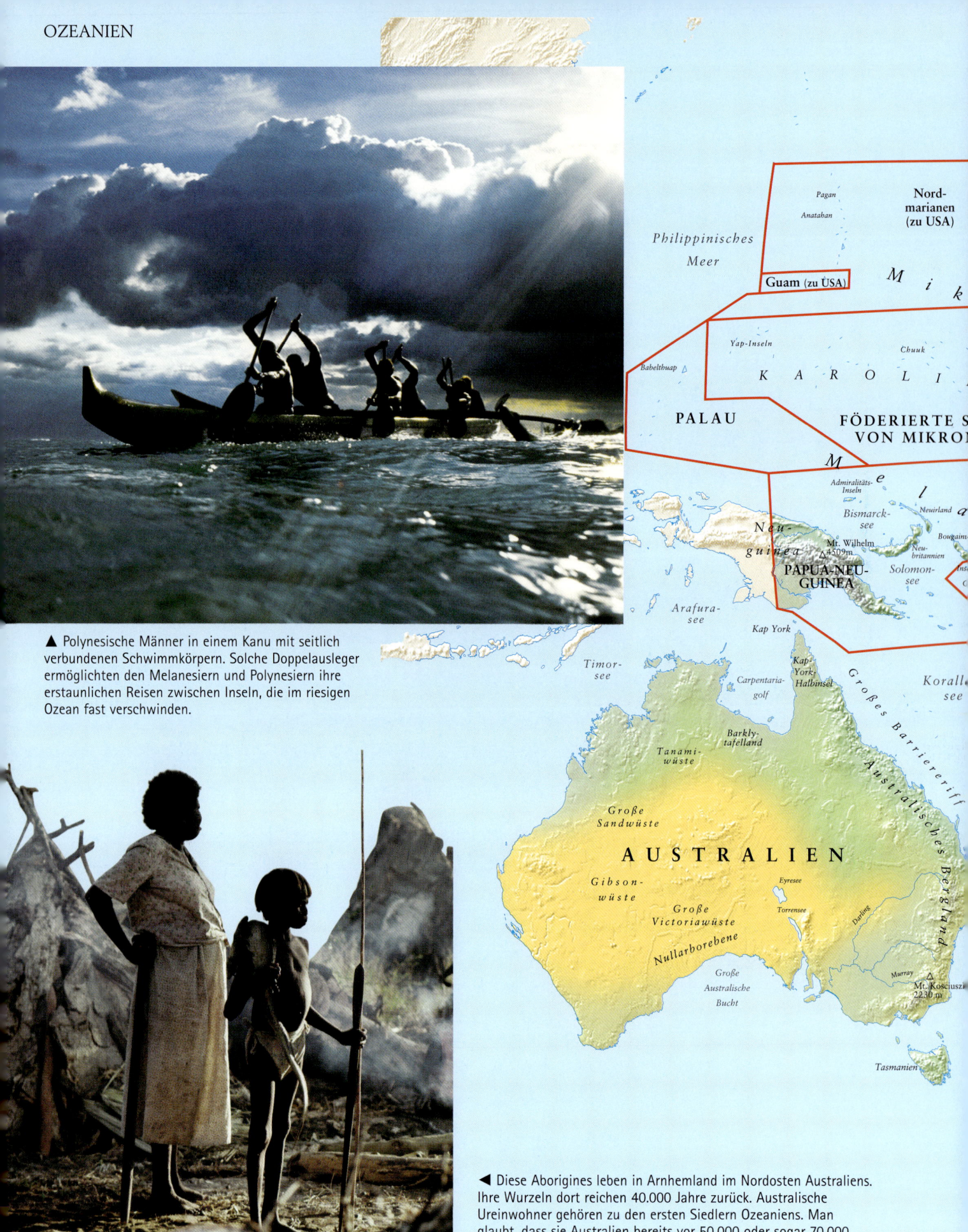

▲ Polynesische Männer in einem Kanu mit seitlich verbundenen Schwimmkörpern. Solche Doppelausleger ermöglichten den Melanesiern und Polynesiern ihre erstaunlichen Reisen zwischen Inseln, die im riesigen Ozean fast verschwinden.

◀ Diese Aborigines leben in Arnhemland im Nordosten Australiens. Ihre Wurzeln dort reichen 40.000 Jahre zurück. Australische Ureinwohner gehören zu den ersten Siedlern Ozeaniens. Man glaubt, dass sie Australien bereits vor 50.000 oder sogar 70.000 Jahre erreichten.

OZEANIEN

▶ Teil des Regierungskomplexes von Neuseeland, auch Bienenstock genannt, 1977 in Neuseelands Hauptstadt Wellington an der Südküste der Nordinsel eingeweiht.

OZEANIEN

PAPUA-NEUGUINEA

Dieses Land reicher Ressourcen und traditioneller Kulturen umfasst die Hälfte der Insel Neuguinea und zahlreiche weitere kleinere Inseln im Pazifik.

Fläche: 462.840 km²
Bevölkerungszahl: 5.378.000
Hauptstadt: Port Moresby (254.158)
Sprache/n: Englisch, Pidgin, Motu
Religion/en: Christen (protest., röm.-kath.), Anhänger von Naturreligionen
Währung: Kina
Exportgüter: Erdöl, Gold, Kupfer, Holz, Kaffee, Kakao, Krebse, Garnelen
Staatsform: Parlamentarische Monarchie im Commonwealth

Papua-Neuguinea besteht aus mehr als 600 Inseln, darunter Neubritannien, die zweitgrößte Landmasse, und der Bismarck-Archipel, die Osthälfte Neuguineas macht vier Fünftel der Gesamtfläche aus. Die Küstengebiete dort sind flach und oft sumpfig, dahinter steigt das Land zu zerklüfteten Bergen auf. Manche kleineren Inseln des Landes wurden von Korallen geformt, aber die meisten sind vulkanischen Ursprungs. Die abwechslungsreiche Landschaft Papua-Neuguineas bietet vielen Pflanzen- und Tierarten Lebensraum. Neueren Untersuchungen zufolge leben innerhalb dieses Landes 5 % aller bekannten Lebewesen der Welt. Papua-Neuguinea liegt direkt südlich des Äquators, das Klima ist tropisch, die Regenzeit dauert von Dezember bis März.

▲ Ein Stammeskrieger aus Papua-Neuguinea bemalt sich das Gesicht. Viele Stämme im Gebirge wurden erst in der zweiten Hälfte des 20. Jh.s entdeckt. Sie lebten über Tausende von Jahren beinahe unverändert.

PAPUA-NEUGUINEA

REICH AN RESSOURCEN

Über 80 % der Fläche von Papua-Neuguinea sind von Regenwald bedeckt, dieser schwindet jedoch zunehmend. Ein Drittel des Waldes steht Holzfirmen offen; Forstwirtschaft gehört zu den wichtigsten Industrien. Hauptindustrie ist jedoch der Bergbau. Es gibt zahlreiche Bodenschätze, darunter Kupfer, Gold, Silber, Nickel und Kobalt. Auch Öl- und Erdgasvorkommen werden abgebaut. 85 % der Bevölkerung leben von Subsistenzwirtschaft, obwohl nur 2 % des Landes sich zur Bewirtschaftung eignen. Auf größeren Plantagen werden Kaffee und Exportpflanzen angebaut.

MENSCHEN UND SPRACHEN

Vor etwa 50.000 Jahren erreichten die ersten Siedler das Land. Dessen geografische Struktur schränkte die Bewegungsfreiheit erheblich ein und isolierte die einzelnen Bevölkerungsgruppen, die ihre eigene Sprache und Kultur entwickelten. Papua-Neuguinea hat daher eine der kulturell mannigfaltigsten Bevölkerungen der Erde, es gibt mehr als 740 verschiedene Sprachen. Die Menschen, die in den Küstenebenen leben und daher in Kontakt mit anderen Gruppen stehen, unterscheiden sich von den isolierten Gebirgsbewohnern. Obwohl die Mehrzahl der Bevölkerung offiziell den christlichen Glauben angenommen hat, sind Naturreligionen und alte Bräuche noch weit verbreitet. Seit der Unabhängigkeit 1975 gibt es in einzelnen Landesteilen (z. B. Bougainville) Bestrebungen, sich von der Zentralregierung zu lösen.

▲ Berglandschaft bei Goroka nahe des Mount Wilhelm, höchster Punkt von Papua-Neuguinea. Im Gebirge ist es kühler als an der Küste, wo es im Sommer heißer als 32 °C werden kann.

▼ Die Hauptstadt Port Moresby am Golf von Papua ist Wirtschaftszentrum des Landes; Haupterwerbszweig ist die Weiterverarbeitung von Nahrungsmitteln.

OZEANIEN

AUSTRALIEN

Australiens riesiges, trockenes Landesinnere ist spärlich besiedelt. Aber reiche Bodenschätze und hoch entwickelte Landwirtschaft machten es zu einer reichen Nation.

Fläche: 7.692.030 km²
Bevölkerungszahl: 19.663.000
Hauptstadt: Canberra (321.300)
Sprache: Englisch
Religion/en: Christen (röm.-kath., anglik.), Anhänger von Naturreligionen
Währung: Australischer Dollar
Exportgüter: Getreide, -produkte, Fleisch, -produkte, Erze, mineralische Brennstoffe und Schmiermittel (Kohle und Petroleum), Halbwaren
Staatsform: Parlamentarische Monarchie im Commonwealth

▼ Die Harbour Bridge und das Opernhaus von Sydney sind berühmte Symbole für Australiens Reichtum. Die Brücke wurde 1932 eingeweiht und ist 1.149 m lang, jeder Bogen überspannt 503 m. Hier laufen acht Fahrspuren, zwei Zuglinien, ein Geh- und ein Radweg. Das moderne Opernhaus wurde 1973 nach Plänen des dänischen Architekten Jørn Utzon fertig gestellt.

Australien liegt zwischen dem Indischen und dem Pazifischen Ozean, zu seinem Territorium gehören die große Insel Tasmanien im Südosten und viele andere Inseln vor der 25.760 km langen Küstenlinie. Australien gilt als Kontinent und ist seit 300 Millionen Jahren geologisch stabil, nur wenige Erdbeben, Vulkane und Landverschiebungen ließen Berge entstehen. Erosion durch Wind und Wasser schuf so riesige, flache Ebenen. Weniger als 7 % der gewaltigen Fläche sind höher als 600 m. Australien ist größtenteils extrem trocken; zwei Drittel des Landes bestehen aus Wüsten oder Halbwüsten. Im Osten des Landes verläuft in grober Nord-Südrichtung die Great Dividing Range und trennt die östlichen Küstengebiete vom trockenen Landesinneren, dem Outback. Ein Großteil der Bevölkerung lebt in den Städten der Ostküste, dazu gehört auch Sydney, Australiens größte Metropole. Andere große Städte sind Brisbane, Melbourne, Perth, Adelaide und Canberra, die Landeshauptstadt. Vor 65 Millionen Jahren driftete Australien von den anderen Kontinenten ab, durch diese Isolation entwickelten sich einzigartige Tierarten, am bekanntesten sind das Känguru, der Koala und das Schnabeltier.

▲ In der Sprache der Aborigines heißt er Uluru, Schatten spendender Platz, der Ayers Rock in Zentralaustralien. 348 m ragt er aus der Ebene empor und hat einen Umfang von 8 km.

Die ersten Menschen erreichten Australien vor etwa 50.000 Jahren. Die Aborigines siedelten sich in fast ganz Australien an. Sie lebten vom Land und entwickelten eine reiche Kultur, bis im 18. Jh. die ersten Europäer kamen. Heute sind nur noch knapp 2 % der Australier Aborigines, die meisten sind europäischer Abstammung.

OZEANIEN

OSTAUSTRALIEN

In diesem Gebiet siedelten sich die Europäer zuerst an, das Land ist reich an Bodenschätzen und Rohstoffen. Hier liegen die Handels- und Industriezentren des Kontinents.

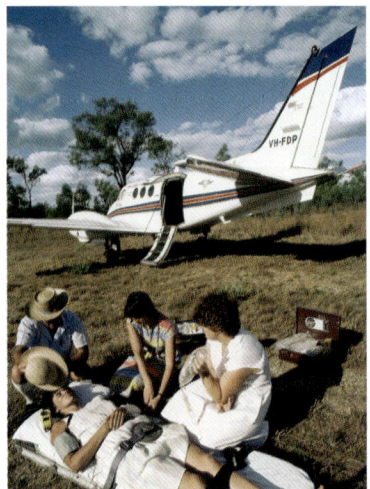

▲ Die »Fliegenden Ärzte« behandeln einen Patienten in Queensland. Seit 1928 fliegen diese Maschinen zu abgelegenen Ortschaften, jährlich mehr als 11 Mio. km.

Australien ist in sechs Bundesstaaten und zwei Territorien aufgeteilt. Ostaustralien besteht aus den Bundesstaaten Queensland, Victoria und New South Wales und dem Australian Capital Territory (ACT), in dem Canberra, die Hauptstadt, liegt. Australien wurde bei seiner Unabhängigkeitserklärung von 1901 zur Föderation, kurz danach wurde der Regierungssitz gewählt. Canberra ist die einzige Großstadt Australiens, die nicht direkt an der Küste liegt. Die Küstenlinie ist 25.760 km lang, 30 % davon gehören zu Ostaustralien. Die 215.000 t Fisch, die pro Jahr gefangen werden, nehmen sich da recht bescheiden aus. Mehr als die Hälfte der Einnahmen aus dem Fischfang stammen von Schalentieren wie Hummer, Garnelen und Austern. Von der Küste Ostaustraliens ins Landesinnere hinein dehnen sich fruchtbare Ebenen, hier ist die Landwirtschaft der Region angesiedelt. Dahinter ragt die dominante Great Dividing Range auf, eine unterbrochene Gebirgskette, die fast durch ganz Ostaustralien läuft, vom Norden Queenslands zur Südküste Victorias. Die Durchschnittshöhe der Great Dividing Range beträgt etwa 1.200 m, die höchsten Gipfel liegen in den Australischen Alpen in New South Wales, unter ihnen der Mount Kosciuszko, mit 2.230 m der höchste Berg Australiens. Hier gibt es große Kohlevorkommen, die Australien zu einem der weltgrößten Kohleexporteure machen. Westlich der Great Dividing Range fällt das Land zu den Ebenen ab, die nach Westen, in das meist flache und

OSTAUSTRALIEN

▲ Das Parlament im Zentrum von Canberra wurde 1988 fertig gestellt. Canberra wurde 1908 Regierungssitz, sieben Jahre nach Australiens Unabhängigkeit.

trockene Landesinnere führen. In dieser Gegend Ostaustraliens fällt besonders das Große Artesische Becken auf, wo zahlreiche unterirdische Quellen entspringen, die oft zur Bewässerung genutzt werden. Ostaustraliens größtes Flusssystem ist das Murray-Darling-System im Süden der Region. Es hat eine Gesamtlänge von 3.750 km und entwässert ein Gebiet von über 1 Million km².

DAS GROSSE BARRIERERIFF

Dieses Weltwunder der Natur liegt vor der Küste Queenslands. Es besteht aus mehr als 3.000 Korallenriffen sowie einer Anzahl kleinerer Inseln, das Ganze auf einer Länge von gut 2.000 km. Es bedeckt eine Fläche von fast 350.000 km² und ist damit das größte zusammenhängende Riff der Erde. Das Große Barriereriff besteht aus mehr als 3.500 Korallenspezies und bietet unzähligen Tierarten Lebensraum, darunter 1.500 Fischarten und mehr als 200 Vogelarten. Hierher kommen Schildkröten zur Eiablage, hier leben Delfine, die gefährdeten Seekühe und Buckelwale. Dieses Naturwunder zieht jedes Jahr etwa zwei Millionen Besucher an, aber diese Massen stellen eine Bedrohung für das zerbrechliche Gleichgewicht des Riffes dar. Korallen sind spröde und brechen leicht, Taucher, Touristen und Transportboote setzen ihnen zu. Auch Umweltverschmutzung und steigende Wassertemperaturen gefährden das Riff. Zusätzlich droht den Korallen Gefahr von der Dornenkrone, einem Seestern, der sich von lebenden Korallen ernährt.

▼ Der tropische Regenwald im Cape-Tribulation-Nationalpark reicht bis ans Ufer, wo Queenslands Großes Barriereriff beginnt. In dem 1.600 km² großen Schutzgebiet hat sich der Wald seit 100 Millionen Jahren nicht verändert.

OZEANIEN

▲ Lebende Korallen und atemberaubende Artenvielfalt ziehen jährlich Millionen Tauchtouristen ans Große Barriereriff.

▼ Die riesigen Antennen des Canberra Space Communication Complex haben einen Radius von bis zu 70 m und dienen der Kommunikation mit Raumfahrzeugen. Hier wurden 1969 die ersten Bilder der Mondlandung empfangen.

EINGEFÜHRTE TIERARTEN

Viele Tierarten Australiens wurden erst von Menschen eingeführt. Der Vorreiter war ein asiatischer Wildhund namens Dingo, der vor mindestens 40.000 Jahren mit den Aborigines ins Land kam. Manche eingeführten Tiere verursachten große Umweltschäden. Agakröte und Kaninchen vermehrten sich unkontrolliert millionenfach, da sie keine natürlichen Feinde hatten, schadeten der Landwirtschaft und störten empfindliche Ökosysteme. Andere eingeführte Tierarten bilden die Basis der australischen Landwirtschaft in Ostaustralien und dem Rest des Kontinents. Mehr als 110 Millionen Schafe und etwa 29 Millionen Fleisch- und Milchrinder grasen auf Weideflächen in fast allen Bundesstaaten Australiens. 90 % der landwirtschaftlich genutzten Fläche des Landes sind Weideland. In Queensland findet sich über ein Drittel der Rinder, in New South Wales gibt es dagegen 40 Millionen Schafe. Diese Herden werden auf riesigen Farmen, so genannten Stations, gehalten. Die größte erstreckt sich über ein Gebiet von 12.000 km². Australien ist der weltgrößte Exporteur von Rindfleisch und auch bei der Produktion von Wolle nimmt es eine Führungsposition ein.

DIE MENSCHEN AUSTRALIENS

Niederländische Forscher erreichten Australien Mitte des 17. Jh.s. Der Engländer William Dampier legte 1688 und 1699 an. 1770 erklärte James Cook das Land zum Eigentum Englands, und 1788 wurde an dem Platz, an dem heute Sydney, die größte Stadt des Landes, liegt, eine britische Strafkolonie gegründet. Bis 1853 wurden im Zuge der britischen Deportationspolitik etwa 160.000 Strafgefangene nach Australien verschifft. Die meisten landeten in den Siedlungen Ostaustraliens. 1851 wurde in Victoria Gold entdeckt; im Zuge des folgenden Goldrausches strömten Tausende von freien Siedlern ins Land, die ihr Glück machen wollten. Nach dem Zweiten Weltkrieg förderte die australische Regierung ein großes Immigrationsprogramm, das etwa fünfeinhalb Millionen Einwanderer anzog. Mehr als die Hälfte stammte aus Großbritannien, der Rest aus Deutschland, Holland, Italien, Griechenland und Jugoslawien. Bis 1973 waren in Australien nur weiße Einwanderer erwünscht. Heute sind über 90 % der Bevölkerung europäischer Abstammung, die Minderheiten aus Asien oder dem Nahen Osten wachsen jedoch stetig. In der kaum 20 Millionen zählenden Bevölkerung finden sich über 150 verschiedene Nationalitäten. 68 % sind Christen, mehr als 13 % sind nicht gläubig. Australiens Klima und die Weite des Landes ziehen die Menschen ins Freie, das Interesse an Sportarten wie Kricket, Rugby und Schwimmen ist groß. Australier genießen generell einen hohen Lebensstandard, obwohl wirtschaftliche Schwierigkeiten den Graben zwischen Arm und Reich vergrößert haben. Da der ehemalige Haupthandelspartner Großbritannien inzwischen zur EU gehört, musste Australien die Handelsbeziehungen mit den USA und Asien stärker ausbauen. In einer Volksabstimmung von 1999 entschied sich zwar die Mehrheit weiterhin für die Königin von England als Staatsoberhaupt, aber viele, vor allem junge Australier, wollen, dass ihr Land eine Republik wird.

▲ Die Blue Mountains, ein Teil der Great Dividing Range, verdanken ihren Namen den bläulichen Blättern der Eukalyptusbäume, die ihre Flanken bedecken.

▲ Australier sind traditionell sportbegeistert. Bei der Olympiade 2000 in Sydney traten 10.651 Sportlern in rund 300 Wettkämpfen gegeneinander an.

▼ Die Goldküste im Süden von Queensland, über 50 km voller Hotels und Apartmentkomplexe, zieht jedes Jahr zwei Millionen Besucher an.

Städte in Ostaustralien

An Australiens Ostküste liegen die drei größten Städte des Landes. Melbourne, Hauptstadt von Victoria, Brisbane, Hauptstadt von Queensland, und Sydney, die Hauptstadt von New South Wales. Sydney liegt an einem spektakulären, natürlichen Hafen und ist die bevölkerungsreichste Stadt des Landes sowie das Handelszentrum. Sie zieht von den jährlich 4,9 Millionen ausländischen Besuchern mehr an als jede andere Stadt Australiens.

DIE ABORIGINES

Vor der Ankunft der europäischen Siedler lebten über eine Million Aborigines in Australien. Die Neuankömmlinge schleppten Krankheiten ein, gegen die die Aborigines keine natürliche Abwehr hatten. Tausende starben an Pocken, Tuberkulose und Erkältungsviren. Noch mehr Todesopfer forderten die Kämpfe mit den Siedlern, denn die behandelten die Aborigines oft wie Wilde. Man diskriminierte sie, besetzte ihr Land und zwang sie häufig, ihren Lebensstil zu ändern. Sie wurden in Städte umgesiedelt oder in Reservaten eingepfercht. Etwa 100.000 Kinder wurden ihren Eltern weggenommen und in Heimen oder bei weißen Familien untergebracht. Man nennt diese Kinder heute »The Stolen Generation«. Bis in die 1960er-Jahre hatten die Aborigines nicht einmal das Wahlrecht. Seitdem gab es viele Fortschritte. Die Kultur der Aborigines gewann Anerkennung, der Staat sorgte für Sozialhilfe und Ausbildungsprogramme. Auch ihr Anrecht auf Land wird allmählich akzeptiert. Aber trotzdem gehören die Aborigines immer noch zu den ärmsten und benachteiligten Australiern. Ihre Lebenserwartung liegt 15 Jahre unter dem Durchschnitt.

TASMANIEN

Die Bass-Straße trennt diesen kleinsten Bundesstaat Australiens vom Festland. Hier leben 473.000 Menschen in einer beeindruckenden Landschaft.

▲ Ein Boot bringt ein Zuchtbecken der Port-Esperance-Fischfarm 50 km südwestlich von Hobart in Position.

▼ Die New-River-Lagune liegt in der Tasmanian Wilderness World Heritage Area, ein Gebiet von 13.000 km². Mehr als ein Fünftel Tasmaniens ist von Nationalparks bedeckt, die seine einzigartige Landschaft und Tierwelt schützen.

Das 68.400 km² große Territorium von Tasmanien, das die kleineren Inseln Flinders, King und Cape Barren mit einschließt, macht weniger als 1 % von Australiens Gesamtfläche aus. Bis vor 9.000 Jahren war Tasmanien mit Australien verbunden, geologisch gehört es zur Great Dividing Range. Die Hauptinsel besteht hauptsächlich aus einem mehr als 900 m hohen Hochplateau und mehreren Gebirgsketten. Reißende Flüsse und Bäche überziehen das Land, einige werden zur Gewinnung von Wasserkraft genutzt. Im Norden, an der Ostküste und im Zentrum der Insel finden sich Ackerland, Weideland und viele Weinberge. Im Westen ist die Landschaft viel ursprünglicher, mit großen, artenreichen Waldgebieten. Hier wächst der Blaugummi-Eukalyptus, das Staatssymbol Tasmaniens.

Bergbau und Holzindustrie sind wichtig für die Wirtschaft, aber man versucht, soweit möglich, unberührte Natur zu erhalten. Ein Großteil der Bevölkerung arbeitet in der Landwirtschaft. Äpfel, Trauben und Nutztiere sind die Hauptprodukte. Die Industrie konzentriert sich auf den Südosten um Hobart, Australiens zweitälteste Stadt (1804 gegründet). Tasmanien wurde vor rund 35.000 Jahren von Aborigines besiedelt, als es noch mit Australien verbunden war. Europäische Besiedlung, Krankheiten und Konflikte reduzierten ihre Anzahl drastisch. Inzwischen machen sie nur noch 3% der Bevölkerung aus.

OZEANIEN

ZENTRALAUSTRALIEN

Zentralaustralien, Northern Territory und der Bundesstaat South Australia, ist ein meist flaches, arides Land mit vereinzelten Hügel- und Gebirgsketten.

▲ Wichtigstes Transportmittel ist der Road Train, ein schneller Truck mit vielen Anhängern.

▼ Ein Buschfeuer wütet im Kakadu-Nationalpark, etwa 250 km östlich von Darwin im Norden. Kakadu ist für seine Tierwelt und alten Aborigines-Malereien berühmt. Hier leben 1.200 Pflanzen-, 100 Reptil-, 200 Vogel- und 50 Säugetierarten.

Hier liegt ein Großteil des trockenen, heißen Buschs und der Wüsten, die das Great Red Centre, das rote Zentrum Australiens, bilden. Die Simpson-, die Tanami- und ein Teil der Großen Victoriawüste im Westen bedecken weite Teile dieser Region. Im Zentrum, nahe der Grenze zwischen Northern Territory und South Australia, liegt die Macdonnellkette, die sich westlich von Alice Springs über 200 km erstreckt und eine Höhe von mehr als 1.500 m erreicht. Südlich des Uluru (Ayers Rock) liegt ein weiterer Gebirgszug, die Musgravekette. Der Norden des Northern Territory, auch Top End genannt, ist von Savanne und kleinen Gebieten tropischen Regenwalds bedeckt, die Küste ist teilweise Sumpfland. South Australia ist relativ flach, das einzige Hochland ist die stark bewaldete Flinderskette. Nicht weit davon liegen riesige Seen, die meist Salzpfannen sind

▲ Zwei Aborigines-Männer tragen zeremonielle Körperbemalung aus zerstoßenen Steinen und Erde. In traditionellen Zeremonien, die als Corroborrees bekannt sind, feiern die Aborigines ihre Kultur mit Musik und Tanz.

ZENTRALAUSTRALIEN

und sich nur selten mit Wasser füllen. Der mächtige Eyresee liegt nördlich der Flinderskette und kann eine Größe von 8.900 km² erreichen. Er entwässert ein Gebiet von 1 Mio. km². Längster Fluss ist der Murray, der aus New South Wales kommend in South Australia östlich von Adelaide in den Ozean mündet.

KLIMA UND LANDWIRTSCHAFT

South Australia gilt als trockenster Bundesstaat Australiens. An der Küste fällt mehr Niederschlag und das Klima ist gemäßigt, aber etwa 80 % des Staates sind arid und erhalten nur 300 mm Niederschlag pro Jahr. Im Northern Territory herrscht das gleiche trockene Klima, nur die Küstenregionen sind tropisch. Hier fallen jährlich mehr als 1.600 mm Regen, ein Großteil davon in der Regenzeit von November bis April. Im Top End werden tropische Früchte und Gemüse angebaut. Im Zentrum und im Süden des Northern Territory sind die Böden mager und trocken, deshalb lässt man dort nur Fleischrinder grasen, genau wie im Norden und dem Zentrum von South Australia, wo man auch Schafherden findet. Der Süden ist fruchtbarer, dort wird mit künstlicher Bewässerung Getreide, Obst und Gemüse angebaut. Hier werden die meisten Trauben Australiens produziert, die Weinwirtschaft ist auf dem Vormarsch.

OZEANIEN

▲ Der Eyresee in South Australia wird von saisonalen Flüssen gespeist. Verdunstung macht aus dem See eine trockene Salzpfanne. Er liegt 16 m unter dem Meeresspiegel und ist der tiefste Punkt Australiens.

▼ Barossa Valley 50 km nordöstlich von Adelaide ist ein fruchtbares Weinbaugebiet, das im Osten von der Barossakette begrenzt wird. Die rund 30 hier ansässigen Winzereien produzieren etwa ein Drittel des australischen Weines, der meist exportiert wird.

SPÄRLICH BEVÖLKERTES LAND

In Zentralaustralien konzentriert sich die Bevölkerung auf kleine Gebiete, riesige Landflächen sind unbewohnt. Obwohl Northern Territory eine Fläche von 1,34 Mio. km² hat, leben hier nur rund 200.000 Menschen, etwa 1 % der Gesamtbevölkerung Australiens. Einige wenige Menschen leben in Bergwerksstädtchen, landwirtschaftlichen Betrieben und Aborigine-Siedlungen, aber die große Mehrheit lebt in Alice Springs oder Darwin, der Hauptstadt und wichtigstem Hafen von Northern Territory. Darwin musste bereits fünfmal wieder aufgebaut werden, nachdem tropische Wirbelstürme es zerstört hatten (zuletzt 1974). Heute ist es dank der Bergbauindustrie, Jobs in der Regierung und beim Militär und dank des erstarkten Tourismus eine wohlhabende, stetig wachsende Stadt, in der zurzeit rund 100.000 Menschen leben. South Australia ist mit 983.480 km² etwas kleiner, aber hier leben sieben Mal mehr Menschen als in Northern Territory. 95 % der Einwohner leben nur bis zu 45 km von der Küste entfernt in wenigen Ballungsräumen, der größte ist Adelaide, die Hauptstadt des Bundesstaates. Australiens fünftgrößte Stadt ist von Parkanlagen umgeben, ihre Straßen wurden am Reißbrett entworfen. Im Gebiet von Adelaide ergänzen Bergbau und die Gewinnung von Erdgas Landwirtschaft und Tourismus als Haupteinnahmequellen.

▲ Das sich weit ausbreitende Alice Springs im Northern Territory im Mittelpunkt des Kontinents ist Hauptsitz der »Fliegenden Ärzte«. Die Stadt ist Ausgangspunkt der Touristen zum Uluru (Ayers Rock), dem heiligen Berg der Aborigines.

ISOLIERTE TIERWELT

Australien gehörte einst zum Superkontinent Gondwana. Durch Kontinentalverschiebung driftete Australien vom Rest des Kontinents ab und bewegte sich im Lauf der nächsten 50 bis 60 Millionen Jahre zu seiner heutigen Position. Für Australiens Tierwelt bedeutete diese

ZENTRALAUSTRALIEN

Welt. Im 19. Jh. wurden Kamele als Lasttiere für die Wüsten Zentralaustraliens eingeführt. Inzwischen leben etwa 60.000 wilde Kamele dort, hauptsächlich in Northern Territory. Es gibt keine großen Landraubtiere, aber einige hochgiftige Insekten, Quallen und Reptilien, darunter den Taipan, die Schlange mit dem stärksten Gift der Welt.

KULTUR DER ABORIGINES

Aborigines-Völker leben in ganz Australien, aber in Northern Territory sind sie besonders stark vertreten. Sie waren die ersten Menschen, die in Australien landeten, und allmählich entwickelten sich viele unterschiedliche Stammesgruppen mit eigener Kultur und Sprache. Vermutlich gibt es 250 verschiedene Aborigines-Dialekte. Alle lebten als Nomaden oder Halbnomaden im Einklang mit der Natur, sie sammelten Samen, Früchte und Beeren, jagten und fischten. Ihre Kultur ist reich und vielfältig, mit traditioneller Malerei, Musik und Tänzen. Ihre Kunst und ihre Erzählungen beschäftigen sich viel mit der Entstehung des Landes, der Menschen und ihrer Ahnen, in einem komplexen Glaubenskonzept, der Traumzeit. Jedem Stamm wurde von den Ahnen, den mythischen Schöpfern der Welt und der Menschen, ein eigenes Territorium geschenkt, das weder verkauft noch verschenkt werden durfte. Viele Stätten im Land gelten als heilig.

Isolation, dass sie sich unabhängig vom Rest der Welt entwickelten und Dutzende einzigartiger Spezies hervorbrachten. Viele Säugetiere – zum Beispiel Kängurus, Koalabären, Wombats und Wallabys – sind Marsupialier, die ihre Jungen in einem Beutel aufziehen. Andere sind Monotreme, Eier legende Säugetiere, wie zum Beispiel das Schnabeltier und der Echidna oder Ameisenigel. Viele dieser Arten leben in Zentralaustralien. In South Australia findet man den Emu, Australiens größten (flugunfähigen) Vogel, den zweitgrößten der

▲ In South Australia leben rund drei Millionen Kängurus verschiedener Arten, die größten Beuteltiere der Welt. Rote Kängurus können 1,8 m groß werden und 85 kg wiegen.

OZEANIEN

WESTAUSTRALIEN

Dieser größte Bundesstaat Australiens besteht hauptsächlich aus trockenem Wüstenland mit reichen Bodenschätzen. Im Südwesten liegt fruchtbares Land.

▲ Die Kricket-Mannschaft von Westaustralien spielt gegen ein Team aus England im WACA-Stadion in Perth.

▼ Sonnenuntergang an einem Strand bei Broome in den Kimberleys. Broome, eine der wenigen Städte im Norden Westaustraliens, war einst ein Zentrum der Perlenfischerei. Heute werden dort in Perlmuschelfarmen Austern gezüchtet.

Westaustralien ist ein riesiges, arides Land, das im Nordwesten, Westen und Süden an den Indischen Ozean und im Norden an die Timorsee grenzt. Das Staatsgebiet umfasst etwa 2,52 Mio. km² und besteht hauptsächlich aus einem sandigen, trockenen Plateau mit einer Höhe zwischen 300 und 600 m. Drei große Wüsten bedecken den Großteil der Fläche: Im Norden die Große Sandwüste, im Zentrum die Gibsonwüste und im Südosten die Große Victoriawüste. Alle drei bestehen aus Buschland, Salzsümpfen und Salzseen. Sie sind unwirtliche, aride Gegenden, in denen jährlich weniger als 200 mm Regen fällt und die Durchschnittstemperatur bei 30 °C liegt. Vereinzelt gibt es Gebirge, im Westen erhebt sich die Hamersleykette zu Gipfeln von 1.500 m Höhe. Das größte Berggebiet sind die zerklüfteten Kimberleys im Nordosten. Durch Staudämme entstand im äußersten Norden dieser Region der Argylesee, der größte See Westaustraliens.

KLIMA UND LANDWIRTSCHAFT

Westaustralien ist meist heiß und trocken, aber in einem solch riesigen Gebiet gibt es doch auch Unterschiede. Im Norden herrscht tropisches Klima mit häufigen Wirbelstürmen (Zyklone), im äußersten Süden ist das Klima mediterran. Beide Regionen erhalten bis zu 1.400 mm Niederschlag im Jahr, in Richtung Landesinnere nimmt die Menge dann rapide ab. Im Sommer steigen die Temperaturen auf über 30 °C, im Winter fallen sie oft unter

WESTAUSTRALIEN

◀ Trotz seiner Abgelegenheit blüht Perths Geschäftszentrum, Bürohochhäuser dominieren die Skyline. Durch das enorme Wachstum seit den 1970er-Jahren hat die Hauptstadt Westaustraliens Adelaide überholt und ist jetzt die viertgrößte Stadt Australiens.

den Gefrierpunkt. Eine flache Bergkette nördlich von Albany im Süden ist der einzige Ort, an dem Schnee fällt. Im Südwesten liegt fruchtbares, landwirtschaftlich genutztes Land. Es gibt etwa 28.000 km² Ackerland im Staat, dort werden Hafer, Raps und Weizen angebaut. Westaustralien ist der größte Weizenproduzent des Landes. Auch Nutztierzucht, Holzwirtschaft in den staatlich kontrollierten Wäldern des Südwestens und Küstenfischerei sind wichtige Wirtschaftsfaktoren.

▼ Aborigines-Kinder in der flachen, trockenen Landschaft der Gibsonwüste, die ein Gebiet von etwa 155.500 km² bedeckt.

OZEANIEN

MINEN UND REICHE BODENSCHÄTZE

Australien ist reich an Bodenschätzen und verfügt über eine der wichtigsten Bergbauindustrien der Welt. Die Vorkommen finden sich überall in Australien, deshalb gibt es in allen Bundesstaaten und Territorien des Landes große Bergbauunternehmen. 70 % des Weltertrags von Kupfer stammen aus den riesigen Minen in Queensland; sowohl in Northern Territory als auch in South Australia gibt es Uranminen. Westaustralien liegt an der Spitze, hier

▼ Inmitten des Nambung-Nationalparks nördlich von Perth liegt die Pinnacleswüste, wo Tausende von Kalksteinsäulen aus dem gelben Quarzsand ragen. Mehr als 200.000 km² der Fläche Westaustraliens sind als Parks und Schutzgebiete eingerichtet worden.

▲ Eine Tagebau-Goldmine. Gold macht 7 % des staatlichen Bergbauertrages aus und ist Hauptexportgut, noch vor Eisenerz, Öl, Erdgas, Weizen und Wolle.

WESTAUSTRALIEN

werden 38 % des Bergbaus betrieben und zwei Drittel aller Metalle des Landes geschürft. Der Bundesstaat hat riesige Nickel- und Bauxitreserven, Letzteres braucht man zur Aluminiumherstellung. 97 % des australischen Eisenerzes wird hier abgebaut, außerdem stammen zwei Drittel des Golderträgs Australiens von hier, etwa 8 % des weltweiten Ertrags. In den 1970er-Jahren wurden in den Kimberleys Diamantvorkommen entdeckt, inzwischen gehört Australien zu den fünf größten Diamantproduzenten der Welt. Vor der Küste, auf dem nordwestlichen Kontinentalsockel, finden sich große Erdöl- und Erdgasreserven.

EINE AUFSTREBENDE WIRTSCHAFT

Westaustralien hatte seit den 1960er-Jahren das schnellste Wirtschaftswachstum aller Bundesstaaten. Stützpfeiler sind Bergbau und Landwirtschaft, die ein Viertel der Einnahmen des Staates stellen. In neuester Zeit boomt auch der Tourismus. Die Fertigungsindustrie, die sich auf Perth konzentriert, ist in den letzten Jahrzehnten rapide gewachsen. Hier werden die regionalen Rohstoffe zu Materialien wie Stahlblech verarbeitet oder Fertigprodukte wie wollene Kleidung hergestellt. Perth ist ein großes Handels- und Geschäftszentrum. Es liegt näher an Singapur als an Sydney und stärkt besonders die Handelsbeziehungen zu den Staaten Südostasiens.

VIELE DÖRFER, EINE STADT

Westaustralien ist nur spärlich bevölkert, durchschnittlich nicht mal 1 Person pro km². Trotz der wichtigen Rolle der Landwirtschaft leben weniger als 15 % der Bevölkerung in ländlichen Gebieten. Westaustraliens erste Kolonie entstand in den 1820er-Jahren. Die Bewohner kämpften ums Überleben, bis große, fruchtbare Bodenflächen entdeckt wurden. Rund 10.000 Strafgefangene wurden in den 1850er-Jahren zur Arbeit in die Region deportiert. In den späten 1880er- und 1890er-Jahren lösten Goldfunde einen Goldrausch aus und die Bevölkerung der Region wuchs dramatisch an. Die Erträge aus den Goldfunden führten zu ehrgeizigen, öffentlichen Projekten wie einem künstlichen Hafen für die Stadt Fremantle im Jahr 1899. Heute gehört er zum Stadtgebiet von Perth, der einzigen Großstadt Westaustraliens und Hauptstadt des Bundesstaates (1,3 Mio. Einw.). Keine andere Stadt Westaustraliens hat mehr als 35.000 Einwohner. Perth ist inzwischen die viertgrößte Stadt Australiens.

▲ Ein Bulkcarrier für Eisenerz manövriert im Hafen von Port Hedland im Nordwesten Westaustraliens. Australien ist drittgrößter Eisenerzeuger der Welt mit 15 % des Weltertrages. Fast alles Eisenerz stammt aus Westaustralien.

OZEANIEN

NEUSEELAND

Neuseeland ist geografisch vom Rest der Welt isoliert. Seine wenigen Bewohner leben in einer abwechslungsreichen, spektakulären Landschaft.

Fläche: 270.534 km²
Bevölkerungszahl: 3.939.000
Hauptstadt: Wellington (165.945)
Sprache/n: Englisch, Maori
Religion/en: Christen (anglik., presbyt., röm.-kath.), Maori-Kirchen
Währung: Neuseeland-Dollar
Exportgüter: Fleisch- und Milchprodukte, Holz und -produkte, Fisch, Maschinen, Halbwaren, Aluminium, -erzeugnisse
Staatsform: Parlamentarische Monarchie im Commonwealth

Neuseeland liegt 1.600 km östlich von Australien. Es besteht aus zwei großen Inseln, der Nord- und der Südinsel, die durch die 20 km breite Cook-Straße getrennt sind, und einigen kleineren Inseln. Stewart Island vor der Südküste der Südinsel hat eine Fläche von 1.746 km². Neuseeland hat enge Bindungen an mehrere Inselterritorien. Die Cook-Inseln und Niue sind unabhängig, aber mit Neuseeland verknüpft. Tokelau ist ein abhängiges Territorium. Es besteht aus drei Korallenatollen fast 500 km nördlich von Samoa. Es leben dort rund 1.500 Pazifikinsulaner, die fischen, Ackerbau betreiben und Kunsthandwerk (Webwaren) exportieren.

VULKANISCHE NORDINSEL, GEBIRGIGE SÜDINSEL

Neuseelands Landschaft ist für das relativ kleine Land sehr vielfältig. Es gibt Fjorde, Gletscher, Berge, Strände, Ebenen, Sümpfe und sanfte Hügelketten. Die Nordinsel verdankt ihre Form vulkanischer Aktivität. Der Tauposee, mit seinen 606 km² größter See des Landes, ist der Krater eines riesigen, erloschenen Vulkans. Neuseelands längster Fluss, der Waikato, entspringt hier und mündet in die Tasmansee. Hinter dem Tauposee beginnt das Zentralplateau der Nordinsel mit vier aktiven Vulkanen, heißen Quellen und Geysiren, hier bebt die Erde relativ oft. Ansonsten ist die Nordinsel durch weite Ebenen, niedrige Bergketten und flache Küstengebiete geprägt. Die Küste ist stark zerklüftet, die beiden größten Städte Auckland und Wellington liegen an großen Naturhäfen. Nördlich von Auckland findet man lange Sandstrände, subtropische Vegetation und Mangrovensümpfe.

Die Südinsel wird von den Südlichen Alpen dominiert, die fast die

▲ In Neuseelands Südlichen Alpen im Zentrum der Südinsel liegt der Mount Cook, mit einer Höhe von 3.754 m Neuseelands höchster Berg, auch Aoraki genannt. Ihn umgeben zahlreiche Gletscher (Tasmangletscher, 29 km lang) und 22 weitere Dreitausender.

▼ Auckland liegt an einem natürlichen Hafen. Der 328 m hohe Sky Tower dominiert die Skyline. Als er 1997 fertig gestellt wurde, war er das höchste Gebäude der südlichen Hemisphäre.

NEUSEELAND

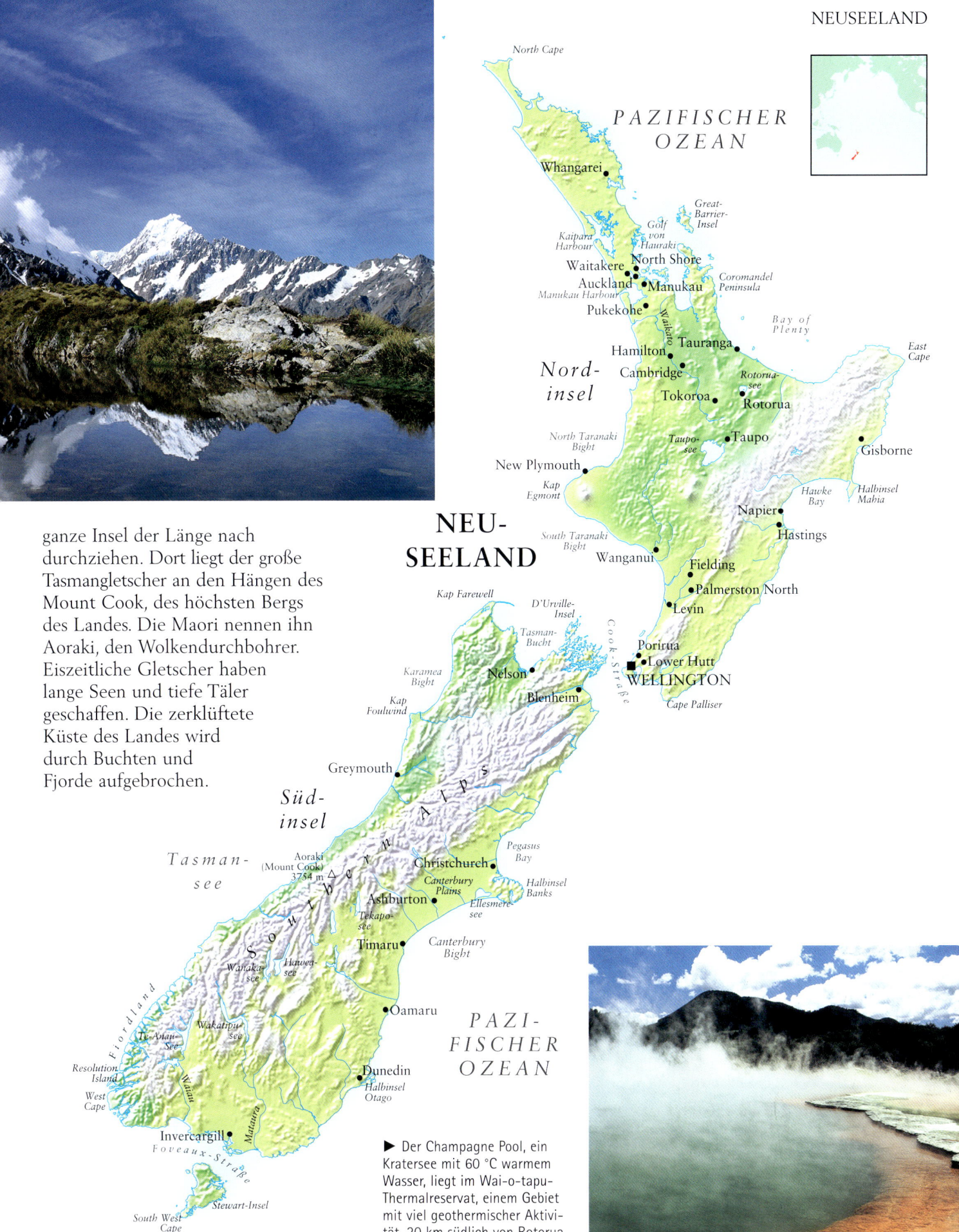

ganze Insel der Länge nach durchziehen. Dort liegt der große Tasmangletscher an den Hängen des Mount Cook, des höchsten Bergs des Landes. Die Maori nennen ihn Aoraki, den Wolkendurchbohrer. Eiszeitliche Gletscher haben lange Seen und tiefe Täler geschaffen. Die zerklüftete Küste des Landes wird durch Buchten und Fjorde aufgebrochen.

▶ Der Champagne Pool, ein Kratersee mit 60 °C warmem Wasser, liegt im Wai-o-tapu-Thermalreservat, einem Gebiet mit viel geothermischer Aktivität, 20 km südlich von Rotorua im Zentrum der Nordinsel.

OZEANIEN

▲ Maori im traditionellen Schurz zeigen eine Version des alten Kriegstanzes Haka.

▼ Einige von Neuseelands 42 Millionen Schafen grasen auf Weiden bei Dunedin. Im Land gibt es auch 9,5 Millionen Rinder und rund 13 Millionen Hühner.

GEMÄSSIGTES KLIMA

Neuseelands Klima ist gemäßigt, das ganze Jahr fällt regelmäßig Niederschlag. Kein Ort des Landes ist mehr als 120 km vom Meer entfernt, deshalb sind extreme Temperaturen selten. Die Sommer sind mild bis warm, nur in den südlichen Berggebieten ist es kühler. In den Ebenen fallen die Temperaturen im Winter selten unter 0° C. Durchschnittlich fällt jährlich etwa 750 mm Niederschlag, aber durch die vielen Berge ist das regional sehr unterschiedlich. Der meiste Regen fällt an den Berghängen, die Südlichen Alpen gehören mit teils 8.000 mm jährlichem Niederschlag zu den regenreichsten Gebieten der Erde. Die trockenste Region Neuseelands liegt östlich der Berge der Südinsel, im Norden der Halbinsel Otago. Dort fällt im Schnitt nur 330 mm Regen jährlich.

NATUR UND LANDWIRTSCHAFT

Neuseeland ist geografisch isoliert, deshalb sind viele einheimische Pflanzen- und Tierarten einzigartig, darunter flugunfähige Vögel wie der Kiwi oder der Kakapo. Im Land gibt es viele Pflanzenarten, aber nur wenige große, einheimische Tiere. Wälder bedecken über ein Viertel der Fläche Neuseelands. Im Norden der Nordinsel wachsen Kauri-Bäume, sie gehören zu den höchsten Bäumen der Welt. Etwa die Hälfte des Landes ist landwirtschaftlich oder als Weideland nutzbar. Neuseeland ist weltgrößter Exporteur von Butter und führend beim Export von Wolle, Käse und Fleischprodukten. Angebaut werden Getreide, Gemüse, Hopfen – für Bier – und Trauben. Auch beim Export von Früchten spielt Neuseeland eine große Rolle. Seit Mitte der 1970er-Jahre wurde die Landwirtschaft gründlich modernisiert, sie gehört zu den fortschrittlichsten der Welt.

EINE VIELFÄLTIGE WIRTSCHAFT

Landwirtschaft ist weiterhin sehr wichtig für die Wirtschaft des Landes, aber in den letzten 30 Jahren wurden auch andere Industriezweige ausgebaut. Es ist sehr teuer, Rohstoffe nach Neuseeland zu transportieren, deshalb entwickelte sich die Schwerindustrie nur begrenzt. Stattdessen verwendet man natürliche und mineralische Rohstoffe, die im eigenen Land verfügbar sind. Wichtigster Industriesektor ist die Verarbeitung von Agrarerzeugnissen zu Nahrungsmitteln, Wolle, Stoffen, Kleidung und Lederwaren. Forstwirtschaft und verwandte Industrien, wie die Produktion von Bauholz, Papier, Druckerzeugnissen und Möbeln, sind ein

wichtiger Stützpfeiler der Wirtschaft. Früher wurden die dichten Wälder Neuseelands stark gerodet, heute sind die übrig gebliebenen Urwälder geschützt. Über 90 % der für Bauholz und Papier gefällten Bäume sind speziell für die Holzindustrie eingeführte Arten. Ein Drittel der Arbeitskräfte ist im Dienstleistungssektor tätig: Banken, Versicherungen und Tourismus. Letzterer ist die Haupteinnahmequelle geworden. Jedes Jahr besuchen etwa 1,8 Millionen Touristen das Land, angezogen von der spektakulären Landschaft, der einzigartigen Kultur der Maori und der Ruhe dieser freundlichen, nicht überlaufenen Nation.

ENERGIE UND TRANSPORTWESEN

Neuseeland verfügt über beträchtliche Kohlevorkommen. Erdgas und Erdöl wurden in den 1970er-Jahren entdeckt. Vier Fünftel der Elektrizität des Landes werden durch die Nutzung erneuerbarer Energien aufgebracht, besonders durch Geothermik und Wasserkraft. Die wird auf der Südinsel produziert und an die Nordinsel geliefert, wo drei Viertel der Bevölkerung leben. Neuseelands Straßennetz ist gut ausgebaut, aber es gibt nur rund 150 km Autobahn. 2,5 Millionen Autos sind registriert, viele Fluglinien und Fähren verbinden die beiden Inseln und die Gemeinden an der Küste.

▲ Eine große Touristenattraktion: Die klaren Wasser und die dramatische Kulisse des Milford Sound, einem tiefen Fjord auf Neuseelands Südinsel. Der 19 km lange Fjord ist einer der regenreichsten Orte der Welt. Hier fällt bis zu 8.000 mm Niederschlag jährlich.

OZEANIEN

Feine Holzschnitzereien sind ein wichtiger Teil der Kunst der Maori. Die Maori stammen aus Polynesien, ihre Schnitzerei ist jedoch komplexer als die anderer polynesischer Völker.

DIE MENSCHEN NEUSEELANDS

Neuseeland ist ein Land alter und neuer Siedler. 12 % gehören zu den ältesten Siedlern, den Maori, die meist auf der Nordinsel leben. Zahlenmäßig sind sie den Menschen europäischer bzw. britischer Abstammung, die meist nach 1840 einwanderten, weit unterlegen. Europäer machen etwa drei Viertel der Bevölkerung aus und sind traditionell die einflussreichste und wirtschaftlich erfolgreichste Bevölkerungsgruppe. Etwa 6 % der Einwohner stammen von Pazifikinseln wie Tonga, den Cook-Inseln und Samoa. Sie kamen auf der Suche nach Arbeit nach Neuseeland, angezogen durch den Aufschwung der Wirtschaft nach dem Zweiten Weltkrieg. Die neuesten Einwanderer stammen aus Asien, besonders aus Malaysia und Hongkong, und machen ebenfalls etwa 6 % der Bevölkerung aus. Der Lebensstandard in Neuseeland ist hoch, aber die Maori leiden häufiger unter Arbeitslosigkeit und Armut. Das Sozialsystem ist mittlerweile weniger großzügig. Trotz der großen Rolle der Landwirtschaft leben 85 % der Neuseeländer in Städten.

KULTUR DER MAORI

Die Maori sind die Ureinwohner Neuseelands. Sie wanderten ab dem 9. Jh. aus Polynesien ein, vermutlich von den Cook-Inseln. Die Maori entwickelten eine reiche Kultur, dazu gehören komplizierte Holzschnitzereien und die Tätowierung des gesamten Gesichts bei Kriegern, Moko genannt. Der niederländische Seefahrer Abel Tasman nahm als erster Europäer 1642 Kontakt zu den Maori auf, aber es war der Brite James Cook, der 1769 in Neuseeland anlegte und das Land für England in Besitz nahm. Die Einwanderung der Europäer führte ab dem 19. Jh. zu Kriegen und Krankheiten und reduzierte die Anzahl der Maori auf weniger als 50.000 Menschen. Die Maori mussten ihr Land für lächerliche Summen abtreten. Der Konflikt zwischen den Maori und den Europäern zog sich durch das gesamte 19. Jh. hin. Inzwischen stellte sich Neuseeland der Vergangenheit und sprach den Maori Entschädigungen und Land zu. Ihre Kinder haben jetzt Zugang zu Unterricht in ihrer eigenen Sprache, Maoritanga.

POLITISCHE ENTWICKLUNG

Auckland ist zwar die größte und bevölkerungsreichste Stadt und Finanzzentrum Neuseelands, aber Regierungssitz ist Wellington. Nach britischem Vorbild hat das Land keine schriftliche Verfassung, Staatsoberhaupt ist die Königin von England. 1893 führte Neuseeland als erstes

▼ *An der Nordküste der Südinsel liegt der 49 km lange Queen Charlotte Sound, ein Segelparadies. Captain Cook taufte die Wasserstraße in den 1770er-Jahren.*

Land der Welt das Frauenwahlrecht ein, 2003 gab es eine Premierministerin und eine Oppositionsführerin. Die meisten Neuseeländer wollen im Commonwealth bleiben und die starken Bande mit Großbritannien erhalten, dem traditionell wichtigsten Handelspartner. Aber Englands Eintritt in die EU zwang Neuseeland, die Verbindungen zu anderen Nationen zu stärken, besonders zum größten Handelspartner Australien, den USA, Japan und den Nationen Südostasiens. Etwa ein Viertel des gesamten Landes wurde zu Nationalparks oder Schutzgebieten erklärt. Neuseeland war schon immer gegen die französischen Atomtests im Pazifik gewesen; Schiffe und U-Boote mit Nuklearantrieb dürfen Häfen des Landes nicht anlaufen.

▲ Die Wairakei-Valley-Dampfpipeline transportiert geothermisch erhitzten Dampf ins Geothermalkraftwerk, wo Strom erzeugt wird. Das Wairakeital liegt nördlich des Tauposees, dem größten See auf Neuseelands Nordinsel.

▼ Ein Länderspiel der Rugby Union in Auckland: Neuseeland gegen Südafrika. Rugby ist der beliebteste Sport Neuseelands und die All Blacks blicken auf eine lange und ruhmreiche Geschichte zurück.

OZEANIEN

Guam und Nördliche Marianen

Guam und Nördliche Marianen sind US-Territorialgebiete. Die kleinen Inselnationen haben erfolgreiche Dienstleistungsgewerbe aufgebaut.

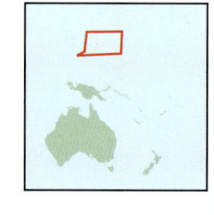

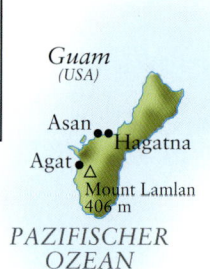

Guam
Fläche: 549 km²
Bevölkerungszahl: 159.000
Hauptstadt:
Hagatna (1.100)
Sprache/n:
Englisch, Chamorro
Religion/en:
Christen (v. a. röm.-kath.)
Währung: US-Dollar
Exportgüter: Reexport von Erdöl, Baumaterial, Nahrungsmittel, Fisch
Staatsform: Territorium der USA mit innerer Autonomie

Nördliche Marianen
Fläche: 477 km²
Bevölkerungszahl: 76.000
Hauptstadt:
Garapan (3.588)
Sprache/n: Englisch, Chamorro, Carolinisch
Religion/en:
Christen (v. a. röm.-kath.)
Währung: US-Dollar
Exportgüter: Kleidung, landwirtschaftl. Produkte
Staatsform: Territorium der USA mit innerer Autonomie

Guam entstand, als sich unterseeische Vulkane erhoben. Die Nordhälfte der Insel ist ein Plateau aus Korallenkalk, die Südhälfte eine Kollektion vulkanischer Hügel und Täler. Guams einheimische Tierwelt, besonders die Vogelwelt, wurde durch die Braune Nachtbaumnatter dezimiert, die alle der neun endemischen Vogelarten ausgerottet hat. US-Militärbasen bedecken ein Drittel der Insel, sie ist ein wichtiger Außenposten der USA im Pazifik. Die von Palmen gesäumten Strände locken viele Besucher an, Tourismus ist die wichtigste Erwerbsquelle und sorgt für die Hälfte des Staatseinkommens. Auch durch die Ausgaben der stationierten Soldaten konnte Guam seinen Dienstleistungssektor ausbauen. Die Menschen dort haben den höchsten Lebensstandard aller Pazifikinseln.

Auch die Nördlichen Marianen sind touristisch erschlossen, besonders die drei größten Inseln Saipan, Tinian und Rota.

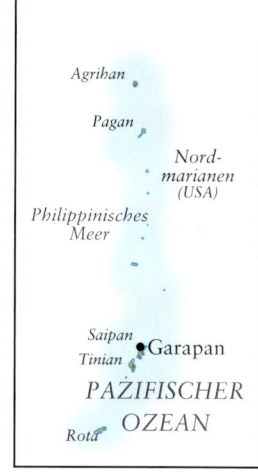

Landwirtschaft spielt hier dank des tropischen Klimas eine große Rolle. Man züchtet Rinder und Schweine, im fruchtbaren, vulkanischen Boden werden Zuckerrohr, Taro, Maniok, Kokosnuss und Gemüse angebaut. Viele Vulkane der Inseln sind noch aktiv.

▶ Über 1,5 Millionen Touristen, besonders aus Japan und USA, besuchen Guam jährlich. Tropisches Klima und zollfreier Einkauf locken sie an.

MIKRONESIEN

Die weit verstreut liegenden 607 tropischen Inseln von Mikronesien wurden bereits vor über 3.500 Jahren besiedelt und haben ganz unterschiedliche Kulturen.

Fläche: 700 km²
Bevölkerungszahl: 122.000
Hauptstadt: Palikir (5.000)
Sprache: Englisch
Religion: Christen (röm.-kath., protest. Minderheit)
Währung: US-Dollar
Exportgüter: Fisch, Kleidung, Bananen, Pfeffer
Staatsform: Föderative Präsidialrepublik

Mikronesien besteht aus den vier Bundesstaaten Yap, Pohnpei, Kosrae und Chuuk und pflegt immer noch enge Beziehungen und regen Handel mit den USA, ihrem ehemaligen Verwalter. Mikronesien ist Teil des weitläufigen Karolinen-Archipels, dort herrscht tropisches Klima. Pohnpei, die größte Insel, hat den höchsten Niederschlag, 5.500 mm pro Jahr. Die Inseln verteilen sich zwar auf ein riesiges Pazifikgebiet von 1,6 Mio. km², aber nur 700 km² davon sind Festland. Außer Phosphat gibt es keine Bodenschätze. Nur 42 km Straße sind ausgebaut, wer nicht in den kleinen Städten lebt, hat weder Strom noch fließendes Wasser. Die Insulaner leben vom Eigenanbau. Sie bauen Taro, Kokosnüsse, Bananen und Jams an, fischen, halten Schweine und Geflügel, manchmal auch Hunde, als Nahrung. Unterstützung der USA macht die Hälfte des Staatseinkommens aus. Auf den Inseln leben verschiedene Pazifikvölker mit eigenen Kulturen und Sprachen, obwohl seit dem frühen 19. Jh. Walfänger, Missionare und Händler versucht hatten, ihnen westliche Bräuche aufzuzwingen. Die Ruinen von Nan Mandol auf Pohnpei sind die größte archäologische Stätte im gesamten Pazifikraum.

▶ Eine Frau knüpft ein Dach aus Palmwedeln auf der Satawal-Insel, der östlichsten bewohnten Insel von Yap. Hier leben etwa 560 Menschen. 2001 gab es zum ersten Mal Strom.

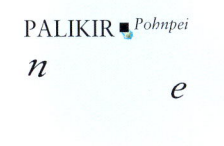

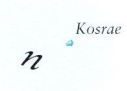

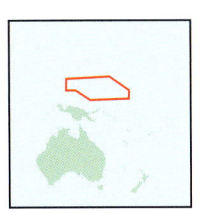

OZEANIEN

MARSHALL-INSELN

Von den 1.150 Koralleninseln der Marshall-Inseln sind nur 20 bewohnt. Sie waren bis 1986 Treuhandgebiet der UN unter dem Schutz der USA.

Fläche: 181 km²
Bevölkerungszahl: 53.000
Hauptstadt: Dalap-Uliga-Darrit (15.486)
Sprache/n: Marshallesisch, Englisch
Religion: Christen (v. a. röm.-kath.)
Währung: US-Dollar
Exportgüter: Kopra, Kokosöl, Kunsthandwerk, Fisch
Staatsform: Republik

Die Marshall-Inseln bestehen aus zwei Ketten von Koralleninseln. Im Westen liegt Ralik, Sonnenuntergang, im Osten liegt Ratak, Sonnenaufgang. Die Ketten sind etwa 200 km voneinander entfernt und ungefähr 1.300 km lang. Viele Inseln sind Atolle, wo ein schmaler Streifen Land aus Korallen eine Lagune umgibt. Kwajalein ist eines der größten Atolle der Welt. Die Lagune misst etwa 1.700 km², davon sind nur 16 km² Festland. Viele Atolle, darunter das Bikini-Atoll, wurden in den 1940er- und 1950er-Jahren als Testgelände für Nuklearwaffen benutzt. Die Strahlung machte sie und ihre Nachbarinseln jahrelang unbewohnbar. Auf Kwajalein liegt ein US-Raketentestgelände. Die Miete von dieser Basis und Hilfe aus den USA sind das Haupteinkommen des

Landes. Etwa 10 % der Arbeitskräfte sind im Tourismus tätig. Das Atoll Majuro ist das Handelszentrum der Marshall-Inseln, hier leben 45 % der Bevölkerung. Das Leben abseits von Majuro und Kwajalein wird von Subsistenzwirtschaft dominiert, vom Anbau von Kokosnüssen, Brotfrüchten und Taro. Viele Waren müssen importiert werden.

NAURU

Diese kleine, ovale Koralleninsel ist die kleinste Republik der Welt. Die Wirtschaft basiert fast ausschließlich auf dem Abbau von Phosphaten.

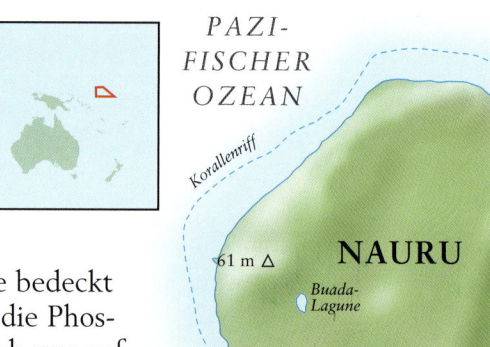

Fläche: 21,3 km²
Bevölkerungszahl: 12.993
Hauptstadt: Yaren (4.000)
Sprache/n: Englisch, Nauruisch
Religion/en: Christen (protest., röm.-kath.)
Währung: Australischer Dollar
Exportgüter: Phosphat
Staatsform: Republik im Commonwealth

Ein Zentralplateau von etwa 60 m Höhe bedeckt fast die ganze Tropeninsel. Hier liegen die Phosphatreserven der Insel, deren Wirtschaft sich nur auf den Phosphatabbau stützt. Die Reserven sind fast erschöpft, ein Versuch, die Wirtschaft auszubauen, endete im Bankrott. Nauru hat keinen natürlichen Hafen, Ladung wird vor der Küste gelöscht, Trinkwasser, Brennstoff und die meiste Nahrung müssen importiert werden. Die meisten Bewohner leben an der schmalen, fruchtbaren Küste, unter anderem Pazifikinsulaner und Menschen europäischer und chinesischer Abstammung. Viele junge Nauruaner emigrieren nach Australien oder Neuseeland.

▶ Auf Nauru wird seit über 100 Jahren Phosphat für Chemikalien und Dünger abgebaut. Die Reserven sind so gut wie erschöpft.

Salomon-Inseln

Die drittgrößte Inselkette im Pazifik ist eine Mischung aus zerklüfteten, bergigen Inseln und flachen Korallenatollen.

Fläche: 27.556 km²
Bevölkerungszahl: 443.000
Hauptstadt:
Honiara (50.100)
Sprache: Englisch
Religion/en:
Christen (anglik., röm.-kath., evangel.)
Währung:
Salomonen-Dollar
Exportgüter:
Holzprodukte, Fisch, Palmöl, Kopra, Kakao
Staatsform:
Parlamentarische Monarchie im Commonwealth

▼ Viele Inseln der Salomonen sind von Korallenriffen gesäumt. Die Gewässer um die Inseln sind artenreich, hier leben farbenprächtige tropische Fische, Haie und Dugongs, auch Seekühe genannt.

Die tropischen Salomon-Inseln sind ein Pflanzenparadies. Hier gibt es mehr als 4.500 Pflanzenarten, viele werden als Baustoffe, Nahrung, Medizin und Kleidung genutzt. Kopra, Kakao und Palmöl werden exportiert, die Menschen bauen als Nahrung Süßkartoffeln, Jams, Taro, Reis und tropische Früchte an. Holzwirtschaft ist die größte Industrie des Landes, mit dem Ergebnis, dass mehr als ein Zehntel des Landes abgeholzt wurde. Auf einem Drittel der Inseln leben Menschen, die Mehrheit auf den sechs größten Inseln Malaita, Gualdalcanal, New Georgia, Makira (früher San Cristobal), Isabel und Choiseul. Die größeren Inseln sind vulkanisch und bergig, mit riesigen Wäldern. Auf Gualdalcanal, der größten Insel, liegt die Hauptstadt Honiara, die auch der Haupthafen der Insel ist. Die Salomonen wurden erstmals vor rund 3.000 Jahren besiedelt, im Lauf der Jahrhunderte wanderten Menschen aus dem gesamten Pazifikraum ein. Auf den verschiedenen Inseln entwickelten sich unterschiedliche Völker, Gesellschaften und Kulturen mit eigenständiger Lebensart. Die meisten Bewohner der Salomonen sind Melanesier, es werden rund 115 verschiedene Sprachen gesprochen. 1998, 2000 und 2002 entluden sich die Schwierigkeiten zwischen einzelnen Volksgruppen in Konflikten.

OZEANIEN

VANUATU

Vanuatu besteht aus 80 Inseln in einem y-förmigen Archipel 2.170 km nordöstlich von Sydney. Die Inseln werden ihrer Schönheit wegen gerühmt.

Fläche: 12.190 km²
Bevölkerungszahl: 206.000
Hauptstadt: Port Vila (29.356)
Sprache/n: Bislama, Englisch, Französisch
Religion/en: Christen (presbyt., röm.-kath., anglik.)
Währung: Vatu
Exportgüter: Kopra, Rind- und Kalbfleisch, Holz, Kakao, Kaffee
Staatsform: Parlamentarische Republik im Commonwealth

▼ Auf Tanna bereitet ein Mann eine Zeremonie vor, bei der Kava getrunken wird, das traditionelle Getränk der Stammesoberhäupter vieler Pazifikinseln in Melanesien. Kava wird aus der Wurzel einer dem Pfefferbaum verwandten Pflanze gewonnen.

Vanuatu war früher unter dem Namen »Neue Hebriden« bekannt und wurde bis 1980 von Frankreich und Großbritannien verwaltet. Auf den Inseln herrscht tropisches Klima mit einer Niederschlagsmenge von 2.400 mm im Jahresdurchschnitt. Auf den nördlichen Inseln werden es bis zu 3.900 mm. Von Dezember bis März können gefährliche Wirbelstürme die Inseln heimsuchen. Vanuatus Inseln sind teils vulkanisch, teils aus Korallen entstanden. Es gibt noch aktive Vulkane und häufig leichte Erdbeben. Die meisten Arbeitskräfte arbeiten in der Subsistenzwirtschaft, aber Tourismus und Offshorebanken bringen Geld in die Staatskasse. Vanuatus reizvolle Landschaften, tiefe Schluchten, dicht mit Regenwald bewachsene Berge, saubere Gewässer, Strände und Höhlensysteme ziehen mehr und mehr Touristen an. Fast alle Inseln von Vanuatu sind bewohnt, aber 80 % der Menschen leben auf den elf Hauptinseln. Die Bevölkerung ist kulturell sehr vielfältig. Mehr als 90 % sind einheimische Ni-Vanuatu-Völker, aber Sprachen und Kultur haben sich auf den einzelnen Inseln unterschiedlich entwickelt. Es gibt 150 Sprachen. Auch einige Franzosen, Engländer, Australier, Neuseeländer, Vietnamesen, Chinesen sowie andere Pazifikvölker leben hier. Konflikte sind selten, aber bis vor kurzem waren Frauen oft benachteiligt.

VANUATU • NEUKALEDONIEN • KIRIBATI

NEUKALEDONIEN

Das französische Übersee-Territorium besteht aus der Hauptinsel Neukaledonien, wo 90% der Bevölkerung leben, und vielen kleinen Inseln.

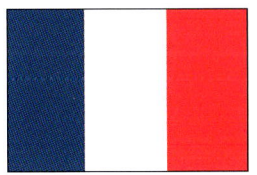

Fläche: 19.103 km²
Bevölkerungszahl: 220.000
Hauptstadt: Nouméa (83.266)
Sprache: Französisch
Religion/en: Christen (röm.-kath., protest.), muslim. Minderheiten
Währung: Euro
Exportgüter: Raffinierter Ferronickel, Nickel, Nickelerz, Fisch
Staatsform: Französisches Überseeterritorium

Die Insel Neukaledonien ist etwas mehr als 320 km lang und 50 km breit. Ihre Landschaft ist gebirgig, unterbrochen von großen Grasflächen. Tourismus und Landwirtschaft stützen die Wirtschaft, aber der Abbau von Nickel ist die wirtschaftlich wichtigste Industrie. Auf Neukaledonien finden sich etwa 25% der Weltvorräte an Nickel, 85% des Staatseinkommens stammen aus dem Nickelexport. Die Insel wurde 1774 von James Cook gesichtet und geriet im 18. Jh. unter französische Herrschaft. Das einheimische Volk der Kanaken stellt zwei Fünftel der Bevölkerung. Eine wichtige Minderheit sind die Caldoches französischer Abstammung.

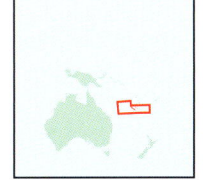

Zwischen beiden Gruppen herrschen seit Jahren Spannungen.

▶ Hütte auf Lifou, der zweitgrößten Insel Neukaledoniens. Lifou gehört zur Loyalty-Inselgruppe, wie Ouvéa und Maré.

KIRIBATI

Die Republik Kiribati besteht aus 33 Inseln, die sich auf ein 5 Mio. km² großes Pazifikgebiet verteilen.

Fläche: 811 km²
Bevölkerungszahl: 95.000
Hauptstadt: Bairiki (2.226)
Sprache/n: Englisch, Gilbertesisch
Religion/en: Christen (röm.-kath., protest.), Bahai
Währung: Australischer Dollar/Kiribati
Exportgüter: Kopra, Reexporte, Fisch, Fischprodukte
Staatsform: Präsidialrepublik im Commonwealth

Kiribati ist extrem flach, der höchste Punkt liegt nur 87 m über dem Meeresspiegel. Die globale Erwärmung und der Anstieg des Meeresspiegels schaffen große Probleme für viele flache Inselgruppen im Pazifik. Kiritimati, die Hauptinsel, macht über die Hälfte der Landfläche aus, aber auf Tarawa leben die meisten Menschen. Bis 1979 war Kiribati Teil der britischen Kronkolonie der Gilbert- und Ellice-Inseln. Die Menschen von Kiribati bezeichnen sich selbst noch als Gilbertesen, fast alle sind Christen. Die Böden auf den meisten Inseln sind mager, es werden tropische Früchte wie Bananen, Pawpaw und Brotfrüchte angebaut. Manchmal bleiben die

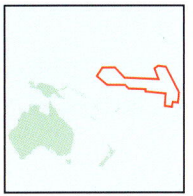

Niederschläge aus, 1999 gab es eine Dürrekatastrophe. Bis 1980 die Reserven versiegten, war der Abbau von Phosphat die Haupterwerbsquelle. In den 1990er-Jahren gab es ein Umsiedlungsprogramm von Tarawa auf weniger bevölkerte Inseln.

OZEANIEN

PALAU

Palau besteht aus 260 Inseln, fast alle liegen in einer riesigen Lagune, die von einem 100 km langen Barriereriff begrenzt wird.

Fläche: 508 km²
Bevölkerungszahl: 20.000
Hauptstadt:
Koror (10.500)
Neue Hauptstadt (Melekeiok) wird auf Babelthuap gebaut.
Sprache/n:
Palauisch, Englisch
Religion/en: Christen (röm.-kath., protest.), Anhänger traditioneller Religionen
Währung: US-Dollar
Exportgüter: Schalentiere, Thunfisch, Kopra, Kleidung
Staatsform:
Präsidialrepublik

Palau ist eine kleine Nation mit der viertkleinsten Bevölkerung der Welt. Viele leben auf Babelthuap, der größten Insel, oder auf Koror, dem Verwaltungszentrum. Eine Brücke verbindet beide Inseln. Die Wirtschaft von Palau ist eine der kleinsten der Welt, aber seine wenigen Bewohner genießen einen der höchsten Lebensstandards der pazifischen Inselwelt. Palau gilt als eines der spektakulärsten Tauchreviere weltweit. Der Staat schloss mit den USA Verträge ab, nach denen US-Militärbasen auf den Inseln stationiert bleiben dürfen, im Austausch gegen Unterstützung und Handelsverträge. Die meisten Bewohner Palaus sind Christen, ein Drittel Anhänger einer einheimischen Religion, Modekngei.

▶ Palaus berühmte Felseninseln sind abgerundete Buckel aus Korallenkalk. Sie sind dicht bewaldet und von Erosion ausgehöhlt. Die Gewässer um Palaus Inseln beherbergen über 1.400 Fischarten.

TUVALU

Die neun Korallenatolle von Tuvalu 1.000 km nördlich von Fidschi hießen früher Ellice-Inseln. 2000 wurden sie eines der neuesten Mitglieder der UN.

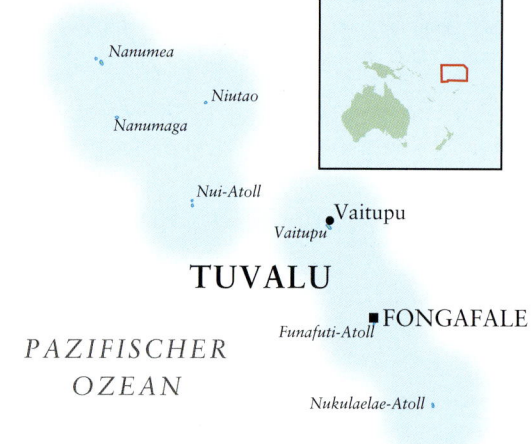

Fläche: 26 km²
Bevölkerungszahl: 9.043
Hauptstadt:
Fongafale (3.800)
Sprache/n:
Tuvaluisch, Englisch
Religion: Protestanten
Währung:
Australischer Dollar
Exportgüter: Kopra, Fisch, Kleidung, Obst, Gemüse
Staatsform:
Parlamentarische Monarchie im Commonwealth

Tuvalus Böden sind salzig und mager, nur bestimmte Pflanzen, wie Kokospalmen, wachsen dort. Die Landwirtschaft beschränkt sich auf die Zucht und Ernte von Kokosnüssen und die Haltung von Enten, Schweinen und Hühnern. Kopra – getrocknetes Nährgewebe der Kokosnuss – wird exportiert, aber nur in begrenzter Menge. Sonstige Nahrung muss importiert werden und erreicht meist per Schiff den Haupthafen auf dem Funafuti-Atoll. Steigende Meeresspiegel durch globale Erwärmung bedrohen das extrem flache Tuvalu. Es gibt nur wenig Arbeit auf den Inseln, viele junge Tuvaluer arbeiten in Übersee und schicken ihren Familien Unterstützung. Die reichsten Ressourcen des Staats sind die fischreichen Gewässer rund um die Inseln. Die Regierung von Tuvalu hat Fanglizenzen an Firmen aus Taiwan, Südkorea und USA verkauft. Hilfe aus dem Ausland ist besonders bei Projekten wie der geplanten Solarenergieanlage notwendig. Auch der Verkauf von Briefmarken belebt die Wirtschaft. Tuvalus Internetcode ist .tv, die Rechte daran wurden an eine kanadische Medienfirma verkauft und brachten Millionen ins Land. Allerdings gibt es auf den Inseln weder Fernsehen noch Tageszeitung, sondern nur einen Radiosender und eine alle zwei Wochen erscheinende Zeitung.

Wallis & Futuna

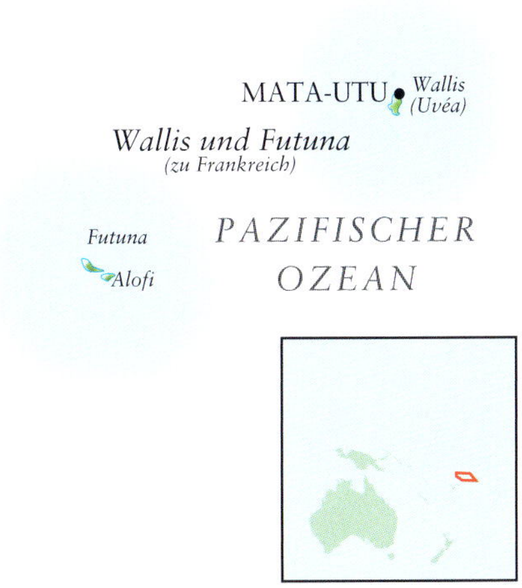

Wallis und Futuna besteht aus zwei vulkanischen Inselgruppen. Sie gehören zu den wenig entwickelten Pazifischen Inseln.

Fläche: 274 km²
Bevölkerungszahl: 14.375
Hauptstadt: Mata-Utu (1.137)
Sprache: Französisch
Religion: Katholiken
Währung: Euro
Exportgüter: Kopra, Kokosnüsse, Baumaterialien
Staatsform: Französisches Überseeterritorium

MATA-UTU • Wallis (Uvéa)
Wallis und Futuna (zu Frankreich)
Futuna • Alofi
PAZIFISCHER OZEAN

Der Wallis-Archipel besteht aus mehr als 20 kleinen Inseln auf einem Barriereriff, das die Hauptinsel Wallis umgibt. Auf dieser flachen Vulkaninsel, deren höchster Punkt 145 m über dem Meeresspiegel liegt, findet man schroffe Klippen und mit Wasser gefüllte Krater. Der Futuna-Archipel besteht aus zwei Inseln, Futuna und Alofi. Alofi ist unbewohnt. Auf Futuna steigt das Land hinter einem schmalen Küstenstreifen steil zu Bergen von bis zu 500 m Höhe an. Das Klima ist tropisch, die Niederschlagsmenge beträgt 3.000 mm pro Jahr. Die Wallis-Inseln tragen den Namen des britischen Seefahrers Samuel Wallis, der sie 1767 für England in Besitz nahm. Beide Inselgruppen stehen seit 1842 unter französischer Herrschaft, 1961 wurden sie zum Überseeterritorium. Für den Eigenbedarf werden Kokospalmen, Brotfrüchte, Mangos und Gemüse angebaut. Man züchtet Schweine und Hühner und fischt mit kleinen Booten. Der Staat wird von Frankreich unterstützt, Fanglizenzen werden an Japan und Südkorea verkauft. Mehr als 15.000 Wallisianer arbeiten in Neukaledonien, ebenfalls französisches Territorium, und unterstützen ihre Familien finanziell.

OZEANIEN

FIDSCHI

Fidschi, 2.000 km nördlich von Neuseeland, ist die einwohnerreichste und am besten entwickelte Nation der pazifischen Inselstaaten.

Fläche: 18.376 km²
Bevölkerungszahl: 823.000
Hauptstadt: Suva (77.366)
Sprache/n: Fidschianisch, Englisch
Religion/en: Christen, Hindus, Muslime
Währung: Fidschi-Dollar
Exportgüter: Zucker, Kleidung, Gold, Holz, Fisch, Kokosnüsse
Staatsform: Republik im Commonwealth

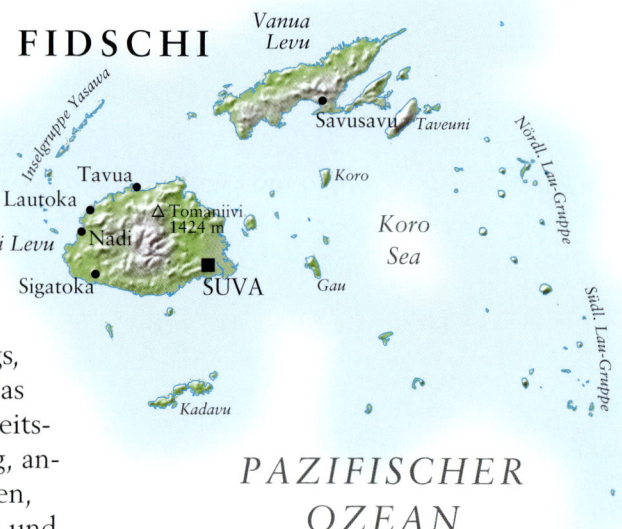

▼ Ein lässiges Rugbyspiel, eine Hauptsportart Fidschis, im Albert-Park der Hauptstadt Suva. Die Stadt ist eine der größten Siedlungen der pazifischen Inseln.

Fidschi besteht aus rund 330 Inseln, von denen 106 bewohnt sind. Die Mehrheit der Bevölkerung lebt auf den zwei größten Inseln Viti Levu und Vanua Levu. Sie sind vulkanischen Ursprungs, wie noch einige weitere Inseln, und das Landesinnere ist bergig. 70 % der Arbeitskräfte sind in der Landwirtschaft tätig, angebaut werden unter anderem Bananen, Kakaobohnen, Mais, Kokosnüsse, Reis und Zuckerrohr. Fidschis Nahrungsexporte übersteigen die Importe um ein Drittel. Die größte Industrie ist die staatlich kontrollierte Zuckerverarbeitung. Zucker macht die Hälfte der Exporte aus. Holzwirtschaft und Fischfang sind wichtige Industriezweige und bis zu den Konflikten im Jahr 2000 war der Tourismus der am schnellsten wachsende Wirtschaftszweig. Fidschi verfügt nicht über fossile Brennstoffe, aber ein großes Wasserkraftwerk auf Viti Levu erzeugt über drei Viertel des benötigten Stroms. Hier liegt auch Fidschis größter privater Industriebetrieb, die Vatakoula-Goldmine, die rund 1.600 Arbeiter beschäftigt. Fidschi, die »Kreuzung des Pazifik«, erlebte mehrere Einwanderungswellen, das Volk der Lapita soll die Inseln vor 3.500 Jahren erreicht haben. Heute gibt es kleine chinesische, europäische und pazifische Minderheiten, aber die zwei Hauptgruppen sind Melanesier und Inder, die vor Generationen zur Arbeit in den Zuckerrohrfeldern nach Fidschi gebracht wurden, als es noch britische Kolonie war. Vom Zweiten Weltkrieg an, nach der Unabhängigkeit von 1970, und bis in die 1980er-Jahre hinein waren die hinduistischen Inder den meist christlichen Melanesiern zahlenmäßig überlegen. Spannungen zwischen den Gruppen dominieren die Politik von Fidschi. Von 1987 bis 2000 stürzten blutige Unruhen und mehrere Militärputsche Fidschi in eine wirtschaftliche Krise, viele Inder verließen das Land.

SAMOA

Diese Nation, früher West-Samoa, besteht aus neun Inseln und mehreren Eilanden und gehört zu den traditionellsten pazifischen Inselnationen.

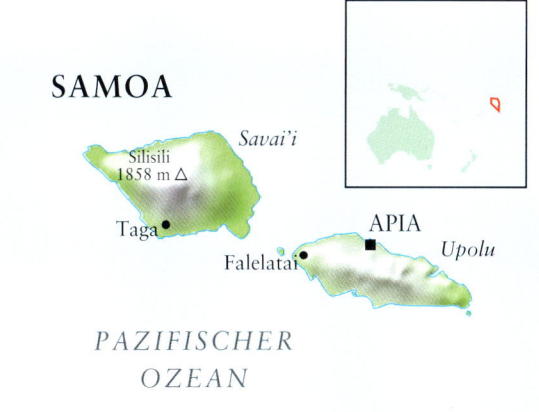

Fläche: 2.831 km²
Bevölkerungszahl: 176.000
Hauptstadt: Apia (34.126)
Sprache/n:
Samoanisch, Englisch
Religion/en: Christen (protest., röm.-kath.)
Währung: Tala
Exportgüter: Kokosöl, Kokosmilch, Kopra, Fisch, Kleidung, Bier
Staatsform:
Parlamentarische Monarchie im Commonwealth

▼ Das Landesinnere von Samoas Hauptinseln ist üppig bewachsen und von kleinen, schnellen Bächen und Flüssen durchzogen.

Samoa wird von den zwei großen Inseln Savai'i und Upolu dominiert. Sieben weitere Inseln, von denen nur zwei bewohnt sind, liegen um die Hauptinseln verstreut. Sowohl Savai'i als auch Upolu sind von Korallenriffen umgeben. Das Landesinnere ist bergig und von dichtem Regenwald bedeckt. Samoa ist eine Nation von Bauern, 48 % der Bevölkerung leben in den 400 Dörfern an den Küsten der Inseln. Die Landwirtschaft ist bescheiden, obwohl auf größeren Plantagen auch Edelhölzer, Kokospalmen und Bananen für den Export angebaut werden. Fischfang wird mit traditionellen Auslegerbooten betrieben. Samoaner leben traditionell in Familiengemeinschaften, ihnen gehören 80 % des Landes. Das Land darf nicht verkauft werden. Oberhaupt eines jeden Familienclans ist ein gewählter Häuptling, der Matai. Er ist ein mächtiger Mann. Große Umweltprobleme entstehen durch Entwaldung und Bodenerosion. Mehr als die Hälfte des Urwalds wurde bereits gefällt. Mit staatlicher Aufforstung und strengen Gesetzen versucht man, sowohl der Holzindustrie als auch dem Umweltschutz gerecht zu werden. Samoa erzeugt mehr als 35 % seiner Elektrizität mit Wasserkraft, muss den Rest aber importieren, genau wie viele andere Waren und Gebrauchsgegenstände. Trotz der blühenden Tourismusindustrie ist das Land hoch verschuldet, die Arbeitslosigkeit groß. Tausende Samoaner sind in Länder wie Neuseeland, USA und Amerikanisch-Samoa ausgewandert, um Arbeit zu finden.

OZEANIEN

TONGA

Das Königreich Tonga liegt 640 km östlich von Fidschi und besteht aus 172 Inseln. Viele sind von dichter Vegetation überwuchert, weniger als 40 sind bewohnt.

Fläche: 748 km²
Bevölkerungszahl: 101.000
Hauptstadt: Nuku'alofa (22.400)
Sprache: Tongaisch, Englisch
Religion: Christen (protest., röm.-kath.)
Währung: Pa'anga
Exportgüter: Kürbisse, Fisch, Vanille, Bohnen, Wurzelgemüse
Staatsform: Konstitutionelle Monarchie im Commonwealth

▼ Ein Wachtposten vor dem Palast des Königs von Tonga. König Taufa'ahau Tupou IV. regiert seit 1965, im Jahr 1970 wurde Tonga von Großbritannien unabhängig.

Tongas drei größte Inselgruppen Tongatapu, Ha'apai und Vava'u liegen direkt westlich des Tongagrabens, dem zweittiefsten Graben im Pazifischen Ozean. Die östlichen Inseln sind meist flach und bestehen aus Korallenkalk. Viele westliche Inseln entstanden durch vulkanische Aktivität und sind zerklüftet und bergig. Hier liegen vier aktive Vulkane. Tonga liegt rund 2.200 km südlich des Äquators und weist Unterschiede zwischen Winter mit Temperaturen zwischen 17 und 22 °C und Sommer mit Temperaturen zwischen 25 und 33 °C auf. Eine solche Variation gibt es im pazifischen Raum selten. Die Inseln liegen im Zyklongebiet des Südpazifiks, oft werden sie von Wirbelstürmen heimgesucht. Auf Tongatapu, der größten Insel, leben zwei Drittel der Bevölkerung. Mehr als 50 % der Tongaer arbeiten in der Landwirtschaft, sie bauen Vanilleschoten, Kokosnüsse und Kürbisse für den Export und Gemüse

wie Maniok für den Eigenbedarf an. Fischfang, Tourismus und der Verkauf von Kunsthandwerk sind weitere Erwerbsquellen. Tonga verfügt nicht über Bodenschätze. Die benötigte Energie wird aus importierten Brennstoffen generiert.

AMERIKANISCH-SAMOA

Amerikanisch-Samoa besteht aus sechs Vulkaninseln und zwei Korallenatollen. Die größte Insel ist Tutuila mit der Hauptstadt Pago Pago.

Fläche: 194,8 km²
Bevölkerungszahl: 69.000
Hauptstadt:
Pago Pago (4.278)
Sprache/n:
Samoanisch, Englisch
Religion/en: Christen
(protest., röm.-kath.)
Währung: US-Dollar
Exportgüter: Thunfisch, Kunsthandwerk
Staatsform: Territorium der USA mit innerer Autonomie

Amerikanisch-Samoas Vulkaninseln, unter anderem Tutuila, Tau und Olosega, weisen zerklüftete Landschaften auf, die zu erodierten Bergen im Zentrum ansteigen. Die Küste ist eine Mischung aus Klippen und ausgehöhlten Buchten. Das Landesinnere wird von dichtem Regenwald bedeckt, Heimat vieler Vogelarten, Flughunde, Eidechsen, Ratten und Schlangen. Das Klima ist tropisch und niederschlagsreich, in Pago Pago fallen durchschnittlich 5.000 mm pro Jahr. Zwischen Dezember und März fegen oft schwere Stürme über die Inseln. Im Gegensatz zu vielen anderen pazifischen Inselgruppen, ist Amerikanisch-Samoa touristisch kaum erschlossen, die Wirtschaft stützt sich auf Konservenfabriken, die Thunfisch aus den Inselgewässern verarbeiten. Weitere Exportgüter sind Textilien und Kunsthandwerk, wie gewebte Matten. Die Mehrheit der Bevölkerung lebt auf der Hauptinsel Tutuila. Die Menschen von Amerikanisch-Samoa leben häufig noch in großen Familienclans, Aiga genannt. Junge Samoaner wenden sich aber zunehmend von den Traditionen ab und westlicher Lebensart zu.

▶ Der Tiefwasserhafen von Pago Pago entstand, als ein Vulkankrater vor Jahrmillionen kollabierte und im Meer versank.

NIUE

Niue ist eine der größten Koralleninseln und einer der kleinsten, selbstständig regierten Staaten, er ist in freier Assoziation mit Neuseeland verbunden.

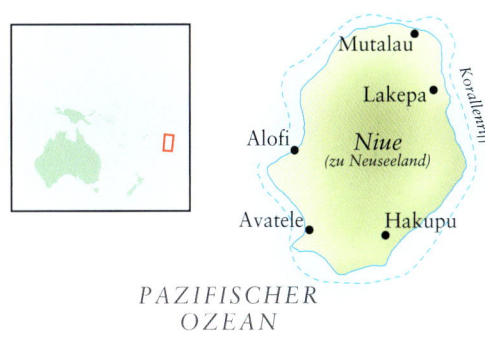

Fläche: 262,7 km²
Bevölkerungszahl: 1.865
Hauptstadt: Alofi (615)
Sprache/n:
Niueanisch, Englisch
Religion: Protestanten
Währung:
Neuseeland-Dollar
Exportgüter: Kokosmilch, Kopra, Honig, Obst
Staatsform: Assoziiertes Territorium von Neuseeland mit eigener Regierung

Niue ist eine grob oval geformte Insel mit zerklüfteten, der See zugewandten Klippen und einem Inlandplateau, das auf etwa 60 m ansteigt. Der fruchtbarste Teil ist das Land hinter der Küste, dort lebt die Mehrheit der Bevölkerung. In kleinen Wäldern wachsen Palmen und Banyanbäume. Ein Viertel der Fläche kann landwirtschaftlich genutzt werden, aber die Böden sind nicht sehr ertragreich. Es gibt keine Bäche oder Flüsse auf Niue, das Wasser sickert durch die Erde und den porösen Kalkstein in den Ozean zurück. Man sammelt die jährlichen 2.000 mm Niederschlag. Niues Einwohner leben von den knapp 800 Touristen pro Jahr, vom Verkauf von Briefmarken an ausländische Sammler und vom Export von Kopra, Limetten und Honig. Finanzielle Unterstützung vor allem aus Neuseeland verhalfen zu einer guten Infrastruktur mit Telefonnetz und Fernsehempfang. Nur Arbeitsplätze gibt es nicht, und etwa 15.000 Niueaner sind auf der Suche nach Arbeit nach Neuseeland ausgewandert. Die Niueaner stammen hauptsächlich von Samoanern und Tongaern ab, die die Insel besiedelten und eine eigene Sprache, Niueanisch, entwickelten.

OZEANIEN

COOK-INSELN

Die Cook-Inseln im Osten von Tonga bestehen aus zwei Gruppen kleiner Vulkan- und Koralleninseln, die über ein Ozeangebiet von 2,2 Mio. km² verstreut sind.

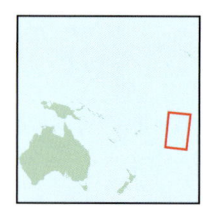

Fläche: 240,1 km²
Bevölkerungszahl: 18.027
Hauptstadt: Avarua (9.300)
Sprache/n: Englisch, Maori
Religion/en: Christen (protest., röm.-kath.)
Währung: Neuseeland-Dollar
Exportgüter: Kopra, Südfrüchte, bes. Papayas, Früchtekonserven, Fisch, Kleidung
Staatsform: Assoziiertes Territorium von Neuseeland mit eigener Regierung

Die Cook-Inseln sind ein assoziiertes Territorium von Neuseeland mit eigener Regierung. Die nördliche Inselgruppe besteht aus sechs Korallenatollen, die neun Inseln der südlichen Gruppe sind vulkanischen Ursprungs. Im Süden leben die meisten Menschen, besonders auf Rarotonga, der größten Insel, wo auch die Hauptstadt Avarua liegt. Dort steigt das von Korallenriffen gesäumte Land hinter der Küstenebene zu einem Vulkangipfel auf. Die Cook-Insulaner sind meist polynesischer Abstammung und den Maori von Neuseeland verwandt. Die Sprache der Maori ist weit verbreitet. Fischfang und der Anbau von Ananas und anderen Südfrüchten beschäftigen viele Arbeitskräfte, aber am lukrativsten sind der Tourismus und die Offshorebanken. Inzwischen gibt es viele Austernfarmen, die Zuchtperlen produzieren. Der Aufschwung von Neuseelands Wirtschaft zog viele Cook-Insulaner an, etwa 32.000 leben und arbei-

▶ Traditionelle Tänze erzählen auf den Cook-Inseln Geschichten, die von Generation zu Generation weitergegeben werden. Die von Trommeln begleiteten Tänzer tragen Kostüme aus Palmwedeln, Muscheln, Federn und Blumen.

ten dort. Die Inseln sind eng mit Neuseeland verbunden. Von dort kommt auch finanzielle Unterstützung.

COOK-INSELN • FRANZÖSISCH-POLYNESIEN

Franz.-Polynesien

Diese Ansammlung von Archipels, die aus über 115 Inseln besteht, umfasst ein riesiges Ozeangebiet und ist die östlichste Nation im pazifischen Raum.

Fläche: 4.167 km²
Bevölkerungszahl: 240.000
Hauptstadt:
Papeete (26.161)
Sprache/n:
Französisch, Tahitisch
Religion/en: Christen
(protest., röm.-kath.)
Währung: Euro
Exportgüter: Perlen, Kopra, Kokosprodukte, Perlmutt, Vanille
Staatsform: Französisches Überseeterritorium

▼ Verstreut über ein enormes Areal im Pazifik – die nördlichste und die südlichste Insel liegen mehr als 2.000 km voneinander entfernt – zog Französisch-Polynesien im Jahr 2001 mehr als 200.000 Touristen an. Gesäumt von Korallenriffen ist das tropische Inselparadies Bora Bora (Gesellschaftsinseln) eines der populärsten Ziele vermögender Touristen.

Französisch-Polynesien ist in fünf Inselgruppen aufgeteilt, und zwar in die Gesellschafts-Inseln, die Gambier, die Tubuai, die Marquesas und den Tuamotu-Archipel. Die größeren, vulkanischen Inseln sind sehr artenreich, hier wachsen die großen Tiare-Blüten, die die Insulaner als Schmuck tragen. Viele Tier- und Pflanzenarten, unter anderem wilde Schweine und Schafe, wurden von den Siedlern mitgebracht und vermehrten sich schnell. Auf den Inseln leben mehr als 100 Vogelarten. Auf den äußeren Inseln leben die Menschen von Landwirtschaft und Fischfang, aber die wichtigste Einnahmequelle ist der Tourismus. Französisch-Polynesien ist weltgrößter Produzent von Zuchtperlen. Wirtschaft, Regierung und Transportwesen werden von der Insel Tahiti dominiert, die zu den Gesellschafts-Inseln gehört. Hinter Tahitis fruchtbaren Küstenebenen steigt das Land abrupt zu spektakulären Vulkangipfeln an, auf der Insel leben zwei Drittel der Gesamtbevölkerung.

▲ Raiatea, eine der Gesellschafts-Inseln, ist 238 km² groß. Die bergige Insel ist von Palmenstränden und Riffen gesäumt.

Auch der Haupthafen liegt dort, bei Papeete. Französische Militärbasen sorgen für Einnahmen und Arbeitsplätze, aber in den 1990er-Jahren schürten französische Nukleartests im Mururoa-Atoll Ärger und Ablehnung unter den Insulanern, von denen sich manche mehr Unabhängigkeit von Frankreich wünschen.

ANTARKTIS

Der Kontinent Antarktis schlummerte bis ins frühe 19. Jh. unentdeckt vor sich hin. Er ist öde und größtenteils von Eis bedeckt, im Landesinneren haben weder Menschen, noch Pflanzen und Tiere Spuren hinterlassen. Der Kontinent, dessen Name das Gegenteil von Arktis bedeutet, umgibt den geografischen Südpol und ist mit einer Fläche von 14 Mio. km^2 größer als der Kontinent Europa. Das riesige, 5.000 km lange Transantarktische Gebirge mit Gipfeln von über 4.000 m Höhe teilt den Kontinent in zwei Gebiete: die größere, östliche Region und die westliche Region, zu der die Antarktische Halbinsel gehört. Die Halbinsel erstreckt sich 1.300 km nach Norden in Richtung Südspitze Südamerikas. Sie besteht hauptsächlich aus Gebirgsketten. Der höchste Gipfel der westlichen Region ist gleichzeitig höchster Punkt des Kontinents, der 5.140 m hohe Mount Vinson. Etwa 80 % der Süßwasservorräte der Erde sind im Eis der Antarktis gebunden. Nur 5 % des Festlandes sind nicht von einer Eisdecke bedeckt, die im Durchschnitt 2,3 km dick ist. Dies ist die kälteste und stürmischste Region der Erde – und eine ihrer trockensten Gebiete. Im Sommer besiedeln hier zeitweilig 4.000 Menschen die Forschungsstationen, im Winter sinkt die Zahl auf 1.000. Die Antarktis ist das ursprünglichste und lebensfeindlichste Gebiet der Erde.

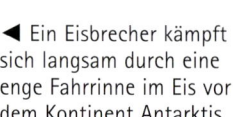

◀ Ein Eisbrecher kämpft sich langsam durch eine enge Fahrrinne im Eis vor dem Kontinent Antarktis.

ANTARKTIS

▲ Der Kaiserpinguin wandert zum Brüten bis zu 100 km ins Landesinnere. Eine dicke Fettschicht und ein wasserdichtes Federkleid sorgen dafür, dass diese Vögel als einzige größere Lebewesen die eisigen, antarktischen Winter auf dem Festland überleben.

▼ Der zerklüftete, eisbedeckte Mount Lister ist 4.025 m hoch. Er gehört zum lang gestreckten Transantarktischen Gebirge, das den Kontinent in zwei Hälften teilt.

Die riesige Eiskappe der Antarktis ist an manchen Stellen über 4.000 m dick und verjüngt sich in Küstennähe auf 1.500 m. Die Eiskappe drückt mit unvorstellbarem Gewicht auf den felsigen Boden des Kontinents und schiebt ihn teilweise unter den Meeresspiegel. Im Winter verdoppelt sich die Fläche der Antarktis durch das Meer-Eis, das sich vor den Küsten bildet. Wenn dieses kalbt oder abbricht, bilden sich Eisberge. In manchen Gegenden bleibt das schwimmende Meer-Eis mit dem Land verbunden, wächst langsam hinaus aufs Meer und bildet so genanntes Schelfeis. Etwa 10 % der Fläche des Kontinents bestehen aus solchem Schelfeis, die größten Gebiete sind das Ross-Schelfeis und das Ronne-Schelfeis. Nicht die gesamte Antarktis ist eisbedeckt. Etwa 200.000 km² Land sind eisfrei, darunter ein Großteil der Antarktischen Halbinsel, Wilkesland im Südosten, das südliche Victorialand und ein Großteil der Ross-Insel. In einigen Abschnitten des Transantarktischen Gebirges und des Ellsworth-Hochlandes sind Gipfel und Täler eisfrei und aufgrund der Erderwärmung scheint sich die Eiskappe stellenweise zurückzuziehen. Trotz des unwirtlichen Klimas lockt der Kontinent jeden Sommer rund 13.000 Touristen an. Meist besuchen sie die Antarktische Halbinsel oder fahren durch das Rossmeer zur Ross-Insel mit ihrem 3.794 m hohen Mount Erebus, einem der zwei aktiven Vulkane des Kontinents.

KALT UND TROCKEN

In der Antarktis wurde die bisher kälteste Temperatur der Welt registriert. 1983 maß die Forschungsstation Vostok der ehemaligen Sowjetunion eine Temperatur von minus 89,2 °C. Die wärmsten jemals auf dem Kontinent gemessen Temperaturen betrugen im Norden der Antarktischen Halbinsel im Sommer 11 °C. Meistens liegen die Werte jedoch unter dem Gefrierpunkt. Im Winter liegen sie zwischen minus 40 und minus 70 °C im Landesinneren und durchschnittlich um die minus 30 °C an der Küste. Die gefühlte Temperatur liegt jedoch sehr viel niedriger aufgrund der eisigen Winde, die mit großer Kraft über den Kontinent fegen. Im Landesinneren wurden Windgeschwindigkeiten von bis zu 320 km/h gemessen. In dieser Eiswüste liegt der Jahresniederschlag unter 50 mm. An der Küste sind es bis zu 300 mm jährlich.

NAHRUNGSREICHES MEER

Das Klima in der Antarktis ist so unwirtlich, dass nur wenige Lebewesen dort überleben können. Die Pflanzenwelt beschränkt sich hauptsächlich auf primitive Algen, Flechten und Moose. Diese dienen kleinen Insekten und Mikroorganismen sowie den 43 Seevogelarten der Antarktis als Nahrung. Dazu gehören Albatrosse und viele Pinguinarten. Im Gegensatz zu dem öden Land sind die Gewässer rund um den Kontinent reich an Leben. Der Ozean ist voller mikroskopisch kleiner Pflanzen und Tiere, auch Plankton genannt. Davon ernähren sich winzige Krebstiere, so genannter Krill, und die riesigen Krill-Schwärme sind reiche Beute für Fische und größere Meereslebewesen wie Tintenfische, Seehunde, Pinguine und Wale. Viele Walarten ziehen im Sommer in Richtung Antarktis, um sich dort von Krill zu ernähren. Fangflotten vieler Nationen tummeln sich in den Gewässern rund um den Kontinent, 1994 wurde allerdings ein Walfangverbot in der Region erlassen.

▲ Diese 50 m breite, 16 m hohe Kuppel ragt über der Scott-Amundsen-Forschungsstation am Südpol auf. Scott und Amundsen wetteiferten vor über 90 Jahren um die Entdeckung des Südpols. Im Sommer leben hier 130 Menschen, im Winter nur 28. Im Moment wird eine neue, größere Station gebaut.

ANTARKTIS

ENTDECKUNG UND ERFORSCHUNG

Die Antarktis wurde in den 1820er-Jahren entdeckt. Teile des Kontinents wurden erforscht, im Jahre 1911 erreichte der Norweger Roald Amundsen als erster Mensch den Südpol. Die Antarktis ist unbewohnt. Es gibt allerdings mehr als 70 Forschungsstationen, in denen zeitweise Wissenschaftler und Forscher aus 25 Nationen leben und arbeiten. Die unterschiedlichsten Aspekte des Kontinents werden dort untersucht, zum Beispiel seine Geologie, die Eisdecke, sein Einfluss auf globale Wettersysteme. Die Isolation und der klare Himmel machen die Antarktis außerdem zur idealen Basis für Radioastronomie, mit der man den Weltraum und ferne Galaxien studiert.

Geologische Studien haben gezeigt, dass das Transantarktische Gebirge Teil des weltgrößten Kohlevorkommens sein könnte. Wertvolle Bodenschätze wie Eisenerz, Gold, Chrom und Uran wurden ebenfalls entdeckt, und man vermutet, dass im antarktischen Kontinentalsockel große Öl- und Erdgasreserven lagern. Die Weltgemeinschaft entschloss sich 1990, die wirtschaftliche Nutzung des Kontinents für die folgenden 50 Jahre zu verbieten. Eine größere Bedrohung des antarktischen Ökosystems ist von der allgemeinen Umweltverschmutzung und der Erderwärmung zu befürchten. Das Ozonloch über der Antarktis wurde 1985 von einem britischen Forscherteam entdeckt.

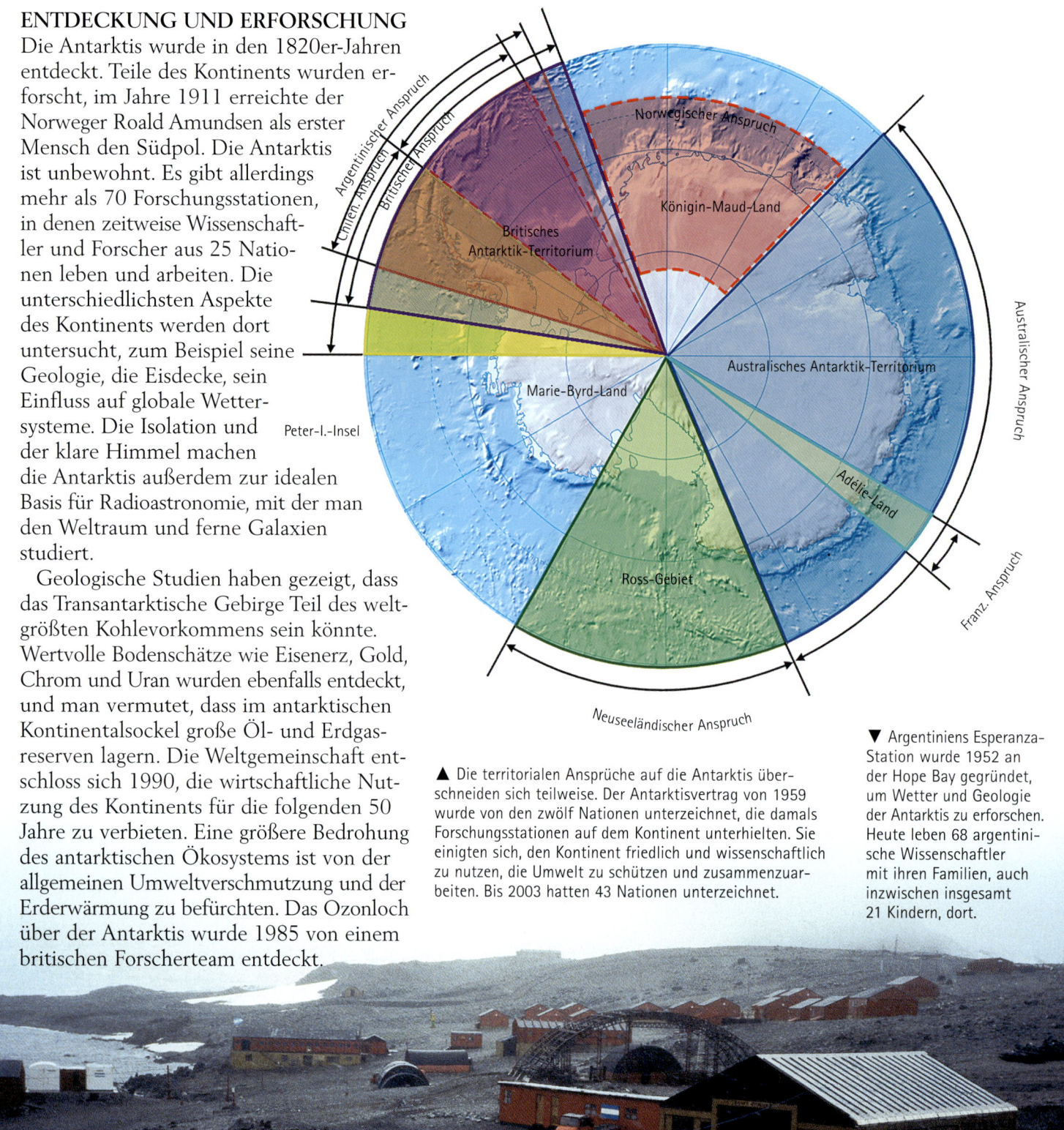

▲ Die territorialen Ansprüche auf die Antarktis überschneiden sich teilweise. Der Antarktisvertrag von 1959 wurde von den zwölf Nationen unterzeichnet, die damals Forschungsstationen auf dem Kontinent unterhielten. Sie einigten sich, den Kontinent friedlich und wissenschaftlich zu nutzen, die Umwelt zu schützen und zusammenzuarbeiten. Bis 2003 hatten 43 Nationen unterzeichnet.

▼ Argentiniens Esperanza-Station wurde 1952 an der Hope Bay gegründet, um Wetter und Geologie der Antarktis zu erforschen. Heute leben 68 argentinische Wissenschaftler mit ihren Familien, auch inzwischen insgesamt 21 Kindern, dort.

Themen der Welt

THEMEN DER WELT

BIOME

Pflanzen und Tiere sind selten isoliert. Sie leben in ihrer natürlichen Heimat als Teil einer voneinander abhängigen Gemeinschaft verschiedener Lebewesen. Die großen Lebensräume der Welt heißen biogeografische Regionen oder Biome.

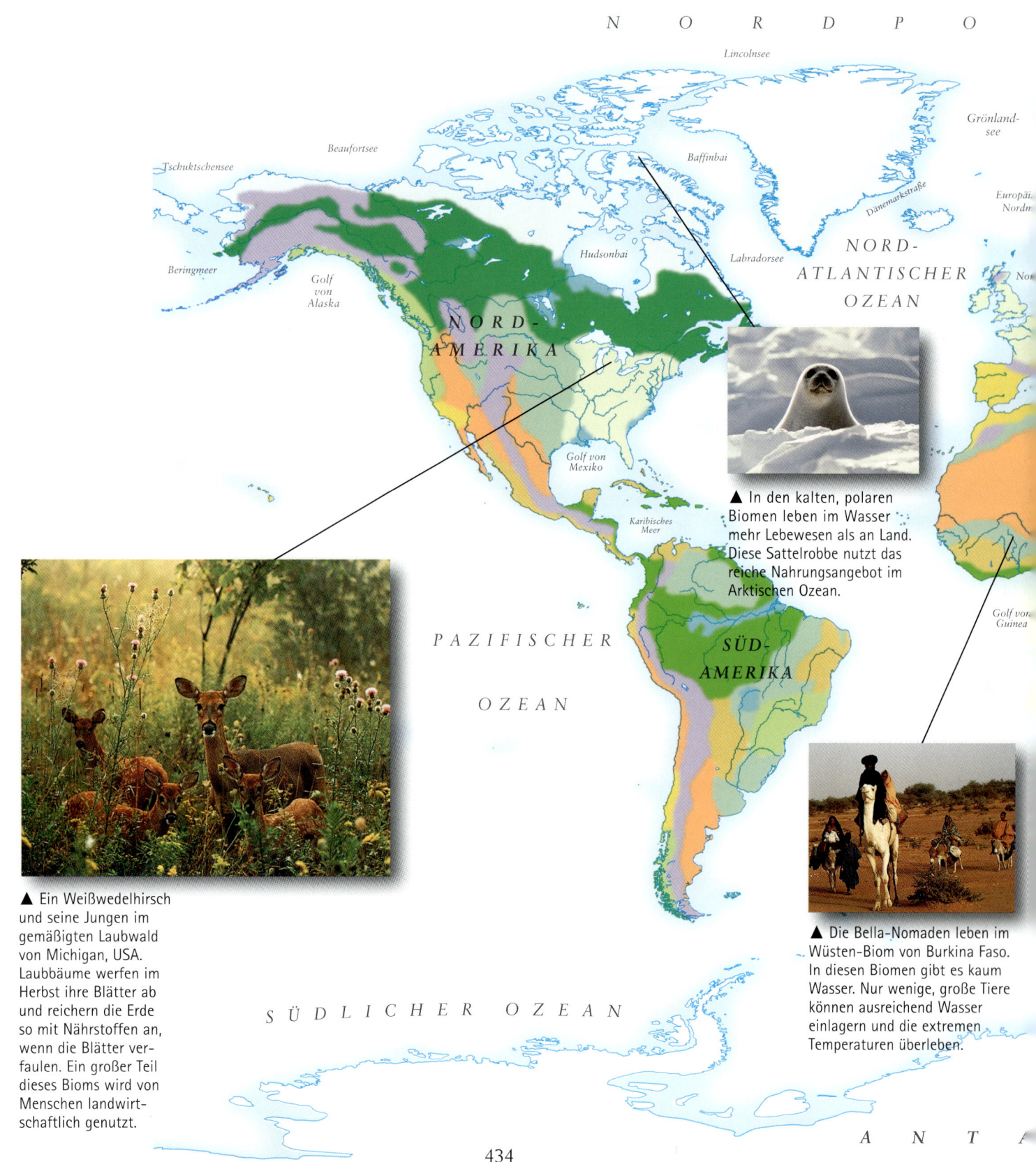

▲ In den kalten, polaren Biomen leben im Wasser mehr Lebewesen als an Land. Diese Sattelrobbe nutzt das reiche Nahrungsangebot im Arktischen Ozean.

▲ Ein Weißwedelhirsch und seine Jungen im gemäßigten Laubwald von Michigan, USA. Laubbäume werfen im Herbst ihre Blätter ab und reichern die Erde so mit Nährstoffen an, wenn die Blätter verfaulen. Ein großer Teil dieses Bioms wird von Menschen landwirtschaftlich genutzt.

▲ Die Bella-Nomaden leben im Wüsten-Biom von Burkina Faso. In diesen Biomen gibt es kaum Wasser. Nur wenige, große Tiere können ausreichend Wasser einlagern und die extremen Temperaturen überleben.

BIOME

VEGETATIONSZONEN IM ÜBERBLICK

- Polar
- Tundra
- Gebirge
- Nadelwald
- Laubwald
- Grasland, gemäßigt
- Mediterran
- Hitze- und Kältewüste
- Feuchtgebiet
- Trockenwald
- Regenwald, tropisch
- Regenwald, gemäßigt

Auf jedem Kontinent, außer Antarktis, existieren mehrere Biome. Sie bringen verschiedene Lebensformen hervor und unterscheiden sich bezüglich Wind, Bodenqualität, Niederschlag, Lichtintensität und Temperatur. Biome verändern sich ständig in Ausdehnung und Qualität. Durch starke Abholzung schrumpfen die Wald-Biome, während Wüsten-Biome durch Desertifikation besonders schnell wachsen.

▲ Diese Stammesmitglieder leben im tropischen Regenwald von Papua-Neuguinea. Tropische Regenwälder sind heiße, feuchte Regionen rund um den Äquator. Hier gibt es die größte Zahl und Ausbreitung von Tier- und Pflanzenarten (Biodiversität) aller Biome. Die Hälfte aller Regenwälder wurde bislang zerstört, obwohl hier geschätzte 90 % aller bekannten Lebewesen ihre Heimat haben.

▲ Das Biom Savanne besteht aus tropischem oder subtropischem Grasland mit wenigen Bäumen. Savannen bedecken über 40 % von Afrika und große Teile von Australien, Südamerika und Indien. Hier leben große Landsäugetiere wie dieser Elefant in Kenias Amboseli-Nationalpark.

THEMEN DER WELT
WASSER

Wasser ist die wertvollste Ressource. Obwohl riesige Mengen vorhanden sind, herrscht, durch ungleichmäßige Verteilung, an vielen Orten Wasserknappheit.

DIE 20 LÄNDER MIT DER SCHLECHTESTEN SANITÄRVERSORGUNG In Prozent der Bevölkerung	
China	38%
Gambia	37%
Togo	34%
Salomonen	34%
Mauretanien	33%
Indien	31%
Mongolei	30%
Burkina Faso	29%
Sierra Leone	28%
Haiti	28%
Nepal	27%
Benin	23%
Gabon	21%
Niger	20%
D. R. Kongo	20%
Kambodscha	18%
Äthiopien	15%
Eritrea	13%
Afghanistan	12%
Ruanda	8%

▲ Sanitäre Einrichtungen sind wichtig, um Krankheiten zu vermeiden und Wasser vor Verunreinigung zu schützen. Die Liste zeigt, wie viele Nationen ihren Menschen noch immer keine angemessene Sanitärversorgung bieten können.

Menschen brauchen nur wenig Trinkwasser täglich, um zu überleben, aber Wasser ist in Sanitärsystemen auch für die öffentliche Gesundheit und Hygiene unersetzlich. In hoch entwickelten Ländern verbrauchen Menschen täglich zwischen 150 und 400 l Wasser für Kochen und Reinigung. Eine Toilettenspülung braucht zwischen 10 und 25 l, eine Waschmaschinenladung 75 l und ein Wannenbad etwa 80 l Trinkwasser. In Gegenden mit schlechterer Wasserversorgung ist der Verbrauch viel niedriger. Der private Wasserverbrauch ist wenig im Vergleich zur Menge, die in der Landwirtschaft benötigt wird. Dort werden 70 % des von Menschen verbrauchten Wassers eingesetzt. Ohne ausreichende Bewässerung vertrocknen Felder, Tiere verdursten und die Nahrungsvorräte schrumpfen drastisch. Billiges, reichlich vorhandenes Wasser ist auch für die Industrie unverzichtbar, dort wird fast ein Viertel des Gesamtverbrauchs genutzt, und zwar als Kühl- oder Lösungsmittel, zum Waschen und Reinigen und für viele chemisch erzeugte Nahrungsmittel und Getränke.

NICHT NUR ZUM VERBRAUCH

Wasser hat, außer den oben genannten, noch viele weitere nützliche Eigenschaften für Menschen und Staaten. Wasser ist Lebensraum für viele Arten, die wiederum Nahrungsquellen für Millionen Menschen bilden. Natürliche Wasserwege sind in vielen Regionen wichtige Transportrouten, die durch den Bau künstlicher Wasserstraßen oder Kanäle unterstützt werden. Die Kraft von fließendem Wasser wird in vielen Gebieten der Erde zur Gewinnung von Elektrizität in Wasserkraftwerken eingesetzt.

WASSERVORRÄTE

Mehr als drei Viertel des Planeten sind von Wasser bedeckt, aber ein Großteil ist Salzwasser aus den Meeren und Ozeanen. Nur 2,5 % des Wassers der Erde sind Süßwasser, und 80 % davon sind in den polaren Eiskappen eingeschlossen. Flüsse und Seen sind

▶ Ein plötzlicher Wasserüberschuss in Form einer Flut hinterlässt oft Todesopfer, zerstörte Dörfer und Missernten. Er kann die Wirtschaft einer Region ruinieren. Bangladesch gehört zu den flutgefährdeten Ländern; dieses Dorf wurde von den reißenden Fluten des Flusses Jamuna überschwemmt.

WASSER

▲ Ein Arbeiter im Oman kontrolliert eine Entsalzungsanlage. Meerwasser wird entsalzt, um es trinkbar zu machen. Eine solche Entsalzung ist zwar teuer, wird aber in vielen reichen Nationen des Nahen Ostens genutzt.

wichtige Wasserspeicher, und eine riesige Menge Süßwasser lagert unter der Erdoberfläche im Erdreich, in den Poren von Sedimentgestein und in den Rissen und Spalten anderer Gesteinsarten. Etwa 10 % der Grundwasservorräte sind leicht zu erreichen. Viele Länder zapfen inzwischen Grundwasser ab, um die Nachfrage nach Wasser zu befriedigen. Mehr als 1,5 Milliarden Menschen beziehen ihr Trinkwasser aus den Grundwasservorräten, aber Grundwasserspiegel erholen sich relativ langsam und erschöpfen sich durch exzessive Nutzung schnell. Im südindischen Staat Tamil Nadu sank aufgrund von Wasserentnahme der Grundwasserspiegel innerhalb von zehn Jahren um 20 m.

DIE KRISE

Der Wasserkreislauf, der die Zirkulation des Wassers zwischen Erde und Atmosphäre beschreibt, ist ein ausbalancierter Naturkreislauf, der genug sauberes Wasser hervorbringt, um in vielen Gebieten der Erde Leben zu ermöglichen. Aber die immer größeren Anforderungen der schnell wachsenden Erdbevölkerung und die vielen Arten der Umweltverschmutzung, die damit einhergehen, verringern in vielen Teilen der Welt die Wasservorräte. In großen Gebieten von Afrika, dem Nahen Osten und Asien ist dieses Problem besonders schlimm. Mehr als eine Milliarde Menschen haben im Moment keinen Zugang zu sauberem Wasser. Tausende sterben an Hunger, weil ihre Felder vertrocknen. Etwa 1,5 bis 2 Milliarden Menschen sind nicht an eine Kanalisation angeschlossen. Deshalb sterben jedes Jahr bis zu drei Millionen Menschen an vermeidbaren Krankheiten, die mit der Wasserversorgung zu tun haben.

DIE 20 LÄNDER MIT DEM SCHLECHTESTEN ZUGRIFF AUF GEKLÄRTES TRINKWASSER
In Prozent der Bevölkerung

Land	%
Kongo	51 %
Kiribati	48 %
Guinea	48 %
Madagaskar	47 %
Fidschi	47 %
Haiti	46 %
Eritrea	46 %
D. R. Kongo	45 %
Äquatorial-Guinea	44 %
Papua-Neuguinea	42 %
Burkina Faso	42 %
Ruanda	41 %
Oman	39 %
Angola	38 %
Mauretanien	37 %
Laos	37 %
Kambodscha	30 %
Tschad	27 %
Äthiopien	24 %
Afghanistan	13 %

▲ In reichen Ländern hat jeder Zugang zu sauberem Trinkwasser. In armen Ländern ist das nicht selbstverständlich.

▼ Der Cabora-Bassa-Staudamm in Mosambik ist der größte Lieferant von Wasserkraft des Landes. Er generiert Tausende Megawatt an Elektrizität.

THEMEN DER WELT

WINDE UND MEERESSTRÖMUNGEN

Unser Klima wird von zwei Strömungen beeinflusst: Der Zirkulation von Luft in der Atmosphäre und der von Wasser in den Ozeanen. Zusammen formen sie das Wetter und Klima einer Region und beeinflussen so die Biome der Welt.

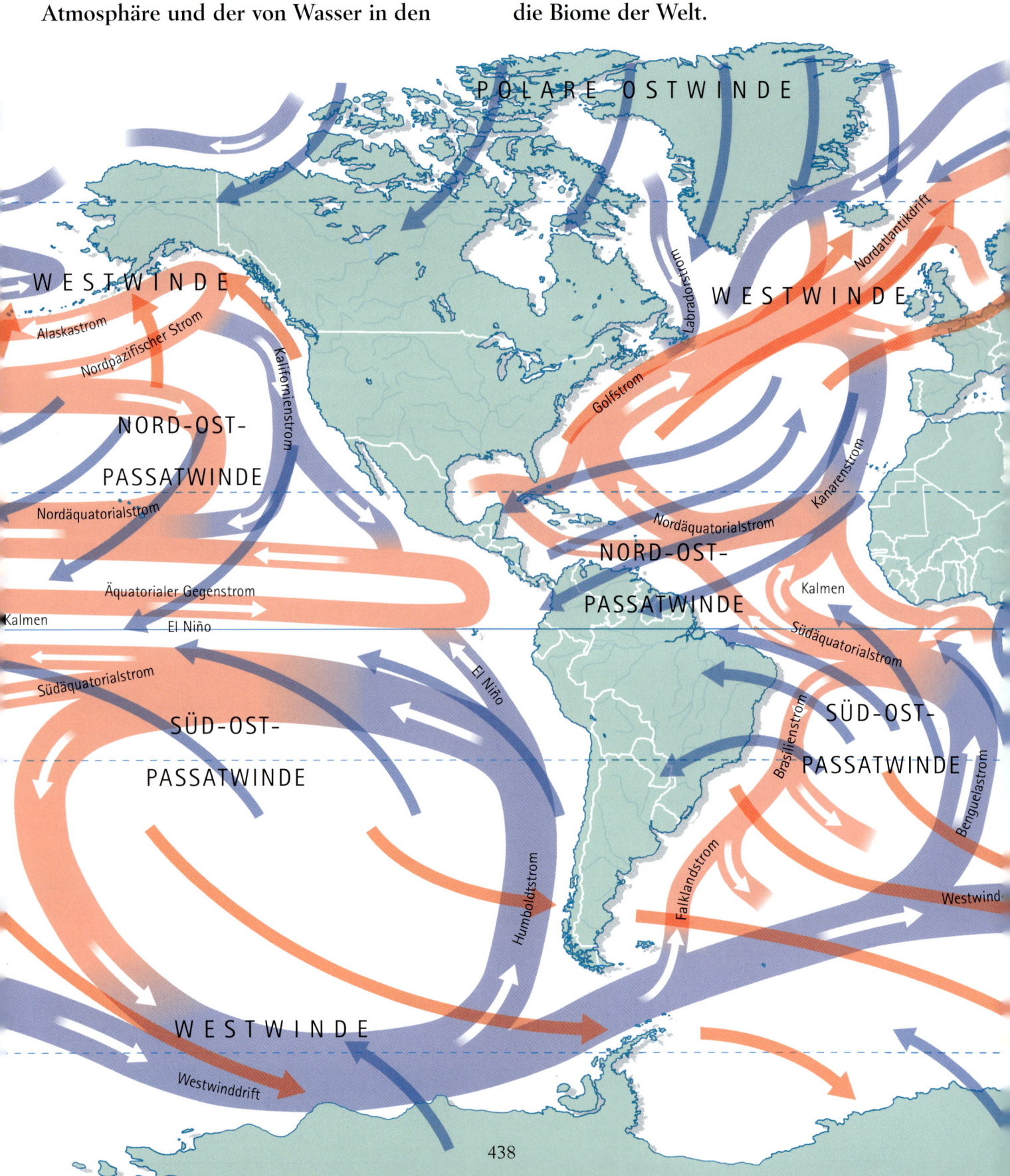

WINDE UND MEERESSTRÖMUNGEN

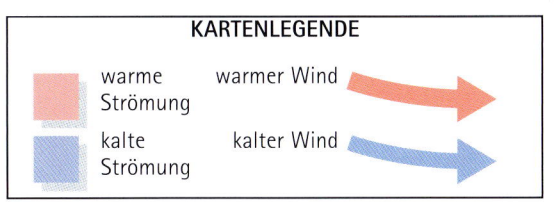

Die Karte zeigt die wichtigsten Wind- und Meeresströmungen. Die Winde werden nach der Richtung benannt, aus der sie wehen. Meeresströmungen zirkulieren auf Bahnen, die Wirbel genannt werden. Diese laufen in der südlichen Hemisphäre gegen, in der nördlichen Hemisphäre mit dem Uhrzeigersinn. Wenn die Strömungen sich in Richtung der Pole bewegen, transportieren sie warmes Wasser aus den Regionen um den Äquator ab. Strömungen, die zum Äquator zurückkehren, tragen kaltes Wasser aus den Polarregionen mit sich.

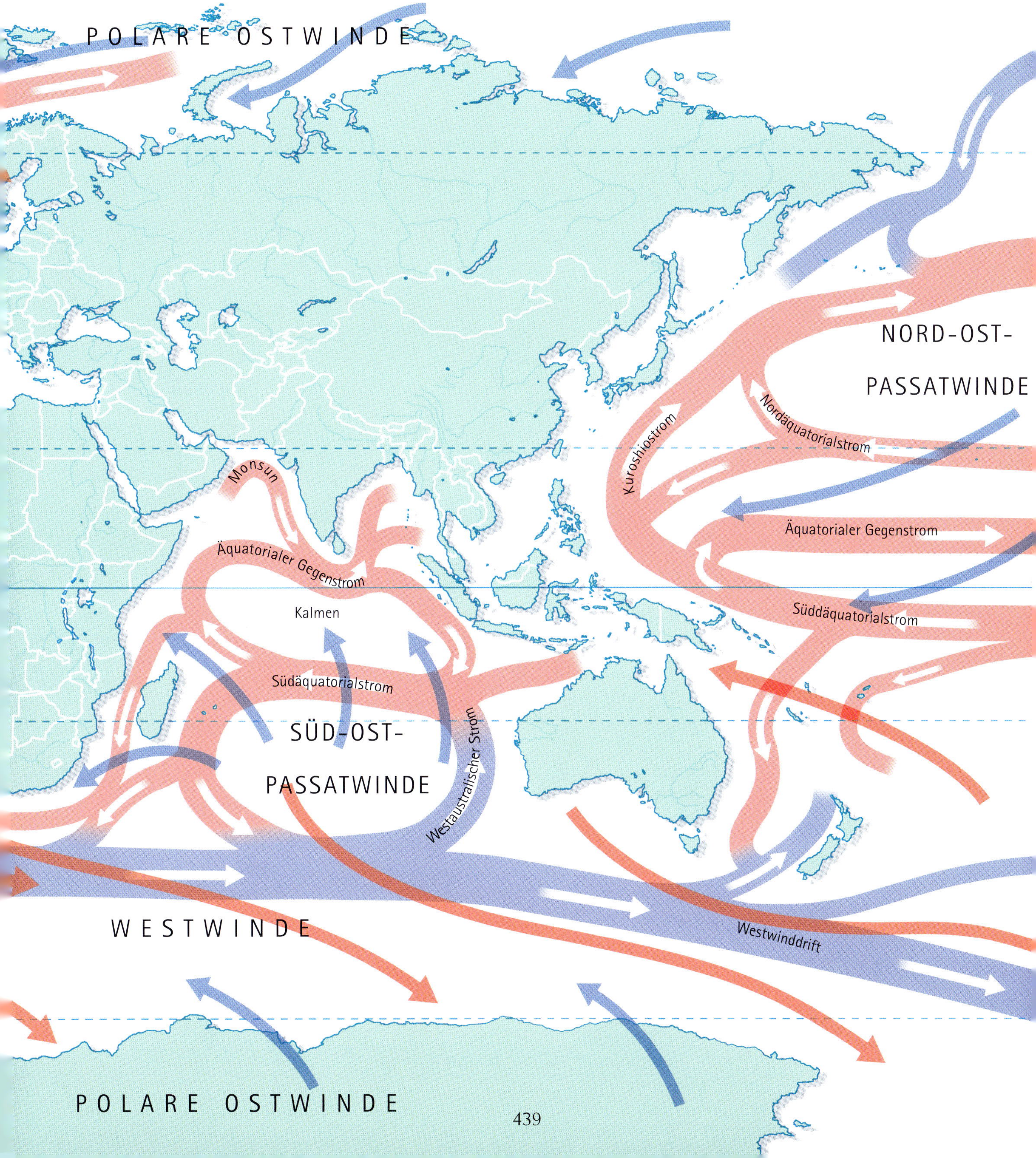

POLARE OSTWINDE

NORD-OST-PASSATWINDE

Kuroshiostrom

Nordäquatorialstrom

Monsun

Äquatorialer Gegenstrom

Äquatorialer Gegenstrom

Kalmen

Süddäquatorialstrom

Südäquatorialstrom

Westaustralischer Strom

SÜD-OST-PASSATWINDE

Westwinddrift

WESTWINDE

POLARE OSTWINDE

THEMEN DER WELT

UMWELTVERSCHMUTZUNG

Werden überschüssige Energie oder Schadstoffe an die Umwelt abgegeben, wo sie Schaden anrichten, spricht man von Verschmutzung. Die vielfältigen, von Menschen erzeugten Verschmutzungen verseuchen Luft, Wasser und Land.

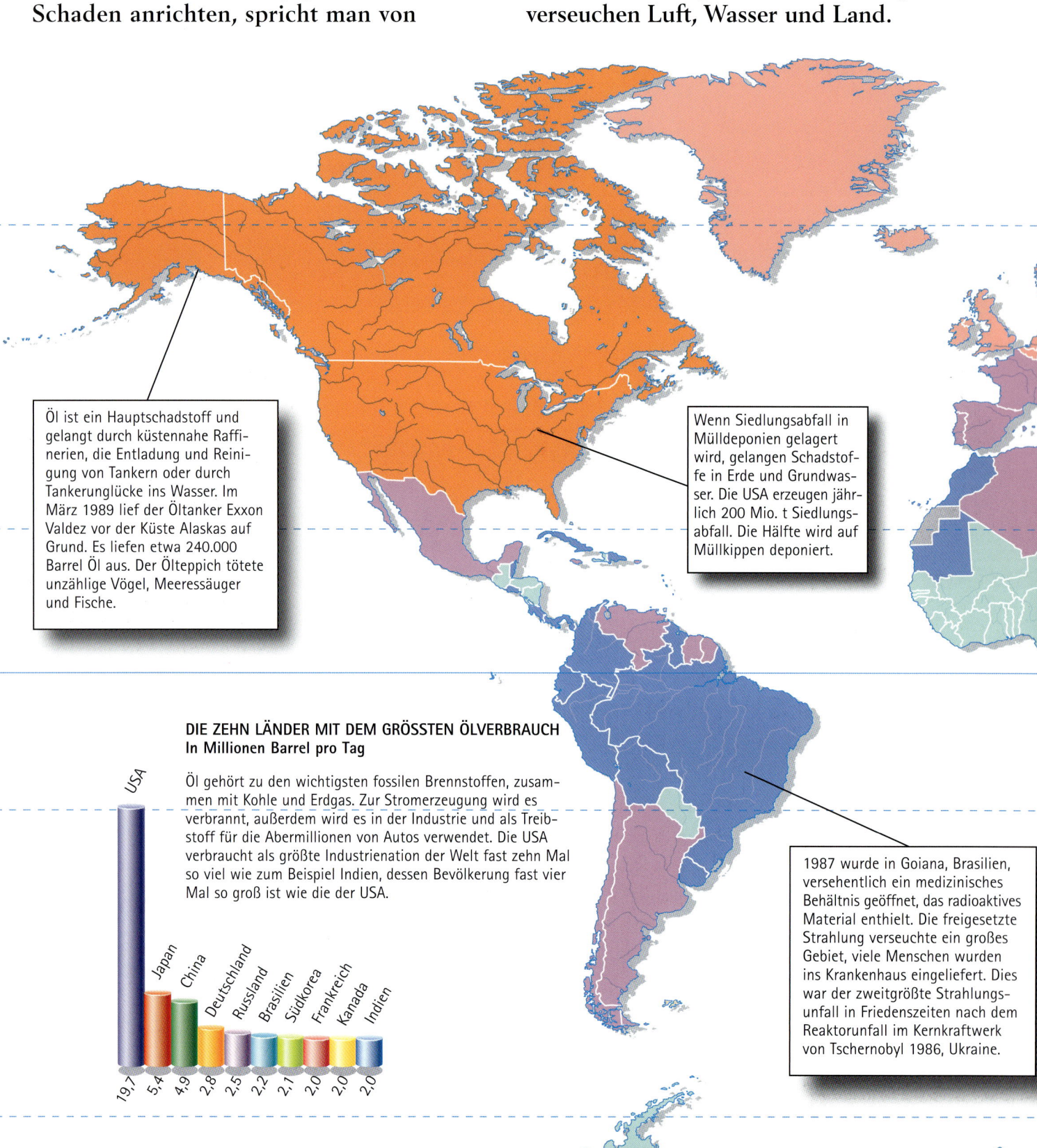

Öl ist ein Hauptschadstoff und gelangt durch küstennahe Raffinerien, die Entladung und Reinigung von Tankern oder durch Tankerunglücke ins Wasser. Im März 1989 lief der Öltanker Exxon Valdez vor der Küste Alaskas auf Grund. Es liefen etwa 240.000 Barrel Öl aus. Der Ölteppich tötete unzählige Vögel, Meeressäuger und Fische.

Wenn Siedlungsabfall in Mülldeponien gelagert wird, gelangen Schadstoffe in Erde und Grundwasser. Die USA erzeugen jährlich 200 Mio. t Siedlungsabfall. Die Hälfte wird auf Müllkippen deponiert.

DIE ZEHN LÄNDER MIT DEM GRÖSSTEN ÖLVERBRAUCH
In Millionen Barrel pro Tag

Öl gehört zu den wichtigsten fossilen Brennstoffen, zusammen mit Kohle und Erdgas. Zur Stromerzeugung wird es verbrannt, außerdem wird es in der Industrie und als Treibstoff für die Abermillionen von Autos verwendet. Die USA verbraucht als größte Industrienation der Welt fast zehn Mal so viel wie zum Beispiel Indien, dessen Bevölkerung fast vier Mal so groß ist wie die der USA.

USA 19,7 — Japan 5,4 — China 4,9 — Deutschland 2,8 — Russland 2,5 — Brasilien 2,2 — Südkorea 2,1 — Frankreich 2,0 — Kanada 2,0 — Indien 2,0

1987 wurde in Goiana, Brasilien, versehentlich ein medizinisches Behältnis geöffnet, das radioaktives Material enthielt. Die freigesetzte Strahlung verseuchte ein großes Gebiet, viele Menschen wurden ins Krankenhaus eingeliefert. Dies war der zweitgrößte Strahlungsunfall in Friedenszeiten nach dem Reaktorunfall im Kernkraftwerk von Tschernobyl 1986, Ukraine.

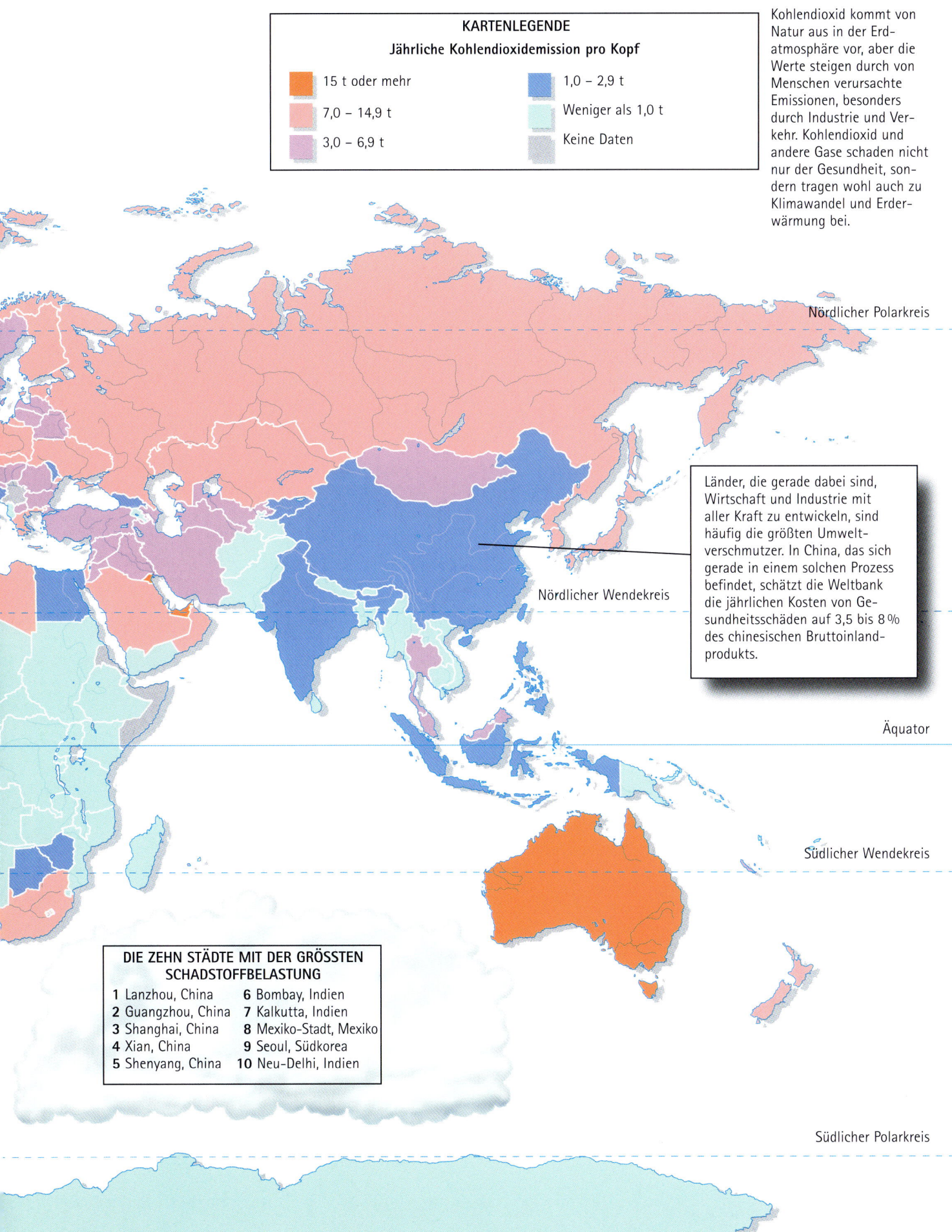

THEMEN DER WELT

ARTENVIELFALT UND ARTENSTERBEN

Die Biodiversität einer Region ist die Vielfalt der dort lebenden Pflanzen- und Tierarten. Die Erde bietet vielen Millionen verschiedener Arten Lebensraum, aber Tausende sind vom Aussterben bedroht.

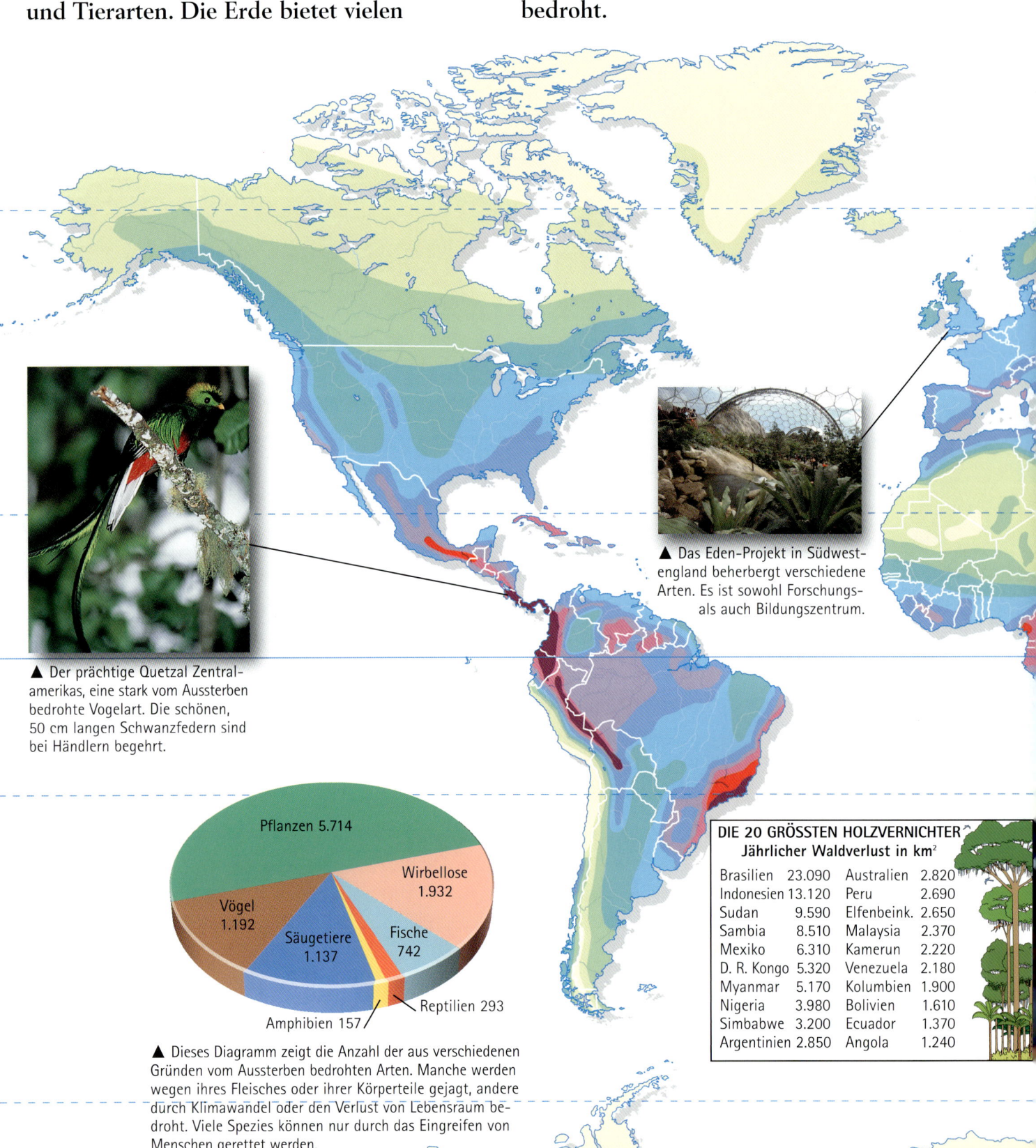

▲ Der prächtige Quetzal Zentralamerikas, eine stark vom Aussterben bedrohte Vogelart. Die schönen, 50 cm langen Schwanzfedern sind bei Händlern begehrt.

▲ Das Eden-Projekt in Südwestengland beherbergt verschiedene Arten. Es ist sowohl Forschungs- als auch Bildungszentrum.

▲ Dieses Diagramm zeigt die Anzahl der aus verschiedenen Gründen vom Aussterben bedrohten Arten. Manche werden wegen ihres Fleisches oder ihrer Körperteile gejagt, andere durch Klimawandel oder den Verlust von Lebensraum bedroht. Viele Spezies können nur durch das Eingreifen von Menschen gerettet werden.

Pflanzen 5.714
Wirbellose 1.932
Vögel 1.192
Säugetiere 1.137
Fische 742
Amphibien 157
Reptilien 293

DIE 20 GRÖSSTEN HOLZVERNICHTER
Jährlicher Waldverlust in km²

Brasilien	23.090	Australien	2.820
Indonesien	13.120	Peru	2.690
Sudan	9.590	Elfenbeink.	2.650
Sambia	8.510	Malaysia	2.370
Mexiko	6.310	Kamerun	2.220
D. R. Kongo	5.320	Venezuela	2.180
Myanmar	5.170	Kolumbien	1.900
Nigeria	3.980	Bolivien	1.610
Simbabwe	3.200	Ecuador	1.370
Argentinien	2.850	Angola	1.240

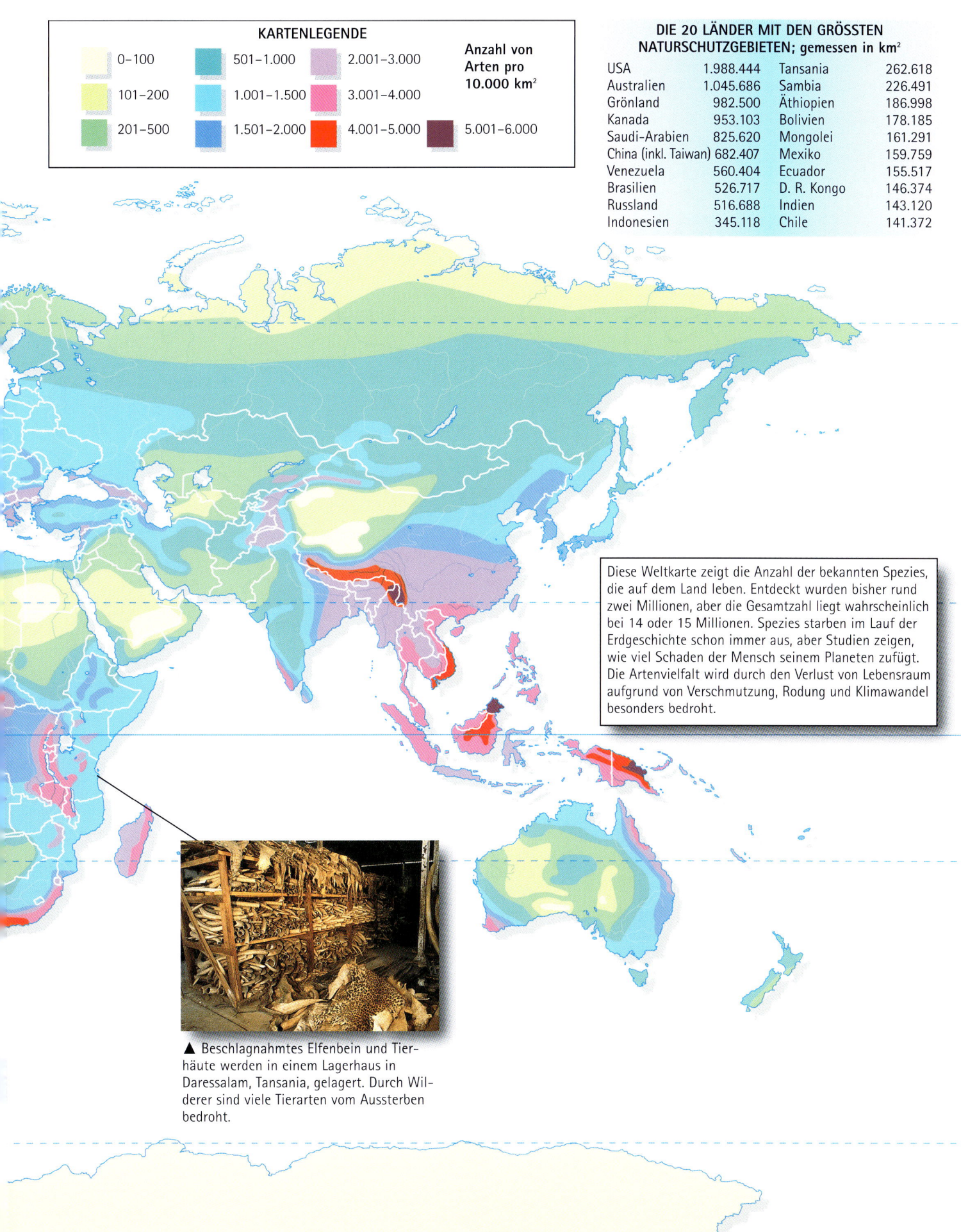

ARTENVIELFALT UND ARTENSTERBEN

KARTENLEGENDE — Anzahl von Arten pro 10.000 km²

- 0–100
- 101–200
- 201–500
- 501–1.000
- 1.001–1.500
- 1.501–2.000
- 2.001–3.000
- 3.001–4.000
- 4.001–5.000
- 5.001–6.000

DIE 20 LÄNDER MIT DEN GRÖSSTEN NATURSCHUTZGEBIETEN; gemessen in km²

Land	km²	Land	km²
USA	1.988.444	Tansania	262.618
Australien	1.045.686	Sambia	226.491
Grönland	982.500	Äthiopien	186.998
Kanada	953.103	Bolivien	178.185
Saudi-Arabien	825.620	Mongolei	161.291
China (inkl. Taiwan)	682.407	Mexiko	159.759
Venezuela	560.404	Ecuador	155.517
Brasilien	526.717	D. R. Kongo	146.374
Russland	516.688	Indien	143.120
Indonesien	345.118	Chile	141.372

Diese Weltkarte zeigt die Anzahl der bekannten Spezies, die auf dem Land leben. Entdeckt wurden bisher rund zwei Millionen, aber die Gesamtzahl liegt wahrscheinlich bei 14 oder 15 Millionen. Spezies starben im Lauf der Erdgeschichte schon immer aus, aber Studien zeigen, wie viel Schaden der Mensch seinem Planeten zufügt. Die Artenvielfalt wird durch den Verlust von Lebensraum aufgrund von Verschmutzung, Rodung und Klimawandel besonders bedroht.

▲ Beschlagnahmtes Elfenbein und Tierhäute werden in einem Lagerhaus in Daressalam, Tansania, gelagert. Durch Wilderer sind viele Tierarten vom Aussterben bedroht.

THEMEN DER WELT

GESUNDHEIT

Im letzten Jahrhundert wurden große Fortschritte bei der medizinischen Versorgung gemacht. Es gibt aber noch große Unterschiede beim Zugang zu gesundheitsfördernden Maßnahmen wie guter Ernährung, Medikamenten und ärztlicher Versorgung.

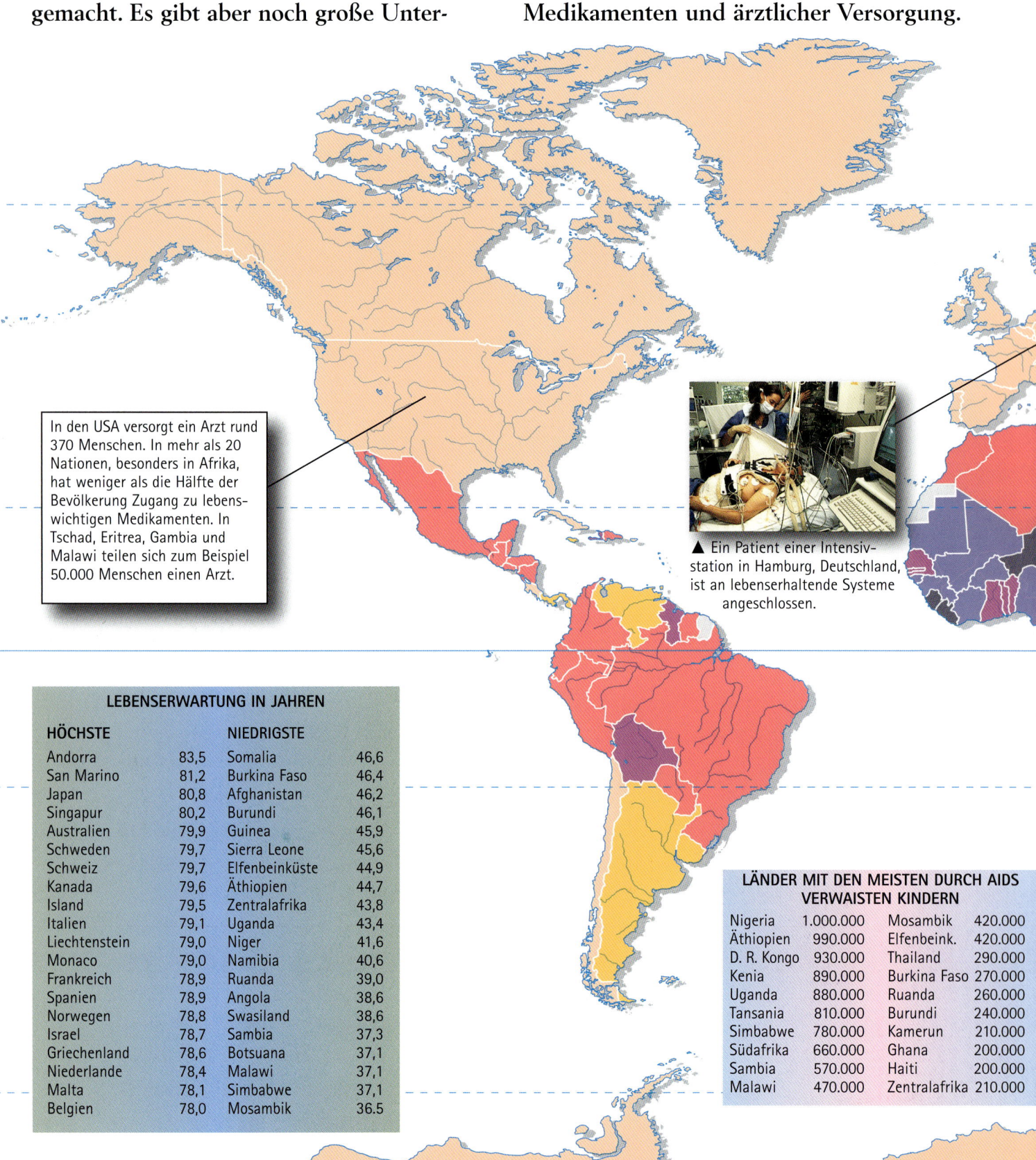

In den USA versorgt ein Arzt rund 370 Menschen. In mehr als 20 Nationen, besonders in Afrika, hat weniger als die Hälfte der Bevölkerung Zugang zu lebenswichtigen Medikamenten. In Tschad, Eritrea, Gambia und Malawi teilen sich zum Beispiel 50.000 Menschen einen Arzt.

▲ Ein Patient einer Intensivstation in Hamburg, Deutschland, ist an lebenserhaltende Systeme angeschlossen.

LEBENSERWARTUNG IN JAHREN

HÖCHSTE		NIEDRIGSTE	
Andorra	83,5	Somalia	46,6
San Marino	81,2	Burkina Faso	46,4
Japan	80,8	Afghanistan	46,2
Singapur	80,2	Burundi	46,1
Australien	79,9	Guinea	45,9
Schweden	79,7	Sierra Leone	45,6
Schweiz	79,7	Elfenbeinküste	44,9
Kanada	79,6	Äthiopien	44,7
Island	79,5	Zentralafrika	43,8
Italien	79,1	Uganda	43,4
Liechtenstein	79,0	Niger	41,6
Monaco	79,0	Namibia	40,6
Frankreich	78,9	Ruanda	39,0
Spanien	78,9	Angola	38,6
Norwegen	78,8	Swasiland	38,6
Israel	78,7	Sambia	37,3
Griechenland	78,6	Botsuana	37,1
Niederlande	78,4	Malawi	37,1
Malta	78,1	Simbabwe	37,1
Belgien	78,0	Mosambik	36,5

LÄNDER MIT DEN MEISTEN DURCH AIDS VERWAISTEN KINDERN

Nigeria	1.000.000	Mosambik	420.000
Äthiopien	990.000	Elfenbeink.	420.000
D. R. Kongo	930.000	Thailand	290.000
Kenia	890.000	Burkina Faso	270.000
Uganda	880.000	Ruanda	260.000
Tansania	810.000	Burundi	240.000
Simbabwe	780.000	Kamerun	210.000
Südafrika	660.000	Ghana	200.000
Sambia	570.000	Haiti	200.000
Malawi	470.000	Zentralafrika	210.000

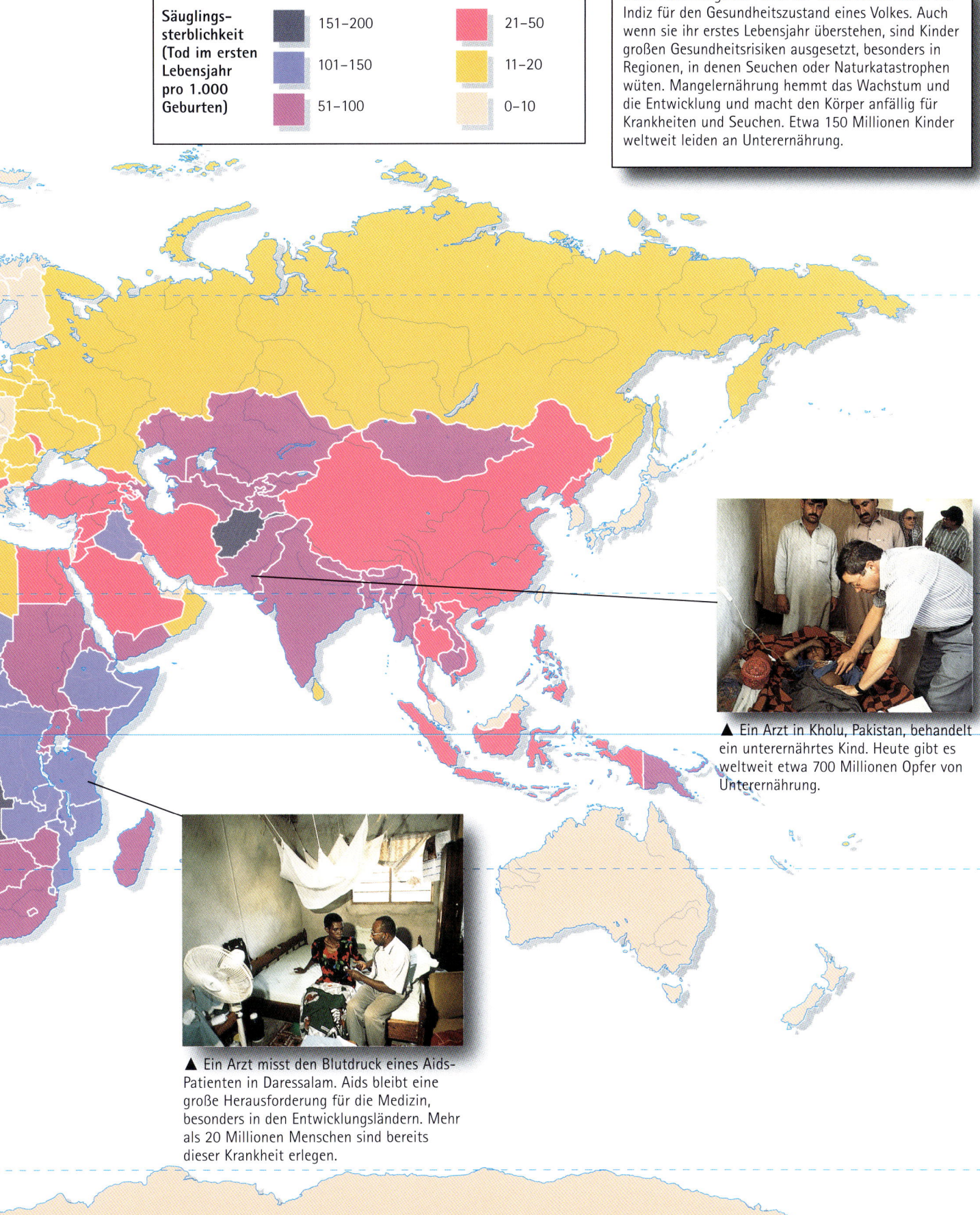

THEMEN DER WELT

BILDUNG

Durch Bildung erlangt der Mensch die Fähigkeit, zu lesen, zu schreiben und mit anderen zu kommunizieren. Sie verschafft ihm die Möglichkeit, sein Leben bewusst zu gestalten. Der Bildungsstandard variiert weltweit drastisch.

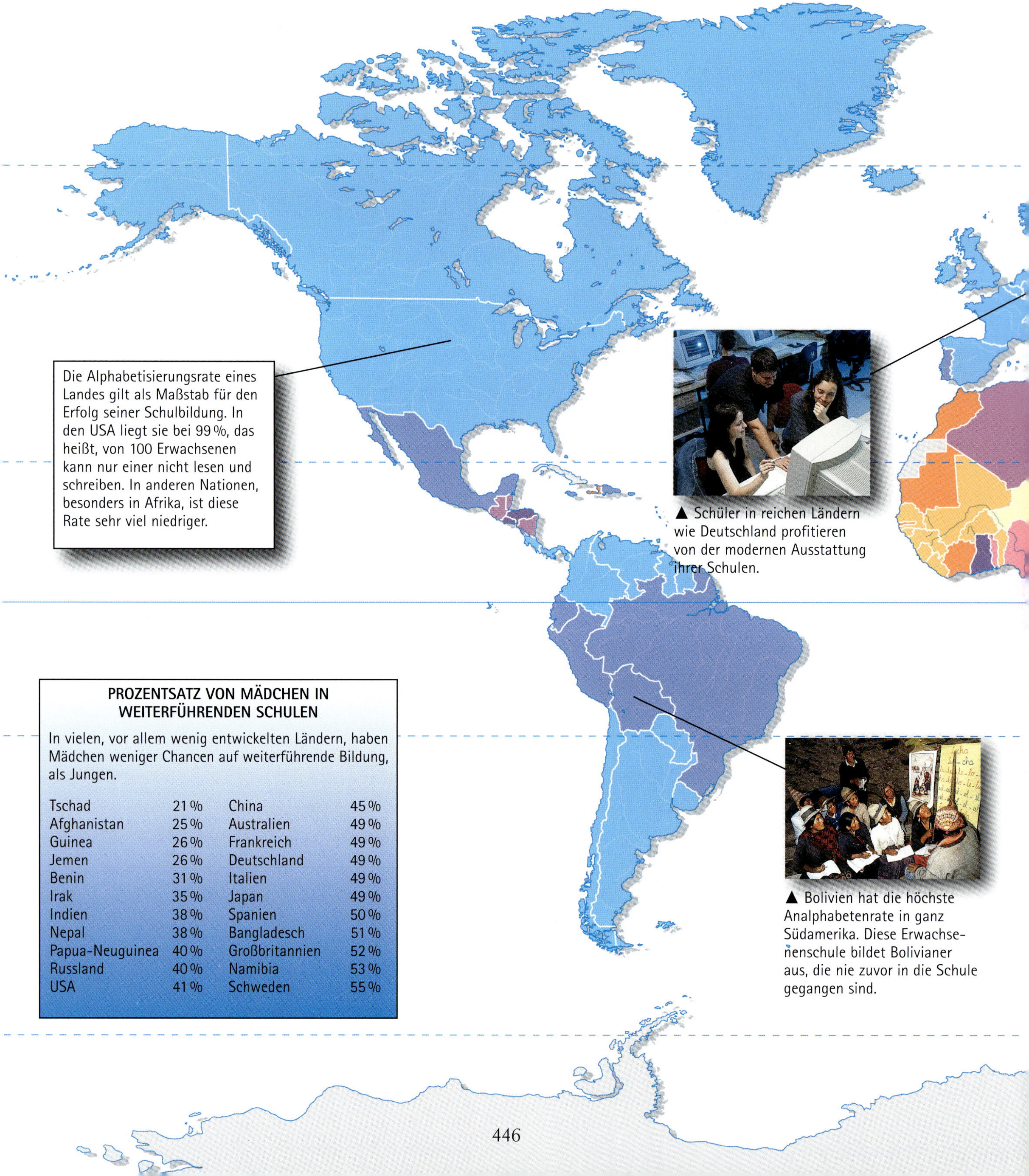

Die Alphabetisierungsrate eines Landes gilt als Maßstab für den Erfolg seiner Schulbildung. In den USA liegt sie bei 99 %, das heißt, von 100 Erwachsenen kann nur einer nicht lesen und schreiben. In anderen Nationen, besonders in Afrika, ist diese Rate sehr viel niedriger.

▲ Schüler in reichen Ländern wie Deutschland profitieren von der modernen Ausstattung ihrer Schulen.

PROZENTSATZ VON MÄDCHEN IN WEITERFÜHRENDEN SCHULEN

In vielen, vor allem wenig entwickelten Ländern, haben Mädchen weniger Chancen auf weiterführende Bildung, als Jungen.

Tschad	21 %	China	45 %
Afghanistan	25 %	Australien	49 %
Guinea	26 %	Frankreich	49 %
Jemen	26 %	Deutschland	49 %
Benin	31 %	Italien	49 %
Irak	35 %	Japan	49 %
Indien	38 %	Spanien	50 %
Nepal	38 %	Bangladesch	51 %
Papua-Neuguinea	40 %	Großbritannien	52 %
Russland	40 %	Namibia	53 %
USA	41 %	Schweden	55 %

▲ Bolivien hat die höchste Analphabetenrate in ganz Südamerika. Diese Erwachsenenschule bildet Bolivianer aus, die nie zuvor in die Schule gegangen sind.

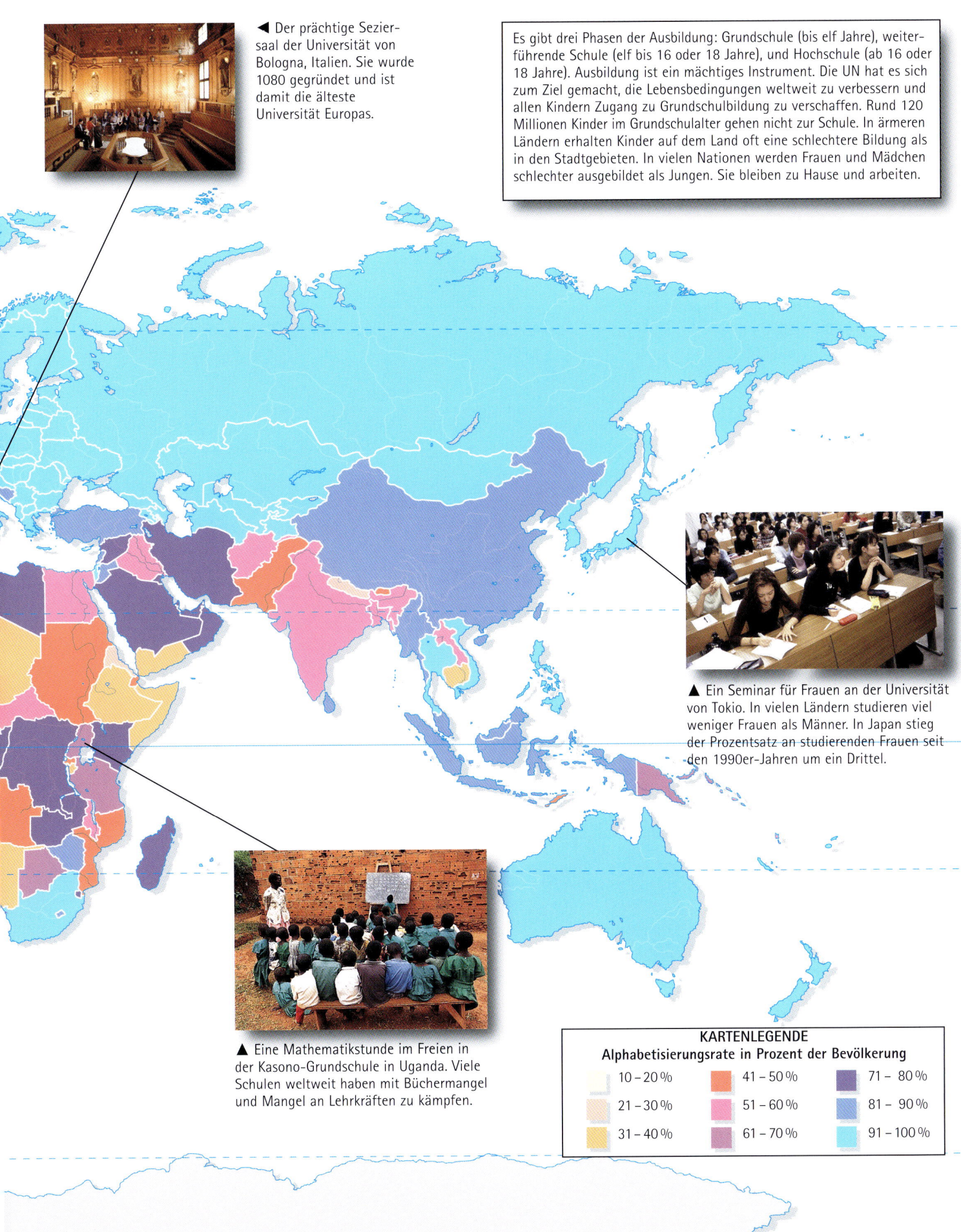

THEMEN DER WELT

REICHTUM

Die Nationen der Welt unterscheiden sich enorm in Bezug auf ihre Wirtschaftskraft. Gleiches gilt für die Menschen. In vielen Ländern gibt es Millionäre, aber mehr als ein Fünftel der Weltbevölkerung hat täglich nur umgerechnet 1,50 US-Dollar zur Verfügung.

Die USA sind die größte Wirtschaftsmacht der Welt, was das Bruttosozialprodukt angeht, und beim Pro-Kopf-Einkommen liegen sie an sechster Stelle, nach Luxemburg, Schweiz, Japan, Norwegen und Liechtenstein. Das Land verfügt über reiche Bodenschätze, es produziert fast 20 % der Kohle und des Erdöls der Welt und fast die Hälfte der weltweiten Maisernte. Das verdanken die USA ihrer breit gefächerten, hoch entwickelten Industrie.

Der Reichtum eines Landes kommt nicht immer allen Bewohnern zugute. Schweden bildet mit seiner relativ hohen Vermögenssteuer und seinem guten Sozialsystem eine Ausnahme. Hier wird der Reichtum des Staates vergleichsweise gleichmäßig verteilt.

DIE ENTWICKLUNGSSCHERE

Die Entwicklung von Industrie und Wirtschaft rund um den Globus verlief nicht gleichmäßig und brachte nicht allen Menschen die gleichen Vorteile. Der Unterschied zwischen den Lebensbedingungen in entwickelten Nationen und Entwicklungsländern nennt man Entwicklungsschere. Diese Schere kann am Einkommen verdeutlicht werden. Laut Schätzungen der Weltbank genossen die Bürger von Luxemburg ein jährliches Bruttovolkseinkommen von 34.809 US-Dollar pro Person. Die afrikanischen Nationen Burundi und Äthiopien liegen hingegen bei rund 100 US-Dollar pro Person. Die Schere zeigt sich auch in Nahrungsqualität, Sanitärversorgung und Gesundheit, was sich wiederum in der Lebenserwartung niederschlägt. Auch die ungleichmäßige Nutzung von Ressourcen ist Teil der Schere. 20 % der Weltbevölkerung verbrauchen beispielsweise 65 % der Energie.

▲ Französische Ärzte in einer Oase in Mauretanien.

Ausbeutung durch frühere Kolonialherren, innere Konflikte und Kriege, Mangel an Ressourcen sowie Hungersnöte und Dürreperioden haben viele Sub-Sahara-Nationen zu den ärmsten Ländern der Welt gemacht. Die Menschen von Guinea-Bissau haben ein Bruttovolkseinkommen von 160 US-Dollar jährlich. Zwölf der 13 Nationen mit dem geringsten Bruttovolkseinkommen liegen im Sub-Sahara-Afrika.

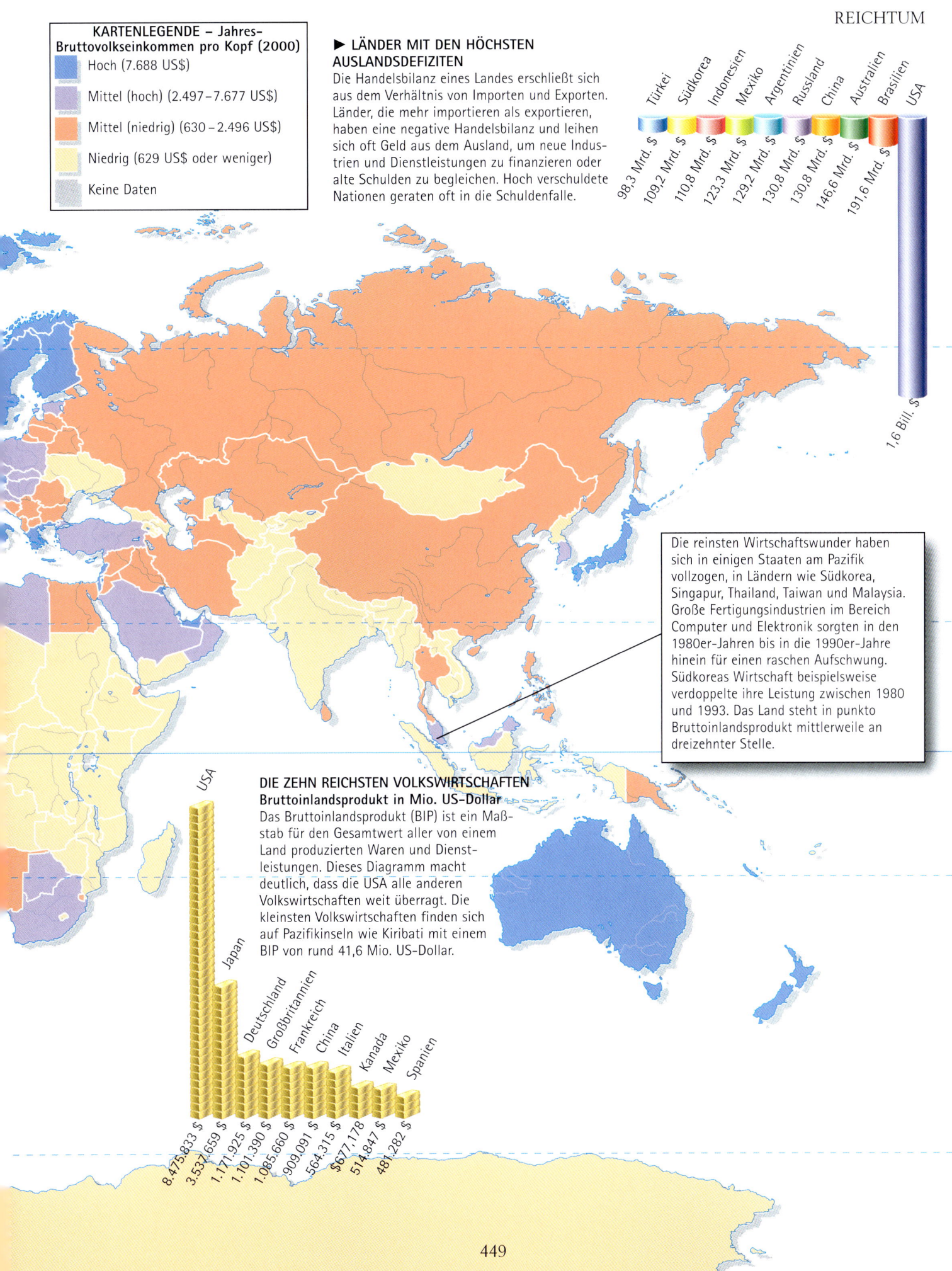

THEMEN DER WELT

ENERGIE

Energie existiert in den unterschiedlichsten Formen. Sie in Hitze, Licht und Kraft umzuwandeln, ist für die menschliche Bevölkerung lebenswichtig. Die größte Rolle spielen hierbei Strom und Brennstoffe.

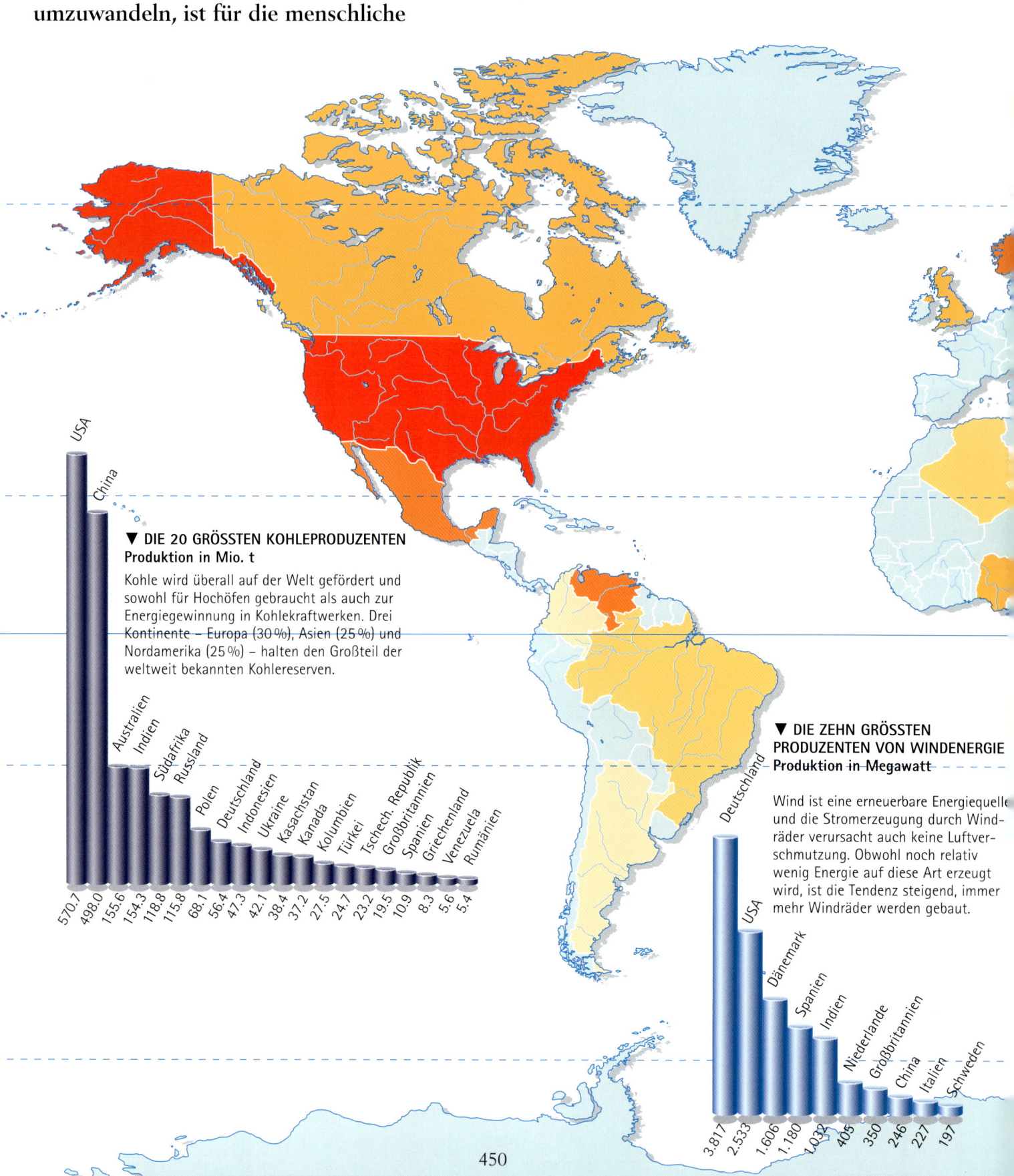

▼ **DIE 20 GRÖSSTEN KOHLEPRODUZENTEN**
Produktion in Mio. t

Kohle wird überall auf der Welt gefördert und sowohl für Hochöfen gebraucht als auch zur Energiegewinnung in Kohlekraftwerken. Drei Kontinente – Europa (30%), Asien (25%) und Nordamerika (25%) – halten den Großteil der weltweit bekannten Kohlereserven.

USA 570,7 · China 498,0 · Australien 155,6 · Indien 154,3 · Südafrika 118,8 · Russland 115,8 · Polen 68,1 · Deutschland 56,4 · Indonesien 47,3 · Ukraine 42,1 · Kasachstan 38,4 · Kanada 37,2 · Kolumbien 27,5 · Türkei 24,7 · Tschech. Republik 23,2 · Großbritannien 19,5 · Spanien 10,9 · Griechenland 8,3 · Venezuela 5,6 · Rumänien 5,4

▼ **DIE ZEHN GRÖSSTEN PRODUZENTEN VON WINDENERGIE**
Produktion in Megawatt

Wind ist eine erneuerbare Energiequelle und die Stromerzeugung durch Windräder verursacht auch keine Luftverschmutzung. Obwohl noch relativ wenig Energie auf diese Art erzeugt wird, ist die Tendenz steigend, immer mehr Windräder werden gebaut.

Deutschland · USA 3.817 · Dänemark 2.533 · Spanien 1.606 · Indien 1.180 · Niederlande 1.032 · Großbritannien 405 · China 350 · Italien 246 · Schweden 227 · 197

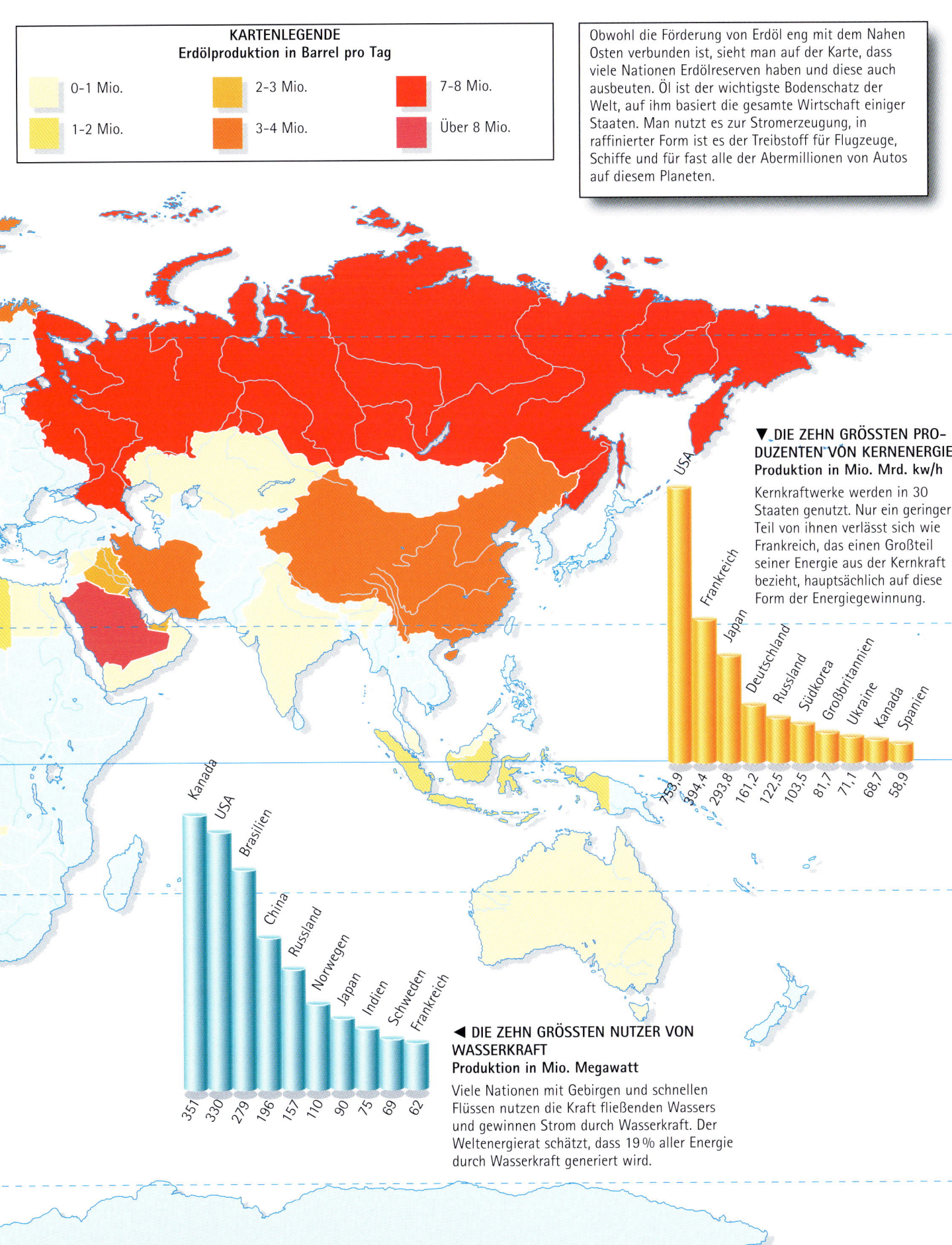

THEMEN DER WELT

ROHSTOFFE

Unser Planet bringt eine Vielzahl von Rohstoffen hervor, die zur Herstellung von Waren und Gebrauchsgütern dienen.

DIE 12 HAUPT-PRODUZENTEN VON NADELSCHNITTHOLZ	
Jährliche Produktion in m³	
USA	84.000.000
Kanada	70.000.000
Russland	19.000.000
Schweden	17.000.000
Japan	17.000.000
Deutschland	16.000.000
Finnland	15.000.000
Österreich	10.000.000
Frankreich	10.000.000
Brasilien	10.000.000
Chile	8.000.000
Polen	4.000.000

▲▼ Holz ist ein wichtiger Rohstoff, auch für die Papierherstellung. Diese riesige Papierfabrik liegt im schwedischen Skutskar. Schweden ist viertgrößter Exporteur von Papierprodukten und zweitgrößter Exporteur von Nadelschnittholz-Produkten.

Der Wert von Rohstoffen richtet sich nach den Kosten ihrer Gewinnung und nach ihrer Seltenheit. Heute beschränken sich viele Nationen in der südlichen Hemisphäre auf die Gewinnung von Rohstoffen, die dann in die nördliche Hemisphäre verkauft werden, wo die verarbeitende Industrie weiter entwickelt ist. Der Wert von Rohstoffen kann schnell steigen oder fallen. Dies kann einer Region zu plötzlichem Reichtum verhelfen, beispielsweise wenn Ölknappheit und Preissteigerung die Volkswirtschaften des Nahen Ostens ankurbeln. Öfter aber sind Preisverfall und daraus resultierende Wirtschaftskrisen, was besonders solche Nationen trifft, deren Wirtschaft von der Produktion eines Rohstoffes oder weniger Rohstoffe abhängig sind. Mittelamerikanische Nationen zum Beispiel sind abhängig vom Weltpreis von Kakao oder Kaffee. Fällt dieser, bekommen sie wirtschaftliche Probleme.

NACHWACHSENDE ROHSTOFFE

Viele Rohstoffe sind Naturprodukte, die potenziell erneuerbar sind, zum Beispiel Holz und Naturkautschuk. Baumwolle, Flachs und Seide sind nachwachsende Rohstoffe, die einen Großteil der Materialien für die riesigen Kleidungs- und Textilindustrien der Welt liefern. Getreide und Nutztiere gelten oft als Rohstoffe, die verkauft und dann zu den Produkten verarbeitet werden, von denen sich die über sechs Milliarden Menschen der Welt ernähren. Der Handel mit Nahrungsmitteln wie Getreide, Reis, Obst und Gemüse ist immens. Reis ist beispielsweise Grundnahrungsmittel für rund die Hälfte der Weltbevölkerung, weltweit werden jährlich etwa 535 Mio. t angebaut.

ROHSTOFFE

◀ Heißer Stahl wird während der Herstellung in einer Fabrik in Bochum, Deutschland, abgekühlt. Stahl wird in allen Baugewerben und in der Herstellung vieler Waren eingesetzt, vom Auto bis zum Haushaltsgerät.

DIE 20 HAUPTPRODUZENTEN VON STAHL
Produktion in Mio. t pro Jahr

China	148,9
Japan	102,9
USA	90,1
Russland	59,0
Deutschland	44,8
Südkorea	43,9
Ukraine	33,1
Indien	27,3
Brasilien	26,7
Italien	26,7
Frankreich	19,3
Taiwan	17,2
Spanien	16,5
Kanada	15,3
Turkei	15,0
Großbritannien	13,7
Mexiko	13,3
Belgien	10,8
Südafrika	8,8
Polen	8,8

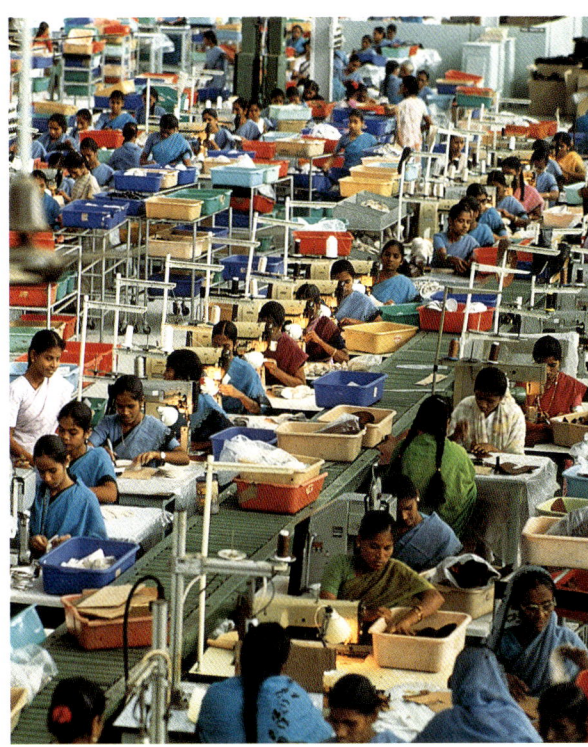

BODENSCHÄTZE

Mineralien sind oft wertvolle Rohstoffe, weil sie selten vorkommen und nicht erneuerbar sind. Die verarbeitende Industrie ist von Bodenschätzen, besonders Metallen, abhängig, um die meisten Waren zu produzieren. Eisenerz ist die Basis der wichtigsten Metallindustrie der Welt, der Stahlherstellung. Bauxit, das Erz, aus dem Aluminium gewonnen wird, ist ebenfalls ein wertvoller Rohstoff, der Nationen wie Australien – weltgrößter Exporteur von Bauxit – große Einnahmen beschert hat. Finanziell kommt dem Erdöl die größte Bedeutung zu, denn man benötigt es nicht nur zur Energiegewinnung, sondern auch zur Herstellung von Plastik, Polymeren und vielen Kunststoffen. Im 20. Jh. wurden mehr Bodenschätze gefördert als je zuvor. Kein Bodenschatz ist bis jetzt erschöpft, aber man befürchtet, es könne bald so weit sein.

▲▼ Eine große Textilfabrik in Indien benutzt Baumwolle als Rohmaterial für Kleidungsstücke. Indien ist drittgrößter Baumwollproduzent der Welt und gehört zu den weltgrößten Herstellern von Bekleidung. Die Textilindustrie ist zweitgrößter Arbeitgeber im Land.

DIE 10 HAUPTPRODUZENTEN VON WEIZEN
Produktion in t pro Jahr

China	94.000.000
Indien	68.800.000
USA	53.300.000
Russland	46.900.000
Frankreich	31.400.000
Australien	24.000.000
Deutschland	22.800.000
Ukraine	21.000.000
Kanada	20.600.000
Pakistan	19.100.000

▲▶ Säcke mit Reis werden im indonesischen Hafen Sunda Kelapa auf Java verladen. Reis und Getreide wie Weizen sind wichtige Nahrungsquellen für die Menschheit.

DIE 20 HAUPTPRODUZENTEN VON BAUMWOLLE
Produktion in t pro Jahr

China	4.600.000
USA	4.092.000
Indien	2.450.000
Pakistan	1.530.000
Usbekistan	1.150.000
Türkei	795.000
Australien	681.000
Brasilien	370.000
Ägypten	350.000
Griechenland	345.000
Argentinien	270.000
Mali	216.000
Mexiko	193.000
Turkmenistan	192.000
Benin	151.000
Elfenbeinküste	140.000
Burkina Faso	138.000
Syrien	132.000
Iran	132.000
Tadschikistan	119.000

THEMEN DER WELT

WELTHANDEL

Der Handel mit Waren und Dienstleistungen ist Voraussetzung für Wohlstand und wirtschaftlichen Fortschritt. Viele Staaten bilden Blöcke oder schließen sich internationalen Organisationen an, um größeren Einfluss zu erlangen.

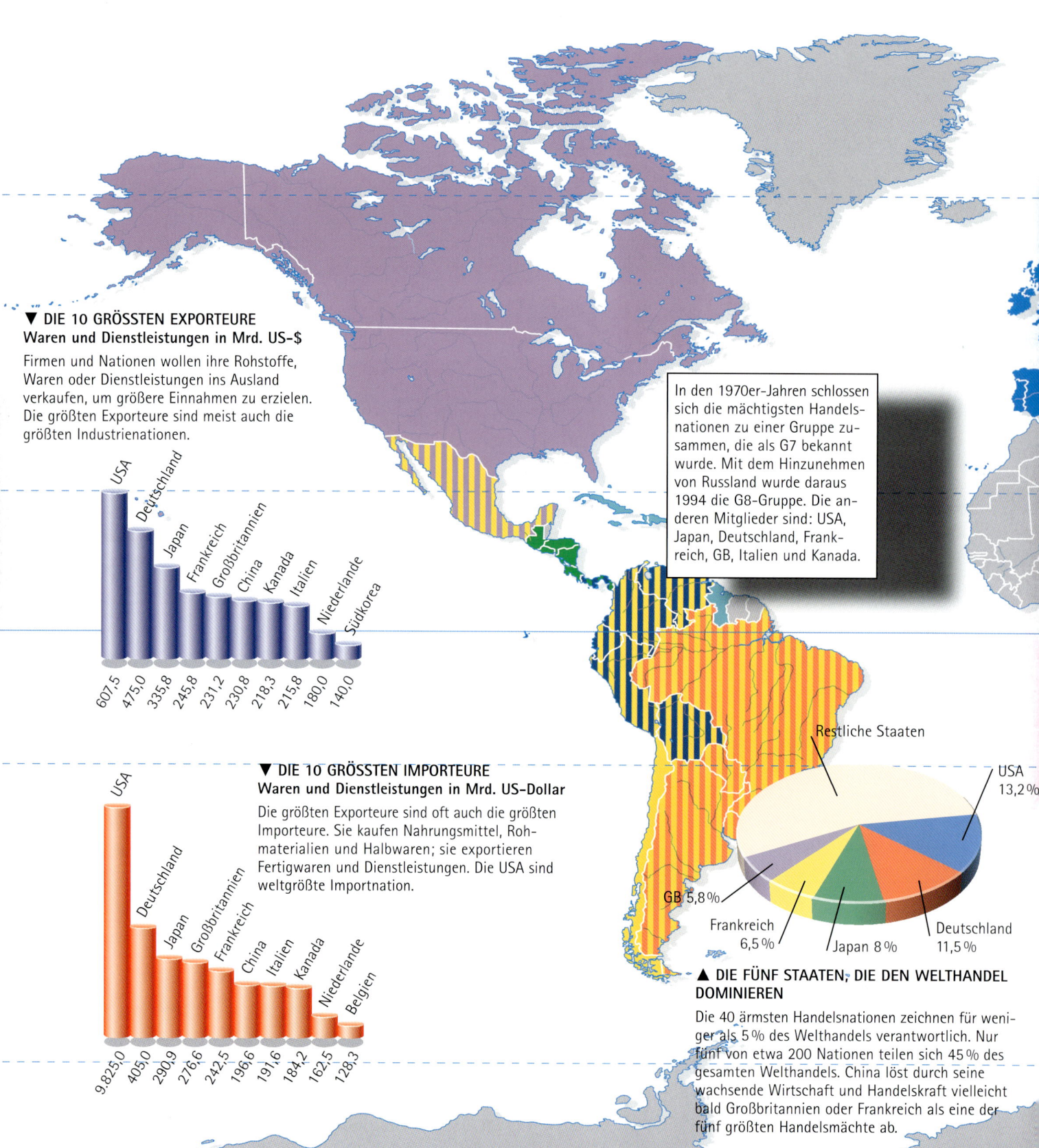

▼ **DIE 10 GRÖSSTEN EXPORTEURE**
Waren und Dienstleistungen in Mrd. US-$

Firmen und Nationen wollen ihre Rohstoffe, Waren oder Dienstleistungen ins Ausland verkaufen, um größere Einnahmen zu erzielen. Die größten Exporteure sind meist auch die größten Industrienationen.

USA 607,5 / Deutschland 475,0 / Japan 335,8 / Frankreich 245,8 / Großbritannien 231,2 / China 230,8 / Kanada 218,3 / Italien 215,8 / Niederlande 180,0 / Südkorea 140,0

In den 1970er-Jahren schlossen sich die mächtigsten Handelsnationen zu einer Gruppe zusammen, die als G7 bekannt wurde. Mit dem Hinzunehmen von Russland wurde daraus 1994 die G8-Gruppe. Die anderen Mitglieder sind: USA, Japan, Deutschland, Frankreich, GB, Italien und Kanada.

▼ **DIE 10 GRÖSSTEN IMPORTEURE**
Waren und Dienstleistungen in Mrd. US-Dollar

Die größten Exporteure sind oft auch die größten Importeure. Sie kaufen Nahrungsmittel, Rohmaterialien und Halbwaren; sie exportieren Fertigwaren und Dienstleistungen. Die USA sind weltgrößte Importnation.

USA 9.825,0 / Deutschland 405,0 / Japan 290,9 / Großbritannien 276,6 / Frankreich 242,5 / China 196,6 / Italien 191,6 / Kanada 184,2 / Niederlande 162,5 / Belgien 128,3

Restliche Staaten / USA 13,2 % / Deutschland 11,5 % / Japan 8 % / Frankreich 6,5 % / GB 5,8 %

▲ **DIE FÜNF STAATEN, DIE DEN WELTHANDEL DOMINIEREN**

Die 40 ärmsten Handelsnationen zeichnen für weniger als 5 % des Welthandels verantwortlich. Nur fünf von etwa 200 Nationen teilen sich 45 % des gesamten Welthandels. China löst durch seine wachsende Wirtschaft und Handelskraft vielleicht bald Großbritannien oder Frankreich als eine der fünf größten Handelsmächte ab.

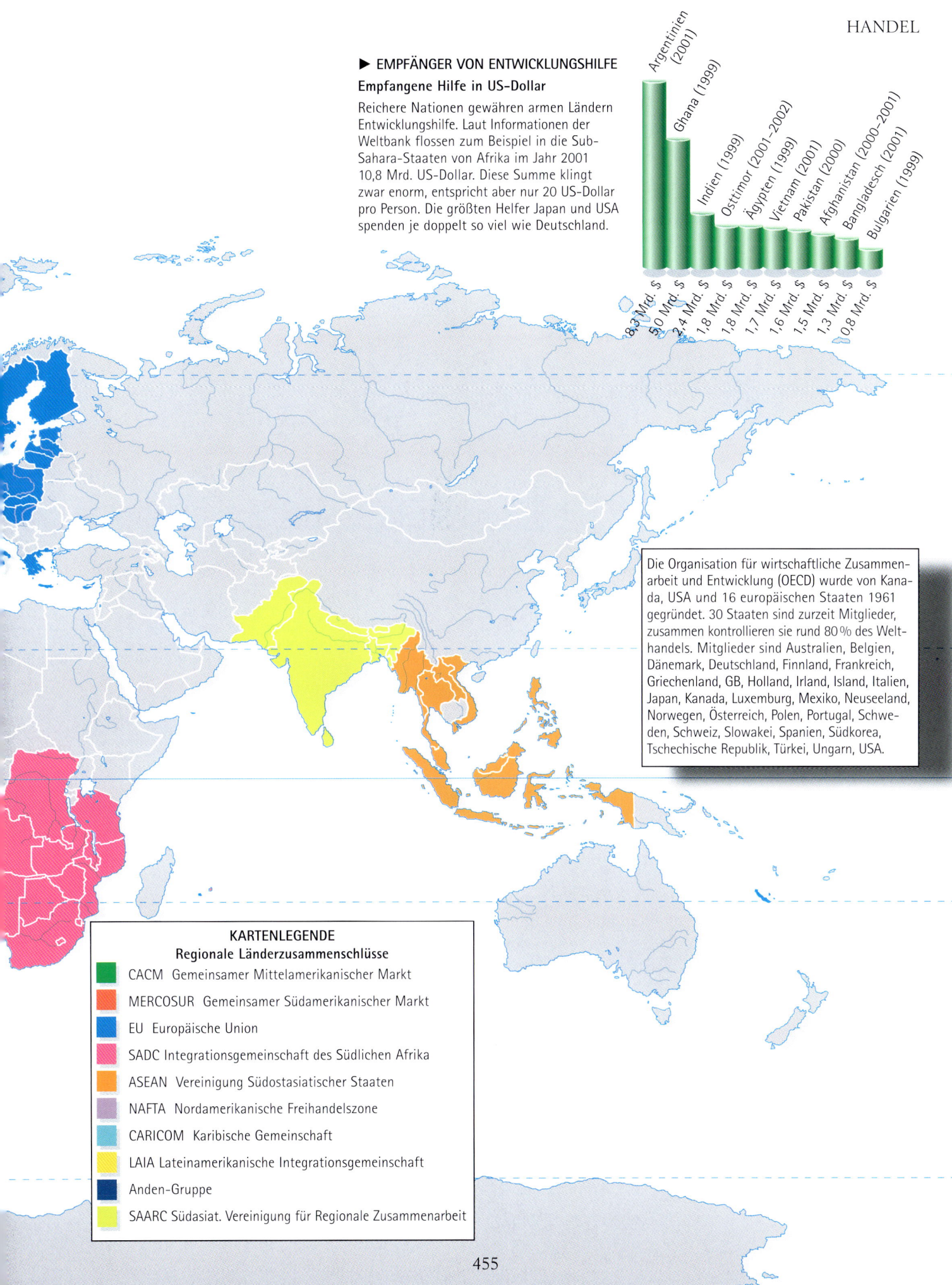

THEMEN DER WELT
ZEITZONEN

Millionen Menschen reisen mit modernen Verkehrsmitteln rund um den Globus. Lange Reisen von Osten nach Westen und umgekehrt bedeuten, dass man bis zu 24 Zeitzonen überquert. Diese liegen in Stundenschritten vor oder nach der Zeit am Greenwich-Meridian, also 0°.

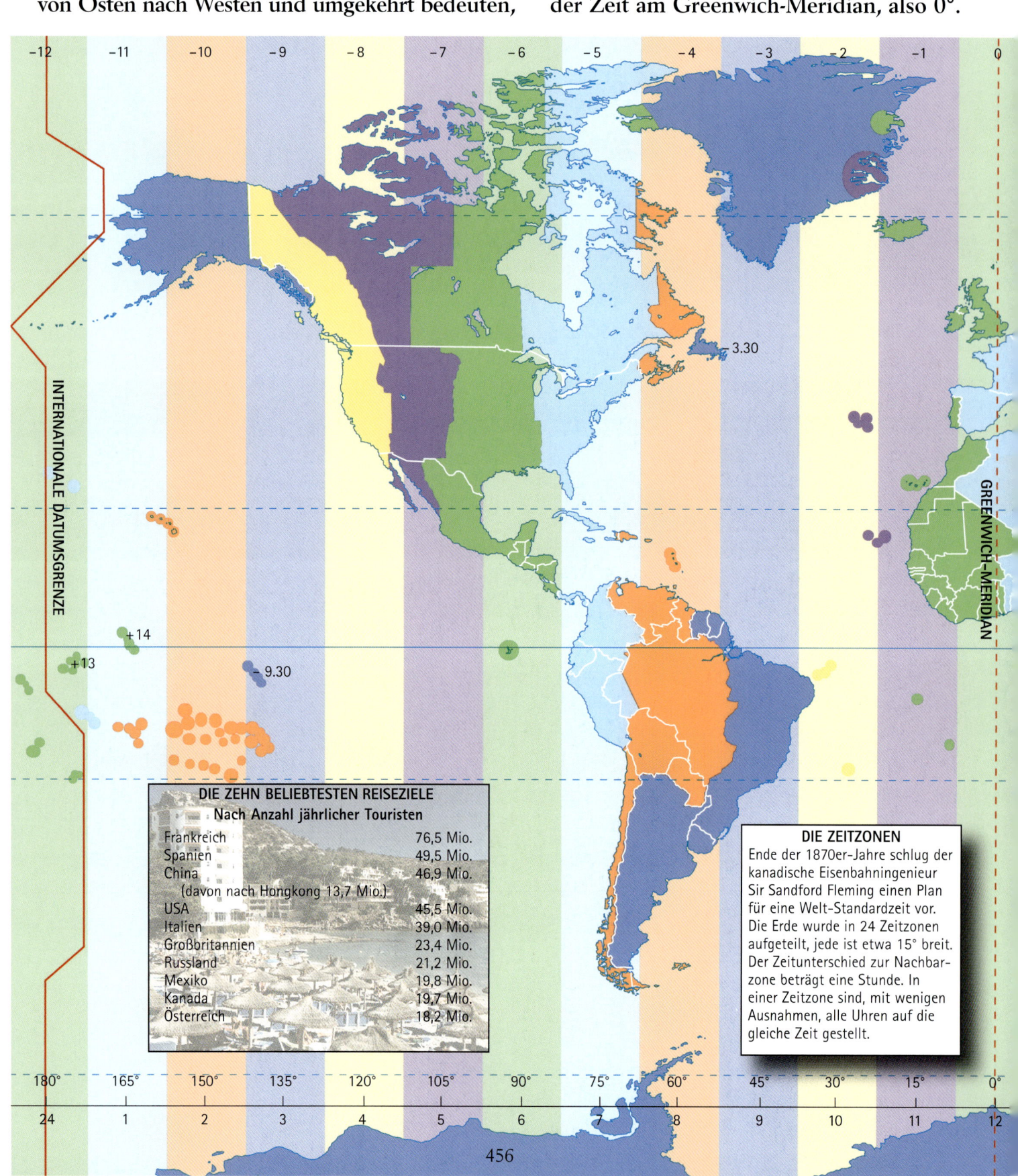

DIE ZEHN BELIEBTESTEN REISEZIELE
Nach Anzahl jährlicher Touristen

Frankreich	76,5 Mio.
Spanien	49,5 Mio.
China	46,9 Mio.
(davon nach Hongkong 13,7 Mio.)	
USA	45,5 Mio.
Italien	39,0 Mio.
Großbritannien	23,4 Mio.
Russland	21,2 Mio.
Mexiko	19,8 Mio.
Kanada	19,7 Mio.
Österreich	18,2 Mio.

DIE ZEITZONEN
Ende der 1870er-Jahre schlug der kanadische Eisenbahningenieur Sir Sandford Fleming einen Plan für eine Welt-Standardzeit vor. Die Erde wurde in 24 Zeitzonen aufgeteilt, jede ist etwa 15° breit. Der Zeitunterschied zur Nachbarzone beträgt eine Stunde. In einer Zeitzone sind, mit wenigen Ausnahmen, alle Uhren auf die gleiche Zeit gestellt.

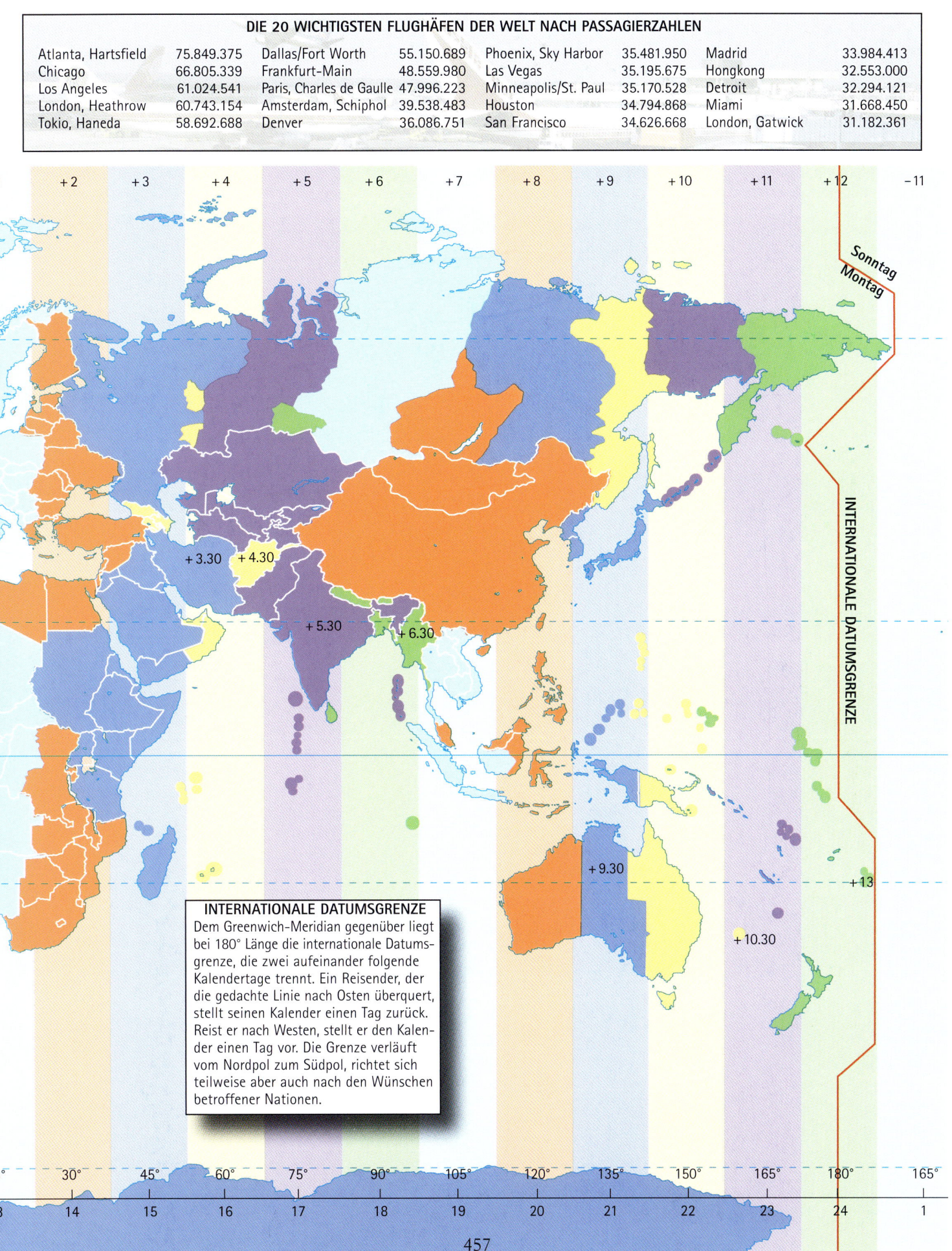

THEMEN DER WELT

INTERNATIONALE ORGANISATIONEN

Je mehr unabhängige Staaten es gab, desto wichtiger wurde es, Informationen zu tauschen, Probleme zu besprechen und Konflikte zu schlichten.

▲ Die Flagge der Europäischen Union gibt es seit ihrer Gründung mit dem Maastrichter Vertrag von 1993. Im Jahr 2004 traten zehn weitere Nationen der EU bei.

▲ Die berühmten fünf Ringe, das Symbol der Olympischen Spiele. Das Internationale Olympische Komitee (IOC) organisiert die Winter- und Sommerspiele. Letztere sind das größte Sportereignis der Welt.

▼ Äthiopische Flüchtlinge in einem Lager des Roten Kreuzes und des Roten Halbmonds. Im 19. Jh. wurde das Rote Kreuz zur Behandlung von Kriegsopfern gegründet, in Friedenszeiten hilft es den Opfern von Naturkatastrophen.

Historisch gesehen, schlossen Nationen Verträge miteinander, um Territorium zu gewinnen und im Kriegsfall Verbündete zu haben. Sicherheitsorganisationen wie die NATO (North Atlantic Treaty Organisation, 1949 bis heute) waren moderne Versionen dieser Allianzen. Nach dem Zweiten Weltkrieg stieg die Anzahl internationaler Organisationen, die nicht zu militärischen Zwecken gegründet wurden. Diese Organisationen kann man in zwei Gruppen aufteilen: Organisationen auf Regierungsebene wie die Vereinten Nationen (UN), oder Non-Governmental Organisations (NGOs), private Organisationen, die sich meist für ein bestimmtes Thema einsetzen. Die Internationale Walfang-Kommission setzt sich für den Schutz der Wale ein, und die Internationale Atomenergiebehörde (IAEA) kämpft für die friedliche Nutzung von Kernenergie. Viele NGOs setzen sich für die Ärmsten der Welt ein. Zurzeit gibt es mehr als 500 Organisationen auf Regierungsebene und etwa 5.500 NGOs.

DIE UN

Seit ihrer Gründung nach dem Zweiten Weltkrieg als Nachfolgerin des Völkerbunds wurde die UN zur größten internationalen Organisation der Welt. Fast jede Nation der Welt ist Mitglied, obwohl nicht jede alle Resolutionen, Verträge und Konventionen unterschreibt. Die UN hat eine äußerst komplexe Struktur. In der Vollversammlung sind alle Mitglieder repräsentiert. Es gibt noch einen Sicherheitsrat und mehr als 30 Unterorganisationen wie die Ernährungs- und Landwirtschaftsorgani-

▲ Eine Sitzung des UN-Sicherheitsrats im UN-Hauptquartier in New York. Der Rat besteht aus den fünf ständigen Mitgliedern USA, Russland, VR China, Frankreich und GB sowie zehn weiteren Mitgliedern, die alle zwei Jahre neu gewählt werden.

INTERNATIONALE ORGANISATIONEN

▲ Gepanzerte Fahrzeuge der UN-Friedenstruppe begleiten einen Konvoi, der während des Balkankonfliktes in den 1990er-Jahren humanitäre Hilfe nach Bosnien bringt.

sation (FAO), die Weltgesundheitsorganisation (WHO) und das Kinderhilfswerk der Vereinten Nationen (UNICEF). Eines der wichtigsten Ziele der UN ist der Erhalt des Friedens. UN-Friedenstruppen, die aus Polizeikräften, Beobachtern und Soldaten bestehen, die von ihren Regierungen bereitgestellt werden, sind weltweit im Einsatz. Sie entwaffnen ehemalige Kämpfer, bauen regionale Polizeikräfte auf, organisieren und beobachten Wahlen. In Zusammenarbeit mit anderen Abteilungen der UN bringen sie Flüchtlinge wieder in ihre Heimat, entschärfen Landminen und beginnen den Wiederaufbau vom Krieg verwüsteter Gebiete.

REGIONALE ORGANISATIONEN

Viele internationale Organisationen wurden von Ländern einer Region gebildet, um spezielle Probleme zu lösen und ihre Interessen zu wahren. ASEAN (Vereinigung Südostasiatischer Staaten) fördert beispielsweise die wirtschaftliche und militärische Zusammenarbeit von zehn Nationen dieser Region. Die Europäische Union (EU) ist eine Organisation von im Moment 25 europäischen Nationen. Das Ziel ist die wirtschaftliche Zusammenarbeit zwischen den Mitgliedsstaaten, die freie Bewegung von Menschen, Waren und Dienstleistungen und eine Einheitswährung, der Euro, der 1999 eingeführt wurde und seit 2003 in den meisten Mitgliedsstaaten Geltung hat.

STAATEN DER ARABISCHEN LIGA

Ägypten
Algerien
Bahrain
Dschibuti
Irak
Jemen
Jordanien
Katar
Komoren
Kuwait
Libanon
Libyen
Marokko
Mauretanien
Oman
Palästina
Saudi-Arabien
Somalia
Sudan
Syrien
Tunesien
Ver. Arab. Emirate

▲ Die Liga der arabischen Staaten, auch Arabische Liga genannt, wurde 1945 gegründet, um die Interessen der vielen arabischen Nationen des Nahen und Mittleren Ostens zu wahren.

THEMEN DER WELT
WELTRELIGIONEN
Viele Menschen leben nach festen Glaubensregeln, die ihr Verhältnis zu ihren Mitmenschen, dem Universum und der Schöpfung definieren.

▲ Der Papst ist das Oberhaupt der römisch-katholischen Kirche. Hier segnet er Gläubige im Vatikan, dem unabhängigen Stadtstaat, in dem er lebt.

Religionen entwickelten sich schon vor vielen tausend Jahren. Heute gibt es Hunderte von Religionen, einige wenige haben viele Millionen Anhänger. Eine der ältesten Hauptreligionen ist das Judentum, das sich vor rund 4.000 Jahren entwickelte. Im Jahr 1948 wurde der Staat Israel als Heimat für das jüdische Volk gegründet, aber die größte jüdische Gemeinde findet sich in den USA, mit mehr als fünf Millionen Gläubigen. Religionen hatten große Bedeutung für die Weltgeschichte und formen die Welt und ihre Menschen bis zum heutigen Tag.

VERBREITUNG DER RELIGIONEN
Früher wurden religiöse Überzeugungen von Händlern und Missionaren verbreitet oder von Siegermächten erzwungen. Die am schnellsten wachsende Religion heute ist der Islam, dessen Anhänger Muslime genannt werden. Die größten Muslim-Gemeinden gibt es in Indonesien, Pakistan, Bangladesch und Indien. Zahlreiche Staaten des Nahen Ostens sind ebenfalls islamisch. Starke Migrationsbewegungen führten dazu, dass viele Länder multireligiös geworden sind, mit bedeutenden Minderheiten verschiedener Glaubensrichtungen. Die größte Gemeinde von Anhängern der Sikh-Religion außerhalb Indiens findet man in Großbritannien. Das Christentum ist die am weitesten verbreitete Religion und hat sich in verschiedene

▼ DIE GRÖSSTEN RELIGIONEN
Nach Anzahl der Gläubigen
Dieses Diagramm zeigt die geschätzte Zahl der Anhänger jeder Weltreligion. Fast alle großen Religionen haben Unterarten oder Sekten. Zusätzlich gibt es viele Religionen mit weniger Anhängern.

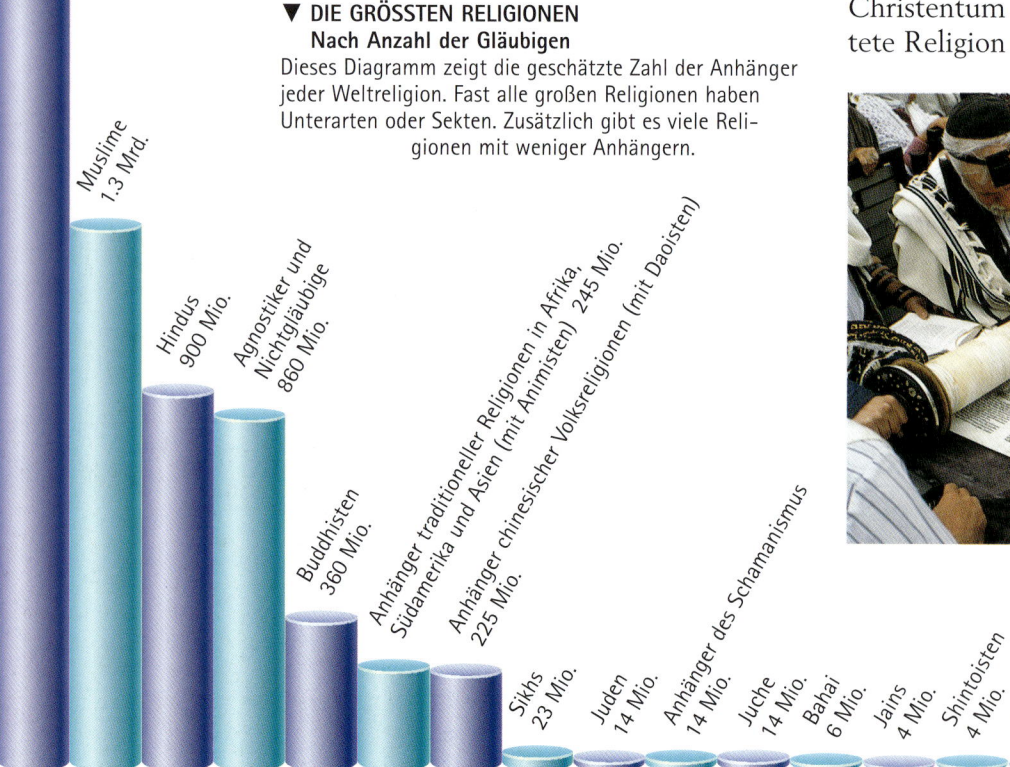

- Christen 2 Mrd.
- Muslime 1,3 Mrd.
- Hindus 900 Mio.
- Agnostiker und Nichtgläubige 860 Mio.
- Buddhisten 360 Mio.
- Anhänger traditioneller Religionen in Afrika, Südamerika und Asien (mit Animisten) 245 Mio.
- Anhänger chinesischer Volksreligionen (mit Daoisten) 225 Mio.
- Sikhs 23 Mio.
- Juden 14 Mio.
- Anhänger des Schamanismus 14 Mio.
- Juche 14 Mio.
- Bahai 6 Mio.
- Jains 4 Mio.
- Shintoisten 4 Mio.
- Caodaisten 3 Mio.

▲ Dieser dreizehnjährige Junge feiert seine Bar-Mizwa, die Einführung in die jüdische Glaubensgemeinschaft. Für Mädchen gibt es im Reformjudentum im Alter von zwölf Jahren analog die Bat-Mizwa.

RELIGIONEN

◀ Zwei buddhistische Mönche vor dem königlichen Vat-Xieng-Thong-Tempel in Laos. Buddhismus ist besonders in Südostasien, China und Japan verbreitet.

▶ Zwei Sikhs mit ihren typischen Turbanen bei der World Conference Unity of Man im Punjab, Indien. Punjab ist die Heimat der Sikh-Religion und das einzige Gebiet weltweit, wo Sikhs die Mehrheit bilden.

Richtungen aufgespalten. Etwas mehr als die Hälfte aller Christen ist katholisch. In Süd- und Mittelamerika und auf den Philippinen leben große katholische Gemeinden. Die protestantischen Kirchen spalteten sich im 16. Jh. von der katholischen Kirche ab. Heute sind etwa 25 % aller Christen Protestanten, besonders in Nordeuropa und Nordamerika. Weitere 10 % gehören der orthodoxen Kirche Russlands und Osteuropas an. Manche Religionen sind räumlich begrenzter. Mehr als 750 Millionen der weltweit 900 Millionen Hindus leben in Indien, die nächstgrößeren Hindu-Gemeinden finden sich in den Nachbarstaaten Nepal und Bangladesch.

▼ Muslime beim Mittagsgebet in der Jama-Masjid-Moschee in der indischen Stadt Delhi. Die Moschee wurde 1658 fertig gestellt. Sie ist die größte Moschee von Indien und eine der größten der Welt.

THEMEN DER WELT

KOMMUNIKATION

Die Möglichkeiten, zu kommunizieren, haben sich dramatisch verändert. Menschen können Informationen und Ideen problemlos auf der ganzen Welt austauschen.

20 LÄNDER MIT DEN MEISTEN TV-INHABERN	
China	400.000.000
USA	219.000.000
Japan	86.500.000
Indien	63.000.000
Russland	60.500.000
Deutschland	51.400.000
Brasilien	36.500.000
Frankreich	34.800.000
GB	30.500.000
Italien	30.300.000
Mexiko	25.600.000
Kanada	21.500.000
Ukraine	18.050.000
Spanien	16.200.000
Südkorea	15.900.000
Thailand	15.190.000
Indonesien	13.750.000
Polen	13.050.000
Malaysia	10.800.000
Australien	10.150.000

Es gibt viele Formen der Kommunikation, von Gesten und Gesichtsausdrücken bis zu hoch technisierten Kommunikationswerkzeugen wie Mobiltelefonen. Gesprochene Sprache ist häufigstes Mittel zur Verständigung, die Entwicklung der Schrift erlaubte es den Menschen, Worte und Ideen aufzuzeichnen und der Nachwelt weiterzugeben.

GEDRUCKTE KOMMUNIKATION

Trotz des Aufstiegs von Radio, Fernsehen und elektronischen Medien wie dem Internet bleibt das gedruckte Wort, in Form von Büchern, Zeitungen und Zeitschriften, ein wichtiges Mittel zur Massenkommunikation. Großbritannien hat eine der größten Verlagsbranchen der Welt. Laut der Internationalen Verleger-Union werden in Großbritannien jährlich rund 100.000 Bücher veröffentlicht, mehr als doppelt so viel wie in Frankreich, Italien oder Russland. In Japan werden die meisten Zeitungen verkauft. Im Jahr 2000 waren es 72,2 Millionen Exemplare täglich. Indien lag mit 60 Millionen an zweiter, die USA mit 56 Millionen an dritter Stelle.

▲ Telekommunikation und das Internet erlauben Kindern und Erwachsenen in isolierten Gebieten ein Fernstudium. Diese australische Grundschülerin erreicht ihren Hunderte von Kilometern entfernten Lehrer mit einem Funkgerät.

TELEKOMMUNIKATION

Früher fand Kommunikation hauptsächlich zwischen Menschen am selben Ort statt. Als das Transportwesen ausgebaut wurde und Menschen weitere Strecken zurücklegten, brauchte man ein Gerät, mit dem man über größere Entfernungen kommunizieren konnte. Das nennt man Telekommunikation. Das erste Fernsprechgerät war der Telegraf, der in Europa und den USA entwickelt wurde. Ihm folgten rasch Telefon, Radio und Fernsehen. Das Fernsehen hat die Art, wie wir die Welt wahrnehmen, stark beeinflusst. Es existieren inzwischen zwei Milliarden Fernseher. Hunderte Millionen Menschen sehen sich globale Ereignisse wie zum Beispiel Sportveranstaltungen an. In den letzten 15 Jahren hat die Zahl der Mobiltelefone rapide zugenommen. Im Jahr 2000 nutzten 70 % der Franzosen, 68 % der Deutschen, 58 % der Japaner und 57 % der Australier Mobiltelefone. Im Gegensatz dazu standen China mit 11 %, Indonesien mit 2,4 % und das gesamte Afrika mit nur 2,9 %.

▼ Das Fernsehen erreicht heute auch die entlegensten Winkel der Erde. Diese Dorfbewohner aus Tsatan Uul in der nördlichen Mongolei gehören zu den isoliertesten Völkern der Erde. Aber mit einem Generator können auch sie fernsehen.

KOMMUNIKATION

▼ DIE 20 VERBREITETSTEN SPRACHEN
Nach Anzahl der Sprecher

Etwa 3.000 Sprachen und Dialekte (Versionen einer Sprache, die sich in Betonung und einigen Worten unterscheiden) werden heute gesprochen. Diese Tabelle zeigt die häufigsten Muttersprachen. Die große Anzahl spanischer Muttersprachler spiegelt Spaniens historischen Einfluss in Mittel- und Südamerika wider. Manche Sprachen sind weiter verbreitet, als die Anzahl der Muttersprachler vermuten lässt. Obwohl nicht einmal 10 % der Weltbevölkerung Englisch als Muttersprache hat, gibt es sehr viel mehr Menschen, die es als zweite oder dritte Sprache sprechen. Englisch wird oft international gebraucht, besonders in der Informationstechnologie.

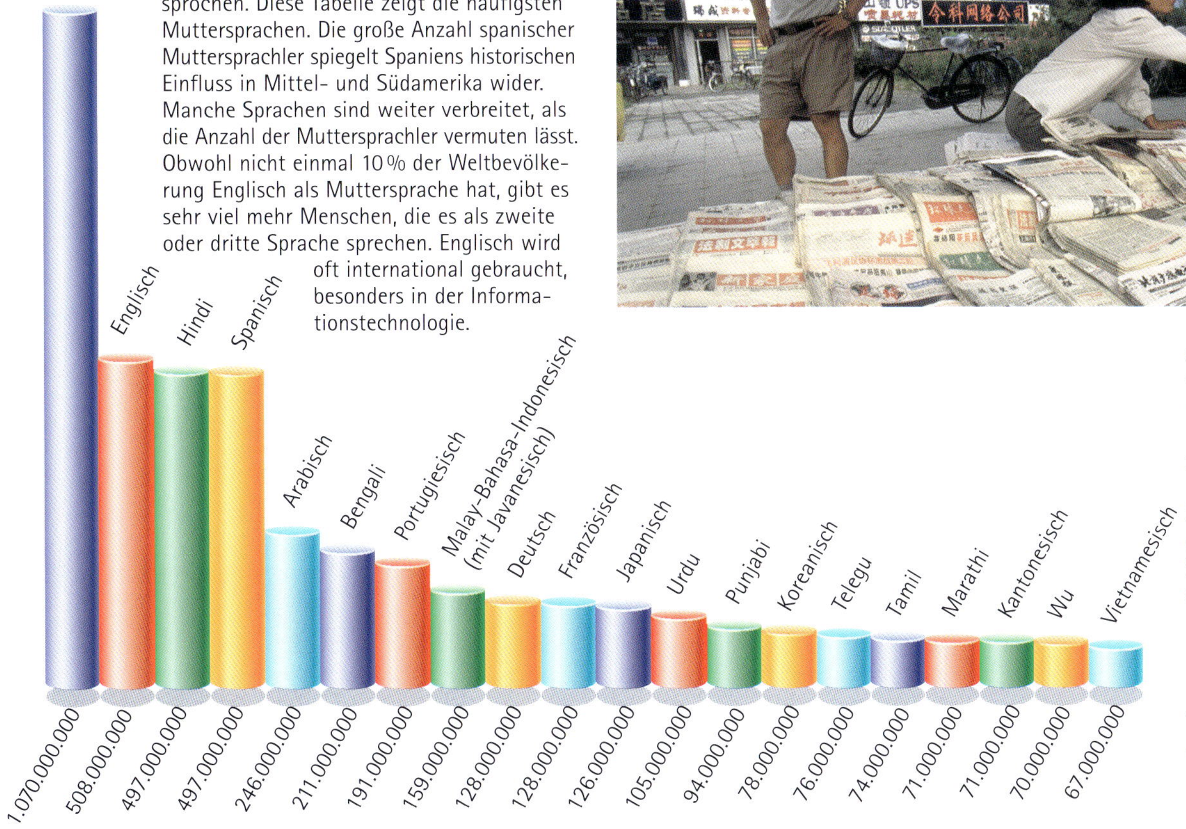

Sprache	Sprecher
Chinesisch (Guoyo)	1.070.000.000
Englisch	508.000.000
Hindi	497.000.000
Spanisch	497.000.000
Arabisch	246.000.000
Bengali	211.000.000
Portugiesisch	191.000.000
Malay-Bahasa-Indonesisch (mit Javanesisch)	159.000.000
Deutsch	128.000.000
Französisch	128.000.000
Japanisch	126.000.000
Urdu	105.000.000
Punjabi	94.000.000
Koreanisch	78.000.000
Telegu	76.000.000
Tamil	74.000.000
Marathi	71.000.000
Kantonesisch	71.000.000
Wu	70.000.000
Vietnamesisch	67.000.000

▲ Chinesischer Zeitungsstand. In dem riesigen Land werden täglich 50 Millionen Zeitungen verkauft. Es gibt mehr als 40 Tageszeitungen. In manchen Landesteilen kann man Zeitungen für einen geringen Betrag eine Stunde lang mieten, das spart Geld.

▼ Der große Lesesaal der Library of Congress in Washington D.C., USA. Die größte Bibliothek der Welt besitzt über 28 Millionen Bücher in 470 Sprachen.

THEMEN DER WELT

TELEFONANSCHLÜSSE PRO 1.000 MENSCHEN	
Die Vorreiter	
Norwegen	1.487,1
Schweden	1.462,8
Island	1.449,8
Luxemburg	1.437,3
Hongkong (China)	1.392,3
Monaco	1.382,3
Schweiz	1.370,6
Taiwan	1.369,9
Dänemark	1.348,9
Großbritannien	1.315,6
Die Schlusslichter	
Nigeria	4,6
Mali	4,4
Zentralafrika	4,0
Äthiopien	3,9
Somalia	3,6
Liberia	2,6
Niger	2,0
Tschad	2,0
Afghanistan	1,3
D. R. Kongo	0,7

COMPUTER

Seit Mitte der 1970er-Jahre gab es dramatische Veränderungen in der Kommunikation. Ermöglicht wurden sie durch den Computer und schließlich das Internet. In Millionen von Häusern stehen PCs und bieten Zugriff auf Informationen, die auf Datenträgern wie CD-ROMs gespeichert sind. Sie bieten auch neue Möglichkeiten der Kommunikations- und Informationsverwaltung durch Textverarbeitung, Tabellenkalkulationsprogramme und E-Books. Seit den 1980er-Jahren steigt die Zahl der Computerbesitzer kontinuierlich, in den USA besitzen 60 % der Bevölkerung einen PC. Australien, Neuseeland, Westeuropa und Südostasien liegen nicht weit zurück. Im Gegensatz dazu hat nur ein halbes Prozent der Gesamtbevölkerung Afrikas Zugang zu einem Computer.

DAS INTERNET

Die Vernetzung von Computern begann bereits in den 1960er-Jahren in akademischen Einrichtungen und im Netzwerk des US-Verteidigungsministeriums, ARPAnet, das vom Pentagon 1969 entwickelt wurde. 1990 waren weltweit etwa 106.000 Computer mit dem Internet verbunden, aber erst die Einführung des World Wide Web mit seinen Websites voller vernetzter Informationen löste den Internet-Boom aus. Es verbreitete sich explosionsartig. 1995 und 1996 stieg der Zugang zum Netz um 1.000 % und verdoppelt sich seither jedes Jahr. Heute haben mehr als eine Milliarde Menschen einen eigenen Internetanschluss, viele weitere nutzen das Internet in Schulen und Internet-Cafés. Laut der International Telecommunications Union hat Island den höchsten prozentualen Anteil an Internetnutzern. Für viele Menschen revolutionierte das Internet die Kommunikation. E-Mails, Chatrooms und Nachrichtendienste ermöglichen den sofortigen Kontakt zu Menschen auf der anderen Seite des Globus.

Viele Regierungen und internationale Organisationen stellen wichtige Dokumente ins Netz und geben so immer mehr Informationen frei. Im Dhar-Distrikt in Indien stellt das Gyandoot-Programm Bauern 39 Computerterminals zur Verfügung. So können sie Preise vergleichen und ihre Waren an den Meistbietenden verschicken. Kleinunternehmern in ärmeren Ländern, die weit entfernt von potenziellen Märkten leben, bietet sich die Möglichkeit, ihre Produkte über das Internet direkt zu verkaufen. Es wird ein weiterer, dramatischer Anstieg der Internetnutzung erwartet, besonders in Entwicklungsländern. Einige mächtige pazifische Anliegerstaaten sind führend in der Entwicklung leistungsstarker Verbindungen, die schnellen Zugriff auf geschäftliche Informationen erlauben. Südkorea hat den höchsten Anteil an Breitband-Verbindungen ins Internet. Mehr als 60 % aller Haushalte sind bereits angeschlossen.

▲ Moderne Telekommunikation ermöglicht weltweite Geschäfte. Dieses Call-Center einer Firma für Mobiltelefone in der indischen Stadt Delhi leistet Kundendienst für Anrufer aus Großbritannien.

▼ Globale Mobiltelefontechnik nutzt geostationäre Satelliten in der Erdumlaufbahn und ermöglicht so Kommunikation mit den entlegensten Winkeln der Erde. Dieses Mitglied der Mount-Vaughan-Expedition führt ein Telefongespräch aus der antarktischen Eiswüste.

Die Bundesstaaten

AUSTRALIEN
BUNDESSTAATEN UND TERRITORIEN

NEW SOUTH WALES
Fläche: 800.640 km²
Bevölkerungszahl: 6.654.400
Hauptstadt: Sydney

QUEENSLAND
Fläche: 1.730.650 km²
Bevölkerungszahl: 3.687.800
Hauptstadt: Brisbane

SOUTH AUSTRALIA
Fläche: 983.480 km²
Bevölkerungszahl: 1.520.600
Hauptstadt: Adelaide

TASMANIEN
Fläche: 68.400 km²
Bevölkerungszahl: 473.500
Hauptstadt: Hobart

VICTORIA
Fläche: 227.420 km²
Bevölkerungszahl: 4.872.000
Hauptstadt: Melbourne

WESTERN AUSTRALIA
Fläche: 2.529.880 km²
Bevölkerungszahl: 1.923.500
Hauptstadt: Perth

AUSTRALIAN CAPITAL TERRITORY
Fläche: 2.430 km²
Bevölkerungszahl: 323.300
Hauptstadt: Canberra

JERVIS BAY TERRITORY
Fläche: 70 km²
Bevölkerungszahl: 600
Hauptstadt: von Canberra verwaltet

NORTHERN TERRITORY
Fläche: 1.349.130 km²
Bevölkerungszahl: 199.600
Hauptstadt: Darwin

BELGIEN
REGIONEN

BRÜSSEL
Fläche: 161 km²
Bevölkerungszahl: 959.000
Hauptstadt: Brüssel

FLANDERN
Fläche: 13.522 km²
Bevölkerungszahl: 5.940.000
Hauptstädte: Brüssel und Gent

WALLONIEN
Fläche: 16.844 km²
Bevölkerungszahl: 3.340.000
Hauptstadt: Namur

BRASILIEN
BUNDESSTAATEN

ACRE
Fläche: 153.150 km²
Bevölkerungszahl: 557.000
Hauptstadt: Rio Branco

ALAGOAS
Fläche: 27.933 km²
Bevölkerungszahl: 2.820.000
Hauptstadt: Maceió

AMAPÁ
Fläche: 143.454 km²
Bevölkerungszahl: 476.000
Hauptstadt: Macapá

AMAZONAS
Fläche: 1.577.820 km²
Bevölkerungszahl: 2.841.000
Hauptstadt: Manaus

BAHIA
Fläche: 567.295 km²
Bevölkerungszahl: 13.067.000
Hauptstadt: Salvador

CEARÁ
Fläche: 146.348 km²
Bevölkerungszahl: 7.417.000
Hauptstadt: Fortaleza

ESPÍRITO SANTO
Fläche: 46.194 km²
Bevölkerungszahl: 3.093.000
Hauptstadt: Vitória

GOIÁS
Fläche: 341.289 km²
Bevölkerungszahl: 4.995.000
Hauptstadt: Goiânia

MARANHÃO
Fläche: 333.366 km²
Bevölkerungszahl: 5.639.000
Hauptstadt: São Luís

MATO GROSSO
Fläche: 906.807 km²
Bevölkerungszahl: 2.298.000
Hauptstadt: Cuiabá

MATO GROSSO DO SUL
Fläche: 358.159 km²
Bevölkerungszahl: 2.075.000
Hauptstadt: Campo Grande

MINAS GERAIS
Fläche: 588.384 km²
Bevölkerungszahl: 17.835.000
Hauptstadt: Belo Horizonte

PARÁ
Fläche: 1.253.165 km²
Bevölkerungszahl: 6.189.000
Hauptstadt: Belém

PARAÍBA
Fläche: 56.585 km²
Bevölkerungszahl: 3.437.000
Hauptstadt: João Pessoa

PARANÁ
Fläche: 199.709 km²
Bevölkerungszahl: 9.558.000
Hauptstadt: Curitiba

PERNAMBUCO
Fläche: 98.938 km²
Bevölkerungszahl: 7.911.000
Hauptstadt: Recife

PIAUÍ
Fläche: 252.379 km²
Bevölkerungszahl: 2.841.000
Hauptstadt: Teresina

RIO DE JANEIRO
Fläche: 43.910 km²
Bevölkerungszahl: 14.367.000
Hauptstadt: Rio de Janeiro

RIO GRANDE DO NORTE
Fläche: 53.307 km²
Bevölkerungszahl: 2.771.000
Hauptstadt: Natal

RIO GRANDE DO SUL
Fläche: 282.062 km²
Bevölkerungszahl: 10.179.000
Hauptstadt: Pôrto Alegre

RONDÔNIA
Fläche: 238.513 km²
Bevölkerungszahl: 1.378.000
Hauptstadt: Pôrto Velho

RORAIMA
Fläche: 225.116 km²
Bevölkerungszahl: 324.000
Hauptstadt: Boa Vista

SANTA CATARINA
Fläche: 95.443 km²
Bevölkerungszahl: 5.333.000
Hauptstadt: Florianópolis

SÃO PAULO
Fläche: 248.809 km²
Bevölkerungszahl: 36.967.000
Hauptstadt: São Paulo

SERGIPE
Fläche: 22.050 km²
Bevölkerungszahl: 1.780.000
Hauptstadt: Aracaju

TOCANTINS
Fläche: 278.421 km²
Bevölkerungszahl: 1.155.000
Hauptstadt: Palmas

HAUPTSTADT-BUNDESDISTRIKT
Fläche: 5.822 km²
Bevölkerungszahl: 2.043.000
Hauptstadt: Brasilia

CHINA
PROVINZEN UND REGIONEN

ANHUI
Fläche: 139.900 km²
Bevölkerungszahl: 59.860.000
Hauptstadt: Hefei

BEIJING (PEKING)
(regierungsunmittelbare Stadt)
Fläche: 16.800 km²
Bevölkerungszahl: 13.820.000
Hauptstadt: Beijing (Peking)

CHONGQING
(regierungsunmittelbare Stadt)
Fläche: 82.000 km²
Bevölkerungszahl: 30.900.000
Hauptstadt: Chongqing

FUJIAN
Fläche: 123.100 km²
Bevölkerungszahl: 34.710.000
Hauptstadt: Fuzhou

GANSU
Fläche: 366.500 km²
Bevölkerungszahl: 25.620.000
Hauptstadt: Lanzhou

GUANGDONG
Fläche: 197.100 km²
Bevölkerungszahl: 86.240.000
Hauptstadt: Guangzhou (Kanton)

GUANGXI ZHUANG
(autonome Region)
Fläche: 220.400 km²
Bevölkerungszahl: 44.890.000
Hauptstadt: Nanning

GUIZHOU
Fläche: 174.000 km²
Bevölkerungszahl: 36.690.000
Hauptstadt: Guiyang

THEMEN DER WELT

HAINAN
Fläche: 34.300 km²
Bevölkerungszahl: 7.870.000
Hauptstadt: Haikou

HEBEI
Fläche: 202.700 km²
Bevölkerungszahl: 67.440.000
Hauptstadt: Shijiazhuang

HEILONGJIANG
Fläche: 463.600 km²
Bevölkerungszahl: 36.890.000
Hauptstadt: Harbin

HENAN
Fläche: 167.000 km²
Bevölkerungszahl: 92.560.000
Hauptstadt: Zhengzhou

HONGKONG (XIANGGANG)
(Sonderverwaltungszone)
Fläche: 1.076 km²
Bevölkerungszahl: 6.930.000
Hauptstadt: Hongkong

HUBEI
Fläche: 187.500 km²
Bevölkerungszahl: 60.280.000
Hauptstadt: Wuhan

HUNAN
Fläche: 210.500 km²
Bevölkerungszahl: 64.400.000
Hauptstadt: Changsha

INNERE MONGOLEI
(autonome Region)
Fläche: 1.177.500 km²
Bevölkerungszahl: 23.730.000
Hauptstadt: Hohhot

JIANGSU
Fläche: 102.600 km²
Bevölkerungszahl: 74.380.000
Hauptstadt: Nanjing

JIANGXI
Fläche: 164.800 km²
Bevölkerungszahl: 41.400.000
Hauptstadt: Nanchang

JILIN
Fläche: 187.000 km²
Bevölkerungszahl: 27.280.000
Hauptstadt: Changchun

LIAONING
Fläche: 151.000 km²
Bevölkerungszahl: 42.380.000
Hauptstadt: Shenyang

MACAU
(Sonderverwaltungszone)
Fläche: 18 km²
Bevölkerungszahl: 473.000
Hauptstadt: Macau

NINGXIA HUI
(autonome Region)
Fläche: 66.400 km²
Bevölkerungszahl: 5.620.000
Hauptstadt: Yinchuan

QINGHAI
Fläche: 721.000 km²
Bevölkerungszahl: 5.180.000
Hauptstadt: Xining

SHAANXI
Fläche: 195.800 km²
Bevölkerungszahl: 36.050.000
Hauptstadt: Xian

SHANDONG
Fläche: 153.300 km²
Bevölkerungszahl: 90.790.000
Hauptstadt: Jinan

SHANGHAI
(regierungsunmittelbare Stadt)
Fläche: 6.200 km²
Bevölkerungszahl: 16.740.000
Hauptstadt: Shanghai

SHANXI
Fläche: 157.100 km²
Bevölkerungszahl: 32.970.000
Hauptstadt: Taiyuan

SICHUAN
Fläche: 487.000 km²
Bevölkerungszahl: 83.290.000
Hauptstadt: Chengdu

TIANJIN
(regierungsunmittelbare Stadt)
Fläche: 11.300 km²
Bevölkerungszahl: 10.010.000
Hauptstadt: Tianjin

TIBET (XIZANG)
(autonome Region)
Fläche: 1.221.600 km²
Bevölkerungszahl: 2.620.000
Hauptstadt: Lhasa

XINJIANG UYGUR (OST-TURKESTAN ODER CHINESISCH-TURKESTAN)
(autonome Region)
Fläche: 1.646.900 km²
Bevölkerungszahl: 19.250.000
Hauptstadt: Ürümqi

YUNNAN
Fläche: 436.200 km²
Bevölkerungszahl: 42.880.000
Hauptstadt: Kunming

ZHEJIANG
Fläche: 101.800 km²
Bevölkerungszahl: 46.770.000
Hauptstadt: Hangzhou

FRANKREICH
REGIONEN

AQUITANIEN
Fläche: 41.309 km²
Bevölkerungszahl: 2.908.000
Hauptstadt: Bordeaux

AUVERGNE
Fläche: 26.013 km²
Bevölkerungszahl: 1.309.000
Hauptstadt: Clermont-Ferrand

BRETAGNE
Fläche: 27.209 km²
Bevölkerungszahl: 2.906.000
Hauptstadt: Rennes

BURGUND
Fläche: 31.582 km²
Bevölkerungszahl: 1.610.000
Hauptstadt: Dijon

CENTRE-VAL DE LOIRE
Fläche: 39.151 km²
Bevölkerungszahl: 2.440.000
Hauptstadt: Orléans

CHAMPAGNE-ARDENNE
Fläche: 25.606 km²
Bevölkerungszahl: 1.342.000
Hauptstadt: Reims

ELSASS
Fläche: 8.280 km²
Bevölkerungszahl: 1.734.000
Hauptstadt: Straßburg

FRANCHE-COMTÉ
(FREIGRAFSCHAFT BURGUND)
Fläche: 16.202 km²
Bevölkerungszahl: 1.117.000
Hauptstadt: Besançon

ÎLE DE FRANCE
Fläche: 12.011 km²
Bevölkerungszahl: 10.952.000
Hauptstadt: Paris

KORSIKA
Fläche: 8.681 km²
Bevölkerungszahl: 260.000
Hauptstadt: Ajaccio

LANGUEDOC-ROUSSILLON
Fläche: 27.376 km²
Bevölkerungszahl: 2.296.000
Hauptstadt: Montpellier

LIMOUSIN
Fläche: 16.942 km²
Bevölkerungszahl: 711.000
Hauptstadt: Limoges

LORRAINE
Fläche: 23.547 km²
Bevölkerungszahl: 2.310.000
Hauptstadt: Nancy

BASSE-NORMANDIE
Fläche: 17.589 km²
Bevölkerungszahl: 1.422.000
Hauptstadt: Caen

MIDI-PYRÉNÉES
Fläche: 45.349 km²
Bevölkerungszahl: 2.552.000
Hauptstadt: Toulouse

NORD-PAS-DE-CALAIS
Fläche: 12.413 km²
Bevölkerungszahl: 3.997.000
Hauptstadt: Lille

PAYS DE LA LOIRE
Fläche: 32.082 km2
Bevölkerungszahl: 3.222.000
Hauptstadt: Nantes

PICARDIE
Fläche: 19.399 km²
Bevölkerungszahl: 1.858.000
Hauptstadt: Amiens

POITOU-CHARENTES
Fläche: 25.809 km²
Bevölkerungszahl: 1.640.000
Hauptstadt: Poitiers

PROVENCE-ALPES-CÔTE-D'AZUR
Fläche: 31.400 km²
Bevölkerungszahl: 4.506.000
Hauptstadt: Marseille

RHÔNE-ALPES
Fläche: 43.698 km²
Bevölkerungszahl: 5.646.000
Hauptstadt: Lyon

HAUTE NORMANDIE
Fläche: 12.318 km²
Bevölkerungszahl: 1.780.000
Hauptstadt: Rouen

DEUTSCHLAND
BUNDESLÄNDER

BADEN-WÜRTTEMBERG
Fläche: 35.751 km²
Bevölkerungszahl: 10.601.000
Hauptstadt: Stuttgart

BAYERN
Fläche: 70.548 km²
Bevölkerungszahl: 12.330.000
Hauptstadt: München

BERLIN
Fläche: 889 km²
Bevölkerungszahl: 3.388.000
Hauptstadt: Berlin

BRANDENBURG
Fläche: 29.481 km²
Bevölkerungszahl: 2.593.000
Hauptstadt: Potsdam

DIE BUNDESSTAATEN

BREMEN
Fläche: 404 km²
Bevölkerungszahl: 660.000
Hauptstadt: Bremen

HAMBURG
Fläche: 755 km²
Bevölkerungszahl: 1.726.000
Hauptstadt: Hamburg

HESSEN
Fläche: 21.114 km²
Bevölkerungszahl: 6.078.000
Hauptstadt: Wiesbaden

NIEDERSACHSEN
Fläche: 47.606 km²
Bevölkerungszahl: 7.956.000
Hauptstadt: Hannover

MECKLENBURG-VORPOMMERN
Fläche: 23.169 km²
Bevölkerungszahl: 1.760.000
Hauptstadt: Schwerin

NORDRHEIN-WESTFALEN
Fläche: 34.072 km²
Bevölkerungszahl: 18.052.000
Hauptstadt: Düsseldorf

RHEINLAND-PFALZ
Fläche: 19.845 km²
Bevölkerungszahl: 4.049.000
Hauptstadt: Mainz

SAARLAND
Fläche: 2.570 km²
Bevölkerungszahl: 1.066.000
Hauptstadt: Saarbrücken

SACHSEN
Fläche: 18.409 km²
Bevölkerungszahl: 4.384.000
Hauptstadt: Dresden

SACHSEN-ANHALT
Fläche: 20.446 km²
Bevölkerungszahl: 2.581.000
Hauptstadt: Magdeburg

SCHLESWIG-HOLSTEIN
Fläche: 15.739 km²
Bevölkerungszahl: 2.804.000
Hauptstadt: Kiel

THÜRINGEN
Fläche: 16.175 km²
Bevölkerungszahl: 2.411.000
Hauptstadt: Erfurt

INDIEN
BUNDESSTAATEN UND TERRITORIEN

ANDHRA PRADESH
Fläche: 275.068 km²
Bevölkerungszahl: 75.728.000
Hauptstadt: Hyderabad

ARUNACHAL PRADESH
Fläche: 83.743 km²
Bevölkerungszahl: 1.091.000
Hauptstadt: Itanagar

ASSAM
Fläche: 78.438 km²
Bevölkerungszahl: 26.638.000
Hauptstadt: Dispur

BIHAR
Fläche: 94.163 km²
Bevölkerungszahl: 82.879.000
Hauptstadt: Patna

CHHATTISGARH
Fläche: 135.191 km²
Bevölkerungszahl: 20.796.000
Hauptstadt: Raipur

GOA
Fläche: 3.702 km²
Bevölkerungszahl: 1.344.000
Hauptstadt: Panaji

GUJARAT
Fläche: 196.024 km²
Bevölkerungszahl: 50.597.000
Hauptstadt: Gandhinagar

HARYANA
Fläche: 44.212 km²
Bevölkerungszahl: 21.083.000
Hauptstadt: Chandigarh

HIMACHAL PRADESH
Fläche: 55.673 km²
Bevölkerungszahl: 6.077.000
Hauptstadt: Simla

JAMMU UND KASCHMIR
Fläche: 222.236 km². Davon 121.667 km² von China und Pakistan besetzt
Bevölkerungszahl: 10.070.000 in von Indien verwalteten Gebieten
Hauptstadt: Srinagar

JHARKHAND
Fläche: 79.714 km²
Bevölkerungszahl: 26.909.000
Hauptstadt: Ranchi

KARNATAKA
Fläche: 191.791 km²
Bevölkerungszahl: 52.734.000
Hauptstadt: Bangalore

KERALA
Fläche: 38.863 km²
Bevölkerungszahl: 31.839.000
Hauptstadt: Thiruvananthapuram

MADHYA PRADESH
Fläche: 308.245 km²
Bevölkerungszahl: 60.385.000
Hauptstadt: Bhopal

MAHARASHTRA
Fläche: 307.690 km²
Bevölkerungszahl: 96.752.000
Hauptstadt: Bombay(Mumbai)

MANIPUR
Fläche: 22.327 km²
Bevölkerungszahl: 2.389.000
Hauptstadt: Imphal

MEGHALAYA
Fläche: 22.429 km²
Bevölkerungszahl: 2.306.000
Hauptstadt: Shillong

MIZORAM
Fläche: 21.081 km²
Bevölkerungszahl: 891.000
Hauptstadt: Aizawl

NAGALAND
Fläche: 16.579 km²
Bevölkerungszahl: 1.989.000
Hauptstadt: Kohima

ORISSA
Fläche: 155.707 km²
Bevölkerungszahl: 36.707.000
Hauptstadt: Bhubaneshwar

PANDSCHAB
Fläche: 50.362 km²
Bevölkerungszahl: 24.289.000
Hauptstadt: Chandigarh

RAJASTHAN
Fläche: 342.239 km²
Bevölkerungszahl: 56.473.000
Hauptstadt: Jaipur

SIKKIM
Fläche: 7.096 km²
Bevölkerungszahl: 540.000
Hauptstadt: Gangtok

TAMIL NADU
Fläche: 130.058 km²
Bevölkerungszahl: 62.111.000
Hauptstadt: Chennai (Madras)

TRIPURA
Fläche: 10.486 km²
Bevölkerungszahl: 3.191.000
Hauptstadt: Agartala

UTTARANCHAL
Fläche: 53.483 km²
Bevölkerungszahl: 8.480.000
Hauptstadt: Dehra Dun

UTTAR PRADESH
Fläche: 240.928 km²
Bevölkerungszahl: 166.053.000
Hauptstadt: Lucknow

WESTBENGALEN
Fläche: 88.752 km²
Bevölkerungszahl: 80.221.000
Hauptstadt: Kolkata (Kalkutta)

ANDAMANEN UND NIKOBAREN
(Unionsterritorium)
Fläche: 8.249 km²
Bevölkerungszahl: 356.000
Hauptstadt: Port Blair

CHANDIGARH
(Unionsterritorium)
Fläche: 114 km²
Bevölkerungszahl: 901.000
Hauptstadt: Chandigarh

DADRA UND NAGAR HAVELI
(Unionsterritorium)
Fläche: 491 km²
Bevölkerungszahl: 220.000
Hauptstadt: Silvassa

DAMAN UND DIU
(Unionsterritorium)
Fläche: 112 km²
Bevölkerungszahl: 158.000
Hauptstadt: Daman

DELHI (Unionsterritorium)
Fläche: 1.483 km²
Bevölkerungszahl: 13.783.000
Hauptstadt: Delhi

LAKKADIVEN
(Unionsterritorium)
Fläche: 32 km²
Bevölkerungszahl: 61.000
Hauptstadt: Kavaratti

PONDICHERRY
(Unionsterritorium)
Fläche: 492 km²
Bevölkerungszahl: 974.000
Hauptstadt: Pondicherry

ITALIEN
REGIONEN

ABRUZZEN
Fläche: 10.794 km²
Bevölkerungszahl: 1.244.000
Hauptstadt: L'Aquila (Pescara ebenfalls mit Hauptstadtfunktion)

AOSTATAL
Fläche: 3.262 km²
Bevölkerungszahl: 119.000
Hauptstadt: Aosta

APULIEN
Fläche: 19.348 km²
Bevölkerungszahl: 3.983.000
Hauptstadt: Bari

BASILIKATA
Fläche: 9.992 km²
Bevölkerungszahl: 596.000
Hauptstadt: Potenza

EMILIA-ROMAGNA
Fläche: 22.123 km²
Bevölkerungszahl: 3.961.000
Hauptstadt: Bologna

THEMEN DER WELT

FRIAUL – JULISCH-VENETIEN
Fläche: 7.845 km²
Bevölkerungszahl: 1.180.000
Hauptstadt: Triest

KALABRIEN
Fläche: 15.080 km²
Bevölkerungszahl: 1.993.000
Hauptstadt: Catanzaro

KAMPANIEN
Fläche: 13.595 km²
Bevölkerungszahl: 5.652.000
Hauptstadt: Neapel

LAZIO
Fläche: 17.203 km²
Bevölkerungszahl: 4.976.000
Hauptstadt: Rom

LIGURIEN
Fläche: 5.418 km²
Bevölkerungszahl: 1.561.000
Hauptstadt: Genua

LOMBARDEI
Fläche: 23.857 km²
Bevölkerungszahl: 8.922.000
Hauptstadt: Mailand

MARKEN
Fläche: 9.693 km²
Bevölkerungszahl: 1.464.000
Hauptstadt: Ancona

MOLISE
Fläche: 4.438 km²
Bevölkerungszahl: 317.000
Hauptstadt: Campobasso

PIEMONT
Fläche: 25.399 km²
Bevölkerungszahl: 4.167.000
Hauptstadt: Turin

SARDINIEN
Fläche: 24.090 km²
Bevölkerungszahl: 1.599.000
Hauptstadt: Cagliari

SIZILIEN
Fläche: 25.709 km²
Bevölkerungszahl: 4.866.000
Hauptstadt: Palermo

TOSKANA
Fläche: 22.992 km²
Bevölkerungszahl: 3.461.000
Hauptstadt: Florenz

TRENTINO – SÜDTIROL
Fläche: 13.618 km²
Bevölkerungszahl: 937.000
Hauptstadt: Bozen (Trient ebenfalls mit Hauptstadtfunktion)

UMBRIEN
Fläche: 8.456 km²
Bevölkerungszahl: 816.000
Hauptstadt: Perugia

VENEZIEN
Fläche: 18.364 km²
Bevölkerungszahl: 4.491.000
Hauptstadt: Venedig

KANADA
PROVINZEN UND TERRITORIEN

ALBERTA
Fläche: 661.190 km²
Bevölkerungszahl: 2.975.000
Hauptstadt: Edmonton

BRITISH COLUMBIA
Fläche: 947.800 km²
Bevölkerungszahl: 3.908.000
Hauptstadt: Victoria

MANITOBA
Fläche: 649.950 km²
Bevölkerungszahl: 1.120.000
Hauptstadt: Winnipeg

NEW BRUNSWICK
Fläche: 73.440 km2
Bevölkerungszahl: 729.000
Hauptstadt: Fredericton

NEWFOUNDLAND
Fläche: 405.720 km²
Bevölkerungszahl: 513.000
Hauptstadt: St John's

NOVA SCOTIA
Fläche: 55.490 km2
Bevölkerungszahl: 908.000
Hauptstadt: Halifax

ONTARIO
Fläche: 1.068.580 km²
Bevölkerungszahl: 11.410.000
Hauptstadt: Toronto

PRINCE EDWARD ISLAND
Fläche: 5.660 km²
Bevölkerungszahl: 135.000
Hauptstadt: Charlottetown

QUÉBEC
Fläche: 1.540.680 km²
Bevölkerungszahl: 7.237.000
Hauptstadt: Québec

SASKATCHEWAN
Fläche: 652.330 km²
Bevölkerungszahl: 979.000
Hauptstadt: Regina

NORTHWEST TERRITORIES
Fläche: 1.305.220 km²
Bevölkerungszahl: 37.000
Hauptstadt: Yellowknife

NUNAVUT TERRITORY
Fläche: 2.121.100 km²
Bevölkerungszahl: 27.000
Hauptstadt: Iqaluit

YUKON TERRITORY
Fläche: 483.450 km²
Bevölkerungszahl: 29.000
Hauptstadt: Whitehorse

MALAYSIA
BUNDESSTAATEN UND BUNDESTERRITORIEN

JOHOR
Fläche: 18.986 km²
Bevölkerungszahl: 2.741.000
Hauptstadt: Johor Baharu

KEDAH
Fläche: 9.426 km²
Bevölkerungszahl: 1.650.000
Hauptstadt: Alor Setar

KELANTAN
Fläche: 14.943 km²
Bevölkerungszahl: 1.313.000
Hauptstadt: Kota Baharu

MELAKA (MALAKKA)
Fläche: 1.650 km²
Bevölkerungszahl: 636.000
Hauptstadt: Melaka (Malakka)

NEGERI SEMBILAN
Fläche: 6.643 km²
Bevölkerungszahl: 860.000
Hauptstadt: Seremban

PAHANG
Fläche: 35.965 km²
Bevölkerungszahl: 1.288.000
Hauptstadt: Kuantan

PENANG (PULAU PINANG)
Fläche: 1.031 km²
Bevölkerungszahl: 1.313.000
Hauptstadt: Pinang

PERAK
Fläche: 21.005 km²
Bevölkerungszahl: 2.051.000
Hauptstadt: Ipoh

PERLIS
Fläche: 795 km²
Bevölkerungszahl: 204.000
Hauptstadt: Kangar

SABAH
Fläche: 73.620 km²
Bevölkerungszahl: 2.603.000
Hauptstadt: Kota Kinabalu

SARAWAK
Fläche: 124.449 km2
Bevölkerungszahl: 2.072.000
Hauptstadt: Kuching

SELANGOR
Fläche: 7.916 km²
Bevölkerungszahl: 4.189.000
Hauptstadt: Shah Alam

TRENGGANU (TERENGGANU)
Fläche: 12.955 km²
Bevölkerungszahl: 899.000
Hauptstadt: Trengganu Bahru (Terengganu Baharu)

BUNDESTERRITORIUM (WILAYAH PERSEKUTUAN)
Fläche: 243 km²
Bevölkerungszahl: 1.379.000
Hauptstadt: Kuala Lumpur

LABUAN TERRITORY
Fläche: 91 km²
Bevölkerungszahl: 76.000
Hauptstadt: Victoria

PUTRAJAYA TERRITORY
Fläche: 40 km²
Bevölkerungszahl: 7.000
Hauptstadt: Putrajaya

MEXIKO
BUNDESSTAATEN UND TERRITORIEN

AGUASCALIENTES
Fläche: 5.471 km²
Bevölkerungszahl: 944.000
Hauptstadt: Aguascalientes

BAJA CALIFORNIA NORTE
Fläche: 69.921 km²
Bevölkerungszahl: 2.488.000
Hauptstadt: Mexicali

BAJA CALIFORNIA SUR
Fläche: 73.475 km²
Bevölkerungszahl: 424.000
Hauptstadt: La Paz

CAMPECHE
Fläche: 50.812 km²
Bevölkerungszahl: 690.000
Hauptstadt: Campeche

CHIAPAS
Fläche: 74.211 km²
Bevölkerungszahl: 3.921.000
Hauptstadt: Tuxtla Gutiérrez

CHIHUAHUA
Fläche: 244.938 km²
Bevölkerungszahl: 3.048.000
Hauptstadt: Chihuahua

COAHUILA
Fläche: 149.982 km²
Bevölkerungszahl: 2.296.000
Hauptstadt: Saltillo

COLIMA
Fläche: 5.191 km²
Bevölkerungszahl: 541.000
Hauptstadt: Colima

DURANGO
Fläche: 123.181 km²
Bevölkerungszahl: 1.446.000
Hauptstadt: Durango

DIE BUNDESSTAATEN

GUANAJUATO
Fläche: 30.491 km^2
Bevölkerungszahl: 4.657.000
Hauptstadt: Guanajuato

GUERRERO
Fläche: 64.281 km^2
Bevölkerungszahl: 3.075.000
Hauptstadt: Chilpancingo

HIDALGO
Fläche: 20.813 km^2
Bevölkerungszahl: 2.231.000
Hauptstadt: Pachuca

JALISCO
Fläche: 80.836 km^2
Bevölkerungszahl: 6.321.000
Hauptstadt: Guadalajara

MÉXICO
Fläche: 21.355 km^2
Bevölkerungszahl: 13.083.000
Hauptstadt: Toluca

MICHOACÁN
Fläche: 59.928 km^2
Bevölkerungszahl: 3.979.000
Hauptstadt: Morelia

MORELOS
Fläche: 4.950 km^2
Bevölkerungszahl: 1.553.000
Hauptstadt: Cuernavaca

NAYARIT
Fläche: 26.979 km^2
Bevölkerungszahl: 920.000
Hauptstadt: Tepic

NUEVO LEÓN
Fläche: 64.924 km^2
Bevölkerungszahl: 3.826.000
Hauptstadt: Monterrey

OAXACA
Fläche: 93.952 km^2
Bevölkerungszahl: 3.432.000
Hauptstadt: Oaxaca

PUEBLA
Fläche: 33.902 km^2
Bevölkerungszahl: 5.070.000
Hauptstadt: Puebla

QUERÉTARO
Fläche: 11.449 km^2
Bevölkerungszahl: 1.402.000
Hauptstadt: Querétaro

QUINTANA ROO
Fläche: 50.212 km^2
Bevölkerungszahl: 874.000
Hauptstadt: Chetumal

SAN LUIS POTOSÍ
Fläche: 63.068 km^2
Bevölkerungszahl: 2.296.000
Hauptstadt: San Luis Potosí

SINALOA
Fläche: 58.328 km^2
Bevölkerungszahl: 2.535.000
Hauptstadt: Culiacán

SONORA
Fläche: 182.052 km^2
Bevölkerungszahl: 2.213.000
Hauptstadt: Hermosillo

TABASCO
Fläche: 25.267 km^2
Bevölkerungszahl: 1.889.000
Hauptstadt: Villahermosa

TAMAULIPAS
Fläche: 79.384 km^2
Bevölkerungszahl: 2.747.000
Hauptstadt: Ciudad Victoria

TLAXCALA
Fläche: 4.016 km^2
Bevölkerungszahl: 962.000
Hauptstadt: Tlaxcala

VERACRUZ
Fläche: 71.699 km^2
Bevölkerungszahl: 6.901.000
Hauptstadt: Jalapa

YUCATÁN
Fläche: 38.402 km^2
Bevölkerungszahl: 1.656.000
Hauptstadt: Mérida

ZACATECAS
Fläche: 73.252 km^2
Bevölkerungszahl: 1.351.000
Hauptstadt: Zacatecas

DISTRITO FEDERAL
(Hauptstadt-Bundesdistrikt)
Fläche: 1.479 km^2
Bevölkerungszahl: 8.591.000
Hauptstadt: Mexico City

ÖSTERREICH
BUNDESSTAATEN

BURGENLAND
Fläche: 3.965 km^2
Bevölkerungszahl: 278.000
Hauptstadt: Eisenstadt

KÄRNTEN
Fläche: 9.533 km^2
Bevölkerungszahl: 559.000
Hauptstadt: Klagenfurt

NIEDERÖSTERREICH
Fläche: 19.174 km^2
Bevölkerungszahl: 1.546.000
Hauptstadt: Sankt Pölten

OBERÖSTERREICH
Fläche: 11.980 km^2
Bevölkerungszahl: 1.377.000
Hauptstadt: Linz

SALZBURG
Fläche: 7.154 km^2
Bevölkerungszahl: 515.000
Hauptstadt: Salzburg

STEIERMARK
Fläche: 16.388 km^2
Bevölkerungszahl: 1.183.000
Hauptstadt: Graz

TIROL
Fläche: 12.648 km^2
Bevölkerungszahl: 674.000
Hauptstadt: Innsbruck

VORARLBERG
Fläche: 2.601 km^2
Bevölkerungszahl: 351.000
Hauptstadt: Bregenz

WIEN
Fläche: 415 km^2
Bevölkerungszahl: 1.550.000
Hauptstadt: Wien

RUSSISCHE FÖDERATION
REPUBLIKEN

ADYGEA
Fläche: 7.600 km^2
Bevölkerungszahl: 449.000
Hauptstadt: Majkop

ALTAJ
siehe Gorno-Altaj

BASCHKORTOSTAN
Fläche: 143.600 km^2
Bevölkerungszahl: 4.111.000
Hauptstadt: Ufa

BURJATIEN
Fläche: 351.300 km^2
Bevölkerungszahl: 1.038.000
Hauptstadt: Ulan-Ude

CHAKASSIEN
Fläche: 61.900 km^2
Bevölkerungszahl: 581.000
Hauptstadt: Abakan

DAGESTAN
Fläche: 50.300 km^2
Bevölkerungszahl: 2.119.000
Hauptstadt: Machackala

GORNO-ALTAJ (auch Altai)
Fläche: 92.600 km^2
Bevölkerungszahl: 203.000
Hauptstadt: Gorno-Altaisk

INGUSCHETIEN
Fläche: 5.000 km^2
Bevölkerungszahl: 317.000
Hauptstadt: Magas

KABARDINO-BALKARIEN
Fläche: 12.500 km^2
Bevölkerungszahl: 786.000
Hauptstadt: Naltschik

KALMYKIEN
Fläche: 76.100 km^2
Bevölkerungszahl: 316.000
Hauptstadt: Elista

KARATSCHAJEWO-TSCHERKESSIEN
Fläche: 14.100 km^2
Bevölkerungszahl: 434.000
Hauptstadt: Tscherkessk

KARELIEN
Fläche: 172.400 km^2
Bevölkerungszahl: 771.000
Hauptstadt: Petrozavodsk

KOMI
Fläche: 415.900 km^2
Bevölkerungszahl: 1.152.000
Hauptstadt: Syktyvkar

MARI EL
Fläche: 23.200 km^2
Bevölkerungszahl: 761.000
Hauptstadt: Yoschkar-Ola

MORDWINIWN
Fläche: 26.200 km^2
Bevölkerungszahl: 937.000
Hauptstadt: Saransk

NORDOSSETIEN (SEVERO-OSSETIJA)
Fläche: 8.000 km^2
Bevölkerungszahl: 663.000
Hauptstadt: Wladikawkaz

RUSSLAND (ROSSIJA)
Fläche: 12.198.300 km^2
Bevölkerungszahl: 130.620.000
Hauptstadt: Moskau (Moskva)
(Russland hat keine Regierung. Es ist in autonome Gebiete, Distrikte, Territorien und Städte mit jeweils eigener Verwaltung gegliedert.)

SACHHA (früher Jakutien)
Fläche: 3.103.200 km^2
Bevölkerungszahl: 1.001.000
Hauptstadt: Jakutsk

TATARSTAN
Fläche: 68.000 km^2
Bevölkerungszahl: 3.784.000
Hauptstadt: Kazan

TSCHETSCHENIEN
Fläche: 14.300 km^2
Bevölkerungszahl: 780.000
Hauptstadt: Grosny (auch Ssölz-Gala). De facto ist Gudermes Hauptstadt (Grosny ist größtenteils zerstört).

TSCHUWASCHIEN
Fläche: 18.300 km^2
Bevölkerungszahl: 1.362.000
Hauptstadt: Ceboksary

THEMEN DER WELT

TUVA
Fläche: 170.500 km²
Bevölkerungszahl: 311.000
Hauptstadt: Kyzyl

UDMURTIEN
Fläche: 42.100 km²
Bevölkerungszahl: 1.633.000
Hauptstadt: Izevsk

SPANIEN
Autonome Regionen

ANDALUSIEN (ANDALUCÍA)
Fläche: 87.599 km²
Bevölkerungszahl: 7.358.000
Hauptstadt: Sevilla

ARAGÓN
Fläche: 47.720 km²
Bevölkerungszahl: 1.204.000
Hauptstadt: Zaragoza (Saragossa)

ASTURIEN (ASTURIAS)
Fläche: 10.604 km²
Bevölkerungszahl: 1.063.000
Hauptstadt: Oviedo

BALEAREN
Fläche: 4.992 km²
Bevölkerungszahl: 842.000
Hauptstadt: Palma de Mallorca

BASKENLAND (PAÍS VASCO)
Fläche: 7.234 km²
Bevölkerungszahl: 2.083.000
Hauptstadt: Vitoria (Gasteiz)

CASTILLA-LA MANCHA
Fläche: 79.461 km²
Bevölkerungszahl: 1.761.000
Hauptstadt: Toledo

CASTILLA Y LEÓN
Fläche: 94.224 km²
Bevölkerungszahl: 2.457.000
Hauptstadt: Valladolid

CEUTA UND MELILLA
Fläche: 33 km²
Bevölkerungszahl: 138.000
Hauptstädte: Ceuta und Melilla

EXTREMADURA
Fläche: 41.634 km²
Bevölkerungszahl: 1.059.000
Hauptstadt: Mérida

GALIZIEN (GALIZA)
Fläche: 29.575 km²
Bevölkerungszahl: 2.696.000
Hauptstadt: Santiago de Compostela

KANAREN (ISLAS CANARIAS)
Fläche: 7.447 km²
Bevölkerungszahl: 1.694.000
Hauptstädte: Santa Cruz de Tenerife und Las Palmas

KANTABRIEN (CANTABRIA)
Fläche: 5.321 km²
Bevölkerungszahl: 535.000
Hauptstadt: Santander

KATALONIEN (CATALUÑA ODER CATALUNYA)
Fläche: 32.112 km²
Bevölkerungszahl: 6.343.000
Hauptstadt: Barcelona

LA RIOJA
Fläche: 5.045 km²
Bevölkerungszahl: 277.000
Hauptstadt: Logroño

MADRID
Fläche: 8.028 km²
Bevölkerungszahl: 5.423.000
Hauptstadt: Madrid

MURCIA
Fläche: 11.314 km²
Bevölkerungszahl: 1.198.000
Hauptstadt: Murcia (Regionales Parlament Cartagena)

NAVARRA
Fläche: 10.391 km²
Bevölkerungszahl: 556.000
Hauptstadt: Pamplona

VALENCIA
Fläche: 23.255 km²
Bevölkerungszahl: 4.163.000
Hauptstadt: Valencia

SCHWEIZ
Kantone

AARGAU
Fläche: 1.404 km²
Bevölkerungszahl: 547.000
Hauptstadt: Aarau

APPENZELL AUSSERRHODEN (Halbkanton)
Fläche: 243 km²
Bevölkerungszahl: 54.000
Hauptstadt: Herisau

APPENZELL INNERRHODEN (Halbkanton)
Fläche: 173 km²
Bevölkerungszahl: 15.000
Hauptstadt: Appenzell

BASEL-LANDSCHAFT (Halbkanton)
Fläche: 517 km²
Bevölkerungszahl: 259.000
Hauptstadt: Liestal

BASEL-STADT (Halbkanton)
Fläche: 37 km²
Bevölkerungszahl: 188.000
Hauptstadt: Basel

BERN
Fläche: 5.961 km²
Bevölkerungszahl: 957.000
Hauptstadt: Bern

FREIBURG (FRIBOURG)
Fläche: 1.671 km²
Bevölkerungszahl: 242.000
Hauptstadt: Freiburg

GENF
Fläche: 282 km²
Bevölkerungszahl: 414.000
Hauptstadt: Genf

GLARUS
Fläche: 685 km²
Bevölkerungszahl: 38.000
Hauptstadt: Glarus

GRAUBÜNDEN (GRISONS, GRIGIONE, GRISCHUN)
Fläche: 7.105 km²
Bevölkerungszahl: 187.000
Hauptstadt: Chur

JURA
Fläche: 836 km²
Bevölkerungszahl: 68.000
Hauptstadt: Delémont

LUZERN
Fläche: 1.493 km²
Bevölkerungszahl: 351.000
Hauptstadt: Luzern

NEUENBURG (NEUCHÂTEL)
Fläche: 803 km²
Bevölkerungszahl: 168.000
Hauptstadt: Neuchâtel

NIDWALDEN (Halbkanton)
Fläche: 276 km²
Bevölkerungszahl: 37.000
Hauptstadt: Stans

OBWALDEN (Halbkanton)
Fläche: 490 km²
Bevölkerungszahl: 32.000
Hauptstadt: Sarnen

ST. GALLEN
Fläche: 2.026 km²
Bevölkerungszahl: 453.000
Hauptstadt: St. Gallen

SCHAFFHAUSEN
Fläche: 299 km²
Bevölkerungszahl: 73.000
Hauptstadt: Schaffhausen

SCHWYZ
Fläche: 908 km²
Bevölkerungszahl: 129.000
Hauptstadt: Schwyz

SOLOTHURN
Fläche: 791 km²
Bevölkerungszahl: 244.000
Hauptstadt: Solothurn

TESSIN
Fläche: 2.812 km²
Bevölkerungszahl: 307.000
Hauptstadt: Bellinzona

THURGAU
Fläche: 991 km²
Bevölkerungszahl: 229.000
Hauptstadt: Frauenfeld

URI
Fläche: 1.077 km²
Bevölkerungszahl: 35.000
Hauptstadt: Altdorf

WAADT
Fläche: 3.212 km²
Bevölkerungszahl: 641.000
Hauptstadt: Lausanne

WALLIS
Fläche: 5.225 km²
Bevölkerungszahl: 272.000
Hauptstadt: Sion

ZUG
Fläche: 239 km²
Bevölkerungszahl: 100.000
Hauptstadt: Zug

ZÜRICH
Fläche: 1.729 km²
Bevölkerungszahl: 1.248.000
Hauptstadt: Zürich

UNITED KINGDOM
Länder

ENGLAND
Fläche: 130.422 km²
Bevölkerungszahl: 49.139.000
Hauptstadt: London

NORDIRLAND
Fläche: 13.576 km²
Bevölkerungszahl: 1.685.000
Hauptstadt: Belfast

SCHOTTLAND
Fläche: 77.925 km²
Bevölkerungszahl: 5.062.000
Hauptstadt: Edinburgh

WALES
Fläche: 20.779 km²
Bevölkerungszahl: 2.903.000
Hauptstadt: Cardiff

USA
Bundesstaaten

Alabama
Fläche: 133.915 km^2
Bevölkerungszahl: 4.447.000
Hauptstadt: Montgomery

Alaska
Fläche: 1.530.693 km^2
Bevölkerungszahl: 627.000
Hauptstadt: Juneau

Arizona
Fläche: 295.259 km^2
Bevölkerungszahl: 5.131.000
Hauptstadt: Phoenix

Arkansas
Fläche: 137.754 km^2
Bevölkerungszahl: 2.673.000
Hauptstadt: Little Rock

Colorado
Fläche: 269.594 km^2
Bevölkerungszahl: 4.301.000
Hauptstadt: Denver

Connecticut
Fläche: 12.997 km^2
Bevölkerungszahl: 3.406.000
Hauptstadt: Hartford

Delaware
Fläche: 5.294 km^2
Bevölkerungszahl: 784.000
Hauptstadt: Dover

Florida
Fläche: 151.939 km^2
Bevölkerungszahl: 15.982.000
Hauptstadt: Tallahassee

Georgia
Fläche: 152.576 km^2
Bevölkerungszahl: 8.187.000
Hauptstadt: Atlanta

Hawaii
Fläche: 16.760 km^2
Bevölkerungszahl: 1.212.000
Hauptstadt: Honolulu

Idaho
Fläche: 216.430 km^2
Bevölkerungszahl: 1.294.000
Hauptstadt: Boise

Illinois
Fläche: 149.885 km^2
Bevölkerungszahl: 12.419.000
Hauptstadt: Springfield

Indiana
Fläche: 94.309 km^2
Bevölkerungszahl: 6.081.000
Hauptstadt: Indianapolis

Iowa
Fläche: 145.752 km^2
Bevölkerungszahl: 2.926.000
Hauptstadt: Des Moines

Kalifornien
Fläche: 411.407 km^2
Bevölkerungszahl: 33.872.000
Hauptstadt: Sacramento

Kansas
Fläche: 213.096 km^2
Bevölkerungszahl: 2.688.000
Hauptstadt: Topeka

Kentucky
Fläche: 104.659 km^2
Bevölkerungszahl: 4.042.000
Hauptstadt: Frankfort

Louisiana
Fläche: 123.677 km^2
Bevölkerungszahl: 4.469.000
Hauptstadt: Baton Rouge

Maine
Fläche: 86.156 km^2
Bevölkerungszahl: 1.275.000
Hauptstadt: Augusta

Maryland
Fläche: 27.091 km^2
Bevölkerungszahl: 5.297.000
Hauptstadt: Annapolis

Massachusetts
Fläche: 21.455 km^2
Bevölkerungszahl: 6.349.000
Hauptstadt: Boston

Michigan
Fläche: 251.493 km^2
Bevölkerungszahl: 9.938.000
Hauptstadt: Lansing

Minnesota
Fläche: 224.329 km^2
Bevölkerungszahl: 4.920.000
Hauptstadt: St. Paul

Mississippi
Fläche: 123.514 km^2
Bevölkerungszahl: 2.845.000
Hauptstadt: Jackson

Missouri
Fläche: 180.514 km^2
Bevölkerungszahl: 5.595.000
Hauptstadt: Jefferson City

Montana
Fläche: 380.847 km^2
Bevölkerungszahl: 902.000
Hauptstadt: Helena

Nebraska
Fläche: 200.349 km^2
Bevölkerungszahl: 1.711.000
Hauptstadt: Lincoln

Nevada
Fläche: 286.352 km^2
Bevölkerungszahl: 1.998.000
Hauptstadt: Carson City

New Hampshire
Fläche: 24.032 km^2
Bevölkerungszahl: 1.236.000
Hauptstadt: Concord

New Jersey
Fläche: 20.168 km^2
Bevölkerungszahl: 8.414.000
Hauptstadt: Trenton

New Mexico
Fläche: 314.924 km^2
Bevölkerungszahl: 1.819.000
Hauptstadt: Santa Fe

New York
Fläche: 136.583 km^2
Bevölkerungszahl: 18.977.000
Hauptstadt: Albany

North Carolina
Fläche: 136.412 km^2
Bevölkerungszahl: 8.049.000
Hauptstadt: Raleigh

North Dakota
Fläche: 183.117 km^2
Bevölkerungszahl: 642.000
Hauptstadt: Bismarck

Ohio
Fläche: 115.998 km^2
Bevölkerungszahl: 11.353.000
Hauptstadt: Columbus

Oklahoma
Fläche: 181.185 km^2
Bevölkerungszahl: 3.451.000
Hauptstadt: Oklahoma City

Oregon
Fläche: 251.418 km^2
Bevölkerungszahl: 3.421.000
Hauptstadt: Salem

Pennsylvania
Fläche: 119.251 km^2
Bevölkerungszahl: 12.281.000
Hauptstadt: Harrisburg

Rhode Island
Fläche: 3.139 km^2
Bevölkerungszahl: 1.048.000
Hauptstadt: Providence

South Carolina
Fläche: 80.582 km^2
Bevölkerungszahl: 4.012.000
Hauptstadt: Columbia

South Dakota
Fläche: 199.730 km^2
Bevölkerungszahl: 755.000
Hauptstadt: Pierre

Tennessee
Fläche: 109.152 km^2
Bevölkerungszahl: 5.689.000
Hauptstadt: Nashville

Texas
Fläche: 691.027 km^2
Bevölkerungszahl: 20.852.000
Hauptstadt: Austin

Utah
Fläche: 219.887 km^2
Bevölkerungszahl: 2.233.000
Hauptstadt: Salt Lake City

Vermont
Fläche: 24.900 km^2
Bevölkerungszahl: 609.000
Hauptstadt: Montpelier

Virginia
Fläche: 105.586 km^2
Bevölkerungszahl: 7.079.000
Hauptstadt: Richmond

Washington
Fläche: 176.479 km^2
Bevölkerungszahl: 5.894.000
Hauptstadt: Olympia

West Virginia
Fläche: 62.758 km^2
Bevölkerungszahl: 1.808.000
Hauptstadt: Charleston

Wisconsin
Fläche: 171.496 km^2
Bevölkerungszahl: 5.364.000
Hauptstadt: Madison

Wyoming
Fläche: 253.324 km^2
Bevölkerungszahl: 494.000
Hauptstadt: Cheyenne

District of Columbia
Fläche: 179 km^2
Bevölkerungszahl: 572.000
Hauptstadt: Washington D.C.

THEMEN DER WELT

WORTERKLÄRUNGEN

Abfluss Der Teil des Regenwassers, der Flüsse und Bäche erreicht. Der Rest verdunstet oder versickert im Erdreich.

Abrasion Abschleifung einer Oberfläche durch Reibung und Druck von Stoffen in Luft, Wasser und Eis.

Abwasser Flüssige und feste Abfälle, die in den Boden, in Flüsse oder das Meer abgeleitet werden.

Aquakultur Zucht von Süß- oder Salzwasserspezies wie Fischen, Schalentieren und Algen.

Äquator Die gedachte Linie rund um den Globus, in gleicher Entfernung vom Nord- und vom Südpol.

Äquinoktien Frühlings- und Herbstanfang. Tagundnachtgleiche, wenn die Sonne direkt über dem Äquator steht.

Archipel Im Bogen angelegte Inselgruppe oder -kette.

Arid Niederschlagsarm.

Atmosphäre Die Gashülle, die die Erde umgibt.

Atoll Korallenriff, meist kreisförmig, das eine seichte Lagune umschließt.

Auftauen Schmelzen einer vorher gefrorenen Substanz.

Aussterben Vollständiges Verschwinden einer Spezies.

Ballungsgebiet Miteinander verwachsene Städte und Gemeinden.

Baumgrenze Höhengrenze, über der keine Bäume mehr wachsen. Wird auch als Grenze der Breitengrade in Richtung Nord- und Südpol verwendet, ab denen keine Bäume mehr wachsen.

Biodiversität Biologische Vielfalt. Je größer die Biodiversität, desto mehr Arten gibt es in einer Region.

Biom Ein großer Lebensraum der Erde, zum Beispiel Tundra oder Wüste.

Biosphäre Alle Teile der Erde, in denen es Leben gibt.

Breitengrad Auch Breitenkreis. Gedachte Linie um die Erde parallel zum Äquator. Misst die Entfernung vom Äquator.

Bruttoinlandsprodukt Maßstab der Wirtschaftsstärke und des Reichtums eines Landes. Repräsentiert den Gesamtwert aller Waren und Dienstleistungen, die eine Nation im Jahr produziert.

Caldera Durch Explosion oder Einsturz entstandener kesselartiger Vulkankrater.

Datumsgrenze Eine 1845 vereinbarte Grenzlinie beim 180. Längengrad, welche die beiden Tage trennt, die auf der Erde simultan existieren.

Delta Das oft dreieckige Mündungsgebiet eines Flusses.

Demografie Lehre von Bevölkerungsstatistik und Bevölkerungsentwicklung.

Desertifikation *siehe* Wüstenbildung.

Dienstleistungsgewerbe Arbeit, die Dienste für Menschen bereitstellt, wie Banken, Einzelhandel, Ausbildung und Tourismus.

Diktatur Regierungsform, in der alle Macht beim Herrscher, dem Diktator, liegt.

Eingeführte Art Eine Art, die Menschen von einem Teil der Erde in einen anderen Teil gebracht haben.

Einheimisch Die ersten bekannten Bewohner eines Landes.

Eisdecke Große, dicke Eisschicht, die ein Landgebiet bedeckt.

El Niño Zyklische Erwärmung des ostpazifischen Meeres, die das Wetter beeinflusst (ungewohnt starke bzw. geringe Niederschläge).

Enklave Vom eigenen Staatsgebiet umschlossenes Gebiet eines anderen Staates.

Entwaldung Abholzung großer Waldgebiete zur Holzgewinnung oder für Landwirtschaft/Siedlungen.

Epizentrum Der Punkt der Erdoberfläche direkt über dem Hypozentrum.

Erdmantel Die felsige, mittlere Schicht der Erde zwischen Kruste und Kern.

Erosion Der Prozess der Abtragung loser Erde.

Eruptivgestein Gestein aus abgekühlter Lava oder abgekühltem Magma.

Erz Mineral, aus dem nützliche Bestandteile wie Eisen, Kupfer oder Zink extrahiert werden können.

Evaporation Übergang vom flüssigen in den gasförmigen Zustand. Durch Sonneneinstrahlung wird Wasser erwärmt und verdunstet zu Wasserdampf.

Exklave Eigenes Staatsgebiet innerhalb eines anderen Staates.

Falte Eine Windung in den Gesteinsschichten, aus denen die Erdkruste besteht.

Fauna Tierwelt.

Fjord Durch Gletscheraktivität entstandener Küsteneinschnitt.

Flora Pflanzenwelt.

Flussebene Flaches, tief liegendes Gebiete bei einem Fluss, wird leicht überflutet.

Flussmündung *siehe* Delta.

Föderation Regierungsform, in der Macht und Verantwortung zwischen einer zentralen Regierung und politischen Einheiten aufgeteilt wird, die eine gewisse innere Autonomie behalten.

Fossile Brennstoffe Materialien aus Überresten von Lebewesen, die Millionen Jahre begraben waren. Können heute zur Energieerzeugung verbrannt werden.

Fotosynthese Pflanzlicher Vorgang, bei dem unter Nutzung der Sonnenenergie Kohlendioxid und Wasser in Kohlenhydrate umgewandelt werden.

Gemäßigt Region, deren Klima weder besonders heiß noch besonders kalt ist.

Geologische Zeit Die Zeittafel der Erde seit ihrer Entstehung. In Zeitalter, Epochen und Perioden eingeteilt.

WORTERKLÄRUNGEN

Geysir Heiße Quelle, die in vulkanischen Gebieten vorkommt und in regelmäßigen Abständen eine Wasserfontäne ausstößt.

Gezeiten Regelmäßige Bewegungen von Meerwasser zum Land hin (Flut) und vom Land weg (Ebbe). Sie werden durch die Anziehungskraft des Mondes und der Sonne verursacht.

Gletscher Eismasse aus dicht gepacktem, mehrjährigem Schnee. Trägt Geröll mit sich. Durch sein Eigengewicht bewegt sich der Gletscher langsam bergab.

Graben Langes, tiefes Tal im Meeresboden.

Grabenbruch Ein langes, tiefes Tal, das gebildet wird, wenn ein Teil der Erdkruste in einer Störungszone kollabiert. Das Great Rift Valley in Afrika ist der größte Grabenbruch der Welt.

Großraum *siehe* Ballungsgebiet.

Grundwasserspiegel Die Ebene unter der Landoberfläche, die vollständig mit Wasser getränkt ist.

Habitat Der Lebensraum, den bestimmte Spezies zum Überleben brauchen, zum Beispiel Korallenriffe, Grasland, Süßwasserseen und Wüsten. Manche Lebewesen können in mehreren Lebensräumen existieren.

Hemisphäre Erdhalbkugel. Der Äquator teilt die Erde in die südliche und die nördliche Hemisphäre.

Höhenlinienkarte Karte, auf der Punkte gleicher Höhe als Linie dargestellt werden.

Humus Teilweise kompostiertes, organisches Erdmaterial.

Hydrografie Lehre vom Wasser auf der Erdoberfläche (Gewässerkunde).

Hydrologie Die Lehre von den Erscheinungsformen des Wassers über, auf und unter der Erdoberfläche.

Hydroponik Der Anbau von Pflanzen, besonders Gemüse, in nährstoffreichem Wasser statt Erde.

Hypozentrum Stelle unter der Erdoberfläche, von der ein Erdbeben ausgeht.

Irrigation Künstliche Bewässerung durch Rohre und Gräben, die Wasser kanalisieren.

Jetstream Starkwindbänder, die in großer Höhe auftreten.

Kamm Schmaler, erhöhter Landstreifen.

Kar Durch Gletschereinwirkung entstandene Mulde in Felswänden.

Karst Landschaft aus Kalksteinformationen mit Schlundlöchern, Höhlen und unterirdischen Flüssen.

Karte Grafische Repräsentation der Erdoberfläche.

Kartografie Wissenschaft von den Karten.

Kartografische Abbildung Formel für die Darstellung der Erdrundung auf einer ebenen Fläche.

Kern Der metallische Mittelpunkt der Erde, besteht aus einem festen inneren Kern und einem flüssigen äußeren Kern.

Klima Langfristige Wetterbedingungen einer Region oder der gesamten Erde.

Kolonialismus Wirtschaftliche und politische Kontrolle eines Landes über ein anderes Land oder Territorium.

Konifere Pflanze, die sich durch Zapfenbildung reproduziert. Koniferen sind meist immergrüne Bäume und Büsche, die ihre Blätter nicht abwerfen.

Kontinent Eines der großen, zusammenhängenden Gebiete der Erdoberfläche.

Kontinentales Klima Das vorherrschende Klima im Inneren von Kontinenten der gemäßigten Breiten. In diesem Klima herrschen große saisonale Temperaturunterschiede, vier Jahreszeiten und relativ wenig jährlicher Niederschlag.

Kontinentalsockel Der sich im Meer fortsetzende Teil der Kontinente.

Kruste Der äußerste Teil der Erde.

Lagune Kleine, seichte Wasserfläche zwischen einer Barriereinsel oder einem Riff und dem Festland. Auch eine kleine Wasserfläche, die von einem Atoll umgeben ist.

Landzunge Schmaler Streifen Land, der weit ins Wasser hinausragt.

Längengrad Gedachte Linie um die Erde vom Nord- zum Südpol. Mit Längengraden misst man Entfernungen zwischen Ost und West.

Laub wechselnd Bäume, die im Herbst die Blätter abwerfen.

Lava Magma, das durch einen Vulkanschlot oder eine Vulkanspalte an die Erdoberfläche gelangt.

Lebenserwartung Die Zeit, die Menschen durchschnittlich am Leben bleiben. Wird von Faktoren wie Ernährung, Armut und Lebensbedingungen beeinflusst.

Lebensraum *siehe* Habitat.

Lithosphäre Bis 1.200 km Tiefe reichende Gesteinshülle der Erde.

Luftfeuchtigkeit Die Menge an Wasserdampf in der Luft.

Mäander Eine Windung im Lauf eines Flusses.

Magma Heißes, flüssiges Gestein unter der Erdoberfläche.

Maßstab Verhältnis zwischen Entfernung auf der Karte und Entfernung auf der Erdoberfläche.

Meeresklima Klima, das stark vom Meer beeinflusst wird. Herrscht auf Inseln und den windwärts gelegenen Küsten von Kontinenten. Die Luftfeuchtigkeit ist hoch, es gibt nur geringe saisonale Temperaturschwankungen.

Meridian *siehe* Längengrad.

Mesa *siehe* Tafelland.

Mestize Person europäisch-indianischer Abstammung.

Metamorphes Gestein Wird gebildet, wenn Eruptiv- oder Sedimentgestein durch Druck oder große Hitze verändert wird.

Migration Wanderung von Menschen oder Tieren.

Mikroklima Klima eines kleinen Gebietes, zum Beispiel eines Tales.

Monarchie Ein Land, dessen Oberhaupt ein König, eine Königin oder ein Prinz ist, der den Titel erbt und für gewöhnlich nicht gewählt wird.

Monsun Windsystem in Südostasien, das saisonal die Richtung wechselt und so trockene oder feuchte Jahreszeiten verursacht.

THEMEN DER WELT

Moräne Felsen- und Geröllablagerungen eines Gletschers.

Nährstoff Alles, was ein Lebewesen aufnimmt, um am Leben zu bleiben.

Nahrungskette Durch Nahrungsbeziehung voneinander abhängige Organismen, bestehend aus grünen Pflanzen, Pflanzenfressern und Fleischfressern. Geschlossen wird eine solche Kette durch Zersetzer (meist Pilze und Bakterien).

Nomaden Menschen ohne festen Wohnsitz, die meist auf Suche nach Nahrung umherziehen.

Oase Fruchtbare Gegend mit Wasser inmitten einer Wüste.

Ökologie Wissenschaft von den Beziehungen zwischen Lebewesen und ihrer Umwelt.

Ökonomie Die Art, wie Ressourcen genutzt und Waren und Dienstleistungen produziert, verteilt und konsumiert werden.

Ökosystem Zusammenspiel aller Tiere und Pflanzen in einem begrenzten Gebiet, zum Beispiel einem Wald.

Orkan Sturm mit Windgeschwindigkeiten von über 118 km/h (im nördlichen Indischen Ozean Zyklon, im westlichen Pazifik Taifun).

Ozonschicht Eine dünne Atmosphärenschicht aus Ozongas, die den größten Teil der schädlichen UV-Strahlung der Sonne abfängt.

Parasit Tier- oder Pflanzenart, die in oder auf einem Wirt lebt. Parasiten sind meist viel kleiner als ihre Wirte, denen sie nicht unbedingt schaden.

Permafrost Immer gefrorenes Erdreich, auch Dauerfrostboden.

Physikalische Geografie Teilgebiet der Geografie, das sich mit den naturbedingten geografischen Erscheinungen befasst.

Plateau Hochebene, meist steil nach allen Seiten abfallend.

Porös Wasserdurchlässig.

Prärie Baumloses, ebenes Grasland im Zentrum Nordamerikas.

Raubtier Ein Tier, das andere Tiere, seine Beute, tötet und frisst.

Recycling Die Wiederverwertung von Abfall für neue Produkte.

Reduzent Lebewesen, das die Nährstoffe toter Körper verwertet und die Mineralien, die sie enthalten, wieder der Umwelt zuführt.

Republik Land mit einer gewählten Regierung ohne Monarch.

Ressourcen Schätze der Erde wie Wasser, Steine, Holz und Kohle, die genutzt werden können.

Riff Eine Formation aus harten Felsen oder Korallen nahe der Meeresoberfläche.

Saurer Regen Regen mit schädlichen Chemikalien wie durch Verbrennung fossiler Brennstoffe freigesetztes Schwefeldioxid.

Savanne Gras bewachsene Tiefebene mit wenigen Bäumen.

Sediment Die feste Materie, die sich am Boden von Flüssigkeiten absetzt.

Sedimentgestein Sediment, das durch langen Druck zu Gestein zusammengepresst wurde.

Seismik Wissenschaft, die sich mit seismischen Wellen beschäftigt. Erforscht Erdbeben und die Struktur der Erde.

Seismische Wellen Energiewellen, die nach einem Erdbeben durch die Erde laufen.

Siedlungsabfälle Abfallprodukte von Menschen in einem städtischen Gebiet.

Silt Staubartige Substanz aus winzigen Gesteinspartikeln.

Spezies Auch Art. Organismen, die aufgrund von Gemeinsamkeiten oder der Fähigkeit, sich miteinander fortzupflanzen, zu einer Gruppe zusammengefasst werden, zum Beispiel der Schimpanse.

Stalagmit Vom Boden nach oben wachsende Tropfsteinsäule.

Stalaktit Tropfstein aus Kalk, der wie ein Eiszapfen von einer Höhlendecke nach unten wächst.

Straße Meerenge, die zwei Meere oder Ozeane verbindet.

Stromschnellen Reißende Flussabschnitte.

Subduktion Das Aufeinandertreffen zweier tektonischer Platten, wobei eine Platte unter eine andere absinkt. Gefahr von Erdbeben.

Subsistenzwirtschaft Form der Landwirtschaft, in der die Bauern genug Nahrung für sich und ihre Familien produzieren.

Tafelland Großes, ebenes Hochland, das nach allen Seiten steil abfällt. *Siehe auch* Plateau.

Taifun siehe Orkan.

Taiga Subarktisches Nadelwaldgebiet südlich der nordischen Tundra, von Fichten und Kiefern dominiert.

Thermik Aufsteigende, warme Luftsäule.

Topografie Oberflächeneigenschaften einer Landschaft. Dazu gehören Höhenunterschiede, Erdböden und Vegetation.

Tornado Kleinräumiger zerstörerischer Wirbelsturm vor allem in Nordamerika und Australien.

Toxisch Substanz, die für Lebewesen giftig oder schädlich ist.

Treibhauseffekt Anreicherung von Kohlendioxid, Methan und anderen Gasen in der Atmosphäre. Sie verhindern die Rückstrahlung der eingestrahlten Sonnenenergie in den Weltraum. Ohne diesen Effekt würde die mittlere Temperatur auf der Erde bei −18 °C liegen. Bedenklich jedoch die von Menschen verursachte Verstärkung dieses Effektes.

Treibhausgase Gase wie Kohlendioxid, Methan, Wasserdampf und Stickoxide in der Atmosphäre, die Hitze von der Sonne einschließen und die Erde erwärmen.

Tropen Das Gebiet rund um den Äquator, wo es ganzjährig warm ist.

Tsunami Riesige Flutwelle. Wird unter anderem durch Bewegungen des Meeresbodens verursacht.

WORTERKLÄRUNGEN

Tundra Baumlose Ebene der arktischen und subarktischen Regionen.

Urbanisation Verstädterung, Abwanderung von Menschen in Städte.

Vegetation Gesamter Pflanzenwuchs einer Region.

Veld(t) Trockenes, offenes Grasland im südlichen Afrika.

Verarbeitungsindustrie Industrie, die aus Rohstoffen Produkte für den Verkauf herstellt.

Verwerfung Schichtenbruch in der Erdkruste, wo sich Felsschichten aneinander vorbeibewegen.

Verwitterung Die langsame Umwandlung von Steinen und Mineralien in Sand und Erde.

Wadi Ausgetrocknetes Flussbett.

Wasserkreislauf Der kontinuierliche Fluss des Wassers der Erde. Wasserdampf steigt in die Atmosphäre auf und wird dort zu Regen, Schnee oder Hagel, der auf die Erde zurückkehrt.

Wüste Gebiet mit äußerst geringem Niederschlag oder großer Verdunstung, wo nur wenige Pflanzen wachsen.

Wüstenbildung Die Ausbreitung von Wüstengebieten und zunehmende Lebensfeindlichkeit des Landes. Bedingt durch den Klimawandel des Planeten, durch Überbewirtschaftung und Abholzung von Bäumen und Pflanzen, deren Wurzeln Erdreich und Feuchtigkeit binden.

Zensus Volkszählung.

Zusammenfluss Der Ort, an dem zwei Flüsse sich zu einem größeren Fluss vereinen.

Zyklon *siehe* Orkan.

INDEX

Fette Seitenzahlen verweisen auf Haupteinträge.

Legende:
(B.) = Berg
(Fl.) = Fluss
(G.) = Gebirge
(I.) = Insel
(L.) = Landschaft
(S.) = See
(W.) = Wüste

A

Abadan *Iran* 255
Abchasien *Georgien* 235
Abessinien (Äthiopien) 349
Abidjan *Elfenbeinküste* 358
Abomey *Benin* 362
Aborigine 386, 388, 392, 396, 398, 399, 400, 402, 403, 405
Abu Dhabi *Vereinigte Arabische Emirate* 261
Abuja *Nigeria* 360
Accra *Ghana* 359
Aconcagua (B.) *Argentinien* 16, 140
Addis Abeba *Äthiopien* 349
Adelaide *Australien* 392, 401, 402, 404
Aden 263
Aden, Golf von 263, 350
Adriatisches Meer 188, 206, 208, 209, 211, 213
Aeroflot 233
Afadjato (B.) *Ghana* 359
Afghanistan 264, 268, **270–271,** 274
Afrika 10, 39, 45, 119, 120, 143, 179, 196, 285, 286, 287, **337–384,** 434, 435, 437, 444, 446, 448
Afrikanische Platte 7
Ägäisches Meer 212, 214, 238
Agra *Indien* 277
Agrihan (B.) *Nördliche Marianen* 414
Ägypten 22, 248, 249, 345, **346–347**
Aids 373, 377, 379, 444, 445
Aimará 127
Ajman *Vereinigte Arabische Emirate* 261
Akaba *Jordanien* 245, 251
Akaba, Golf von 251
Akosombo-Staudamm *Ghana* 359
Al Jahrah *Kuwait* 259
Al Muharraq *Bahrain* 260
Alabama *USA* 74, 76, 77
Ålandinseln *Finnland* 154

Alaska *USA* 6, 54, 64, **82,** 440
Albanien 212, **213,** 214
Albany *Australien* 404
Albedo 31
Alberta *Kanada* 55, 61, 62
Albert-See (Mobuto-Sese-Seko-See) *Uganda* 369
Al-Bolkiah, Haji Hassan 322
Alentejo (L.) *Portugal* 200
Aleppo (Halab) *Syrien* 246
Aleuten *USA* 82
Alexandria *Ägypten* 347
Algarve *Portugal* 200, 201
Algerien 340, 342, 343
Algier *Algerien* 342
Alice Springs *Australien* 400, 402
Al-Ladhiqiyah (Latakia) *Syrien* 246
Al-Mahwit (Provinz) *Jemen* 263
Alofi *Niue* 425
Alofi *Wallis und Futuna* 421
Alpen (G.) *Europa* 44, 170, 171, 172, 175, 178, 180, 182, 184, 185, 202
Alpen, Italienische (G.) 194
Alphabetisierungsrate 46, 447
Altai (G.) *Mongolei* 300
Altiplano (G.) *Bolivien* 128
Altokumuluswolken 34
Altostratuswolken 34
Altun Ha *Belize* 85
Amazonas (Fl.) *Südamerika* 18, 19, 112, 114, 115, 122, 124, 126, 131
Amazonas-Regenwald *Brasilien* 32
Ambeno (Ocussi) *Osttimor* 334
Amboseli-Nationalpark *Kenia* 339, 435
Amerikanischer Bürgerkrieg 76
Amerikanisch-Samoa **425**
Amman *Jordanien* 251
Ammonit 14
Amritsar *Indien* 280
Amsterdam *Niederlande* 168
Amudarja (Fl.) *Asien* 267, 268
Amundsen, Roald 432
Amundsen-Scott-Station *Antarktis* 431
Anatolien *Türkei* 238
Anden (G.) *Südamerika* 16, 44, 112, 113, 116, 122, 124, 126, 128, 139, 140, 141
Anden-Gruppe 455
Andorra 196, **199**
Andorra la Vella *Andorra* 199
Anegada *Britische Jungfern-Inseln* 105
Anemometer 35
Angara (Fl.) *Russland* 231

Angel Falls *Venezuela* 117
Angkor Wat *Kambodscha* 319
Angola 26, **376**
Anguilla 106
Ankara *Türkei* 238, 239
Antananarivo *Madagaskar* 286
Antarktis 28, 29, 31, 33, 138, 140, 176, **428–432,** 435, 464
Antarktische Halbinsel 428, 429
Antarktische Platte 7
Antarktis-Vertrag 432
Antigua & Barbuda 98, **107**
Antwerpen *Belgien* 166, 169
Apennin (G.) *Italien* 203
Apia *Samoa* 423
Apo (B.) *Philippinen* 335
Appalachen (G.) *Nordamerika* 56, 64, 66, 67, 74, 75
Äquator 4, 30, 32, 42, 122, 137, 284, 323, 328, 366, 368, 372, 390, 435
Äquatorial-Guinea **365**
Arabische Halbinsel 242, 256, 257, 263
Arabische Liga 459
Arabische Wüste *Ägypten* 346
Arabisches Meer 262, 274, 276
Aralsee 264, 267
Ararat (B.) *Türkei* 234, 238
Aras 95
Arawaken *Indien* 106, 110
Arc de Triomphe (Triumphbogen) *Frankreich* 178
Ardennen (G.) *Belgien* 166
Argentinien 128, 134, 135, 137, 138, **140–142,** 143, 144
Argyle-See *Australien* 404
Arizona *USA* 73, 76, 78, 79, 80
Arkansas *USA* 17, 74, 75, 76, 77
Arktis **50,** 62, 154
Ärmelkanal 176
Armenien 234, 235, **236,** 237, 254
Arnhemland *Australien* 388
ARPAnet 464
Ar-Riyad (Riad) *Saudi-Arabien* 257, 258
Artensterben 442, 443
Artenvielfalt (Biodiversität) 442, 443
Aruba **111**
Ascension (I.) *Atlantischer Ozean* 143
Aschchabad *Turkmenistan* 268
ASEAN (Vereinigung Südasiatischer Staaten) 455, 459
Aserbaidschan 228, 234, 235, 237

Asien 17, 39, 41, 50, 120, 146, 179, 230, 234, 238, **241–336,** 437, 450, 462
Asir (G.) *Saudi-Arabien* 256
Asmara *Eritrea* 350
Asowsches Meer 222, 234
Assalsee *Dschibuti* 350
Assuan *Ägypten* 347
Assyrer 253
Astana *Kasachstan* 266
Asunción *Paraguay* 136
Atacama (W.) *Chile* 138, 139
Atbara (Fl.) *Ägypten* 347
Athabasca (Fl.) *Kanada* 55
Athen *Griechenland* 214, 215
Äthiopien 46, 345, **349,** 350, 448, 458
Atilan (S.) *Guatemala* 90
Atlantischer Ozean 19, 20, 35, 57, 58, 61, 64, 74, 83, 98, 112, 114, 115, 116, 118, 119, 121, 133, 137, 140, 143, 144, 157, 158, 165, 172, 177, 182, 194, 196, 199, 200, 201, 338, 340, 341, 351, 354, 355, 368, 380, 381
Atlasgebirge *Afrika* 340, 341, 342, 343
Atmosphäre 28, 29, 30, 34, 36, 40, 41, 437, 438
Ätna (B.) *Italien* 11
Atoll 11
Atombombe 309
Atomium *Belgien* 166
Auckland *Neuseeland* 408, 412, 413
Aunuu *Amerikanisch-Samoa* 425
Auslandsverschuldung 449
Äußere Mongolei 462
Austin *USA* 77
Australasien 24
Australian Capital Territory (ACT) 394
Australien 13, 31, 38, 44, 47, 146, 386, 388, **392–407,** 413, 435, 453, 462, 464
Austral-Inseln *Französisch-Polynesien* 427
Avarua *Cook-Inseln* 426
Axiós (Fl.) *Griechenland* 212
Ayers Rock (Uluru) (B.) *Australien* 33, 392, 400, 402
Ayutthaya *Thailand* 312
Azoren *Portugal* 201
Azteken 84, 89

INDEX

B

Baaka-Pygmäen 364
Babelthuap *Palau (Babelthuap)* 420
Babylonier 253
Bacolor *Philippinen* 336
Badlands-Nationalpark *USA* 72
Baffin-Insel *Kanada* 54
Bagdad *Irak* 252
Bahamas 98, 99, 100, **103**
Bahrain (I.) 260
Bahrain 256, **260**
Baikalsee *Russland* 231, 233
Baikonur (Weltraumbahnhof) *Kasachstan* 266
Bairiki *Kiribati* 419
Baja California *Mexiko* 86
Bajans (Bewohner von Barbados) 110
Bakonygebirge *Ungarn* 186
Baku *Aserbaidschan* 237
Balchaschsee *Kasachstan* 266
Balearen (I.) *Spanien* 196, 199
Bali *Indonesien* 311, 330, 333
Balkan 208, 210, 211
Balkangebirge *Europa* 226
Balkanhalbinsel 208, 213, 214
Ballinrobe *Irland* 161
Baltimore *USA* 69
Bamako *Mali* 353
Banc-d'Arguin-Nationalpark *Mauretanien* 352
Bandar Seri *Brunei* 322
Bandar-e Abbas *Iran* 255
Banff-Nationalpark *Kanada* 19, 62
Bangladesch 40, 272, 273, 275, 276, 278, **282**, 314, 436
Bangui *Zentralafrikanische Republik* 364
Banjul *Gambia* 355
Barbados **110**
Barbuda 107
Barcelona *Spanien* 198, 199
Barentssee 228
Bar-Mizwa 460
Barossa Valley *Australien* 402
Base Esperanza *Antarktis* 432
Basel *Schweiz* 183
Basken 198
Baskenland *Spanien* 195
Basse-Terre *Guadeloupe* 107
Basseterre *Saint Kitts & Nevis* 106
Baumwolle 453
Bay Islands *Honduras* 92
Bayamo *Kuba* 100
Bayerische Alpen (G.) *Deutschland* 171
Bayerischer Wald *Deutschland* 171
Bayern *Deutschland* 172
Beduinen 257, 260
Beijing (Peking) *China* 292, 295
Beirut *Libanon* 250

Bekaa-Ebene *Libanon* 250
Belait (Fl.) *Brunei* 322
Belfast *Großbritannien* 163, 165
Belgien 38, 148, 149, **166–167**, 168, 169, 170, 176, 370
Belgrad *Serbien* 211
Belize (Stadt) *Belize* 91
Belize 3, 84, 85, 86, **91**
Belmopan *Belize* 91
Ben Nevis *Großbritannien* 163
Beneluxländer 166
Bengalen, Golf von 276, 282
Benguela-Bahn *Angola* 376
Benguelastrom *Indischer Ozean* 381
Benin **362**
Bequia *Saint Vincent & die Grenadinen* 109
Berber 341, 342
Berge 16, 45
Bergen *Norwegen* 150
Bergkarabach *Armenien/Aserbaidschan* 236, 237
Bergklima 33
Beringstraße 82
Berlin *Deutschland* 170, 173
Berliner Mauer *Deutschland* 173
Bermuda **83**, 103
Bern *Schweiz* 182
Bevölkerung 38, 437, 445, 448, 450, 453
Bevölkerungswachstum 38
Bhumibol Aduljadeh, König Rama IX. von Thailand 313
Bhutan 272, 276, **283**
Bia (B.) *Laos* 320
Biafra *Nigeria* 361
Big-Bend-Nationalpark *USA* 76
Bikini-Atoll *Marshall-Inseln* 416
Bilbao *Spanien* 197
Bildung 446, 447
Bioko (I.) *Äquatorialguinea* 365
Biome **434–435**, 438
Biome, polare 434
Birmingham *Großbritannien* 164
Biscaya, Golf von *Atlantischer Ozean* 176
Bischkek *Kirgisistan* 269
Bismarck-Archipel *Papua-Neuguinea* 390
Bison 71
Bissagos-Inseln *Guinea-Bissau*
Bissau *Guinea-Bissau* 355
Biwa (S.) *Japan* 307
Black Hills *USA* 17, 70
Black-Hawk-Krieg *USA* 73
Blauer Nil *Äthiopien* 347, 349
Blitz 34, 35
Blue Mountains *Jamaika* 102
Blue Mountains *Australien* 397
Blue Ridge Mountains *USA* 66
Bochum *Deutschland* 453
Boden 27
Bodenkrume 27

Bodenschätze (Rohstoffe) 452, 453
Bogotá *Kolumbien* 122, 123
Böhmisches Mittelgebirge *Tschechische Republik* 188
Bolívar, Simón 118
Bolivien 112, 114, 115, **128–129**, 138, 140, 446
Bollywood *Indien* 279
Bologna, Universität von *Italien* 447
Bonaire *Niederländische Antillen* 111
Bonaparte, Napoleon 143
Bora Bora *Französisch-Polynesien* 427
Bordeaux *Frankreich* 176, 177
Borneo 44, 310, 322, 328
Bornholm *Dänemark* 156
Börse, New York *USA* 69
Bosnien & Herzegowina 209, **210**
Bosniakisch-Kroatische Föderation 210
Boston *USA* 67
Boston Tea Party *USA* 67
Botsuana **377**, 381
Bottnischer Meerbusen *Skandinavien* 152, 154
Brahmaputra (Fl.) *Asien* 276, 282
Brandenburg *Deutschland* 174
Brandenburger Tor *Deutschland* 173
Brasília *Brasilien* 130, 132, 133
Brasilianisches Bergland *Brasilien* 130
Brasilien 38, 114, 115, 116, 118, 121, 123, 128, **130–133**, 136, 137
Bratislava (Preßburg) *Slowakei*
Braunbär 229
Brazzaville *Kongo* 367
Breite, geografische 42
Bremen *Deutschland* 174
Brenner (Pass) *Österreich* 184
Brennstoff, fossiler 36, 40
Bretagne *Frankreich* 175
Bridgetown *Barbados* 110
Brisbane *Australien* 329, 392, 398
Britisch-Honduras 91
Britische Inseln **159–165**
Britischer Commonwealth 159
Britisches Empire 165
Britisch-Guyana 119
British Columbia *Kanada* 60, 61, 62
British North America Act 58
Brno (Brünn) *Tschechische Republik* 189
Brokopondo *Suriname* 120
Bromo (B.) *Indonesien* 329
Broome *Australien* 404
Brunei **322**
Brüssel *Belgien* 166, 167
Bruttoinlandsprodukt (BIP) 449

Bruttosozialprodukt (BSP) 448
Bruttovolkseinkommen 448, 449
Bryce Canyon *USA* 15
Budapest *Ungarn* 180, 186, 187
Buddha 315
Buddhismus 308, 310, 313, 315, 321, 331, 333, 461
Buenos Aires *Argentinien* 140, 141
Bujumbura *Burundi* 370
Bukarest *Rumänien* 225
Bukit Pagon (B.) *Brunei* 322
Bulgarien 211, 212, 214, 216, 225, **226**
Bundestag *Deutschland* 173
Burgund *Frankreich* 177
Burkina Faso 351, **362**, 434
Burundi **370**, 448
Byzantinisches Reich 239

C

Cabimas *Venezuela* 117
Cabinda *Angola* 376
Cabora-Bassa-Staudamm *Mosambik* 437
CACM (Gemeinsamer Mittelamerikanischer Markt) 455
Cagliari *Italien* 204
Cairngorm (G.) *Großbritannien* 17
Cambrian Mountains *Großbritannien* 162
Cameron Highlands *Malaysia* 327
Canary Wharf *Großbritannien* 163
Canberra *Australien* 392, 394, 395, 396
Cannes *Frankreich* 176
Canyonlands-Nationalpark *USA* 23
Cape Canaveral *USA* 77
Cape Town (Kapstadt) *Südafrika* 380, 382, 383
Cape-Tribulation-Nationalpark *Australien* 395
Caracas *Venezuela* 116, 118
Cardiff *Großbritannien* 164
CARICOM (Karibische Gemeinschaft) 455
Carriacou *Grenada* 110
Carson City *USA* 81
Casablanca *Marokko* 341
Castlebar *Irland* 161
Castries *Saint Lucia* 109
Castro Ruz, Fidel 101
Catskill Mountains *USA* 66
Cauto (Fl.) *Kuba* 100
Cayenne *Französisch-Guyana* 121
Cayman Brac *Cayman-Inseln* 101
Cayman-Inseln **101**
Celébes *Indonesien* 328

INDEX

Ceské Budejovice (Budweis) *Tschechische Republik* 189
Ceuta *Spanien* 196
Chaco-Krieg *Südamerika* 129
Challenger-Tief *Pazifischer Ozean* 21, 45
Champagne *Frankreich* 177
Chance's Peak (B.) *Montserrat* 11
Changjiang (Jangtsekiang) (Fl.) *China* 290, 292, 297
Chapala-See *Mexiko* 87
Charlestown *Saint Kitts & Nevis* 106
Charlotte Amalie *Amerikanische Jungfern-Inseln* 105
Chavín 112, 127
Cheju (I.) *Südkorea* 304
Chek Lap Kok (Flughafen) *China* 37
Chiang Kai-Shek 299
Chicago *USA* 70, 72
Chile 114, 128, 129, 130, 134, **138–139**, 140, 141
Chimborazo (B.) *Ecuador* 125
Chimú 112, 127
China 231, 233, 242, 264, 269, 272, 276, 283, 290, 291, **292–298**, 299, 300, 303, 309, 310, 313, 314, 316, 320, 367, 441, 454, 463
Chindwin (Fl.) *Myanmar (Birma)* 314
Chinesische Mauer *China* 291, 298
Chinesisches Kaiserreich 298, 299
Chinook 61
Chisinau (Kischinjow) *Moldawien* 224
Chittagong *Bangladesch* 282
Choiseul *Salomonen* 417
Chott-el-Djerid (S.) *Tunesien* 343
Christentum 460
Chuuk *Föderierte Staaten von Mikronesien* 415
Cité Soleil *Haiti* 104
Citlaltépetl *Mexiko* 86, 89
Cleveland *USA* 72
Clipperton (I.) *Pazifischer Ozean* 176
Cockburn Town *Turks- und Caicos-Inseln* 103
Colombo *Sri Lanka* 284
Colorado (Fl.) *USA* 23, 80
Colorado *USA* 70, 73
Columbus *USA* 71
Comino *Malta* 207
Commonwealth 413
Como, Lago di (Comer See) *Italien* 202
Computer 464
Conakry *Guinea* 356
Connecticut *USA* 68, 69
Constanta *Rumänien* 225
Convict (S.) *USA* 78

Cook (B.) *Neuseeland* 409
Cook, James 397, 412, 419
Cook-Inseln 408, 412, **426**
Cook-Straße *Neuseeland* 408
Coriolis-Kraft 30
Costa Blanca *Spanien* 199
Costa del Sol *Spanien* 199
Costa Rica 84, 85, **95**
Cotonou *Benin* 362
Cotopaxi (B.) *Ecuador* 124
Crazy Horse 73
Cumberland (G.) *USA* 74
Curaçao *Niederländische Antillen* 111
Custer, George Armstrong (US-General) 73
Cuzco *Peru* 127
Cypern (s. a. Zypern) 240

D

Dagestan *Russland* 229
Dahomey (Benin) 362
Dakar *Senegal* 354
Dal (S.) *Indien* 276
Dalai-Lama 296, 298
Dallas *USA* 77
Dalmatien *Kroatien* 209
Damaskus *Syrien* 246, 247
Damavand (B.) *Iran* 255
Dampier, William 397
Dänemark 51, 105, 148, 150, 153, **156–157**, 158, 170
Danziger Bucht 191
Daressalam *Tansania* 372, 443, 445
Darién-Nationalpark *Panama* 96
Darling (Fl.) *Australien* 395
Darwin *Australien* 400, 402
Dasht-e Kavir (Große Salzwüste) *Iran* 254
Dasht-e Lut (W.) *Iran* 254
Dasht-i-Margo (W.) *Afghanistan* 271
Daugavapils (Fl.) *Lettland* 219
Death Valley *USA* 79, 80
Debrecen *Ungarn* 187
Dekkan, Hochland *Indien* 278
Delap-Uliga-Darrit *Marshall-Inseln* 416
Delaware *USA* 66
Delicate Arch *USA* 26
Den Haag *Niederlande* 168
Desertifikation (Wüstenbildung) 40, 41, 45, 362, 435
Detroit *USA* 70, 72
Deutschland 147, 148, 156, 157, 158, 164, 167, 168, 169, **170–174**, 176, 180, 182, 184, 191, 199, 309, 446, 455
Devil's Postpile *USA* 12
Dhaka *Bangladesch* 273, 282
Dhar *Indien* 464
Dili *East Osttimor* 334
Dinan *Frankreich* 148

Djanet *Algerien* 342
Dnjester (Fl.) *Europa* 224
Docklands *Großbritannien* 163
Dodoma *Tansania* 372
Doha *Katar* 260
Dolomiten *Italien* 202, 203
Dominica **108,** 109
Dominikanische Republik 98, **104**
Donau (Fl.) *Europa* 172, 174, 180, 184, 186, 187, 192, 209, 225
Donezk *Ukraine* 223
Douro (Fl.) *Portugal* 200
Douz *Tunesien* 343
Dover, Straße von (Ärmelkanal) 176
Drakensberge *Südafrika* 380, 381
Drei-Schluchten-Damm *China* 297
Dschibuti **350**
Duars-Ebene *Bhutan* 283
Dubai *Vereinigte Arabische Emirate* 261
Dublin *Irland* 160
Dubrovnik *Kroatien* 209
Duero (Fl.) *Spanien* 197
Dufourspitze *Schweiz* 182
Dunedin *Neuseeland* 410
Durban *Südafrika* 382
Durdle Door *Großbritannien* 22
Duschanbe *Tadschikistan* 269
Düzce *Türkei* 8

E

Ecuador 113, 114, 115, 118, **124–125**, 130
Edelsteine 13
Eden-Projekt *Großbritannien* 442
Edinburgh Castle *Großbritannien* 164
Eiffelturm *Frankreich* 176
Eisbär 63
Eisdecke 24
Eiskappe 437
Eiskappen, polare 40
Eiszeit 24, 31
El Niño *Pazifischer Ozean* 31, 127
El Petén *Guatemala* 90
El Salvador 84, 92, **93,** 94
Elbe (Fl.) *Deutschland* 170, 172
Elburs-Gebirge *Iran* 255
Elektrizität 436
Elfenbeinküste **358**
Ellice-Inseln (Tuvalu) 420
Ellsworth-Gebirge *Antarktis* 430
Emmentaler Käse *Schweiz* 183
Empire State Building *USA* 68
Ems (Fl.) *Deutschland* 172
Energie 448, 450
Energie, geothermale 413

England *Großbritannien* **159,** 162, 165
Entsalzung 437
Entwaldung 40, 41, 442
Entwicklungshilfe 455
Epidaurus *Griechenland* 215
Epizentrum 8, 9
Er Rif (G.) *Marokko* 341
Erasmus-Brücke *Niederlande* 168
Erdbeben 5, 8, 9, 307, 329, 336, 408, 418
Erderwärmung 40, 441
Erdkern 5
Erdkruste 5
Erdmantel 5
Erebus (B.) *Antarktis* 430
Eriesee *Nordamerika* 56, 72
Eritrea 46, **350**, 444
Erivan *Armenien* 236
Ernährungs- und Landwirtschaftsorganisation (FAO) 459
Erze 13
Esbjerg *Dänemark* 157
Eselspinguin 143
Essequibo (Fl.) *Guyana* 119
Estevan *Kanada* 62
Estland 154, 216, **218**
Etosha-Nationalpark *Namibia* 375
Euphrat (Fl.) *Syrien* 246
Euphrat (Fl.) *Irak* 252
Eurasische Platte 7, 17
Europa 11, 31, 37, 38, 39, 50, **145–230**, 234, 238, 447, 450
Europäische Investmentbank 167
Europäische Raumfahrtbehörde (ESA) 121
Europäische Union (EU) 51, 153, 154, 161, 164, 165, 167, 170, 178, 183, 185, 191, 201, 214, 215, 216, 219, 238, 352, 397, 413, 455, 458, 459
Europäische Zentralbank 171
Europäischer Gerichtshof 167
Europaparlament 178
Eurotunnel (Kanaltunnel) 176
Everglades (Nationalpark) *USA* 77
Exmoor *Großbritannien* 163
Exosphäre 28, 29
Export 454
Exxon Valdez 440
Eyresee *Australien* 400, 402

F

Fahd, Ibn Abd al-Asis, König von Saudi-Arabien 257
Faisalabad *Pakistan* 274
Falkland-Inseln *Atlantischer Ozean* 143, **144,** 165
Fan Si Pan (B.) *Vietnam* 316
Faröer-Inseln **157**

INDEX

Faya *Tschad* 366
FCKW 29
Fehmarn (I.) *Deutschland* 170
Felicité *Seychellen* 287
Ferdinand II., König von Spanien 198
Fernsehen 462
Ferrari, Enzo 204
Fès *Marokko* 341
Fidschi 386, **422**
Finnischer Meerbusen *Skandinavien* 154, 155, 218, 230
Finnland 150, 152, **154–155,** 228
Fjorde 25
Flamen *Belgien* 167
Fleming, Sir Sandford 456
Fliegende Ärzte *Australien* 394, 402
Flinders-Insel *Australien* 399
Flinderskette *Australien* 400, 401
Flores *Guatemala* 90
Flores *Indonesien* 329, 330, 333
Florida *USA* 35, 64, 74, 76, 77, 98, 103
Florida, Straße von 100
Flüsse 18, 19, 22, 30
Föhn *Europa* 172
Fongafale *Tuvalu* (Ellice-Inseln) 420
Formosa (Taiwan) 290, **299,** 306
Fort-de-France *Martinique* 108
Fossiler Brennstoff 36, 40
Fossil 14, 15
Fotosynthese 28
Fouta Djalon *Guinea* 356
Franco Bahamonde, Francisco (span. General) 198
Frankfurt *Deutschland* 171
Frankreich 34, 107, 108, 109, 121, 146, 148, 164, 165, 167, 169, 170, 172, 174, **175–179,** 180, 182, 196, 202, 287, 288, 310, 341, 342, 343, 350, 352, 366, 367, 418, 419, 421, 427, 451, 454
Französische Revolution 179
Französisch-Guyana 46, 114, 120, **121,** 176
Französisch-Polynesien 176, **427**
Freeport *Bahamas* 103
Freetown *Sierra Leone* 356
Freiheitsstatue *USA* 68
Fremantle *Australien* 407
Freundschafts-Inseln (Tonga) 412, **424**
Friesische Inseln *Deutschland* 170
Fuchshörnchen 55
Fujairah *Vereinigte Arabische Emirate* 261
Fuji (B.) *Japan* 17, 307
Funchal *Portugal* 201

Fundy, Bay of *Kanada* 57
Fünen (I.) *Dänemark* 157
Futuna-Insel *Wallis und Futuna* 421

G

Gabcíkovo *Slowakei* 192
Gabès *Tunesien* 343
Gabun **367**
Gaddhafi, Moamar al- 344
Galápagos-Inseln *Ecuador* 124, 125
Gambia (Fl.) *Gambia* 355
Gambia **355,** 444
Gambier-Inseln *Französisch-Polynesien* 427
Ganges (Fl.) *Asien* 272, 276, 278, 279, 282
Ganges-Ebene *Asien* 278
Garapan *Nördliche Marianen* 414
Garda, Lago di (Gardasee) *Italien* 202
Gazastreifen 244, 248, 249, 346
Gdánsk (Danzig) *Polen* 191
Geirangerfjord *Norwegen* 25
Gelbes Meer 304
Gemäßigtes Klima 32
Gemeinsamer Mittelamerikanischer Markt (CACM) 455
Gemeinsamer Südamerikanischer Markt (MERCOSUR) 455
Gent *Belgien* 167
Genua *Italien* 202
Geografisches Informationssystem (GIS) 43
George Town *Cayman-Inseln* 101
George Town *Malaysia* 327
Georgetown *Guyana* 119
Georgia *USA* 66, 74, 76, 77
Georgien 228, 234, **235,** 237
Geostationäre Satelliten 464
Geothermale Energie 413
Gesellschafts-Inseln *Französisch-Polynesien* 427
Gestein 12, 27
Gestein, magmatisches 12, 14
Gestein, metamorphes 12, 14
Gesteinszyklus 14
Gesundheit 444, 448
Gewitter 34, 35
Geysir 158, 408
Ghana **359**
Giant's Causeway *Großbritannien* 165
Gibraltar 196
Gibraltar, Straße von 194, 196, 341
Gibsonwüste *Australien* 404, 405
Gilbert-Inseln und Ellice-Inseln (Kiribati) 419

Gise *Ägypten* 346
Glasgow *Großbritannien* 164
Gletscher 18, 24
Gobi (W.) *Asien* 290, 292, 293, 300
Goiâna *Brasilien* 440
Golanhöhen 246, 248, 249
Gölcük *Türkei* 8
Golden Gate Bridge *USA* 78
Goldener Tempel (Har Mandir Sahib), Amritsar *Indien* 280
Goldküste *Australien* 398
Goldküste *Ghana* 359
Golfkrieg 253, 263
Golfstrom *Atlantischer Ozean* 31, 83, 150, 156, 162, 228
Gondwanaland 402
Goodes-Homolosine-Projektion 43
Gorbatschow, Michail 233
Gorillas 363
Göteborg *Schweden* 153
Gozo *Malta* 207
Gran Chaco (L.) *Argentinien* 140
Gran Chaco *Paraguay* 136
Grand Banks *Atlantischer Ozean* 57
Grand Canyon *USA* 78, 80
Grande Terre *Guadeloupe* 107
Gran-Sasso-Massiv *Italien* 203
Grasland 435
Grauwolf 82
Great Basin *USA* 78, 81
Great Columbia 118
Great Dividing Range *Australien* 392, 394, 395, 397, 399
Great Lakes (Große Seen) *Nordamerika* 19, 54, 58, 64, 66, 70, 71, 72, 73
Great Plains *Nordamerika* 60, 62, 70, 74, 77
Great Rift Valley (Großer Afrikanischer Grabenbruch) *Afrika* 10, 248, 251, 345, 349, 363, 371, 372, 373
Greater Keihin Metropolitan Area *Japan* 39
Greater-Limpopo-Nationalpark *Mosambik* 379
Green Mountains *USA* 66
Greenwich *Großbritannien* 42
Greenwich, Nullmeridian 456, 457
Grenada 98, **110**
Grenadinen *Grenada* 110
Griechenland 194, 212, 213, **214–215**
Grimaldi (Familie) *Monaco* 179
Grizzly 60
Grönland 44, 50, **51,** 156, 158
Groß-Bahama *Bahamas* 103
Großbritannien (GB) 146, 159, 160, 162, 310 83, 101, 103, 105, 106, 110, 119, 143, 144,

146, 148, 157, 158, 159, 160, **162–165,** 174, 176, 196, 199, 240, 260, 310, 397, 413, 424, 454, 462
Groß-Cayman *Cayman-Inseln* 101
Große Antillen 98, 100, 105
Große Arabische Wüste (Rub al-Khali) *Saudi-Arabien* 256, 257
Große Sandwüste *Australien* 404
Große Seen (Great Lakes) *Nordamerika* 19, 54, 58, 64, 66, 70, 71, 72, 73
Große Victoriawüste *Australien* 400, 404
Großer Salzsee *USA* 81
Großer Sprung nach vorn *China* 296
Großes Artesisches Becken *Australien* 395
Großes Barriereriff *Australien* 395, 396
Grundwasser 437
Grüne Chinesische Mauer *China* 292
Guadalajara *Mexiko* 87
Guadalcanal *Salomonen* 417
Guadeloupe 107, 176
Guadiana (Fl.) *Portugal* 200
Guam **414**
Guangxi Zhuangzu *China* 298
Guangzhou *China* 294
Guatemala 84, 86, **90–91,** 92, 93
Guatemala City *Guatemala* 90
Guayaquil *Ecuador* 124, 125
Guggenheim-Museum *Spanien* 197
Guilin *China* 294
Guinea **356**
Guinea, Golf von 357, 362
Guinea-Bissau **355,** 448
Gujarat, *Indien* 9
Gunung-Mulu-Nationalpark *Malaysia* 326
Guyana 114, 116, **119,** 120, 130
Guyana, Bergland *Südamerika* 116, 117, 118, 130
Gyumri *Armenien* 236

H

Ha'apai *Tonga* 424
Habitat (Lebensraum) 434
Hagatna *Guam* 414
Hagia Sophia *Türkei* 239
Haiti **104**
Halifax *Kanada* 57
Hamburg *Deutschland* 174, 444
Hamersleykette *Australien* 404

INDEX

Hamilton *Bermuda-Inseln* 83
Handel 455
Handelsbarrieren 455
Han-Dynastie 298
Handy 462, 464
Hanoi *Vietnam* 316
Harare *Simbabwe* 378
Harvard (Universität) *USA* 69
Hausa (Volk) 353
Havanna *Kuba* 100, 101
Hawaii *USA* 17, 64, **83**, 386
Helmand (Fl.) *Afghanistan* 270
Helsinki *Finnland* 154, 155
Hiddensee (I.) *Deutschland* 170
Highlands *Großbritannien* 162, 164
Hiiumaa (Dagö) *Estland* 218
Himalaya *Asien* 16, 17, 33, 44, 45, 242, 272, 276, 281, 282, 283, 290
Himmelsgebirge *auch* Tien Shan *Asien* 269
Himmelstempel *China* 295
Hinduismus 310, 333, 461
Hindukusch (G.) *Asien* 270
Hiroshima *Japan* 309
Hispaniola 100, 104
Hitler, Adolf 174
Hkakado Razi (B.) *Myanmar (Birma)* 314
Hobart *Australien* 399
Ho-Chi-Minh-Stadt (Saigon) *Vietnam* 317
Höhlen 23
Hokkaido (I.) *Japan* 232, 306
Holland *siehe auch* Niederlande **168-169**
Hollywood *USA* 79
Homolosine-Projektion 42
Homs *Syrien* 246
Honduras 84, **92**, 93, 94
Hongkong *China* 37, 296, 298, 412
Honiara *Salomonen* 417
Honolulu *Hawaii* 83
Honshu (I.) *Japan* 306, 307, 308
Hope Bay *Antarktis* 432
Hormus, Straße von 254
Horste 16
Houphouët-Boigny, Felix 358
Houston *USA* 77
Huang He (Gelber Fluss) *China* 290
Hudson (Fl.) *USA* 69
Hudsonbai *Kanada* 56
Huronsee *Nordamerika* 72
Hurrikan 35, 94
Hussein, Saddam 252, 253
Hutton, James 14
Hutu (Volk) 370
Hyderabad *Pakistan* 274
Hypozentrum 8

I

Iasi *Rumänien* 225
Ibb *Jemen* 263
Iberische Halbinsel 196, 197, 200
Ibiza *Spanien* 199
Idaho *USA* 73, 78, 79, 81
Iguaçu-Fälle *Südamerika* 23, 142
Ijsselmeer *Niederlande* 168
Ikere-Ekita *Nigeria* 339
Île de France *Frankreich* 177
Illinois *USA* 72, 73
Import 454
Indiana *USA* 72
Indianer 73
Indien 8, 9, 17, 242, 272, 275, **276–281**, 282, 283, 284, 310, 314, 435, 440, 453, 461, 462
Indisch-Australische Platte 7, 17
Indischer Ozean 20, 176, 263, 276, 285, 286, 288, 310, 329, 338, 345, 379, 380, 392, 404
Indochina 242
Indochinakrieg, erster 317
Indonesien 44, 169, 310, 326, **328–333**, 334
Indusebene *Pakistan* 274
Inka (Volk) 112, 125, 127
Inkas, Heiliges Tal der *Peru* 127
Inn (Fl.) *Österreich* 184
Innere Mongolei *China* 298
Innsbruck *Österreich* 184, 185
Inseln 44
Integrationsgemeinschaft des Südlichen Afrika (SADC) 455
International Publishing Association 462
International Telecommunications Union 464
Internationale Atomenergiebehörde (IAEA) 458
Internationale Organisationen **458**
Internationale Walfang-Kommission (IWC) 458
Internationale Datumsgrenze 457
Internationales Olympisches Komitee (IOC) 458
Inuit 50, 51, 63, 82
Ionische Inseln *Griechenland* 215
Irak 246, 247, 251, **252–253**, 259
Iran 8, 237, 252, 253, **254–255**, 259, 271, 274
Iranisch-Irakischer Krieg 255
Irawadi (Fl.) *Myanmar (Birma)* 314, 315
Irischer Freistaat 159
Irland, Republik 148, 158, 159, **160–161**

Isa (B.) *Australien* 406
Isabel *Salomonen* 417
Isabella I., Königin von Spanien 198
Ischewsk *Russland* 228
Isfahan *Iran* 254
Islam 258, 310, 322, 326, 333, 460
Islamabad *Pakistan* 272, 274
Island 157, **158,** 464
Islas Malvinas *Falkland-Inseln* 144
Isle of Man *Großbritannien* 165
Israel 244, 246, **248–249,** 250, 251, 346, 460
Issyk-Kul (S.) *Kirgisistan* 269
Istanbul *Türkei* 239
Italien 176, 179, 180, 182, 184, 194, 199, **202–204,** 205, 206, 208, 447
Iwan der Schreckliche 216
IWC (Internationale Walfang-Kommission) 458

J

Jabal Katrina (B.) *Ägypten* 346
Jabal Sawda (B.) *Saudi-Arabien* 256
Jablonowyjgebirge *Russland* 231
Jakarta *Indonesien* 328, 329
Jamaika 98, 100, **102**
Jamestown *Sankt Helena* 143
Jammu und Kaschmir *Asien* 275, 281
Jan Mayen (I.) *Norwegen* 150
Jangtse-Staudamm (Drei-Schluchten-Damm) *China* 297
Japan 17, 38, 133, 242, 290, 291, **306–309,** 336, 448, 455
Japanisches Meer 306
Jasper-Nationalpark *Kanada* 61
Java *Indonesien* 328, 329, 331, 332, 333
Jebal ash-Shanabi (B.) *Tunesien* 343
Jemen 47, **263**
Jenissej (Fl.) *Russland* 231
Jerusalem *Israel* 248, 249
Jiddah *Saudi-Arabien* 258
Jodhpur *Indien* 278
Johannesburg *Südafrika* 382
Jordanien 242, 245, 246, 247, 248, 249, **251**, 252
Jordantal 251
Jos-Plateau *Nigeria* 360
Judentum 248, 249, 460
Jugoslawien 146, 157, 206, 208, 209, 210, 211, 212
Jungfern-Inseln **105**, 111
Jungfern-Inseln, Amerikanische 105
Jungfern-Inseln, Britische 105
Jupiter 3, 6

Jura (G.) *Europa* 175, 182
Jütland (Jylland) *Dänemark* 156
Juventud, Isla de la *Kuba* 100

K

K2 (B.) *Indien* 281
Kapstadt (Cape Town) *Südafrika* 380, 382, 383
Kabul *Afghanistan* 270
Kaieteur-Fälle *Guyana* 119
Kairo *Ägypten* 346, 347
Kaiserpinguin 430
Kakadu-Nationalpark *Australien* 400
Kalahari (W.) *Afrika* 375, 377, 380, 381
Kalahari-Nationalpark *Südafrika* 375
Kalifornien *USA* 7, 12, 66, 73, 76, 78, 79, 80, 81
Kalifornien, Golf von 86
Kalimantan (Borneo) *Indonesien* 328
Kaliningrad (Königsberg) *Russland* 228
Kalkstein 23
Kalkutta *Indien* 280
Kambodscha 316, **318–319,** 320
Kamele 245
Kamerun **364**
Kampala *Uganda* 369
Kamtschatka *Russland* 232
Kanada 37, 46, **54–63,** 70, 71
Kanadischer Schild 56
Kanake 419
Kanal-Inseln *Großbritannien* 165
Kanaltunnel (Eurotunnel) 176
Kanaren *Spanien* 196, 198, 199
Kandahar *Afghanistan* 271
Känguru 403
Kansas *USA* 70
Kantabrisches Gebirge *Europa* 196, 197
Kap Hoorn *Chile* 112, 138
Kap Verde 351, **352**
Kap York *Grönland* 50
Karachi *Pakistan* 274
Karakorum-Highway *Asien* 272, 275
Karakum (W.) *Turkmenistan* 268
Karakumkanal *Turkmenistan* 268
Karibasee *Afrika* 374
Karibe (Indianer) 106, 110
Karibische Gemeinschaft (CARICOM) 455
Karibisches Meer 35, 84, 91, 92, 94, 96, **98–111,** 112, 116, 165, 176, 179

INDEX

Karolinen 415
Karpaten *Europa* 188, 190, 191, 192, 225
Kartenprojektionen 42, 43
Karthago *Tunesien* 343
Kasachstan 228, 231, 264, 265, **266,** 290
Kaschmir *Indien* 276, 281
Kaskadenkette *USA* 78, 81
Kaspisches Meer 228, 229, 230, 234, 237, 254, 255, 264
Katalane 198
Katar **260**
Kata-Tjuta-Nationalpark *Australien* 392
Katholik 205, 335, 460, 461
Katmandu *Nepal* 283
Katowice (Kattowitz) *Polen* 191
Kattegatt *Skandinavien* 156
Kaukasus (G.) *Asien/Europa* 228, 232, 234, 235, 236, 237
Kelimutu (B.) *Indonesien* 333
Kelte 165, 178, 179
Kenia (B.) *Kenia* 371
Kenia 33, 339, 363, 369, **371,** 435
Kernenergie 451
Ketschua (Quechua) (Volk) 125
Ketschue (Sprache) 127
Kgalagadi-Transfrontier-Nationalpark *Südafrika* 381
Khan Tengri (B.) *Kasachstan* 266
Khartum *Sudan* 348
Khmer (Volk) 319
Khmu (Volk) 321
Kholu *Pakistan* 445
Khorat-Hochebene *Thailand* 312
Kibbuz 248
Kiew *Ukraine* 222
Kigali *Ruanda* 370
Kilimandscharo (B.) *Tansania* 372
Kimberley *Australien* 404, 407
Kinabalu (B.) *Malaysia* 324
Kindersterblichkeit 445
King (I.) *Australien* 399
Kingston *Jamaika* 102
Kingstown *Saint Vincent & die Grenadinen* 109
Kinshasa *Demokratische Republik Kongo* 368
Kioto *Japan* 307
Kirgisistan 264, 267, **269,** 290
Kiribati **419,** 449
Kiritimati *Kiribati* 419
Kivusee *Ruanda* 370
Kizilkum (W.) *Usbekistan* 267
Klaipéda (Memel) *Litauen* 220
Kleinasien 234, 238
Klein-Cayman *Cayman-Inseln* 101

Kleine Antillen 98
Kleiner Kaukasus *Georgien* 235
Klima 30, 31, 32, 40
Klima, gemäßigtes 32
Klima, polares 32, 33
Kljutschewskaja Sopka (B.) *Russland* 232
Kohle 36, 450
Kohlendioxid 36, 441
Kola *Russland* 228
Koli-Nationalpark *Finnland* 155
Kolumbien 96, 116, 118, **122–123**
Kolumbus, Christoph 92, 98, 104, 105
Kommunikation 462, 463, 464
Kommunistische Partei Chinas 296
Komodo *Indonesien* 330
Komodo-Drache (Komodo-Waran) 330
Komoren 287
Konfuzius 298
Kongo (Fl.) *Afrika* 18, 363, 367
Kongo, Demokratische Republik (Zaire) 367, **368,** 374, 376
Kongo, Republik 363, **367**
Kongressbibliothek *USA* 463
Königin-Charlotte-Inseln *Kanada* 60
Kontinentalklima 32
Kontinentalverschiebung 7
Kopenhagen *Dänemark* 153, 156
Korallenatoll 44
Korallenriff 20
Koreakrieg 303
Koreanische Kommunistische Partei der Arbeit 302
Korjaken (Volk) 232
Koro *Palau (Belau)* 420
Korsika *Frankreich* 176
Kos *Griechenland* 208
Kosciuszko (B.) *Australien* 394
Kosice (Kaschau) *Slowakei* 192
Kosovo *Serbien & Montenegro* 211
Kossoustausee *Elfenbeinküste* 358
Kourou *Französisch-Guyana* 121
Krakatau (B.) *Indonesien* 329, 331
Kraków (Krakau) *Polen* 190, 191
Kreole 120, 121
Kreta *Griechenland* 215
Kricket 404
Krim *Ukraine*
Kroatien 206, 208, **209,** 210
Krüger-Nationalpark *Südafrika* 375
Ksyl-Orda *Kasachstan* 266
Kuala Lumpur *Malaysia* 311, 324, 325, 327

Kuba, 98, 99, **100–101,** 102, 103
Kulturrevolution *China* 296
Kumulonimbuswolke 34, 35
Kumuluswolke 34
Kunlun-Shan-Gebirge *China* 292
Kunstdünger 36
Kuopin *Finnland* 155
Kupfergürtel *Sambia* 374
Kura (Fl.) *Georgien* 235
Kurde 239, 247
Kurilen (I.) *Russland* 232
Kurische Nehrung *Litauen* 220
Kurisches Haff *Litauen* 220
Kuroshio-Strömung (Schwarze Strömung) *Pazifischer Ozean* 306
Kusaie *Mikronesien* 415
Küsten 22, 23
Kuwait 252, 253, **259,** 263
Kuwait *Kuwait* 259
Kwai (Fl.) *Thailand* 313
Kwajalein *Marshall-Inseln* 416
Kykladen *Griechenland* 215
Kyogasee *Uganda* 369
Kysylkumwüste *Usbekistan* 267
Kyushu (I.) *Japan* 306

L

La Paz *Bolivien* 128, 129
Labrador *Kanada* 56, 57
Ladakh *Indien* 281
Ladogasee *Russland* 155
Lago Maggiore *Italien* 202
Lagos *Nigeria* 361
Laguna Verde *Bolivien* 113
Lahore *Pakistan* 274
Lake District *Großbritannien* 159, 162, 163
Lake Superior (Oberer See) *Nordamerika* 56, 71
Lama 115
Landschaftselemente 44
Länge, geografische 42, 456, 457
Lanterbrunnen *Schweiz* 183
Laos 298, 316, **320–321,** 461
Lapita (Volk) 422
Lappländer 50
Las Vegas *USA* 80, 81
Latin American Integration Association (LAIA) 455
Laubwald 434
Lava 10
Le Ceiba *Honduras* 92
Le Havre *Frankreich* 176
Le Kartala (B.) *Komoren* 287
Lebenserwartung 444, 448
Lebensraum (Habitat) 434
Leeward Islands 107
Leguan 89
Lesotho 380, 381, **384**
Lettland 216, 218, **219,** 220, 228

Libanon 246, 247, 248, **250**
Liberia **357**
Libreville *Gabun* 367
Libyen **344**
Libysche Wüste *Afrika* 346, 348
Liechtenstein 172, 180, 182, **185,** 267
Liepàja (Libau) *Lettland* 219
Liga der Arabischen Staaten 459
Lilongwe *Malawi* 373
Lima *Peru* 126
Limerick *Irland* 160
Limfjord *Dänemark* 156
Limpopo (Fl.) *Südafrika* 381
Lincoln, Abraham 66
Lissabon *Portugal* 200, 201
Lister (B.) *Antarktis* 430
Litani (Fl.) *Libanon* 250
Litauen 216, **220,** 228
Little Big Horn, Schlacht am *USA* 73
Ljubljana (Laibach) *Slowenien* 206
Llanos *Südamerika* 116, 122
Lobamba *Swasiland* 384
Lofoten (I.) *Norwegen* 151
Loire (Fl.) *Frankreich* 175
Lombardische Ebene *Italien* 202
Lomé *Togo* 357
London *Großbritannien* 162, 164, 165
Los Angeles *USA* 42, 78, 79, 80
Los-Glaciares-Nationalpark *Argentinien* 25
Louangphrabang *Laos* 320
Lough Neagh *Großbritannien* 163
Louisiana *USA* 74, 75, 76, 77
Lourdes *Frankreich* 177
Luanda *Angola* 376
Luangwa (Fl.) *Sambia* 374
Luft 28, 30
Luftbildfotografie 43
Lusaka *Sambia* 374
Luxemburg 148, 149, 166, **167,** 170, 176, 448
Luzern *Schweiz* 182
Luzon *Philippinen* 335, 336

M

Maas (Fl.) *Europa* 166, 169
Maastricht, Vertrag 458
Macau *China* 201
Macdonnellkette *Australien* 400
Machu Picchu *Peru* 127
Mackenzie (Fl.) *Kanada* 54
Macquarie-Inseln *Australien* 399
Madagaskar 44, 285, **286,** 287, 288, 329, 338

INDEX

Madeira *Portugal* 201
Madrid *Spanien* 196, 198, 199
Magdalena (Fl.) *Kolumbien* 122, 123
Magdalena-Tal *Kolumbien* 123
Magellanpinguin 138
Magellanstraße *Südamerika* 138
Magma 10, 14, 17
Magnetismus 6
Magyaren 87
Mahé *Seychellen* 287
Mähren *Tschechische Republik* 188
Mailand (Milano) *Italien* 204
Main (Fl.) *Deutschland* 172
Main-Donau-Kanal *Deutschland* 172
Maine *USA* 68, 69
Maisgürtel *USA* 70
Majuro *Marshall-Inseln* 416
Malabo *Äquatorial-Guinea* 365
Málaga *Spanien* 197
Malaia *Salomonen* 417
Malaiischer Archipel 334, 335
Malakal (I.) *Palau* (Belau) 420
Malakka 312, 314, 323, 324, 325, 326, 327
Malakkastraße 328
Malawi **373**, 444
Malawisee (Njassasee) *Afrika* 372, 373
Malaysia 311, 322, 323, **324–327**, 328, 412
Malé *Malediven* 285
Malediven **285**
Mali 351, **353**
Maligne (Fl.) *Kanada* 61
Mallorca *Spanien* 199
Malmö *Schweden* 153
Malta **207**
Managua *Nicaragua* 94
Manama *Bahrain* 260
Manaus *Brasilien* 130
Mandela, Nelson 383
Manhattan *USA* 69
Manila *Philippinen* 335, 336
Manitoba *Kanada* 60, 61
Manizales *Kolumbien* 123
Mao Zedong 296
Maori (Volk) 410, 411, 412, 426
Maoritanga (Sprache) 412
Maputo *Mosambik* 379
Maracaibo *Venezuela* 117
Maracaibosee *Venezuela* 116, 117
Marañón (Fl.) *Peru* 126
Marcos, Ferdinand 336
Marianengraben *Pazifischer Ozean* 21, 45
Marley, Bob 102
Marmarameer 238
Marmolada-Massiv *Italien* 203
Marokko 169, 196, 340, **341**
Maroni (Fl.) *Südamerika* 121

Marquesas-Inseln *Französisch-Polynesien* 427
Marrakesch *Marokko* 341
Marsaxlokk *Malta* 207
Marseille *Frankreich* 146, 178, 179
Marshall-Inseln **416**
Martinique 176
Maryland *USA* 66, 67, 68, 69
Masai-Mara-Nationalpark *Kenia* 371
Maseru *Lesotho* 384
Maskarenen *Indischer Ozean* 288
Maskat *Oman* 262
Massachusetts Institute of Technology (MIT) *USA* 69
Massachusetts *USA* 66, 67, 68, 69
Mata-Utu *Wallis und Futuna* 421
Matsu (I.) *Taiwan* 299
Matterhorn (B.) *Schweiz* 182
Mauna Kea (B.) *Hawaii* 17
Mauna Loa (B.) *Hawaii* 17
Mauretanien 351, **352**
Mauritius **288**
Maya (Volk) 84, 87, 89, 91
Mayo (Grafschaft) *Irland* 161
Mayotte (I.) *Indischer Ozean* 176, 287
Mazedonien 194, **212,** 213, 214
Mazedonisches Reich 212
Mbabane *Swasiland* 384
McKinley (B.) *Alaska* 82
Mecklenburg-Vorpommern *Deutschland* 174
Medina *Saudi-Arabien* 258
Medizinische Versorgung 444
Meer 20, 22, 436
Meeresstrom 438, 439
Meharry (B.) *Australien* 404
Mekka *Saudi-Arabien* 258
Mekong (Fl.) *Asien* 317, 318, 320, 321
Melanesien 386, 388
Melanesier 417
Melbourne *Australien* 392, 398
Melilla *Spanien* 196
Meltemia *Griechenland* 214
Menorca *Spanien* 199
Mercator, Gerardus 42
Mercator-Projektion 42, 43
MERCOSUR (Gemeinsamer Südamerikanischer Markt) 455
Mérida *Mexiko* 88
Merkur 4
Mesa Montosa (G.) *USA* 74
Meseta (Ebene) *Spanien* 196, 198
Mesopotamien *Irak* 252
Mesosphäre 28, 29
Mesozoikum 15
Messina, Straße von Messina *Italien* 203

Mexiko 74, 76, 79, 81, 84, **86–89,** 90, 91, 93, 100, 106
Mexiko, Golf von 74, 75, 77, 86, 87
Mexiko-Stadt *Mexiko* 84, 87, 88, 89
Miami Beach *USA* 77
Miami *USA* 64
Michigan *USA* 72, 434
Michigansee *Nordamerika* 70, 71, 72
Middlesbrough *Großbritannien* 163
Mikronesien 386, 387, 415
Milano (Mailand) *Italien* 204
Milchstraße 2
Milford-Sund *Neuseeland* 411
Millennium Stadium *Großbritannien* 165
Milton Keynes *Großbritannien* 164
Milwaukee *USA* 72
Mindanao *Philippinen* 335
Mindelo *Kap Verde* 352
Mineral 12, 13, 453
Ming-Dynastie *China* 298
Minnesota *USA* 72
Minoische Kultur *Griechenland* 215
Minsk *Weißrussland* 221
Miraflores Locks *Panama* 96
Mississippi (Fl.) *USA* 64, 70
Mississippi *USA* 71, 74, 75, 76, 77
Missouri (Fl.) *USA* 64, 71
Missouri River Basin Project *USA* 71
Missouri *USA* 17, 72
Mistral *Frankreich* 177
Mittelamerika **84–96,** 442
Mittelmeer 11, 146, 176, 179, 182, 194, 196, 197, 199, 202, 203, 204, 207, 208, 209, 214, 234, 238, 240, 245, 246, 247, 248, 249, 250, 338, 340, 341, 342, 343, 344, 345, 346, 347
Mittelozeanischer Rücken *Pazifischer Ozean* 44
Mittelsibirisches Bergland *Russland* 231, 232
Mjøsen (S.) *Norwegen* 150
Moab-Verwerfungslinie *USA* 17
Moche (Kultur und Volk) 112
Modekngei 420
Mogadischu *Somalia* 349
Mohammed 258
Moher, Klippen von *Irland* 161
Mojavewüste *USA* 78
Moldau (Vltava) (Fl.) *Tschechische Republik* 189
Moldawien (Moldau) 216, 224
Moldoveanu (B.) *Rumänien* 225
Mombasa *Kenia* 371
Monaco 176, **179,** 202
Monaco-Ville *Monaco* 179

Mond 4
Mongolei 231, 290, 293, **300–301**
Mongolen 233, 298
Monrovia *Liberia* 357
Mont Pelée (B.) *Martinique* 108
Montana *USA* 70, 73
Montblanc (B.) *Frankreich* 175
Montevideo *Uruguay* 137
Montreal *Kanada* 54, 58, 59
Mont-Saint-Michel *Frankreich* 176
Montserrat (I.) 11, **106,** 107
Monument Valley *USA* 26
Moraine (S.) *Kanada* 19
Moreno (Gletscher) *Argentinien* 25
Mormone 81
Moroni *Komoren* 287
Morpho-Falter 85
Mosambik 373, 375, **379,** 384
Mosambik, Straße von 286
Mosambikstrom *Indischer Ozean* 381
Mosel (Fl.) *Deutschland* 171
Moskau *Russland* 216, 227, 230, 231
Moskitoküste *Nicaragua* 94
Mostar *Bosnien & Herzegowina* 210
Mount Everest (B.) *Nepal* 45, 242, 283
Mount Snowdon (B.) *Großbritannien* 163
Mount-Lofty-Kette *Australien* 400
Mülldeponien 440
Mumbai (Bombay) *Indien* 278, 279, 280
München *Deutschland* 172, 174
Murmansk *Russland* 228
Murray (Fl.) *Australien* 395, 401
Musandam *Oman* 262
Musgravekette *Australien* 400
Muslime 258, 341, 342, 347, 348, 361, 460, 461
Mustique *Saint Vincent & die Grenadinen* 109
Myanmar (Birma) 276, 282, 298, 313, **314–315,** 320

N

N'Djamena *Tschad* 366
Nagasaki *Japan* 309
Naher Osten 117, **244–263,** 264, 437, 451, 459
Nairobi *Kenia* 371
Nakhon Sawan *Thailand* 313
Nambung-Nationalpark *Australien* 406
Namib (W.) *Afrika* 26, 375, 377, 380
Namibia 39, **377,** 381

INDEX

Nan Mandol *Mikronesien* 415
Napa Valley *USA* 80
Narva *Estland* 218
NASA 28, 77
Nassau *Bahamas* 103
Nauru 47, **416**
Nazca (Volk und Kultur) 127
Neapel *Italien* 202, 203
Nebraska *USA* 70
Negev (W.) *Israel* 248, 249
Negro (Fl.) *Brasilien* 130
Neman (Memel) (Fl.) *Litauen* 220
Nepal 272, 276, **283**
Neptun 6
Neu-Delhi *Indien* 276, 281, 461
Neue Hebriden (Vanuatu) **418**
Neuguinea 328, 386
Neukaledonien 176, **419,** 421
Neuseeland 31, 386, 389, **408–413,** 425, 464
Nevada *USA* 79, 81
Nevis (I.) **106**
New Amsterdam *Suriname* 120
New Brunswick *Kanada* 56, 57
New England *USA* 67, 68, 69
New Georgien *Salomonen* 417
New Hampshire *USA* 68, 69
New Jersey *USA* 66, 67
New Mexico *USA* 65, 70, 73, 74, 76
New Orleans *USA* 74, 75, 77
New Providence *Bahamas* 99
New-River-Lagune *Australien* 399
New South Wales *Australien* 394, 397, 398, 401
New York *USA* 52, 66, 67, 68, 69, 120, 458
Newa (Fl.) *Russland* 146
Newcastle-upon-Tyne *Großbritannien* 162
Newfoundland (Neufundland) *Kanada* 56, 57
Newport *Großbritannien* 164
Niagarafälle *Nordamerika* 56, 59
Niamey *Niger* 353
Nicaragua 84, 92, **94**
Nicaraguasee *Nicaragua* 94
Nichtregierungsorganisation (NGO) 458
Niederlande 146, 166, **168–169,** 170, 171, 172, 185, 199, 310, 333
Niederländische Antillen **111,** 169
Niederländisch-Guyana (Suriname) **120**
Niger (Fl.) *Afrika* 351, 353, 362
Niger 351, **353**
Nigeria 339, **360–361**
Nikosia *Zypern* 240
Nil (Fl.) *Afrika* 22, 44, 114, 345, 347, 346, 348, 349

Niltal *Ägypten* 347
Nimbostratuswolken 34
Nipptide 4
Nischnij Nowgorod *Russland* 230
Niuatoputapu *Tonga (Freundschafts-Iinseln)* 424
Niue **408**
Ni-Vanuatu-Völker 418
Nizza *Frankreich* 176, 178, 179
Njazidja *Komoren* 287
Nordafrika 207, **340–350**
Nordamerika 19, 38, 50, **52–83,** 199, 450
Nordamerikanische Freihandelszone (NAFTA) 455
Nordamerikanische Platte 7
Nordatlantikstrom 160
Nordatlantisches Bündnis (NATO) 167, 174, 458
Nordeuropa **148–179**
Nordirland *Großbritannien* 159, 162, 163, 165
Nordjemen 47, 263
Nordkorea 290, **302–303,** 304, 305
Nördliche Marianen 414
Nordpol 6, 42, 50, 457
Nordpolarmeer 20, 50, 150, 228, 233
Nordsee 18, 150, 152, 156, 164, 166, 168, 169, 170, 172, 176, 182
Normandie *Frankreich* 175
Normanne 165
North Carolina *USA* 66, 74, 75, 77
North Dakota *USA* 70
North York Moors *Großbritannien* 163
Northern Territory *Australien* 400, 401, 402, 403, 406
Northwest Territories *Kanada* 63
Norwegen 148, **150–151,** 152, 153, 154, 156, 157, 158, 228, 448
Nouakchott *Mauretanien* 352
Nouméa *Neukaledonien* 419
Nova Scotia *Kanada* 56, 57
Nowaja Semlja *Russland* 228
Nozomi-Marssonde 308
Nubische Wüste *Afrika* 348
Nuku'alofa *Tonga (Freundschafts-Inseln)* 424
Nunavut *Kanada* 63
Nürnberg *Deutschland* 172

O

Oahu *Hawaii* 83
Oberer See (Lake Superior) *Nordamerika* 56, 71
Obervolta (Burkina Faso) 362
Ob-Irtysch-Flusssystem *Russland* 233

Ochotskisches Meer 232
Oder (Fl.) *Polen* 191
Ofu *Amerikanisch-Samoa* 425
Ohio (Fl.) *USA* 68
Ohio *USA* 70, 71, 72
Ohridsee *Mazedonien* 212
Okavango (Fl.) *Botsuana* 377
Okinawa (I.) *Japan* 306
Oklahoma *USA* 70, 73, 74
Ökosystem 40
Öl 36, 440, 451
Olde Town *Montserrat* 106
Olmeke 84, 89
Olosega *Amerikanisch-Samoa* 425
Olympische Spiele 215, 458
Oman 261, **262,** 263
Oman, Golf von 254, 261, 262
Omsk *Russland* 231
Ontario *Kanada* 56, 58
Ontariosee *Kanada* 54, 56, 58
OPM (Organisasi Papua Merdeka) *Indonesien* 333
Oporto *Portugal* 200, 201
Orang Asli (Volk) *Malaysia* 326
Orange (Fl.) *Südafrika* 381
Oranjestad *Aruba* 111
Ord (Fl.) *Australien* 404
Oregon *USA* 78, 79, 81
Öresund-Verbindung *Schweden* 153
Organ-Pipe-Nationalpark *USA* 78
Organisasi Papua Merdeka (OPM) *Indonesien* 333
Organisation für wirtschaftliche Zusammenarbeit und Entwicklung (OECD) 455
Orinoco (Fl.) *Südamerika* 111, 112, 116, 118
Oruro *Bolivien* 128
Oslo *Norwegen* 150, 151
Osorno (B.) *Chile* 139
Ostanglia *Großbritannien* 159
Ostdeutschland 173, 174
Oster-Insel *Chile* 138, 386
Österreich 170, 172, 180, 182, **184–185,** 188, 192, 199, 202, 206
Österreichische Alpen 16
Ostfalkland *Falkland-Inseln* 144
Ost-Jerusalem 248, 249
Ostmalaysia 324, 325, 326
Ostrava (Ostrau) *Tschechische Republik* 188
Ostsee 20, 152, 154, 156, 170, 173, 188, 191, 216, 218, 219, 220, 230
Osttimor 46, 333, 334
Otago-Becken *Neuseeland* 410
Ottawa *Kanada* 54, 56, 58
Ottomanisches Reich 226, 239, 240, 247
Ouachita-Berge *USA* 74

Ouagadougou *Burkina Faso* 362
Ozarkplateau *USA* 17
Ozeane 20, 22, 436, 438
Ozeanien 39, **386–427**
Ozonschicht 28, 29, 432

P

Pagan *Myanmar (Birma)* 315
Pago Pago *Amerikanisch-Samoa* 425
Pahlevi, Mohammed Resa (Schah) 255
Pakistan 264, 270, 271, 272, **274–275,** 276, 281
Paläozoikum 15
Palästina 244
Palau (Belau) **420**
Palava-Höhen *Tschechische Republik* 189
Palenque *Mexiko* 87
Pali *Indien* 277
Pamir (G.) *Asien* 269
Pamukkale *Türkei* 239
Pampas *Südamerika* 134, 135, 141, 142
Panama 84, **96,** 122
Panamakanal *Panama* 96, 105
Pangäa 7
Papeete *Französisch-Polynesien* 427
Papier 452
Papst 205, 460
Papua *Indonesien* 328, 333
Papua-Neuguinea 386, **390–391,** 435
Paraguay (Fl.) *Paraguay* 136
Paraguay 46, 128, 134, **136,** 140
Paraguay-Paraná (Fl.) *Südamerika* 112
Paramaribo *Suriname* 120
Paraná (Fl.) *Südamerika* 136
Paraneña (L.) *Paraguay* 136
Paris *Frankreich* 175, 176, 177, 178
Pärnu (Pernau) *Estland* 218
Patagonien *Argentinien* 140, 141
Pazifische Platte 7
Pazifischer Ozean 9, 11, 20, 21, 31, 35, 45, 47, 61, 62, 64, 81, 83, 84, 86, 92, 93, 94, 96, 124, 125, 126, 138, 179, 231, 232, 242, 290, 292, 306, 310, 335, **386–427**
Peipussee *Estland* 218
Peking (Beijing) *China* 292, 295
Pektu San (B.) *Nordkorea* 302
Peloponnes *Griechenland* 214
Pemba (I.) *Tansania* 372
Penang (I.) *Malaysia* 324
Pennsylvania *USA* 66
Pentagon *USA* 225

INDEX

Perak (Bundesstaat) *Malaysia* 327
Perm *Russland* 228
Persischer Golf 252, 254, 255, 259, 260
Perth *Australien* 392, 404, 406, 407
Peru 112, 113, 114, 115, 125, **126–127**, 128, 138
Peter I., der Große (russ. Zar) 219, 230
Petersdom *Vatikanstadt* 205
Peters-Projektion 42, 43
Petra *Jordanien* 251
Petronas Twin Towers *Malaysia* 325
Philadelphia *USA* 67
Philippinen 11, 306, 326, **335–336**
Philippinisch-Amerikanischer Krieg 336
Phnom Penh *Kambodscha* 318
Phönizier 343
Pico Bolívar (B.) *Venezuela* 116
Pico Cristóbal Colón (B.) *Kolumbien* 122
Pico da Neblina,(B.) *Brasilien* 130
Pico de Basilé (B.) *Äquatorialguinea* 365
Pico do Cano (B.) *Kap Verde* 352
Pielisjärvi (S.) *Finnland* 155
Pilbara *Australien* 407
Pilcomayo (Fl.) *Paraguay* 136
Pinatubo (B.) *Philippinen* 336
Pindos (G.) *Griechenland* 214
Pinnacles-Wüste *Australien* 406
Piräus *Griechenland* 214
Piton des Neiges (B.) *Réunion* 288
Pitons *Saint Lucia* 109
Pjöngjang *Nordkorea* 302, 303
Plattensee (Balaton) *Ungarn* 186, 187
Platten, tektonische 9, 307, 310, 386
Plymouth *Montserrat* 11, 106
Plymouth *USA* 67
Po (Fl.) *Italien* 202
Podgorica *Montenegro* 211
Pohnpei *Mikronesien* 415
Point Salines *Grenada* 110
Pointe-à-Pitre *Guadeloupe* 107
Polarkreis, nördlicher 51, 54, 154
Polen 170, 171, 180, 188, **190–191**, 192, 219, 220, 221
Polynesien 386, 388
Polynesier 412, 426
Polyp 20
Pontificia Universidad Javeriana *Kolumbien* 122
Poopósee *Bolivien* 128

Port Elizabeth *Südafrika* 382
Port Esperance *Australien* 399
Port Hedland *Australien* 407
Port Louis *Mauritius* 288
Port Moresby *Papua-Neuguinea* 390, 391
Port of Spain *Trinidad & Tobago* 111
Port Royal *Jamaika* 102
Port-au-Prince *Haiti* 104
Porto Novo *Benin* 362
Porto Novo *Kap Verde* 352
Portugal 8, 146, 194, 196, 197, 199, **200–201**, 310, 334, 352, 355, 366, 376, 379
Postojna (Adelsberger Grotten) *Slowenien* 206
Potala-Palast *China* 296
Potomac (Fl.) *USA* 68
Potosí *Bolivien* 129
Präkambrium 15
Prag *Tschechische Republik* 188, 189
Praslin *Seychellen* 287
Pretoria *Südafrika* 380
Príncipe (I.) *São Tomé & Príncipe* **366**
Prinz-Eduard-Insel *Kanada* 56
Pripjat (Fl.) *Weißrussland* 221
Provence *Frankreich* 177
Puebla *Mexiko* 86
Puerto Montt *Chile* 139
Puerto Rico **105**
Pulan Kimbing *Osttimor* 334
Pulau Sipadan (I.) *Malaysia* 325
Punjab *Indien* 461
Punta Arenas *Chile* 138
Pusan *Südkorea* 305
Putrajaya *Malaysia* 324, 327
Pyramide *Ägypten* 346
Pyrenäen *Europa* 176, 178, 194, 196, 199

Q

Qabus bin Said 262
Qin-Dynastie *China* 298
Qing-Dynastie *China* 298
Quebec *Kanada* 54, 56, 58, 59
Quechua (Ketschua) (Volk) 125
Queen Charlotte Sound *Neuseeland* 412
Queensland *Australien* 394, 395, 397, 398
Quemoy (I.) *Taiwan* 299
Quito *Ecuador* 125

R

Rabat *Marokko* 341
Radiowelle 29
Raffles, Sir Stamford 323

Rainier (B.) *USA* 81
Rainier III., Fürst von Monaco 179
Rajasthan *Indien* 277
Ralik (Inselkette) *Marshall-Inseln* 416
Ramsau *Deutschland* 174
Rangun *Myanmar (Birma)* 315
Rarotonga (I.) *Cook-Inseln* 426
Ras el Khaimah *Vereinigte Arabische Emirate* 261
Ratak (Inselkette) *Marshall-Inseln* 416
Regen 34, 35
Regenbogen 35
Regenwald, tropischer 391, 435
Regenwasser 22
Reims *Frankreich* 177
Reis 452, 453
Religion 460, 461
Renaissance 204
Rentier 155
Réunion 176, **288**
Revolution, industrielle *Großbritannien* 163
Reykjavík *Island* 158
Rhein (Fl.) *Europa* 18, 169, 172, 174, 182, 183, 185
Rhode Island *USA* 68, 69
Rhodesien (Simbabwe) **378**
Rhodopen (G.) *Bulgarien* 226
Rhône (Fl.) *Europa* 175, 182
Riad (Ar-Riyad) *Saudi-Arabien* 257, 258
Ribe *Dänemark* 157
Richterskala 8, 9
Riesenpanda 293
Riesenschildkröte 125
Riga *Lettland* 219
Rigaischer Meerbusen *Lettland* 219
Rimini *Italien* 205
Rinca *Indonesien* 330
Ring of Fire *Pazifischer Ozean* 336
Rio de Janeiro *Brasilien* 42, 132, 133
Rio de la Plata (Fl.) *Uruguay* 137
Rio Grande (Fl.) *USA* 76, 87
Rio Muni *Äquatorialguinea* 365
Ritsurinpark *Japan* 309
Road Town *Britische Jungfern-Inseln* 105
Rocky Mountains *Nordamerika* 44, 52, 55, 60, 61, 64, 70, 78
Rohstoffe (Bodenschätze) 452, 453
Rom *Italien* 46, 203, 204, 205
Römer 174, 343
Römisches Reich 179, 204, 210
Ronne-Schelfeis *Antarktis* 430

Roseau *Dominica* 108
Ross-Insel *Antarktis* 430
Rossmeer *Antarktis* 430
Ross-Schelfeis *Antarktis* 430
Rota *Nördliche Marianen* 414
Rote Khmer 319
Roter Fluss (Song Hong) *Asien* 317
Roter Halbmond 458
Rotes Kreuz 183, 458
Rotes Meer 245, 248, 256, 258, 263, 338, 345, 346, 350
Rothenburg ob der Tauber *Deutschland* 172
Rotorua *Neuseeland* 409
Rotterdam *Niederlande* 168, 169
Royal-Natal-Nationalpark *Südafrika* 381
Ruanda 363, **370**
Ruapehu (B.) *Neuseeland* 409
Rub al-Khali (Große Arabische Wüste) *Saudi-Arabien* 256, 257
Rügen (I.) *Deutschland* 170
Ruhrgebiet *Deutschland* 147, 173
Rumänien 211, 216, 217, 224, **225**
Rushmore (B.) *USA* 72
Russisches Reich 219
Russisch-Orthodoxe Kirche 230
Russland (Russische Föderation) 47, 82, 146, 150, 152, 153, 154, 155, 164, 190, 216, 218, 219, **227–233**, 235, 237, 264, 290, 300, 309, 454
Ruwenzori (G.) *Demokratische Republik Kongo* 368
Ryuku-Inselkette *Japan* 306

S

Saar (Fl.) *Deutschland* 171
SAARC (Südasiatische Vereinigung für regionale Zusammenarbeit) 455
Saaremaa (I.) (Ösel) *Lettland, Estland* 218, 219
Saba (I.) *Niederländische Antillen* 111
Sabah *Malaysia* 324, 325, 327
Sachsen (Volk) 165
Sachsen-Anhalt *Deutschland* 174
Sacsahuamán *Peru* 127
SADC (Integrationsgemeinschaft des Südlichen Afrika) 455
Sahara (Staat) 340
Sahara (W.) *Afrika* 45, 338, 340, 341, 342, 343, 344,

INDEX

345, 351, 352, 353, 362, 366
Sahelzone *Afrika* 362
Sahraoui (Volk) 340
Saimaasee *Finnland* 155
Saint Kitts & Nevis **106**
Saint Lawrence Seaway *Kanada* 58
Saint Lucia **109**
Saint Pierre & Miquelon **176**
Saint-Denis *Réunion* 288
Saint-Malo, Golf von *Frankreich* 176
Saipan *Nördliche Marianen* 414
Salomonen 386, **417**
Salt Lake City *USA* 81
Salzburg *Österreich* 185
Samarkand *Usbekistan* 267
Sambesi (Fl.) *Afrika* 374
Sambia 373, **374**
Samburu-Nationalreservat *Kenia* 371
Samen (Volk) 152, 153, 154, 155
Samoa 408, 412, *423*
San Agustín (Archäologischer Park) *Kolumbien* 123
San Francisco *USA* 34, 61, 78, 80
San José *Costa Rica* 95
San Juan (Fl.) *Nicaragua* 94
San Juan *Puerto Rico* 105
San Marino 46, 202, **205**
San Salvador *El Salvador* 93
Sana *Jemen* 263
San-Andreas-Verwerfung *USA* 7, 78
Sanddünen 26
Sankt Helena **143**
Sankt Petersburg *Russland* 146, 228, 230
Sankt-Lorenz-Golf *Kanada* 56, 57, 71
Sankt-Lorenz-Strom *Kanada* 54
Sansibar (I.) *Tansania* 372
Saint Vincent & die Grenadinen **109**
Santa Cruz *Bolivien* 128
Santiago *Chile* 134, 138, 139
Santo Domingo *Dominikanische Republik* 104
Santo Tomás (Universität) *Kolumbien* 122
São Paulo *Brasilien* 133
São Tiago *Kap Verde* 352
São Tomé & Príncipe **366**
Sap (S.) (Großer See) *Kambodscha* 318
Sapporo *Japan* 306
Sarajevo *Bosnien & Herzegowina* 210
Saratoga, Schlacht von *USA* 67

Sarawak *Malaysia* 324, 325, 327
Sardinien *Italien* 204
Saronischer Golf *Griechenland* 214
Saskatchewan *Kanada* 60, 62
Satawal-Insel *Mikronesien* 415
Satelliten, geostationäre 464
Satellitenbildsysteme 35, 43
Sattelrobbe 434
Saturn 3, 6
Saud, Abd al-Asis ibn 257
Saudi-Arabien 242, 245, 246, 251, 252, **256–258,** 259, 260, 263
Saurer Regen 37, 173, 178
Savai'i *Samoa* 423
Savanne 435
Savannenklima 33
Save (Fl.) *Kroatien* 209
Savissavik *Grönland* 51
Scafell Pike *Großbritannien* 159, 163
Schchara (B.) *Georgien* 235
Schelde (Fl.) *Europa* 166
Schnee 34
Schottisches Parlament *Großbritannien* 165
Schottland *Großbritannien* 157, 158, 159, 162, 163, 164
Schwarzer Raucher 20
Schwarzes Meer 180, 182, 216, 222, 224, 225, 226, 228, 234, 235, 238, 239
Schwarzwald *Deutschland* 171, 173, 180
Schweden 148, 150, **152–153,** 154, 155, 156, 157, 219, 448
Schweiz 170, 172, 175, 176, 180, **182–183,** 185, 202, 448
Schweizer Garde *Vatikanstadt* 205
Schweizer Mittelland (Schweizer Plateau) 182
Schwemmebene 22, 44
Sedimentgestein 12, 13, 437
See 18, 19, 30
Seidenstraße 264
Seine (Fl.) *Frankreich* 175, 178
Seismische Welle 8
Seismograf 8
Senegal (Fl.) *Senegal* 354
Senegal **354**
Senkungsgraben 16
Seoul *Südkorea* 304, 305
Sequoia-Nationalpark *USA* 65
Serbien 209
Serbien & Montenegro 210, **211,** 212, 213, 225
Serbische Republik Srpska 210

Serengeti-Nationalpark *Tansania* 372
Serra da Estrela *Portugal* 200
Severn (Fl.) *Großbritannien* 162
Sewansee *Armenien* 236
Seychellen **287**
Shanghai *China* 292, 295
Shannon (Fl.) *Irland* 160
Sharjah *Vereinigte Arabische Emirate* 261
Shi Huangdi 298
Shikoku (I.) *Japan* 306
Shinkansen-Hochgeschwindigkeitszug 307
Shintoismus 291, 308
Shirakawa *Japan* 309
Shire-Hochland *Malawi* 373
Sibirien 188, 233, 242, 302
Sicherheitsrat der Vereinten Nationen 458
Sidney-Harbour-Brücke *Australien* 392
Siebenbürgen (Transsilvanien) *Rumänien* 217
Sierra Leone 38, **356**
Sierra Madre (G.) *Mexiko* 86, 89, 90
Sierra Maestra (G.) *Kuba* 100
Sierra Nevada (G.) *USA* 12, 78, 81
Sikhs 460, 461
Silhouette *Seychellen* 287
Silicon Valley *USA* 80
Simbabwe 373, 374, 376, **378,** 381
Simla *Indien* 281
Simla, Abkommen von 281
Simpsonwüste *Australien* 400
Sinai-Halbinsel *Ägypten* 346
Sindh (Provinz) *Pakistan* 275
Singapur (I.) 323
Singapur 39, **323,** 324, 328
Sint Eustatius (I.) *Niederländische Antillen* 111
Sintra *Portugal* 201
Sintra-Gebirge *Portugal* 201
Sirte *Libyen* 344
Sistemas Béticos (G.) *Spanien* 197
Sitting Bull 73
Sizilien *Italien* 11, 43, 203, 204, 207, 343
Sjælland (I.) *Dänemark* 156
Skagerrak *Skandinavien* 150, 156
Skandinavien 37, 149, 158, 190
Skandinavisches Gebirge *Schweden* 152
Skopje *Mazedonien* 212
Skutskar *Schweden* 452
Slowakei 146, 180, 188, **192**
Slowenien 180, 184, 202, **206,** 209
Smoky Hills *USA* 70

Snowdonia-Nationalpark *Großbritannien* 163
Sofia *Bulgarien* 226
Sokotra *Jemen* 263
Somalia 157, **349**
Song Hong (Roter Fluss) *Asien* 317
Song-Dynastie *China* 298
Sonne 2, 4, 6, 29, 30, 31
Sonnenlicht 40
Sonnensystem 2, 3
Sonnenwind 28
Sonorawüste *USA* 78, 79
Soufrière (B.) *Montserrat* 11, 106
Soufrière *Saint Lucia* 109
Soufrière (B.) *Guadeloupe* 107
South Dakota *USA* 17, 70, 72, 73
Sowjetunion 47, 101, 146, 174, 216, 219, 220, 221, 222, 223, 226, 227, 229, 230, 233, 234, 235, 236, 248, 264, 266, 271
Spaceshuttle 43
Spanien 101, 109, 118, 142, 146, 176, 185, 195, **196–199,** 200, 336, 341, 365
Spanisch-Amerikanischer Krieg 336
Spanische Treppe *Italien* 204
Spanischer Bürgerkrieg 198
Spitzbergen *Norwegen* 150
Sprachen 462, 463
Springflut 4
Sri Jayawardenepura *Sri Lanka* 284
Sri Lanka 272, **284**
St. Croix *Amerikanische Jungfern-Inseln* 105
St. George's *Grenada* 110
St. Helens (B.) *USA* 17
St. John's *Antigua* 107
St. Louis *USA* 71, 72
Stahl 453
Stalagmit 23
Stalaktit 23
Stanley *Falkland-Inseln* 144
Stanowoigebirge *Russland* 231
Stavanger *Norwegen* 150
Steinadler 81
Stewart-Insel *Neuseeland* 408
Stirling Range *Australien* 404
Stockholm *Schweden* 153
Stonehenge *Großbritannien* 162
Strahlung 2, 440
Stralsund *Deutschland* 173
Strände 22
Strasbourg (Straßburg) *Frankreich* 178
Stratokumuluswolken 34
Stratosphäre 28, 29

485

INDEX

Stratuswolken 34
Sturm 35
Sucre *Bolivien* 128
Südafrika 26, 377, **380–383**, 384
Südamerika 18, 31, 38, 96, 111, **112–142,** 176, 199, 435, 446
Südamerikanische Platte 7
Sudan 41, 345, **348**
Südasiatische Vereinigung für regionale Zusammenarbeit (SAARC) 455
Südatlantische Inseln 140, **143–144**
Südaustralien *Australien* 400, 401, 402, 403, 406
Südchinesisches Meer 242, 316, 318, 322, 324
Sudeten (G.) *Tschechische Republik* 188
Südgeorgien (I.) *Atlantischer Ozean* 143
Südjemen 47, 263
Südkarpaten *Rumänien* 225
Südkorea 290, 303, **304–305,** 464
Südliche Alpen *Neuseeland* 409, 410
Südpol 6, 428, 431, 432, 457
Südsandwich-Inseln 143
Südvietnam 317
Suez, Golf von 346
Suezkanal *Ägypten* 245, 323, 345, 346
Sumatra *Indonesien* 328, 329, 331, 333
Sumerer 253
Sunda Kelepa *Indonesien* 453
Suriname (Fl.) *Suriname* 120
Suriname 114, **120,** 121, 130, 169
Süßwasser 436
Sutherland *Südafrika* 381
Suva *Fidschi* 422
Swan (Fl.) *Australien* 404, 407
Swansea *Großbritannien* 164
Swasiland **384**
Sydney *Australien* 42, 392, 397, 398
Sydney, Oper 392
Syrien **246–247,** 248, 250, 251, 252
Syrische Wüste *Syrien* 246, 252

T

Ta'izz *Jemen* 263
Tadsch Mahal (Taj Mahal) *Indien* 277
Tadschikistan 264, 267, **269,** 270
Tafelberg *Südafrika* 382
Tagundnachtgleiche 4
Tahat (B.) *Algerien* 342
Taibei (Taipeh) *Taiwan* 299
Taifun 35, 306, 336
Taiwan (Formosa) 290, **299,** 306
Taiwan (I.) 299
Taj Mahal (Tadsch Mahal) *Indien* 277
Tajo (Fl.) *Spanien* 197, 198
Takla-Makan-Wüste *Asien* 290
Tal 24, 25
Taliban 271
Tamil Nadu *Indien* 281, 437
Tamile 284
Tanamiwüste *Australien* 400
Tanasee *Äthiopien* 349
Tanganjikasee *Afrika* 370, 372
Tang-Dynastie *China* 298
Tangier *Marokko* 341
Tanna (I.) *Vanuatu (Neue Hebriden)* 418
Tansania 363, 369, **372,** 373
Tarawa *Kiribati* 419
Tatar 233
Tartus *Syrien* 246
Taschkent *Usbekistan* 267
Tasman, Abel 412
Tasmangletscher *Neuseeland* 409
Tasmanian Wilderness Area (Nationalpark) *Australien* 399
Tasmanien *Australien* 386, 392, **399**
Tasmansee 408, 411
Tatra, Hohe und Niedere (G.) *Europa* 190, 192
Tau *Amerikanisch-Samoa* 425
Taufa'ahau Tupou IV., König von Tonga 424
Taunggyi *Myanmar (Birma)* 315
Tauposee *Neuseeland* 408, 413
Taurusgebirge *Türkei* 238
Te Manga (B.) *Cook-Inseln* 426
Tegucigalpa *Honduras* 92
Teheran *Iran* 255
Teide (B.) *Spanien* 198
Tejo (Fl.) *Portugal* 200
Tel Aviv *Israel* 249
Telekommunikation 462
Tennessee *USA* 74, 75
Terrakotta-Armee *China* 298
Tethys-Ozean 16
Teufelsinsel *Französisch-Guyana* 121
Texas *USA* 27, 70, 74, 76, 77, 87
Thailand **312–313,** 314, 320, 321, 324
Thar (W.) *Asien* 274, 278
Themse (Fl.) *Großbritannien* 162
Thermosphäre 28, 29
Thimphu *Bhutan* 283
Thüringen *Deutschland* 174
Tiber (Fl.) *Italien* 205
Tibet *China* 242, 296, 298, 314
Tibetisches Hochland *China* 290, 292
Tien Shan *auch* Himmelsgebirge *Asien* 269
Tierra del Fuego *Südamerika* 138, 140
Tiflis (Tbilisi) *Georgien* 235
Tiger 41, 277
Tigris (Fl.) *Türkei, Irak* 239, 252
Timor 334
Timorsee 404
Tinian *Nördliche Marianen* 414
Tirol, *Österreich* 185
Tisza (Fl.) *Ungarn* 186
Titano, Monte *San Marino* 205
Titicacasee *Südamerika* 112, 114, 126, 128
Tobago **111**
Toba-Kakar-Gebirge *Pakistan* 274
Togo **357,** 359
Tokelau 408
Tokio *Japan* 39, 307, 308, 447
Toledo *Spanien* 198
Tolteken (Volk) 84
Tonga (Freundschaftsinseln) 412, **424**
Tongagraben *Pazifischer Ozean* 424
Tongatapu *Tonga (Freundschafts-Inseln)* 424
Tonking, Golf von *Vietnam* 316
Top End *Australien* 400, 401
Tornado 35
Toronto *Kanada* 54, 56, 58
Torrens (Fl.) *Australien* 402
Torres del Paine (Nationalpark) *Chile* 134
Tórshavn *Faröer-Inseln* 157
Tortola *Britische Jungfern-Inseln* 105
Totes Meer *Jordanien* 20, 242, 251
Tourismus 456
Transalaska-Pipeline 82
Transantarktisches Gebirge 428, 430, 432
Transdanubien *Ungarn* 186
Transsibirische Eisenbahn 231
Transsilvanien (Siebenbürgen) *Rumänien* 217
Treibhauseffekt 40
Treibhausgas 40
Trent-&-Mersey-Kanal *Großbritannien* 163
Trinidad & Tobago 108, **111**
Tripolis *Libyen* 344
Tristan da Cunha *Atlantischer Ozean* 143
Triumphbogen (Arc de Triomphe) *Frankreich* 178
Trondheim *Norwegen* 150
Troodosgebirge *Zypern* 240
Tropisches Klima 32
Tropopause 29
Troposphäre 28, 29
Tschad 344, **366,** 444
Tschadsee *Afrika* 353, 364, 366
Tschechische Republik 146, 170, 184, **188–189,** 191, 192
Tschechoslowakei 146, 192
Tscheljabinsk *Russland* 231
Tschernobyl *Ukraine* 221, 223, 440
Tsunami 9, 307, 331
Tuamotu-Archipel *Französisch-Polynesien* 427
Tuareg (Volk) 353
Tunesien 340, **343**
Tunis *Tunesien* 343
Turin *Italien* 204
Turkanasee (Rudolfsee) *Kenia* 371
Türkei 8, 169, 214, 215, 234, 235, **238–239,** 240, 246, 252
Turkmenistan 264, 268
Turks-Island-Passage 103
Turks- und Caicos-Inseln **103,** 165
Turku-Archipel *Finnland* 154
Tutsi (Volk) 370
Tutuila *Amerikanisch-Samoa* 425
Tuvalu (Ellice-Inseln) **420**
Tyne (Fl.) *Großbritannien* 62

U

Überschwemmungen 436
Ucayali (Fl.) *Peru* 126
Ufa *Russland* 228
Uganda 368, **369,** 371, 447
Ukraine 192, 216, 221, **222–223,** 224, 225, 228
Ulan Bator *Mongolei* 300, 301
Ullung-Insel *Südkorea* 304
Ulsan *Südkorea* 305
Uluru (Ayers Rock) *Australien* 33, 392, 400, 402
Umm Al Qaiwain *Vereinigte Arabische Emirate* 261
Umweltverschmutzung 27, 36, 440, 441
Unabhängigkeitskrieg, amerikanischer 64
Unabhängigkeitstag *USA* 64
UNESCO 309
UN-Friedenstruppe 459
Ungarn 180, 185, **186–187,** 192, 206, 209, 211, 225

INDEX

UNICEF (UN-Kinderhilfswerk) 459
University of Central America *Costa Rica* 9

V

Vaal (Fl.) *Südafrika* 381
Vaduz *Liechtenstein* 185
Váh (Waag) (Fl.) *Slowakei* 192
Valdez *Alaska* 82
Valencia *Spanien* 199
Valletta *Malta* 207
Valparaiso *Chile* 138, 139
Vancouver *Kanada* 60, 61
Vancouver-Insel *Kanada* 60, 61
Vänern (S.) *Schweden* 152
Vansee *Türkei* 238
Vanua Levu *Fidschi* 422
Vanuatu (Neue Hebriden) 386, **418**
Varanasi *Indien* 279
Vardar (Fl.) *Mazedonien* 212
Vatikanstadt 46, 202, **205**, 460
Vava'u *Tonga (Freundschafts-Inseln)* 424
Venedig *Italien* 194
Venezuela 98, 106, 108, 111, 114, **116–118,** 131
Venezuela, Golf von 116
Ventspils (Windau) *Lettland* 219
Veracruz *Mexiko* 86
Vereinigte Arabische Emirate 260, **261,** 262
Vereinigte Staaten von Amerika (USA) 12, 15, 17, 26, 37, 38, 46, 62, **64–83**, 86, 90, 93, 96, 105, 107, 120, 165, 172, 174, 244, 249, 253, 256, 271, 303, 305, 317, 336, 357, 397, 414, 415, 416, 420, 434, 440, 444, 446, 448, 449, 454, 455, 460, 462, 464
Vereinigung Südasiatischer Staaten (ASEAN) 455, 459
Vereinte Nationen (UNO) 127, 144, 183, 199, 212, 240, 244, 249, 253, 264, 280, 299, 334, 336, 344, 350, 416, 420, 447, 458
Vermont *USA* 67, 68
Verwitterung 16
Vesuv (B.) *Italien* 17, 203
Victoria *Australien* 394, 397, 398
Victoria *Seychellen* 287
Victoriafälle *Afrika* 374, 378
Victorialand *Antarktis* 430
Victoriasee *Afrika* 347, 363, 369, 371, 372
Vientiane (Viangchan) *Laos* 320, 321
Vietnam 298, **316–317,** 318, 320, 321
Vietnamkrieg 317, 319
Vila *Vanuatu (Neue Hebriden)* 418
Villahermosa *Mexiko* 87
Vilnius (Wilna) *Litauen* 220
Vinson (B.) *Antarktis* 428
Virginia *USA* 66, 67, 68
Vistula (Weichsel) (Fl.) *Polen* 190, 191
Viti Levu *Fidschi* 422
Vltava (Moldau) (Fl.) *Tschechische Republik* 189
Vogesen (G.) *Frankreich* 175
Volta (Fl.) *Ghana* 359
Voltastausee *Ghana* 359
Vostok, Forschungsstation *Antarktis* 430
Vulkane 10, 11, 16, 17, 81, 198, 232, 329, 331, 333, 336, 386, 408, 414, 418, 424

W

Waikato (Fl.) *Neuseeland* 408
Wai-o-tapu-Thermal-Reservat *Neuseeland* 409
Waipoua Forest *Neuseeland* 31
Wairakei Valley *Neuseeland* 413
Waitemata Harbour *Neuseeland* 408
Wales *Großbritannien* 159, 162, 163, 164, 165
Walesa, Lech 191
Wall Street *USA* 69
Wallis und Futuna 176, **421**
Wallis, Samuel 421
Wallonen 167
Warschauer Pakt 174
Warszawa (Warschau) *Polen* 190, 191
Washington (B.) *USA* 69
Washington D.C. *USA* 64, 66, 68, 463
Washington State *USA* 78, 79, 81
Wasser 436, 437
Wasserbüffel 295
Wasserfälle 23
Wasserkraft 411, 437, 451
Wasserkreislauf 30, 437
Wegener, Alfred 7
Weichsel (Vistula) (Fl.) *Polen* 190, 191
Weißer Nil (Fl.) *Uganda* 347
Weißes Haus *USA* 68
Weißes Meer 230
Weißkopfseeadler 64
Weißrussland 216, 219, 220, **221,** 228
Weißwedelhirsch 434
Wellen 21, 22
Wellington *Neuseeland* 389, 408, 412
Weltausstellung 1958 *Belgien* 166
Weltbank 93, 325, 441, 448, 455
Weltenergierat 451
Weltgesundheitsorganisation (WHO) 183, 459
Welthandel 454
Weltkrieg, Erster 174
Weltkrieg, Zweiter 174, 178, 186, 190, 191, 215, 219, 221, 309, 313, 336, 397, 412, 422, 458
Weltorganisationen 458, 459
Weser (Fl.) *Deutschland* 172
Westaustralien **404–407**
Westdeutschland 173, 174
Western Cape *Südafrika* 383
Westgoten 179
Westindische Inseln 98
Westjordanland 244, 248, 249, 251
Westpakistan 282
West-Samoa (Samoa) **423**
Westsibirisches Tiefland *Russland* 231
West-Sumatra *Indonesien* 332
West Virginia *USA* 66
Wetter 34, 35
White-Sands-Nationalpark *USA* 74
WHO (Weltgesundheitsorganisation) 183, 459
Wien *Österreich* 184, 185
Wikinger 165, 179
Wilderei 374, 443
Wilhelm (B.) *Papua-Neuguinea* 391
Wilkes-Land *Antarktis* 430
Willemstad *Niederländische Antillen* 111
Wind 26, 438, 439
Windenergie 450
Windhuk *Namibia* 377
Windturbine 41
Windward-Passage 100
Winnipeg *Kanada* 61, 62
Wisconsin *USA* 72, 73
Wladiwostok *Russland* 231, 232
Wolga (Fl.) *Russland* 230
Wolken 30, 34
World Wide Web 464
Wüsten 41, 45
Wüstenbildung (Desertifikation) 40, 41, 45, 362, 435
Wüstenklima 33
Wuteve (B.) *Liberia* 357
Wyoming *USA* 17, 52, 70, 73

X

Xinjiang Uygur *China* 298

Y

Yale University *USA* 69
Yamoussoukro *Elfenbeinküste* 358
Yamuna (Fl.) *Bangladesch* 436
Yamuna (Jumna) (Fl.) *Indien* 277
Yanomami (Volk) *Venezuela* 118
Yaoundé *Kamerun* 364
Yap *Föderierte Staaten von Mikronesien* 415
Yaren *Nauru* 416
Yellowstone-Nationalpark *USA* 5, 73
Yokohama *Japan* 39
Yucatán *Mexiko* 86, 87, 88, 100
Yukon *Kanada* 60, 63
Yunnan *China* 298

Z

Zagreb *Kroatien* 208
Zagrosgebirge *Iran* 254
Zaire (Demokratische Republik Kongo) 363, **368**
Zebra 379
Zeitungen 462, 463
Zeit, geologische 14, 15
Zeitzonen 456, 457
Zentralafrikanische Republik **364**
Zentralmassiv *Frankreich* 175, 177
Zhou-Dynastie *China* 298
Zirrokumuluswolke 34
Zirrostratuswolke 34
Zirruswolke 34
Zulu (Volk) 382
Zürich *Schweiz* 185
Zyklon 35
Zypern **240**
Zypern, Türkische Republik Nordzypern **240**

Die Herausgeber möchten allen im Folgenden Aufgeführten für ihren Beitrag zu diesem Buch danken:

Photographs (t = top; b = bottom; m = middle; l = left; r = right)
Page i b Corbis; ii/iii b Corbis; iv tl NASA; iv bl Robert Glusic/PhotoDisc; iv m Philip Coblentz/Brand X Pictures; iv mr Philip Coblentz/Brand X Pictures; v tl David Lorenz Winston/Brand X Pictures; v m Corbis; v mr Corbis; v b Corbis; vi tl Herbert Maeder/Still Pictures; vi m Steve Allen/Brand X Pictures; vi b Corbis; vii b MediaFocus International; 1 NASA; 2 b NASA; 3 br Adalberto Rios Szalay/Sexto Sol/PhotoDisc; 4 tr MediaFocus Interrnational; 5 tl Emanuele Taroni/PhotoDisc; 6 tr Chris Madeley/Science Photo Library; 7 tr US Geological Surveys/Science Photo Library; 8 b Jeremy Horner/Panos Pictures; 11 tl Bernhard Edmaier/Science Photo Library; 11 br Rob Huibers/Panos Pictures; 12 tl Photo 24/Brand X Pictures; 13 tl Photo 24/Brand X Pictures; 13 l John Mead/Science Photo Library; 15 tl Photo 24/Brand X Pictures; 15 b Corbis; 16/17 MediaFocus International; 16 tl MediaFocus International; 16/17 t Lyndon Harvey; 17 br Bernhard Edmaier/Science Photo Library; 18/19 MediaFocus International; 19 t MediaFocus International; 19 br Photo 24/Brand X Pictures; 20 tl Glen Allison/PhotoDisc; 20 b Tom Van Saint, Geosphere Project/Planetary Visions/Science Photo Library; 22 tl Julian Holland; 22/23 t Photo 24/Brand X Pictures; 23 br MediaFocus International; 24/25 t MediaFocus International; 25 br MediaFocus International; 26 tl MediaFocus International; 26 tr MediaFocus International; 26 b MediaFocus International; 27 tr Charles O'Rear/Corbis; 28 tr NASA; 28 b NASA/Science Photo Library; 31 bl Photo 24/Brand X Pictures; 31 br Corbis; 32 tl Photo 24/Brand X Pictures; 32 bl MediaFocus International; 33 bl Amanda Clement/PhotoDisc; 33 tr David Lorenz Winston/Brand X Pictures; 33 mr Alain Le Garsmeur/Panos Pictures; 33 r MediaFocus International; 33 br Photo 24/Brand X Pictures; 34 tl Rouxaime & Jacana/Science Photo Library; 34 tr Philip Coblentz/Brand X Pictures; 35 r Julian Holland; 35 b NASA; 36 tr Bernhard Edmaier/Science Photo Library; 36 b Edouard Parker/Hutchison Library; 37 t Michael S. Yamashita/Corbis; 40 tl Trygve Bolstad/Panos Pictures; 41 tr Liba Taylor/Panos Pictures; 41 br John Mead/Science Photo Library; 42 tr Julian Holland; 43 br NASA; 49 PhotoDisc/Robert Glusic; 50 b B & C Alexander/Still Pictures; 51 b B & C Alexander/Still Pictures; 52/53 Photo 24/Brand X Pictures; 52 tr MediaFocus International; 52 b John Wang/PhotoDisc; 54 b Corbis; 54/55 t Corbis; 55 r Gerry Ellis/DigitalVision; 56 tl Ron Watts/Corbis; 56 b Steve Allen/Brand X Pictures; 57 tl David Lorenz Winston/Brand X Pictures; 58 tl Alain Le Garsmeur/Panos Pictures; 58 bl Bob Krist/Corbis; 58/59 b Glen Allison/PhotoDisc; 60 tl Gerry Ellis/DigitalVision; 60 b Steve Allen/Brand X Pictures; 61 t Corbis; 62 tl Trevor Page/Hutchison Library; 62 b Robert Glusic/PhotoDisc; 63 tr Gerry Ellis/PhotoDisc; 63 bl Staffan Widstrand/Corbis; 64 tr Gerry Ellis/PhotoDisc; 64 b Steve Allen/Brand X Pictures; 65 t Corbis; 65 br Photo 24/Brand X Pictures; 66 tl Steve Allen/Brand X Pictures; 66 tr David Lorenz Winston/Brand X Pictures; 66 b Steve Allen/Brand X Pictures; 67 b Jim Wark/Still Pictures; 68 tl Steve Allen/Brand X Pictures; 68/69 t Photo 24/Brand X Pictures; 68/69 b Jeremy Woodhouse/PhotoDisc; 69 tr Steve Allen/Brand X Pictures; 69 r Joseph Sohm; ChromoSohm Inc./Corbis; 70 tl Sandy Felsenthal/Corbis; 70 tr Photo 24/Brand X Pictures; 70 bl Jeri Gleiter/Still Pictures; 71 tr Gerry Ellis/PhotoDisc; 71 br Jeff Greenberg/Still Pictures; 72 tl Glen Allison/PhotoDisc; 72 l Photo 24/Brand X Pictures; 72 b Photo 24/Brand X Pictures; 73 t Photo 24/Brand X Pictures; 73 br Ken Redding/Corbis; 74 tl Bob Krist/Corbis; 74 tr Photo 24/Brand X Pictures; 74 b Corbis; 75 b Bob Rowan; Progressive Image/Corbis; 76 t Photo 24/Brand X Pictures; 76 bl Richard Weiss/Still Pictures; 77 tr NASA; 77 b Richard Hamilton Smith/Corbis; 78 tl Photo 24/Brand X Pictures; 78 b Steve Allen/Brand X Pictures; 78/79 t Robert Glusic/PhotoDisc; 79 bl MediaFocus International; 79 br Rick Doyle/Corbis; 80/81 Photo 24/Brand X Pictures; 80 tl Philip Coblentz/Brand X Pictures; 80 l Steve Allen/Brand X Pictures; 80 bl Jeff Greenberg/Still Pictures; 80/81 t Gunter Marx Photography/Corbis; 81 tr Gerry Ellis/PhotoDisc; 81 br Photo 24/Brand X Pictures; 82 tl Kevin Schafer/Still Pictures; 82 r Gerry Ellis/PhotoDisc; 82 b MediaFocus International; 83 ml Philip Coblentz/Brand X Pictures; 84 b Mark Henley/Panos Pictures; 85 tr Philip Coblentz/Brand X Pictures; 85 bl Philip Coblentz/Brand X Pictures; 86 tr Philip Coblentz/Brand X Pictures; 86 b Adalberto Rios Szalay/Sexto Sol/PhotoDisc; 87 tr MediaFocus International; 87 br Neil Beer/PhotoDisc; 88 tl IMS Communications; 88 b Edward Parker/Hutchison Library; 89 tl Phil Schermeister/Corbis; 89 tr Gerry Ellis/PhotoDisc; 89 br Adalberto Rios Lanz/Sexto Sol/PhotoDisc; 90 b Sean Sprague/Panos Pictures; 91 tl Nigel Dickinson/Still Pictures; 91 bl Gerry Ellis/PhotoDisc; 91 br Steve Allen/Brand X Pictures; 92 ml Philip Coblentz/Brand X Pictures; 92 b Mike Kolloffel/Still Pictures; 93 r David Reed/Panos Pictures; 93 bl S. Sprague/Panos Pictures; 94 bl Nik Wheeler/Corbis; 95 ml Philip Coblentz/Brand X Pictures; 95 b Philip Coblentz/Brand X Pictures; 95 r Philip Coblentz/Brand X Pictures; 96 l IMS Communications; 96 br Gerard & Margi Moss/Still Pictures; 97 Philip Coblentz/Brand X Pictures; 98 Philip Coblentz/Brand X Pictures; 99 t Mark Edwards/Still Pictures; 99 b Philip Coblentz/Brand X Pictures; 100 tr Klaus Andrews/Still Pictures; 100 b Mark Edwards/Still Pictures; 101 mr Rolando Pujol/South American Pictures; 102 b Marc French/Panos Pictures; 103 m Hisham F. Ibrahim/PhotoDisc; 104 mr Marc French/Panos Pictures; 105 mr Philip Wolmuth/Panos Pictures; 106/107 b Catherine Karnow/Corbis; 108 b Neil Cooper/Panos Pictures; 109 mr Philip Coblentz/Brand X Pictures; 110 mr Jonathan Blair/Corbis; 110 br Veronica Garbutt/Panos Pictures; 111 tr Philip Wolmuth/Panos Pictures; 111 br Philip Coblentz/Brand X Pictures; 112 tr Hubert Stadler/Corbis; 112/113 b Graham Neden; Ecoscene/Corbis; 113 tr Corbis; 113 br David Lorenz Winston/Brand X Pictures; 114 tr Corbis; 114/115 b Philip Coblentz/Brand X Pictures; 115 bl Philip Coblentz/Brand X Pictures; 115 br Philip Coblentz/Brand X Pictures; 116/117 b Tony Morrison/South American Pictures; 116/117 t Caroline Penn/Panos Pictures; 117 br Kevin Schafer/Still Pictures; 118 t Alfredo Cedeño/Panos Pictures; 118 bl IMS Communications; 119 bl Jonathan Kaplan/Still Pictures; 119 br Staffan Widstrand/Corbis; 120 b James L. Amos/Corbis; 121 bl Philip Coblentz/Brand X Pictures; 121 br European Space Agency; 122 bl IMS Communications; 123 t Jon Spaull/Panos Pictures; 123 bl Clive Gifford; 124 bl IMS Communications; 124/125 b Jeremy Horner/Panos Pictures; 125 tl Julian Holland; 125 tr Corbis; 126/127 b Tony Morrison/South American Pictures; 127 tr David Lorenz Winston/Brand X Pictures; 127 br Glen Allison/PhotoDisc; 128 bl Ron Giling/Still Pictures; 129 tl Mark Edwards/Still Pictures; 129 b Jeremy A. Horner/Panos Pictures; 130 tr MediaFocus International; 130 b Mark Edwards/Still Pictures; 132 tl Ricardo Azoury/Corbis; 132/133 b Richard T. Nowitz/Corbis; 133 tr Philip Coblentz/Brand X Pictures; 133 br MediaFocus International; 134/135 t Ernesto Rios Lanz/Sexto Sol/PhotoDisc; 134/135 b Chris Sattlberger/Panos Pictures; 136 b Tony Morrison/South American Pictures; 137 b Nick Haslam/Hutchison Library; 137 mr Philip Coblentz/Brand X Pictures; 138/139 t Jeremy Horner/Panos Pictures; 138/139 m Philip Coblentz/Brand X Pictures; 139 br Philip Coblentz/Brand X Pictures; 140 bl Philip Coblentz/Brand X Pictures; 141 tl Frank Nowikowski/South American Pictures; 141 tr Javier Pierini/PhotoDisc; 141 b MediaFocus International; 142 tl Kit Houghton/Corbis; 142 b MediaFocus International; 143 tl Gerry Ellis/DigitalVision; 143 b John Farmar; Ecoscene/Corbis; 144 b John Noble/Corbis; 145 Philip Coblentz/Brand X Pictures; 146 bl Charles & Josette Lenars/Corbis; 146 tr MediaFocus International; 147 br Ellerbrock & Schaft/Network; 148 tr MediaFocus International; 148 b Gavin Hellier/Robert Harding Picture Library; 149 br Steve Allen/Brand X Pictures; 150 bl Yann Arthus-Bertrand/Corbis; 151 t Galen Rowell/Corbis; 151 b Chris Lisle/Corbis; 152 b W. Herbert/Robert Harding Picture Library; 153 t Duncan Maxwell/Robert Harding Picture Library; 153 mr Pal Hermansen/Still Pictures; 153 b Bengt Andreasson/Robert Harding Picture Library; 154 l Dylan Garcia/Still Pictures; 155 t Wally Herbert/Robert Harding Picture Library; 155 mr K. Gillham/Robert Harding Picture Library; 155 b Robert Harding Picture Library; 156 ml MediaFocus International; 156 b MediaFocus International; 157 tr Adam Woolfitt/Corbis; 158 ml MediaFocus International; 158 mr Bob Krist/Corbis; 158 b Dave G. Houser/Corbis; 159 b Steve Allen/Brand X Pictures; 160 ml David Toase/PhotoDisc; 160 b Stephanie Maze/Corbis; 161 tl Christopher Tordai/Hutchison Library; 161 tr Christopher Tordai/Hutchison Library; 161 br Tuck Goh/Hutchison Library; 162/163 b Roger Ressmeyer/Corbis; 163 ml Julian Holland; 163 bl Julian Holland; 163 t Pawel Libera/Corbis; 163 mr Julian Holland; 164 tl David Toase/PhotoDisc; 164/165 t Robert Laberge/Getty Images; 164 b Michael St. Maur Sheil/Corbis; 165 tr Philip Coblentz/Brand X Pictures; 165 mr Philip Coblentz/Brand X Pictures; 165 br R. Rainford/Robert Harding Picture Library; 166 ml MediaFocus International; 166 b MediaFocus International; 167 t MediaFocus International; 168 b Sylvain Grandadam/Robert Harding Picture Library; 169 t Thomas Raupach/Still Pictures; 169 br MediaFocus International; 170/171 b Thomas Raupach/Still Pictures; 171 t MediaFocus International; 171 br MediaFocus International; 172 tl Emanuele Taroni/PhotoDisc; 172 bl John Wang/PhotoDisc; 172/173 t David Turnley/Corbis; 173 tr MediaFocus International; 173 b Hartmut Schwarzbach/Still Pictures; 174 t MediaFocus International; 174 bl MediaFocus International; 175 b Andy Williams/Robert Harding Picture Library; 176 tl MediaFocus International; 176/177 b MediaFocus International; 177 tr Martial Colomb/PhotoDisc; 177 mr Michael Busselle/Corbis; 178 t MediaFocus International; 178 bl Michael Short/Robert Harding Picture Library; 179 tr Philip Coblentz/Brand X Pictures; 179 br Martial Colomb/PhotoDisc; 180/181 t Tamas Revesz/Still Pictures; 180/181 b Ray Juno/Corbis; 182 b MediaFocus International; 183 tr Reuter Raymond/Corbis Sygma; 183 b Roy Rainford/Robert Harding Picture Library; 184 b S. Grandadam/Robert Harding Picture Library; 185 t Mike McQueen/Impact; 186/187 b Corbis; 187 t Barry Lewis/Corbis; 187 br Philip Coblentz/Brand X Pictures; 188 b Emma Lee/Life File/PhotoDisc; 189 tr Liba Taylor/Hutchison Library; 189 b Jan Hacad/Woodfall Wild Images; 190 b John Hatt/Hutchison Library; 191 tl Ron Giling/Still Pictures; 191 tr Phil Robinson/Robert Harding Picture Library; 191 b David Hoffman/Still Pictures; 192 b Liba Taylor/Hutchison Library; 193 David Lorenz Winston/Brand X Pictures; 194/195 b MediaFocus International; 195 br Edward Parker/Hutchison Library; 196 bl Philip Coblentz/Brand X Pictures; 197 tr Jose Fuste Raga/Corbis; 197 b Fin Costello/Robert Harding Picture Library; 198 tl Ryan MacVay/PhotoDisc; 198 b Philip Coblentz/Brand X Pictures; 199 tr Mark Henley/Impact; 200 b MediaFocus International; 201 t MediaFocus International; p.201 r Philip Coblentz/Brand X Pictures; 201 br Joerg Boethling/Still Pictures; 202/203 b Marco Cristofori/Still Pictures; 203 t Corbis; 203 br Explorer/Robert Harding Picture Library; 204 tl MediaFocus International; 204 b Martyn Goddard/Corbis; 205 br Philip Coblentz/Brand X Pictures; 206 b Janez Stock/Corbis; 207 b MediaFocus International; 208 tl Colin Paterson/PhotoDisc; 208 tr Marc French/Panos Pictures; 209 b MediaFocus International; 210 b Michael Short/Robert Harding Picture Library; 211 b Ed Kashi/Corbis; 212 b Leif Skoogfors/Corbis; 213 b Melanie Friend/Hutchison Library; 214/215 b Toma Babovic/Still Pictures; 215 t Mark Henley/Impact; 215 br Mark Henley/Impact; 216/217 b MediaFocus International; 216/217 t Christopher Bluntzer/Impact; 218 ml Gregory Wrona/Panos Pictures; 218 b Dean Conger/Corbis; 219 bl Steve Raymer/Corbis; 220 b Chris Lisle/Corbis; 221 b Nik Wheeler/Corbis; 222/223 b Peter Turnley/Corbis; 223 tr Gyori Antoine/Corbis Sygma; 224 ml Jeff Greenberg/Robert Harding Picture Library; 224 b Barry Lewis/Corbis; 225 b C. Bowman/Robert Harding Picture Library; 226 b Sandro Vannini/Corbis; 227 tr David B. A. Jones/Robert Harding Picture Library; 228 tl Dave G. Houser/Corbis; 228/229 b Michael Nicholson/Corbis; 229 br Janet Wishnetsky/Impact; 230 tl David Turnley/Corbis; 230 b Gregor Schmid/Corbis; 231 tl Wolfgang Kaehler/Corbis; 232 tl Bojan Vrecelj/Corbis; 232/233 b Christina Dodwell/Hutchison Library; 233 tr Paul A. Souders/Corbis; 234 tr Rhodri Jones/Panos Pictures; 235 b Heidi Bradner/Panos Pictures; 236 b Rhodri Jones/Panos Pictures; 237 ml Heidi Bradner/Panos Pictures; 237 b Jon Spaull/Panos Pictures; 238/239 t MediaFocus International; 239 tr Adam Woolfitt/Robert Harding Picture Library; 239 b Joan Klatchko/Hutchison Library; 240 b Philip Woolmuth/Hutchison Library; 241 Corbis; 242 tr Jochen Tack/Still Pictures; 242 b Giacomo Pirozzi/Panos Pictures; 243 bl Lindsay Hebberd/Corbis; 244 tr Jean-Léo Dugast/Panos Pictures; 244 b Robin Constable/Hutchison Library; 245 br MediaFocus International; 246/247 t K. M. Westermann/Corbis; 246/247 b K. M. Westermann/Corbis; 247 mr Dave Bartruff/Corbis; 248 bl Ricki Rosen/Corbis; 248/249 b Ricki Rosen/Corbis; 249 t Mike Schroder/Still Pictures; 250 ml Edward Parker/Hutchison Library; 250 b Alan Keohane/Impact; 251 ml Toby Adamson/Still Pictures; 251 b Charles & Josette Lenars/Corbis; 252 ml Caroline Penn/Panos Pictures; 252 b Michael S. Yamashita/Corbis; 253 tr Mohamed Ansar/Impact; 253 b John Isaac/Still Pictures; 254 tr Robin Laurance/Impact; 254/255 b Marcus Rose/Panos Pictures; 255 tr Charles & Josette Lenars/Corbis; 256 tr Hutchison Library; 257 tr Hutchison Library; 256/257 b Bernard Gerard/Hutchison Library; 258 tl Alex Majoli/Magnum; 258 b Mohamed Amin/Robert Harding Picture Library; 259 b Adrian Arbib/Still Pictures; 260 mr Guy Mansfield/Panos Pictures; 261 ml Romano Cagnoni/Still Pictures; 261 br MediaFocus International; 262 b Nick Haslam/Hutchison Library; 263 tr John Miles/Panos Pictures; 263 ml John Miles/Panos Pictures; 264 tr Klaus Reisinger/Still Pictures; 264/265 b Dieter Telemans/Panos Pictures; 265 br John McDermott/Panos Pictures; 266 tr Liba Taylor/Corbis; 266 l ESA/Starsem; 267 tr John Spaull/Panos Pictures; 267 b Marcus Rose/Panos Pictures; 268 b Brian Goddard/Panos Pictures; 270/271 b Dr Petocz/Still Pictures; 271 tr Joe Raedle/Getty Images; 272 tr Alain Le Garsmeur/Panos Pictures; 272/273 b Hartmut Schwarzbach/Still Pictures; 273 br Fred Hoogervorst/Panos Pictures; 274 tr Friedrich Stark/Still Pictures; 275 tr Henning Christoph/Still Pictures; 275 br Dermot Tatlow/Panos Pictures; 276/277 t Ingo Jezierski/PhotoDisc; 276 b Hutchison Library; 277 tr Jeremy Horner/Corbis; 277 br Gerry Ellis/DigitalVision; 278 tl Jeremy Horner/Panos Pictures; 278 bl Corbis; 278/279 Mark Henley/Panos Pictures; 278/279 t Bob Krist/Corbis; 278/279 b Wolfgang Schmidt/Still Pictures; 280 tl Daniel O'Leary/Panos Pictures; 280/281 t Piers Cavendish/Impact; 281 tr Jochen Tack/Still Pictures; 280/281 b Christopher Cormack/Corbis; 282 b Shehzad Nooran/Still Pictures; 283 mr David Lorenz Winston/Brand X Pictures; 284 b Chris Stowers/Panos Pictures; 285 b MediaFocus International; 286 b Thierry Thomas/Still Pictures; 287 b MediaFocus International; 288 b Sarvottam Rajkoomar/Still Pictures; 289 Corbis; 290 b Corbis; 291 br B.S.P.I/Corbis; 292/293 t Corbis; 292 b Corbis; 293 tr Gerry Ellis/DigitalVision; 294/295 t Corbis; 294/295 b Glen Allison/PhotoDisc; 295 tr Corbis; 295 br Ron Giling/Still Pictures; 296 tl MediaFocus International; 296/297 b Adam Crowley/PhotoDisc; 296/297 t Liu Liqun/Corbis; 297 br SETBOUN/Corbis; 298 t Adam Crowley/PhotoDisc; 298 bl Corbis; 299 bl Chris Stowers/Panos Pictures; 300/301 t Mark Henley/Impact; 301 bl Toby Adamson/Still Pictures; 301 br PERN/Hutchison Library; 302 b Friedrich Stark/Still Pictures; 303 t Jeremy Horner/Panos Pictures; 303 b Friedrich Stark/Still Pictures; 304 b R. Ian Lloyd/Hutchison Library; 305 t Jim Holmes/Panos Pictures; 305 br Friedrich Stark/Still Pictures; 306 b Corbis; 306/307 t Dean Conger/Corbis; 307 br Akira Kaede/PhotoDisc; 308 tl Roger Ressmeyer/Corbis; 308 b Corbis; 308/309 t Corbis; 309 br Akira Kaede/PhotoDisc; 310 b Philip Coblentz/Brand X Pictures; 311 tl Philip Coblentz/Brand X Pictures; 311 tr Philip Coblentz/Brand X Pictures; 311 br Chris Stowers/Panos Pictures; 312 bl Philip Coblentz/Brand X Pictures; 313 t Amanda Leung/Panos Pictures; 313 b Ingo Jezierski/PhotoDisc; 314 bl Jeremy Horner/Hutchison Library; 315 t Philip Coblentz/Brand X Pictures; 315 br Jean-Léo Dugast/Panos Pictures; 316/317 b Sarah Murray/Hutchison Library; 317 tr Caroline Penn/Panos Pictures; 318/319 b Glen Allison/PhotoDisc; 319 tr Hartmut Schwarzbach/Still Pictures; 320/321 b J. Holmes/Panos Pictures; 321 t Jorgen Schytte/Still Pictures; 321 br Jorgen Schytte/Still Pictures; 322 bl Jim Olive/Still Pictures; 323 ml R. Ian Lloyd/Hutchison Library; 323 br Corbis; 324 tr Steve Allen/Brand X Pictures; 325 tl Gerard & Margi Moss/Still Pictures; 325 r Macduff Everton/Corbis; 326 tl Fred Hoogervorst/Panos Pictures; 326 bl Mark Edwards/Still Pictures; 326/327 t Nigel Dickinson/Still Pictures; 327 tr Corbis; 327 b Robert Francis/Hutchison Library; 328/329 t Russell Gordon/Still Pictures; 329 br Chris Stowers/Panos Pictures; 330 tl Mark Edwards/Still Pictures; 330 b Philip Coblentz/Brand X Pictures; 331 t Dani & Jeske/Still Pictures; 331 br Michael Macintyre/Hutchison Library; 332 tl Johann Scheibner/Still Pictures; 332 b Mark Edwards/Still Pictures; 333 t Robert Francis/Hutchison Library; 333 br T. Turner/Times Picayune/Still Pictures; 334 bl Friedrich Stark/Still Pictures; 335 bl IMS Communications; 336 tl Dean Conger/Corbis; 336 b Yann Arthus-Bertrand/Corbis; 337 Herbert Maeder/Still Pictures; 338 tr Betty Press/Panos Pictures; 338/339 b M & C Denis-Huot/Still Pictures; 339 br Gerry Ellis/DigitalVision; 340 tr Adrian Arbib/Still Pictures; 341 b Ron Giling/Still Pictures; 342 b Georges Lopez/Still Pictures; 343 bl Mark Henley/Impact; 344 b Voltchev-Unep/Still Pictures; 345 tr Markus Matzel/Still Pictures; 346/347 b MediaFocus International; 347 tr Tibor Bognar/Corbis; 348 b Paul O'Driscoll/Impact; 349 br Dan Charlish-Christian Aid/Still Pictures; 350 b Maya Kardum/Panos Pictures; 351 tr Henning Christoph/Still Pictures; 352 b Mark Edwards/Still Pictures; 353 mr Clive Shirley/Panos Pictures; 354 b Ron Giling/Still Pictures; 355 tr Friedrich Stark/Still Pictures; 356 b Caroline Penn/Corbis; 357 mr Eldad Rafaeli/Corbis; 357 br Betty Press/Panos Pictures; 358 b Sebastian Bolesch/Still Pictures; 359 b Gallo Images/Corbis; 360/361 t Bruce Paton/Panos Pictures; 360/361 b Mark Edwards/Still Pictures; 362 mr Knut Müller/Still Pictures; 363 tr Julian Holland; 363 bl Liba Taylor/Panos Pictures; 365 b Genevieve Renson/Still Pictures; 366 b Edgar Cleijne/Still Pictures; 368 b James Sugar/Still Pictures; 369 b Ron Giling/Still Pictures; 370/371 b Fred Hoogervorst/Panos Pictures; 371 ml Anthony Bannister; Gallo Images/Corbis; 372 b Yann Arthus-Bertrand/Corbis; 373 b Brian Moser/Hutchison Library; 374 bl Michael Busselle/Corbis; 375 tr Trygve Bolstad/Panos Pictures; 375 br Gerry Ellis/DigitalVision; 376 b Hjalte Tin/Still Pictures; 377 mr Jeremy Woodhouse/PhotoDisc; 378 b Gerard & Margi Moss/Still Pictures; 379 ml Gerry Ellis/DigitalVision; 379 b Friedrich Stark/Still Pictures; 380 tr Michael S. Lewis/Corbis; 380/381 b Roderick Johnson/Panos Pictures; 381 tr Roger de la Harpe/Still Pictures; 382 tl IMS Communications; 382/383 b Jeremy Woodhouse/PhotoDisc; 382/383 t Friedrich Stark/Still Pictures; 383 tr Caroline Penn/Panos Pictures; 384 b Billie Rafaeli/Hutchison Library; 385 Steve Allen/Brand X Pictures; 386/387 Philip Coblentz/Brand X Pictures; 388 tl Bob Abraham/Corbis; 388 bl Penny Tweedie/Corbis; 389 br Paul A. Souders/Corbis; 390/391 t Corbis; 391 tr Michael Macintyre/Hutchison Library; 391 b Michael Macintyre/Hutchison Library; 392 tr Glen Allison/PhotoDisc; 392/393 b Steve Allen/Brand X Pictures; 394 tl Patrick Ward/Corbis; 394/395 t MediaFocus International; 394/395 b Corbis; 396 t Bill Ross/Corbis; 396/397 b Corbis; 397 tr Paul A. Souders/Corbis; 398 tl Nick Wilson/Getty Images; 398 b MediaFocus International; 399 tl Paul A. Souders/Corbis; 399 b Martin Hawes/Still Pictures; 400 tl O. Alamany & E. Vicens/Corbis; 400 tr Penny Tweedie/Corbis; 400/401 b Corbis; 402 tl Ted Spiegel/Corbis; 402/403 t L. Clarke/Corbis; 402/403 b Dave G. Houser/Corbis; 403 tr Gerry Ellis/DigitalVision; 404 tl Nick Wilson/Getty Images; 404/405 t Paul A. Souders/Corbis; 404/405 b Corbis; 405 br Robert Garvey/Corbis; 406 t Roger Garwood & Trish Ainslie/Corbis; 406/407 b Massimo Mastrorillo/Corbis; 407 tr Robert Garvey/Corbis; 408 b Steve Allen/Brand X Pictures; 408/409 t Pat O'Hara/Corbis; 409 br Steve Allen/Brand X Pictures; 410 tl Anders Ryman/Corbis; 410/411 b Corbis; 411 t Robert Dowling/Corbis; 412 tl Steve Allen/Brand X Pictures; 412 b Steve Allen/Brand X Pictures; 413 t Paul A. Souders/Corbis; 413 br Scott Barbour/Getty Images; 414 b J. G. Fuller/Hutchison Library; 415 m Anders Ryman/Corbis; 416 br Andy Crump/Still Pictures; 417 b Stephen Frink/Corbis; 418 b Roger Ressmeyer/Corbis; 419 mr Glen Allison/PhotoDisc; 420/421 Norbert Wu/Still Pictures; 422 b Jan Butchofsky-Houser/Corbis; 423 b Michael Macintyre/Hutchison Library; 424 b Patricio Goycoolea/Hutchison Library; 425 mr Jack Fields/Corbis; 426 mr Philipp Hympendahl/Still Pictures; 426/427 b Glen Allison/PhotoDisc; 427 mr Philip Coblentz/Brand X Pictures; 428 b W. Perry Conway/Corbis; 430 tl Fritz Polking/Still Pictures; 430/431 b Galen Rowell/Corbis; 431 tr Galen Rowell/Corbis; 432 b Mark Carwardine/Still Pictures; 434 ml Carl R. Sams II/Still Pictures; 434 r Gerry Ellis/DigitalVision; 434 br Mark Edwards/Still Pictures; 435 mr Corbis; 435 bl Diane Blell/Still Pictures; 436/437 t Bojan Brecelj/Still Pictures; 436/437 b Gil Moti/Still Pictures; 437 br Rui Vieira/Panos Pictures; 442 ml Kevin Schafer/Still Pictures; 442 mr Caron Philippe/Corbis; 443 bl Sabine Vielmo/Still Pictures; 444 mr Mike Schroder/Still Pictures; 445 mr Shehzad Noorani/Still Pictures; 445 bl Jorgen Schytte/Still Pictures; 446 mr Wolfgang M. Weber/Still Pictures; 446 br Ron Giling/Still Pictures; 447 tl Robert Holmes/Corbis; 447 mr Tom Wagner/Corbis; 447 bl Caroline Penn/Panos Pictures; 448 bl Pierre Gleizes/Still Pictures; 452/453 t Manfred Voller/Corbis; 452 b Claes Lofgren/Still Pictures; 453 tr Ron Giling/Still Pictures; 453 br Chris Stowers/Panos Pictures; 458 tr Ron Giling/Still Pictures; 458/459 b Heine Pedersen/Still Pictures; 459 t Nigel Dickinson/Still Pictures; 460 tl Bettmann/Corbis; 460/461 t Jorgen Schytte/Still Pictures; 460 br Robert Mulder/Still Pictures; 461 tr Sabine Sauer/Still Pictures; 461 b Hartmut Schwarzbach/Still Pictures; 462 tr Penny Tweedie/Panos Pictures; 462 bl Adrian Arbib/Still Pictures; 463 tr John Van Hasselt/Corbis Sygma; 463 b Catherine Karnow/Corbis; 464 tr Mark Henley/Panos Pictures; 464 bl Gordon Wiltsie/Still Pictures

Zusätzliche Gestaltung: Julian Baker